本书由重庆"十三五"规划前期研究重大课题、国家社会科学基金、国家自然科学基金资助。

地方政府治理

地方政府治理协同创新中心

陈升 等著

中国社会科学出版社

图书在版编目（CIP）数据

地方政府治理/陈升等著.—北京：中国社会科学出版社，2018.3（2023.1 重印）

ISBN 978-7-5203-2109-9

Ⅰ.①地… Ⅱ.①陈… Ⅲ.①地方政府—行政管理—研究 Ⅳ.①D035.5

中国版本图书馆 CIP 数据核字（2018）第 037819 号

出 版 人	赵剑英	
责任编辑	王　衡	
责任校对	王　森	
责任印制	王　超	
出　　版	中国社会科学出版社	
社　　址	北京鼓楼西大街甲 158 号	
邮　　编	100720	
网　　址	http://www.csspw.cn	
发 行 部	010-84083685	
门 市 部	010-84029450	
经　　销	新华书店及其他书店	
印　　刷	北京明恒达印务有限公司	
装　　订	廊坊市广阳区广增装订厂	
版　　次	2018 年 3 月第 1 版	
印　　次	2023 年 1 月第 2 次印刷	
开　　本	787×1092　1/16	
印　　张	31.75	
插　　页	2	
字　　数	604 千字	
定　　价	139.00 元	

凡购买中国社会科学出版社图书，如有质量问题请与本社营销中心联系调换
电话：010-84083683
版权所有　侵权必究

如何总结地方政府治理创新

胡鞍钢

改革开放是中国共产党带领中国人民进行的一场伟大变革。从变革伊始，共产党人就以非凡的魄力在政治经济等领域开展持续的体制机制创新，并激发全社会参与社会主义现代化建设的活力。特别是在坚持社会主义基本原则的前提下，开启以深化市场改革为取向的经济体制改革，实现社会主义与市场经济的有机结合。

改革开放40年以来，中国取得了辉煌的经济发展成就。从数量规模上看，中国经济总量占世界经济的比重由1978年1.8%上升到2017年16%，仅次于美国，成为世界第二大经济体。从人均GDP上看，中国人均GDP从1978年的381元人民币增长到2017年的59660元人民币，从典型的低收入国家跻身中等偏上收入国家行列。与此同时，中国地方省份经济也获得了长足发展。改革红利在福建、广东、浙江三个东南沿海省份体现最多，改革开放40年来，其经济增长超过了400倍。另外，在"西部大开发""长江经济带""一带一路"等的推动下，西部省份的发展也在提速，贵州、新疆、内蒙古3个省份改革开放以来的经济增速在全国省份中位列第6—8位，西部省份的经济发展也有明显成效。

经济快速增长的背后，也仍然存在着一系列新的挑战和问题。以地区发展差距为例，中国大陆的31个省级行政区，就相当于31个大国或小国、富国或穷国。以2016年为例，中国经济总量最大的省份广东GDP总量达到80854.91亿元人民币，超过位居世界15位的墨西哥，而经济总量最小的西藏GDP仅为1151.41亿元人民币，相当于位列世界107位的波黑。人均GDP最高的天津达到115613元人民币，在世界200多个国家和地区排名中，高于世界第40位，而人均GDP最低的甘肃仅为27508元人民币，略高于汤加，位居世界108位。从宏观的角度来看，1978年东部地区和中部地区的不平等指数为1.32，2000年时为1.95，2015年有所下降，为1.61。东部和西部的差距则从1978年的1.644，直接上升到2006年的2.527，2015

年虽下降到1.94,区域间的经济差距依然较大。此外,城乡发展不协调、产业结构不合理、经济增长速度与资源环境承载力不平衡、社会矛盾突出等方面的治理难题,与当前中国高质量发展的要求越来越不适应。

在中国,中央的国家治理在很大程度上是通过省域治理和省级治理来实现的。省级政府是地方政府的典型代表,《地方政府治理》一书也主要是从省级政府层面来讨论地方政府的治理。因此,省级政府在解决上述挑战和问题中扮演着重要角色,应该建立怎样的治理模式、治理体制,采取怎样的治理方式,以及如何科学高效地处理与市场、社会、民众之间的关系,进而全面提升政府自身的治理能力,都是省级政府面临的重要而紧迫的课题。地方政府建立健全政府治理体系和治理能力现代化,对于正确处理地方改革、发展和稳定之间的关系尤为重要,对于解决省域内人民日益增长的美好生活需要和不平衡不充分的发展之间的矛盾甚为关键。

《地方政府治理》一书承载了陈升教授研究团队十多年来的相关研究成果,是重庆市2011协同创新中心——地方政府治理协同创新中心(重庆大学)重点支持下的重要成果。在多元治理、合作治理等治理学理论视野下,陈升教授提出了地方政府推进治理体系和治理能力现代化的途径,并为地方政府在诸多实践领域的治理提供了经验做法。特别是在地方政府如何治理经济、社会的问题上研究颇深,对于正确认识与处理政府与市场、社会、公众的关系有一定借鉴与参考意义。同时,本书在阐释理论、剖析实践的基础上,更加重视对地方政府治理能力的评价,在各领域开展能力评价与绩效评估,从效率、效果、效益多种角度来反映地方政府治理的成就。因此,这是一本兼具理论指导与实践应用的集成之作,无论是对治理地方事务的政府官员,还是从事地方政府治理研究的学者,都是一本必读之书。

对地方政府治理的认识

1978年以来,中国社会主义民主政治建设取得重大进展,成功开辟和坚持了中国特色社会主义政治发展道路。中国特色社会主义政治制度的建立和完善,自始至终遵循中国的历史、文化和社会条件等基本国情。坚持基本国情,也是探索自己国家现代化道路的出发点。党的十八届三中全会提出的全面深化改革总目标,就是完善和发展中国特色社会主义制度、推进国家治理体系和治理能力现代化。其中,完善和发展中国特色社会主义制度是根本方向,而推进国家治理体系和治理能力现代化,是在根本方向指引下的鲜明指向。

什么是国家治理体系和治理能力的现代化呢?就是我们所说的国家制度现代化,

即制度和法律作为现代政治要素，不断地、连续地发生由低级到高级的突破性变革的过程。既包括国家制度体系更加完备、更加成熟、更加定型，也包括在这一制度体系下，制度执行能够更加有效、更加透明、更加公平。实现新时代国家治理现代化是坚持和发展中国特色社会主义的必然要求，是全面建设社会主义现代化强国的基本途径。当前中国国家治理正面临着从传统向现代的深度转型，这种转型既是一个渐进的过程，需要延续与传承，又是一个跃迁的过程，需要变革与创新。回顾中国地方政府治理转型的历程，虽然其为经济高速增长与社会稳定贡献了力量，但随着改革进入深水区，社会价值与利益日益分化，深层次社会矛盾也日益凸显，因此，加速推进地方政府治理体系与治理能力现代化的必要性与日俱增。

地方政府治理能力现代化

陈升教授在论及地方政府治理承接国家治理体系与治理能力现代化时，是从地方政府作为推进国家治理现代化战略的重要主体出发的。地方政府作为国家机器中必不可少的组成部分，其权力或管辖权限被限定在国家的一部分地区内，从制度设计、设置目的和行政层级等角度可以划分为不同类型。地方政府治理是在地方行政区域内，地方党政领导为主体的省域治理体系，忠实有效地贯彻落实中央的国家治理意图、政策，并通过组织各种力量参与解决地方公共问题、提供公共服务的完整过程。

在具体阐释地方政府治理能力的核心要义时，该书认为地方政府治理能力，是由"地方政府"和"政府治理能力"结合而成的一个复合概念，是地方政府维持自身存在和治理地方公共事务过程中体现出来的力量总和，也是地方政府对所辖区域内社会事务进行有效治理的本领。地方政府治理能力的研究必然基于地方政府实践，即研究地方政府在治理社会公共事务中的创新，不仅关注东部发达省份、更需关注西部省份和直辖市的治理实践与创新。从中国地方政府普遍性与典型性的代表省份出发，是研究中国地方政府治理能力的基础保障，也是重要的内容丰富。

在国家治理能力现代化方面，习近平同志明确提出"实现党、国家、社会各项事务治理制度化、规范化、程序化"。我们可将此称为中国三大治理的"三化"。而陈升教授在论及地方政府治理能力现代化时，提出了其新时代的核心能力要素：多元合作能力、社会矛盾化解能力、公共危机防控能力、大数据治理能力等。地方政府在处理地方社会经济事务时，理应重视社会、市场、公众等主体的治理作用，以多元合作治理的方式，强化在解决区域内社会矛盾、公共危机时的整体性与协同性，特别是以大数据技术为工具，全面提升政府治理绩效。因此，地方政府治理能力现代化，既是能力要素的现代化，更应是整个治理能力发挥效能全过程的现代化，即从治理规划到治理执行，再到治理绩效的现代化。

地方政府治理的领域

地方政府治理的领域极其广泛，涉及地方经济社会事务的方方面面。《地方政府治理》一书主要从以下几方面具体讨论地方政府治理。

第一，开展社会治理。当前是社会矛盾凸显期，地方政府治理更应关注如何处理政府与社会的关系。在当前中国社会矛盾冲突频发的背景下，提升政府治理能力，化解社会矛盾，是全面深化改革和经济社会高质量发展的重要保障。第二，强化经济治理。发展作为中国共产党执政兴国的第一要务，也是地方政府的第一要务。地方政府治理需要重点关注的是如何处理政府与市场的关系。为此，必须尽快转变政府职能，通过"权力清单""责任清单"和"负面清单"正确处理好政府和市场关系。第三，新时代地方政府治理。新时代国家提出绿色发展、新型城镇化等重大战略。地方政府需在国家战略视野下进行整体性治理，绿色发展、新型城镇化、贫困治理、全面深化改革等国家战略的推进实施离不开地方政府的有效治理，地方政府治理也必须紧紧围绕国家战略而展开。第四，以五年规划为手段开展综合治理。五年规划纲要是指导地方政府中长期发展最综合的公共政策，也是常态下最重要的政府治理工具之一；五年规划编制的科学水平及其实施绩效是政府治理能力的集中体现。因此，地方政府应高度重视五年规划的编制工作，促进多方利益相关主体参与规划编制。第五，加强公共危机治理。以上关于地方政府治理的探讨都是基于常规性治理，但随着社会、经济条件的变化，地方政府更多面临非常规的治理环境。突发自然灾害、环境群体性事件、网络舆情危机、暴恐犯罪成为地方政府新的治理课题，越来越考验着地方政府的治理能力。第六，推进政府大数据治理。现代社会科技发展日新月异，地方政府治理也面临新技术的应用，大数据治理成为地方政府治理的重要方式。未来，必须持续推动政府治理流程重构，以大数据驱动政府决策，进而促进地方治理模式变革。

新时代地方政府治理的挑战

作为一个国情复杂、治理层次复杂的发展中国家，中国实现现代化的过程充满了复杂性和不确定性。新时代的地方政府治理环境发生了很大变化,人们的权利意识、利益意识和参与意识逐渐觉醒,社会主体利益日益分化、经济发展不充分不平衡,各种社会矛盾凸显,这为地方政府治理带来了新的压力与挑战。政府尤其是地方政府的基础性能力建设是当前国家治理能力建设的重点,必须恰当把握当前地方政府面临的治理挑战。准确定位地方治理所面临的主要挑战,对于提升地方政府治理能力和治理绩效意义重大。

第一,社会矛盾凸显对地方政府治理的挑战。随着中国特色社会主义进入新时代,社会主要矛盾在人民需求和社会供给两个方面的内涵都发生了深刻变化。不平衡不充分的发展现实,意味着地方政府治理将不再单单是一个笼而统之的合法性问题,而是转化为地方与区域发展的协调互适问题,需要同时面临隐性化社会矛盾与显性化公共危机的困境。因此,新时期主要矛盾实际上赋予了地方政府治理更加主体性、本位性和自足性的要求,地方政府需要打破臣仆化、盲目化、条块式的治理习惯。实际上,社会主要矛盾的变化对地方政府治理的内涵化发展、创新化发展及包容性发展提出了全方位的挑战。

第二,经济下行压力显著增加对地方政府治理能力的挑战。中国经济发展进入新常态,经济运行发生一系列新变化,包括增长速度从高速转向中高速,发展方式从规模速度型转向质量效率型,经济结构从增量扩能为主转向调整存量、做优增量并举,发展动力从主要依靠资源和低成本劳动力等要素驱动转向创新驱动等。这些变化要求政府在经济治理中适当下放权力,减少审批事项,以放管服为核心转变政府治理模式,充分激活市场活力。政府经济治理过程中,仍然面临着市场监管体系改革如何顶层设计、综合执法改革与监管专业性如何兼容、监管改革如何与市场经济新业态共融并存等挑战和问题。

第三,现代信息技术革命对地方政府治理能力的挑战。现代信息技术革命对地方政府治理产生了根本性的影响,改变了地方政府治理的治理环境与技术基础,形成了新的治理模式,使地方政府治理步入了新时代。然而,具有高度复杂性与高度科技化的信息技术却使政府在治理中面临一系列冲击与挑战。一方面,中国地方政府信息化的实际水平决定了地方政府治理现代科技工具应用的基础体系尚未形成,信息化应用能力较弱,正处于从应用原有传统工具向高科技工具的转型过渡阶段;另一方面,如大数据、互联网、人工智能等现代信息技术革命的快速发展,促使治理环境复杂化,数据泄露、信息迟滞等问题考验着政府治理的效率与效果。

应对地方政府治理挑战的路径

地方政府在应对社会主要矛盾、经济下行压力与信息技术革命的挑战过程中，应将地方政府治理能力的建设与提升视为一项长期的、复杂的系统性工程。陈升教授在本书中谨慎地探寻和研究提升治理能力的恰切之道，以有效应对地方政府治理的各种挑战。

第一，均衡调节多元利益，化解社会冲突。新时代社会主要矛盾对地方治理提出了新的要求，而地方政府治理能力是地方治理的关键组成部分。如何更好地响应多元主体的利益诉求，充分化解社会矛盾于潜在期、妥善解决公共危机于爆发期，都需要围绕地方政府治理能力来进行科学化的建构。为此，地方政府应鼓励多元主体参与治理，听取与吸收多元主体的意见，恰当应对社会矛盾复杂化、社会需求多元化的挑战。积极培育社会组织，建立起社会与地方政府组织的沟通机制，不断推动政府与社会力量合作共治，形成多主体参与、多手段相结合的治理网络格局，建立多元参与的治理结构，从单一的行政管理手段向多种手段综合运用转变。

第二，合理界定政府职能边界，促进市场的创新与开放发展。地方政府应切实将其经济管理职能转移到为市场主体服务和创造良好的发展环境上来，最大限度促进市场展现其机制的优越性。通过将行政审批制度改革作为简政放权和转变职能的突破口，使行政审批精简化和清单化，利用"权力清单""责任清单"和"负面清单"，进一步厘清政府与市场的边界，激活市场活力。在厘清政府与市场关系的基础上，地方政府还应重视创新发展，推进制度创新，激励推动市场主体进行市场创新，特别是以科技创新为核心的创新行为；同时，健全政策体系以提供制度保障，以开放促改革、以开放促发展，形成开放、改革与发展的良性循环。

第三，加强信息技术工具应用，提升政府治理效率。重视现代信息技术的应用，不断提升技术工具的应用能力是有效提升地方政府治理能力的重要途径。地方政府应该引进与掌握现代信息技术，使政府内部各个环节之间、各个部门之间在新的技术基础上建立新的治理结构，从容应对复杂的治理环境与治理任务。在机制体制建设方面，需要明确现代信息技术驱动地方政府治理能力建设的战略目标，进行顶层设计，明确政府、市场与社会等主体的责任与分工，建立多方推动的协作机制与开放机制。在治理实践应用方面，整合政府信息网络和电子政务资源，运用信息技术为政府各部门提供移动办公、移动执法、移动监测等业务，推进智慧政府建设，不断提升政府治理与服务效率。

目　　录

绪论　理解地方政府治理 ………………………………………………… (1)
　　第一节　研究对象与目的 ………………………………………………… (1)
　　第二节　主要内容 ………………………………………………………… (2)
　　第三节　本书的主要特征与学科关系 …………………………………… (3)
　　第四节　本书的价值 ……………………………………………………… (4)

第一篇　地方政府治理基本理论

第一章　政府治理 ……………………………………………………… (11)
　　第一节　治理的内涵 ……………………………………………………… (11)
　　第二节　治理相关理论 …………………………………………………… (20)
　　第三节　政府治理的理解 ………………………………………………… (27)
　　第四节　小结 ……………………………………………………………… (32)

第二章　地方政府治理 ………………………………………………… (33)
　　第一节　地方政府及体系 ………………………………………………… (33)
　　第二节　中国地方政府演变 ……………………………………………… (36)
　　第三节　地方政府治理内涵特点 ………………………………………… (38)
　　第四节　小结 ……………………………………………………………… (41)

第三章　地方政府治理模式 …………………………………………… (42)
　　第一节　政府治理模式 …………………………………………………… (42)
　　第二节　政府治理模式演进 ……………………………………………… (48)

第三节 政府治理模式演进规律 …………………………………… (52)
  第四节 地方治理多元主体参与模式 ……………………………… (54)
  第五节 小结 ………………………………………………………… (60)

第四章 地方政府治理能力 ………………………………………… (62)
  第一节 地方政府治理能力内涵 …………………………………… (62)
  第二节 政府治理能力评价 ………………………………………… (67)
  第三节 地方政府治理能力的影响因素 …………………………… (69)
  第四节 小结 ………………………………………………………… (71)

第五章 地方政府治理绩效 ………………………………………… (73)
  第一节 地方政府治理绩效内涵 …………………………………… (73)
  第二节 地方政府治理绩效评价 …………………………………… (76)
  第三节 地方政府治理绩效提升 …………………………………… (80)
  第四节 小结 ………………………………………………………… (85)

第二篇 地方政府社会治理

第一章 社会治理的基本内涵 ……………………………………… (89)
  第一节 社会管理 …………………………………………………… (89)
  第二节 社会治理 …………………………………………………… (92)
  第三节 社会管理和社会治理的比较 ……………………………… (96)
  第四节 小结 ………………………………………………………… (98)

第二章 社会治理体制的变迁 ……………………………………… (99)
  第一节 变迁历程 …………………………………………………… (99)
  第二节 动力机制 …………………………………………………… (103)
  第三节 社会治理体制展望 ………………………………………… (105)
  第四节 小结 ………………………………………………………… (107)

第三章　地方社会治理创新 (109)

第一节　地方社会矛盾现状 (109)

第二节　地方政府治理社会矛盾 (119)

第三节　社区治理模式 (128)

第四节　地方社会治理创新对策 (133)

第五节　小结 (139)

第三篇　地方政府经济治理

第一章　政府与市场的关系分析 (143)

第一节　政府与市场的关系发展阶段 (143)

第二节　现阶段政府与市场关系的理论基础 (145)

第三节　中国政府与市场关系演变 (146)

第四节　当前地方政府与市场关系存在的问题 (151)

第五节　小结 (153)

第二章　权责清单、负面清单——处理好政府与市场关系的切入点 (155)

第一节　权责清单、负面清单内涵 (155)

第二节　权责清单、负面清单的改革实践 (158)

第三节　清单治理：以市场准入负面清单为例 (169)

第四节　小结 (173)

第三章　政府职能转变 (175)

第一节　中国政府职能 (175)

第二节　地方政府职能转变 (179)

第三节　社会承接政府职能：行业协会为例 (187)

第四节　小结 (192)

第四章　地方政府经济治理案例分析 (194)

第一节　地方政府创新发展治理 (194)

第二节　地方政府开放发展治理 (207)

第三节　小结 ……………………………………………………… (216)

第五章　地方政府开发区治理 ………………………………………… (218)
　　第一节　中国地方开发区 ………………………………………… (218)
　　第二节　地方开发区管理体制 …………………………………… (223)
　　第三节　开发区治理的内涵与模式 ……………………………… (228)
　　第四节　小结 ……………………………………………………… (233)

第四篇　新时代地方政府治理

第一章　地方政府绿色治理 …………………………………………… (237)
　　第一节　中国绿色发展的模式变迁 ……………………………… (237)
　　第二节　地方政府绿色治理实践 ………………………………… (243)
　　第三节　地方政府绿色治理之道 ………………………………… (247)
　　第四节　小结 ……………………………………………………… (250)

第二章　地方政府城镇化治理 ………………………………………… (252)
　　第一节　中国城镇化历史变迁 …………………………………… (252)
　　第二节　地方政府城镇化的职能定位分析 ……………………… (260)
　　第三节　案例分析 ………………………………………………… (265)
　　第四节　小结 ……………………………………………………… (273)

第三章　地方政府贫困治理 …………………………………………… (276)
　　第一节　贫困治理模式的变迁 …………………………………… (276)
　　第二节　现阶段地方政府贫困精准治理 ………………………… (279)
　　第三节　大数据驱动下精准贫困治理机制 ……………………… (286)
　　第四节　小结 ……………………………………………………… (292)

第四章　地方政府治理变革 …………………………………………… (294)
　　第一节　政府治理变革：全面深化改革 ………………………… (294)
　　第二节　地方全面深化改革目标 ………………………………… (296)
　　第三节　六大领域改革 …………………………………………… (299)

第四节　全面深化改革方法论 …………………………………………(309)
  第五节　地方政府全面深化改革 …………………………………………(313)
  第六节　小结 ………………………………………………………………(318)

第五篇　地方政府发展规划治理

第一章　发展规划 ……………………………………………………………(323)
  第一节　发展规划概述 ……………………………………………………(323)
  第二节　发展规划基础理论 ………………………………………………(327)
  第三节　规划活动构成要素 ………………………………………………(332)
  第四节　小结 ………………………………………………………………(334)

第二章　发展规划和国家治理 ………………………………………………(337)
  第一节　国家治理与发展规划 ……………………………………………(337)
  第二节　目标治理与发展规划 ……………………………………………(341)
  第三节　发展规划如何治理市场失灵 ……………………………………(344)
  第四节　小结 ………………………………………………………………(345)

第三章　发展规划编制实施与政府治理 ……………………………………(347)
  第一节　发展规划的主要参与者 …………………………………………(347)
  第二节　国家发展规划参与方的互动关系 ………………………………(350)
  第三节　地方政府发展规划治理 …………………………………………(352)
  第四节　创新发展规划治理 ………………………………………………(355)
  第五节　小结 ………………………………………………………………(358)

第六篇　地方政府公共危机治理

第一章　地方政府公共危机治理概述 ………………………………………(363)
  第一节　公共危机 …………………………………………………………(363)
  第二节　公共危机治理 ……………………………………………………(365)
  第三节　地方政府公共危机治理内涵 ……………………………………(368)
  第四节　地方政府公共危机治理路径 ……………………………………(369)

第五节　小结 …………………………………………………………… (372)

第二章　突发自然灾害治理 ………………………………………… (374)
　　第一节　突发自然灾害 ………………………………………………… (374)
　　第二节　地方自然灾害治理存在的问题 ……………………………… (376)
　　第三节　自然灾害地方政府治理路径 ………………………………… (378)
　　第四节　小结 …………………………………………………………… (381)

第三章　环境群体性事件治理 ……………………………………… (383)
　　第一节　环境群体性事件概念 ………………………………………… (383)
　　第二节　环境群体性事件的成因 ……………………………………… (386)
　　第三节　地方政府环境群体性事件治理挑战 ………………………… (388)
　　第四节　地方政府治理环境群体性事件路径 ………………………… (390)
　　第五节　小结 …………………………………………………………… (395)

第四章　网络舆情危机治理 ………………………………………… (396)
　　第一节　网络舆情危机的内涵 ………………………………………… (396)
　　第二节　网络舆情危机的发展阶段 …………………………………… (397)
　　第三节　网络舆情危机的地方政府治理现状 ………………………… (399)
　　第四节　地方政府治理网络舆情危机的长效机制 …………………… (401)
　　第五节　小结 …………………………………………………………… (407)

第五章　暴恐犯罪治理 ……………………………………………… (409)
　　第一节　暴恐犯罪的概念与特征 ……………………………………… (409)
　　第二节　国内暴恐犯罪现状及发生原因 ……………………………… (411)
　　第三节　暴恐犯罪治理路径 …………………………………………… (412)
　　第四节　小结 …………………………………………………………… (415)

第六章　地方政府危机治理能力评估 ……………………………… (417)
　　第一节　地方政府危机治理能力评估内涵 …………………………… (417)
　　第二节　地方政府危机治理能力评估的总体框架 …………………… (421)
　　第三节　地方政府危机治理能力评估的指标体系 …………………… (425)

第四节　小结 ·· (429)

第七篇　地方政府大数据治理

第一章　大数据和政府治理 ··· (433)
　　第一节　大数据 ·· (433)
　　第二节　大数据对政府治理的影响 ·· (436)
　　第三节　大数据对政府治理的重要意义 ··· (440)
　　第四节　大数据对政府治理的挑战 ·· (442)
　　第五节　小结 ·· (443)

第二章　国内外政府大数据治理 ··· (445)
　　第一节　国外政府大数据治理 ··· (445)
　　第二节　国内政府大数据治理 ··· (454)
　　第三节　小结 ·· (464)

第三章　大数据提升政府治理能力的作用分析 ···························· (466)
　　第一节　大数据与政府治理模式 ··· (466)
　　第二节　大数据提升政府治理能力的作用机理 ····························· (470)
　　第三节　大数据在政府治理中的应用 ·· (473)
　　第四节　小结 ·· (479)

第四章　地方政府提升大数据治理能力 ·· (481)
　　第一节　顶层设计 ··· (481)
　　第二节　建设路径 ··· (484)
　　第三节　保障措施 ··· (486)
　　第四节　小结 ·· (488)

后　记 ·· (490)

绪 论

理解地方政府治理

党的二十大报告提出"以中国式现代化全面推进中华民族伟大复兴"。[①] 在这个承前启后、继往开来的新时代，政府作为公共权力的执行者和公共利益的代言人，需肩负新的使命，协调新的矛盾，从而实现公共利益最大化，走向"善治"。作为中央政策的执行者和地方治理的主导者，地方政府是实现地方善治的关键。因此，研究地方政府治理的相关问题，既是新时代背景下的必然要求，也具有重要的学术价值和现实意义。现阶段，在全面深化改革不断深入推进的背景下，要完成"完善与发展中国特色社会主义制度、推进国家治理体系与治理能力现代化"的总目标，必须重视地方政府治理。即通过地方政府统筹治理地方经济、政治、社会、文化、生态等各个方面，确保地方既充满活力又和谐有序，推动地方充分、均衡的发展，确保人民群众共享发展的成果。本书主要从六个角度研究与探讨地方政府治理的相关问题，并做出分析。

第一节 研究对象与目的

本书以地方政府、社会组织、公民社会等治理主体及其治理行为作为研究对象，立足于治理实践，研究地方政府及其治理的活动规律。通过对规律的把握，旨在利用规律充分发挥地方政府在处理社会矛盾、发展地方经济、应对突发事件等方面的作用，从而进一步指导地方政府在治理实践中科学、正确地履行自己的职能，实现地方基层的有效治理，进而促进国家的"善治"。

随着治理理论的兴起，地方政府逐渐从传统的"管理"向新型的"治理"的范式转变，相比于地方政府管理，地方政府治理的主体更加多元，而且治理主体

[①] 习近平：《高举中国特色社会主义伟大旗帜 为全面建设社会主义现代化国家而团结奋斗——在中国共产党第二十次全国代表大会上的报告》，人民出版社2022年版，第7页。

之间形成了密切、平等的网络关系，各主体通过协商的方式制定更为符合整体利益的公共政策。在实践上，也更多地采用多种治理方法与治理技术，来应对与治理日益复杂的公共事务。对中国而言，推进地方政府治理的相关研究是实现国家治理体系与治理能力现代化的重要课题。特别是党的十九大以来，中国地方政府治理在新时代背景下面临着一系列重要的理论与实际问题。为此，我们应该学习与借鉴国外地方政府治理理论和实践经验，但不盲目照搬、不套用西方的治理理论模式与价值观念，努力吸收该领域的最新研究成果，构建具有中国特色的地方政府治理理论体系。

第二节　主要内容

地方政府治理的研究范围广泛、内容丰富。其研究的基本范畴及相关理论随着地方政府治理实践的深入而不断被归纳与总结。因此，地方政府治理的研究内容是不断变化发展的。就本书而言，主要内容大体包括以下 7 个方面。

1. 地方政府治理的相关理论

相关内容涵盖了地方政府体系及演变过程、地方政府治理模式、地方政府治理能力以及地方政府治理绩效等，其中治理、政府治理的相关理论是地方政府治理的理论基础。

2. 地方政府社会治理

社会治理源于社会管理，社会治理经过一系列的变迁，逐渐发展成为改善政府与社会关系的重点。创新社会治理体制，实现社会治理体系和治理能力现代化，是实现全面深化改革总目标的重要途径和重要内容。对于地方政府而言，深入探索研究创新社会治理，将社会矛盾消除在源头，更好地推进地方社会治理工作，维护社会稳定对改革发展意义重大。

3. 地方政府经济治理

政府与市场的关系是经济社会发展的永恒话题，也是各国发展市场经济必须破解的难题。地方政府进行经济治理的核心问题之一就是处理好政府与市场之间的关系。本书从政府与市场关系演进、"权责清单、负面清单"模式、政府职能转变等方面，对这一问题进行了较为系统的阐述。

4. 新时代地方政府治理

新时代，国家提出了绿色发展、新型城镇化等战略。地方政府是国家宏观战略的具体实施者，地方政府在地方治理实践的成败关系到国家宏观战略目标是否得以实现。本书结合目前绿色发展、新型城镇化、精准扶贫、全面深化改革的国家战略背景，研究与探索地方政府治理的具体路径，确保国家战略目标得以实现。

5. 地方政府发展规划治理

国民经济和社会发展五年规划是中国最综合的公共政策，是国家战略意图的集中体现，是政府履行职责的重要依据。本书主要从发展规划理论阐述、发展规划和国家治理、发展规划编制实施与地方政府治理等方面，研究地方政府是如何通过五年规划有效实施治理的。

6. 地方政府公共危机治理

公共危机对地方经济社会的稳定发展存在负影响。能否有效预防突发事件、减少潜在风险、保证地方稳定与发展是地方政府所面临的重大挑战，同时也是地方政府治理能力高低的集中体现。现阶段公共危机治理的主要研究内容包括突发自然灾害治理、环境群体性事件治理、网络舆情危机治理、危机治理评估等。

7. 地方政府大数据治理

随着互联网与信息技术的发展，我们已经进入了"大数据时代"。有关大数据的理论探讨层出不穷，大数据对政府治理能力也产生了重要的影响。本书中有关大数据的内容主要包含了以下几个方面：一是大数据对政府治理的影响；二是国内外政府大数据治理；三是大数据提升地方政府治理能力的作用分析；四是地方政府提升大数据治理能力路径。

第三节 本书的主要特征与学科关系

本书的研究具有明显的自身特征。主要体现在以下3个方面。

1. 理论性与实践性的统一

地方政府治理的相关研究离不开逻辑的、系统的、整体的理论思维，本书深入研究了地方政府治理的概念内涵及相关理论，具有理论性，同时又系统地总结了国内外地方政府在治理实践中的科学方法与宝贵经验，因此也具有实践性。

2. 规律性与操作性的统一

本书揭示了地方政府及其治理活动的基本规律，为地方政府治理提供理论指导。"理论是灰色的，而生活之树常青。"地方差别如此之大，需要结合实际情况具体分析，为此本书结合案例分析，给出地方政府治理的具体措施。

3. 宏观性与微观性的统一

地方政府治理是国家治理的关键组成部分，地方政府的治理水平也直接反映了国家的治理能力，地方政府治理需要在国家统一的顶层设计下统一推进，因而本书具有一定宏观性。同时地方政府治理涉及基层，与人民群众直接接触，处理各类具体的公共事务，因此也具有微观性。

本书关于地方政府治理的相关研究与多个学科有着十分密切的关系，主要体现在以下5个方面。

1. 与政治学的关系

政治学着重研究国家政治生活中的各种政治现象和政治关系，如政治制度、国家法律、政治行为、政治决策、政治合法性等内容。地方政府治理需要运用政治学的一些基本理论来研究与分析。

2. 与经济学的关系

经济学既包含了经济发展的一般规律，也涉及政府调控经济的一般措施。而地方政府在地方经济发展中起着重要的作用，因此本书会运用经济学的一些基本理论研究地方政府在经济治理方面的实践。

3. 与社会学的关系

社会学从多角度分析社会问题，研究视角更广、更具理论性，而本书关于地方政府治理的研究则侧重于从政府视角，注重将社会治理实践上升为一般规律性认识并用于指导实践，本书将社会学中有关社会治理的理论、原则与方法应用于基层治理的实践当中，丰富了地方政府治理的研究内容。

4. 与管理学的关系

本书主要研究地方政府治理规律，管理学则是研究一般管理行为规律的学科。管理学的研究对象包括个人、组织、事务等，涵盖面比较广泛。从这一点上来看，本书关于地方政府治理的相关研究是对管理学的深化与拓展。管理学的原理、规律对地方政府治理研究具有一般性的指导意义，而地方政府治理研究所涉及的管理学内容则更加具体化、专业化。

5. 与法学的关系

法学是研究法与法的现象及其发展规律的科学。依法行政是地方政府治理的重要原则，同时地方政府相关行政法规的制定与实践又丰富和发展了法学的内容。

第四节　本书的价值

地方政府治理研究，主要是对地方政府及其治理活动的一些重点问题，深入探索其内在规律。地方政府治理的相关研究日益重要，主要体现在以下几个方面：一是政府在人类政治生活和社会生活中处于重要地位，具有不可代替的作用；二是随着人类社会的发展，地方政府所承担的责任与职能日益增加，必须从政府一家独大的全能型政府管理，转变为多元主体的地方治理，以应对新时代下日益复杂的各项公共事务；三是当代中国地方政府在治理实践中所面临的现实需要，要求我们要在深入了解地方政府治理实践原理的基础上，改善地方政府的治理实践，使其能更有效地发挥作用，提高政府治理实践的社会效益。

当前，经济全球化与政治格局多极化已成为不可逆的趋势。维护国家主权和国家在国际社会中的各种利益，成为各国越来越重要且复杂的任务。在这种大背景下，各国的中央政府必须把国家作为整体对各种公共事务进行治理，尤其是涉及国家整体利益的那些公共事务。而且有限精力只能集中处理解决全局性、整体性的任务，以便于更好地维护国家在国际社会中的各种利益。因此，地方政府必将在公共事务方面的治理中发挥更大作用，承担更多的职责。要使地方政府适应这种需要，充分发挥作用，就必须深入对其治理实践进行研究，以寻求改善、提高的正确的途径。[①]

通过系统学习本书的相关内容，可以获得以下几个方面的知识：（1）治理及政府治理的相关理论，了解其发展演变过程及前沿；（2）社会治理的相关知识，了解社会矛盾及社会治理创新；（3）政府与市场关系的相关理论知识，了解权力清单、责任清单、负面清单的相关内容，以及地方政府经济治理的方法、手段、路径；（4）新时代政府治理重点，了解在全面深化改革、新型城镇化、贫困治理以及绿色发展背景下，地方政府的治理实践；（5）地方政府如何通过五年发展规划推动地方发展；（6）地方政府如何推进与改善公共危机治理；（7）大数据的相关基础知识，了解大数据在提升地方政府治理能力方面的作用，以及地方政府如何利用大数据提升其治理能力。

---

① 参见曾伟、李四林《地方政府管理学》，北京大学出版社2010年版。

第一篇

地方政府治理基本理论

政府治理
地方政府治理
地方政府治理模式
地方政府治理能力
地方政府治理绩效

英文中的治理一词（governance）源于拉丁文和古希腊语，原意是控制、引导和操纵。术语"治理"有着十分悠久的语言渊源，从原始含义的"船舵、掌舵"，后引申出"引导、操纵"等含义，并逐渐演变到"统治"进而形成"治理"的概念。所谓政府治理，就是在现代政治活动中，政府作为重要的政治行为者，与社会组织、企事业单位、社区以及个人等不同的行为主体，通过平等的合作伙伴关系，依法、民主、科学地对国家的经济政治社会文化等公共事务进行规范和管理，最终实现公共利益最大化的过程。

在漫长的历史进程中，中华民族积累了丰富的治国理政经验，其中《大学》以"治国平天下"、《管子》以"牧民"等来表示对国家政事的管理，实际上与国家治理并无二致。但系统地研究现代意义上的治理和政府治理，中国起步还比较晚。目前，在治理体制上，主要以政府为主体视角，分析中央政府和各级地方政府在政治治理和行政管理体制方面所进行的持续的体制改革和制度创新；在治理模式上，主要探讨了政府、市场、社会组织之间的关系，分析三者在公共治理体系中的地位和作用，以及如何科学界定政府职能、发展公民社会和第三部门的作用；在治理实践上，主要分析了西方治理理论在中国治理实践上的本土化应用，如何适当选择方向，推动中国公共治理制度的进步。总而言之，国内学者的研究一般将治理理论与中国改革的实践相结合，力求推动治理理论的本土化，让理论研究更符合中国国情，最终达到国家的"善治"。

中国地方政府的体制确立已久，从秦的郡县制，历经不断地发展与变革，演变为目前的省、市、县、乡（镇）的四级地方政府，地方各级人民政府一方面要对本级人民代表大会负责，另一方面也要对上一级国家行政机关负责。与此同时，地方政府的角色与职能也随着时代的变化而不断变化，传统的全能型政府逐步转向有限型政府，政府的运行方式逐步走向规范化、法制化。改革开放以来，中国的地方政府治理一直处于不断摸索、实践和创新的过程中，尤其是在党的十八届三中全会明确提出"推进国家治理体系和治理能力现代化"作为全面深化改革的总目标之后，各地加快了对治理的探索，中国的地方政府治理体系正在逐步形成和完善。党的十九大报告指出，要发挥社会组织作用，实现政府治理和社会调节、居民自治良性互动；还要赋予省级及以下政府更多自主权，在省、市、县对职能相近的党政机关探索合并设立或合署办公。

本篇将从政府治理的内涵与概念入手，在第一章对治理的来源和内涵，以及相关的理论进行梳理。在深入理解治理内涵的基础上，第二章则聚焦地方政府层面，对地方政府及体系、中国地方政府的演变过程进行梳理分析，最终落到对地方政府治理的概述。从第三章起,本篇开始对地方政府治理进行系统的梳理和阐述,在第三、第四、第五章分别对地方政府治理的模式、能力、绩效进行较为深入的阐述,为改善中国地方政府治理模式、加强中国地方政府治理能力、提升中国地方政府治理绩效提供了建议。

第 一 章

政府治理

"治理"一词的内涵丰富且运用的范围十分广泛,但在学术界仍没有给出一个统一且明确的概念对它加以解读。国内外学者对治理、政府治理、政府管理等概念也多存在混用的情况。因此,对这些概念进行系统地梳理并进行辨析十分重要,这有利于我们更加明晰核心概念,并了解相关的理论基础。本章首先从治理的内涵开始,介绍治理一词产生的理论背景与现实背景,并从语源上进行追溯,了解治理的多元含义;然后从国外与国内两方面,分别介绍治理相关理论;最后聚焦到政府治理这一概念上,通过概念的辨析,区分治理与统治、政府治理与政府管理的区别,深化对治理、政府治理的理解。

第一节 治理的内涵

国外学者的研究中,"治理"是一个持续更新且不断发展的概念,"治理"这一概念被广泛地运用于经济学、社会学、政治学等领域。本节首先介绍治理提出的背景与现实背景,然后再对"治理"一词的语源进行介绍,了解其含义随着实践而变化发展的历史进程,最后综述国内外学者对治理内涵的理解。

一 治理提出的背景

治理的出现有其理论与现实背景,深入分析治理的理论与现实背景对理解治理的内涵具有十分重要的意义。

治理产生的理论背景主要有三点:一是对凯恩斯主义的质疑,从而重新思考政府与市场的边界,使得政府需要在自身的定位和职能上做出新的调整,并从治理角度重新看待政府所涉及的领域和问题,以及相应的解决对策与途径;二是制度主义理论的兴起提供了更接近于现实的解释,其中通过对制度安排、制度变迁、制度激励等问题的深入分析，提出了新的治理模式与机制；三是传统政治学范式的变革，使得政府、市场、社会等多元主体纳入政治学分析中，需要运用治理理论对整体框架进行一个动态分析，促进治理理念的转变与治理实践的深入。[①] 总体来说，理论的变迁与发展反映着现实实践的需要，而治理从其内涵上就涵括了这些理论的内核，因此，这些理论的发展也催生了"治理"这个学术概念的发展，成为治理以及相关理论产生的理论背景。

治理产生的现实背景主要是为了应对"国家空洞化"的问题。"国家空洞化"的实质是指公共部门变得碎片化，而这种碎片化使得政府执行中的控制力减弱。学术界主要从三个层次分析了这个问题。一是阐述"国家空洞化"的现象。希克（A. Schlick）认为，"国家已经被弱化，地方分权使得资源和权威从中央向地方转移；独立中介从它们原本附属的国家手中获得经营自主权；世界组织侵占了国家一些非常重要的功能，包括刑事司法、国防和经济政策；非政府组织已经成为公共服务的提供者，并往往在国际论坛中扮演准政府的角色；市场也日益被用来提供公共服务"。[②] 二是基于事实归纳出问题。罗茨（R. Rhodes）在分析英国政府的现状后指出，"空洞国家"概括了当前英国政府已经发生的和正在发生的变化。比如，私有化以及公共干预范围的缩小、中央与地方政府部门功能的缺失、英国政府功能的缺失等。[③] 三是分析问题产生的原因。罗茨认为，由于公共服务是由中央部门、地方当局、卫生部门、中介、私营企业以及志愿性组织通过组织网络来提供的。20世纪80年代，英国政府增加了提供主要公共服务的组织网络的数量。因此，当网络增加的时候，诸多复杂组织的调控变得困难，政府的调控能力也受到质疑。同时，不介入的控制不可能给予政府足够的影响力以调控网络，国家空洞化侵蚀了政府的协调与计划能力。持类似观点的还有凯特尔（D. F. Kettle），他认为，"由于合同外包，政府发现他们自己不得不去处理复杂的公私关系，而对这种公私关系的认识和理解却非常模糊。政府仅仅保留松散的影响力，然而却要为一个无法被他们真正控制的体制负责"[④]。综上所述，因"国家空洞化"所带来实践中的"碎片化"问题，需

[①] 参见包国宪、郎玫《治理、政府治理概念的演变与发展》，《兰州大学学报》（社会科学版）2009年第2期。

[②] A. Schick, "The Performing State: Reflection on an Idea. Whose Time has Come but Whose Implementation has not", *DECD Journal on Budgeting*, Vol. 2003, No. 2, 2003.

[③] Rhodes R. A. W., "The New Governance: Governing without Government", *Political Studies*, Vol. 44, No. 4, 1996.

[④] D. F. Kettle, *Sharing Power: Public Governance and Private Markets*, Washington DC: The Brooking Institution, 1993, pp. 206–207.

要治理理念、模式、机制上的变革与创新，使原本碎片化和不完整的国家能更协调地运转起来。也就是说，现实实践中的问题与需要，推动了治理及相关理论的产生，成为其发展的现实背景。

以上现实问题对世界各国造成了严重冲击。如何应对这些问题？有些学者或机构似乎有先见之明，在这些问题还没有造成巨大影响之前，就表明了他们的观点，甚至提出了应对之策。就治理研究而言，有三个里程碑式的人物与机构。

第一个里程碑是美国外交官、教育家克利夫兰（Harlan Cleveland）。他在1972年出版了《未来的执行官》一书，希望未来出现一种新的管理方式："做事的组织将不再采取从上到下的金字塔的管理方式，不再把绝大多数实际控制权集中在最高层手中……因为组织将变为扁平式，它们的管理方式将更可能是合议性、共识性、协商性的。需要解决的问题越大，更多的实权应该分散，更多的人应该能执掌它。"[1]

在这本书里，克利夫兰没有使用"治理"这个词，但他指出的变革方向正是后来治理研究者们倡导的。到1980年，他在文章中提到了"治理"："如果我们要统治自己，同时不造成政府越来越膨胀，我们社会中的非政府组织将不得不非常清醒地把自己看作治理的一分子"[2]。在公共管理领域，最早谈论治理理念并使用"治理"的人，非克利夫兰莫属，他是公共管理领域治理理论的奠基人之一。

第二个里程碑是经济学家威廉姆森（Williamson）。20世纪70年代初，他反复提及"市场与层级制"（markets and hierarchies），并在1979年发表了一篇在经济学与管理学中非常经典的文章——《交易费用经济学：合约关系的治理》。这篇文章把决定交易完整性的制度框架叫作"经济治理结构"（economic governance structure），而市场与层级制是两种不同的经济治理结构。[3] 到目前为止，这篇论文已经被引用一万多次，是经济管理领域引用率最高的论文之一。

第三个里程碑是世界银行（World Bank）。世界银行的使命是促进发展中国家经济和社会发展。发展中国家的经济增长在20世纪80年代遭遇了严重危机（尤其是撒哈拉以南的非洲地区），这意味着世界银行在这个时期推行的方针出了问题，因此它必须另寻思路。1989年年底，世界银行出版了报告《撒哈拉以南的非洲：从危

---

[1] Harlan Cleveland, *The Future Executive: A Guide for Tomorrow's Managers*, New York: Harper & Row, 1972, p. 13.

[2] 转引自 William W. Boyer, "Political Science and the 21st Century: From Government to Governance", *Political Science & Politics*, Vol. 23, No. 1, 1990, p. 51。

[3] Oliver E. Williamson, "Transaction-cost Economics: The Governance of Contractual Relations", *The Journal of Law & Economics*, Vol. 22, No. 2, 1979, pp. 233-261.

机到增长》，将非洲发展面临的一系列问题都归结为"治理危机"。① 这是"治理"一词最早出现在世界银行报告中。在接下来的几年里，世界银行反复提及治理。在1991年召开的发展经济年度会议上，"治理在发展中的作用"成为一个重要议题。② 次年，世界银行发布了报告《治理与发展》，其重点是推销"good governance"（国内有学者把它翻译为"良治"），并为推行"良治"开出了四方药：公共部门管理、问责、法治、信息透明。③ 两年后，世界银行又发布了报告《治理：世界银行的经验》，专门讨论它在"良治"四个方面的作为。④ 再往后，它组建了专门的团队，研究"治理"的衡量指标，并经常发布各国治理水平的排行榜。由于世界银行大张旗鼓地推动，"治理"吸引了越来越多研究者的注意力。

二 治理的语源

术语"治理"有着十分悠久的语言渊源，如希腊文中的"kybernan""kubernetes"与拉丁文中的"gubernare"，原意为掌舵。古希腊哲学家柏拉图则把"kubernetes"一词解释为"掌舵或操纵的艺术"。

英文中的治理（governance）源于拉丁文和古希腊语，原意是控制、引导和操纵。长期以来它与统治（government）一词交叉使用，并且主要用于与国家的公共事务相关的政治活动和管理活动中。但是，自20世纪90年代以来，西方政治学和经济学家赋予了"governance"新的含义，它不再只局限于政治学领域，而被广泛运用于社会经济领域之中，不仅在英语世界使用，并且开始在欧洲各主要语言中流行。⑤ 正如研究治理问题的专家鲍勃·杰索普（Bob Jessop）所说的那样："过去15年来，它在许多语境中大行其道，以至成为一个可以指涉任何事物或者毫无意义的'时髦词语'。"⑥

在法文中，治理一词为"gouvernance"。其词意随着时间发展不断变化，具有十分鲜明的语源轨迹。在欧洲的中世纪时期，gouvernance（治理）与 gouverne（指

---

① World Bank, *Sub-Saharan Africa: From Crisis to Growth: A Long-term Perspective Study*, Washington, D. C.: World Bank, 1989, pp. xii, 60.
② Lawrence H. Summers and Sbekhar Shah (eds.), *Proceedings of the World Bank Annual Conference on Development Economics, 1991*, Washington, D. C: World Bank, 1992, pp. 267 – 362.
③ World Bank, *Governance and Development*, Washington, DC: World Bank, 1992.
④ World Bank, *Governance: The World Bank's Experience*, Washington, DC: World Bank, 1994.
⑤ 参见俞可平《治理与善治》，社会科学文献出版社2000年版，第1—2页。
⑥ 参见［英］鲍勃·杰索普《治理的兴起及其失败的风险：以经济发展为例的论述》，《国际社会科学》（中文版）1999年第2期。

导、指引）、gouvernement（统治、政府）这两个词具有相同的词源，均表示主导或者驾驭某事物，三词同义，可以相互替换。此后，统治（gouvernement）的概念得到逐步的明确，包涵了统治的思想与等级化的权利、垂直和自上而下的指挥关系，以及以整齐划一的方式推行顶层意志等概念。[1] 直到20世纪90年代中期，"gouvernance"作为英文"governance"的对应词汇，随着"governance"一词的兴起变化，进入公共政策的分析领域。[2]

德语中，一般用"steuerung"（控制）来表达关于政治控制的有效性和失效问题。在德国政治科学中，"Steuerung"首先被用来指代政治权威塑造其社会环境的能力，即为统治（governing）的含义。后来，随着时间的演进与实践的发展，这个概念逐渐也被用作治理（governance）的同义词。[3]

在汉语中，"治理"一词古已有之，其含义与英文的"govern"对应，是指"管理""统治"，如《荀子·君道》中有一句："明分职，序事业，材技官能，莫不治理，则公道达而私门塞矣，公义明而私事息矣。"又如《孔子家语·贤君》中有"吾欲使官府治理，为之奈何"。瞿秋白也曾使用过"治理国家"的说法。不过，在很长的时间里，"治理"一词很少被使用，这与英文"governance"的情况非常相似，即便使用，在"统治"意义上使用它也极为罕见。

综上所述，治理这个概念的词源源远流长：从最开始"船舵、掌舵"为原始含义，后引申出"引导、操纵"等含义，并逐渐演变到"统治"进而到"治理"的概念，说明随着实践的深入与发展，现实环境的需要推动了词语在具体含义上的演进与发展。因此，"治理"这一概念性词语的出现也反映了当今社会发展中所急需解决的问题与困难，并与社会实践的方方面面都息息相关。

三 治理的多元含义

《现代汉语词典》中，"治理"的含义主要有两个，一是处理、整修，是侧重于具体某种、某类事务的微观或者中观含义；二是统治、管理，在这个含义上则更侧重于宏观上国家事务的管理。显然，仅从中文的释义上来看，"治理"就蕴含着极为丰富的含义。而在《新简明牛津词典》中，关于"治理"（governance）一词的解释也有3种，一是表示"控制（governing）的行为、方式或者事实；政府统治（government）"，也包括"被控制的状态和良好的秩序"；二是指"控制的功能或权

---

[1] 参见［法］让·皮埃尔·戈丹《何谓治理》，社会科学文献出版社2010年版，第14页。
[2] 参见［法］让·皮埃尔·戈丹《何谓治理》，社会科学文献出版社2010年版，第14页。
[3] 参见俞可平主编《治理与善治》，社会科学文献出版社2000年版，第202—203页。

力和负责控制管理的人或实体";三是指"对生活或商业的管理及行为"。

20世纪80年代以后,西方经济学家赋予治理新的含义。经济学意义上的治理是针对现代企业制度中存在的所有权和控制权分离以后所产生的委托—代理关系中激励不足,形成的一种新的制约机制和激励机制。1989年,世界银行针对当时非洲的情形,提出"治理危机"(Crisis in Governance)一词,把"治理"从企业管理层面引入国家管理层面。此后,"治理"一词越出经济学范畴,被广泛应用于政治发展和社会研究等领域。[①] 现代学者多将"治理"理解为政府与公民对公共生活的合作管理。

有关治理内涵的研究中,芬克斯坦(Lawrence Finkelstein)在他文章《什么是全球治理》中指出:我们之所以说"治理",是因为我们确实不知道如何称呼正在发生变化的一切。[②] 皮埃尔(Pierre)和皮特斯(Peters)也指出,"治理的概念是难以捉摸的,它频繁地被社会科学家和实践者使用,但却没有一个各方共同认可的定义"。[③] 由此可见,治理的内涵丰富且用法多样。但在治理的众多定义中,全球治理委员会的定义最具有权威性。联合国全球治理委员会于1995年的报告《我们的全球伙伴关系》提出,治理是或公或私的个人和机构经营管理相同事务的诸多方式的总和,它是使相互冲突或不同利益得以调和并且采取联合行动的持续过程,它既包括有权迫使人们服从的正式制度和规则,也包括人民和机构同意的或以为符合其利益的各种非正式的制度安排。治理的特点有四:第一,治理不是一套整规则,也不是一种活动,而是一个过程;第二,治理过程不是控制,而是协调;第三,治理既涉及公共部门,也包括私人部门;第四,治理不是一种正式制度,而是持续的互动。[④]

治理理论的主要创始人之一罗西瑙(J. N. Rosenau)在其代表作《没有政府的治理》中指出:"治理是只有被多数人接受才会生效的规则体系,它依赖主体间重要性的程度不亚于对正式颁布的宪法和宪章的依赖。"[⑤] 罗茨(R. Rhodes)则对治理的概念进行了比较全面的总结,提出了"治理的六种不同用法",被学界广泛引用,它们是:(1)作为最小国家的治理;(2)作为公司治理的治理;(3)作为新公共管理的治理;(4)作为善治的治理;(5)作为社会—控制论系统的治理;(6)作

[①] 参见俞可平主编《治理与善治》,社会科学文献出版社2000年版,第1页。
[②] L. S. Finkelstein, "What is Global Governance?", *Global Governance*, Vol. 1, No. 3, 1995.
[③] Pierre Jon and Peters Guy, *Governance, Politics and the State*, Gender, 2000.
[④] 参见俞可平主编《治理与善治》,社会科学文献出版社2000年版,第4—5页。
[⑤] 参见罗西瑙《没有政府的治理》,江西人民出版社2001年版,第5页。

为自组织网络的治理。[1]

尽管对"治理"的理解有所不同，但是它们之间也有某些共同之处。第一，研究方法是多中心而非单一中心；第二，无论是何种形式的网络都具有重要作用；第三，它们都更强调治理的过程；第四，它们都认为，行为者间的关系产生了具体的风险和不确定性，而不同的部门发展出各自不同的制度来减少风险，提高合作的可能性。这些相似之处使研究"治理"概念的文献有了相互学习的可能。

其他国外学者也从不同角度研究治理的内涵与特点。格里·斯托克（Stoker）从理论角度，以五个论点展开治理讨论。他认为"治理"是出自政府、但又不限于政府的一套社会公共机构和行为者。随着公共部门和私人部门责任界限的日益模糊，且涉及集体行为的各个社会公共机构之间存在的权力依赖的情况下，政府可以通过网络的自主自治，利用新的工具与技术加以引导与控制。[2] 库伊曼（J. Kooiman）和弗利埃特（M. Van Vliet）从系统的角度看待治理概念，他们强调治理过程中自组织的特性。他们认为，"治理可以被看作一种在社会政治体系中出现的模式或结构，它是所有被涉及的行为者互动式参与努力的'共同'结果"。[3] 而且"它所要创造的结构或秩序不能由外部强加；它发挥作用是要依靠系统内部中的多种行为者的互动与协同"。[4] 萨拉蒙（Salamon）则把治理的兴起看作是一场革命，"这场革命的中心不仅是政府活动范围和规模，也是政府基本行为形式的根本转变。公共活动的工具以及解决公共问题的手段都在大量激增。以前，政府的行为主要局限在由官僚组织直接提供公共产品和服务上，而现在政府的行为包括了更为多样的形式，如借贷、抵押、合同、社会规制、经济规制、保险、税收支出、优惠购货券等"。[5] 林恩（Lynn）则把治理的重点放在满足公共需求的责任和能力的分化上，认为治理变成了协调不同行为者趋向共同目标的纵向和横向手段的集合。"治理包括社会制度、法律、规则、司法裁决、行政活动，这些都能够约束、规定并保证公共目标与服务

---

[1] R. Rhodes, "The New Governance: Governing without Government", *Political Studies*, Vol. 44, No. 4, 1996.

[2] Stoker, G., "Governance as Theory: Five Propositions", *International Social Science Journal*, Vol. 155, No. 50, 1998.

[3] J. Kooiman, "Social-political Governance: Overview, Reflection and Design", *Public Management Review*, 1999.

[4] J. Kooiman, *Modem Governance: New Government-society Interactions*, London: Sage Press, 1993.

[5] L. Salamon, "The New Governance and the Tools of Public Action: An Introduction", *Fordham Urban Law Journal*, Vol. 28, No. 5, 2001.

的提供。"[1]

　　相对于国外学者，中国学者在结合国外理论研究与中国发展实践的基础上针对"治理"的概念进行了如下阐述。俞可平在《治理和善治》一书中写道，治理的基本含义其实就是在一定范围内运用权威维持秩序，从而满足公众需求。[2] 毛寿龙基于政治学学科认为，治理是指政府对公共事务管理仅仅起到方向决定作用，但是并不直接对事务运营过程进行直接干预影响。[3] 薛澜则认为，治理是通过政府、市场、社会之间的分工协作，实现公共事务有效治理、公共利益全面增进的活动与过程。[4] 余军华认为，治理是为了达到集体的秩序和共同目标，公共、私人部门和非营利组织共同参与其中，相互之间形成伙伴关系，通过谈判、协商和讨价还价等政策手段来供给公共产品与服务、管理公共资源的过程。[5] 蓝志勇则认为，治理因时代诉求而被赋予不同的内涵，现代治理应涵括人本主义、公民参与、现代管理工具、高度的运行效率等核心要素。[6] 陈振明和薛澜认为，治理是一个上下互动的管理过程，它主要通过多元合作、协商、伙伴关系确立认同和共同的目标等方式实施对公共事务的管理，其实质在于建立市场原则、公共利益和认同之上的合作。[7]

　　综上所述，尽管学者对治理有各自的解释，但基本达成一致，即认为"治理的实质在于多元主体以及主体间的相互合作，而不是仅仅依靠政府的权威"。[8] 治理概念指出一种结构或者一种秩序的产生，这种结构或者秩序不是由外部强加的，而是由多个治理参与者互动、协商以及合作后的结果。[9] 因此，现代意义的治理有以下几个特点：第一，更强调各个治理主体间的协同与合作，形成合力实现善治；第二，更强调公共问题的解决需要依赖国家、市场以及社会组织三者间的协作，而不是仅仅只靠国家和市场的力量；第三，注重整体性治理，实现公共部门与私人部门、社会组织的协调，破解"碎片化"困境。这样的理解势必影响到治理能力的提升以及

---

[1] L. Lynn, C. Heinrich, C. Hill., *Improving Governance*: *A New Logic for Empirical Research*, Washington DC: Georgetown University Press, 2001, p. 7.

[2] 参见俞可平主编《治理与善治》，社会科学文献出版社2000年版，第5页。

[3] 参见毛寿龙《西方政府的治道变革》，中国人民大学出版社1998年版，第6—7页。

[4] 参见薛澜《国家治理体系与治理能力研究：回顾与前瞻》，《公共管理学报》2015年第3期。

[5] 参见余军华《公共治理：概念与内涵》，《中国行政管理》2013年第12期。

[6] 参见蓝志勇《现代国家治理体系：顶层设计、实践经验与复杂性》，《公共管理学报》2014年第1期。

[7] 参见陈振明、薛澜《中国公共管理理论研究的重点领域和主题》，《中国社会科学》2007年第3期。

[8] Stoker G., "Governance as Theory: Five Propositions", *International Social Science Journal*, Vol. 155, No. 50, 1998.

[9] K. A. Eljassen, J. Kooiman, "Managing Public Organization: Lesson from Contemporary European Experience", *Administrative Science Quarterly*, Vol. 34, No. 3, 1989.

满足社会需要方式的选择，不仅对治理的实践活动，而且对治理理论的研究都将产生积极的影响。①

四 中国话语体系的治理

治理的含义如此多元且复杂，经过二三十年的研究，已经有研究者开始反思治理文献是不是出了什么问题，如何克服这些问题。世界银行在2017年发表了《世界发展报告：治理与法治》，其中第一部分的标题是"为了发展，反思治理"。这个最早把"治理""良治"概念炒热的机构承认需要反思本身值得称道，这意味着过去二三十年曾一度被某些人奉为神明的"治理"未必那么神奇。

这种反思实际上已经悄悄进行了一段时间。福山（Francis Fukuyama）在20世纪90年代一度把一种特定的治理方式捧上了天，即西式自由民主制度，后来的发展使他调整了思路。他于2013年发表了文章《何为治理？》，批评治理的现有文献过于关注国家是否以某些特定的方式治国理政（如是否符合西方主流意识形态定义的"民主"？是否实行了世界银行定义的"良治"），却忽视了国家有没有能力治国理政这个更根本的问题。为了弥补这个缺憾，他建议将"治理"定义为"政府制定和执行规则的能力以及提供服务的能力，与政府是否民主无关"。② 如果这样定义治理，可以说是回到了这个词的原意。

对于中国开展治理而言，更需要明确"治理"一词的含义，不能盲从，要有辨识力和判断力，进而在社会主义新时代下形成自己的话语体系。我们可以回到英文"governance"与中文"治理"原本的含义，像亚里士多德或荀子那样使用这个名词。它是指公共管理（包括治国理政）的方式、方法、途径、能力，不是指市场化、私有化，不是指"无须政府的治理"，不是指"多一些治理，少一些统治"。

2013年11月，党的十八届三中全会提出："全面深化改革的总目标是完善和发展中国特色社会主义制度，推进国家治理体系和治理能力现代化"，就是在这个意义上使用"治理"。习近平总书记2014年2月17日在中央党校的讲话，也是在这个意义上使用"治理"。他把这个问题讲得很清晰，指出推进国家治理体系现代化，就是"为党和国家事业发展、为人民幸福安康、为社会和谐稳定、为国家长治久安提供一整套更完备、更稳定、更管用的制度体系"，其中完全没有按照西方主流治理理论办事的意思，关键是要有利于党和国家事业发展、人民幸福安康、社会和谐

---

① 参见徐家良《政府评价论》，中国社会科学出版社2006年版，第1页。
② Francis Fukuyama, "What is Governance?", *Governance: An International Journal of Policy, Administration, and Institutions*, Vol. 26, No. 3, pp. 347–368.

稳定、国家长治久安；凡是可以达到这些目的的治理体系，对我们而言就是有益的。他又提到了治理能力，指出推进治理能力现代化，就是要增强"制度执行能力"。因此，党和国家提到的治理体系和治理能力的这套话语体系包括两个方面：一方面是做事的方式方法和途径，另一方面是治理国家的能力。这就回到了治理的本源，形成了中国自己的话语体系。

第二节　治理相关理论

治理是近十几年才进入社会科学的标准英语词汇之内，从源头上来讲，治理理论的产生主要有以下两点：一是针对传统管理危机或统治失效等问题，治理理论的提出意味着"统治"的内涵发生了转变，有一种新的方式解决国家干预这种传统形式的一蹶不振，[①] 从而对国家、社会进行有效的管控，保障其正常运行；二是自组织治理理论的兴起，其表现形式包括自组织的人际网络、经谈判达成的组织间协调以及组织中若干系统之间的调控。[②] 这些现象都是在当前的经济社会治理实践中，得到重点关注的对象，其产生的缘由、运行的机制，带来问题以及可能的解决方案都是推动治理理论发展的重要因素。本节主要从国外与国内两方面，分别介绍治理相关理论。国外治理相关理论主要介绍了元治理、协同治理、互动治理、网络治理以及整体性治理五大理论，国内相关治理理论则主要讨论了治理相关理论在中国从引入、分析应用再到反思的发展过程。

一　国外治理相关理论

"治理"是一个含义深刻且内涵丰富的词语，界定其内涵、探讨其概念也是治理理论的内容之一。有关治理内涵的相关内容，已经做了较为完善的探讨，故不再赘述。本段中主要介绍国外学者研究治理理论所产生的相关延伸概念与理论。

（一）元治理

"元治理"（meta-governance）的概念最早由英国学者鲍勃·杰索普在1997年提出，其意为"协调三种不同治理模式以确保它们中的最小限度的相干性"。[③] 具体来

[①] 参见［法］弗朗索瓦·格扎维尔·梅里安《治理问题与现代福利国家》，俞可平主编《治理与善治》，社会科学文献出版社2000年版，第107页。

[②] 参见［英］鲍勃·杰索普《治理的兴起以及失败的风险：以经济发展为例》，俞可平主编《治理与善治》，社会科学文献出版社2000年版，第52—85页。

[③] Jessop Bob, *Governance, Governance Failure, and Meta-governance*, Universita della Calabria, Arcavacata di Rende, 2003.

讲，元治理就是"治理的治理"，它是指在对市场、国家、公民社会等治理形式、力量或机制进行一种宏观安排，重新组合治理机制。杰索普提出了三个概念——"元交换""元组织""元层级"，并由此引申出"元治理"。其包括两层含义：一是不同治理模式之间的共振，即三种模式的有机结合；二是针对特定治理目标的模式选择。元治理包含管理复杂性、多元化、在流行的协调模式下建立的复杂的层级。总之，他将"元治理"表述为"治理条件的组织，以及涉及市场、层级、网络的明智混合以得出可能的最好结果"。[①] 荷兰学者路易斯·慕利门（Louis Meuleman）在杰索普的基础上将元治理发展为两个概念：第一，元治理是指通过应用其他两种实力类型的元素来支持选定的治理类型，并且保护它不受其他两种治理模式的破坏影响。这被称为一阶元治理。第二，元治理是指结合三种治理模式并且管理这种结合，而没有对某一种治理模式的先天偏好。这被称为二阶元治理。[②] 另外，他还根据元治理者与元治理网络之间的关系将元治理分为治理的统治（government of governance）和治理的治理（governance of governance）。前者表示元治理者处于纵向高高在上的位置，其结构是一种"不动手"（设计）类型，后者表示元治理者处于横向同级位置，其结构是一种"亲自动手"（参与）类型。

（二）协同治理

全球治理委员会于1995年给协同治理下了清楚明晰的定义："协同治理覆盖个人和公共及私人机构管理他们共同事务的全部行动。这是一个有连续性的过程，在这个过程中，各种矛盾的利益和由此产生的冲突得到调和，并产生合作。"基于此观点，法国学者菲利浦·莫罗·德法尔日认为，协同治理本身不是目的，它只是确定处于某个时代的社群最佳的治理方式和不同治理方式之间的关系，并找到处理这些关系的合理程序的手段。在这个理论基础上，学者根据不同的侧重点进行了进一步的研究。Culpepper从各参与方的话语权角度定义协同治理，认为协同治理是指政府和非政府行动人在一个既定的政策领域内进行日常性的互动，且在这个过程中，政府对问题的界定以及实施方法的选择上均没有垄断的权力。[③] Chi从地位的平等性

[①] Jessop Bob, "Governance and Meta-governance: On RellexiviLy, Requisite Variety, and Requisite Irony", In *Governance, as Social and Political Communication*, Manchester University Press, Manchester, 2002, pp. 101 – 116.

[②] Meuleman Louis, "Meta-governing Governance Styles-Broadening the Public Manager's Action Perspective", Jacob Torfing and Peter Triantafillou, "Interactive Policy Making, Meta-governance and Democracy", Colehester: ECPR Press, 2011.

[③] Pepper D. Culpepper, *Institutional Rules, Social Capacity and the Stuff of Politics: Experiments in Collaborative Governance in France and Italy*, Cambridge: Harvard University, 2003, RWP03 – 029, p. 4.

角度下定义，认为协同治理是指参与方以平等伙伴的身份共同合作的情形，为此，在协同治理中，各参与方需要通过正式或非正式的协议放弃一部分的独立性或自主性。① Imperial 从个人和组织的自主性下定义，认为"协同治理指的是为实现共同目标对具有不同程度自主性的个人和组织进行指导、控制和协调的方式"。② Zadek 从规则的重要性角度下定义，认为"协同治理指的是来自公共和私人机构的多方行动人一起制定、执行和管理规则，为共同面对的挑战提供长期解决方案的过程"。③ Cooper 等则从公民在决策过程中的参与角度下定义，认为协同治理是指公民与公共机构代表进行理性协商，且这种协商方式已经逐渐嵌入到地方治理的工作中。④ 总而言之，协同治理理论强调几个关键点：一是公共组织和私人组织的广泛协同合作；二是治理主体的广泛参与；三是治理决策过程中的广泛协商以应对共同的挑战。

（三）互动治理

互动治理建立在"社会治理的实现依赖于不同行动主体的治理行动和治理努力"这一假设基础上。⑤ 这些治理行动和治理努力的不同组合为主要社会问题提供了解决的途径。互动治理可以被定义为用于解决社会问题和创造社会机遇的各种相互行动的行为总和，包括对原则进行制定和应用，以及对各种制度进行维护和管理。对"互动"的强调构成了其主要创新之处。互动是行为的特殊形式，目的在于排除障碍，从而沿着新的道路前进；在互动过程中，对一个问题或者机遇的界定，不仅仅取决于当前所面临的问题，而且也取决于参与互动的各个行为主体的立场和看法。总体来看，互动治理理论包含着三个不同的治理要素，一是构想，它是治理主体意欲实现的一系列想法；二是工具，它是为构想的实现提供的物质基础；三是行动，它是为工具提供支持，并保证工具的运转。

（四）网络治理

网络治理注重研究组织间的结构关系，主要有行动者中心制度主义和管理复杂网络两种理论主张。一是行动者中心制度主义。这种理论强调网络是一种非正式的

---

① Keon Chi, *Four Strategies to Transform State Governance*, IBM Center for the Business of Government：Washington DC, 2008, p. 25.

② Imperial Mark T., "Using Collaboration as a Governance Strategy：Lessons from Six Water Shed Management Programs", *Administration and Society*, Vol. 37, No. 3, 2005.

③ Simon Zadek, *The Logic of Collaborative Governance：Corporate Responsibility, Accountability, and the Social Contract*, Cambridge：Harvard University, 2006, p. 3.

④ Terry L. Cooper, Thomas A. Bryer, Jack W. Meek, "Citizen-entered Collaborative Public Management", *Public Administration Review*, Vol. 66, 2006.

⑤ Kooiman J., *Governing as Governance Sage*, Sage Pubn Inc, 2003.

制度架构。在网络中,行动者之间形成的是非正式组织形式的关系,其本质是非科层的、互惠的,由于行动者间拥有相对稳定不变的关系和互动形式,因而会努力去实现共同利益。① 在这个过程中,行动者遵循共同的规则来对网络成员的行为进行制约,以产生共同的结果。这就可以减少信息成本和交易成本,增加相互的信任,减少不确定性和风险。② 由于以上这些功能,网络成了协调公共行动者和私人行动者的理想制度框架。在网络中,公共和私人的行动者有着共同的利益,互相依赖,形成优势互补的资源交换。二是管理复杂网络。此理论认为,网络是治理的新兴形式,在国家与私人部门相互依赖性增强的情况下,市场或科层都不被认为是治理的恰当形式,有必要催生一种新的治理形式。科层建立在系统的剥削基础之上,结果造成了系统的不稳定;市场缺乏协调,不能克服和防止市场失灵。相比之下,网络是水平的、能通过谈判实现自我协调,从而避免其他治理形式产生的问题。谈判可以产生正和博弈,使所有人都受益。因为经常的互动、共享的价值和信任,形成一种解决问题的能力,行动者不再只是狭隘地关注自我利益。同时,网络提供了有效协调市场失灵的方式。③

(五) 整体性治理

整体性治理强调在组织结构上建立协调与整合的联结性机制,其代表人物是英国的学者佩里·希克斯。希克斯首倡整体性政府(holistic government)的概念,主张 21 世纪的政府应为整体性政府、预防性政府、改变文化的政府及结果取向的政府。④ 他的观点主要有三个层次:一是对整体性治理概念的界定,他认为整体性治理就是政府机构组织间通过充分沟通与合作,达成有效协调与整合,彼此的政策目标连续一致,政策执行手段相互强化;二是整体性政府与其他类型政府的比较,他将整体性政府与协同型政府、贵族式政府、渐进式政府和碎片化政府进行比较,明确了整体性政府的特征;三是介绍了整体性治理的具体措施,主要从政策目标和政策机制、顾客目标和顾客机制、组织目标和组织机制、机构目标和机构机制等多方面进行阐述。⑤ 其后,国外许多学者展开了对整体性治理的研究。帕特里克·登力维通

---

① 参见徐湘林《民主、政治秩序与社会变革》,中信出版社 2003 年版。
② Klijn E. H., "Analyzing and Managing Policy Processes in Complex Networks: A Theoretical Examination of the Concept Policy Network and Its Problems", *Administration & Society*, Vol. 28, No. 1, 1996.
③ 参见鄞益奋《网络治理:公共管理的新框架》,《公共管理学报》2007 年第 1 期。
④ Perri, *Holistic Government*, London: Demos, 1997.
⑤ Professor Perri, Leat D., Seltzer K., et al., *Towards Holistic Governance: The New Reform Agenda*, Palgrave, 2002.

表 1—1　　　　　　　　　　　国外治理的相关理论

相关理论	基本内涵	理论背景、侧重点
元治理	对治理的治理，在对市场、国家、公民社会等治理形式、力量或机制进行一种宏观安排，重新组合治理机制	强调政府在治理中的作用，强调政府是治理的三方主体中进行协调的最主要主体。它的责任不仅仅是作为一个权威的机构，更重要的是指导社会的行进以及为了社会运行确立行为准则
协同治理	政府与非政府部门通过广泛协商从而达成一致，产生合作，以期制定或执行公共政策或达成公共目标	强调政府、市场、社会各方在平等基础上进行公开理性的对话、交流和协商，达成共识从而解决共同面临的挑战
互动治理	用于解决社会问题和创造社会机遇的各种行为的总和，包括引导制定与运用良好的互动机制，及对其维护与管理等	强调主体间的合作与协同，从而达到治理的目标
网络治理	网络是治理的新兴形式。在网络中，行动者之间的关系是非科层的、互惠的，因此网络提供了一个行动者的互动及利益水平协调的框架，通过谈判协调各方利益，实现共同利益	注重研究组织间的结构关系，强调运用明示或隐性暗含的契约对网络组织进行治理，是一个动态过程。在这个过程中，行动者遵循共同的规则来对网络成员的行为进行制约，并通过网络治理整合资源并协调利益。综合考虑了政府层面与非政府层面有关治理的众多用法，通过形成有效的合作机制，实现资源组合的优化
整体性治理	以公民需求为治理导向，以信息技术为治理手段，以协调、整合、责任为治理机制，对治理层级、功能、公私部门关系及信息系统等碎片化问题进行有机协调与整合，不断从分散走向集中、从部分走向整体、从破碎走向整合，为公民提供无缝隙且非分离的整体型服务的政府治理模式	对新公共管理带来的"碎片化"现象进行战略回应，它强调在组织结构上建立协调与整合的联结性机制，政府机构组织间通过充分沟通与合作，从而实现治理目标

资料来源：根据文献整理。

过对一些发达国家（美国、英国、加拿大、澳大利亚、新西兰以及荷兰）的公共管理系统的实证研究，认为信息系统是形成公共行政变革的重要因素，整体主义的改革旨在以公众的需要为基础，简化和变革政府机构与其客户之间的整个关系。[1] 波利特对整体性治理进行了全面的剖析，他认为整体性治理是指一种通过横向和纵向协调的思想与行动来实现预期利益的政府治理范式，具体包括：消除政策间的矛盾和紧张以增加政策的效力；减少重复，整合稀缺资源；增进某一政策领域中不同利益主体的协作；为顾客提供无缝隙而非分离的服务。[2] 总的来说，整体性治理理论强调的是政府部门对资源的整合，并通过有效的沟通与协调，达成治理的目标。

二 国内治理相关理论

国内最早关于"治理"的文章是智贤的《Governance：现代"治道"新概念》。该文章将治理翻译为"治道"，是指治理公共事务的方法、逻辑与道理等，认为治道是政府对其权威、控制力、管理能力和权利的运用方式，主要涉及管理与制度等技术方面的问题，旨在提高管理公共事务的效能。[3] 毛寿龙也将"governance"译为"治道"，他认为"治道"是有关治理的模式，一方面指在市场经济条件下，政府对公共事务的治理之道；另一方面是指在市场经济条件下政府如何界定自己的角色，如何运用市场的方法去管理公共事务。[4]

在治理理论的引入与介绍方面，影响最大的是俞可平主编的《治理与善治》一书，该书较为全面的收录了国际学术界治理研究的一些重要文献，推动了国内学术界对治理的深入了解。俞可平认为："虽然治理理论还很不成熟，它的基本概念还十分模糊，但它打破了社会科学中长期存在的两分法传统思维方式，即市场与计划、公共部门与私人部门、政治国家与公民社会、民族国家与国际社会。一是它把有效的管理看作是两者的合作过程，同时力图发展起一套管理公共事务的全新术语；二是它认为政府不是合法权利的唯一源泉，公民社会也同样是合法权利的来源；三是它把治理看作是当代民主的一种新的现实形式等，所以这些都是对政治学研究的贡

---

[1] Dunleavy P., Margetts H., Bastow S., et al., "New Public Management is Dead: Long Live Digital-Era Governance", *Journal of Public Administration Research & Theory*, Vol. 16, No. 3, 2006.

[2] Pollitt C., "Public Management Reform: Reliable Knowledge and International Experience", *OECD Journal on Budgeting*, Vol. 3, No. 3, 2003.

[3] 参见智贤《Governance——现代"治道"新概念》，载刘军宁《市场逻辑与国家观念》，上海三联书店1995年版，第55—57页。

[4] 参见毛寿龙、李梅、陈幽泓《西方政府的治道变革》，中国人民大学出版社1998年版，第2—7页。

献，具有积极的意义。"①

国内其他学者也从不同的角度研究了治理理论。王诗宗认为，治理理论突破了包括政治——行政二分在内的一系列二分法，试图融合价值与效率的冲突，从而大大推进了公共行政学的发展；治理理论以各种形式进行分权，以期实现行政过程中的价值；以各种治理方式及其组合应对治理对象的复杂、动态和多样性质，以期效率的实现。②俞可平认为，治理理论打破了社会科学中长期存在的两分法的传统思维方式，即市场与计划、公共部门与私人部门、政治国家与公民社会、民族国家与国家社会；强调管理就是合作；认为公民社会也同样是合法的权力的来源。③滕世华则认为，治理理论一方面从静态上分别阐述了政府、市场和公民社会在公共治理体系中的地位和作用；另一方面从动态角度针对政府自身的问题，系统地阐述政府职能转变和角色创新、政府行为方式与运行机制的改革与创新。④田凯认为，治理理论主张改变政府作为单一行动者，强调政府与私人部门和志愿部门形成伙伴关系，政府不再以强制性权力直接干预自组织网络，其核心是探讨公共部门改革中国家本质和作用的变化。⑤王兴伦认为，多中心治理理论借助多样化权力和政府单位间的合作、谈判、协商等方式，解决不同范围的公共治理问题，体现出了交叠生产层次和多个政治领域互动中的治理智慧。⑥李汉卿认为，结合自然科学的协高论和社会科学的治理理论形成的协同治理理论具有治理主体多元化、各子系统协高性、自组织间的协高以及通过规则的制定等特征，其治理过程是寻求有效治理结构的过程。⑦陈振明等认为，公共治理理论的理念已开始注重经济社会协调、可持续发展，并形成了各种不同的治理与改革理论范式与实践模式，因此必须加强政府治理与改革的创新研究，以推进中国政府治理变革。⑧夏建中认为，调整国家和社会的关系，建立一个繁荣、活跃的公民社会，是治理理论的本质要求；治理的目的和手段是培育社会资本。⑨鄞益奋认为，网络治理理论主张网络能够解释一些传统的市场或科层所无法解释的新兴现象，是与信息社会相契合的一种治理形式。其核心思想在于，

---

① 参见俞可平《引论：治理与善治》，《治理与善治》，社会科学文献出版社 2000 年版，第 1—15 页。
② 参见王诗宗《治理理论与公共行政学范式进步》，《中国社会科学》2010 年第 4 期。
③ 参见俞可平《治理和善治：一种新的政治分析框架》，《南京社会科学》2001 年第 9 期。
④ 参见滕世华《公共治理理论及其引发的变革》，《国家行政学院学报》2003 年第 1 期。
⑤ 参加田凯《治理理论中的政府作用研究：基于国外文献的分析》，《中国行政管理》2016 年第 12 期。
⑥ 参见王兴伦《多中心治理：一种新的公共管理理论》，《江苏行政学院学报》2005 年第 1 期。
⑦ 参见李汉卿《协同治理理论探析》，《理论月刊》2014 年第 1 期。
⑧ 参见陈振明、张成福、周志忍《公共管理理论创新三题》，《电子科技大学学报》（社会科学版）2011 年第 13 期。
⑨ 参见夏建中《治理理论的特点与社区治理研究》，《黑龙江社会科学》2010 年第 2 期。

任何国家或社会一方的行动者需要形成合作关系，实现资源组合优化，最终达成社会善治。[1]

综上所述，学者对治理理论的叙述虽然不尽相同，但是仍有一些共同点：一是治理主体的多中心化，从政府单一治理主体转变为政府、市场、社会的协同治理；二是治理权力的去中心化，从政府的单一权威让渡到市场与社会，形成合作，从而达成有效的治理；三是强调利用各种新的工具与方法，加强国家、市场、社会之间的互动。总而言之，治理理论认为，以政府为主体、以纵向命令控制为特征的传统层级制治理模式，已经无法应对政府面临的各种危机，因此，国家应该进行分权化和去中心化改革，让市场、社会组织等多元主体更多地参与公共事务，从而达成国家的"善治"。

第三节　政府治理的理解

有关政府治理的研究，国外学者是将政府治理的概念放入治理语境下进行研究，政府成了与市场、社会并行的主体。而国内学者提到的政府治理则是一个与中国国情相适应的概念，政府治理普遍被认为治理者是政府，而对应的治理客体就是社会公共事务。[2] 以上看出国外学者与国内学者在对"政府治理"问题认识上存在的分歧。[3] 本节首先介绍政府治理的内涵，对国内外学者的观点进行评述，然后区分治理与统治的区别，由统治到治理的范式转变说明了政府作为治理主体在地位上的转变，最后进一步阐述政府管理与政府治理的区别，指出理论范式与实践的转变有利于明确政府定位，提升政府治理能力，实现国家治理体系与治理能力现代化。

一　政府治理的内涵

有关政府治理的内涵，国内外学者众说纷纭，目前尚未达成统一的认识。国外学者主要从基本制度、运行模式、治理主体、目标实现等视角对政府治理进行定义。Kaufmann 和 Wei 从制度的视角出发，认为政府治理是一个国家作为权威运行的传统

---

[1] 参见鄞益奋《网络治理：公共管理的新框架》，《公共管理学报》2007年第1期。
[2] 参见张立荣、冷向明《当代中国政府治理范式的变迁机理与革新进路》，《华中师范大学学报》（人文社会科学版）2007年第2期。
[3] 参见包国宪、郎玫《治理、政府治理概念的演变与发展》，《兰州大学学报》（社会科学版）2009年第2期。

和制度，既包括选择、监督等过程，也包括政府管理社会和经济的制度安排等。①Jane-Erik Lane 从运行模式的视角出发，认为现代政府治理则是政府自身通过经费筹措、生产、安排、所有制和管制等方式为社会提供公共产品和服务。② Jreisat 从治理主体角度出发，提出政府治理只是社会多元化治理主体的一部分，它通过与其他主体的互动达到平衡整合、共同治理的目标，政府、国际组织和私人企业等均可以参与进来。③ Keefer 从目标实现的视角出发，认为政府治理是政府通过自身或者非政府组织或个人，来达成集体目标或维持社会秩序，客观上是指在多大程度上为公民提供一定的核心服务。④

国内学者对政府治理的概念提出了不同的见解。娄成武认为，政府治理在中国语境下有其自身的特殊含义，它意味着政府作为重要的治理主体，推进国家治理体系和治理能力现代化建设，从而实现治理的法治化、民主化、透明化、科学化、制度化以及协同化。⑤ 王浦劬认为，政府治理是指政府行政系统作为治理主体的，对社会公共事务的治理。就其治理对象和基本内容而言，包含着政府对于自身，对于市场及对于社会实施的公共管理活动。⑥ 李大宇则认为，政府治理是由政府、公共部门、经授权的组织所秉持或奉行的以政策的分析、制定、发布、实施、调整为主要内容的行动或过程，其目的是实现公共政策与公众需求的匹配、社会的持续平稳发展。⑦ 薛澜则指出，政府治理是综合协调并解决各领域各种矛盾的制度化架构，本质上是各个领域各种制度的有机组合。⑧ 陈振明等认为，地方治理是指地方政府如何通过分权、重组等改革提高能力以适应全球化等不确定因素的挑战，如何在多中心合作中起到核心作用，以更好处理地方公共事务。⑨ 俞可平认为，政府治理包括规范行政行为、市场行为和社会行为的一系列制度和程序，以保障经济社会的正

---

① Daniel Kaufmann and S. J. Wei, "Does Grease Money Speed Up the Wheels of Commerce?", IMF Working Papers, 2000.
② 参见［英］简·莱恩《新公共管理》，赵成根译，中国青年出版社2004年版。
③ Jamil Jreisat, "Governance in a Globalizing World", *International Journal of Public Administration*, Vol. 27, No. 27, 2006.
④ Keefer, P., "A Review of the Political Economy of Governance: From Property Rights to Voice", *World Bank Policy Research Working Paper*, Vol. 5, 2004.
⑤ 参见娄成武《中国公共行政学本土化研究：现状与路径》，《公共管理学报》2017年第3期。
⑥ 参见王浦劬《国家治理、政府治理和社会治理的含义及其相互关系》，《国家行政学院学报》2014年第3期。
⑦ 参见李大宇《精准治理：中国场景下的政府治理范式转换》，《公共管理学报》2017年第1期。
⑧ 参见薛澜《国家治理体系与治理能力研究：回顾与前瞻》，《公共管理学报》2015年第3期。
⑨ 参见陈振明、王海龙、陈诚、刘仕博、谭栋敏《地方政府治理变革与公共服务有效提供的理论探索》，《东南学术》2007年第2期。

常运行,促进公共利益最大化。① 唐天伟则认为,政府治理是指政府在解决公共问题过程中与各个利益主体相互协商和相互提供信息、获取信息、交换信息的过程。②

综上所述,国内外学者对政府治理概念虽然有所差异,但仍有相同之处:一是认为政府是公共事务的治理主体,承担着公共责任,以及实现公共利益最大化的目标;二是认为政府在治理过程中必须注重协调各个利益主体间的关系,以满足各方的需求;三是政府治理一般利用政策与制度等方法来解决各类公共问题。本书在现有研究的基础上,对政府治理下定义:政府作为重要的治理主体,在正确处理市场、社会关系的基础上,通过引导、合作等方式,依法、科学、民主地对国家各方面的公共事务进行治理,最终实现公共利益最大化,让人民共享发展成果的治理目标。在治理内容上,主要包含了在常规状态下政府促进经济发展、维护社会稳定、制定国家重大战略等内容,也包含了在非常规状态下政府的公共危机治理。在治理工具上,主要包含了志愿型工具(家庭与社区、志愿组织、私人市场)、强制性政策工具(管制、直接提供公共产品与服务)、混合型政策工具(补贴、税收和使用费)以及各类新兴技术工具(大数据治理)。

二 治理与统治

"治理"(governance)与"统治"(government)从词面上看似乎差别并不大,但其实际含义却有很大的不同。在不少学者眼中,区分治理与统治两个概念甚至是正确理解治理的前提条件。正如让·彼埃尔·戈丹(Jean-Pierre Gaudin)所说,"治理从头起便须区别于传统的政府统治概念"。③ 治理作为一种管理过程,也像政府统治一样需要权威和权力,最终目的也是维持正常的社会秩序,这是两者的共同之处。但是,两者至少有两个基本的区别。

第一,治理与统治的基本的、甚至可以说是本质性的区别就是,治理虽然需要权威,但这个权威并非一定是政府机关;而统治的权威则必定是政府。统治的主体一定是社会的公共机构,而治理的主体既可以是公共机构,也可以是私人机构,还可以是公共机构和私人机构的合作。治理是政治国家与公民社会的合作、政府与非政府的合作、公共机构与私人机构的合作、强制与自愿的合作。治理的主要特征"不再是监督,而是合同包工;不再是中央集权,而是权力分散;不再是由国家进

---

① 参见俞可平《衡量国家治理体系现代化的基本标准》,《南京日报》2013年12月10日。
② 参见唐天伟《地方政府治理现代化的内涵、特征及其测度指标体系》,《中国行政管理》2014年第10期。
③ 参见[法]让·皮埃尔·戈丹《何谓论理》,钟震宇译,社会科学文献出版社2010版,第13页。

行再分配,而是国家只负责管理;不再是行政部门的管理,而是根据市场原则的管理;不再是由国家'指导',而是由国家和私营部门合作"。① 所以,治理是一个比统治更宽泛的概念,从现代的公司到大学以及基层的社区,如果要高效而有序地运行,可以没有政府的统治,但是不能没有治理。

第二,管理过程中权力运行的向度不一样。政府统治的权力运行方向总是自上而下的,它运用政府的政治权威,通过发号施令、制定政策和实施政策,对社会公共事务实行单一向度的管理。与此不同,治理则是一个上下互动的管理过程,它主要通过合作、协商、伙伴关系、确立认同和共同的目标等方式实施对公共事务的管理。治理的实质在于建立在市场原则、公共利益和认同之上的合作。它所拥有的管理机制主要不依靠政府的权威,而是合作网络的权威。其权力向度是多元的、相互的,而不是单一的和自上而下的。

西方的政治学家和管理学家之所以提出治理概念,主张用治理替代统治,是因为他们在社会资源的配置中既看到了市场失灵,又看到了政府失灵。市场失灵是指仅运用市场的手段无法达到经济学中的帕累托最优(Pareto Optimality)。市场在限制垄断、提供公共产品、约束个人的极端自私行为、克服生产的无政府状态、统计成本等方面存在着内在的局限,单纯的市场手段不可能实现社会资源的最佳配置。同样,仅仅依靠国家的计划和命令等手段,也无法达到资源配置的最优化,因为公共部门在提供公共物品时趋向于浪费和滥用资源,致使公共支出成本规模过大或效率降低,使得政府活动并不总像理论上所说能够做到的那样"有效",最终不能促进和保障公民的政治利益和经济利益。正是鉴于政府失灵和市场失灵,"愈来愈多的人热衷于以治理机制对付市场和(或)国家协调的失败"。②

三 政府管理与政府治理

党的十八届三中全会提出了全面深化改革的总目标:完善与发展中国特色社会主义制度、推进国家治理体系和治理能力现代化。这一目标要求政府从传统的政府管理向新型的政府治理转变。与政府管理相比,政府治理具有明显差异。

其一,从主体地位上看,政府管理主要侧重于政府对国家经济社会等各项事务的主导,政府是管理活动合法权力的主要来源;而政府治理强调合法权力来源的多样性。政府治理的主体是多元的,任何一个单一主体都不能垄断全部规范和管理的

---

① 参见俞可平《引论:治理与善治》,载《治理与善治》,社会科学文献出版社2000年版,第5—7页。
② 参见俞可平《引论:治理与善治》,载《治理与善治》,社会科学文献出版社2000年版,第5—7页。

实践过程。

其二,从承担的职责上看,政府管理的行使是自上而下的,政府习惯于扮演"全能型选手",包揽一切经济社会事务,甚至混淆裁判员与运动员的区别,直接参与市场竞争;而政府治理更多的是在多元行为主体之间形成密切的、平等的网络关系,它表明原先由国家和政府承担的责任正在越来越多地由各种社会组织、私人部门和公民自愿团体来承担。政府更多发挥的是宏观的规范、调控作用,以及有效管理各主体之间的合作。

表1—2　　政府管理与政府治理的区别

	政府管理	政府治理
主体地位	强调政府在国家经济社会各方面事务处于主导地位	强调治理主体的多元化,政府是治理主体之一
承担职责	政府包揽一切经济社会事务。扮演"全能政府"角色	政府更多发挥宏观调控的作用,只"掌舵",不"划桨"
治理模式	从自身主观意愿出发进行管控,习惯于对社会进行命令和控制	强调发挥多主体的作用,更多地鼓励参与者自主表达、协商对话,并达成共识
治理工具	依靠国家权力与行政命令进行统治与管理	除了运用权力,还利用市场的、法律的、文化的、习俗的等多种治理方法和治理技术

资料来源:根据文献整理。

其三,从治理模式上看,政府管理更多地表现为从自身主观意愿出发进行管控,习惯于对社会进行命令和控制;而政府治理是当代民主的一种新的实现形式,它更多地强调发挥多主体的作用,更多地鼓励参与者自主表达、协商对话,并达成共识,从而形成符合整体利益的公共政策。

其四,从治理工具上看,政府管理的实践主要依靠政府的权力,依靠发号施令;而政府治理则在运用权力之外,还形成了市场的、法律的、文化的、习俗的等多种治理方法和治理技术。政府治理行为者有责任使用这些新的方法和技术来更好地对公共事务进行控制和引导。[①]

总而言之,从政府管理向政府治理的转变,不仅是理论范式上的转变,而且是

[①] 参见陈家刚《从政府管理走向政府治理》,《信访与社会矛盾问题研究》2013年第6期。

政府在实践中理念以及行动上的转变，有利于重新定位政府的角色，更好地发挥政府的作用，实现国家治理体系与治理能力现代化。

第四节　小结

　　本章主要介绍了治理的内涵、治理相关理论以及政府治理的相关内涵，为我们更好地理解地方政府治理的相关内容奠定了理论基础。在治理的内涵方面，本章从理论发展与现实实践两方面具体阐述了治理产生的背景，然后介绍了治理一词的语源与含义的演变过程，并结合文献对治理的概念进行了梳理。在治理相关理论方面，本章从国内与国外两个维度，分别介绍了学者对治理相关理论的研究与探索。国外相关治理主要介绍了元治理、协同治理、互动治理、网络治理及整体性治理等理论，国内相关治理理论则介绍了具有代表性学者对治理理论的理论探讨。在政府治理的理解方面，本章首先从文献综述梳理政府治理的内涵，并分别介绍了治理与统治、政府治理与政府管理的区别。总而言之，治理使传统范式发生了转变，治理主体的多元化，参与的广泛性，都意味抛弃传统的"统治"范式，不仅对政府提出了新的要求，而且对政府的权力也进行了新的限制。而本书中政府治理的定义则是：政府作为重要的治理主体，在正确处理市场、社会关系的基础上，通过引导、合作等方式，依法、科学、民主地对国家各方面的公共事务进行治理，最终实现公共利益最大化，让人民共享发展成果的治理目标。

【思考与讨论】

1. 治理的特点是什么？
2. 简述治理的相关理论，并阐述它们的研究意义。
3. 政府管理与政府治理有何区别？

【扩展阅读】

俞可平主编：《治理与善治》，社会科学文献出版社2000年版。

俞可平：《全球化：全球治理》，社会科学文献出版社2003年版。

王浦劬：《国家治理、政府治理和社会治理的含义及其相互关系》，《国家行政学院学报》2014年第3期。

第二章

地方政府治理

党的二十大报告指出，未来五年是全面建设社会主义现代化国家开局起步的关键时期，主要目标任务之一是：改革开放迈出新步伐，国家治理体系和治理能力现代化深入推进。[①] 而地方政府治理体系和治理能力现代化是国家治理体系和治理能力现代化的重要组成部分和基础支撑。

第一节 地方政府及体系

地方政府是由中央政府为治理国家一部分地域或部分地域某些社会事务而设置的政府单位。地方政府是推进国家治理现代化战略的重要主体。地方政府体系的结构反映了地方政府体系中的整体与部分及部分与部分的关系。

一 地方政府

（一）地方政府的内涵

"地方政府"是政治学中的一个重要范畴，是国家机器中必不可少的组成部分。《布莱克维尔政治学百科全书》将其界定为："权力或管辖被限定在国家的一部分地区内的一种政治机构。"[②] 这里的"政府"是指狭义的"政府"，即国家行政机关。

中国实行单一制，作为构成单元的"地方"派生于国家对它的规划、确认并授权。在单一制架构之下，在国家内部按地域划分行政区域，各行政区域的地方

[①] 习近平：《高举中国特色社会主义伟大旗帜 为全面建设社会主义现代化国家而团结奋斗——在中国共产党第二十次全国代表大会上的报告》，人民出版社2022年版，第25页。

[②] 参见［英］戴维·米勒、韦农·波格丹诺《布莱克维尔政治学百科全书》，中国政法大学出版社1992年版，第421页。

政府均受中央政府的统一领导。①《中华人民共和国宪法》第 95 条规定"地方各级人民政府"为"省、直辖市、县、市、市辖区、乡、民族乡、镇设立人民代表大会和人民政府，自治区、自治州、自治县设立自治机关"。《中华人民共和国宪法》第 105 条规定"地方各级人民政府是地方各级国家权力机关的执行机关，是地方各级国家行政机关，地方各级人民政府实行省长、市长、县长、区长、乡长、镇长负责制"。

（二）地方政府的类型②

地方政府的类型具有不同的划分方法，本书从地方政府的制度设计、设置目的和行政层级等角度对地方政府的类型进行划分，如表 1—3 所示。

表 1—3　　　　　　　　　　　　不同类型地方政府比较

划分标准	类型	含义
制度设计	行政体地方政府	由中央政府或上级政府任命产生的地方政府。例如德国的地方政府形式
	自治体地方政府	由当地居民依法选举产生的地方政府。例如英国的地方政府形式
	混合体地方政府	由社会主义国家创建的兼具行政体、自治体两类政府特点的新型地方政府。例如中国、苏联和第二次世界大战后出现的东欧社会主义国家
设置目的	地域型政府	又称为一般地方政府，是指在国家基于按地域进行管理的一般需要而设置的地方政府。例如中国的省、县、乡政府
	城市政府	基于城市地区管理的复杂性和重要性，在城市地区专门设置的一种地方政府，对所在城市承担着直接的管理与服务职能。例如中国的市政府
	民族区域型政府	多民族国家为了解决少数民族问题在少数民族聚居地区建立的特殊的地方政府。例如中国的自治区、自治州、自治县和民族乡等
	特殊型地方政府	是指除民族区域型和城市型地方政府以外的特殊性地方政府。例如中国的香港、澳门特别行政区

---

① 参见萧蔚云等《宪法学概论》，北京大学出版社 1985 年版，第 169 页。
② 参见刘波、李娜、彭瑾等《地方政府治理》，清华大学出版社 2015 年版，第 2—3 页。

续表

划分标准	类型	含义
行政层级	高层地方政府	指在国家结构体系中位居于中央政府之下，由中央政府直接领导和控制的政府。例如中国的省、自治区和直辖市政府
	中层地方政府	介于高层和基层地方政府之间，其数量与级数由国土面积的大小、人口数量的多少、基层地方政府的数量、有效管理的幅度、国家的结构形式、历史传统等因素综合决定。例如中国的市政府、州政府等
	基层地方政府	处于地方政府层级结构最低层，是直接面向辖区居民承担管理与服务职责的政府。例如中国的乡镇政府等

资料来源：根据现有文献研究整理。

1949 年以后，中国地方政府层级设置先后经历了多次调整，现行政府层级为四级为主，三级和四级并存。除了海南省和直辖市为三级，地方政府存在四个层级为：省级政府，分别为省、自治区政府；地区级政府，分别为地级市、自治州政府；县级政府，分别为县、自治县政府，县级市以及市辖区政府，旗政府；乡级政府，分别为乡（民族乡）、镇政府。

二 地方政府体系

地方政府体系主要分为行政体地方政府体系、自治体地方政府体系、混合体地方政府体系和并立的地方政府体系，如表1—4所示。

表1—4　　　　　　　　　　不同地方政府体系比较

类型	内涵	关系
行政体地方政府体系	权力由中央或上级政府授予	是中央和上级政府的下级行政组织，例如德国的地方政府体系具有一定的强制性，州政府通过指令要求或根据法律地方政府履行职责
自治体地方政府体系	由自治体地方政府构成	在上下级政府间不存在行政隶属关系，各自治体地方政府依法自主处理权限内的事务，中央与上级政府依法对其实施监督指导，例如英国政府首脑都是直接选举产生的，下级政府不直接对上级负责，对选民负责

续表

类型	内涵	关系
混合体地方政府体系	由混合体地方政府构成	体系中的地方行政机关是中央或上级机关的下级机关，存在命令指挥与服从的行政关系，在议决机关之间的关系上，则保持法律监督与指导关系，如中国现行的行政体制
并立的地方政府体系	指在同一个国家内，同时存在两种类型的地方政府	并立关系，例如中国，在混合体地方政府外，还存在实行高度自治的自治体地方政府（如香港、澳门特别行政区）

资料来源：根据现有文献研究整理。

地方政府体系结构是指地方政府单位组合成地方政府体系的方式，包括纵向的层级结构和横向的功能结构。地方政府的层级结构是指各地方政府在纵向上分为若干层次，并依上下隶属关系组合形成的结构。上下隶属关系包括行政上的领导关系、法律上的监督关系和地域上的包含关系。在层级结构体系中的层级有正式层级和准层级之分：由一级地方政府单位形成的层级是正式层级；由一级地方政府的派出机关在固定区域内代表派出它的地方政府执行一种或多种责任时形成的层级是非正式层级，称为准层级。地方政府的层级结构有最高层级地方政府、中层地方政府、基层地方政府。各类层级地方政府单位有不同特点：国家赋予的职责权限不同，管理方式不同，设置时所考虑的因素各不相同。

第二节 中国地方政府演变[①]

县的出现标志着中国地方政府体制的确立。中国地方政府体制在帝制时期的发展过程分为郡县制（公元前221—582 隋）、州县制（583—1279 隋至宋）、府县制（1276—1912 元至清末）。郡县之间形成正式隶属关系是在战国初期。通常所讲的郡县制度，即指在封国内部，由中央政府（国君）设置郡、县两级地方政府。

民国时期的地方政府主要分为两个阶段：北京北洋政府时期和南京国民政府时期。在北京北洋政府统治时期，北洋政府仿效西方"三权分立"模式设置的地方机构，省设议会为立法、决议机关，下设行政机构；司法机关为省高等审判厅和高等检察厅。省县之间还存在道一级，道仅设有行政长官。1928 年南京国民政府依据孙

---

① 参见刘波、李娜、彭瑾等《地方政府治理》，清华大学出版社2015 年版。

中山先生民主建设需经"军政、训政、宪政"3个阶段的设想规定：在军政时期，地方政权由国民党创设，并接受国民党中央及其地方组织的指导；训政时期，省、县为地方自治单位，享有自治权，同时管理地方行政事务；抗战胜利以后，县以下基层政权在国民党统治时期得到了较大的发展，国民党政权规定全国划一的基层组织形式。

1949年以来，中国地方政府的发展可分为4个时期：1949—1954年为形成时期，1955—1966年为发展时期，1967—1979年为曲折反复时期，1980年以来为恢复与完善时期。

形成时期：分为两个阶段，1949年到1951年前后为军事管制时期，地方政府机构大都设有军事管制委员会、人民政府和接管委员会；1951年之后到1954年为人民政府委员会时期，各级地方政府尚未建立地方国家权力机关，人民政府委员会成为地方政府唯一的拥有全部国家权力的机关，是地方政权机关。

发展时期：1954年9月，中华人民共和国第1部《宪法》和《中华人民共和国地方各级人民代表大会和地方各级人民政府组织法》（以下简称《地方组织法》）公布，规定了地方各级政府的组织结构和体制。1955年，地方各级人民代表大会选举产生了各级地方国家机关，经普选产生的地方各级人民代表大会是地方国家权力机关。

曲折反复时期：从1966年开始，十多年内未召开地方各级人民代表大会，地方一切权力由实行"党政一元化"领导体制的革命委员会实施。1977—1979年，地方各级人民代表大会恢复。1980年，地方各级革命委员会相继改为人民政府，地方政府只存在一个权力中心，权力自上而下地单向运转。革命委员会后期，一部分行政机构在上下级之间仍保持指导关系，另一部分则建立起双重领导关系，即同时接受本级革命委员会与上级相应行政部门的领导。

恢复与完善时期：1979年新的《地方组织法》及1982年的《宪法》对地方政府组织结构及体制做了重大的改变，核心内容为两点：第一，建立县以上地方各级人民代表大会的常设机构常务委员会；第二，行政机关实行首长负责制。县以上人大常委会由人民代表大会选举产生，由主任、副主任及委员若干名组成，通常每两月举行一次会议。人大常委会不仅是权力机关的常设机关，也是它的工作机关，本身也行使《地方组织法》规定的各项职能。人民政府作为权力机关的执行机关，同时也是地方国家行政机关，其正副首长由权力机关选举产生。人民政府实行首长负责制，由行政首长提名各部门首长人选，由本级人大常委会任命。2018年3月11日中华人民共和国第十三届全国人民代表大会第一次会议通过了《中华人民共和国宪法修正案》，地方政府组织结构有了新的改变，设立了地方各级监察委员会，由县级以上的地方各级人民代表大会选举产生本级监察委员会，地方各级监察委员会对产生它的国家权力机关和上一级监察委员会负责。

第三节 地方政府治理内涵特点

地方政府治理是什么？需要从内涵上界定，并从与国家治理的关系讨论中明确其特点，此外还需要明确其涉及的主要内容。

一 地方政府治理内涵

国内学者结合国外理论和中国发展实践的基础上，国内学者从含义、地方治理理论、主体、政府体系、运行过程和实现方式等不同角度对地方政府治理进行了界定和阐述。从地方政府治理的含义来看，王浦劬认为，地方政府治理是指省级及其以下的政府行政系统作为治理主体对社会公共事务的治理；刘爱莲和李莹认为，地方政府治理是指地方政府在一个既定的范围内运用权力维持秩序，以满足公众的需求。[1] 从地方治理理论的角度出发，曹剑光认为，地方政府治理是在治理理论的思想指导下提高地方政府能力，用以适应不确定因素的风险和挑战，在公民参与、多中心网络中起到核心作用，推动地方治理发展的一个过程。[2] 从主体角度出发，杨雪冬认为，地方政府是地方治理的首要主体，必须拥有一定独立于上级的决策自主权和行动自主权；靳永翥认为，地方政府治理的实质是建立在市场原则、分权、公共利益和目标认同基础之上的协调、合作与互动。[3] 从政府体系的角度出发，徐越倩和马斌认为，地方政府治理是政府内部通过行政权力和责任下放来增进地方政府的积极性、灵活性、回应性，是治理权从国家中心主义向多中心化和多层次化的变迁过程。[4] 从其运行过程和实现方式的角度出发，邵宇认为，地方政府治理具有计划、决策、组织、领导等多种职能，代表了地方政府公共行政管理的运行方向、管

---

[1] 参见王浦劬《国家治理、政府治理和社会治理的含义及其相互关系》，《国家行政学院学报》2014年第3期；刘爱莲、李莹《论当前中国政府治理理论的层次结构》，《江苏大学学报》（社会科学版）2011年第13期。

[2] 参见曹剑光《国内地方治理研究述评》，《东南学术》2008年第2期。

[3] 参见杨雪冬《近30年中国地方政府的改革与变化：治理的视角》，《社会科学》2008年第12期；靳永翥《治理转型中我国地方政府社会治理能力的培育》，《贵州社会科学》2004年第6期。

[4] 参见徐越倩、马斌《地方治理的理论体系及中国的分析路径》，《中共浙江省委党校学报》2008年第5期。

理任务以及管理目标；霍春龙认为，政府治理是指政府解决公共问题过程中与各个利益方互动协商和相互提供信息、获取信息、交换信息的过程。[①]

根据国内学者的研究分析，本书认为，地方政府治理的内涵主要包括以下几方面：一是地方治理主体主要指省级政府，此外还包括社会组织、市场组织和公众等；二是地方治理客体是区域内的公共事务，是从满足公共利益的角度出发，实现地方社会稳定和经济增长；三是地方政府的治理权力依据主要来源于国家对地方自治权力的配置，地方决策自主权、行动自主权在地方治理中发挥主要作用；四是地方治理的结构是多中心和网络化的互动结构，是涵盖众多利益主体的协商、合作与互动过程。地方治理在中国事实上是以政府为主体的治理，即地方政府治理。本书除非说明，两者不做区分。

中国的地方政府治理一直处于不断摸索和创新的过程中，尤其是在党的十八届三中全会明确提出"推进国家治理体系和治理能力现代化"全面深化改革的总目标之后，中国的地方政府治理体系逐步形成和完善。

表1—5　　　　　　　　　　不同阶段的中国地方政府治理

阶段划分	地方政府治理的特点	具体表现
计划经济体制下	中央集权，导致地方政府管理的缺位，全能型政府	中央高度集权，地方政府缺乏自主性；"强政府、弱社会"，社会参与程度过低
向市场经济过渡时期	管理权利向着分权化、多向化和多元化的方向发展	中央政府进行了分权化改革，逐步扩大地方自主权。各地不断涌现出非政府组织、社会团队以及其他一些非公共性组织，地方政府不再是唯一的治理主体
市场经济体制下	逐渐让权于市场与社会，向"服务型"政府转变	地方政府的权力慢慢剥离，逐步扩大地方自主权。各地不断涌现出非政府组织、社会团队以及其他一些非公共性组织，地方政府不再是唯一的治理主体

---

① 参见邵宇《论转型时期我国地方政府治理模式的创新》，《行政与法》2011年第1期；霍春龙《论政府治理机制的构成要素、涵义与体系》，《探索》2013年第1期。

续表

阶段划分	地方政府治理的特点	具体表现
党的十八大以来	强调治理主体的多元化，明确了政府和社会的关系，政府治理体系逐步形成	党的十八大提出"加快形成政社分开、权责明确、依法自治的现代社会组织体制"。党的十八届三中全会提出"全面深化改革的总目标是完善和发展中国特色社会主义制度、推进国家治理体系和治理能力现代化"，并明确到2020年要在重要领域和关键环节改革上取得突破性进展。党的十九大报告中明确提出"实现政府治理和社会调节、居民自治良性互动""健全自治、法治、德治的乡村治理体系"。可以看出政府主导—合作型模式将成为中国地方政府治理的发展选择

二 地方治理与国家治理的关系

若把政府按两个层级划分，政府可划分为中央政府与地方政府，两个层级的政府职能结构是不一样的。相对于中央政府的顶层设计者地位，地方政府是顶层设计的具体治理主体，具有执行性、相对独立性、区域性与衔接性等特点。[1] 执行性指地方政府对国家意志、中央政府的命令必须执行和服从，同时又要对本级人民代表大会负责并汇报工作，是治理过程中的执行部门；相对独立性指在机构职责划分中，地方政府治理过程中本身具有一定的自主权，多数情况下能在地方上替代中央政府进行直接管理；区域性指地方政府虽然被赋予许多权力，但行使这些权力的范围，仅限于它所管辖区域的对象与事务；衔接性是指地方政府在治理过程中，更直接地面对服务对象，成为衔接中央政府与民众之间的重要一环。基于治理目标的一致，地方政府和中央政府所秉持的治理理念应该是一致的，[2] 二者具有较强的互动关系。

国家治理的发展对地方政府治理具有重要影响。国家治理方向决定了地方政府治理的基本方向，国家治理由"政府—社会"的"中心—边缘"治理结构向合作型治理体系结构转变，这种合作治理型的国家治理要求地方政府对此做出回应；国家治理职能的变化决定了地方政府治理的责任变化，国家治理的职能需要做出调整，一些事务需要向地方授权，这就要求地方政府治理要增加弹性，要承受更多的社会需求与市场需求。同时，地方政府治理在很大的程度上影响着国家治理，地方政府治理的发展可以推动国家治理的进步。当代地方政府治理在企业化运作、分权化改

---

[1] 参见沈荣华《我国地方政府职能的十大特点》，《行政论坛》2008年第4期。
[2] 参见唐天伟、曹清华、郑争文《地方政府治理现代化的内涵、特征及其测度指标体系》，《中国行政管理》2014年第10期。

革、市场化服务、网络化治理、区域化合作和整体性治理等方面做出了实践变革，这一改革运动的兴起和发展推动了国家治理自觉变革、自我调整、自我完善。在我国，一些地方试点性的、自主性的治理创新成果也会对国家治理产生推动作用，地方行政体制改革、基层政治民主化改革、县乡分权化改革、村（居）民自治改革等无不影响着国家治理的发展。①

三 地方政府治理的主要内容

地方政府治理的研究范围广泛、内容丰富，相关理论也不断在实践中不断深化、总结和归纳。吴康明认为，政府治理可以从依法治国、政府建设、政社关系、社会治理、社区治理、制度创新及PPP模式探讨政府治理未来发展方向；② 周庆智认为，地方政府治理的内容包括治理现代化建设、乡村治理、城市社区治理、社会动员、地方治理的社会变革等方面；③ 张林江主要从社会治理、社会政策、人口政策、就业劳动政策、公共教育、社会保障与福利、养老问题、社会服务政策、阶层关系调试等板块分析地方政府治理。④

综上所述，国内学者对于地方政府治理内容的分类标准是不尽相同的，内容也是不断变化发展的，主要包括经济建设、社会发展、政府建设等方面。本书从地方政府面向的公共事务分类，将地方政府治理分为社会治理、经济治理、绿色治理、城镇化治理、贫困治理、发展规划治理、公共危机治理和大数据治理等方向。

第四节 小结

中国地方政府的体制确立已久，从秦的郡县制，历经不断地发展与变革，演变为目前的三级或四级地方政府体系，地方各级人民政府一方面要对本级人民代表大会负责，另一方面也要对上一级国家行政机关负责。地方政府的角色与职能也随着时代的变化而不断变化，传统的全能型政府逐步转向有限型政府，政府的运行方式逐步走向规范化、法治化。地方政府治理内涵、特点、内容也在发生变化。

---

① 参见范逢春《全球治理、国家治理与地方治理：三重视野的互动、耦合与前瞻》，《上海行政学院学报》2014年第4期。
② 参见吴康明《推进政府治理能力现代化》，光明日报出版社2015年版。
③ 参见周庆智《在政府与社会之间基层治理诸问题研究》，中国社会科学出版社2015年版。
④ 参见张林江《社会治理十二讲》，社会科学文献出版社2015年版。

第三章

地方政府治理模式

不同层级、不同地域的地方政府会因历史背景、本地实际形成各自不同的治理模式。地方政府治理模式是政府治理模式的地方化，它反映了地方政府在地方治理中的价值取向、组织结构和工具选择。一方面，了解地方政府治理模式必须准确把握政府治理模式的概念内涵，把握政府治理模式的演进过程和演进规律。另一方面，地方政府治理模式对地方政府的善治具有重要影响。因此，对地方政府治理模式相关内容进行探讨具有重要意义。本章首先介绍了政府治理模式的内涵、要素和特点，然后梳理了政府治理模式的演进过程，总结了政府治理模式的演进规律，最后分析中国地方政府需要采用的地方政府治理模式。

第一节 政府治理模式

政府治理模式是一定时期政府治理的相对稳定样态。在特定时期，政府在治理过程中往往遵循着某一种确定的政府治理模式，并据此做出价值选择、组织结构的安排和治理工具的选择。

一 政府治理模式内涵

政府治理模式，就是政府治理的相对稳定形式或者人们可以参照的特定样式。作为上层建筑的组成部分，政府治理模式是与一国的经济基础，与一定的历史发展阶段相联系的。政府治理模式包括政府治理理念、政府治理结构、政府治理工具等，处于动态的发展过程之中。人类从小农社会到工业社会再到信息社会，在政府治理上也表现出迥然不同的治理模式。大多数学者对政府治理模式的研究起点为19世纪末以后，事实上19世纪末以前，政府在运行过程中也形成了约定俗成的制度框架。

有学者从制度的视角提出，建设多中心治理模式[①]；从社会发展的视角提出，建设网络化政府[②]和整体政府模式[③]；从主体的视角提出，建设市场型政府[④]、企业家型政府[⑤]和协作型政府[⑥]。Ferlie 等总结出 4 种模式：追求卓越型、小型化与分权、效率驱动型和公共服务取向模式。[⑦] Peters 在总结前人的基础上提出，政府未来治理模式会朝着市场式政府模式、参与式政府模式、弹性化政府模式和解制型政府模式发展。[⑧]

二 政府治理模式要素

政府治理模式是个内在的体系系统，由理念层面、组织层面和技术层面组成。3 个组成部分的基本诉求不同：理念层面要求体现公众地位的民主追求；组织层面要求体现制度化的机构框架；技术层面要求体现科学化的实施手段。三者在有机的统一中，高效地实现公共利益。

政府治理模式要素包括政府治理理念、治理结构、治理工具等方面。

（一）政府治理理念

政府治理理念就是政府治理模式的价值导向，也就是说政府秉持怎样的治理理念就意味政府有怎样的价值追求。[⑨] 政府治理理念规范着政府治理结构的重构与变革，也是政府治理工具选择的标准和终极目标。一个以统治和剥削人民为价值追求的政府，其政府治理结构和治理工具的选择也必然是适应统治和剥削人民之需要的治理结构和工具。统治型政府治理模式下，"礼乐征伐自天子出"，无论是分封建制还是君主专制都是为了维护奴隶主或者封建王权的统治利益。一个以服务公众实现公共利益为价值导向的政府，其所选择的政府治理结构和治理工具也必然是适应于

[①] E. Ostrom, *Governing the Commons: The Evolution of Institutions for Collective Action*, Cambridge University Press, 1990.

[②] S. Goldsmith, W. D. Eggers, *Governing by Network: The New Shape of the Public Sector*, Brookings Institution Press, 2005.

[③] D. Leat, K. Setzler, G. Stoker, *Towards Holistic Governance: The New Reform Agenda*, New York: Palgrave, 2002.

[④] M. Olson, "Power and Prosperity", *Quarterly Journal of Austrian Economics*, Vol. 5, No. 2, 2002.

[⑤] Osborne, "Reinventing Government", *Public Productivity & Management Review*, Vol. 16, No. 4, 1993.

[⑥] Emeritus Robert Agranoff, Michael McGuire, *Collaborative Public Management: New Strategies for Local Governments*, Georgetown University Press, 2004.

[⑦] Ewan Ferlie, Lynn Ashburner, Louise Fitzgerald, Andrew Pettigrew, *The New Public Management in Action*, OUP Oxford, 1996.

[⑧] Peters, B. G., *The Future of Governing*, University Press of Kansas, 1996.

[⑨] 参见娄成武《中国社会转型中的政府治理模式研究》，经济科学出版社 2015 年版。

服务公众需要的治理结构和治理工具。建设服务型政府治理模式就表明了政府治理理念最本质的是要快速高效的回应公众的公共利益需求，满足人们日益增长的美好生活需要。

（二）政府治理结构

从组织结构关系以及主体之间关系来看，政府治理结构有广义和狭义之分。从狭义上看，政府治理结构主要是上下级政府的层级架构体系。层级架构体系主要表现为上下级政府、同级政府间的关系，以及不同层级政府职能的划分，如扁平式政府治理结构和金字塔式政府治理结构。从广义上看，政府治理结构不仅涉及政府之间的层级结构关系，更重要的是还包括政府与市场、社会及有关微观主体之间的关系边界问题，这主要表现为以上主体之间的委托—代理关系以及相应的制度安排。从政府职能结构来看，政府治理结构可以分为经济治理结构、政治治理结构和其他治理结构。经济治理结构的核心是政府间的财政关系即财政分权制度，表现为上下级政府财权和事权的划分，财政分权制度是激励地方政府行为的关键。政治治理结构主要包括同级、上下级政府机构的设置、职权分工，政府官员任免机制。

政府治理结构具有保证政府治理理念实现的功能，同时政府治理结构也是选择政府治理工具的前提。政府治理结构变革并不是单一的政治机构改革，而是一个复杂的系统工程，涉及政府间横向、纵向结构关系的调整，同时还涉及在理顺政府间关系的基础上如何处理政府与企业、与非营利组织以及社区之间的网络化关系，还涉及如何以具体的公共需求为出发点，在寻求政府与社会主体之间优势互补和协作配合中高效实现公共利益的问题。①

（三）政府治理工具

政府治理工具是指把政府实质性的治理目标或政策目标转化为具体的行动，以改变政策目标群体的行为，从而最终实现政策目标的手段和机制。② 简言之，政府治理工具就是达成政策目标的手段。③

政府治理工具具有多重属性。首先，政府治理工具具有技术属性。政府治理工具是政府为执行政策以达成治理目标，可以自由选择应用各种技术的总称。政府工具的设计和应用往往离不开一定的技术支持。各种技术手段是政府治理工具构成的

---

① 参见娄成武《中国社会转型中的政府治理模式研究》，经济科学出版社 2015 年版。
② 参见邓蓉敬《信息社会政府治理工具的选择与行政公开的深化》，《中国行政管理》2008 年第 S1 期。
③ 参见陈振明《政府工具研究与政府管理方式改进——论作为公共管理学新分支的政府工具研究的兴起、主题和意义》，《中国行政管理》2004 年第 6 期。

技术基础。其次，政府治理工具具有行为属性。处于不同位置的人们必须根据政策目标做出决策和采取行动。政府治理工具内在地体现了某种行为假设，因而具有行为属性。[①] 再次，政府治理工具具有制度属性。政府治理工具是由许多要素构成的"工具包"，其中包括物品或活动、提供此种物品或服务的媒介、提供系统和一套规则。这些要素的结合构成了一种制度安排，因而政府治理工具具有制度属性。[②]

根据强制性的不同，政府治理工具可以分为志愿型治理工具、强制型治理工具和混合型治理工具。志愿型治理工具是指政府介入较少，主要由非政府主体承担或者民间力量运作的工具。其中，私人市场、志愿型市场、家庭和社会在推动治理中发挥着主要作用。强制型治理工具又称指令性工具，是以国家强制力作为后盾的一种工具，它强迫或者指令目标群体采取某些行动。强制型工具对指令目标群体的行为方式预先做出明确、直接的规定，即可以做什么，不可以做什么，以及违反规定的后果。其主要方式表现为行政管制和直接提供公共事业等。混合型治理工具又称指导性工具，是将志愿型和强制型工具结合起来的一种工具。混合型工具通过诱导等方式引导社会公众予以合作以实现政府治理目的。一方面政府通过信息和价值引导、税收等措施参与公共事务的治理，另一方面在治理中，遵循市场原则充分发挥市场作用。

表1—6　　　　　　　　　三类政府治理工具比较

政府治理工具	志愿型政府治理工具			混合型政府治理工具					强制型政府治理工具	
	家庭和社会	志愿性市场	私人市场	信息和劝诫	补贴	产权拍卖	税收	用者付费	直接提供公共事业	管制
国家干预程度	低			中					高	

资料来源：张成福《论政府治理工具及其选择》，中国人民大学复印资料《公共行政》，2003年第4期。

随着经济和科技的发展，政府治理工具的选择，既要考虑运用现代科技手段和管理方法，更要考虑有利于公民更好地参与其中。[③] 在信息社会，政府应不断借助信息技术，完善电子政府，同时优化公众参与程序，促进官民互信，实现政府治理

---

① Schneider A., Ingram H., "Behavioral Assumptions of Policy Tools", *Journal of Politics*, Vol. 52, No. 2, 1990.
② Salamon, Lester M., *The Tools of Government*, Oxford University Press, 2002.
③ 参见娄成武《中国社会转型中的政府治理模式研究》，经济科学出版社2015年版。

工具的优化。

三 政府治理模式特点

政府治理模式作为政府治理的一种相对稳定样态,具有公共性、系统性、网络化和科学性的特点。

(一)政府治理模式的公共性

政府治理的基本价值是公共性。[①] 政府权力来自于人们的授权,因此政府权力的行使应当以公共利益为出发点,而政府治理是政府运用权力实现公共利益的过程,因此政府治理必然体现出公共性的特点。同样,政府治理模式是政府治理的外在形式,也就自然而然的体现政府治理的公共性。也就是说政府治理模式以实现公共利益为出发点,因此具有公共性。

而公共利益往往通过量化的指标体系来加以衡量。因此政府治理模式的公共性,一方面表现为量化指标之间的相互协调,另一方面则表现为具体指标的发展性。因为量化的指标在实施的过程中往往成为政府行为的实然目标,而这种量化指标又与公共利益的应然目标之间存在或大或小的差距,因此政府治理模式的公共性的基本要义在于具体指标之间的相互协调和不断调整,实现量化指标与公共利益的内在要求相吻合。

(二)政府治理模式的系统性

政府治理模式的系统性,一方面,从政府内部来看,体现为政府内部作为一个系统,具有系统性的特征。具体表现为政府体系内部打破条块分割的限制,不同的政府职能部门加强合作,在履行不同的职责基础上,强化政府间的无缝隙对接。同时政府内部的协作中,当无法有效地回应公共需求时,系统性的特征也表现为政府与市场、社会组织的协作。

另一方面,从政府内外部关系来看,政府治理模式的系统性特点还体现为政府作为一个整体系统向公众提供公共服务。具体表现为高效地回应公共需求,政府在满足公共需求时以公共满意度为出发点,履行效率、效能、效益的基本原则。政府在职责范围内,优化机构设置、配置相关资源进行制度创新,从而使政府在面对公共利益需求时不至于无所适从。[②]

(三)政府治理模式的网络化

政府治理主体是以政府为主导的多元化主体,为实现公共利益时,政府治理主

[①] 参见张雅勤《公共行政的公共性:思想回顾与研究反思》,《上海行政学院学报》2011年第6期。
[②] 参见娄成武《中国社会转型中的政府治理模式研究》,经济科学出版社2015年版。

体在相互联系中形成纵横交错的关系网。信息技术的发展为政府治理主体间的协作提供了重要的工具，使得这种关系网更加复杂。

网络化的特点在政府治理模式中一方面表现为：网络化在关系网的基础上，注重制度化规范。网络化注重制度化规范，目的是在某些政府事务的管理过程中建立竞争关系，这种竞争关系的内在关系体现为公平竞争，主要表现在通过购买服务，部分公共服务从政府向企业和社会组织转移，从而降低治理成本，提高政府治理效率。

另一方面体现为网络节点的选取。多样化的公共需求决定了网络化节点的选取不同，所以网络化节点的选取应充分发挥公民的主体性作用，公民在互动中形成利益表达和利益综合的具体过程。针对不同的网络化节点，政府治理主体的结合必然存在差异。政府治理主体的不同，协作的具体过程也不同。网络节点的不断增多，加之网络节点的连接方式也不同，使得网络化的呈现并非杂乱无章，而是在纵横交错中有内在的规律可循。

（四）政府治理模式的科学性

政府治理模式的科学性，首先表现为对公共问题的科学分类。政府治理模式以公共问题的特点为依据划分为不同类型，探寻内在的规律和根源，为合理解决问题奠定基础。

其次表现为手段的合理运用。针对不同的公共问题，采取的具体手段有别，特别是谨慎采取从上到下的整体性动员方法。手段的合理运用，并不意味着手段的随意化，而是强化专业化网络的作用，专业化网络的功能发挥以多种手段的相互配合为基础。专业化网络的内在要义为信息在各个组织之间实现共享，避免由于信息不对称而引起的逆向选择和道德风险。在信息共享基础上，实现政府治理的日常事务与突发公共事件间的协调，在实现组织联动中，抓住解决公共问题的有利时机。

最后表现为与本地区的实际情况相吻合。政府治理模式的科学性，虽然在不同地区都有着相同的内在规律，但是各地经济社会发展的水平和道路不同，政府治理的主体发育水平迥异，所以在运用这些手段时应结合本地的实际情况，在解决棘手的眼前困难基础上，从根源上化解问题或减少发生问题所造成的危害，从而实现社会的和谐发展。但不管在任何地区，政府治理模式的科学性，都是以制度化为保障的，所以政府治理模式的科学性是确定性与不确定性的统一。[①]

[①] 参见娄成武《中国社会转型中的政府治理模式研究》，经济科学出版社2015年版。

第二节　政府治理模式演进

政府治理模式不是一成不变的，而是随着时代的发展而不断发展变化的。同时，在不同的国家和地区也会形成不同的政府治理模式。纵观古今中外，政府治理模式大致经历了一个从传统型向现代型转变的过程，并因中西方文明的多方面差异，形成了两种不同的演变路径。

一　西方政府治理模式演变

西方政府治理模式经历了一个漫长的演变过程，从小农经济时代传统的统治型政府治理到工业革命后科层制政府治理，新公共管理运动后，西方政府治理逐渐进入管理主义政府治理模式，近年来随着政府治理理论的发展，推动了政府治理向新公共治理的转变。

（一）传统型政府治理

传统型政府治理模式包括统治型政府治理模式和科层制政府治理模式。统治型政府治理是以实现奴隶主或者封建王权的统治秩序为目的而建立起来的政府治理模式。小农经济时代的生产力水平低下，社会比较封闭，人与人之间的互动也相对较少，在这个阶段政府以暴力或专制的形式进行统治，多采用帝国制或氏族制。奥斯曼帝国、罗马帝国和朱罗王国等专制帝国与法国、普鲁士、西班牙和葡萄牙等国的君主凌驾于法律之上的君主专制体制，都是统治型政府治理模式的典型代表。[1]

所谓科层制政府治理模式是指以韦伯科层制理论为核心建立的强调政府层级划分的政府治理模式。随着工业革命的兴起，工业化促使生产力极大地解放，生产力水平不断提高，城市化进程的不断加速推进，原有的统治型政府治理模式已经不能适应社会发展的要求。随着19世纪中后期的英国美国的行政改革的实施，以Wilson提出的政治行政二分法[2]和韦伯的官僚制理论[3]为基础的官僚制、科层制的政府治理模式开始登上历史的舞台。Guy Peters认为，科层制治理模式主要包含政治中立的

---

[1] O. H. Hufton, *Europe*: *Privilege and Protest*, *1730–1789*, Blackwell, 2000; S. E. Finer, *Empires*, *Monarchies*, *and the Modern State*, Oxford University Press, 1999.

[2] C. Rosser, "Woodrow Wilson's Administrative Thought and German Political Theory", *Public Administration Review*, Vol. 70, No. 4, 2010.

[3] S. H. Udy, "'Bureaucracy' and 'Rationality' in Weber's Organization Theory: An Empirical Study", *American Sociological Review*, Vol. 24, No. 6, 1959.

公务员制度、政府部门内部实行层级管理和规章制度式管理、政府内部组织的永久性和稳定性、制度化的公务员制度、内部管理和结果上的平等等六大特征。这种政府治理模式的形成是历史必然的选择,但政府部门内部特定机制的缺失,导致在政府系统规模日趋庞大的条件下无法有效规避交易成本增大的风险。

(二) 管理主义政府治理

所谓管理主义政府治理是指随着新公共管理运动兴起,政府在治理过程中强调以管理为核心,淡化政治色彩,强调分权,借鉴企业管理方法建立的政府治理模式。20世纪90年代中后期,信息技术高速发展,生产力水平进一步提高,借贷、抵押、补助、合同等诸多政府行为,[1] 促使西方发达国家公共部门的管理方式发生了变化,以官僚制为基础的传统政府治理模式正在转变为一种以市场为基础的管理主义政府治理模式。[2] 管理主义政府治理模式以新公共管理运动为标志,在管理主义政府治理模式下:首先,强调调整政府职能。主要是减少对企业和社会的直接干预;通过打破垄断,引入竞争机制,实行公共服务社会化;推行国有企业民营化,从而减轻政府负担,缩小政府规模。其次,强调创新政府治理方式。主要是借鉴企业管理手段,如项目招投标、质量管理、使用者收费、合同外包、人力资源开发等,实现政府管理创新;运用现代信息技术,推进电子政务,再造政府管理流程;开展政府绩效评估,如英国推行政府公共服务承诺制,美国实行联邦政府绩效管理,都取得积极成效。最后,强调实行分权改革。即围绕决策权与执行权的分离,一些国家将政府部门分解成决策部门和具有特定服务功能的执行机构,通过签订责任书等方式,明确执行机构的责任范围、工作目标及考核标准。英国、澳大利亚、瑞典等采取了相关做法。

(三) 新公共治理

新公共治理是一种超越行政——管理二分法的新的政府治理模式和理论。新公共治理扎根于制度理论和网络理论。新公共治理假定公共活动的参与者是多元的,大量相互依赖的行动主体共同致力于公共服务的提供;新公共治理同时还假定公共活动的决策制定过程是复杂的,政策制定系统由各种不同的过程共同组成。

由于新公共治理采纳了开放的自然系统理论的大量观点,因此它特别关注制度及外部环境的压力。这种压力既能给处在多元系统中的公共政策实施和公共服务提

---

[1] G. Stoker, "Local Governance: Paradigms, Theories and Implications", *Journal of Zhejiang University*, 2007.

[2] O. E. Hughes, *Public Management and Administration*, Palgrave Macmillan, 2012.

供动能，又能对其施以限制。这两种多元化形式导致的结果是，新公共治理非常关注组织间的关系和对过程的控制管理，强调依赖公共服务组织与环境间的交互作用来提高服务的效率和产出。

新公共治理核心的资源分配机制是组织间网络，其责任需要通过网络内部组织间和人际间的协商来决定。但是这些网络很少是有地位平等的主体组成的联盟，由于权力的不对等，这些主体之间常常是四分五裂的。为了使这些网络能够高效运行，需要对网络中的各个主体进行有效的控制和协调，因此这些网络中的价值基础通常都是分散且相互竞争的。

二　中国政府治理模式演变

中国政府治理模式大致经历了秦汉以前的封建式诸侯治理，秦汉自清末的中央集权式政府治理，中华人民共和国成立后改革开放前的全能型政府治理，到改革开放后的经济绩效型政府治理，再到21世纪服务型政府治理的转变。

（一）统治型政府治理

统治型政府治理是以实现奴隶主或者封建王权的统治秩序为目的而建立起来的政府治理模式。在中国，统治型政府治理主要指秦汉以前的封建式诸侯治理和秦汉以后的中央集权式政府治理。

秦汉之前，由于生产力水平低下，社会比较封闭。这个时期天子众建诸侯，诸侯内部还可以进行再次分封，以实现对天下臣民的治理。诸侯坐拥封国或者采邑，各诸侯对天子承担经济、政治和军事上的相应义务，比如在天子需要时从征打仗的义务。[1]

自秦始皇起，中国建立起统一的中央集权国家。一个统一的中央集权国家的出现带来了政府治理模式的统一。在国家内部，政令统一、制度统一、文字统一，文化认同感不断增强，管理的成本相对低廉，小农经济、国家的财政和军事实力得到很大提升；这种政府治理模式的统一虽然大大提升了被统治臣民应对外部军事威胁的能力，但被统治臣民的经济和财政负担由此加重。[2]

（二）全能型政府治理

全能型政府治理是指政府在治理过程中强调大政府概念，政府严格掌控社会各个领域的权力，对社会发展进行全方位干预和管制的政府治理模式。中华人民共和

---

[1] 参见侯家驹《中国经济史》（上），新星出版社2010年版，第128页。
[2] 参见赵红军《中国政府治理模式变迁的历史考察》，《社会科学》2016年第2期。

国成立时面临的形势异常严峻：国际上西方国家的封锁和威胁，国内则是满目疮痍、百废待兴的局面，现代化的基础极为薄弱，为了资源整合配置，有效利用，于是国家采取了全能主导型治理模式。[1] 全能主导型政府治理模式的形成有九大因素，即：马列理论、实践经验、苏联模式、现实国情、历史传统、文化氛围、社会结构、经济体制和政治时局。[2] 在这种全能主导型政府治理模式下，通过管制型的治理方式，对社会及公众进行严格的管制，消除与集中计划偏离的现象，从而保证中央集中计划的实现；通过全能性的政府职能，政府掌握生产资料、生产过程以及经济利益的分配权；通过行政性的治理手段，政府对社会经济生活进行调节，从而维持社会生活的有序与和谐；政府成为巨人型的治理主体，通过职能的细分化来应对纷繁复杂的管理任务。[3] 全能主导型的政府治理模式虽然在新中国建立工业体系的过程中为进行工业资本的原始积累贡献了制度力量，但最终成为束缚中国经济社会发展的桎梏，而不得不退出历史的舞台。

（三）经济绩效型政府治理

经济绩效型政府治理是指以经济发展为中心，以经济发展绩效作为政府治理主要绩效目标的政府治理模式。改革开放以来，随着社会主义市场经济体制改革的深入，市场在资源配置的基础性作用不断强化，使得不同领域的效率及其所依赖的决定性因素发生重大变化，全能主导型治理模式已不能适应中国社会的发展，中国的政府治理模式开始向经济绩效型治理模式转变。[4] 在经济绩效型政府治理模式下，政府追求经济绩效，主动退出市场，积极培育市场，政府与市场的关系逐步互补协调。政府运作方式日益呈现法治化色彩，法律的力量在社会各个领域开始发挥作用，依法治国、依法行政成为政府运作的基本要求。政府权力下放，地方政府自主性增强。政府公共服务越来越强调公民参与，强调公民对政府公共服务的评价。[5]

（四）服务型政府治理

服务型政府是指在以人为本和执政为民的理念指导下，将公共服务职能上升为政府的核心职能，通过优化政府结构、创新政府机制、规范政府行为、提高政府效能，以不断满足城乡居民日益增长的公共需求的政府。[6] 经济全球化和信息化的加

---

[1] 参见张立荣、冷向明《当代中国政府治理范式的变迁机理与革新进路》，《华中师范大学学报》（人文社会科学版）2007年第2期。

[2] 参见张立荣《论有中国特色的国家行政制度》，中国社会科学出版社2003年版，第20—27页。

[3] 参见何增科、陈雪莲《政府治理》，中央编译出版社2015年版，第205—206页。

[4] 参见赵成根《新公共管理视角的政府管制模式转型分析》，《学海》2006年第3期。

[5] 参见何增科、陈雪莲《政府治理》，中央编译出版社2015年版，第208—209页。

[6] 参见薄贵利《准确理解和深刻认识服务型政府建设》，《行政论坛》2012年第1期。

速发展，推动了中国特色社会主义市场经济蓬勃发展。经济高速发展促使群众物质文化生活也得到较大改善，并从总体上达到了小康水平。同时，公众的利益诉求也日益呈现出多元化的特点。人们不仅要求丰衣足食，更要求能够获得政府较好的公共服务，并且能够参与到政府公共服务的提供当中。因此，政府治理模式开始由经济绩效型向服务型转变。在服务型政府治理模式下，在政府职能结构中，公共服务成为政府职能的重心和主要职能，服务精神贯穿政府活动始终。[①] 在政府组织结构中，公共服务部门成为政府的主要部门或核心部门，公共服务部门在政府机构中的比重和地位得以提高。[②] 政府工作方式上，改进服务方法、改善服务态度、增加服务项目、设立"行政审批服务中心""阳光大厅"、提供"一站式服务"和"一条龙服务"。尤其是党的十八届三中全会做出《中共中央关于全面深化改革若干重大问题的决定》，提出进一步简政放权，深化行政审批制度改革，最大限度减少中央政府对微观事务的管理，进而使得行政审批改革制度成为中国建设服务型政府的重要突破口。

第三节　政府治理模式演进规律

纵观古今中外，政府治理模式的演进都遵循着从传统到现代的演进过程，因而其发展演进不是无规律可循的。政府治理模式的演进是一个逐步分权化的过程，也是一个从人治向法治转变的过程，同时是一个公共性逐渐增强的过程。

一　政府治理模式的演变是一个逐步分权化的过程

无论是中国还是西方，传统治理模式的结构特征都是公共权力资源配置的单极化和公共权力运用的单向性。随着行政生态环境的变化，传统的政府治理模式逐渐向现代的政府治理模式过渡，开始强调中央政府与地方政府之间的权力分配，也逐渐考虑到公民在参与政治过程中的作用，强调公共权力下放与外放。政府通过权力的下放和外放实现由政府与社会分离到政府与社会融合的转变。

西方奴隶制和封建制下的政府治理更多体现君主集权的特点，而资本主义经济发展后的政府治理模式更多的体现了公民的自我管理，政府成为守夜人政府。随着新公共管理运动兴起，单中心的政府治理模式逐步向多中心的政府治理模式转变。

[①] 参见施雪华《"服务型政府"的基本涵义、理论基础和建构条件》，《社会科学》2010 年第 2 期。

[②] 参见薄贵利《准确理解和深刻认识服务型政府建设》，《行政论坛》2012 年第 1 期。

公共权力的行使不再是单一的主体。中国从奴隶社会到两千余年的中央集权制封建社会的政府治理模式也都呈现出集权化色彩，辛亥革命后开始探索政府分权和放权，中华人民共和国成立后在建设社会主义市场经济过程中，政府越来越意识到市场和社会在政府治理过程中的重要作用，政府公共权力资源在政府、市场和社会三大领域进行分配，形成权力的多向互动，而不是先前的单向运作。

二 政府治理模式演变是一个逐步由人治向法治转变的过程

人治和法治是有关治理的两种截然不同的原则、方法、理论或者思想主张。所谓人治，从历史上讲，人治就是朕即国家，言出法随；从现实上讲，人治就是凭主观办事，以言代法。所谓法治，其基本含义是依法办事，强调法律应该得到普遍的服从和遵守，法律面前人人平等。

不论是西方还是中国，政府治理模式的演变都经历了一个从人治到法治的过程。西方奴隶社会和封建社会，国王凌驾于法律之上，有生杀予夺大权，资产阶级革命之后逐步确立其法治政府，政府治理逐步从人治向法治转变。无论是政府首脑的选举还是政府预算以及其他公共政策的实施，都需要经过依法选举的议会通过方始有效。中国奴隶社会以及两千年的君主专制社会中，皇帝的命令就是国家法律，诸如敕、诏等，尽管君主专制社会也存在法律，但当时的法都是王法，是维护君主统治的法律。中华人民共和国成立后尽管法制建设遭到"文化大革命"的践踏，但最终逐步建立起中国特色社会主义法治体系，特别是党的十八届四中全会以来，全面依法治国深入实施，法治国家、法治政府、法治社会建设统筹推进，政府治理实现了由人治向法治的转变。

三 政府治理模式的演变是一个公共性逐渐增强的过程

公共性是政府的根本属性，也是政府履行职能的合法性基础。公共性具有如下特点：作为目的和价值取向的公共性是指特定空间范围内的人们的共同利益和价值；从参与者的角度来看，公共性是指人们从私人领域中走出来，就共同的问题开展讨论和行动，在公开讨论和行动中实现自己从私人向公众的转变；从参与程序来看，公共性是指程序的公开、开放和公平。[①] 政府公共性是指政府为解决公共问题、满足公共需要、维护公共利益、实现公平正义而行使公共权力、承担公共责任、处理

---

① 参见李友梅、肖瑛、黄晓春《当代中国社会建设的公共性困境及其超越》，《中国社会科学》2012年第4期。

公共事务、提供公共产品和公共服务以及塑造公民公共精神的基本属性。政府治理模式是因时而异、因地而异的，随着环境的改变，政府治理模式表现出不同的特征，而不同的政府治理模式对政府公共性的体现也是不同的。

无论是西方还是中国，政府治理模式的演变都是一个公共性逐步增强的过程。统治型政府治理模式下政府治理的公共性较弱，在奴隶主或者封建主统治下，政府治理的根本目的是维持奴隶主或者封建主的统治秩序，满足其个人或者少部分人的统治利益。尽管中国古代有天下的概念，当时的天下也只不过是专制君主的家天下，难以掩盖统治型政府治理模式缺乏公共性的事实。资产阶级革命以来，政府治理的公共性逐步增强。随着西方新公共治理以及中国服务型政府建设，公共事务中的公民参与日益完善，公众公共利益的表达和实现具有了更加完善的制度保障和法律保障，政府治理的公共性得到增强。

第四节　地方治理多元主体参与模式

地方政府治理模式是由"地方政府"和"政府治理模式"结合而成的一个复合概念，它是政府治理模式在地方政府治理中的具体表现。地方政府治理模式是地方政府治理理念、治理结构和治理工具的总称。随着社会的发展演变，我国地方政府治理模式也经历了从传统型地方政府治理、全能型地方政府治理、经济绩效型地方政府治理再到服务型地方政府治理的演变。地方政府治理也表现出分权化、法治化和公共性逐渐增强的过程。现代治理的理论和实践证明，大政府的地方政府治理模式已经不合时宜，精干而高效、更具适应性才是政府治理模式发展的价值导向。[1]

政府职能要由"全能型"政府向"有限型"政府转变，多元合作共同参与是政府治理模式的发展方向。高秉雄和张江涛认为，政府治理的核心内容是公共产品的供给，治理的最优目标是实现供给主体和客体之间的协调和资源利用的最高效率。公共产品供给模式经历了政府供给模式、社会自主供给模式以及多元合作的供给模式的变迁过程。[2] 张成福等认为，要解决区域问题和实现区域可持续发展，要打破狭隘的行政区划界限，超越简单的政府单一主体，实现政府、企业、非政府组织和公民社会的网络化互动协作治理。[3] 娄成武和张建伟认为，地方治理模式正经历由传统官僚体制向新兴的市场模式与政策网络治理机制的转变。在地方治理的过程中，

---

[1] 参见肖文涛《构建和谐社会与地方政府治理模式创新》，《中国行政管理》2006年第11期。
[2] 参见高秉雄、张江涛《公共治理：理论缘起与模式变迁》，《社会主义研究》2010年第6期。
[3] 参见张成福、李昊城、边晓慧《跨域治理：模式、机制与困境》，《中国行政管理》2012年第3期。

任何行动者透过社会过程的引导作用会形成一种自组织的网络治理。治理过程中的行动者除了政府机关，还包括其他私人部门和志愿性团体。① 金太军和鹿斌认为，社会治理新常态下，地方政府应重新定位自身角色。地方政府角色转型是与其他主体的共同成长相统一的，在转变政府职能的过程中，不仅需要地方政府自身的放权与分权，也需要社会多元主体的承接与合作。②

当前社会较为多元化，社会结构呈网络状，打破了以往单一线性的结构，同时公共服务也面临资源缺乏等情况，迫切要求多元社会力量参与共同治理。社会治理主体不限于政府，政府转移部分权力给社会组织和群众性机构，各个治理主体将生成网络化的体系并且各主体相互依赖。地方治理则应由政府组织主导，又吸纳了社会组织等多方面治理主体参与，对社会公共事务进行的治理活动。政府也通过自身改革创造出更好的社会环境，而且大多数地方政府已开始实行形态各异的"多元共治"社会治理创新，为社会组织和公众等其他治理主体营造良好的发展空间，同时又能够有效控制社会秩序。除了政府，社会组织、公众、市场都在地方治理中发挥着各自非常重要的作用。

一　社会组织

社会组织是独立于政府和市场之外的民间组织力量。随着市场经济的发展，公众在经济上独立性增强，人格上获得自由，社会组织也随之兴起。这些社会组织一般都具有组织性、民间性、非营利性、自治性和志愿性等特征。也正因如此，社会组织在地方治理中发挥着不可替代的作用。党的十九大报告指出，加强社区治理体系建设，推动社会治理重心向基层下移，发挥社会组织作用，实现政府治理和社会调节、居民自治良性互动。

随着全国各地治理创新实践，社会组织日益成为地方治理的重要力量。社会组织按照功能角度可分为动员社会资源型、公益服务型、社会协调与治理型、政策倡导型；按照法人形式可以分为社团法人和财团法人；按照组织构成可以分为会员制组织和非会员制组织；按照组织性质可以分为公益组织、共益组织或互益组织；按照资产来源方式可以分为官办组织、合作组织、民办组织；按照资源动员方式可以分为公募组织和非公募组织；按照活动形式可以分为资助组织、项目组织或服务组织；按照活动性质和范围可以分为网络组织、支持组织、草根组织；按照活动领域

---

① 参见娄成武、张建伟《从地方政府到地方治理——地方治理之内涵与模式研究》，《中国行政管理》2017年第7期。

② 参见金太军、鹿斌《社会治理新常态下的地方政府角色转型》，《中国行政管理》2016年第10期。

可以分为环保组织、人权组织、扶贫组织、妇女组织等。① 社会组织参与治理主要路径主要包括承接政府购买的社会服务项目、参与社会公共政策的制定与实施、整合社会资源从而保障弱势群体合法权益以及预防与化解社会矛盾维护社会长治久安等。②

政府与社会组织的互动当前已成为治理创新的主要形式。受社会结构与政府意图影响,政府与社会组织的互动机制由集权式控制转向治理式吸纳。其特征为:第一,政府为了推动社会发展不得不激活全社会的力量,社会组织顺其自然地成为治理主体,但政府依然发挥着主导作用。第二,政府与社会组织之间存在依赖,政府通过主导社会组织生存的资源、空间及合法性等制度性工具使其参与社会事务。简言之,治理式吸纳主张政府与社会组织互动,是政府为了实现发展目标,以治理的方式有选择地吸纳社会组织的治理能力。作为渐进式改革的尝试,治理创新依然遵循威权与发展并举的战略路径。从延续的角度看,治理式吸纳不是绝对的社会自治,而是政府重建对社会的控制;从发展的角度看,治理式吸纳不是暴力式控制社会,而是政府激发社会组织的灵活、贴近基层、专业等优势来增强国家治理能力。治理式吸纳充分体现了治理创新的"多元参与、共同治理"及"寓管理于服务"的精髓。③

专栏1—1　社会组织发展存在的问题

近年来,在各级党委和政府的引导、培育下,社会组织发展迅速,公民参与度提高,民间组织规模不断扩大,项目领域不断拓展,组织动员能力不断提升,对公共事业发展发挥了积极作用。然而,民间组织也面临着资源匮乏,易被利益引诱,服务领域向敏感热点领域扎堆、频频介入维权事件,易引发群体性事件以及井喷式发展的社区社会组织能量不稳定。从社会组织层面来看,社会参与的整体水平还不能适应经济社会发展的需要,也还存在一些不足。

一是以资金和人才为主的资源匮乏。在资金方面,资源供养上的严重匮乏,使得社会组织自身的功能和作用无法体现,有些社会组织为了筹资,甚至背离了组织的初衷,开始向企业转变。社会组织中资源结构的不均衡、资源使用的行政化干扰、资源获取的过度商业化取向等问题仍然构成社会组织的资源困局;在专业人才方面,相关配套制度不够完善,人才总量和结构无法满足社会组织发展需要,社会环境不利于人才在社会组织的

---

① 参见王名《非营利组织的社会功能及其分类》,《学术月刊》2006年第9期。
② 参见范和生、唐惠敏《社会组织参与社会治理路径拓展与治理创新》,《北京行政学院学报》2016年第2期。
③ 参见杨宝《治理式吸纳:社会管理创新中政社互动研究》,《经济社会体制比较》2014年第4期。

聚集。小机构无力聘请专职人员，稍有实力的虽请得起人但留不住人。有调查显示，社会组织人员流动率高出企业两三倍，原因是待遇太低。如重庆公益机构平均工资 3000 元左右。工资待遇低、缺乏安全感等因素造成工作人员流动性很大，队伍不稳定无疑会制约社会组织的发展。

二是社会组织易被利益引诱，出现行为越轨。一般来说，组织总是容易受到资源供给者的较强影响，所以战略选择并不是任意选择而是受社会控制的，这取决于外部资源对组织的重要性及替代性。总结来说，组织行为是组织为了获取生存资源与外部环境博弈的策略性结果。由于社会组织缺乏相关重要资源，自身自主性因资源问题受到限制。因此，为了组织的正常运行，大量民间组织放宽了接受赞助的条件，这也就为很多利益集团敞开了方便之门，使社会组织的组织行为受到利益集团的限制和影响，从而出现有悖于组织规章和使命的行为。由此出现了很多社会组织介入敏感热点事件，扰乱了社会秩序的正常运行。

三是监管法律法规缺位。对于社会组织的管理，目前没有统一的立法规范，现行"三大条例"① 都属于行政法规或者行政规章，法律位阶不高，法律体系构架不科学，法律层级与社会组织的地位和作用不相符。重庆市相关法规更加不完善。

四是双重管理体制造成准入门槛高和监管乏力。目前社会组织登记注册由各级民政部门来管，而日常事务由业务主管单位来管，形成双重管理体制，这项要求对于社会组织而言是一道很高的门槛；双重管理体制加重了合法登记社会组织的政治色彩，将民间组织置于附属物或者"二政府"地位而全面控制。

二 公众

公众主体主要包括公众以及各种形式的自组织，公众参与是地方治理活动的重要组成部分。公众参与地方治理是社会公众依循相关法律法规、政策、制度规则，理性并有秩序地参与各种地方治理活动的行为。公众参与地方治理与政府在治理目标上是一致的。公众参与地方治理活动是为了维护公众自身的正当利益，政府的治理目标是确保公共利益最大化。公众参与在功能上对地方治理起着补充作用。公众参与地方治理主要是影响政府具体治理措施和治理政策的实施，保证政府在落实国家和上级政府公共治理政策时不偏离其政策初衷，在政策实施过程中采取的具体措施符合当地实际。政府的治理功能是在整合、吸纳公众利益的前提下决定并推行各项公共治理政策，公众参与治理是对基层地方治理功能的良好补充。

公众参与地方治理的方式主要是提供公共服务以及参与政府公共决策。参与政府公共决策主要是通过法律法规政策设定的渠道，如听证会，以及借助于社会舆论、

---

① "三大条例"是指《社会团体登记管理条例》《基金会管理条例》和《民办非企业单位登记管理暂行条例》。

特殊社会关系等非制度性渠道影响、参与公共决策。① 具体而言，公众参与一般在社会保障、环境治理、贫困治理中发挥重要作用。公众通过决策咨询、列席旁听、听证会等方式参与到社会保障政策计划与决策中，通过积极反馈政策绩效参与到社会保障政策执行与实施中，通过设立独立的社会保障监督委员会以及选派公众代表参与到社会保障政策监督管理中。② 公众参与环境治理主要形式是参与咨询委员会、听证会、座谈会和公民会议以及提起环境诉讼等。公众参与贫困治理主要是通过外部制约与监督使得贫困治理政策不脱离实际。③

三 市场

市场主体主要指企业和各种市场主体，包括消费者和代表整体利益的行业组织等。自从亚当·斯密提出"看不见的手"理论以来，市场在地方治理中的作用一直受到人们的重视。新古典主义经济学认为，市场可以实现自动出清，个人追求自我利益就是实现公共利益的最大化，而政府则只需要扮演"守夜人"角色。治理理论强调市场在治理中作用的回归，主张通过政府与市场的合作来达到公共利益的最大化。④ 当市场成熟，市场体制逐步趋于完善时，政府会审时度势的做出决策，让资源配置的决定权回归市场。政府和市场会在各自不同的领域发挥决定作用，并依据不同的轨道行事。对于市场来说，它在配置资源的领域起决定作用，它也需要依据法律去行动，但它所依照的却是"法无禁止则可为"的轨道去行事。市场也会生产一些由政府亲自来生产效率不高、而由市场来生产则会有效率的公共产品，市场主体也会给政府依法缴纳更多赋税。⑤

当前，PPP模式即政府与社会资本合作模式已成为在政府、企业、个人各类主体之间搭建起的一种多方参与的模式。这种模式主要是公共部门（政府）和私人部门（企业）围绕公共服务供给，通过招投标程序，以契约为主要法律依据而建立起来的一种风险共担、利益共享的长期合作关系。⑥ 推广这种合作模式创新对于加快

---

① 参见宋煜萍《公众参与社会治理：基础、障碍与对策》，《哲学研究》2014年第12期。
② 参见白维军、郭喜《社会保障治理中的公众参与：基于国家治理体系现代化的视角》，《中国行政管理》2015年第12期。
③ 参见徐琳、樊友凯《赋权与脱贫：公民权理论视野下的贫困治理》，《学习与实践》2016年第12期。
④ 参见王臻荣《治理结构的演变：政府、市场与民间组织的主体间关系分析》，《中国行政管理》2014年第11期。
⑤ 参见胡宁生《国家治理现代化：政府、市场和社会新型协同互动》，《南京社会科学》2014年第1期。
⑥ 参见王俊豪、金暄暄《PPP模式下政府和民营企业的契约关系及其治理——以中国城市基础设施PPP为例》，《经济与管理研究》2016年第3期。

新型城镇化、实现国家治理现代化、提升国家治理能力、构建现代财政制度具有重要意义。在基础设施及公共服务领域通过PPP机制引进民间资本、吸引社会资金参与供给，一方面可以减轻政府财政压力，在更好发挥其作用的同时，使社会公众得到更高质量的公共服务的有效供给；另一方面将为日益壮大的民间资本、社会资金创造市场发展空间，使市场主体在市场体系中更好地发挥其优势和创造力。①

四 智库

智库作为一种治理形态而存在，已成为现代国家治理的重要组成部分。广泛听取各方面专家学者意见并使之制度化，对提高党的执政能力、提高国家治理能力具有重要意义。习近平总书记也提出，要从推动科学决策、民主决策，推进国家治理体系和治理能力现代化、增强国家软实力的战略高度，把中国特色新型智库建设作为一项重大而紧迫的任务切实抓好。党的十九大报告强调，加强中国特色新型智库建设，有利于完善决策咨询制度、提升国家治理能力、提高国家软实力。智库的政策建议客观直接，对公共决策的民主科学具有重要意义。智库是参与公共政策制定和影响政府决策的重要力量。智库工作运行的主要方式就是为公共政策制定者提供点子、想法与问题解决方案，从而发挥政府决策外脑的作用。②

智库在地方治理中一般可以发挥三个作用。首先是智库的建言献策作用。建言献策是智库的首要职能，也是智库在地方治理中的核心功能。智库努力发挥自己在地方治理中的建言献策作用，才能有效实现地方治理中的"智治"。其次是智库的重要导向作用。好的智库具备政治深度和人文热度，在治理中对全社会发挥导向作用。智库在治理中的作用不仅集中地表现为对于战略规划和决策，更广泛地表现为对社会的多元化导向。最后是智库的协调作用。在地方治理中会出现的多元利益、多元价值、多元文化的发展和冲突。智库的协调作用体现于能够促进多元利益主体的参与协商。通过听证会、研讨会、咨询会等多种形式和渠道，帮助相关利益主体表达诉求、交换意见，提出分析报告和对策建议，帮助利益各方解决冲突，建立共识，实现共赢。③ 发挥以上三个作用的核心前提是具有较强的智库影响力。

---

① 参见刘薇《PPP模式理论阐释及其现实例证》，《改革》2015年第1期。
② 参见钱再见《新型智库参与公共政策制定的制度化路径研究——以公共权力为视角》，《智库理论与实践》2016年第1期。
③ 参见张欣、池忠军《发挥智库在公共治理中的作用》，《理论探索》2015年第1期。

专栏 1—2　智库影响力的形成[1]

如何提升影响力是智库发展的核心问题。智库影响力分为政策影响力、学术影响力及社会影响力[2]。智库影响力的影响因素分为研究人员、资金筹集、研究课题与成果。智库的研究人员一般从人才数量、专业素质以及核心人物三个方面进行归纳。资金是智库运行的基本保障，一切日常运行及研究活动均需资金投入。智库资金获取渠道的支持是否稳定即智库的财务状况决定智库研究是否能正常开展。研究课题是智库形成最终政策影响的关键。智库通过申请、承接、自组织等方式进行课题研究，是智库为了实现政策影响而进行的日常研究活动。智库的课题情况一般从课题政策契合度描述、承担政府委托项目情况以及与决策层及决策参与方沟通情况三个方面进行归纳。智库人才发展、资金保障、课题管理各个因素最终直接或间接汇集成智库成果，以实现"智库咨政"的目标。智库成果是智库针对某一特定主题或方向通过调查研究等方法得出的研究结果，包括课题结题报告、研究报告、学术论文、专著等。成果管理机制包括内部研究成果形成后的审核制度，以及外部成果输出机制。基于相关案例，构建了智库运行机制与影响力形成模型。其中实线框表示影响作用显著的要素，虚线框表示无明显影响作用的要素。

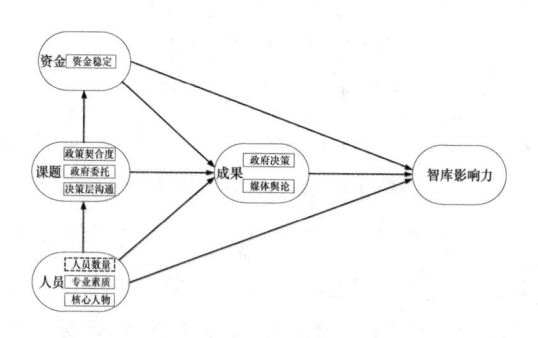

图　智库运行机制与影响力形成模型

第五节　小结

政府治理模式是由政府治理理念、政府治理结构、政府治理工具三个要素构成的，具有公共性、系统性、网络化和科学性四个特点。政府治理模式不是一成不变的，不同历史时期、不同阶级占统治地位的政府所建立的政府治理模式是各不相同的。地方政府治理模式是政府治理模式的地方化，是一定的地方政府根据治理区域内的实际情况建立起来的。随着社会的发展，地方政府治理模式大致经

---

[1] 参见陈升、郭金来、孟漫、何增华《社会智库运行机制与影响力：国内四个案例的比较研究》，《情报杂志》2018 年第 9 期。

[2] 参见陈升、孟漫《智库影响力及其影响机理研究——基于 39 个中国智库样本的实证研究》，《科学学研究》2015 年第 9 期。

历了传统型到现代型政府治理模式的演变，并且这种演变是一个政府不断放权分权的过程，是一个不断从人治到法治转变的过程，也是一个公共性不断增强的过程。随着中国公民社会的逐渐成长，市场机制的逐步完善，未来地方政府治理模式的变革应当强调政府与社会、与市场的合作，从而建立起政府主导社会协同的地方政府治理模式。社会治理主体也不局限于政府，应吸纳社会组织等多方面治理主体参与，对社会公共事务进行治理。

【思考与讨论】

1. 如何理解政府治理模式的内涵和特点。
2. 政府治理模式是如何演变的？它的演变特点是什么？

【扩展阅读】

[英]斯蒂芬·奥斯本主编：《新公共治理?——公共治理理论和实践方面的新观点》，包国宪等译，科学出版社出版2016年版。

竺乾威：《新公共治理：新的治理模式?》，《中国行政管理》2016年第7期。

邓蓉敬：《信息社会政府治理工具的选择与行政公开的深化》，《中国行政管理》2008年第1期。

陈振明：《政府工具研究与政府管理方式改进——论作为公共管理学新分支的政府工具研究的兴起、主题和意义》，《中国行政管理》2004年第6期。

高秉雄、张江涛：《公共治理：理论缘起与模式变迁》，《社会主义研究》2010年第6期。

张成福、李昊城、边晓慧：《跨域治理：模式机制与困境》，《中国行政管理》2012年第3期。

娄成武、张建伟：《从地方政府到地方治理——地方治理之内涵与模式研究》，《中国行政管理》2017年第7期。

丁煌、叶汉雄：《论跨域治理多元主体间伙伴关系的构建》，《南京社会科学》2013年第1期。

杰瑞·斯托克、楼苏萍、郁建兴：《地方治理研究：范式、理论与启示》，《浙江大学学报》（人文社会科学版）2007年第2期。

第 四 章

地方政府治理能力

塞缪尔·亨廷顿指出:"国家之间政治上最重要的区别,不在于政府的形式,而在于政府的水平。"[①] 能够维持、支撑国家的生存、发展并获得民众的支持,是对政府水平提出的基本要求,而从某种意义上说,政府水平就是政府能力。

第一节　地方政府治理能力内涵

政府能力具有历史性和时代性。一个国家政府能力构成不是一成不变的。随着社会变迁进程,政府能力的结构与品质在发生变化。[②] 在新的历史时期,政府治理能力是政府能力的一个体现和延伸。

一　政府能力

从20世纪70年代开始,西方国家福利政策大规模推行,由于政策的执行效果主要取决于政府公共资源的使用效率和公共服务水平,政府能力研究流行开来。[③] 关于政府能力内涵界定,世界银行把政府能力定义为政府有效地采取并促进集体行动的能力。[④] 其实质是政府资源经过合理组合、科学配置后形成的具有强大认识功能和改造功能的能量和力量。通常认为,政府能力是西方国家资本主义经济危机以来,政治学者和公共行政学者研究政府在经济社会管理中作用和职能时常用的一个

[①] 参见［美］塞缪尔·亨廷顿《变化社会中的政治秩序》,上海译文出版社1989年版。
[②] 参见孙柏瑛《社会管理与政府能力建构》,《南京社会科学》2012年第8期。
[③] Gabriel Almond, *Comparative Politics: System, Process and Policy*, New Haven: Yale University Press, 1956; Burgess, P. M., "Capacity Building and the Elements of Public Management", *Public Administration Review*, Vol. 35, 1975.
[④] 参见世界银行《1997年世界发展报告:变革世界中的政府》,中国财政经济出版社1998年版,第18页。

概念。① 美国比较政治学家阿尔蒙德曾给出政府能力的定义,"政府能力是指建立政治行政领导部门和政府行政机构并使他们拥有制定政策和执行政策特别是维护公共秩序和维护合法性的能力"。② 国内对政府能力的研究,大致始于王绍光和胡鞍钢的《中国国家能力报告》,之后关于政府能力的研究逐步成为国内研究的热点问题,但对政府能力的内涵理解各有不同。③ 罗振兴分别从行政主体、行政环境(客体)、政府与环境互动关系、政府政策、政府活动的结果、政府职能等角度梳理了相关研究成果,并在此基础上提出政府能力的内涵,即:政府能力是指政府获取、运用和整合相关资源转化为新的产品和服务的能力。④ 这里的资源指提供公共产品和服务必须的要素,是新产品和服务的来源和基础。近年来有关政府能力的实证研究,不少是基于以上内涵展开的。⑤

政府能力的构成要素是政府能力系统的分解因子,主要构成要素可以从多个方面来划分。从内容上来划分,可以分为政府政治能力、经济能力、文化能力、社会能力;从政府过程来划分,政府治理能力包含决策和计划能力、执行能力和监督能力;从中国政府当前履行的主要职能来划分,则可以分为经济调节能力、市场监管能力、社会管理能力和公共服务能力。⑥ 总体来说,目前国内关于政府能力构成方面的研究较多。大体可以分为两类:⑦ 一是宏观角度的分类,即政府能力的外显形式,包括职能性质方面的能力(如政治、经济、社会等能力)和职能运行方面的能力(如决策、秩序、监督等能力);二是微观角度的分类,即政府能力的内在结构,主要表现为权力、财力、人力、制度、信息等的获取能力。

二 政府治理能力

政府治理能力源于政府能力,对于政府治理能力的研究是在西方新公共管理运动之后。治理能力反映的是政府治理行为的水平和质量,是对政府治理模式稳定性、有效性和合法性的直观度量。较高的治理能力意味着政府对经济社会运行具有较强

---

① 参见纪晓岚《城镇化进程中的县级政府能力构建:解读、困境与方向》,《社会经济体制比较》2014年第3期。
② 参见阿尔蒙《比较政治学:体系,过程和政策》,东方出版社2007年版,第435页。
③ 参见王绍光、胡鞍钢《中国国家能力报告》,辽宁人民出版社1993年版。
④ 参见罗振兴《中国政府能力建设》,中国社会科学出版社2004年版。
⑤ 参见张钢、徐贤春《地方政府能力的评价与规划——以浙江省11个城市为例》,《政治学研究》2005年第2期。
⑥ 参见屠飞鹏《西部贫困地区县级政府治理能力研究》,博士学位论文,吉林大学,2012年。
⑦ 参见汪永成《政府能力的结构分析》,《政治学研究》2004年第2期。

的调节能力,能够较好的规避市场失灵,提高社会成员的总体福利水平。[1] 目前越来越多的学者转向对"政府治理能力"(governance capacity)的研究,政府治理能力是在治理理论兴起之后,运用该理论研究政府在"多中心"治理体系中的作用与能力的一个新型概念。

目前,国内外尚没有统一的关于政府治理能力的定义,学者从不同角度对政府治理能力进行了概念界定。一是从政府治理能力构成角度,薛澜和李宇环认为,政府治理能力包括资源动员能力、资源配置能力和资源有效使用的能力,而资源既包括财力资源,也包括人力资源、信息资源等。[2] 李文彬和陈晓运认为,政府治理能力包含价值塑造能力、资源集聚能力、网络构建能力、流程创新能力和问题回应能力。[3] 楼苏萍指出,政府治理能力应当包含目标识别与整合能力、资源整合能力、沟通协调能力以及合作治理的控制能力。[4] 也有学者认为,政府治理能力包含政治治理能力、经济治理能力、社会发展治理能力、文化发展和文明进步治理能力等。国外学者斯通指出,地方政府制定计划、执行方案和回应公众反馈的能力即政府治理能力。[5] 二是从政府治理能力属性角度,胡鞍钢和魏星认为,政府治理能力反映的是政府治理行为的水平和质量,是对政府治理模式稳定性、有效性和合法性的直观度量。[6] 施雪华通过研究指出,政府综合治理能力是促进社会稳定发展的所有潜在的或现实的能量或力量的有机整体。[7] 三是从政府治理能力功能角度,有学者认为,政府治理能力体现在了政府对经济社会运行的有效调节能力;以及在公共事务方面发挥的功能以及有效性。[8] 周根才认为,政府治理能力是指政府为了增进公共利益,在不同的制度关系中运用合适的治理工具和技术策略去引导、控制和规范各方社会主体间的社会生活过程的能力。[9] 综合来看,本书将政府治理能力界定为:

---

[1] 参见胡鞍钢、魏星《治理能力与社会机会——基于世界治理指标的实证研究》,《河北学刊》2009年第1期。

[2] 参见薛澜、李宇环《走向国家治理现代化的政府职能转变:系统思维与改革取向》,《政治学研究》2014年第5期。

[3] 参见李文彬、陈晓运《政府治理能力现代化的评估框架》,《中国行政管理》2015年第5期。

[4] 参见楼苏萍《地方治理的能力挑战:治理能力的分析框架及其关键要素》,《中国行政管理》2010年第9期。

[5] 参见龙献忠、谢彦欣《地方政府治理能力现代化:概念比较、要素定位与路径选择》,《河南社会科学》2015年第6期。

[6] 参见胡鞍钢、魏星《治理能力与社会机会——基于世界治理指标的实证研究》,《河北学刊》2009年第1期。

[7] 参见施雪华《政府综合治理能力论》,《浙江社会科学》1995年第5期。

[8] 参见陈光、伍红建、杨一帆《政府治理能力现代化的新途径》,《电子政务》2014年第8期。

[9] 参见周根才《走向软治理:基层政府治理能力建构》,《学术界》2014年第10期。

政府在多元治理时代的网络治理体系中治理国家事务和社会公共事务所具有的潜在的或现实的能量和力量，是政府治理的质量和水平的综合反映。

可以认为，政府治理能力和政府能力既有联系，又存在区别。从联系上来说，政府能力是政府治理能力的基础，政府治理能力脱胎于政府能力；从区别上来辨析，政府能力重在以政府本位为出发点的管理能力，而政府治理能力则重在以政府与公民和社会相互合作、进行共治的治理能力。两者之间具体的关系体现在：政府治理能力是政府能力在"治理领域"的表现。二者具有明显差异：第一，产生背景不同。政府能力产生于管理型社会时期，而政府治理能力产生于治理型社会时期。第二，行政主体不同。政府能力是以政府为主体的政府功能实现的能力；而政府治理能力是政府处理非政府组织和公民之间互动、实现公共利益的能力，政府治理能力的主体，包括市场、公民、社会组织等。第三，构成要素不同。政府能力的构成要素主要反映以政府为管理主体的能力，如社会管理能力等；[1] 而政府治理能力反映政府作为主体之一和其他主体合作的能力，如目标识别与整合能力、资源整合能力、沟通协调能力以及合作治理的控制能力。[2]

三　地方政府治理能力

20世纪60年代，西方国家政府职能范围持续扩大，中央政府向地方政府的转移支付也不断增加，于是中央政府开始重视地方政府的能力建设，因为地方政府能力直接关系到公共资源的使用效率和公共服务的供给水平。[3]

地方政府治理能力，是由"地方政府"和"政府治理能力"结合而成的一个复合概念，它既是描述性的概念，也是分析性的概念。从基本意义的角度，可以认为地方政府治理能力，是地方政府维持自身存在和治理地方公共事务过程中体现出来的力量的总和，是地方政府应对环境挑战，实现对所辖区域社会进行有效治理的本领。区域间的竞争实质上是政府能力的竞争，政府能力已成为地区竞争力的核心要素，而对于地方政府能力的关注，中国更多是因中央政策难以推进、基层政府执行乏力所致。[4] 在地方政府治理层面，基于区域经济发展的竞争压力，地方政府对上级的层层加码已不堪重负，同时，各种社会矛盾和群众冲突也让其焦头烂额，这在

---

[1] 参见王骚、王达梅《公共政策视角下的政府能力建设》，《政治学研究》2006年第4期。
[2] 参见楼苏萍《地方治理的能力挑战：治理能力的分析框架及其关键要素》，《中国行政管理》2010年第9期。
[3] 参见沈荣华、金海龙《地方政府治理》，社会科学文献出版社2006年版，第73—83页。
[4] 参见周平《当代中国地方政府》，高等教育出版社2010年版。

欠发达地区尤甚。地方政府"应该做什么"与实际"能够做什么"之间，总是相去甚远，在地方政府公共服务的供给及其公共治理中，地方政府的力不从心已成常态。

在现有的研究中，对于地方政府治理能力概念的界定还没有完全统一。现有的概念都是从宏观上给予界定的，不同学者对政府治理能力从不同的角度也做了多种解释。例如，施雪华认为，政府治理能力就是政府管理社会公共事务，提供公共服务以满足大众需要，平衡并化解社会矛盾，促进社会稳定发展的潜在的和现有的力量和能量的总和。[①] 当然，我们在界定地方政府治理能力的时候，除了从宏观层面对其概念认真理解，还必须从微观层面加以关注：即关注地方政府的职能。不管地方政府治理是体现自己的意志或者目标，还是管理国家事务和社会公共事务所体现出来的能量和力量，它们都会通过地方政府的职能体现出来。综上所述，本书认为，地方政府能力是指地方政府运用权力将其职能目标转化为现实的能量和力量，其主要包括地方政府的资源获取能力、资源动员能力、资源整合能力以及资源的配置能力。

从地方政府治理能力的构成要素看来，与一般政府能力的分类不同，地方政府能力的分类及构成要素相对较具体。通常主要被分为两类。一是地方政府的基础性能力，或称生存能力，主要包括政府资源的获取能力、政府资源的组合和配置能力两种主要能力，其中政府对资源的获取不外乎有内部获取途径和外部获取途径。政府资源的组合和配置途径也较多，有财政预算机制、人事管理机制、组织管理体制等。二是地方政府的功能性能力，或称发展能力，如周平认为，政府能力主要包括规划能力、制度创新能力、市场监管能力、提供公共物品的能力、组织协调能力、社会控制能力等。[②] 所以，就能力构成而言，地方政府能力实际上是生存能力与发展能力的统一体。概括而言，本书认为，地方政府治理能力主要包括以下几种具体能力，第一，资源获取能力。资源是地方政府履行其公共职责的物质基础。一般来说，组织必须具备人力资源、物质资源、信息资源三种资源。其中，从地方政府特性来看，财政资源的汲取最为重要，因为其可以直接影响其他资源的多寡。第二，资源整合能力。即政府调动社会其他资源进行地方经济社会建设的能力。资源整合能力主要指整合自身和外界的各种资源参与经济建设能力，主要包括当地政府、上级政府、市场主体（如企业等）、社会组织等多方面资源。第三，资源配置能力。资源配置是地方政府将其获取的和既存的各种资源要素，按照需要进行分配、重组

---

① 参见施雪华《政府权能理论》，浙江人民出版社1998年版，第309页。
② 参见周平《大开发中的西部地方政府能力问题》，《学术探索》2001年第1期。

等转换的过程。因此，资源配置是资源投入及其产出的中间环节。政府资源配置能力评价主要从重建资源配置的效率效果、合理公平等方面进行。第四，资源运用能力。资源运用能力是指政府按照其特定目标提供特定产品或服务的能力，即在解决群众基本生活、住房、就业、生产等方面问题的能力。

第二节 政府治理能力评价

随着治理的重要性得到越来越多人的认同，国际投资者、援助机构和发展分析师们为了使治理概念更具可操作性，以服务于决策支持的目的，因而发展出了一些定量的指标来衡量当地政府的治理质量。地方政府能力评价是中国政府能力研究的一个组成部分，政府能力评价的一般标准都可以运用于地方政府能力的评价。即政府治理能力的评价框架可以为地方政府治理能力的评价提供参考，其中最根本的还是如何建立一个科学的、全面的和具有操作性的评价指标体系。

国外有 4 种与政府治理能力相关的评价指标。一是自由之家的治理指标。自由之家采用 1—7 分的评分尺度（1 代表"最高"或"最好"，7 代表"最差"）来评价各国的"政治权力"和"公民自由"，然后用这两项指标的平均数来代表各国的自由状态。其一级指标主要包括政治权力、公民自由两类，而政治权力包括选举过程、政治多元化、政府机能三个子指标；公民自由包括表达和信仰自由、结社权利、法治水平、自主性和个体权利四个子指标。

二是世界银行的治理指标。用于评估世行借款国的政策和制度框架对于减贫、可持续发展和发展援助资金利用等的质量和效果。指标包括经济管理（宏观经济管理、财政政策和债务政策）、结构政策（贸易政策、金融政策和市场监管）、社会和谐平等（性别平等、公共资源平等使用、人力资源培养、社会保护与劳工政策、推动环境可持续发展的政策和制度），以及公共部门管理和制度（产权和法治、预算财政管理的质量、税收汲取效率、公共管理质量、公共部门的透明—问责—腐败）。

三是美国国际开发署的"民主与治理评估框架"（Democracy and Governance Assessment Framework）。美国国家发展署认为，民主必须是土生土长的，通过发展出一套指标体系，指出国家在民主治理中核心问题，并确定主要的行动者和制度领域的行动者，对于实现一国民主的转型和巩固尤为必要。在构建该指标体系上，有四个主要步骤，第一步是界定一国在民主治理上存在的问题，第二步是确定关键的行动者和同盟者，第三步是确定关键的机构，最后是提炼出策略。该指标体系主要集中于法律、民主和责任政府体制、政治自由和竞争、公民参与和建议四个方面。

四是英国海外发展组织的世界治理评估。该评估分为两个阶段，第一阶段（2000—2002 年）主要对 16 个国家进行研究从而测量出治理的六大领域，第二阶段（2005—2007 年）在 10 个国家中应用了经过改进的方法和调查。其重要参数包括政府的六大领域以及善治的六大原则。六大领域是公民社会、政治领域、政府领域、官僚体系、经济领域、司法领域，六大原则分别是参与、公正、得体、责任、透明、效能。

近几年来国内也已经有不少学者涉足政府治理能力评价这一研究领域，并对其进行了卓有成效的探索。例如，杜钢建提出了一个政府规制能力的评估模型，将政府规制能力分为界定度、自主度、参与度、课责度、透明度、可预度、自由度和强硬度等 8 个维度，分别从政策制定、管制执行、监督管制者等多个层面进行了评价。[①] 周平曾试图建立一个简便的评价体系对西部地区的县级地方政府能力进行评估。[②] 研究将县级政府的能力分解为规划发展能力、制度创新能力、资源配置能力、市场规制能力、提供公共物品能力、组织协调能力和社会控制能力等方面，从中选取了规划发展能力、制度创新能力、资源配置能力、市场规制能力和社会控制能力 5 个方面，按照一个概略的标准对其进行简要的评价。2003 年，中国科学院牛文元等在中国可持续发展评价体系中，从区域管理能力的角度对地方政府能力进行了评价。他们针对政府对资源的配置和运用，从政府效率、经济调控和社会调控绩效三个方面进行评估。

当前，在地方政府能力研究中，引入上述政府能力评价体系，并根据地方政府的环境条件和地方政府能力的结构特点加以必要的调整和修改，然后对地方政府能力的状况进行具体的考察是可行的。上述关于政府能力的评价体系，是地方政府能力研究中可利用的一个重要资源。然而，运用上述评价体系对地方政府的能力进行评价得出的结论，尚不能全面地反映地方政府能力的各个方面。因此，在地方政府能力的研究中，还必须在已经取得成果的基础上，进一步完善评价体系。只有设计出更为全面、更加具体的能力评价体系，才能对地方政府能力做出更加准确的评价。

---

① 参见杜钢建《政府能力建设与规制能力评估》，《政治学研究》2009 年第 8 期。
② 参见周平《大开发中的西部地方政府能力问题》，《学术探索》2001 年第 1 期。

第三节　地方政府治理能力的影响因素

现实实践中各级地方政府通过积极转变治理理念，转换政府职能，实行政务公开制度，进一步完善干部任命考核制度，完善行政审批制度，加强行政监督等措施来进一步转变政府工作作风，地方政府的治理能力也随之得到了提升。那么在这个过程中，影响地方政府治理能力的因素包括哪些？

一　经济社会发展水平

一个地区的经济社会发展水平是地方政府能力得以体现和发挥的基础。一般来说，一个地方的经济发展水平越高，政府能够提供公共服务与产品的数量与质量就会更好，政府更有条件和能力改善管理体制、拓宽管理内容。由于地方经济的发展是最直接的政绩衡量指标之一，地方政府治理能力长期被"唯 GDP 论英雄"的思想所影响，导致地方政府在很长一段时间内对经济发展极度重视，甚至直接干预市场的正常发展。但是在地方政府治理能力现代化的目标要求下，政府与市场之间的关系需要重新审视和调整，政府需要调整自己在经济发展中的位置，把权力归还于市场，那么在这种条件下，经济发展因素对地方政府能力的影响将有待继续考察。

社会事业的发展水平是地方政府治理能力的组成因素之一，包括教育、医疗、卫生等方面。一个地区社会发展水平对地方政府治理能力的影响体现在：教育是公民素质提高的基本保障，受到良好教育的公民一方面有可能成为政府公职人员，使政府公职人员的素养提高；另一方面，公民受到的教育水平越高，对政治参与的积极性和对政府的要求也就越高，有利于监督政府行为、促进政府与公民之间的新型关系。而医疗卫生水平能够一定程度上影响公民的身体素质和健康状况，公民的身体素质越好，越有精力去监督政府行为，并且参与到政府治理中。

二　中央—地方关系

在中国，中央政府与地方政府之间的关系一直是影响地方政府治理能力的重要因素，地方政府的治理权限与权力一般来源于中央，中央政府通常是提出统领性的发展方向，而地方政府负责具体实施。在计划经济时期，由于"自上而下"的管理模式，中国地方政府长期缺乏主动性。当前处理好中央政府与地方政府之间的互动关系，加强地方政府的自主性与灵活性，对地方政府效率有着重要影响。同时，中央的政策倾斜对于地方政府有着重要影响，国家的某些倾斜性政策对于一个地区来说影响巨大,会直接影响到地方产出,从而对政府治理能力产生较大的影响。①

三 政府财政投入

地方政府财政能力的强弱直接影响到地方政府的治理能力。地方政府公共财政投入的多少能够直接影响地方政府公共财政支出及分配,是地方政府进行经济和社会建设的重要基础。地方财政是地方政府发挥职能、行使职权、实现自己意志的基础。地方政府的财政能力直接关系着地方政府能否贯彻落实国家和地方政策,能否为社会提供良好的公共产品和公共服务。良好的地方财政状况不仅对地方经济的发展提供资金支持,还能让地方政府的行为、职责发挥获得保障。相反,如果地方政府的财政状况不佳,就会对地方经济的发展带来影响,就会削弱地方政府治理的经济基础。地方政府要履行自己的职责都必须依赖财政作为后盾。② 目前,中国不少地方政府的财政状况不容乐观,一些地方政府仍然是"吃饭财政"。在分税制改革以后,一些地方政府的财政收入受到了很大的影响。财政权力向上移,而中央把很多事权下放,这就直接导致地方政府无法为地方经济的发展,为公共服务和公共产品的提供给予更多的财力支持。最近,《基本公共服务领域中央与地方共同财政事权和支出责任划分改革方案》出台,在一定程度上缓解了上述情况。

四 地方政府公务员素质

地方政府公务员是地方行政管理的主体,他们负责履行政府职能,为公众服务,服从和执行上级的决策和命令。公务员素质主要包括政治素质、专业知识、智力素质、心理素质、身体素质五个方面。公务员素质的高低直接决定了政府职能是否能保质保量地完成,对地方政府的治理起到关键性作用,直接影响着地方政府治理的效能。中国自1993年实行公务员制度以来,公务员的整体素质得到了明显提升,政府工作效率也得到了很大提高。但目前,中国公务员的素质特别是地方公务员的素质与经济社会发展的要求和人民群众的要求还有差距,主要表现在:政治素养还有待提高,现代管理能力一般,服务意识不强,创新思维不足,安于现状等方面。这些都会对地方政府的治理带来消极影响,会成为制约地方政府治理能力提升的重要因素。

---

① 参见张述存《依法规范中央与地方关系 推动地方政府治理现代化》,《中国行政管理》2016年第5期。
② 参见衡霞、代晓旭《地方财政与地方政府社会治理能力的关系研究——基于四川省1994—2014年的数据分析》,《电子科技大学学报》(社会科学版)2017年第5期。

五 绩效考核

目前，中国的大多数省、市、区都开展了政府绩效考核工作，绩效考核主要考查的是政府部门目标计划是否完成，完成的效果如何，社会服务承诺是否兑现等方面。但中国各地方政府目前的绩效考核还存在很多问题。比如考核的内容不够全面，制定的绩效考评标准不太详细，民众的参与程度不高，指标过度向经济指标倾斜。虽然经济指标是衡量一个政府绩效非常重要的指标，但如果对此过度强调，就会导致地方政府的职能定位发生倾斜，会使政府把精力过多地关注经济发展，而忽视社会公共服务和公共产品的提供。在这种指标考核体系下，地方政府热衷于追求政绩，盲目地扩大经济规模，就会造成政府承担的公共服务职能的减弱，其他方面为了服务于经济建设也会受到削弱。[①]

第四节 小结

地方政府治理能力，从基本定义的角度，是地方政府维持自身存在和治理地方社会过程中体现出来的力量的总和，是地方政府应对环境挑战，实现对县域公共事务有效治理的本领。地方政府治理能力的构成要素，主要包括资源获取能力、资源整合能力、资源配置能力、资源运用能力。随着治理的重要性得到越来越多人的认同，为了衡量当地政府的治理质量而发展出一些定量的指标。国外有几种常用的政府治理能力评价的指标，如自由之家的治理指标、世界银行的治理指标、美国国际开发署的民主与治理评估框架、英国海外发展组织世界治理评估等。地方政府治理能力的影响因素主要包括经济社会发展水平、中央—地方关系、政府财政投入、公务员素质、绩效考核等。

【思考与讨论】

1. 地方政府治理能力的定义和内涵？
2. 国内外政府治理能力评价指标体系的区别？
3. 影响地方政府治理能力的因素有哪些？这些因素是如何影响地方政府治理能力？

---

① 参见［德］托马斯·海贝勒、雷内·特拉培尔、王哲《政府绩效考核、地方干部行为与地方发展》，《经济社会体制比较》2012 年第 3 期。

【扩展阅读】

王绍光、胡鞍钢：《中国国家能力报告》，辽宁人民出版社1993年版。

罗维：《地方政府社会治理能力建设研究：基于宁波实践的分析》，法律出版社2015年版。

蔡立辉：《信息化时代的大都市政府及其治理能力现代化研究》，人民出版社2014年版。

李明强、贺艳芳：《地方政府治理新论》，武汉大学出版社2010年版。

倪星：《中国地方政府治理绩效评估研究的发展方向》，《政治学研究》2007年第4期。

娄成武、张建伟：《从地方政府到地方治理——地方治理之内涵与模式研究》，《中国行政管理》2007年第7期。

陈振明、薛澜：《中国公共管理理论研究的重点领域和主题》，《中国社会科学》2007年第3期。

俞可平：《推进国家治理体系和治理能力现代化》，《前线》2014年第1期。

王兴伦：《多中心治理：一种新的公共管理理论》，《江苏行政学院学报》2005年第1期。

王华：《治理中的伙伴关系：政府与非政府组织间的合作》，《云南社会科学》2003年第3期。

丁煌、高峻：《整体性治理的实践探索——深圳一体化大交通管理体制改革案例分析》，《行政论坛》2011年第6期。

郁建兴、任泽涛：《当代中国社会建设中的协同治理——一个分析框架》，《学术月刊》2012年第8期。

郁建兴：《中国地方治理的过去、现在与未来》，《治理研究》2018年第1期。

第五章

地方政府治理绩效

对地方政府绩效的研究探索始于20世纪90年代,其大量研究出现在2000年以后。地方政府治理绩效的研究源于多个理论:国家治理现代化理念是分析地方政府治理绩效的理论基石,委托代理理论是分析地方政府治理绩效的原因之一,成本收益理论则是研究地方政府治理绩效的依据。具体来看,第一,国家治理现代化理念中强调的国家治理体系和治理能力的现代化,必然意味着地方政府要关注自身治理绩效,同时不断提升治理绩效又能为国家治理体系和治理能力现代化提供支撑。第二,根据委托代理理论,由于地方政府提供公共产品时是由社会成员通过纳税来补偿其成本的,这样就使社会成员和地方政府形成了一个国家层次上的委托代理关系。在此关系中,委托人要掌握代理人实际的责任履行情况就需要通过考核地方政府治理绩效这种方式来实现。第三,基于成本收益理论,地方政府履行治理职能也是属于经济活动,必然产生成本和收益,这就有必要对地方政府的某项工作是否有效、有多大收益进行评判。

第一节 地方政府治理绩效内涵

地方政府治理绩效是衡量地方政府治理水平的重要标尺,如何正确认识地方政府治理绩效、有效提升地方政府治理绩效是实践者与研究者共同面对的一个难题。

谈及地方政府治理绩效,不可避免地会联系到政府绩效,那么政府治理绩效与政府绩效之间到底有什么区别,界定清楚该问题能让地方政府治理绩效的内涵更加明晰。对于政府绩效,有学者认为其包含两个层面的问题,一是政府应做的事情,二是政府到底做得怎样,也就是政府职能的实现程度。[1] 可以看到,政府绩效主要是以政府自身为视角,体现政府职能实现程度。而政府治理绩效,其关注点不仅限于政府自身是否履行好职能,还关注政府如何与其他主体合作,并为社会发展带来了哪些变化,产生了何种影响。总体来说,政府治理绩效的内涵比政府绩效更加宽泛,政府治理绩效包含了政府绩效。

西方国家普遍认为地方政府治理绩效又称"公共生产力""国家生产力""公共组织绩效""政府业绩""政府作为"等,是指地方政府在社会管理中的业绩、效果、效益及其管理工作的效率与效能,主要分为两个层面:一是政府产出的绩效,即政府提供公共服务与进行社会管理的绩效表现,二是"过程"绩效,即政府职能行使的绩效表现。[2]

中国学者也从不同的角度对地方政府治理绩效进行了定义。从地方政府治理过程角度,臧乃康认为,政府绩效不单纯是政绩层面的概念,还包括政府成本、政府效率、政治稳定、社会进步、发展预期。[3] 这种绩效既不是政府短期投入的回报,也不是政府终端产品的累积,而是较长时期经济发展、社会进步的总成果。从地方政府活动的结果出发,卓越认为,地方政府治理绩效应该更注重政府部门获得的公共产出最大化。[4] 倪星也认为,地方政府治理绩效就是指各级地方政府在管理社会公共事务、提供公共服务过程中所取得的成绩与收益。[5] 从政府管理能力角度,有学者认为,地方政府治理绩效就是地方政府治理能力的最终表现,这种定义注重政府的能力建设,但是忽视了政府活动的效率性与有效性。

尽管地方政府治理绩效的定义不同,但从众多的定义中可以发现一些基本要素,可以更好理解地方政府治理绩效的内涵。

一 地方政府治理绩效具有多维度性

地方政府治理绩效并非只有单一的经济维度,而是具有经济、政治、文化、社会、生态等多维度。

第一,经济绩效。经济绩效表现为维护经济持续发展,社会财富稳定增长等。国民经济不仅仅在量上扩张,而且在结构合理的前提下有质的提升。良好的经济绩

---

[1] 参见郑志龙《走向地方治理后的政府绩效评估》,《中国行政管理》2009年第1期。
[2] 参见方振邦、葛蕾蕾《政府绩效管理》,中国人民大学出版社2012年版,第6页。
[3] 参见臧乃康《国家有效治理的现代性困境与超越》,《江苏社会科学》2015年第6期。
[4] 参见卓越《公共部门绩效评估初探》,《中国行政管理》2004年第2期。
[5] 参见倪星《中国地方政府治理绩效评估研究的发展方向》,《政治学研究》2007年第4期。

效还包括经济较高的可持续发展程度、政府能提供促进经济与社会协调发展的宏观经济政策等。

第二，政治绩效。政治绩效最常见的表现为制度安排和制度创新。地方政府制度建设的绩效好坏在于是否能保证该地区内市场经济有序运转，人民、社会各方面能否有效参与政治生活、社会事务，各项决策、制度、法律安排能否体现民意。政府制度安排的能力越强，政治绩效就越容易体现。

第三，文化绩效。文化是民族的血脉，是人民的精神家园。文化建设是中国特色社会主义事业总体布局的重要组成部分。文化绩效体现为文化建设成效，包括价值观培育，思想道德建设，文艺事业、文化事业和文化产业发展等方面的具体成效。

第四，社会绩效。社会绩效是经济发展基础上的社会全面进步。社会全面进步内涵丰富，包括人们的生活水平和生活质量的普遍改善和提高；地方公共产品提供及时到位，当地治安状况良好，人们安居乐业；社会和谐有序，法治程度高，社会群体、民族之间和谐协调，没有明显的对抗和尖锐的冲突。[①]

第五，生态绩效。主要是实现人与自然的和谐相处，包括该地区的环境治理、环境保护、生态修复，提供生态产品，打造优美的生态环境，发展绿色生态产业等。

从关系上看，政治绩效、经济绩效、社会绩效、文化绩效、生态绩效是具有紧密联系的一个有机整体。政治绩效是整个政府绩效的根本前提；经济绩效是物质基础；社会绩效是政府绩效体系的主要内涵和价值目标，没有社会绩效，经济绩效就没有实现的意义和价值，政治绩效也会失去社会基础；文化绩效是整个绩效体系中的灵魂，对其他绩效的实现都具有影响作用；生态绩效是其他绩效能够长久持续的外部环境保障。

除了以上的五维度，有的学者提出政府绩效主要指"3E"：即经济、效率和效益。也有的学者提出了"4E"的定义，在"3E"的基础上即增加了"公平"。还有更多的学者提出增加更多的"E"，如"卓越""企业家精神""专业技术""候选者资格""足够"等。可以看到，地方政府治理绩效所包括的内容是丰富的、多维度的。

二　地方政府治理绩效具有层次性

政府治理绩效的层次性可以从行政层次上划分为中央政府治理绩效与地方政府

[①] 参见臧乃康《国家有效治理的现代性困境与超越》，《江苏社会科学》2015年第6期。

治理绩效。同时对具体层级的政府而言,其内部又可以划分为宏观、中观与微观层次的治理绩效。

宏观层次的政府绩效涉及整个地方政府管理活动的成绩和效果,具体体现为该地区内政治民主与稳定、经济发展、人们生活水平持续提高、社会公正与安全、社会秩序的改善、文化发展和精神文明的提高等方面。

中观层次的政府绩效是特定的政府机构或公共部门的工作成就或效果,包括经济性、效率、服务质量、客观社会效果、服务对象的满意程度等。

微观层次的政府绩效是指特定工作任务或工程项目等的具体完成情况,包括成本、收益、社会影响等内容。

第二节　地方政府治理绩效评价

20世纪90年代以来,随着治理理论的兴起和流行,政府治理绩效评价也流行起来。地方政府治理绩效评价就是对地方政府治理目标的实现程度进行评估、评价。[1] 对地方政府治理绩效进行评估,一方面可以展示工作的绩效,使政府能够赢得社会公众的支持、理解和信任;另一方面,也可以推动社会公众对政府的监督。

一　地方政府治理绩效评价内涵

第二次世界大战期间,雷德与西蒙出版的《市政工作衡量:行政管理评估标准的调查》一书引发了各国对于政府组织绩效的关注。到20世纪80年代澳大利亚和新西兰等地兴起的绩效测量运动及20世纪90年代初英美相继实施的绩效测量推广,更是让政府绩效评价成为理论与实践关注的热点。

西方学术界对绩效评价的研究始于20世纪40年代,克莱伦斯·雷德和赫伯特·西蒙合著的《市政工作衡量——行政管理评估标准的调查》被认为是"开山之作",但作为一个学科领域的系统研究始于20世纪70年代。[2] 谢尔登·西尔弗(Sheldon Silver)和马蒂·卢斯特(Marty Luster)认为,"政府绩效评估是一个适用于为评价政府活动,增强为进展和结果负责的一切有系统的努力的术语"。[3] 保罗·埃·普斯得恩认为,"政府绩效评估是政府决定是否以某一合理的成本提供一定质

---

[1] 参见何增科、陈雪莲《政府治理》,中央编译出版社2015年版。
[2] 参见范乃柏《政府绩效评估的理论与实务》,人民出版社2005年版。
[3] Sheldon Silver, Marty Luster, "Reinventing Government Series: Performance Measurementand Budgeting", *World Policy Journal*, Vol. 6, No. 2, 1995.

量公共产品的方式，也是评价达到预定目标的过程，包括资源转化为物品和服务（输出）的效率，输出的质量和结果"。[1] 波伊斯特从指标角度提出，绩效指标是关于公共部门与公共项目绩效各方面的客观的、高质量的标识，而绩效评估就是定义、衡量和运用这些指标的过程。[2] 奥斯本和盖布勒从机制角度认为，政府绩效评价就是力图改变公共部门照章办事的习惯，努力建立有使命感的政府；改变以过程为导向的控制机制，努力构建以结果为导向的治理机制。[3] 绩效评估折射出的责任机制是既要放松规制，又谋求结果的实现；既要提高公务员的自主性，又要保证公务员对公众负责、对结果负责。

　　中国众多学者对政府治理绩效评价也发表各种见解。范柏乃提出了自己的定义：根据统一评估指标和标准，按照一定的程序，通过定量定性对比分析，对某评估对象一定时期内的业绩做出客观、公正和准确的综合评判的过程。[4] 蔡立辉认为，政府治理绩效评价是一种政府内部改革措施，体现了放松规制和市场化的新公共管理取向，是一种以结果为导向的新机制；是一种改善公共部门与公众之间的关系、提高公众对公共部门的信任度的措施，从而体现了完善政府责任机制和坚持顾客至上的治理理念。[5] 孟华认为，政府治理绩效评价就是对一些特定的评估活动的总称，它既包括将政府的项目或活动的成就与预期目标或绩效标准相比较的日常测量活动，也包括对项目或政策的重要方面进行客观可信的、定期的系统评价活动。[6] 随着政府治理实践的不断推进，王小艳认为，治理实践中关于引入激励机制、用市场原则进行管理的观点是地方政府治理绩效评价的理论基石。从这个意义上讲，地方政府治理绩效评价即是开展一系列评价活动，并运用绩效评价结果来激励被评价单元以改进治理绩效。[7] 曹惠民认为，治理视角下的地方政府绩效评价强调地方政府绩效的实现既有赖于中央政府的管理和控制，同时又越来越受到普通的社会公众和其他非政府组织的影响和制约，其本质是自上而下和自下而上相结合的治理型评价机制，

---

[1] National Performance Review（US），"Serving the American Public：Best Practice in Performance Management"，Benchmarking Study Report，June，1997.
[2] 参见［美］H. 波伊斯特《公共与非营利组织绩效考评：方法与应用》，肖鸣政译，中国人民大学出版社2005年版，第4页。
[3] 参见［美］奥斯本、盖布勒《改革政府》，上海人民出版社1991年版，第21页。
[4] 参见范柏乃《政府绩效评估：理论与实务》，人民出版社2005年版，第34—38页。
[5] 参见蔡立辉《政府绩效评估研究：理论、方法与实践》，中国教育文化出版社2006年版，第4页。
[6] 参见孟华《政府绩效评估：美国的经验与中国的实践》，上海人民出版社2006年版，第8页。
[7] 参见王小艳《地方政府低碳治理绩效评价及治理模式研究》，博士学位论文，湖南大学，2015年。

这种地方政府治理型绩效评价更具全面性和科学性。[①]

在众多观点中，实际上蕴含着一个基本的逻辑，即政府治理绩效评价在政治的含义上体现了通过运用评价活动使政府承担治理责任，以维护民主政治的核心价值；在技术的含义上体现了通过开展绩效评价改善政府的内部管理，实现对管理效率的诉求。综上所述，地方政府治理绩效评价是指以地方政府为主体，在一定的制度约束下围绕特定战略目的，运用绩效评估技术对一定时期内地方政府的治理过程、结果和效益的测量与评估。

二 地方政府治理绩效评价的实践

（一）西方地方政府治理绩效评价实践

在不断适应着社会政治经济变化进程中，西方国家的地方政府绩效治理评价已经逐渐走向高层次的系统化和综合化的治理绩效评价阶段，呈现出治理绩效评价主体多元化、方式为定量定性相结合、过程法制化等的特点。

从地方政府治理绩效评价主体来看，在西方发达国家，地方政府治理绩效依靠政府之外的专门机构或者民间机构进行评价的做法渐成气候。英国的审计委员会、美国的审计总署、美国锡拉丘兹大学坎贝尔研究所都是辅助政府进行治理绩效评价的主体。

从地方政府治理绩效评价方法来看，既包含了对效率、效能、质量、效益、能力、服务质量、公共责任和社会满意度等方面的定性评判，又有对公共部门管理过程投入、产出、中期成果和最终成果进行多方面的测量的定量分析。

从地方政府治理绩效评价实施过程来看，西方国家大多通过设置治理目标和战略规划，形成政府治理绩效评价执行的基础框架。其治理绩效评价过程涵盖了评价的准备、评价的实施、评价的推进、评价的反馈等多个环节和层次，也包括了政府治理绩效评价的指标体系、监督系统、信息系统、执行系统等各个子系统管理，注重运用多种方法和技术全方位提高政府绩效。[②] 并且，西方国家认为立法保障是实施政府绩效评价的基础和前提，为保障政府绩效评价的规范化和法制化，绝大多数国家为政府绩效评价制定了相应的法律法规。

[①] 参见曹惠民《地方政府绩效评价的制度创新研究——基于治理的视角》，《湖南大学学报》（哲学社会科学版）2016 年第 1 期。

[②] 参见张书涛《西方国家政府绩效管理的基本模式分析》，《河南师范大学学报》（哲学社会科学版）2009 年第 3 期。

(二) 中国地方政府治理绩效评价实践

改革开放以来，中国地方政府治理绩效评价由最开始的干部考核和部门作风建设制度到后来出现的目标管理责任制、效能监察、社会服务承诺制等，体现了地方政府对治理绩效评价日益重视。但总的来说，中国目前的地方政府治理绩效评价仍处于起步和探索阶段。

1. 地方政府治理绩效评价主体

地方政府在开展政府治理绩效评价的实践中，形成了很多富有特色的评价模式，但多为政府主导评价。例如，青岛市的"目标绩效管理"，福建省的"机关效能建设"，南京市、珠海市的"万人评议政府"等内部评价，以及甘肃省"第三方评政府"等外部评价组织模式。[①] 青岛模式的特点是党委、政府自上而下进行政府治理绩效评价，将目标管理和过程管理结合起来，促使行政部门提高治理绩效。"万民评议政府"的珠海模式本质上是政府主导的、将绩效评价与机关作风建设及行风评议相结合的民意测评。被媒体称作"民评官"的兰州实验，被喻为甘肃模式，其评价组织模式是第三方委托评价，但受政府委托和制约，难免在评价的实施过程中受到政府的影响。可以看出，中国目前的地方政府治理绩效评价多为政府主导型，并且在政府主导下积极探索与第三方评价机构的合作。[②]

2. 地方政府治理绩效评价指标体系

从实践来看，中国地方政府对政府治理绩效评价指标体系做了大量探索。甘肃省政府绩效评价指标体系由兰州大学设计的5个一级指标和14个二级指标以及40个三级指标构成。福建省政府评价体系包括依法行政、勤政廉政建设等5项一级指标和34项二级指标以及77项三级指标。深圳市以经济调节、社会管理、市场监管和公共服务等四大职能为依据构建12个二级指标和27个三级指标的区级政府绩效评价指标体系。不论哪种思路与方案，学者与政府均以客观指标与主观指标构成政府绩效评价指标结构体系。[③] 但总体来看，中国目前地方政府治理绩效评价指标存在泛经济化倾向。一些地方政府绩效评价指标设置较多的经济发展指标，但有关公共服务、资源环境、人民生活的指标较少。

---

① 参见包国宪、曹西安《我国地方政府绩效评价的回顾与模式分析》，《兰州大学学报》（社会科学版）2007年第1期。
② 参见陈新《职能转变视角下的政府绩效评估研究》，博士学位论文，南开大学，2014年。
③ 参见李军《以国民幸福指数为导向的中国地方政府绩效评价体系研究》，山东大学，博士学位论文，2013年。

3. 地方政府治理绩效评价制度

中国地方政府治理绩效评价多处于自发和半自发状态，缺乏统一的规划和指导，评价主体的选择、内容的设计和指标的构建等都是基于政府自身的需要而定，缺少客观的衡量标准、具体的政策性指导和相应的制度保障。[①] 使得某些地方政府的绩效评价活动随意性较高，持续性较差。由于缺乏统一的绩效评价指导体系，不同绩效评价体系之间难以进行比较。

（三）提升中国地方政府治理绩效评价对策建议

实现绩效评价主体多元化。政府绩效评价要走向完善和成熟，单一的评价主体无法对行政部门绩效进行有效的评价，只有开展多方评价，绩效评价才能更加全面、可信。评价组织不仅包括政府机关自身及上级评价组织，党组织和权力机关评价组织，还应当包括相关的专家评价组织，同时要充分发挥第三方组织的治理绩效评价优势，将内外部评价相结合。

建立一套行之有效的评价指标体系。一要体现系统性，全面反映经济社会和人的发展状况；二要体现公共性，评价指标必须针对公共领域；三要体现科学性，合理设定约束性指标与预期性指标，将指标属性设定与政府职能转变相结合；四要体现可操作性，评价指标的设置，要突出重点，便于操作，不要过于烦琐。

健全绩效评价制度，制定相关法律法规。要从法律上树立绩效评价的权威性，设立独立绩效评价机构并明确其地位，享有调查、评价有关公共部门活动的权力，不受任何行政、公共组织或个人的干扰，评价结论能够得到有效传递和反馈。

第三节　地方政府治理绩效提升

提升地方政府治理绩效需要从治理目标、治理主体、治理资源以及治理方式四个方面进行创新优化。

一　制定科学的治理目标

科学的地方政府治理目标是地方政府治理绩效的评判标准，也是提升地方政府治理绩效的前提。

避免治理目标的短期化倾向。地方政府治理设定的目标应该具有长期性。虽然

[①] 参见陈新《职能转变视角下的政府绩效评估研究》，博士学位论文，南开大学，2014年。

地方五年规划的一些指标源于国家五年规划的层层分解，但也要根据地方特殊的发展状况设定较长远的治理目标，为地方政府治理提供总目标体系。

保证治理目标的可评估性。治理目标既是政府治理的导向，也是判定地方政府具体治理绩效的依据与标准。治理目标越具有可评性，越能激励政府进行有效治理，越能反映政府治理绩效好坏。要实现治理目标的可评性，需要完善政府治理绩效指标体系。

增强治理目标的均衡性。要科学设计统筹兼顾的绩效指标体系，统筹兼顾个人业绩与集体政绩、当前利益与长远利益、局部利益与全局利益等各个方面的利益关系；既要重视促进经济发展等易于量化的指标，更要重视提高人的素质、节约资源和保护环境等不易量化的指标。要建立涵盖民主、法治、公平、责任、透明、廉洁、高效、和谐等要素在内的政府绩效评估指标体系。[1]

二 形成协同互动的多元治理主体体系

目前，地方政府治理主体既包括公共部门，也涉及私人部门，当治理主体呈现出多元性与互动性的特征时，可以有效提升政府治理绩效。

完善地方政府治理主体体系，实现治理主体多元化。治理主体的多元性是指地方政府不再是公共权力的垄断主体，社会互动各方可以并且常常成为公共权力的共享者；地方政府不再是确定社会秩序的必然"中心"。[2] 公众作为政府的服务对象，公众是否满意是政府治理绩效的重要"晴雨表"。建立公众参与地方治理的长效机制是衡量政府治理水平的重要标准。因此，要完善政府治理主体结构，建立涵盖政府内外部成员的政府治理主体结构，促进治理主体的多元化。另外，要建立健全公众有效参与地方治理的体制机制，从制度上促使多元治理体具备相应的责任意识和治理能力。

提高主体协同治理能力，促进地方社会善治。增强地方政府部门的合作意识，提高地方政府的协同治理水平，促进治理主体的互动，是促进地方社会善治的关键。一要提高政府间协同治理能力，扩大对外开放，促进对外合作向纵深发展。一方面，地方政府部门必须进一步解放思想，打破地方保护主义的思想，以更加开放的理念，增强与各地的沟通、协商和合作；另一方面，要主动对接并不断拓展对外合作空间，秉持互利互惠、合作共赢的理念，主动对接。二要提高跨域协同治理能力，促进政

---

[1] 参见林阿妙《政府绩效管理创新与治理能力提升的契合性——基于地方政府的视角》，《经济问题》2015年第11期。

[2] 参加刘波、李娜等《地方政府治理》，清华大学出版社2015年版。

府社会良性互动，提高社会共治水平。发挥政府的元治理作用，促进政府、社会良性互动，促进"三社"健康发展。培育社会力量并发挥社会力量的协同治理作用，促进公众有组织地参与治理。当前，地方政府部门应以加快推进政府购买服务为着力点，创造"三社"联动平台，促进政府良性互动，形成"三社"资源共享、优势互补、相互促进的良好局面。[1]

三　充分运用治理资源

治理资源是政府治理的必要条件，政府治理的绩效的好坏很大程度上取决于治理主体获取和充分利用各种治理资源的能力。因此，合理调动、配置、运用治理资源是地方政府治理能力建设的关键，也是提升地方政府治理绩效的关键。薛澜等认为，政府治理能力包括资源动员能力、资源配置能力和资源有效使用的能力，而资源既包括财力资源，也包括人力资源、信息资源等。[2] 提高地方政府在治理资源方面的整合、运用能力有助于提高地方政府治理绩效。

充分运用人力资源。人力资源是落实政府治理的特殊资源，充分运用人力资源应做到"人适其岗、人尽其才"，实现人力资源效用最大化。一是应运用现代人力资源"大拇指"理论，即善于发现行政人员的长处，积极用人之所长，在加强人员任用管理上坚持"以事定岗、以岗定人、能岗匹配、人事相宜"原则；二是完善组织架构设置，充分发挥人力资源效应的前提是组织架构设置科学，因此在加强任用管理的同时应开展机构改革，完善权力安排制度设计、优化岗位设置，实现责权匹配，避免出现人员任用无序、人员效率低下、组织病态等现象，[3] 从而提升人员工作效率，进而提升政府部门组织效率，最终提升政府治理绩效。

充分运用数据信息资源。数据即资源，是现代地方政府治理的数据基础和技术支撑，公共数据资源精细化治理是数据管理和服务方式"微创新"的过程，有效盘活地方政府信息资源，提升信息数据资源使用效率，进而提升地方政府公共决策能力。[4] 具体来看，开展数据资源精细化运用主要包括：一是数据采集精确化，建立数据资源目录体系，完善地方各部门的数据资源清单，并实现全地区各部门、各领

---

[1] 参见林阿妙《政府绩效管理创新与治理能力提升的契合性——基于地方政府的视角》，《经济问题》2015 年第 11 期。

[2] 参见薛澜、张帆、武沐瑶《国家治理体系与治理能力研究：回顾与前瞻》，《公共管理学报》2015 年第 3 期。

[3] 参见张百舸《现代人力资源管理视角下的政府官员选任制度改革》，《中国人力资源开发》2015 年第 19 期。

[4] 参见曾小锋《大数据时代政府治理面临的双重境遇与突破路径》，《领导科学》2016 年第 3 期。

域数据的统一目录管理、统一认证和统一交换；① 二是数据储存标准化，针对数据共享的不同类型进行分级管理；三是数据应用高质化，避免数据不敢用、不会用等问题，通过改变原有的数据交换到第三方的模式，采用数据"可用不可见""数据不搬家"的方式，为有需要的业务部门直接提供数据服务。② 通过对数据资源的精细化处理可以提升地方政府的数据治理能力，从而运用数据解决一些公共问题，提升治理绩效。

充分运用财力资源。财力资源能够提供地方政府治理资金保障，为保障财力资源被充分利用，核心是地方政府应全面实施预算绩效管理，建立全方位、全过程、全覆盖的预算绩效管理体系，着力提高财政资源配置效率和使用效益。全方位主要包括三方面：一是将政府收支预算纳入绩效管理，确保地方政府财政资源高效配置，增强其财政持续性；二是将部门、单位收支预算纳入绩效，从运行成本、管理效率、履职效能、社会效应、可持续发展能力和服务对象满意度等方面进行资金绩效考核；三是政策项目预算绩效管理，地方政府应从数量、质量、时效、成本、效益等方面，综合衡量政策和项目预算资金使用效果。全过程指地方政府应构建预算绩效管理链条，建立相应绩效评估机制，并完善地方政府预算绩效目标、绩效监控、绩效评价、结果应用等管理流程。全覆盖指地方政府应建立完善的绩效管理体系，一是建立一般公共预算绩效管理体系，开展涉及一般公共预算等财政资金的政府投资基金、主权财富基金、政府和社会资本合作、政府采购、政府购买服务、政府债务项目绩效管理。二是建立其他政府预算绩效管理体系，将政府性基金预算、国有资本经营预算、社会保险基金预算全部纳入绩效管理，加强预算之间的衔接。通过预算审计与预算绩效管理，能有效解决地方政府财政资金低效无效、闲置沉淀、克扣浪费等问题，从而推动地方政府财政资金聚力增效，财力资源得到充分运用，为提升地方政府治理绩效提供财力保障。③

四 创新政府治理方式

提升地方政府治理绩效，一个关键在于治理方式的创新。适应新的社会环境需要新型的治理方式以推动地方政府更好应对新形势新问题，从而提供更优质公共服务，实现更高治理绩效。目前，协同治理、整体治理、数字治理等方式在过去传统

---

① 参见胡厚翠《大数据时代政府治理能力提升的路径选择》，《大连干部学刊》2018 年第 1 期。

② 参见刁生富、邓凯《公共数据资源共享的嬗变：从粗放式管理到精细化治理》，《探求》2017 年第 6 期。

③ 参见《中共中央 国务院关于全面实施预算绩效管理的意见》2018 年 9 月 1 日。

治理方式上进行创新与变革，能更好适应社会需求，促进政府治理绩效提高。

协同治理方式。大政府的时代已经结束，小而能的政府将是未来的必然趋势。然而在相当长的时期内公共事务的繁杂、公共问题的频发、民众诉求的增多依然是社会的基本状态。小而能的政府将如何保证这些政策目标的实现？最佳的选择必然是由地方政府主导，充分发挥社会组织、经济组织和社会公众的力量，通过制度建构将他们纳入协同治理网络之中，并采取广泛参与、平等协商、通力合作和共同行动等多种方式，共同管理地方社会公共事务。地方政府协同治理包含两方面：一是府际间协同，也就是政府内部协同。为了实现和增进公共利益，地方政府与中央政府之间、平行的地方政府之间彼此合作，在相互依存的环境中分享权力、分担责任、共同推进治理的实施，提升治理绩效；二是跨域协同，由于仅仅依赖于政府内部协同无法很好解决当下复杂化与多样化的社会公共问题，这需要地方政府在体制内有效协同的基础上进行外向型拓展，寻求与政府体制之外的市场、非营利组织及公民间的有效协同，实现跨域协同。在地方政府与市场协同上，可采取公共部门民营化①、政府契约外包、政府特许经营②等方式；在地方政府与非营利组织的协同上，首先区分地方政府与非营利组织的组织职能领域，其次在协调两者利益关系基础上，界定好两者责任关系，并建立起互信关系，最终增强地方政府对非营利组织支持、加强与非营利组织沟通、合作；③ 在地方政府与公民协同上，一方面重塑地方政府的公共服务权能，另一方面培养公民主动参与协同的意识。④

整体性治理方式。该治理方式以协调与整合为核心，以整体价值为基本价值追求，是一种基于纵向和横向协调的思想，并以该思想作为政府行为的指导，以达到实现预期利益的政府治理方式。运用在地方政府治理方面，具体应包括四个方面的内容：一是需要构建良好的政策环境，排除相互破坏与腐蚀的政策情境；二是更好地联合使用稀缺资源；三是促使某一政策领域中不同利益主体团结协作，为地区公众提供无缝隙的服务；四是在组织架构构建上，改变传统地方政府组织架构，超越传统分工，构建整合式组织；五是创新地方政府工作方式，采取政策网络、伙伴关系等新型工作方式，以实现共同参与。⑤

数字治理方式。数字社会是一种全新的社会形态，体现在社会生活的全面"信

---

① 参见［美］E.S. 萨瓦斯《民营化与公私部门的伙伴关系》，中国人民大学出版社2002年版，第4页。
② 参见陈振明《政府工具导论》，北京大学出版社2009年版，第150页。
③ 参见赵黎青《非政府组织与可持续发展》，经济科学出版社1998年版，第121页。
④ 参见刘伟忠《我国地方政府协同治理研究》，博士学位论文，山东大学，2012年。
⑤ 参见糜皛《模式调试与机制创新：网络时代政府公共危机治理研究》，博士学位论文，兰州大学，2014年。

息化"与"网络化"、政府服务的"智能化"与"精准化"、信息传播的"扁平化"与"多中心化"。随着这些社会新形态的到来,数字治理方式将成为新型地方政府治理方式,强调从统计管理、数据融通向智慧服务转变。具体来看,数字治理方式是指地方政府通过数字化思维、数字化理念、数字化战略、数字化资源、数字化工具和数字化规则等治理信息社会空间、提供优质政府服务、增强公众服务满意度的过程。[①] 一是地方政府内部通过数字战略的实施,打通政府各部门、各层级之间的信息孤岛,建立起基于政府内部数据融通的高效办事网络,节省治理交易成本;[②] 二是地方政府对外通过开放数据战略的实施,促进社会公共信息在社会成员之间的共享与可获取,从而释放数据活力、推进社会稳定与繁荣。

第四节 小结

地方政府治理绩效评价虽然对评估政府治理绩效从而起到改善政府治理绩效有着重要的意义。但是要从根本上提升地方政府治理绩效就需要从以下四方面发力:一是制定科学治理目标,避免治理目标的短期化倾向、保证治理目标的可评性、增强治理目标的均衡性;二是形成多元治理体系,完善治理主体体系,提高主体协同治理能力;三是充分运用治理资源,包括人力资源、数据信息资源、财力资源等;四是创新治理方式,采用协同治理方式、整体性治理方式以及数字治理方式,推动地方政府更好应对新形势新问题,从而提供更优质公共服务,达成更高治理绩效。

互联网蓬勃发展,政府也顺应时代潮流,其治理正在从线下迈向线上。政府网站便成了数字政府的化身,政府网站建设的完善程度,直接关乎政府治理的有效性。目前政府网站建设工作取得了较大进展,许多地方建成了一体化平台,总体实现合格达标。但距离公众心中的"优质高效",尚有一定提升空间。要树立整体治理和协同治理的理念,以网站整合部门资源,冲破现实工作"分割化、碎片化"的束缚,做到"化零为整、部门协同、地区协同"实现政府网站的整体治理效果。广泛地"听民意、纳民智",整合网上服务互动资源,整合网上办事大厅服务事项,实现"一次不用跑"或"最多跑一次",打破"条块分割、烟囱林立、信息孤岛",实现政务服务"一网通办"。要丰富网站内容,做好政府服务有

---

① 参见戴长征、鲍静《数字政府治理——基于社会形态演变进程的考察》,《中国行政管理》2017年第9期。

② 参见〔美〕达雷尔·韦斯特《数字政府:技术与公共领域绩效》,科学出版社2011年版,第2页。

效集成。

【拓展阅读】

何增科、陈雪莲：《政府治理》，中央编译出版社2015年版。

李明强、贺艳芳：《地方政府治理新论》，武汉大学出版社2011年版。

王强：《政府2.0——新常态下的政府治理创新》，中国人民大学出版社2015年版。

沈荣华：《政府治理现代化》，浙江大学出版社2016年版。

李倩：《基层政府治理现代化》，西南交通大学出版社2018年版。

张立荣：《中国地方政府治理评论》，科学出版社2018年版。

杨茂林、王云：《地方政府治理的创新》，山西经济出版社2014年版。

第二篇

地方政府社会治理

社会治理的基本内涵
社会治理体制的变迁
地方社会治理创新

党的十八届三中全会在《中共中央关于全面深化改革若干重大问题的决定》中明确提出："创新社会治理，必须着眼于维护最广大人民的根本利益，最大限度增加和谐因素，增强社会发展活力，提高社会治理水平。"这是中央文件首次提出"社会治理"，既与"完善和发展中国特色社会主义制度、推进国家治理体系和治理能力现代化"的全面深化改革总目标相呼应，又顺应了新时代人民群众的新期待。正如习近平总书记指出，"治理和管理一字之差，体现的是系统治理、依法治理、源头治理、综合施策"。[①] 进入社会主义新时代，各种社会矛盾纠纷日趋频繁、利益诉求多样，合法、非法形式社会矛盾依旧突出，并且呈现上升趋势。如何化解社会矛盾，维护社会稳定成为当前全社会面临的重要问题。

无论"国家—社会"二分法中的公民社会，还是"国家—经济领域—公民社会"中的公民社会，都离不开政府与社会的关系。社会管理与社会治理背景下的政府与社会呈现出不同的关系与状态，从社会管理到社会治理，是政府与社会关系变革的必然趋势，反映了政府与社会关系变革的历史与逻辑的统一。因此，本篇主要讨论政府和社会的关系，第一章是社会治理的内涵，讨论社会管理和社会治理的关系；第二章是社会治理体制的变迁，讨论社会治理的变迁、历程和动力机制以及未来展望；第三章是地方社会治理创新，讨论地方社会矛盾现状，地方政府治理社会矛盾的方式，并在此基础上提出社会治理创新对策。

---

① 参见《习近平总书记系列重要讲话读本》，人民出版社、学习出版社2014年版，第116页。

第一章

社会治理的基本内涵

社会治理的提出基于社会管理，从社会管理到社会治理的转变，是多种力量共同作用的结果，从而使得社会治理逐渐进入人们视野，也成为改善政府与社会关系的重点。

第一节 社会管理

社会治理源于社会管理，理解社会治理，首先要理解社会管理。关于社会管理内涵主要从主体和客体两个层面理解，社会管理的主体通常被理解为是对社会环境整体进行治理与调控等一系列管理活动的实施者，而社会管理的客体即是社会管理活动的管理对象。

从客体来看，学者的认识大同小异，主要有广义和狭义之分，例如郑杭生指出，广义的社会管理是指整个社会大系统的管理；狭义的社会管理，主要指与政治、经济、思想、文化各子系统并列的社会子系统或者社会生活子系统的管理。[1] 李程伟认为，广义的社会管理指政府及非政府公共组织对各类社会公共事务（包括政治的、经济的、文化的和社会的）所实施的管理活动；狭义的社会治理指对社会公共事务中排除政治统治事务和经济管理事务的那部分事务的管理。[2]

从主体来看，学者的意见存在较大分歧，一些学者把政府作为社会管理的主体，认为社会管理是指"国家通过自己的权力机关或授权部门依据一定的规则，对社会

---

[1] 参见郑杭生《走向更讲治理的社会：社会建设与社会管理（中国社会发展研究报告2006）》，中国人民大学出版社2006年版。

[2] 参见李程伟《社会管理体制创新：公共管理学视角的解决》，《中国经济管理》2005年第2期。

生活方方面面的干预、协调、调节、控制的行为"。① 应松年认为，社会管理指政府及社会组织对公共事务所实施的管理活动，管理的主体不仅包括政府，也包括具有一定公共管理职能的社会组织。② 还有一些学者强调社会管理的主体不是政府而是社会组织，认为社会管理属于不带有政治性质的社会自主性、自发性、自治性的管理领域，是一种自下而上的社会自主管理。③ 此外，杨雪冬认为，社会管理包含两个基本内容："一是实现和维护公民的社会权利；二是把多元化的社会有效组织起来，实现国家与社会互动的结构化。"④ 陈振明认为，"社会管理就是通过制定社会政策和法规，依法管理和规范社会组织、社会科学、化解社会矛盾，调节收入分配，维护社会公正、社会秩序和社会稳定"。⑤

目前学术界比较认同的观点是从多元主体的角度来界定社会管理，认为"社会管理主体主要是政府和社会组织"。其中，李学举将社会管理定义为："主要是政府和社会组织为促进社会系统协调运转，对社会系统的组成部分、社会生活不同领域及社会发展的各个环节进行组织、协调、服务监督和控制的过程。"⑥ 何增科认为，社会管理是政府和民间组织运用多种资源和手段，对社会生活社会事务、社会组织进行规范、协调和服务的过程。⑦ 此外，多元主体论者还总结出社会管理是"在一定的共同价值基础上，一定的规章制度下，一定的法律框架内，政府、社会、企业和公众规范社会行为，协调社会关系，解决社会问题，防范社会风险的活动"。⑧ 这种观点实际上是将政府管理与社会组织自身的管理相结合，在强调社会管理的主体多元化的同时，实际上也把社会管理的客体、方式、观念等内涵融入社会管理的内涵之中。

中国较早地提出"社会管理"这个概念是在党的十四届三中全会上，当时主要提出政府要转变职能，加强社会管理，并逐渐从经济管控中淡化和退出。比较系统深入地提出社会管理这个概念，是在党的十六大之后。2004年党的十六届四

---

① 参见李文良《中国政府职能转变问题报告》，中国发展出版社2003年版。
② 参见应松年《社会管理创新引论》，《法学论坛》2010年第6期。
③ 参见孙关宏、胡雨春《政治学》，复旦大学出版社2002年版。
④ 参见杨雪冬《走向社会权利导向的社会管理体制》，《华中师范大学学报》（人文社会科学版）2010年第1期。
⑤ 参见陈振民《提高政府治理能力，构建社会主义和谐社会——"中国社会管理"课题的研究报告》，《东南学术》2005年第4期。
⑥ 参见李学举《加强社会建设和管理，促进社会和谐发展》，《求是》2005年第7期。
⑦ 参见何增科《论改革完善我国社会管理体制的重要性和意义——中国社会管理体制改革与社会工作发展研究之一》，《毛泽东邓小平理论研究》2007年第8期。
⑧ 参见丁元竹《社会管理发展的历史和国际视角》，《国家行政学院学报》2011年第6期。

中全会指出，改革开放进入到了新的历史阶段，提出了"加强社会建设和管理，推进社会管理体制创新"，将中国特色社会主义事业的总体布局拓展为经济建设、政治建设、文化建设、社会建设"四位一体"。2006年党的十六届六中全会将"社会管理"作为构建社会主义和谐社会若干重大问题的一个重要方面，指出"完善社会管理，保持社会安定有序"，将社会管理与社会事业发展等重要的社会建设问题并列论述。2007年党的十七大进一步系统论述了"社会管理"，明确了"党委领导、政府负责、社会协同、公众参与"的社会管理格局，社会管理列入中国政治议程。由此，社会管理被纳入更完备的体系框架之中，社会管理创新成为2009年年底全国政法工作电视电话会议中所强调的"社会矛盾化解、社会管理创新、公正廉洁执法"三项重点工作的组成部分之一。2011年，胡锦涛在以"加强社会管理创新"为主题的省部级主要领导专题研讨班上提出"扎扎实实提高社会管理科学化水平，建设中国特色社会主义社会管理体系"。十一届全国人大四次会议正式将"加强和创新社会管理"纳入下一个五年规划，并且专用一篇对此进行论述和部署。2012年党的十八大在过去的基础上进一步丰富和发展了社会管理的理论，提出"加强和创新社会管理，加快形成党委领导、政府负责、社会协同、公众参与、法治保障的社会管理体制"。2013年，党的十八届三中全会将推进国家治理体系和治理能力现代化作为全面深化改革的总目标之一。全会通过的《中共中央关于全面深化改革若干重大问题的决定》专列一章部署创新社会治理体制，这是中国共产党成立以来在党的正式文件中第一次提出"社会治理"概念。[①] 2015年党的十八届五中全会公报进一步在社会治理概念上提出加强和创新社会治理，推进社会治理精细化、构建全民共建共享的社会治理格局，这是关于社会治理的新提法。目前，党的十九大报告进一步提出建立共建共治共享的社会治理格局，在以往共建共享的基础上，增加了共治，更加充分体现了治理的核心思想。并强调要提高社会治理社会化、法治化、智能化和专业化水平，健全公共安全、社会治安防控、社会心理服务和社区治理四个体系。

综合学术界相关研究以及官方相关文件表述，可以从三个方面概括中国社会管理的概念。[②] 一是从政府职能的角度看，社会管理与经济调控、市场监管、公共服务、环境保护共同构成政府的五大基本职能，它主要是指政府及社会组织对社会事务的规范和调节，如人口登记管理、社团组织注册管理等。二是从社会矛

---

① 参见邵光学、刘娟《从"社会管理"到"社会治理"——浅谈中国共产党执政理念的新变化》，《学术论坛》2014年第2期。

② 参见丁海江《我国社会管理创新机制研究》，博士学位论文，华中师范大学，2013年。

盾的角度看,社会管理就是协调社会利益关系,化解社会矛盾,维护社会稳定,建立各种利益博弈和纠纷调处机制。三是从管理就是服务的角度看,社会管理是对人的管理和服务,主要是保障公民的社会权利,增进社会福利,在服务中实施管理,在管理中体现服务,如提供各种社会保障和社会服务。把这三个方面进行有机统一和结合,更能在理论和实践中准确地界定中国的社会管理。

第二节　社会治理

社会治理的起源要追溯到20世纪中期,当时西方国家政府机构冗杂,管理效率偏低,同时公司治理随着市场机制的发展而日趋成熟,此时将公司治理模式引进到政府管理之中被看作是提高政府执政能力,挽救政府形象的必由之路,社会治理概念应运而生。[1]

一　社会治理的内涵

关于社会治理,西方的社会治理从主体功能的角度大致经历了6个阶段。[2] 一是政府主导阶段,在西方的封建社会时期,西方社会治理的主体是政府,政府承担了绝大部分社会治理的职能,这种情况一直持续到亚当·斯密"守夜人"思想的出现。二是政府让位阶段,在"守夜人"思想的影响下,19世纪20年代以前的西方各国,社会治理的主体虽然是政府,但是政府却从各个领域让位,特别是经济领域。三是政府回归阶段,第一次世界经济危机之后,在凯恩斯主义的影响下,西方社会的社会治理重新回归到了以政府为主导的阶段,而且,此时的政府所承担的职能不断扩大。四是新公共管理阶段,进入20世纪六七十年代,鉴于经济危机的影响,西方开始了新公共管理运动。该阶段倡导政府与社会关系的转变,强调政府对社会不是"管治行为"而是"服务行政"。五是合作治理阶段,以英国为代表的新公共管理国家开始将政府的社会治理职能逐步收缩,并通过引入企业管理模式、公共服务外包模式等来减少政府对社会治理的干预。六是善治阶段,"善治"是21世纪行政学、政治学、社会学等多个学科研究的热点问题之一,是西方在"治理"理论基础之上提出应对市场与政府双重失效的一种人类管理公共事务的理想模式,是政府与公民社会对公共生活的合作管理,是公共利益最大化

---

[1]　参见俞可平《中国社会治理评估体系》,《中国治理评论》2012年第2期。
[2]　参见邵静野《中国社会治理协同机制建设研究》,博士学位论文,吉林大学,2014年。

的社会治理过程，在"善治"模式下政府与公民社会处于相互合作、相互制约的最佳状态。"善治"的本质属性是政府与公民的共治。其目的是追求公共利益最大化。[①]

关于社会治理的认识，不同学科的学者有着不同的观点：政治学者关于"社会治理"的基本观点是"政治动员论"，通常认为社会治理体现在由精英领导的政治动员之中。通过政治的宣导，政治家或者精英人物的号召，广泛的政治动员，从而实现个体力量不能达到的目标，因而开展政治动员就是政治学者眼中进行有效社会治理的一种方式。[②]公共管理学者关于"社会治理"的基本观点是"合作治理论"，通常认为社会治理体现在新公共管理理论和行动之中。理论基础主要是公共选择理论、新制度经济学理论和私营企业的管理理论与方法；现实表现是政府的公共政策化和管理的社会化。[③]哲学学者关于"社会治理"的基本观点是"实用主义治理观"，实用主义治理观直接来源于与经济计划相关的国家干预主义和崇尚市场经济的新自由主义之间的讨论，其出现的标志是公共部门和私人部门行为体之间的经验主义合作。从社会学的视角来看，社会治理是指政府、市场、社会组织、公民在形成合作性关系的基础上，运用法、理、情三种社会控制手段解决社会问题，以达到化解社会矛盾、实现社会公正、激发社会活力、促进社会和谐发展目的的一种协调性社会行动。[④]也有人从社会治理与社会管理、社会自治比较的角度，提出"立足于一定社会基础之上的社会管理和社会自治共同构成了社会治理，社会治理既包括自上而下的管理，又包括自下而上的自治"。[⑤]

总体来看，将"社会治理"视为基于一定社会基础之上的政治国家与公民社会之间特定秩序的合作关系，这种合作关系的最佳状态即是善治。

二 中国的社会治理

自20世纪70年代以来，中国城市发展便面临着经济全球化、竞争激烈化、公共服务供需矛盾扩大化等一系列挑战，这进一步推动人们对当前城市社会的思考，传统的管理思维已不适应现阶段社会发展需求，需要继续寻求新的突破。在中国，"社会治理"概念的首次阐发是在2013年11月召开的党的十八届三中全会上，这

---

① 参见俞可平《论国家治理现代化》，社会科学文献出版社2014年版。
② 参见张成福《政治运动：作为一种社会管理方式的逻辑及其困境》，《公共行政评论》2012年第1期。
③ 参见张康之《论政府的非管理化—关于"新公共管理"的趋势预测》，《教学与研究》2000年第7期。
④ 参见陈成文、赵杏梓《社会治理：一个概念的社会学考评及其意义》，《湖南师范大学学报》（社会科学版）2014年第5期。
⑤ 参见殷昭举《创新社会治理机制》，广东人民出版社2011年版。

次会议通过的《中共中央关于全面深化改革若干重大问题的决定》提出了"加快形成科学有效的社会治理体制,确保社会既充满活力又和谐有序"的目标要求,并指出"科学有效的社会治理体制是推动社会健康、有序、和谐发展的强大动力"。这里所指的"社会治理"没有照搬西方社会关于"治理"的理论,也不是对原有社会管理的内涵的简单升级,主要是指政府、社会组织、企事业单位、社区以及个人等诸行为者,通过平等的合作型伙伴关系,依法对社会事务、社会组织和社会生活进行规范和管理,最终实现公共利益最大化的过程。[①] 党的十八大以来,党中央坚持以民为本、以人为本的执政理念,把民生工作和社会治理工作作为社会建设的两大根本任务,高度重视、大力推进改革发展的成果更多更公平地惠及全国人民。社会治理成为国家治理的重要方面和主要内容。党的十九大对社会治理制度以及重点领域的工作作出部署,提出5个层次的重点任务,致力于打造共建共治共享的社会治理格局,推动形成有效的社会治理、良好的社会秩序。

中国完善社会治理的步伐不断前进,并正逐渐形成一些中国特有的社会治理特点。第一,系统治理。治理主体逐渐从政府包揽向政府主导、社会共同治理转变。中国社会治理结构正逐渐形成党委领导、政府负责、社会各方面参与的良性互动。一方面鼓励和支持社会各方面参与,另一方面根据中国国情,强调党委与政府作用。

第二,依法治理。治理方式从管控规则向法治保障转变。法律是治国之重器,法治是国家治理体系和治理能力的重要依托。同样,社会治理创新也需要运用法治思维和法治方式。党的十八届四中全会要求提高社会治理法治化水平,一方面,更加强调国家机关工作人员严格执法和公正司法,另一方面,引导群众依法理性表达诉求,依照法律、按照程序维护自己的合法权益。

第三,综合治理。治理手段从单一手段向多种手段综合运用转变。自党的十八届三中全会以来,基层治理、网格化治理、互联网治理等各治理手段与新理念得以运用,形成了多种治理手段"多管齐下"的创新局面。

第四,源头治理。治理环节从事后处置向源头治理前移。由于中国目前社会矛盾问题主要发生在基层,实行源头治理,一方面体现在保障和改善民生,完善社会保障体系;另一方面体现在构建众多源头治理渠道,如基层综合服务管理平台、利益协商对话机制等。

第五,共建共治共享。党的十九大提出"打造共建共治共享的社会治理格局"。共建即共同参与社会建设。本着政府主导和政社合作原则,创造更多机会让社会力

[①] 参见陈家刚《从社会管理走向社会治理》,《学习时报》2012年10月22日。

量发挥作用，为社会各界和广大人民的有序参与制度建设落实机制，促进社会组织健康发展，激发社会力量参与社会建设的能力和活力。共治即共同参与社会治理。将党纵览全局、协调各方的政治优势同政府的资源整合优势、企业的市场竞争优势、社会组织的群众动员优势有机结合起来，打造全民参与的开放式社会治理体系。共享即共同享有治理成果，一是靠党保障民生的决心；二是靠政府有改善民生的思路，按照"守住底线、突出重点"，保障低收入群体和弱势群体的基本生活；三是国家有共享的制度保障。①

三　社会治理的理论依据

一是合作主义理论。合作主义（corporatism）在国内又被翻译为"法团主义""社团主义"或"组合主义"。美国学者施密特认为，"法团主义是一种利益代表体系。其中，利益集团遵从国家的意志，并得到国家的承认或认可，在利益集团的自我空间中享有垄断权"。② 英国学者戴维·米勒和韦农·波格丹诺对合作主义的界定是"它是一种特殊的社会政治过程，为了换取有利政策，各个利益组织的领导人应通过提供其成员的合作来实施政策"。③《剑桥百科全书》认为，合作主义是决定和实施经济和社会政策的权力由制造商集团共同享有或派代表参加的安排方式。④

合作主义关注的焦点是社会秩序的统一与和谐，具体包括如下内容，第一，国家与社会纵向合作。合作主义倡导建立一种和谐、一致的社会秩序，认为社会是一个整体，合作主义的目的是在分化乃至分裂的社会中，将不同集团的精英和国家权威紧密联系起来，促使他们互相支持合作，探索他们可能达成合约的途径。⑤ 所以，合作主义代表了一种国家和社会因素的重合，二者相互包容，是不可或缺的。第二，主张国家积极有为。合作主义把国家看作是积极的、有为的组织，认为国家与社会团体不同，社会团体代表社会的个别利益，而国家代表社会的公共利益，是具有自主性的组织，因此国家可以协调社会的利益竞争，也只有国家才能在劳资双方的冲突中以第三者的身份给予协调和平衡。因而，在合作主义模式中，国家居于权威的位置。第三，强调社会中介组织的功能。合作主义认为，在社会生活中，要承认社

---

① 参见李菁怡《准确把握新时代"打造共建共治共享的社会治理格局"内涵》，《中共南京市委党校学报》2017年12月15日。
② Philippe C., "Schmitter Still the Century of Corporatism?", *Review of Politics*, 1974.
③ 参见［英］戴维·米勒、韦农·波格丹诺《布莱克维尔政治思想百科全书》，邓正来译，中国政法大学出版社2002年版。
④ 参见《剑桥百科全书》，中国友谊出版社1998年版。
⑤ 参见张静《法团主义及其与多元主义的主要分歧》，中国社会科学出版社1998年版。

会中介组织的自主性和合法性。对于维护政治统治体系所必需的政治环境,以及使政治系统做出有效的公共决策,是不可或缺的。

二是多中心治理理论。多中心治理理论是当今西方学术界最热门的理论之一,由印第安纳大学政治理论与政策分析研究所的埃莉诺·奥斯特罗姆（Elinor Ostrom）与文森特·奥斯特罗姆（Vincent Ostrom）夫妇共同创立。① 其实质是构建政府、市场、社会共同参与的"多元共治"模式,即公共事务管理的主体多元化,政府、市场、社会共同管理公共事务。在公共事务的管理中,政府扮演消费者,市场是生产者,社会则是二者沟通的中间桥梁。第一,从政府主体来看,在多中心治理理论的指导下,政府将很多公共物品的生产权分给其他部门,以最新的管理者之一的形象进行管理服务。第二,从市场主体来看,在社会事务治理中,利用市场的优化配置优势,通过竞争机制来促进公共物品的有效安排,通过市场的优化劣汰,让不同的利益个体逐步靠向社会整体利益,进而促进社会的良好发展。第三,从社会主体来看,社会主体根据自己代表的利益集团的利益进行治理活动,积极参与公共事务的管理,以此来实现自身利益诉求。②

尽管多中心治理理论还不成熟,但在实践和各种理论的综合中,其大体框架已经构成。第一,多中心治理的主体是复合主体。包括政府、企业、非营利组织、公民社会、国际组织、社会组织等。第二,多中心治理的结构是网络型的。在公民社会里,每个公民镶嵌在由各种关系织就的社会网络中,而政府和企业也存在网络之中。第三,多中心治理的目标是实现公民利益最大化和公民多样化的需求。第四,多中心治理的方式是"合作—竞争—合作"。从政府到公民个体各个中心都可以提供社会公共物品和服务,使各个中心纷纷进入公共物品的博弈,展开生产、使用和维护公共物品的竞争,竞争通过谈判、协商、制定宪法式的合同达成一致行动策略,最后在意愿一致的复合体中,又开始合作。③

第三节　社会管理和社会治理的比较

社会治理与社会管理存在众多的不同,可以从以下几方面进行比较。

---

① 参见李平原《浅析奥斯特罗姆多中心治理理论的适用性及其局限性——基于政府、市场与社会多元共治的视角》,《学习论坛》2014 年第 5 期。

② 参见［美］迈克尔·麦金尼斯《多中心体制与地方公共经济》,毛寿龙译,上海三联书店 2000 年版。

③ 参见王志刚《多中心治理理论的起源、发展与演变》,《东南大学学报》（哲学社会科学版）2009 年第 S2 期。

从主体看，一是二者的主体不同。虽然社会管理是从政府和公民社会组织两个方面进行的管理行为，但其重点突出政府的主导性作用，因此其主体相对单一，主要是各级政府及其职能部门；而社会治理强调合法权力来源的多样性，其来源既可以是政府机关，也可以是社会组织、企事业单位、公民等。因此，其主体呈现出多元化的特征，相应地社会治理的全过程也是多元的，体现了民主性的特点。二是主体承担的职责不同。社会管理的主要内容在于政府对社会进行管理，因此政府承担主要职责，政府的作用具有不可替代性；而社会治理更多强调多元化主体共同承担责任，他们之间关系紧密，彼此之间存在着较好的合作关系。国家和政府承担的责任日益减少，而各种社会组织、私人部门和公民自愿团体日益发挥着重大作用。

从客体看，社会管理更多强调政府对社会公共事务的管理，而社会治理首先强调公民对社会公共事务的自我管理与自治，同时也不排斥政府社会公共事务的管理。[1] 社会治理突出社会本身发挥其自我生存、自我发展乃至自我纠错、自我修复的功能，突出社会成为一个有自组织能力的有机体。

从方式看，一是二者的实现形式不同。社会管理表现为主体从自身主观愿望出发来管理和控制社会，因此社会管理的实现形式是单一的自上而下型；而社会治理体现了民主发展的新趋势，它重视主体之间的合力作用，鼓励主体自主表达、协商对话，并达成共识，从而形成代表最广大群众根本利益的公共政策，因此其实现形式是立体式的多元互动型。二是二者的实践路径不同。社会管理需要政府运用权力对社会事务进行部署和控制，带有行政命令性的色彩。而社会治理具有多种实践路径，除了政府运用权力，还包括市场、法律、文化、习俗等多种方式。例如，政府在社会治理中的主要作用在于引导而不是管制，民间组织及公民社会在社会治理中发挥积极性、能动性，以形成良性互动。加强社会治理还需要社会创新和社会企业的积极配合等。

从效果看，一是二者目标不同。传统社会管理的目标主要是统治阶级维持社会稳定以获取自身利益。人民不是利益的获得者，更多是利益的贡献者。而社会治理主要目标是社会和人民群众的利益最大化，这使得公民的积极性、主动性得以最大程度发挥，公民参与社会生活的热情高涨，公民之间的合作进一步加强。它体现了社会的文明进步，有利于凝聚社会正能量，有利于化解矛盾，实现人与人之间的和谐相处。[2] 二是二者结果不同。社会管理是刚性的、静态的、被动的管理，是主体

---

① 参见周红云《从社会管理走向社会治理：概念、逻辑、原则与路径》，《团结》2014年第1期。
② 参见邵光学、刘娟《从"社会管理"到"社会治理"——浅谈中国共产党执政理念的新变化》，《学术论坛》2014年第2期。

与客体之间的管理与被管理状态；而社会治理则体现为柔性的、动态的、主动的治理，是多元主体之间的状态。因此，实现由社会管理向社会治理的转变尤为必要。

第四节 小结

社会管理从广义上指整个社会的管理，即包括政治子系统、经济子系统、思想文化子系统和社会生活子系统在内的整个社会大系统的管理。狭义的社会管理则着重指与政治、经济、思想文化各子系统并列的社会子系统的发展、建设和管理。社会治理即基于一定社会基础之上的政治国家与公民社会之间特定秩序的合作关系，且这种合作关系的最佳状态即善治。从社会管理到社会治理的转变，是多种力量作用的结果。社会管理和社会治理最明显的区别是对主体的认知不同。社会管理强调政府的主导作用，认为社会管理是政府对社会进行的管理。社会治理强调多元化主体共同承担责任。中国较早地提出"社会管理"这个概念是在党的十四届三中全会上，直到2013年，党的正式文件中第一次提出"社会治理"概念，中国开始了社会管理向社会治理的转变，并逐渐形成了系统治理、依法治理、综合治理、源头治理等具有中国特色的社会治理理念。总体看，社会治理在主体、客体、方式、效果等方面和社会管理具有明显的不同。

【思考与讨论】
1. 社会管理与社会治理的区别？
2. 社会治理的理论依据是什么？
3. 中国社会治理的演进以及目前存在的特点？

【扩展阅读】

张翼：《社会治理：新思维与新实践》，社会科学文献出版社2014年版。

全永波：《社会治理创新》，中国社会科学出版社2014年版。

丁元竹：《社会治理现代化的探索》，国家行政学院出版社2016年版。

[美] 迈克尔·麦金尼斯：《多中心体制与地方公共经济》，上海三联书店2000年版。

陈振明：《社会控制、社会服务与激发社会活力——社会治理的三个基本维度》，《江苏行政学院学报》2014年第5期。

第 二 章

社会治理体制的变迁

党的二十大报告提出,要"健全共建共治共享的社会治理制度,提升社会治理效能"。① 创新社会治理体制,实现社会治理体系和治理能力现代化,是实现全面深化改革总目标的重要途径和重要内容,同时,创新社会治理体制也是提高社会治理现代化水平的迫切需要。本章以社会治理体制为切入点,从其体制变迁历程到变迁的动力机制,再到社会治理体制的展望,探寻如何创新社会治理体制以更好推动社会治理。

第一节 变迁历程

社会治理是中国特有的概念,是社会管理概念和理论的新发展。党的十八届三中全会首次提出将"创新社会治理体制"作为国家治理体系的重要组成部分,社会治理创新和改革深化对推进国家治理体系和治理能力的现代化具有决定性的意义。② 从经济社会发展的角度来看,中国社会治理体制大致经历了"政府本位"阶段的社会管理体制、向"社会参与"转型的社会管理体制、现阶段的"社会协同"的社会治理体制三大阶段的变迁。

一 "政府本位"阶段的社会管理体制(1949—1992年)

(一)改革开放前的"政府本位"阶段③(1949—1978年)

这个阶段概括为总体性社会,可以说"国家几乎垄断着全部重要资源,包括物

---

① 习近平:《高举中国特色社会主义伟大旗帜 为全面建设社会主义现代化国家而团结奋斗——在中国共产党第二十次全国代表大会上的报告》,人民出版社2022年版,第54页。
② 参见龚维斌《中国特色社会主义社会治理体制》,经济管理出版社2016年版,第27页。
③ 参见童志锋、郁建兴《从政府本位到社会本位:社会管理体制变革的新分析框架》,载周红云《社会治理》,中央编译出版社2015年版,第38—39页。

质财富、人们生存和发展的机会（尤其是就业机会）及信息资源"。[①] 在这一阶段，国家是社会管理的唯一主体，国家通过单位体制对社会、个人进行全方位的、一元化的管制。所谓单位体制是指个人归属于单位，而单位成为国家对社会进行直接行政管理的组织手段和基本环节。一切微观社会组织都是单位。[②] 在城市，街居制作为单位制的补充；而在农村，基本形成了"议行合一、政社合一"的人民公社体制。此阶段，政治体制高度集权，经济体制高度计划，社会丧失活力，个人的自由与权利缺失。

（二）过渡阶段[③]的"政府本位"的延续与解体[④]（1978—1992 年）

过渡阶段是政府本位的社会管理体制延续与解体阶段。1978 年，中国开始改革开放，国家实现了从"阶级斗争为纲"到"以经济建设为中心"的转变。从社会管理的特征分析，这一时期出现了如下几个方面的重要变化，一是单位制仍然存续，但单一的政府管理体制受到了冲击。原来由行政级别和身份等级决定的等级式社会分化逐渐变成一种由类属和单位边界决定的团块式分化，[⑤] 政府作为唯一的社会管理主体也受到了冲击。二是社会管理的高度集权体制逐渐弱化。改革开放的过程是一个放权让利以调动各方积极性的过程，向地方放权、向企业放权的过程使各级地方政府和国有企业赢得了自主权和积极性，高度集权的政治体制逐步为适度行政性分权的政治和行政体制所取代，政治和经济逐步分开，私人经济部门在公共部门旁边成长起来。[⑥] 三是行政性管理弱化，契约型管理强化。高度政治化的农村人民公社体制解体，城乡分割的户籍制度开始松动，建立在法制化契约基础上的社会整合管理方式逐渐强化。政治—身份性阶级分类体制先后解体，运动式的管理方式被新的法治化管理方式所取代。

二 向"社会参与"转型的社会管理体制（1992—2002 年）

（一）市场经济初期[⑦]的"社会参与"的萌芽[⑧]（1992—2002 年）

市场经济初期是迈向社会参与的社会管理体制的萌发阶段。1992 年，邓小平发

---

① 参见孙立平《改革以来中国社会结构的变迁》，《中国社会科学》1994 年第 2 期。
② 参见路风《单位：一种特殊的社会组织形式》，《中国社会科学》1989 年第 1 期。
③ 1978—1992 年，指改革开放后到实行社会主义市场经济阶段。
④ 参见童志峰、郁建兴《从政府本位到社会本位：社会管理体制变革的新分析框架》，载周红云《社会治理》，中央编译出版社 2015 年版，第 39 页。
⑤ 参见孙立平《改革以来中国社会结构的变迁》，《中国社会科学》1994 年第 2 期。
⑥ 参见何增科《我国社会管理体制的现状分析》，《甘肃行政学院学报》2009 年第 4 期。
⑦ 市场经济初期指 1992—2002 年。1992 年党的十四大提出了中国经济体制改革的目标是建立社会主义市场经济体制，2002 年党的十六大中国社会主义市场经济体制已初步建立。
⑧ 参见童志峰、郁建兴《从政府本位到社会本位：社会管理体制变革的新分析框架》，载周红云《社会治理》，中央编译出版社 2015 年版，第 40 页。

表南方谈话,明确指出市场与计划都只是经济发展的手段,中国市场化改革开始加速。从社会管理的角度,此阶段存在如下几个方面的特征:一是市场、社会作用逐渐发挥。社会逐渐从政治国家中分离出来,并成为一种独立的力量开始发挥作用。改革开放后,商会、行业组织、各类协会、学会等社会组织首先得到了发展,但很多社会组织的独立性不够。党的十四大之后,社会组织的自主性、独立性不断加强,政治、市场、社会加快分离,单位制加速弱化,多元化社会管理体制萌发。二是基层社会管理体制出现新的气象。在城市,继单位制、街居制之后,社区制日益显得重要。社区制的发展与自由资源流动紧密联系在一起,中国从一个低流动社会逐渐转向高流动社会,体现在社区管理中,人员的流动明显加快。而在农村,村民自治逐步完善,开始走上规范化管理的道路。

(二)市场经济时期的"社会参与"的构建[①](2002—2017年)

市场经济时期是社会参与体制的自觉构建阶段。这一时期中国的经济持续增长,社会管理的不适应性逐渐显现出来。中央政府开始自觉推动社会管理体制的构建,明确了"党委领导、政府负责、社会协同、公众参与"的社会管理格局。这一阶段的主要特征是,一是相对于政治与市场的独立的社会领域基本形成,社会自我管理受到重视。2002年年底,全国共有各类民间组织24.4万个,其中社会团体13.3万个,民办非企业单位11.1万个。[②] 截至2010年第3季度,全国共有各类民间组织43.5万个,其中社会团体24.1万,民办非企业单位19.2万,基金会1977个。近8年累计增长了78.3%。[③] 这表明社会领域已经发生了深刻变化,社会自我管理成为时代选择,社会主体日益丰富多元化,党的十八届三中全会将社会管理转变为社会治理,以更好发挥多元主体的参与作用,推动更广泛的社会参与。二是社会管理的规范化法治化明显强化。"尽管社会组织相关的法制建设和监管体制等方面还存在许多问题,但不可否认:社会组织相关的法律法规建设等制度构建正在逐步完善起来。"[④] 以社会组织管理为例,1989年《社会团体管理条例》(1998年修订)、1998年《民办非企业单位登记管理条例》、2004年《基金会管理条例》等条例相继颁布,标志着社会管理逐步走向法制化与规范化。党的十八大报告提出,要引导社会组织有序、健康有序发展,充分发挥群众参与社会管理的基础作用。三是服务型政

[①] 参见童志峰、郁建兴《从政府本位到社会本位:社会管理体制变革的新分析框架》,载周红云《社会治理》,中央编译出版社2015年版,第40—42页。

[②] 参见中国民政部网站《民政事业发展统计报告》,2009年。

[③] 参见中国民政部网站《民政事业发展统计季报》,2010年第3季度。

[④] 参见王名《走向公民社会:我国社会组织发展的历史及趋势》,《吉林大学学报》(社会科学版)2009年第3期。

府的建设越来越被重视。2004年时任总理温家宝第一次正式提出服务型政府的改革目标。2005年政府工作报告确认了以服务型政府为改革目标。2006年10月，党的十六届六中全会提出建设服务型政府必须强化社会管理和公共服务职能。2007年10月，党的十七大报告提出将建设服务型政府作为行政管理体制改革的目标。2008年2月，胡锦涛在中央政治局集体学习时系统阐述了服务型政府的内涵。2012年，党的十八大报告提出建设职能科学、结构优化、廉洁高效、人民满意的服务型政府。

三 现阶段的"社会协同"的社会治理体制（2017年至今）

现阶段是指迈向社会协同的社会治理体制的发展阶段。目前，中国社会主要矛盾已经转化为"人民日益增长的美好生活需要和不平衡不充分的发展之间的矛盾"，为了解决新的社会主要矛盾，加强和创新社会治理，中国社会治理更加强调社会协同，形成以下特征。

一是强调社会治理格局的共建共治共享。（1）坚持党政主导，政府统筹社会治理方面的制度性设计和全局性事项，管理、筹集和合理配置社会治理资源；（2）鼓励多元参与，政府和企事业单位、社会组织及公民包容互鉴，以平等的协商合作关系参与社会治理；（3）发展社会组织。一方面盘活存量，规范已有社会组织的行为，激发社会组织活力；另一方面做大增量，大力发展社会组织。[1]

二是强调社会治理水平的多维度提升。党的十九大报告指出，要提高社会治理的社会化、法治化、智能化和专业化水平，更加强调社会治理水平的全面提升。

三是强调社会治理的制度化与法治化。一方面加强法治建设，推进科学立法、民主立法、依法立法，以良法促进发展、保障善治。另一方面加强德治建设，强化道德约束，规范社会行为，调节利益关系，协调社会关系，解决社会问题。

四是强调社会治理体系的构建。为了有效应对当前社会矛盾，以人民调解为基础、以行政调解为主导、以司法调解为保障的"大调解"机制在全国得到迅速推广。在社会治理体系构建方面，自党的十九大召开之后，正逐步推进公共安全、社会治安防控、社会心理服务和社区治理四大体系构建。

---

[1] 参见程铁军《着力推进社会治理体制改革与创新——国家行政学院社会治理研究中心主任龚维斌教授访谈录》，《安徽日报》2016年9月5日。

第二节 动力机制[①]

社会治理体制演变动力机制，是一项复杂系统的动态运行体系，主要包括社会治理体制演变动力机制的结构要素，由导向性因素的价值形态构成要素和作为推动性因素的主体形态构成要素构成。其中，价值形态构成要素主要包括体现人类社会治理发展的三种形态即：以"秩序稳定"为核心的价值导向、以"公平效率"为核心的价值导向及以"公平正义"为核心的价值导向。主体形态构成要素主要包括国家（政府组织）、市场（市场组织）和社会（社会组织和公民个人）。社会治理体制的演变，是多重力量综合作用的结果，从中国社会治理体制演变的历程来看，推动社会治理体制演变的几种力量处于不断变化中，不同时期，不同的力量发挥作用不同，且每个发展阶段由多重力量综合共同作用。尤其是党的十六大以来，随着经济体制改革的推进，社会体制改革不断深入，社会治理体制演变既有新的动力，也有动力的新变化。

一 秩序稳定：国家一元化推动（改革开放以前）

以秩序稳定为导向的国家一元化推进阶段，主要体现在改革前以及改革初期行政一元化社会管理体制的形成、发展和逐步松动阶段。改革开放之前，社会管理体制的主要特征是国家高度集权，社会管理主体单一，社会管理以行政命令方式为主。这种社会管理体制的形成是多重因素作用的结果，如稳定和秩序是当时社会建设的核心取向、国家通过对资源的垄断和对社会的政治化，使社会结构化于国家行政体制之内。在此体制下，国家高度集权，主要通过单向的自上而下的行政组织实现对整个社会的控制和管理。总的来说，以秩序稳定为核心导向的价值理念、国家的单向推动、中国传统政治思想等多种因素交织，促成行政一元化社会管理体制的形成与发展。

二 效率公平：国家—市场合力推动（过渡阶段和市场经济初期，2002年之前）

以公平效率为导向的国家—市场合力推动阶段，主要发生在改革开放以来，

[①] 参见郭风英《建国以来我国城市社会管理体制演变与发展研究》，博士学位论文，华中师范大学，2011年。

尤其是20世纪90年代以来，这一时期中国确立了"以经济建设为中心"的改革方针，效率优先、兼顾公平成为这一时期的价值取向，随着工业化的推进以及市场力量的发育，原来由国家单一控制社会的局面被日益成长的市场力量所打破，市场成为一支重要的力量，与国家一起推动社会领域的改革。市场经济的发展以及从中萌生的社会力量，逐步成为瓦解行政一元化社会管理体制的重要力量，也成为新的社会体制形成的重要推动。中国传统行政一元化的社会管理体制逐步失去了经济、政治和社会基础，逐步走向松动和瓦解，社会管理多元权力主体逐步酝酿、成长。在这一时期，国家的推动力量依然有着重要作用，但是与改革前不同的是，市场力量成为和国家力量共同推动社会管理体制变革的重要力量。

三 公平正义：国家—市场—社会多元推动（市场经济时期，2002—2017年党的十九大以前）

20世纪90年代以前，中国基本上处于传统行政一元化的社会管理体制形成、巩固、发展（改革开放前）以及逐步松动、消解（改革开放以来）的过程中，随着市场经济的发展，社会力量悄然成长，尤其是进入21世纪，社会力量的壮大和参与，为中国社会管理体制的改革和创新注入新的活力，国家—市场—社会成为社会管理主体权力结构中的三极力量，社会管理逐步向多元化方向发展，党和国家提出的"党委领导、政府负责、社会协同、公众参与、法治保障"的社会治理格局正是社会治理多元参与的体现和制度化目标构建。国家在意识形态的引导和制度供给方面一直是社会治理体制改革和创新的推动力量和主导力量，中国"以人为本"意识形态的转向和"公平正义"为核心的价值导向确立，在一定程度上为今后的制度建设确立了发展方向和目标，从"效率优先，兼顾公平"到"公平正义"社会治理理念的转变，影响着中国社会治理体制的变革。社会力量的参与以及合作伙伴关系的产生是社会治理体制模式转变的重要力量。

四 人的全面发展：国家—市场—社会—人民多元推动（社会主义新时代，2017年党的十九大以后）

除了国家—市场—社会三级力量的形成，在现阶段，人民的力量更加凸显。党的十九大指出，必须坚持人民主体地位，必须坚持以人民为中心的发展思想，不断促进人的全面发展。此外，随着互联网的普及，人们开始在各个方面参与到社会治理中，从与自身利益相关的诉求表达，到网络参政议政、互联网公益等，中国公民通过网络参与治理的热情极其高涨。据中国互联网络信息中心统计，截至 2017 年 12 月，中国网民规模达 7.72 亿。国务院新闻办曾公开表示，"互联网已经成为中国民众自由表达意愿、参政议政的重要渠道，是十分重要的话语平台"。从中央政府到地方政府，都对网络参政议政给予了包容、理性、乐观的态度，并积极倡导。习近平总书记强调，"网民来自老百姓，老百姓上了网，民意也就上了网……各级党政机关和领导干部要学会通过网络走群众路线，经常上网看看……了解群众所思所愿"。[①] 只有在国家—市场—社会—人民多元主体的推动下，才能实现真正的社会治理和人的全面发展。

第三节 社会治理体制展望

党的十九大指出，从 2020 年到 2035 年，在全面建成小康社会的基础上，基本形成现代社会治理格局，社会充满活力又和谐有序。为实现社会治理体系更加完善、社会大局保持稳定、国家安全全面加强的目标，要打造共建共治共享的社会治理格局。

为实现党的十九大提出的社会治理目标，中国未来社会治理体制就要"加强社会治理制度建设，完善党委领导、政府负责、社会协同、公众参与、法治保障的社会治理体制，提高社会治理社会化、法治化、智能化、专业化水平"。放眼未来，在国家治理现代化的推动下，科学有效的社会治理体制应当是不断完善的党委领导、政府负责、社会协同、公众参与、法治保障的社会治理体制。

一是充分发挥各级党委的领导核心作用。社会治理能力是党的执政能力的直接反映。各级党委要加强领导，建立社会治理综合管理领导协调机制，发挥总揽全局、协调各方作用。基层服务型党组织要加快建设，把广大党员和群团组织、社会组织、志愿者队伍凝聚起来、组织起来，为群众办好事、做善事、解难事，把党的政治、组织优势转化为治理、服务优势。

二是充分发挥各级政府的主导作用。社会治理是政府的基本职能，要按照转变职能、理顺关系、优化结构、提高效能、依法行政的要求，健全政府职责体系，加快建设服务型政府。

三是充分发挥社会各方的协同作用。强化人民团体、企事业单位社会治理服务职责，促进社会组织健康有序发展，不断完善党委和政府与社会力量互联、互补、互动的社会治理服务网络。

---

① 参见习近平《在网络安全和信息化工作座谈会上的讲话》，人民出版社 2016 年版，第 7 页。

四是充分发挥公众参与的基础作用。公众的广泛参与是社会和谐稳定的基础。创造公众参与条件，拓宽公众参与渠道，健全公众参与机制，发挥基层自治组织的作用，提高群众自治能力，努力形成社会和谐人人参与、和谐社会人人共享的良好局面。

五是充分发挥法治的保障作用。依法治理是国家治理现代化的基本方式，也是社会治理体制的保障。全面落实依法治国基本方略，一要把依法治理理念根植于每一位治理主体的头脑中，用法治思维和手段治理社会；二要加强社会治理领域立法、执法工作，努力把各项社会治理活动纳入法制轨道；三要加强法治宣传教育，弘扬法治精神，使每个社会成员都自觉学法、遵法、守法、用法。

六是加强"三治合一"乡村治理体系建设。党的十九大报告指出，要加强农村基层基础工作，健全自治、法治、德治相结合的乡村治理体系。在国家治理体系与治理能力现代化中，乡村治理体系现代化是基础，"三治合一"乡村治理体系建设，是健全乡村社会治理模式、重构乡村社会新秩序的基本遵循，也是全面推进依法治国进程中加强乡村基层民主法治建设、落实乡村自治、满足乡村人民美好生活需要的有效路径。首先，自治是健全乡村治理体系的核心内容，要赋予乡村治理以充分的自主性。坚持和完善乡村群众自治制度，发挥地方资源优势，将顶层设计与地方创造有机统一。坚持和完善村民自治制度，村民自治是中国特色社会主义民主政治在乡村治理领域的实现形式，是健全乡村治理体系的核心内容。其次，法治是基础，自治需要通过法治加以规范与保障。中国《宪法》规定，村民委员会是基层群众性自治组织，中国《村民委员会组织法》规定，村民委员会是村民自我管理、自我教育、自我服务的基层群众性自治组织，这为村民自治的运行提供了顶层设计和方向指引，也为健全乡村治理体系以自治为核心提供了法律依据和法治保障。最后，德治是灵魂，是健全乡村治理体系的情感支撑，应加强对乡土人情、德道规范的情感认同。道德、习俗对人们行为的规范与评价充当着不可替代的独特角色，通过道德评价从内心情感约束人们行为，形成并维护人们所期望的社会秩序，是中国历久不衰、相袭相承的乡村治理密码。进入新时代，要塑造并完善与时俱进的道德标准体系，发挥道德引领、规范、约束的内在作用，重建乡土信任，为自治和法治赢得情感支持、社会认同[①]。

[①] 《健全自治、法治、德治相结合的乡村治理体系》，社会民生栏目，参见光明网（http：//theory. gmw. cn/2017－11/27/content_26917705. htm），2017年11月27日。

第四节 小结

　　社会管理到社会治理，经历了"政府本位"阶段的社会管理体制、向"社会参与"转型的社会管理体制、现阶段的"社会协同"的社会治理体制三大阶段的变迁。总体而言，中华人民共和国成立70年来，中国的社会治理体制正在逐步实现着从政府本位到社会参与的转型，从社会管理向社会治理的转型。（1）主体从一元化到多元化。改革开放前，国家与社会同构，资源与权力高度集中。改革开放后，市场组织和社会组织先后从政治国家中分离出来。各级党组织、各级政府、各类社会组织和公民为主体的多元社会治理格局开始形成。（2）方式从集权到分权。改革开放前，国家高度集权。改革开放后，政社分离，权力开始分化。20世纪90年代中后期，大量民间组织开始出现，民间组织参与社会管理取得新的进展。（3）政府角色从管制到服务。改革开放前，形成了只有政府对于公民政治社会行为约束的管制型政府。改革开放以来，社会管理中的社会服务内涵被广泛挖掘。社会管理体制变革的总趋势是管制成分不断减少而服务的比重日益增多。（4）手段从人治到法治。改革开放前，国家高度集权的体制必然会导致权力难以收到有效的监督，这也导致了社会管理的人治化。改革开放后，"依法治国"成为国家的基本国策，大量的法律法规颁布。政府不断强调运用法律手段对社会组织和公民进行管理。社会管理的法律法规不断修订与完善。

　　在秩序稳定、效率公平、公平正义、人的全面发展等多重动力的综合作用下，随着经济体制改革的推进，社会治理体制改革不断深入，逐渐形成党政主导下的多元共治社会治理新格局。党的十九大指出，打造共建共治共享的社会治理格局，完善党委领导、政府负责、社会协同、公众参与、法治保障的社会治理体制，提高社会治理社会化、法治化、智能化、专业化水平。坚信到2035年，社会治理体系更加完善、社会大局保持稳定、国家安全全面加强，在全面建成小康社会的基础上，基本形成现代社会治理格局，社会充满活力又和谐有序。

【思考与讨论】
1. 社会治理体制经历了哪几个阶段的变迁？
2. 社会治理体制变迁的不同过渡阶段各自有何特征？
3. 社会治理体制变迁的动力机制是什么？
4. 社会治理体制未来的发展方向是什么？

【扩展阅读】

习近平:《决胜全面建成小康社会 夺取新时代中国特色社会主义伟大胜利——在中国共产党第十九次全国代表大会上的报告》,人民出版社2017年版。

龚维斌:《中国特色社会主义社会治理体制》,经济管理出版社2016年版。

童志峰、郁建兴:《从政府本位到社会本位:社会管理体制变革的新分析框架》,中央编译出版社2015年版。

陈振明:《社会管理——理论、实践与案例》,中国人民大学出版社2012年版。

郁建兴、关爽:《从社会管控到社会治理——当代中国国家与社会关系的新进展》,《探索与争鸣》2014年第12期。

郁建兴:《走向社会治理的新常态》,《探索与争鸣》2015年第12期。

第三章

地方社会治理创新

自党的十八届三中全会提出创新社会治理以后,"社会治理"逐渐得到重视,但对于社会治理的关注点大多在社会治理体制、机制或模式,就"治理"论"治理",停留在理论层面,较少以问题为导向,探寻社会治理创新。党的二十大报告指出,"完善正确处理新形势下人民内部矛盾机制……及时把矛盾纠纷化解在基层、化解在萌芽状态"。[①] 从社会矛盾视角探寻社会治理创新,有利于有针对性地加强社会治理创新。

第一节 地方社会矛盾现状

关于矛盾的分类有很多种,根据矛盾的范围、地位[②]、相互关系或者标的物[③]、性质等方面,[④] 以按矛盾的性质分类比较常见。此处主要选取北京、上海、天津、重庆、四川等重点省份为例,基于数据的可得性,从矛盾的性质(合法性或非法性)方面展现中国社会矛盾的演变趋势。[⑤]

一 社会矛盾情况分析

(一)合法形式的社会矛盾

在各种社会冲突中,合法形式的社会矛盾是比较轻微的社会冲突,是社会冲突

[①] 习近平:《高举中国特色社会主义伟大旗帜 为全面建设社会主义现代化国家而团结奋斗——在中国共产党第二十次全国代表大会上的报告》,人民出版社2022年版,第54页。

[②] 参见齐平《关于矛盾的分类》,《社会科学研究》1985年第6期。

[③] 参见王林、赵保强《试析"社会矛盾簇"》,《社会科学家》2007年第5期。

[④] 参见胡联合、胡鞍钢、魏星《国家治理:社会矛盾的实证研究》,《新疆师范大学学报》(哲学社会科学版)2014年第3期。

[⑤] 参考胡联合《国家治理:社会矛盾的实证研究》中对社会矛盾的分类,以法治视角将社会矛盾分为合法和非法矛盾。

的一种和平的、合法的外在表现形式。同时,合法社会矛盾是人们期望通过体制内的途径来解决冲突的一种基本形式,是社会冲突的最普遍、最常见的形式。[①] 此处主要从民间纠纷调解情况、劳动争议案件情况、民事诉讼案件情况、行政诉讼案件情况四个方面来考察重点城市与全国合法形式的社会矛盾的变化趋势与特点。

第一,民间纠纷调解数量呈上升趋势。中国处理民间纠纷的一个特色是利用人民调解委员会来对大量的民间纠纷进行调解处理。因此,人民调解委员会调解的民间纠纷案件数量情况也可从一个侧面反映民间社会冲突的多寡。据统计,从2000年开始,全国及各重点城市民间纠纷案件数量均呈现上升趋势,年平均增长率居于首位的省份分别是上海和重庆,分别为17.88%、16.96%,远远高于全国年均增速的4.51%。全国多个城市民间纠纷调解数量均呈现上升趋势,但是四川省却呈下降趋势,年均增速为-2.96%。全国民间纠纷调解数量在2013年之后也出现下降趋势。总的看来,人民调解作为诉讼外的矛盾纠纷解决渠道,化解了大量的基层社会矛盾(见图2—1)。

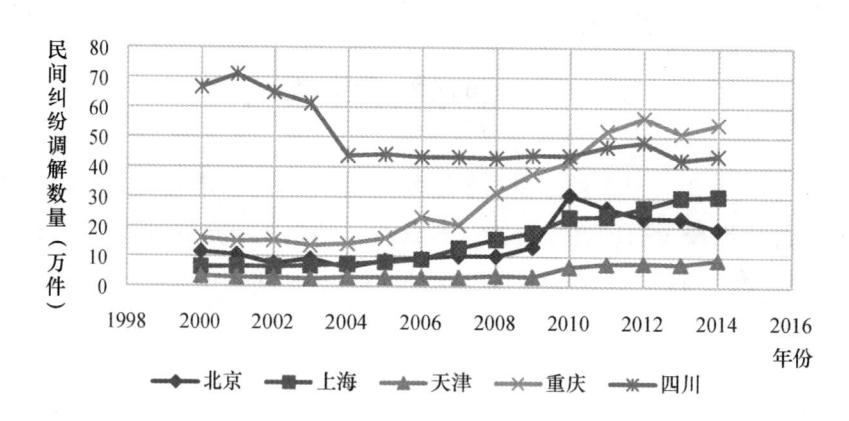

图2—1 重点省份民间纠纷调解数量情况

资料来源:《中国统计年鉴》中来自律师、公证、调解工作基本情况数据。

第二,劳动关系依然较为严峻。劳动争议案件情况反映的是劳动关系纠纷问题。近十年来,引发劳动争议的原因主要是劳动报酬、经济补偿及保险福利等基本劳动权益方面的争议,劳动争议案件数量和争议涉及劳动者人数都大幅攀升。据统计,2000年以来,各重点城市劳动争议案件数量处于持续上升阶段,年均增速为14%—

---

① 参见蒋传光《法治思维:创新社会管理的基本思维模式》,《上海师范大学学报》(哲学社会科学版)2012年第6期。

17%,均高于全国的 12.63%,其中四川和北京的年均增速最高,为 17.11% 和 16.49%。北京、上海、天津在 2009 年左右达到峰值,随后出现下降趋势,重庆在 2002—2004 年出现异常偏高,随后缓慢上涨趋于稳定。突出的劳动争议不但反映出劳动关系纠纷的紧张,而且已成为引发群体性事件的一个重要原因,有的地区的劳动争议已对社会稳定造成严重危害(见图2—2)。

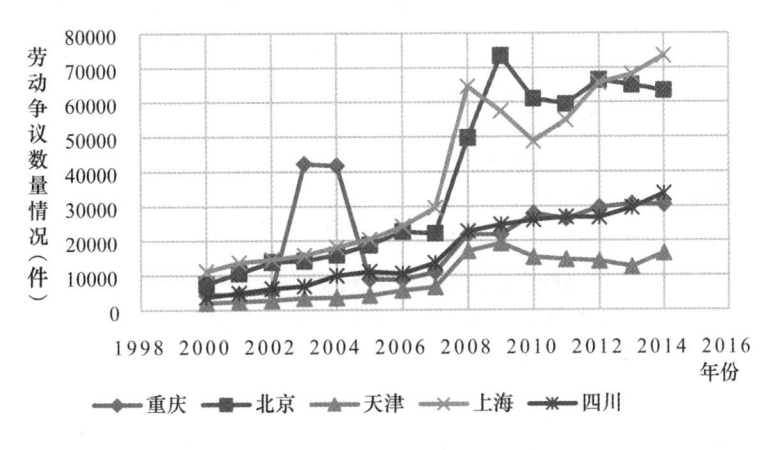

图 2—2　重点省份劳动争议数量情况

资料来源:《中国统计年鉴》中来自劳动人事争议仲裁情况数据。

第三,民事诉讼案件数量呈上升趋势。民事诉讼是指法院、当事人和其他诉讼参与人,在审理和解决民事案件过程中所进行的各种诉讼活动,以及由此产生的各种诉讼法律关系的总和。民事诉讼案件情况反映的是法律对民事纠纷的处理情况,民事诉讼案件的多寡从侧面反映了作为一种社会冲突形式的民事纠纷的多寡。据统计,2000—2014 年全国由律师代理的民事诉讼案件数量总体上持续上升,从 640610 件上升到 2100102 件,年均增幅为 8.85%。各重点城市律师代理的民事诉讼案件数量变化趋势与全国情况大致相同,如天津、上海、四川的年均增速分别为 6.76%、8.26% 和 8.06%。而北京和重庆年均增速较高,分别为 11.0% 和 17.8%,均超过 10%(见图2—3)。

第四,行政诉讼案件数量较为平稳,个别省份出现异常波动。行政诉讼是指公民、法人或者其他组织在认为行政机关及其工作人员的行政行为侵犯了自己的合法权益时,依法向法院请求司法保护,并由法院对行政行为进行审查和裁判的诉讼活动。行政诉讼案件情况反映了行政机关与人民关系的和谐程度,也折射了干群关系的和谐程度。据统计,2004 年以来,全国和各重点城市法院一审的行政诉讼案件数量较为平稳,但 2013 年以后,北京市出现快速增长。从行政诉讼案件的诉讼对象来讲范围广,涉及土地、城建、公安、交通运输、工商、税务、计划生育、卫生、劳动和社会保障、环保、乡政府等众多行政部门和单位(见图2—4)。

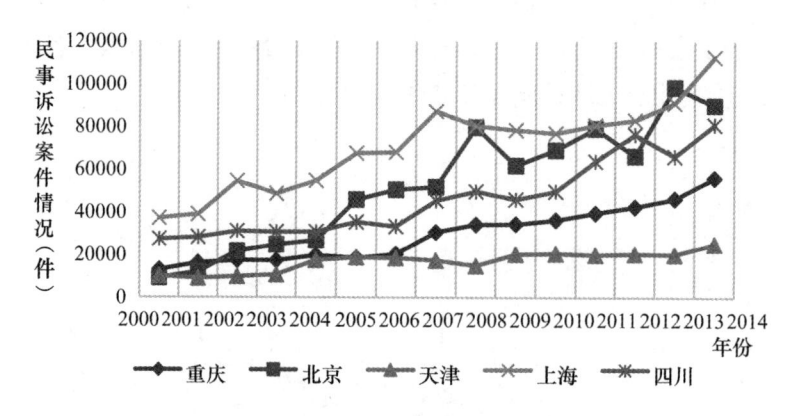

图2—3　重点省份民事诉讼案件情况

资料来源:《中国统计年鉴》中来自律师代理的民事诉讼案件。

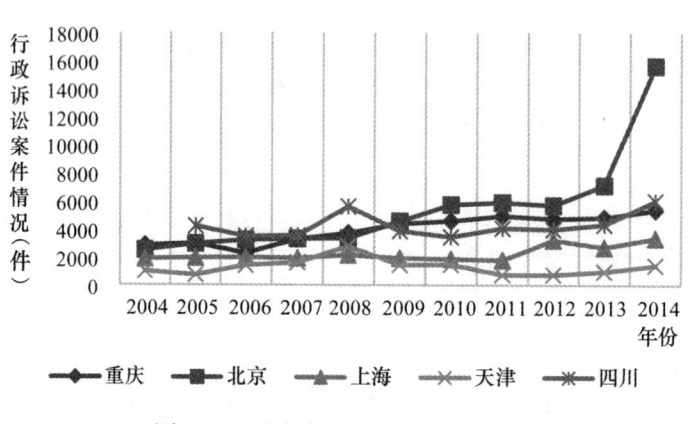

图2—4　重点省份行政诉讼案件情况

资料来源:《中国统计年鉴》中来自法院一审的行政诉讼案件。

(二)非法形式的社会矛盾

在各种社会冲突中,非法形式的社会矛盾是危害相对比较严重的社会矛盾,也是影响社会稳定的重要因素。包括非法群体性事件、违法活动(治安案件)和犯罪活动三种主要类型,而犯罪活动又包括刑事犯罪案件(公安机关立案)、贪污贿赂案件(检察机关立案)、危害国家安全犯罪案件(国家安全机关等侦查后起诉)等。基于数据的可得性,此处主要从非法群体性事件、违法活动(治安案件)、刑事犯罪案件(公安机关立案)、贪污贿赂案件(检察机关立案)四个方面来考察重点城市与全国非法形式的社会矛盾的变化趋势与特点。

第一,群体性事件呈快速增长态势。20世纪90年代中期以来中国发生的群体性事件(如非法静坐示威、非法游行、非法围堵公路铁路交通、非法冲击党政机关等)呈现出事件数量增多、规模不断扩大等特点,有的地区不时发生成千上万人参加的群体性事件,对社会稳定造成严重影响。事实上,非法群体性事件一定程度上已成为影响社会稳定的重要问题。与环境相关的群体性事件呈多发态势,与违法征地拆迁、劳资纠纷一起,成为引发群体事件的"三驾马车"。[①] 据统计,2000—2012年全国群体性事件从3.5万余起快速上升到18.5万余起,年均增长14.88%。就搜集到的公开资料,1994年以来,全国群体性事件数量呈现出总体上不断增多,增长速度呈现出总体上先慢后快的变化特点。同时,以2000年为基点(100)计算指数,2000—2012年全国群体性事件的数量指数从100上升到528.57,上升5倍之多。这些数据充分反映了中国群体性事件的较快增长态势(见图2—5)。

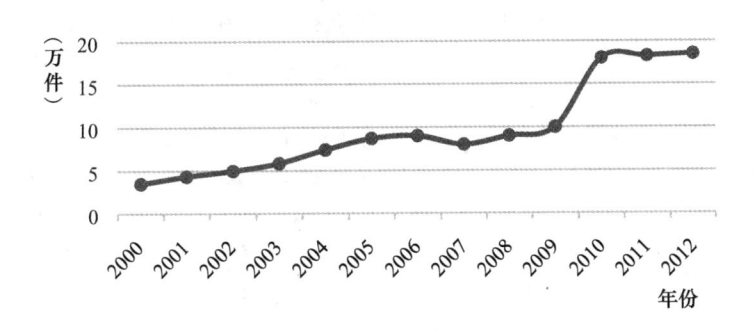

图2—5 全国群体性事件情况

资料来源:根据网络资料归纳整理。

第二,治安案件数量稳中有降。按中国公安机关查处的治安案件分类,包括扰乱公共秩序、结伙斗殴、寻衅滋事、偷窃财物等,治安案件的发生严重影响社会和谐,容易引发社会矛盾。据统计,2002—2012年全国违法活动(治安案件)表现为总体上升的态势,从2002年的519.70万件上升到2012年1331.1万件,年均增幅达9.86%,但是2012年之后开始出现下降趋势,2014年下降到1120.2万件,年均增幅降为6.61%。各重点城市中,年均增速较高的为重庆(2002—2012年)和上海(2002—2014年),分别为17.27%和13.94%,处于上升的态势;北京市从

[①] 《环境群体性事件呈多发态势 专家吁保障公众决策权》,参见中新网(http://www.chinanews.com/gn/2012/11-12/4320653.shtml),2012年11月12日。

2002—2006 年为先升后降的趋势，而四川省的年均增速为 -1.01%，稳中有降（见图 2—6）。

犯罪活动是一种性质较为恶劣，严重危害社会稳定的社会矛盾，对社会公序良俗造成极大的破坏，对社会稳定和谐发展构成威胁。犯罪活动对社会稳定的消极影响相当突出。依据犯罪活动的变化特点，可以从几个方面加以考察。

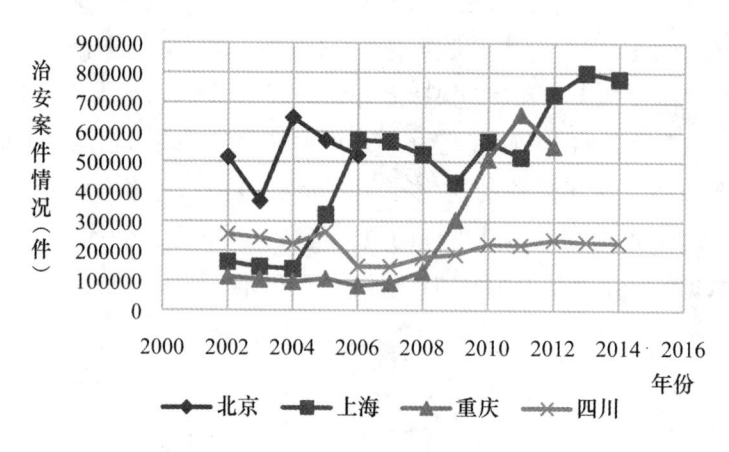

图 2—6　治安案件情况

资料来源：《中国统计年鉴》中来自公安机关查处的治安案件。

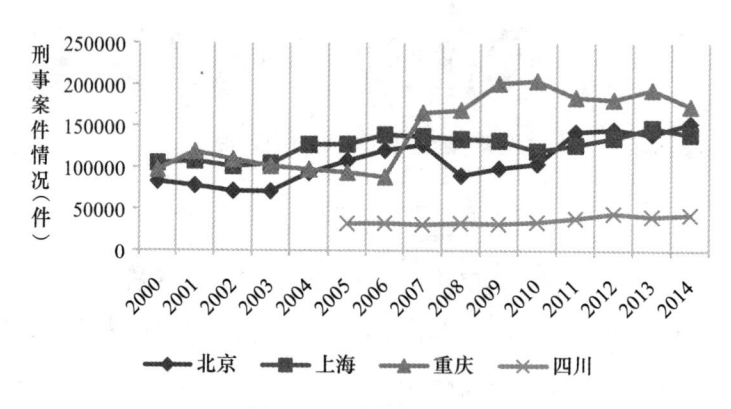

图 2—7　刑事案件情况

资料来源：《中国统计年鉴》中来自公安机关立案的刑事案件。

一是从公安机关立案的刑事犯罪案件来看。2000—2014 年全国公安机关立案的刑事犯罪案件从 36373 起上升到 65393 起，年均增幅为 4.28%，日益增多的刑事案件是社会矛盾日趋激化的重要反映。各重点城市中，上海市和四川省的刑事案件数量都趋于一个比较稳定的状态，北京市和重庆市都有较大幅度的波动。北京市从

2000—2007年一直处于增长态势,在2007—2014年为先下降后上升的趋势,且在2014年达到峰值。而重庆市从2006年开始刑事犯罪案件数量逐年上升,在2010年增加到204531起,年均增幅为10.58%,在2011年以后,又有所下降(见图2—7)。

二是从检察机关立案的贪污贿赂案件来看,中国贪污贿赂案件数量从2007—2014年年均增速为2.49%。各重点城市中,北京市和重庆市与全国的趋势基本一致,上海和天津则有所下降,年均增速分别为-2.01%和-3.01%(见图2—8)。

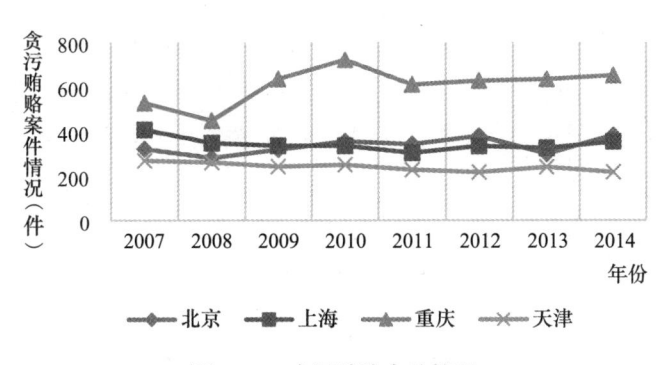

图2—8 贪污贿赂案件情况
资料来源:《中国统计年鉴》中来自检察机关立案的贪污贿赂案件。

二 社会矛盾现状特点及趋势分析

2000年以来,从总体上看,中国合法和非法形式的社会矛盾都处于快速增长态势,总量增长大,形式较为严峻(见表2—1)。基于数据的可比性,对2007年以后的合法和非法形式社会矛盾进行具体分析:在社会矛盾总量持续增长的大背景下,合法形式的社会矛盾年均增速大于非法形式的社会矛盾年均增速,分别为9.52%和5.18%。在合法形式的社会矛盾中,劳动争议案件数量增速最高,为10.74%,说明近年来劳动关系依然较为紧张,并没有得到明显改善;其次是民间纠纷案件数量和民事诉讼案件数量,分别为9.96%和7.72%,说明民间社会冲突加剧。比起合法形式的社会矛盾,非法形式的社会矛盾增速相对较低,其中,治安案件和刑事案件增速分别为5.6%和4.49%,贪污贿赂案件数量在2012年以前都基本持平,随后增长明显。

当前,中国已进入全面建成小康社会的关键时期和深化改革开放、加快转变经济发展方式的攻坚时期,同时也是社会矛盾高发、多发时期,当前中国社会矛盾的基本特征为总量长期居高、递增幅度明显、个别矛盾突出。此外,还具有扩散领域宽泛、发展向度多维、所涉对象复杂、表现形式多样等特点。[1] 例如，从走向上分析，传统社会除了阶级冲突和民族冲突，民间冲突主要表现为婚姻家庭、邻里关系、民间债务等简单的冲突纠纷类型，而现代化社会进程中的矛盾纠纷，涉及经济、政治、文化、社会、生态等各领域、各行业，可归为利益冲突型、情感对立型、心理失衡型、阶级对抗型4类，这4类矛盾既有历史沉积又有现实交织，使转型期矛盾纠纷呈现扩散领域宽泛，发展向度多维的特点，且因为矛盾涉及类型的不同，矛盾主体也有所不同，呈现出跨行业、跨阶层、跨地域、跨国境等特征；从形态上分析，不同表现形式的矛盾和矛盾的不同表现形式相互交织，既表现为某些社会成员或群体权益诉求的合理性和行为方式违法性相交织，又表现为多数人合理要求与少数人非法利用相交织。既表现为现实与网络社会矛盾相交织，也表现为当前新增矛盾与历史遗留问题相交织。

表2—1　　　　　　　　　　　全国社会矛盾情况

年份	合法形式的社会矛盾总量	民间调解纠纷案件数量	律师代理的民事诉讼案件	法院办理的劳动争议受理数量	法院一审收案的行政诉讼案件	非法形式的社会矛盾总量	公安机关查处的治安案件	公安机关立案的刑事案件	检察机关立案的贪污贿赂案件数量
2000	589.26	503.10	64.06	13.52	8.58	——	——	363.73	——
2001	578.38	486.10	66.72	15.46	10.09	——	——	445.76	——
2002	417.35	314.10	76.76	18.41	8.07	——	519.70	433.70	——
2003	558.78	449.20	78.15	22.64	8.79	——	486.96	439.39	——
2004	562.10	441.40	85.39	26.05	9.26	——	536.58	471.81	——
2005	586.29	448.70	96.60	31.38	9.62	——	630.08	464.84	——
2006	606.79	462.80	102.71	31.72	9.56	——	615.37	474.41	——
2007	649.96	480.00	124.79	35.02	10.15	1248.41	764.98	480.75	2.68
2008	718.40	498.10	140.11	69.35	10.84	1368.36	877.23	488.50	2.63
2009	810.08	579.70	149.91	68.44	12.03	1665.88	1105.35	557.99	2.54
2010	1071.70	841.80	156.90	60.09	12.91	1811.76	1212.21	596.99	2.56
2011	1135.42	893.50	169.36	58.92	13.64	1859.40	1256.38	600.50	2.52

---

[1] 参见邓少君《论转型期社会矛盾形态与归因》，《暨南学报》（哲学社会科学版）2015年第4期。

续表

年份	合法形式的社会矛盾总量	民间调解纠纷案件数量	律师代理的民事诉讼案件	法院办理的劳动争议受理数量	法院一审收案的行政诉讼案件	非法形式的社会矛盾总量	公安机关查处的治安案件	公安机关立案的刑事案件	检察机关立案的贪污贿赂案件数量
2012	1181.59	926.60	177.91	64.12	12.96	1988.84	1331.07	655.14	2.62
2013	1211.51	943.90	188.72	66.58	12.32	1937.30	1274.65	659.82	2.83
2014	1228.71	933.00	210.01	71.52	14.19	1777.37	1120.22	653.97	3.18
年均增速（2000—2014）	5.39%	4.51%	8.85%	12.63%	3.66%	——	——	——	——
年均增速（2007—2014）	9.52%	9.96%	7.72%	10.74%	4.90%	5.18%	5.60%	4.49%	2.49%

资料来源：历年《中国统计年鉴》。

三 地方社会矛盾分析：以重庆市为例

除了用统计数据分析中国当前合法、非法社会矛盾现状，还可通过调研数据作为补充，使社会矛盾现状呈现得更真实。以重庆市为例，采用合理抽样的方法，选取一些具有代表性的县（区）为初级抽样单位，包括曾发生过比较典型的群体性事件的地区、可能存在严重社会矛盾的地区、社会治理较好矛盾较少的地区。对以上地区开展大规模问卷调查，有效问卷率达90.15%。基于调研数据，对重庆市"十二五"时期社会矛盾状况的分析是从整体评价到分类评价。整体评价主要从社会矛盾发生频繁程度、涉及人数、对老百姓日常生活影响、对政府公信力影响4个方面分析整体的矛盾状况。分类评价是分别分析某一类型的社会矛盾的状况。

（一）社会矛盾状况整体评价

从社会矛盾涉及人数上讲，在调研中，当问及"2010年本地发生最为严重社会矛盾涉及的人数时"，有12.5%的受访者选择"没有发生社会矛盾或者不清楚"，21.2%的受访者选择"只有10人以下"，33.8%的受访者选择"百人以下"，而24.2%的受访者选择"涉及上百人"，8.3%的受访选择了"上千人"。同时，各区域划分中，均有50%以上的受访者表示听过或者见证过十人到百人以上的社会矛盾。因此从整体上看，重庆市2010年以来发生过的社会矛盾涉及人数较多，治理压力较大。

从矛盾产生影响上讲，当问及"社会矛盾对居民生产生活的影响程度时"，三成以上受访者选择"影响较大和很大"，3.2%的受访者选择"没有影响"，19.3%受访者选择了"影响很小"，而认为影响一般的比重为44%。可见，受访者对社会矛盾带来的影响感知程度并不十分强烈，不过需要关注带来较大影响的社会矛盾和具有强烈感觉的群众。

从政府公信力影响上讲，重庆市"十二五"时期化解社会矛盾并没有明显提高政府公信力。调研数据显示，当问及"2010年以来本地发生社会矛盾后对政府的信任程度变化情况"时，仅有32.1%的受访者选择"有所提升"，但是仅有2.9%的受访者选择"提升很多"，相比对政府信任程度下降很多的15.2%，整整相差近13个百分点。同时，选择对政府信任程度"不变甚至降低"的受访者比例高达67.9%，表明政府在化解社会矛盾过程中改善自身公信力方面存在着问题。

从未来社会矛盾发展趋势来讲，当问及"未来社会矛盾的变化趋势"时，占46.4%的受访者选择"未来几年重庆市社会矛盾将比现在缓和一些和缓和很多"，25.7%的受访对象选择"矛盾情势将与现在一样"，而选择"将比现在严重"的受访者占比为28%。可看出，未来几年，重庆市社会矛盾将呈现出缓和趋势，但是仍需引起重视，化解社会矛盾工作不能松懈。

（二）社会矛盾状况分类评价

如果分类别、分地区分析，可以发现重庆市各区域的各类社会矛盾情况严重程度各不相同。

从类别上看，重庆市公众认为，目前面临比较突出的社会矛盾（前四）有征地拆迁矛盾、贫富差距矛盾、医患矛盾以及干群矛盾。现阶段征地拆迁引发社会矛盾、贫富差距引发社会矛盾、医患矛盾、干群矛盾以及食品卫生不安全引发的社会矛盾形势严重，重庆市劳资纠纷矛盾、社会融合引发社会矛盾以及因环境污染项目建设所引发的社会矛盾相对较轻微。未来重庆市社会矛盾的严重程度依次为：征地拆迁矛盾、贫富差距矛盾、干群矛盾、环境污染引发的矛盾、教育不公平引发的矛盾。

从区域上看，主城区比较严重的社会矛盾依次是食品安全引发的社会矛盾、医患矛盾、征地拆迁引发的社会矛盾、贫富差距引发的社会矛盾。社会矛盾比较轻微的是新市民社会融合引发矛盾等。渝西地区相对比较严重的社会矛盾有因征地拆迁引发的社会矛盾、干群矛盾、医患矛盾、食品安全引发的社会矛盾。渝东北面临社会矛盾严重程度依次是征地拆迁引发的矛盾、贫富差距引发的矛盾、干群矛盾、医患矛盾，该地区较轻的社会矛盾主要有新市民社会融合引发社会矛盾等。渝东南最严重的社会矛盾为医患矛盾，其次为征地拆迁引发的社会矛盾，干群矛盾与教育不公引发社会矛盾同样比较严峻。

根据调研数据，重庆市在"十三五"时期，征地拆迁引发社会矛盾总体上将居于各类社会矛盾之首，干群矛盾是重庆市在未来几年中突出矛盾之一，贫富差距引发矛盾仍旧是高位运行，库区（移民）矛盾是重庆特色且矛盾突出，改革引发社会矛盾将成为未来新的社会矛盾。因此仍需对重庆市社会矛盾状况引起重视。

第二节 地方政府治理社会矛盾

在社会矛盾治理中，政府扮演了关键角色，起到了主导作用。随着中国政府治理能力的提升，形成了众多有效的社会矛盾治理方式，一些地方政府还因地制宜探索了有效的社会矛盾治理途径。

一 政府治理化解社会矛盾的主要方式

在当前中国社会冲突频发的背景下，提升政府社会治理能力，化解社会矛盾，是全面建成小康社会、全面深化改革和经济转型升级的重要保障。党的十八大以来，中央对提升政府治理能力高度重视，不断更新治理理念，深入改革治理体制，丰富完善治理体系，努力提高治理能力。党的十八届三中全会提出要改进社会治理方式，激发社会组织活力，创新有效预防和化解社会矛盾体制，要加快形成党委领导、政府负责、社会协同、公众参与、法治保障的社会治理格局。党的十九大报告在加强和创新社会治理领域，提出要建立共建共治共享的社会治理格局，并且提出了加强社会治理的制度建设、提高四化水平[①]和加强四个体系建设[②]。

在矛盾化解方式中，地方政府要根据实际情况将多种方法进行综合运用。对于目前的社会矛盾，可以划分为直接利益冲突与无直接利益冲突。

首先，"无直接利益冲突"与"直接利益冲突"有着各自不同的特点（见表2—2）。第一，两者的参与主体不同，"无直接利益冲突"中社会冲突的众多参与者与事件本身无关，或者说本身并没有直接利益诉求，而只是表达、发泄一种对社会的不满情绪。[③]"直接利益冲突"中参与者与事件有着直接的利益相关关系，参与者有明确的有指向性的利益诉求。第二，两者的成因不同，"无直接利益冲突"大多

---

① 四化水平即社会治理社会化、法治化、智能化、专业化水平。
② 四个体系建设即健全公共安全、社会治安防控、社会心理服务和社区治理。
③ 参见钟玉明、郭奔胜《社会矛盾新警号》，《瞭望》2006年第10期。

是因为参与者曾经遭受过不公平对待,长期积累下不满情绪,借机宣泄,其隐藏的风险不小。"直接利益冲突"是参与者在当下或者曾因此事利益受到或将受到损害,从而通过一些正常或非正常途径及手段表达自己明确的利益诉求。

表2—2　　"直接利益冲突"与"无直接利益冲突"的区别与联系

	区别		联系	化解方式
	主体	成因		
直接利益冲突	1. 与事件本身无关 2. 没有直接利益诉求	遭受过不公平对待,长期积累下不满情绪	1. 直接利益冲突可能会为无直接利益冲突的发生培育土壤	注重治本 从源头上预防和化解
无直接利益冲突	1. 与事件有着直接的利益相关关系 2. 明确、有指向性的利益诉求	当下或者曾因此事利益受到或将受到损害	2. 无直接利益冲突反过来又可能会演变为直接利益冲突	注重方法性与时效性 将冲突尽快遏制并防止下一次冲突发生

其次,"无直接利益冲突"与"直接利益冲突"也有一定的联系。直接利益冲突导致无直接利益冲突并非呈单向演进,而是一种双向互动。一方面,直接利益冲突可能会为无直接利益冲突的发生培育土壤;另一方面,无直接利益冲突反过来又可能会演变为直接利益冲突,从而使冲突范围扩大、冲突能级加剧。[①]

因此,中国地方政府在化解该两类社会矛盾的实践过程中形成了不同化解方法。对于"无直接利益冲突"的社会矛盾,则更加注重源头预防和化解。比如,由于市场经济条件下多元价值观并存、冲突,往往成为"无直接利益冲突"矛盾酿发的深层次原因,反映了社会主义主导价值观建设的迫切性。因此,政府致力于以社会主义核心价值观为统领,为化解"无直接利益冲突"矛盾奠定思想基础。其次,"无直接利益冲突"矛盾的产生,大多与人民群众"最关心、最直接、最现实"的问题有着直接或间接的关系,折射出当前我国社会分配体制、利益格局和民生发展的弊端。因此,只有不断加强民生建设,不断提高社会服务水平,才能在根源上解决冲突的诱因。近些年政府开始以民生建设为核心奠定化解矛盾的现实基础。再者,政府要积极扶植、培育社会组织,使其真正成为存在于政府和市场之间的公民利益诉求的对话平台,为不同社会阶层和利益群体提供利益和权利表达的合法途径和渠道,

---

[①] 参见贺宾等《无直接利益冲突的成因及对策研究》,《甘肃理论学刊》2008年第1期。

以此来化解社会不满情绪，防范社会群体的不理性行为，最大限度地防止"无直接利益冲突"矛盾的发生。对此，政府也加强以社会组织和网络建设为手段构建化解矛盾的社会基础。① 对于"直接利益冲突"引发的社会矛盾，其化解方式更加注重方法性与时效性，讲求将冲突尽快遏制并防止下一次冲突发生。对此，地方政府主要采取树立正确的利益协调思想、坚决取缔和有效控制非法及不合理利益所得、建立健全畅通有序的利益表达和沟通机制②、完善信息获取机制、完善应急管理机制、加强应急队伍建设等方式。③

二 典型社会矛盾治理的模式选择

不同的社会矛盾有其各自的特点，需要采取有针对性的治理模式进行有效治理。研究新时代各种矛盾的治理模式或做法，并针对该模式或做法存在的主要问题与不足，提出相应的治理模式。

表2—3　　　　　　　　各类矛盾的治理模式选择

矛盾类别	矛盾类型	存在问题	治理模式选择	治理要点
政府和社会（公众）矛盾	干群矛盾	政府处于"强政府"角色，部分干部没有确立公共服务者的定位；行政命令、规章等比较多；忽视群众意见的表达，缺乏有效的沟通机制	政社模式	建立预警机制，政府发挥主导作用，整合社会组织、群众的意见；建立矛盾缓和机制中，应采取政府调控同社会协调互联，政府行政功能同社会自治功能互补，政府管理力量与社会调解力量互动等
	征地拆迁矛盾	政府及拆迁方处于比较强势地位，暴力执法、强势执法现象严重；被征地拆还方意见得不到充分重视、利益保障机制不完善；缺乏有效沟通、协调机制	多元治理模式	政府部门、拆迁方、被征地拆迁对象、拆迁所在地单位等作为平等主体共同参与；制定协商规则、利益分配机制以问题解决、反馈机制等，通过制度、规则保障各方权益，规范各行为主体表现；因地施治原则，注重环境因素和偶然因素等

---

① 参见王岩、郝志鹏《"无直接利益冲突"矛盾的化解理念与路径研究——基于社会主义协商民主的视角》，《中国行政管理》2014 第 12 期。
② 参见费杰、金日出《政府协调社会经济利益关系的主要途径》，《行政与法》2006 年第 7 期。
③ 参见张玲《转型期应对社会利益冲突问题研究》，《法制与社会》2011 年第 6 期。

续表

矛盾类别	矛盾类型	存在问题	治理模式选择	治理要点
	环境污染矛盾	社会对环境污染矛盾重视程度不高;政府环境监管缺位,以政府行政段;矛盾主体方的沟通、协商机制不完善,社会组织缺位等问题	社会组织治理模式	环境污染矛盾可分为事前控制和事中、事后调节两大阶段;应在改府的引导下,社会组织充分参与到环境污染预防和解决环境问题;矛盾冲突严重之后,志愿者、社工、社会组织可在政府引导下参与矛盾调解等
	医患矛盾	现行管理机制中缺乏对问题的深入分析,解决问题存在"治标不治本"的现象;患者、医院方、政府有效监督、协商机制缺乏;患者处于相对弱势地位,话语权得不到保障	多元治理模式	政府部门、医院方、患者等作为平等主体共同参与矛盾化解;邀请人大代表、媒体等进行监督;搭建各方能够平等对话协商的平台,保障各方话语权;建立起相关保障制度,将协商结果通过法定形式固定等
	安全生产矛盾	监督机制不到位;安全生产落实制度、纠纷解决制度、利益协商与对话制度不完善	社会组织治理模式	事前控制和事中、事后调节两大阶段;社会组织充分参与到安全生产预防和解决中去,公益性组织可发挥监督作用;志愿者、社工、社会组织可在政府引导下参与矛盾调解与化解机制;建立沟通平台等
市场与社会(公众)	食品安全矛盾	部门职能交叉和多部门执法问题;管制执行过程缺乏规范化和持续性;管制部门与食品行业缺少互动	多元治理模式	政府部门搭建沟通协作平台,将行业组织、公民社会、媒体等主体纳入平常,形成多层次、多领域、全方位的沟通协作机制,避免分段监管出现的监管空隙;建立食品安全有奖举报机制,建立健全公益诉讼机制、集团诉讼机制
市场主体间矛盾	劳资矛盾	劳方、资方和政府三方协商机制中的三方地位不平等;仲裁制度程序烦琐,成本高,易受行政干预	群众自治与基层治理模式	构建涵盖了政府、工会、志愿者组织、社区组织、民间团体、行业协会在内网络化治理结构;强调通过合作、协商、谈判来构建政府、市场和社会三维框架的治理模式

续表

矛盾类别	矛盾类型	存在问题	治理模式选择	治理要点
社会阶层矛盾	流动人口矛盾	流动人口管理办法落后；基本公共服务不均等；化解渠道少	社会组织治理模式	通过制度、政策等引导社会组织参与治理；发挥社会组织、社工等专业优势，激发社会组织活力前提下积极参与纠纷化解；增强流动人口社会融入问题，缓解工作压力及消减心理问题
	贫富矛盾	社会保障制度不完善，税收制度有待完善，城乡居民就业的不平等待遇	政社治理模式	加大改革力度，继续解放和发展生产力。加快税制改革，调整税收结构，取缔非法收入。加强和完善农村地区社会保障制度。大力发展乡镇企业

各种社会治理模式的相同点为：均强调多元主体的参与，各方通过协商、讨论等形式共同解决社会矛盾。从权力运行方向，强调改变原有的单一运行方式，将自上而下、自下而上等方式结合起来；从权力运行依据来看，治理行政必须有法律、法规作依据，是受严格约束的有限管制；从相互关系来看，重在强调政府与社会组织及公民个人之间是"平等""合作""相互监督"的伙伴关系。不同点在于：不同的社会矛盾治理模式中，对于各主体协商过程中发挥主导作用的主体可能有所差异，在权力运行方向上需根据实际情况确定最适合的方式，处理过程和结果可能存在差异。

(一) 政府和社会类矛盾治理模式选择

首先政府和社会类矛盾主要包括干群矛盾、征地拆迁矛盾、环境污染矛盾、医患矛盾，这几种矛盾根据其涉及的具体问题以及主体关系不同，对其治理要选择适当的治理模式。干群矛盾，主要选择政社合作模式，需要建立预警机制，政府发挥主导作用，整合社会组织、群众的意见；建立矛盾缓和机制中，应采取政府调控同社会协调互联，政府行政功能同社会自治功能互补，政府管理力量与社会调解力量互动等。征地拆迁矛盾主要选择多元治理模式，需要政府部门、拆迁方、被征地拆迁对象、拆迁所在地单位等作为平等主体共同参与；制定协同规则、利益分配机制和问题解决、反馈机制等，通过制度、规则保障各方权益，规范各行为主体表现；因地施治原则，注重环境因素和偶然因素。医患矛盾也适合选择多元治理模式，需要政府部门、医院方、患者等作为平等主体共同参与矛盾化解；邀请人大代表、媒体等进行监督；搭建各方能够平等对话协商的平台，保障各方话语权；建立起相关保障制度，将协商结果通过法定形式固定。

(二) 市场主体间以及与社会类矛盾治理模式选择

1. 市场与社会类矛盾

市场与社会类矛盾主要以食品安全矛盾为主，这种矛盾主要在于部门职能交叉和多部门执法问题；管制执行过程缺乏规范化和持续性；管制部门与食品行业缺少互动。因此建议选择多元治理模式，通过政府部门搭建沟通协作平台，将行业组织、公民社会、媒体、智库等主体纳入互动范围，形成多层次、多领域、全方位的沟通协作机制，避免分段监管出现的监管空隙；同时灵活采取"双随机一公开"的方式对食品行业进行监管，建立食品安全有奖举报机制，建立健全公益诉讼机制、集团诉讼机制。

2. 市场主体间矛盾

市场主体间矛盾主要指劳资矛盾，这种矛盾在于劳方、资方和政府三方协商机制中的三方地位不平等；仲裁制度程序烦琐，成本高，易受行政干预。因此建议选择群众自治与基层治理模式。切实在企业内部建立和完善职工申诉机制或申诉平台。在企业职工出现劳资纠纷之前先通过职工意见箱、满意度调查、人力资源部与职工面谈等方式，及时化解职工的不满、抱怨等不良情绪，及时听取职工的心声或诉求。着重协商与调解，在查明事实、分清责任的基础上，通过说服教育，使当事人在法律许可的范围内达成和解协议，若不愿意调解的应尽快依法处理，以防劳资纠纷事态扩大化。通过构建涵盖了政府、工会、志愿者组织、社区组织、民间团体、行业协会在内网络化治理结构；强调通过合作、协商、谈判来构建政府、市场和社会三维框架的治理模式。

(三) 治理政企矛盾的模式选择——负面清单治理模式

多维度、多层次的政企关系最终规定了企业的双重性特征，这种双重性特征主要表现为兼具公共组织与市场主体的双重身份，行政管理和企业管理的双重管理特征，以及公共责任与经济效益双重价值追求。从政企关系的角度来看，政企矛盾解决需要寻求政府与市场的均衡点，通过类别划分和厘清政府与市场边界，以管资本为主实现所有权与经营权的分离。随着国家治理实践和治理经验的不断丰富，清单制度逐渐体现出来的优越性，使其成为解决各类政企矛盾，厘清当前我国政府、市场与社会关系，实现国家治理的"善治"与"现代化"的重要制度设计。负面清单治理模式对于解决此类政企矛盾，有着以下几点优势。

一是负面清单治理模式有助于优化和公开权力运行流程，明确政企角色定位。市场准入负面清单清晰明了地列出了有关市场准入的禁止和许可事项，以及相应的管理办法，简化办事程序，推动政府权力规范化、程序化、责任化，有利于减少政府寻租空间，更加清晰地为市场主体点亮"交通灯"。

二是负面清单治理模式有利于实现市场准入主体的地位平等。市场准入负面清单制度，体现的是"非禁即入"的负面管理理念。这一理念背后，体现的是"公平"。在清单面前，实现了"人人平等"，不搞特殊待遇。以市场准入负面清单为全国市场准入的统一标准，以此标准营造公平竞争环境和构建统一市场准入规则，有助于消除各地存在的形形色色的隐性壁垒，促进各类要素的有序自由流动，有助于从源头上解决政企类矛盾。

要实施好市场准入负面清单制度，解决政企矛盾，要做好以下几点：第一，扎实推进"全国一张清单"管理模式，切实维护市场准入负面清单制度的统一性、权威性，确保合法有效的管理措施应列尽列、全部纳入，违规设立的准入许可、隐性准入门槛和地方自行制定的准入类负面清单要坚决清理取消，实现"一单尽列，单外无单"。第二，建立并不断完善实时调整与定期调整相结合的清单动态调整机制，使清单与"放管服"改革最新进展紧密结合，积极回应市场主体呼声、推动准入门槛不断放宽，实现"一年一修，动态调整"。第三，依托全国一体化在线政务服务平台建设，进一步提升市场准入负面清单信息公开力度，丰富公开内容，建立统一的清单代码体系，使清单事项与行政审批体系紧密衔接、完全匹配，实现"一目了然，一网通办"。

（四）以贫困治理为基础的社会阶层类矛盾治理模式选择

社会阶层类矛盾主要涵盖流动人口矛盾和贫富矛盾。流动人口矛盾的主要原因在于流动人口管理办法落后、基本公共服务不均等、矛盾化解渠道少。因此建议选择社会组织治理模式，通过制度、政策等引导社会组织参与治理；发挥社会组织、社工等专业优势，激发社会组织活力前提下积极参与纠纷化解；化解流动人口社会融入问题，缓解工作压力及解决心理问题。而贫富矛盾主要在于，社会保障制度不完善，税收制度有待完善，城乡居民就业的不平等待遇。同时要加大对贫困治理的力度，推进"优势赋权"的工作方法，唤醒贫困户的内生动力；强化"利益保护"政策设计，确保贫困户的获益增收；创新"政策组合"的统筹机制，解除贫困户的后顾之忧。因此建议选择，政社治理模式，需要加大改革力度，继续解放和发展生产力。加快税制改革，调整税收结构，取缔非法收入。加强和完善农村地区社会保障制度。同时兼顾城市阶层差距问题，加快推进公共服务均等化，完善社会保障制度,助力提升群众安全感、获得感、幸福感。

三 源头治理:重庆创新运用"互联网+服务群众"理念方便群众办事、化解矛盾

社会矛盾源头治理,关键在于切实保障群众基本权益,及时回应群众意见,快速解决基层问题。为进一步简化优化公共服务流程,方便群众办事,化解基层矛盾,重庆市创新运用"互联网+服务群众"理念,开发设立"重庆服务群众工作信息管理系统"(以下简称"群工系统"),推动基层服务型党组织建设与做好新形势下群众工作、创新基层社会治理深度融合,构建起"一窗通办、一网通联、五级联动"的服务群众工作网络体系。"群工系统"在提升基层源头治理能力上,具备五方面的优势。

一是五级联动,建好便民服务"一张网"。"群工系统"形成了市级到村居民小组和社区网格五级架构,有效整合了解决问题的资源手段。通过五级联动推动问题解决,做到把群众问题解决在基层,把矛盾纠纷化解在萌芽。群众反映的问题9成以上能在7个工作日内得到妥善解决或当面答复。

二是全程监控,把好节点控制"一条线"。"群工系统"以现代化手段为支撑,建立了从群众上线反映问题到事项办结反馈评价全过程、全方位的监控体系。在解决问题过程中,相关责任单位、责任人如有敷衍塞责、推诿扯皮行为,都会在系统中留下"痕迹";逾期未办理,系统就会亮黄灯和红灯予以警示;年底系统将对各单位部门的办结率、红黄灯数量、群众满意度等进行统计,并以此作为考核评价办事效率、办事质量和干部作风的重要依据。截至目前,"群工系统"市级平台先后对62个红黄灯相对较多的责任部门、77名责任人进行了约谈或通报批评。如2016年2月26日,彭水县东乡岍山村二组村民张天凡通过群工系统咨询"2016年C级危房改造,房屋是否要搭防护架?"村里收到反映后却迟迟没人搭理,直到3月9日才进行回复,在群工系统中被亮了黄灯警示。县委组织部部长就此约谈岩东乡党委书记,提出严肃批评。岩东乡党委随即召开党委会专题研究,分管领导在会上作了检讨,并在全乡通报批评岍山村党支部,责令该村群工系统管理员停职反省,有效地化解了干群矛盾。

三是深入挖掘,用好分析评估"一个库"。目前,所有镇街、区县、市级主要领导可根据授权随时查阅群众反映的每一个具体问题及相关信息,及时判断矛盾态势,还可以根据系统即时更新的统计数据,就某一时段、某一领域群众反映问题进行梳理分析,及时掌握辖区内群众的利益诉求,找准工作中存在的问题和不足,采

取针对性措施加以解决。各区县都已建立"群工系统"社情民意定期分析研判机制。如万州区"群工系统"指挥中心对群众反映的诉求进行梳理、分析，发现农村场镇环境卫生差、亟待整治的矛盾突出。引起区委、区政府领导高度重视，多次专题研究解决集镇垃圾问题，最终建立了乡镇生活垃圾收运处置体系，农村人居环境矛盾得到明显化解。

四是定期通报，抓好实时考核"一本账"。"群工系统"市级平台建立了日监控、周小结、月通报、季督查、年考核的长效机制。每天对办理缓慢事项、亮红黄灯事项、群众反馈不满意事项进行跟踪督办。每周末小结平台一周运行情况，形成专题报告，报送市委、市政府领导。每月梳理全市平台运行情况和群众反映事项办理情况，并以通报的形式发送至各区县指挥中心和市级各部门，督促及时整改相关问题。每季度派出督查组赴全市各区县开展专项督查，掌握"群工系统"推广使用情况，有效传导压力。每年区县政府向本级人代会报告1次解决群众问题情况。"群工系统"的推广使用情况和市政府各部门办理群众诉求情况分别被作为区县、市级部门基层组织建设、作风建设考核的重要依据，各区县也层层传导压力。如万州区对4件因超时办理而亮"黄灯"的有关单位领导进行了约谈，对9件群众评价"不满意"或化解的矛盾和问题退回责任单位进行重新办理，促成有关问题得到及时有效解决。

五是优化拓展，打造服务群众"一点通"。"群工系统"紧盯群众需求，不断优化升级系统功能。在不断完善解决群众反映诉求问题的基本功能基础上，"群工系统"拓展了"民事代办""就业推荐""寻医问诊""政策咨询""村居公开""扶贫帮困""通知下达"七项功能。通过这些新增功能，尽可能地满足群众多样化的需求，助其合法权益得到保障，在源头治理中获得更多的群众支持。

打造互联网服务群众工作网络体系。构建起"一窗通办、一网通联、五级联动"的服务群众工作网络体系。以互联网为依托，按自下而上办理和自上而下督查督办相结合的双向模式运行，把各级党组织和政府部门都纳入同一张为民服务网络，形成市、区县、镇街、村居、村居民小组和社区网格五级架构，有效整合解决问题的资源手段。使政府能够广泛听取群众意见，保证决策符合客观实际，符合群众要求。并且助于政府有效的解决群众的基本利益诉求，削减利益矛盾，使大量矛盾在群众自治范畴和基层工作范围得以解决，从而增强社会和谐，激发社会的活力，最终提升基层源头治理的水平。

第三节　社区治理模式

中国社区治理经历了由管理向治理的转变，并逐渐形成不同种类的社区治理模式以及特点，但是目前，中国社区治理还不够完善，仍存在较多问题。本小节将从社区治理模式的演变、分类、特点以及困境四大方面进行阐述。

一　社区治理模式的演变

中国城市社区经历了从行政化管理逐步向社区治理演进的过程，自中华人民共和国成立以来，中国的社区管理模式经历了"单位制""街居制"和"社区制"的历程。

1. 单位制

中华人民共和国成立后，党和国家的工作重心由农村转向城市，在经济建设方面主要是学习苏联的计划经济模式，当时没有城市社会管理的经验，在城市基层社会管理上主要是借鉴党的军事组织经验，实行"单位制"的社会管理模式，这也是与计划经济体制相适应的一种特殊的组织形式。

2. 街居制

改革开放以后，中国社会经济逐步转型，建立了社会主义市场经济体制，由此也带来了社会流动的迅速加剧，单位制逐渐解构，其承担的社会职能也逐步向社区转移，社区内部的矛盾不断积累，单一的行政化社会管理制度已经很难适应社会形势的变化。在此背景下，中国政府开始了社区建设的新探索，街道办事处和居委会承担了社区管理的主要职能，街居制是这一阶段的主要管理体制。

3. 社区制

1999年，国家民政部正式启动了"全国社区建设实验区"工程，确定了北京市西城区等26个城市社区建设实验区，标志着中国社区治理进入了新阶段。国家民政部正式提出了"社区建设"后，全国各地对社区治理进行了摸索和实践，涌现出来"上海模式""沈阳模式""江汉模式"等一批有影响的社区治理模式。从2002年党的十六大报告进一步明确提出要"完善城市居民自治，建设管理有序、文明祥和的新型社区"[①]开始，历次党的代表大会都对社会管理和社区治理提出了明确的要求，2012年召开的党的十八大，要求"改进政府提供公共服务方式，加强基层社会管理

---

① 参见《中国共产党第十六次全国代表大会文件汇编》，人民出版社2002年版，第32页。

和服务体系建设,增强城乡社区服务功能……充分发挥群众参与社会管理的基础作用"[1]。党的十八届三中全会进一步提出"改进社会治理方式,激发社会组织活力"[2],发挥政府主导作用,鼓励和支持社会各方面参与,实现政府治理和社会自我调节、居民自治良性互动。党的十九大同样重视社区治理,提出要"加强社区治理体系建设,推动社会治理重心向基层下移,发挥社会组织作用,实现政府治理和社会调节、居民自治良性互动"[3],为全面深入推进和完善城市社区治理提供了指导思路。

二 社区治理模式的分类

随着社会的变迁,中国城市社区的结构形态发生了巨大的变化,由此带来城市基层社会问题凸显,基层社会治理的难度也在不断加大。无论是国内社区实践还是社区治理研究都处在探索创新阶段,呈现出多样化和路径依赖的特点,并未形成稳定、成熟的社区治理模式。

当前关于城市社区治理模式的研究,视角各异,但综合来看,可以分为以下三类。一是居民参与型治理模式。自治型模式的社区通常设置了社区决策机构、执行机构、监督机构。政府将社区管理的有关职责交给社区,然后用法律和制度来规范社区运行机制,以一种间接协商的方式对社区事务进行管理,社区居民和社区组织在社区治理中发挥核心作用。该治理方式中,居民在社区中发挥着核心作用,以深圳南山区月亮湾模式为典型。月亮湾模式的特点是:(1)居民的参与能力很强;(2)政府部门能够与居民良性互动,以文件等形式支持工作站正式开展工作,各部门对工作站的要求都比较重视;(3)企业能够或不得不接受居民的监督。该片区的12个商业住宅小区,基本上都建立了业主委员会,物业管理公司能较好地接受业主的监督并按业主的意愿运作。

二是企业参与型治理模式。这是一种物业管理公司在社区治理过程中发挥突出作用的模式。这种模式一般出现在资质、品牌、服务质量和企业形象都较好的物业管理公司管理的商品房小区。物业管理公司承担社区管理和服务的主要职责,社区

---

[1] 参见胡锦涛《坚定不移沿着中国特色社会主义道路前进 为全面建成小康社会而奋斗——在中国共产党第十八次全国代表大会上的报告》,人民出版社2012年版,第38页。
[2] 参见《中国共产党第十八届中央委员会第三次全体会议公报》,人民出版社2013年版,第14页。
[3] 参见习近平《决胜全面建成小康社会 夺取新时代中国特色社会主义伟大胜利——在中国共产党代表大会上的报告》,人民出版社2017年版,第49页。

居民也乐于接受物业管理公司的安排，积极参与社区公共事务的管理和各种社区活动。[①] 以深圳福田区的莲花北社区为典型，其特征为：（1）物业管理公司承担了社区管理的主要责任。莲花北物业管理公司于1994年随着居民入住而入主该社区，拥有多项深具影响力的物业管理创新。（2）依惯例成立的居委会作用较弱。居委会除计划生育、征兵及办理新生儿出生手续等行政职能外，几乎不承担社区的其他管理和服务事务。（3）物业公司物业管理服务的范围广。物业公司积极想办法以物业管理创新的方式提供流动人口、计划生育、劳动就业等服务，政府也乐于与物业公司"联手"。这种模式，从政府的角度看，政府的社区行政管理落实了；从企业角度看，企业的品牌形象树起来了；从居民的角度看，居民的需求较好地得到了满足。

三是行政引导型治理模式。这种模式分布范围最广，也最常见，是中国社区治理的主流模式。行政引导型模式主要是指以政府的指导为主，对行政力量的依赖度较高，政府组织是社区治理的主体，行政管理手段是社区治理的主要方式。以深圳"盐田模式"为典型，其特征为：（1）社区中的居民力量与企业力量相互独立，居民力量与政府力量相互独立；（2）重视发挥新居委会的作用，政府赋予居委会评议政府工作的权力，同时，盐田区政府希望以某种制度或形式将新居委会与区人大、政协相衔接，从而进一步发挥居委会的作用。这些都是盐田区政府推动的结果，目的是通过形成企业"划桨"、居民参与格局而实现政府"掌舵"。[②]

三 社区治理模式的特点

综合以上社区治理模式的情况，结合民政部评选的2014年度和2015年度"中国社区治理十大创新成果"的主要内容（见专栏2—1）。纵观近些年的改革进程，对社区治理创新的发展趋势可以归纳出若干突出特点。第一，更贴近"治理"的内涵和要求，创新内容集中于现代治理体系的构建和治理方式现代化的尝试，如多元治理主体建设、协商共治、民主参与等。第二，转向更深层次的改革。社区治理模式创新的内容开始从"硬件"到"软件"转变，除了加强"共治"的组织建设与平台载体建设、加强主体"联动"、扩大社会和居民民主参与等内容，还转向管理体制的改革、深入推进依法治理、精准治理、基层治理，属地化社区治理，智慧化社区治理以及社区治理"供给侧"试点等更深层次的社区治理模式。第三，从行政

[①] 参见马全中《中国社区治理研究——近期回顾与评析》，《新疆师范大学学报》（哲学社会科学版）2017年第2期。

[②] 参见曾宇青《社区治理的三种模式——深圳为研究文本》，《理论前沿》2007年第17期。

推动转移社会力量参与。目前，各地的社区治理创新典型大多来自于组织安排与行政推动，主要还是由政府行政力量主导。中国正处在从"管理"到"治理"的转型期，这样的治理模式和路径选择应该是合理可行的，也是必要的。但此阶段并不会持续太久，随着公民社会的日渐成熟，基于共同的价值目标和社会需求，社会活力将逐渐被激发，社会的自主力量得以凝聚，社区治理的参与度将不断提高，社会力量的更多参与将转化为社区治理模式创新的动力。[1]

专栏2—1 中国社区治理十大创新成果（2014年和2015年）

2014年度：南京市民政局"'六个一'街道中心化改革"、深圳市罗湖区"'活化赋权'社区治理法治化建设"、杭州市上城区"社区需求发现助推社区社会组织成长"、大连市西岗区"365社区工作体系"、成都市武侯区"'三社联动'社会化参与机制建设"、厦门市同安区"社区治理微型'闭合自控'系统"、济南市市中区"'四社联动'社区治理机制建设"、上海市杨浦区"'社区睦邻中心'建设"、天津市和平区"社区'十大服务体系'建设"、武汉市武昌区"'三社协作'助推社区多元治理"、重庆市南岸区"'三事分流'社区治理创新"等。

2015年度：江苏太仓市"政社互动"开创社会治理新格局，北京市朝阳区"居民提案"激活社区自治细胞，厦门市思明区"社区参与式治理工作坊"实践，深圳市龙岗区"民生大盆菜"创新社区治理新模式，杭州市西湖区城乡一体的社区网络化治理体系，宁波市宁海36条，深圳市坪山新区枢纽型社区服务平台建设，成都市温江区"343"社区协商共治机制，北京市东城区多元参与协商共治社区新模式，青岛市市北区"互联社区"治理服务新模式，焦作市解放区"334"楼院协商治理模式。

四 社区治理困境[2]

在社区治理模式的实践和探索中，仍然存在一些不可忽视的问题。导致城市社区治理困境的因素尽管是多元的，但最根本的原因是政府与公民社会的有效配合尚未形成，国家权力向社会的回归尚未完全实现，社会资本的重要作用尚未充分发挥。具体而言，主要体现在4个方面。

一是社区治理主体结构失衡。事实上，社区治理各类主体的应然角色和实然角色严重背离。（1）在社区治理过程中，政府职能机关仍然展现强势主导作用，控制了绝大多数的社区公共资源，限制了各类市场组织和社会组织平等参与社区治理的

---

[1] 参见郝国庆《城市社区治理创新的发展趋势与路径选择——以武汉市汉阳区社区治理模式为例》，《理论月刊》2015年第12期。

[2] 参见陈燕、郭彩琴《中国城市社区治理：困境、成因及对策》，《苏州大学学报》（哲学社会科学版）2016年第6期。

机会，市场和社区的内在活力得不到有效激活；（2）社会组织过于依赖政府，自主性亟须加强。很多社会组织的负责人由政府机关、事业单位退休人员或者现职人员兼任，使得社会组织的一些事务无法自主、独立地开展；（3）社会组织的资金来源比较单一，主要靠政府的支持，由社区居民或企业参与捐助、互助成立的社区性社会组织基本处于空缺状态，一旦政府资金供应不足，组织就极有可能因为资金的短缺造成运转困难；（4）由于居民主要参与社区组织的一些文娱类活动或者维权活动，而参与其他涉及医疗、卫生、业委会选举、志愿者服务等公共事务的情况不太理想，导致难以实现社区居民在社区治理中的自治。

二是社区治理体制欠缺。"社区制"逐渐取代"街居制"成了城市基层社会管理的新模式，然而，与社会管理体制改革相适应、以增进社区社会资本为目标、以构建多元治理主体合作和互补机制为重点的城市社区治理体制机制尚未建立。街道办事处按照法律规定只是政府的派出机关，在城市发展和社会治理的实践中却成了拥有实权的一级政府，一方面将大量的精力投入在完成"上级"政府下达的各类行政任务，另一方面又将许多行政工作强制性地"布置"给居民委员会。在实际运转中，社区居委会已然成了政府和街道办的"腿"，行政化"官气"越来越浓，作为政府与社区居民之间沟通桥梁的作用越来越弱化，这与现代基层民主政治和多元化社会结构、多元化自治、治理要求不适应。政府行政管理与社区自治事务的边界划分不明，社区居民、社会组织参与社区自治的范围、形式等不明确，社区自治活动的开展也缺乏相应法律法规的保障以及制度规范和监督，这样容易降低社区居民以及社会组织参与社区自治的积极性、影响社区自治的效果。

三是社区服务供需失调。由于现阶段公共资源配置主要由政府主导，但政府财力、能力、精力有限，单凭政府自身的力量已经远远不能满足城市社区居民各种层次的需求，造成了城市社区服务供需的不平衡。虽然部分社会组织已经逐渐被引入到社区服务的主体范畴，并承担了一些政府职能部门触及不到的社区服务，但由于完善的多元化社区服务供给体制机制尚未形成，政府与社会组织在社区服务领域的角色定位不明，政府与社会组织合作较少，导致了社区服务总体仍不足。另外，社区服务能力仍然不强。

四是社区治理文化软实力薄弱。文化软实力是城市社区治理的灵魂，在社区治理中发挥着不可替代的作用。然而，目前中国社区治理文化软实力建设还不够全面、作用还没有得到充分的发挥。改革开放以来，党和国家多次强调加强文化建设的重要性，但是在社区治理的过程中，政府未给予社区文化建设应有的重要地位，对社区文化建设缺少统一规划，在政策扶持、资金投入以及人力资源配置方面的力度也低于其他领域，以上这些因素不利于激发社区文化建设的活力、满足社区居民日益增长的文化需求。同时，社区公共文化基础设施在保障公民文化权利方面没有起到应有的作用，存在供求不对应的情况。此外，还存在社区文化建设的资源整合不够，利用不足等问题。目前社区文化建设主要还是依托政府提供的资源，较少利用民间资源，主要利用社区内部资源，忽略了社区外部资源的利用、合作以及共享，侧重社区图书馆、文化、休闲健身设施等有形的"硬"资源，忽略了文化精神等"软"实力的培育。

第四节　地方社会治理创新对策

在深入分析中国社会矛盾实际情况基础上，结合社会矛盾变化趋势，形成了创新社会治理的几大原则（见图2—9）。

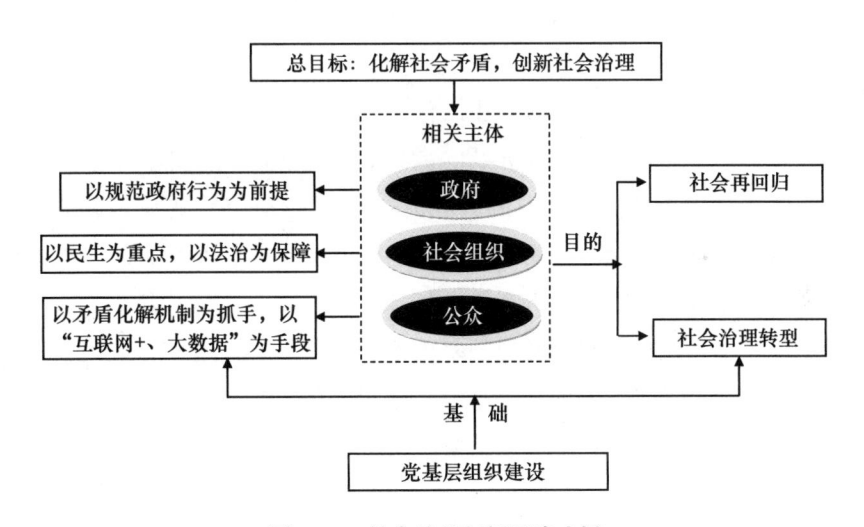

图2—9　社会治理创新思路分析

一　以规范政府行为为前提，做到"破""立"先行，"放""限"结合

必须以解决干群矛盾为突破口，将反腐工作落到基层与实处，惩治基层政府官员违法乱纪行为，即为"破"。所谓"立"，即在打击基层官员违法乱纪行为时，同步进行规章制度建设，将政府行为严格纳入到依法行政范围，规范政府官员作风、行为。

"上面千条线，下面一根针"，基层政府尤其是乡镇政府处在执政最前端，直接面临的是服务群众、落实政策，其责任大、任务重。上级各项方针政策、各项部署，都是通过基层政府传递到千家万户,因此基层政府创新社会治理是国家治理的基础。但是,从目前来看,当前条块分割的管理模式使得基层政府几乎成为空壳,但由于属地管理,却要为政策落实不力负责。因此,必须改变基础政府治理面临困境。一是厘清责任,理清权属。改变以往"一管就死、一放就乱"的传统做法,用改革的态度审视基础政府在政权建设面临问题,赋予基层政府权力的同时,又不放松监管,让基层政府真正成为名副其实的权责一致的一级政府。二是切实简政放权。扎实推进简政放权工作,放权不仅应放到区县一级,更应该放到基层政府尤其是乡镇政府,属于乡镇政府的行政权、执法权、人事权下放到乡镇,让乡镇权责明晰、敢于担当、勇于担当,实现乡镇政权、责、能的对等统一。三是提升基层干部素质,通过多渠道、多途径着力培养学习型、知识型、创新型干部队伍。鼓励乡镇干部挤时间学习,做到从经验型向知识型转变,放下架子,树立为人民服务的观念。组织上要多为乡镇干部提供进修的机会,加强培训力度,围绕基层工作实际情况开展多层次、多类别的干部培训。

二 以民生为重点,大力推进民生工作

中国目前的绝大多数社会矛盾涉及的是具体利益矛盾。这些矛盾是非对抗性的、非政治性的人民内部矛盾,是可控的、可预防的、可化解的。[①] 中国的绝大部分社会矛盾是跟人民生活息息相关,而矛盾产生也是由于人民生活利益受到损害而引发。因此,改善民生是推动发展的根本目的,创新社会治理,应该从最广大人民的根本利益出发,在推动经济持续健康发展的基础上,通过各种制度安排保障人民群众各方面权益,保障劳动者参与发展、分享发展成果,促进社会公平正义。改革愈是深化,愈要重视平衡社会利益;发展愈是向前,愈要体现到人民生活改善上。

三 以党建为基础,扎实推进基层党建工作

创新社会治理,应该充分发挥党的领导作用及党员的先锋模范作用。现有相关文献常把发展社会组织作为社会治理的最重要的建议。但是,社会组织的发展和完善是个漫长的过程。现实比较可行的是,充分发挥政治优势,即充分发挥党员的作用。将党员的个体作为广大群众和基层政府联系的纽带。但前提是党员必须获得老百姓的信任,可借助党的群众路线活动为契机,密切与群众的联系,赢得群众信任。社会治理跟党建结合起来,从基层党组织建设来讲,不要变成政府组织,而应该是

---

① 参见马怀德《社会矛盾化解与行政诉讼制度》,《中国党政干部论坛》2011年第9期。

社会组织，紧密联系群众。把社会治理与党建结合起来，才能有助于将治理各个主体凝聚在党的周围。

四 以法治为保障，从管控规则向法治规则转变

法律是国家意志的体现，作为强制性规范，是处理国家与社会、国家与集体、国家与公民、群体与公民、公民与公民的基本准则。作为协调和处理社会关系的一种手段，社会治理需要有法律依据、法律支撑和法律保障，社会治理的各个主体都要有法治思维、法治意识，其行为符合法治的规范和要求。以法治为约束，加快社会治理领域的立法工作，完善政府依法行政、社会组织和公众依法参与社会治理的治理结构；强化各级领导干部的法治观念，提高其运用法治思维和法治方式化解社会矛盾的能力和水平；通过加强法治宣传教育，弘扬法治精神，促进社会成员自觉养成学法、守法、用法的习惯，全社会形成崇尚法律至上的理念。

五 以破解社区自治困境为方向，推动社会治理创新

社会治理创新呼唤社区自治，而居民的搭便车行为致使自我服务难以实现，内生惩罚成为规制居民搭便车行为的创新策略。自主组织成为社区自治的媒介与载体，通过缩小自治范围、动员社区精英、赋权居民参与及重建社会网络等过程要素"催化"内生惩罚的生成，迫使居民投身于公共事务。社会治理创新要求不断增强社会自我管理能力，"社区自治"是推进社区建设的题中之意，自治的重点在于提供以民生需求为导向的公共服务。一方面，"单位制"的瓦解使得由政府、企事业单位提供的公共服务转嫁给社区，而社区居委会的人、财、物、权等又无力匹配，遂求助于"自我服务"。另一方面，随着社会结构的快速变动、利益格局的深刻调整、思想观念的日益开放，社区日益成为利益关系的交汇点、社会矛盾的集聚点，故追寻"寓管理于服务"的解决之道。

近年来，政府在社会治理创新浪潮下已经主动让渡了自治空间，甚至主动引导居民自治。在行政干预降低的情况下，社区居民依然难以组织起自我服务的深层根源在于集体行动困境。社区自治在摆脱搭便车困境时，需要社区居委会的行政支持，同时要避免过度干预而侵占自治空间。社区居委会应主动孵化及培育"自主组织"，同时为自主组织生产内生惩罚机制提供支撑条件，包括小集团的划分、精英主体的动员、居民参与的赋权、社会网络的重建等。

六 以矛盾化解机制为抓手,构建应对不同社会矛盾的化解机制

对于民间纠纷,应尝试将行政调解与人民调解相结合运用,例如由司法部门直接调解,或者由公安机关聘请人民调解员和律师主持参与调解,然后以人民调解委员会名义出具调解协议。这种形式适应了当前地区社会发展进程,符合当事人需要,具有一定的合理性。行政调解具有专业性、综合性、高效性、主动性和权威性等优势,在解决纠纷、化解矛盾、维护稳定中有着其他组织难以替代的作用和优势。

对于因劳动关系引起的纠纷,首先应出台创新工资集体协商方式的规范性文件,并出台劳动合同管理方面的政策。其次,完善劳动关系预警机制,加强对用人单位开展用工监督,对于劳资纠纷发生比较频繁的用人单位,可以采取上门监管的方式。最后,完善劳动关系三方协商机制,在明确人力资源社会保障部门、工会组织、工商联代表等责任的基础上,探索三方机制机构实体建设。

对于诉讼事件,应构建诉讼和解制度,首先,应当进一步协调诉权与审判权的关系,赋予诉讼和解协议以终结诉的效力。其次,诉讼和解的原则应当是自愿、合法、实体与程序并重。最后,诉讼地位平等原则,也是一项非常重要的内容。这个原则看似很简单,其实在程序上设定诉讼地位平等并非易事,程序的设定必须考虑各种因素才能保证当事人的诉讼地位实现真正平等,诉讼地位平等是贯彻自由处分原则的基础,是和解公正性的保障。

对于非法事件,加强公安机关在此过程中的作用。公安机关在处理群体性事件之中就要做好现场调查取证,可以通过拍照、录音、录像等多种方法搜集事件骨干分子和组织者的违法违规证据,为处置事件和事后处理提供依据。事件结束后,要依法对群体性事件中的涉案者进行处理,对群体事件中的违法违规行为要做到严厉打击。

七 以"互联网+""大数据"为手段,创新社会治理模式

互联网、物联网、大数据、云计算等现代技术正在深度改变人们的生活、工作和思维方式,也给社会治理提出了新机遇和新挑战。利用现代信息化手段,创新运用"互联网+服务群众"理念,开发"互联网+"治理系统,构建社区协商民主平台,开展问题(矛盾)收集、处理、数据分析、治理考核、整合升级、数据治理,将居民纳入治理环节,提升社会治理效能,更好地服务群众,推进社会治理转型。激发和培育社区居民的公共精神,鼓励居民积极参与社会治理,维护公共利益;从

制度上构建社区协商民主渠道,结合"互联网+"治理平台,搭建良好的社区协商民主渠道;全面推进社区群众性自治,搭建社区治理委员会。由政府职能部门负责人、辖区单位负责人和社区居民代表选举组成的协同共治组织,参与到"互联网+"治理系统的环节中,承担社区社会事务的管理和协调。

八 以"社会再回归"为导向,促进社会治理转型

人民,只有人民才是实现"中国梦"的最大动力。中国特色社会主义所取得的伟大成绩,是全体人民共同建设的结果,它并不属于哪个阶层、哪个阶级、哪个民族,它的主体是全体人民,人民是社会发展的推动者、建设者、贡献者。[1] 人民社会本质上是社会主义社会,即以人民为主体,保障人民福利,追求人民幸福,逐步实现全体人民共同富裕。人民社会的主体是全体人民,其建设主体仍然是全体人民,建设目的最终还是为了全体人民。因此,创新社会治理,充分调动广大人民群众的积极性,共同构建一种新型社会主义现代化社会,形成人和自然、人和社会、人和人、人和组织共同促进、共同发展的局面。

专栏 2—2　社会治理创新重点案例分析[2]

社会管理创新就是要实现社会管理向社会治理的转变,实现由政府对社会单向度的管控向政府与社会对社会公共事务管理的合作治理转变。杭州复合治理实践就是政府不断培育社会,并与社会共同实现公共事务的合作治理。从这个角度来说,杭州市的复合治理实践是社会管理创新的典型做法。同时,杭州市复合治理实践一个重要启示:社会管理创新绝不是简单的政府管理社会的内容、方式或者手段的创新,其实质是一场政府改革。

杭州市政府的治理改革可以归纳为"复合治理"实践,它是一个系统工程,由"构建社会复合主体""民主促民生""开放式决策"等一系列相互关联、相辅相成的改革举措构成。从 21 世纪初开始,杭州市就着手进行政府的治理改革,至今大体经历了 3 个阶段。

一是寻找民主治理目标。21 世纪初,杭州市就率先认识到,"国家之间的竞争、城市之间的竞争、企业之间的竞争,往往首先表现在理念、思路的竞争上"。谁的理念先进、思路超前,谁就能在竞争中赢得主动,占领发展的制高点。杭州市市委、市政府将中央精神与杭州实际相结合,在治理实践中努力探索具有杭州特色的治理目标。经历多年探索,杭州先后提出了"精致和谐、大气开放"的城市人文精神,"和谐创业"的杭州发

---

[1] 胡鞍钢:《人民社会是"中国梦"最大动力》,参见中国共产党新闻网(http://theory.people.com.cn/n/2013/0916/c40531-22938568.html),2013 年 9 月 16 日。

[2] 参见周红云《社会管理创新的实质与政府改革——社会管理创新的杭州经验与启示》,《中共杭州市委党校学报》2011 年第 5 期。

展模式,"生活品质之城"的城市品牌战略。这些治理理念的提出,是杭州市把中央精神和地方实际紧密结合的产物,在特定阶段从经济、政治、文化、社会、生态等方面整体性地推动杭州的发展。

二是培育治理主体、完善治理结构。杭州市认识到政府不应该成为城市发展的唯一主体,必须培育新型治理主体,完善治理结构。创造性地提出"社会复合主体"的概念,强调以事业发展、项目带动为立足点,积极鼓励和推进党政界、知识界、行业界、媒体界等社会主体之间的互动,形成多方参与、主要以协商方式解决所面临问题的合作形式。在杭州的实践中,社会复合主体的主要目的就是要达到"四界协同",在社会治理中发挥政府、市场和社会的集合优势。早在2000年第一个社会复合主体的雏形——杭州市与浙江大学战略合作组织应运而生。双方共同组建战略合作促进委员会,共建了浙江大学国家大学科技园等复合主体。其后,杭州在实施西湖综合保护工程等重大社会性项目,发展文娱、美食等特色行业,培育西博会等会展品牌,推进杭州市与浙江大学、中国美院战略合作等方面,组建了一大批社会复合主体,有效地整合了党政、知识、行业、媒体四界的各种资源。目前,"杭网议事厅、我们圆桌会、市民之家"市民代表工作机制和上城区的"湖滨晴雨"工作室就是典型代表。①

三是完善治理机制。在培育社会复合主体的过程中,杭州市进一步认识到:解决民生问题,政府的作用很重要,但仅靠政府的力量显然是不够的。改善民生,最终还需要发挥民众自己的积极性、主动性和创造性。2009年以来,杭州市通过建立健全"民主促民生"的工作机制,不断拓宽民主参与渠道,创新民主参与方式,健全民主参与制度,为有效改善民生、促进社会和谐提供了机制保证,并努力践行中央所要求的"发展为了人民、发展依靠人民、发展成果由人民共享、发展成效让人民检验"。

杭州市复合治理的实践,有着示范意义。杭州复合治理的实践价值主要体现在:杭州市构建"社会复合主体""民主促民生"和"开放式决策"等一系列改革举措在政府与社会之间构建起一种新型合作伙伴关系,在不断培育和提高社会自我管理、自我服务、自我教育、自我监督等自治能力的过程中实现了社会管理创新,从而逐步实现社会管理向社会治理的转变。首先,"社会复合主体"是政府职能转移的创新路径。通过构建"社会复合主体",吸引民间组织主动参与,承担政府职能,充分发挥不同主体的积极性,政府既保证了不缺位,即政府保留了更适合其履行的职能(如规则的制定等),同时大部分职能进行下放和转移。其次,"民主促民生"是中国特色民主治理模式的新探索。杭州市政府创造性地提出了"民主是一种生活方式、一种创业路径",把推进民主政治的战略目标具体落实到现实的制度设计上,努力探索一条推进中国特色民主治理的现实道路。最后,"开放式决策"是拓展公民有序参与的新渠道。一是公共事务民主决策。围绕背街小巷改善、危旧房改善、庭院改善、农贸市场改造提升、"停车新政"等一系统重大民生工程,杭州不断拓宽民主参与渠道,创新民主参与方式,健全民主参与制度,保证人民群众当家作主,使发扬民主成为改善民生的动力,成为促进社会和谐的保障,促进了城市公共事务的民主决策。二是扩大公民有序参与。通过民主促民生战略的实施,杭州充分实现了扩大公民有序参与的目的。例如,在"光复路148号厕所分配问题"的案例中,危旧房改

---

① 杭网议事厅是国内首个由党委、政府和媒体结成社会复合主体联办的民主民生项目,杭州市丝绸女装行业的复合治理是企业、政府、社会间的互动形成复合主体的代表,"市民之家"市民代表工作机制是依托实体组织的民主参与型社会复合主体的代表,"湖滨晴雨"工作室则是基层民主参与型社会复合主体的代表。在"四界"的协同中,社会复合主体能够采取多种不同的运作机制,使政府、市场和社会有机协调、优势互补,从而避免出现市场失灵、政府失灵或者社会失灵。

善工程中只涉及3户人家的一个偶然事件,经媒体披露后在短短3天里就收到上万份热心市民对解决方案的投票,充分证明关系老百姓切身利益的民生问题是市民关注的焦点,也是民主参与的热点。开放式决策以组织为载体,以协商为手段,充分保证了政治参与的有序性。杭州市政府通过培育社会复合主体,造就了一大批各种形式的社会组织,初步培育起一个理性的公民社会,成为人民群众有序政治参与的基础。民主促民生的实施,进一步促进了社会组织的健康成长,同时在政府和社会之间建立起协商民主的基本框架,充分保证了社会力量参与政治的有序性。

第五节 小结

本章将着眼点聚焦到地方社会矛盾,从社会矛盾角度出发探寻如何实现社会治理创新。从社会矛盾现状来看,中国社会矛盾情况主要分为合法形式与非法形式两大类。从统计数据和调研数据两个方面,我国当前的社会矛盾还存在以下特征:总量长期居高、递增幅度明显、个别矛盾突出。此外,还具有扩散领域宽泛、发展向度多维、所涉对象复杂、表现形式多样等特点。为更好使社会矛盾现状呈现得更加真实,以重庆市为例,通过其调研分析发现:重庆市社会矛盾发生总体比较频繁,各区域及各类别社会矛盾表现不同,化解社会矛盾任重道远。

针对中国的"无直接利益冲突"与"直接利益冲突",地方政府采取了不同的化解方式,前者注重"治本",注重从源头上预防和化解,后者其化解方式更加注重方法性与时效性,讲求将冲突尽快遏制并防止下一次冲突发生。重庆创新运用"互联网+服务群众"方便群众办事的源头治理是其典型案例。

中国社区治理也是社会治理的重要内容。社区管理模式经历了"单位制"、"街居制"和"社区制"的历程。目前,中国社区治理模式主要分为居民参与型、企业参与型、行政引导型。纵观中国社区治理模式的改革进程,呈现出以下特点:一是更贴近"治理"的内涵和要求,二是转向更深层次的改革,三是从行政推动转为更多社会力量参与。但是目前社区治理还存在一些困境:一是社区治理主体结构失衡,二是社区治理体制欠缺,三是社区服务供需失调,四是社区治理文化软实力薄弱。

在深入分析中国社会地方矛盾实际情况基础上,结合地方社会矛盾变化趋势,形成了地方创新社会治理的几大原则:以规范政府行为为前提,以民生为重点,以党建为基础,以法治为保障,以矛盾化解机制为抓手,以"互联网+""大数据"为手段,以"社会再回归"为导向。杭州的复合治理实践是社会管理创新的典型做法。

【思考与讨论】

1. 如何认识中国当前的社会矛盾现状及特点？
2. 如何认识中国当前社区治理的困境，如何寻求解决路径？
3. 中国应该如何进行社会治理创新，提升政府治理能力？

【扩展阅读】

潘允康：《中国民生问题中的结构性矛盾研究》，北京大学出版社2015年版。

郑杭生：《中国人民大学中国社会发展研究报告（2007）——走向更加有序的社会：快速转型期社会矛盾及其治理》，中国人民大学出版社2007年版。

吴忠民：《中国改革进程中的重大社会矛盾问题》，中共中央党校出版社2011年版。

吴忠民：《新形势下中国重大社会矛盾问题分析》，中共中央党校出版社2015年版。

梁平、陈焘：《基层社会矛盾化解与法治化治理研究》，法律出版社2017年版。

胡洁人：《健全社会矛盾纠纷调解机制——当代中国"大调解"研究》，上海交通大学出版社2017年版。

唐亚林：《社会多元、社会矛盾与公共治理》，上海人民出版社2015年版。

罗骥：《郡县治，天下安——县级政府化解社会矛盾应对策略探研》，人民日报出版社2017年版。

陈振明：《厦门综改区社会管理创新的实践及其特色》，《东南学术》2013年第4期。

第三篇

地方政府经济治理

政府与市场的关系分析
权责清单、负面清单——处理好政府与市场关系的切入点
政府职能转变
地方政府经济治理案例分析
地方政府开发区治理

政府经济治理的重要前提是处理好政府与市场的关系。政府与市场的关系是经济社会发展的永恒话题，也是各国发展市场经济必须破解的难题。对于中国地方政府而言，经济治理的核心问题之一就是处理好政府与市场之间的关系。在当前经济发展进入新常态、经济下行压力加大的新形势下，市场主体对健全市场机制的要求更高，处理好政府和市场关系的任务更紧迫。

李克强总理提出三张施政清单——"负面清单""权力清单""责任清单"，描绘了中央政府推进国家治理体系和治理能力现代化的方略。通过实行"负面清单"的管理模式，授予市场主体"法无禁止皆可为"的权利，是"使市场在资源配置中起决定性作用"的贯彻落实，而这需要政府放权于市场，即通过制定"负面清单"明确政府市场界限。同时有为政府要做到的"法无授权不可为""法定职责必须为"，需要制定"权力清单"和"责任清单"来实现。权责清单、负面清单厘清了政府与市场的关系，是地方政府简政放权、转变职能的重要抓手。而在地方政府简政放权、转变职能的过程中，要认识到治理主体的职责和界限发生了极大的变化，复杂多变的社会经济问题，通常需要多种途径去解决。不仅需要政府作为治理的重要主体，发挥其应有职责与功能，高效地提供公共产品与服务；私人部门和第三部门在治理过程中扮演的角色也越来越重要，需要承接部分转移的政府职能，维持秩序、协调社会发展。而经济治理作为地方政府治理的重要领域，地方政府应该如何在认清与市场关系，做好简政放权、转变职能的基础上，提升治理水平以推动地方经济质与量的发展？

本篇从政府与市场关系演进、负面清单及权责清单、政府职能转变、开发区治理等方面对地方政府处理与市场关系进行了较为系统地阐述。第一章对政府与市场的关系演进阶段进行了简述，并从理论上阐述了现阶段政府与市场关系的理论背景。特别地从市场准入制度的层面，对中华人民共和国成立以来中国政府与市场关系演变进行了梳理，对当下地方政府处理与市场关系存在的问题进行了总结。在此基础上，第二章对李克强总理提出的三张清单模式进行了解析，对其在地方政府处理与市场关系的功能定位进行说明。第三章则对地方政府职能转变以及社会（本篇主要分析行业协会）对政府职能的承接等方面作了阐述。第四章、第五章则聚焦案例，分析地方政府如何进行经济治理。经济治理重点体现在创新发展、开放发展以及开发区治理等方面，那么，在具体实践中，地方政府如何用好政府和市场之手，形成市场作用和政府作用有机统一、相互补充、相互协调、相互促进的格局？为回答此问题，本篇对地方政府在处理好与市场关系的前提下，如何进行创新发展和开放发展，特别是如何促进开发区发展进行了分析和阐述。

第 一 章

政府与市场的关系分析

经过40年的改革开放,中国社会主义市场经济体制不断完善,市场化程度不断提高。面对经济发展新形势新问题新挑战,进一步完善社会主义市场经济体制所需要解决的主要矛盾,突出表现为处理好政府和市场的关系。在计划经济时期,排斥市场的传统计划经济体制极大束缚了生产力发展。随着改革开放的不断深入,我们越来越深刻地认识到,社会主义市场经济体制逐步建立和完善的过程,也是对政府和市场关系的认识不断深化的过程;社会主义市场经济体制效果日益增强的过程,也是不断提高处理政府和市场关系水平的过程。处理好政府和市场的关系,既是经济体制改革的核心问题,也是有效引领经济新常态的突破口。

本章以国际视角,从政府与市场的关系演进历史简述入手,从理论上阐述了现阶段政府与市场健康、合理关系的理论背景,特别地从市场准入制度的层面,对中华人民共和国成立以来中国政府与市场关系演变进行了梳理,对当下地方政府处理与市场关系存在的问题进行了总结,为后续章节阐述地方政府处理好与市场关系做铺垫。

第一节 政府与市场的关系发展阶段

认识政府与市场的关系,关键是要界定政府在市场中到底起什么样的作用,政府在关系中扮演什么样的角色? 从这个角度看,可以划分出3个阶段。[1]

一 第一阶段:政府处于市场外部

这一阶段中,政府就相当于裁判员,它的作用是规范市场行为,维护正常的市

---

[1] 参见桁林《政府与市场关系理论及其发展》,《求是学刊》2003年第2期。

场秩序。因而，政府是市场供求关系以外的第三种力量，处于市场外部。这一阶段代表性的理论是"自由主义"。这是以亚当·斯密为代表的一批学者所主张的自由经济，他们认为要发挥市场本身的经济职能，要求政府尽可能少地干预经济。特别是在产业革命时，资产阶级相信他们依靠自身力量能够发展经济。"（政府）不管也罢，管也罢，世界总是在自行运转"成为当时经济自由的经典言论。"看不见的手"理论提出市场机制这只看不见的手能使社会资源得到合理利用，人类需要得到最大满足；政府应扮演"守夜人"角色，即把职能仅限于维护市场秩序、提供扶助、防御外敌和保卫公共安全上。

二 第二阶段：政府逐渐进入市场内部，最后渗透到市场的各个领域

这一阶段内，政府从市场外部进入到市场内部，政府干预市场的作用从弱变强、由小变大，最后几乎渗透到市场的各个领域，甚至采取私营企业国有化、国家垄断和计划经济的方式。这一阶段的理论支撑是"政府干预主义"。1929 年的经济危机，使得自由市场的种种弊端逐步暴露出来，人们看到市场力量的局限性，意识到政府干预的必要性。凯恩斯认为，自由放任不能摆脱资本主义固有的失业和危机，主张政府应该对社会经济进行干预，所以此时又称为"凯恩斯主义"。但是政府全面干预市场经济的结果，导致政府在资源配置中发挥主导作用，最终将导致价格扭曲和低效率。

三 第三阶段：政府的职能从微观层次上升到了宏观层次

这一阶段，由于政府权力的迅速膨胀以及其带来的一系列弊端，一场关于"政府是否应该退出市场，回归到原来的位置"的讨论开始。结果发现：一是完全竞争的自由竞争状态不可能再现，市场可以由小到大、从分散到集中，却不可能倒过来再由大变小、从集中到分散，那将意味着效率的损失。如果为了实现市场效率而损害了市场效率，无疑落入了逻辑上的"悖论"。二是政府既然已经进入了市场，就很难做到完全退出，除非重新"剥夺"它的权力。这显然不可能。三是政府逐步地从市场外部进入到市场内部、从辅助功能上升为主导功能，证明政府在市场经济中可以发挥更大的作用，有其必然性，因此，不能因为政府"越俎代庖"起了反作用就"因噎废食"的彻底否定它。[①] 最后认为，"市场与政府是相辅相成的；在为市场建立适宜的结构性基础中，国家是必不可少的。绝大多数成功的发展范例表明，不

---

① 参见桁林《政府与市场关系理论及其发展》，《求是学刊》2003 年第 2 期。

论是近期的还是历史的,都是政府与市场形成合作关系"。① 而在这场关系中,政府不应该直接干预企业的经营活动,而是要通过财政政策和货币政策调节经济总量,起着宏观调控、缓解经济波动的作用,政府的职能要从微观层次上升到宏观层次。

第二节　现阶段政府与市场关系的理论基础

在上述三阶段,政府与市场是合作关系。当下中国也明确提出要"使市场在资源配置中起决定性作用和更好发挥政府作用"。管理学和经济学领域的学者对政府与市场关系的深入研究给出了很好的解释。

一　管理学的理论观点

在行政学上,随着新公共管理理论的出现,各国对政府与市场关系的认识发生了极大转变。新公共管理理论认为,首先,政府治理应以顾客或市场为导向,② 重塑政府与公众的关系,这也是它的核心理念。在市场价值规律下,政府不再是凌驾于市场、社会之上的发号施令的官僚机构,而是以人为本的服务提供者,政府公共行政不再是"管治行政"而是"服务行政"。其次,政府应当逐渐从全能政府的角色中解放出来,不再也不需要、不应该对公共事务大包大揽,而是把自己管不好、管不了的事交出去,在市场经济体制下摆正管理位置,实现正确定位,矫正"越位""错位"等现象,从而提高行政效率、改善服务水平,更加关心服务质量和效率。然后,广泛引入市场竞争机制,通过推动公共服务市场化,补足政府的或缺部分,解决不到位现象,让更多的私营部门、非营利组织参与提供公共服务,以节约成本,提高服务供给的质量和效率。从而使政府从"经济建设型"政府转向"公共服务型"政府,从"管制型"向"现代服务型"转变。③ 新公共管理理论的出现,使得地方政府处理与市场关系有了更加清晰的指导思路。

二　经济学的理论观点

经济学中,关于政府与市场关系是一个永恒的话题。学者大都认为在市场经济

---

① 参见世界银行《变革世界中的政府》,中国财政经济出版社1997年版,第3页。
② 参见李玮《基于新公共管理我国行政管理改革思路》,载今日财富杂志社《2016年第一届今日财富论坛论文集》,2016年1月。
③ 参见周光辉《从管制转向服务:中国政府的管理革命——中国行政管理改革30年》,《吉林大学社会科学学报》2008年第3期。

体制下，市场机制和政府规制是实现资源有效合理配置、经济秩序得以维持的两大核心力量。进一步而言，在正常规范的市场中，市场机制对于资源的配置具有极高的效率优势。"新自由主义"学派更是认为完全竞争的市场通过充分竞争和合作，可以激励市场中各主体实现个体利益的最大化，通过"外部性"的作用而达到整体的最优，因此他们把完全竞争市场誉为最具效率的市场。在良性的市场中，市场机制通过特有的价格信号，引导市场主体做出选择行为，从而高效地达到资源的优化配置。市场机制主要通过价值规律、供求规律和竞争规律发挥作用。在公平竞争的市场环境下，市场通过这三大规律的驱动作用，有效配置资源，促进社会生产、交换、分配和消费的循序发展。[1] 并通过市场机制发挥自发平衡供求，调节资源配置，传递市场信号，促进技术创新，调节收入分配，降低交易成本等功能。

总结而言，在正常规范的市场中，市场机制对于资源的配置具有极高的效率优势。[2] 同时由于市场机制的无序性和盲目性的存在，市场失灵这一弊端不能由市场自行修复。因此，市场也不是万能的，自由放任基础上的市场竞争机制，并非在任何领域或场合都适合，仅凭市场机制无法有效地配置资源。[3] 所以需要一双"看得见的手"，即政府规制力量去对市场缺陷作修复、补充市场的不足。

第三节　中国政府与市场关系演变

中国是当今世界最大的单一制国家，[4] 实行中央统一集权，地方政府的权力由中央政府授予，接受中央政府的统一领导，实行层级管理。除了少数明确规定实行地方自治的特殊地区，地方政府与中央政府在政策体系上保持一致。在政府与市场的关系上，地方政府与中央政府一脉相承。因此，本部分从普遍意义上的政府层面，研究"政府与市场"这一关系，并没有也无必要单独研究中国地方政府与市场的关系。

而政府与市场关系在制度上的一个最为直接体现则是市场准入制度。所谓市场

---

[1] 参见郭占恒《市场在资源配置中起决定性作用的重大理论和实践意义》，《杭州日报》2013年12月5日。

[2] 参见洪功翔《政治经济学》，中国科学技术大学出版社2012年版，第265—268页。

[3] 参见鲍金红、胡旋《我国现阶段的市场失灵及其与政府干预的关系研究》，《学术界》2013年第7期。

[4] 单一制（unitary government type）是一种国家结构形式，指由若干不享有独立主权的一般行政区域单位组成统一主权国家的制度，和复合制相对。单一制国家划分为各个地方行政区划，其划分是国家根据统治需要，按一定原则进行区域划分的结果，国家主权先于各个行政区划存在，地方行政区不是一个政治实体，不具有任何主权特征。

准入制度，是指国家规制市场主体和交易对象进入市场的有关法律规范的总称，如国家对市场主体资格的确立、审核、认可制定和实行的法律制度，它是国家对市场经济活动基本的、初始的管理制度。① 从政府对市场主体的态度来讲，市场准入制度是指政府对市场主体进入某一特定市场进行投资、生产、经营等活动时，所进行的允许、限制或禁止措施，表现为对市场主体的设立及经营行为所实行的审批以及特许经营等。② 可见，从中国的市场准入制度的演变进行梳理，有助于直观理解中国政府与市场的关系。

一 改革开放前以严格管控为特点的市场管理时期

党的1949—1978年，中国实行计划经济。在中华人民共和国刚成立之时，由于抗日战争和解放战争对国内经济造成极大破坏，通货膨胀、人民购买力低下使大批工人失业，各类市场、各方面百废待兴，再加上苏联在计划经济体制下社会主义建设的成功作为范例，建立高度集中的计划经济成为必然选择。在计划经济体制下，所有的经济要素和经济行为都由国家调控，并非市场与政府共同作用的二元调控机制。1950年，当时的政务院就颁布了中华人民共和国成立后的第一部企业登记《私营企业暂行条例》，明确企业登记的程序分核准和登记两部分，"为配合计划生产，保护投资人利益，避免盲目发展。新创设的企业应依法令报经地方主管机关核准营业方得筹设"。可以看出，在计划经济时代，企业登记注册制度实际上是政府对经济生活进行干预和管理的工具。③ 此阶段，政府对于市场的管理表现如下特点。

第一，只存在单一的市场结构，市场按照政府制定的方式进行交换，不存在严格意义的买卖双方和经营者，不存在市场经济。在计划经济体制中，政府直接干预经济，直接配置几乎全部重要的社会资源和财产，企业按照国家计划生产不能自主选择从事的行业、领域，没有自主经营权，没有独立法人地位，所以此阶段不存在市场经济意义上的"企业"，没有买卖市场。

第二，对企业进行管理登记，政府严格把控市场的进入。政府对企业市场准入的规制主要是登记管理，并对企业经营方式、经营范围、注册资金、企业名称、经济性质等作了严格的限制，审批程序复杂，前置审批权限大，审批环节过多，审批时限长。缺少相关的法律、法规对市场准入进行规定。

---

① 参见赵韵玲、刘智勇《市场主体准入制度改革研究》，中国人民大学出版社2010年版。
② 参见廖志雄《WTO原则与我国企业市场准入制度改革》，《特区实践与理论》2002年第9期；封延会、贾晓燕《论我国市场准入制度的构建》，《山东社会科学》2006年第12期。
③ 参见赵韵玲、刘智勇《市场主体准入制度改革研究》，中国人民大学出版社2010年版。

第三,商品生产领域带有较强的计划经济的特点。生产单位不具有独立法人地位,不具有独立的民事权利能力和民事行为能力,没有经营自主权,是生产单位无法按照人们的需求生产人们需要的产品,也无法显示自身的相对优势,没有竞争的"市场"、没有经营自主权的"企业"是不需要市场准入的,只要政府同意其进行生产即可。

这时期,计划经济体制暴露出一些矛盾,体现在:一是对微观经济活动与复杂多变的社会需求之间的矛盾难以发挥有效的调节作用,容易造成生产与需求之间的相互脱节;二是不能合理地调节经济主体之间的经济利益关系,容易造成动力不足、效率低下、缺乏活力等现象;三是计划容易脱离实际,造成巨大浪费等;四是政府的权力寻租行为存在一定生存空间。

二 改革开放后以行政审批为主要形式的市场管理时期

党的十一届三中全会后,中国开始实行的对内改革、对外开放的政策,进入改革开放时期。改革开放后,行政审批制度确立,并且成为政府管理市场主体的主要形式,在客观上促进了政府对市场管制效率及质量的提高。行政审批是指政府机关或授权单位,根据法律、法规、规章制度及有关文件,对行政管理相对人从事某种行为、申请某种权利或资格等,进行具有限制性管理的行为。[①]

(一)过渡阶段

20世纪70年代末到80年代后期:计划经济向市场经济的过渡期,亦是企业登记制度恢复时期。政府与市场关系的特点主要表现为以下几个方面。

第一,逐步缩小指令性计划的范围,重新恢复了对工商企业的登记制度,但受国家整个法律体制不完善的局限,这一时期的市场准入制度还处于初级阶段。政府开始允许个体工商户在国家法律和政策允许的范围内经营工业、手工业、建筑业、交通运输业、商业、饮食业、服务业、修理业及其他行业,工商企业按所有制的差异进行登记,市场主体从国家和集体所有企业扩展到个体工商企业,但从法律上明确工商企业的民事主体地位,只是进行营业登记管理。从交易对象的市场准入制度来说,这一时期还没有颁布产品质量法和产品责任法,知识产权保护体系刚刚开始建立,对产品和服务的许可、认证制度也才起步。

第二,对工商企业主要是中外合资企业的市场准入作了具体的规定。这些法规的颁布与实施,对鼓励私营经济的发展、吸引外资和促进经济发展创造了条件。但

---

① 参见张康之《行政审批制度改革:政府从管制走向服务》,《理论与改革》2003年第11期。

由于受传统体制和观念的影响，当时的制度安排主要是进行营业登记，没有赋予工商企业民事主体地位，工商企业仍不具有法人地位。

第三，行政审批制度逐渐确立，严格的企业审批制带有计划经济特点。行政审批制度是在计划经济解体过程中产生的，属于政府干预市场经济的一项制度，是在行政命令和行政指导越来越不适应经济社会发展的情况下出现，行政审批制度中存在较多计划经济成分。[①]

此阶段为计划经济向社会主义市场经济转变的过渡时期，政府对于市场的管控主要为行政许可主义，[②] 行政审批制度在过渡阶段是作为对公共利益与私人利益的平衡机制。同时，市场活力虽得到激发，但由于法律体系的不完善，市场经济还处在初级阶段，政府与市场关系存在以下问题。

第一，企业尚未成为真正的市场主体。在过渡时期，还未能形成产权制度和企业法人制度，企业同样不具有独立的民事权利能力和民事行为能力，虽然企业比计划经济时期拥有更多的选择，但在法律上还不是独立的个体，这对企业在法律纠纷面前没有相关的法律进行裁决，无法可依。

第二，市场的不完善。在价格方面，市场的不完善使作为有效资源配置信号的价格扭曲；在法律方面，缺乏市场经济有效运行所必需的法律体系；在政府方面，存在一些官员的寻租行为并在一定程度上干扰市场经济，降低市场信息的真实性；在生产者和消费者方面，缺乏市场经济的基本知识和经验，行为缺乏理性。[③]

第三，政府对企业的登记管理，仍然缺乏相应的规范性法律依据。政府对企业进行登记管理，缺乏详细的法律进行明确的规定，同时不同的地方之间也存在差异，不利于企业的跨地区经营，从而妨碍经济发展。

第四，政府缺乏对新兴行业、企业的相关管理措施。政府虽扩大企业进入的领域，但直接限制企业可从事行业、领域，对于新兴行业的产生，缺乏相应的管理措施。该阶段的市场准入相对处于静态，缺乏动态性，不利于对新兴企业的灵活管理和激发创新型企业进入市场。

（二）社会主义市场经济体制建立和完善阶段

在社会主义市场经济体制建设和完善阶段，政府与市场关系的演进，又分为以

---

① 参见张康之《行政审批制度改革：政府从管制走向服务》，《理论与改革》2003年第11期。
② 参见蒋志刚《浅论我国市场主体准入制度的完善》，《2003年度湖南省工商行政管理系统获奖论文汇编》，2004年，第300页。
③ 参见方汉明《论中国向社会主义市场经济过渡时期政府、市场与企业的关系》，《复旦学报》（社会科学版）1994年第6期。

下具体三个时期。

1. 20世纪80年代后期到90年代中期：社会主义市场经济体制确立时期，亦是企业法人制度确立时期

这一时期演进顺序总体为先确定企业准入条件及特征，确立企业法人资格，后改变准入登记方式，从营业登记向企业法人登记转变，在企业确定进入条件和方式之后，从法律层面对企业法人资格做出更科学的规定，赋予企业法人相应的权利与义务，并与企业组织形式相关联。该阶段是市场准入的转型摸索阶段，为之后市场准入制度变迁设定了基本框架，此阶段的几个重要转变为：第一，《中华人民共和国公司法》实施，与市场经济要求相适应的市场准入制度开始形成，从企业角度确定企业设立条件、内部结构和股份管理，确立企业法人资格。《中华人民共和国公司法》确立了真正的法人机制、市场主体之间的平等原则、股权的概念，还对市场主体的行为、内部制度、管理机构进行了规范，如董事会、监事会设立。第二，《企业法人登记条例管理条例》颁布，从政府管理层面确定企业法人登记、变更、注销等具体程序、条件。到1992年，以党的十四大提出建立社会主义市场经济体制为开端，原有计划经济体制下的严格管控型的市场准入管理模式开始被打破。第三，《公司登记管理条例》颁布，将组织形式与企业法人确立相关联。此阶段表现市场准入许可主义，即政府通过组织形式来确定企业是否进入市场，政府准许进入方式是后来市场准入制度改革的主要侧重点，由此市场准入管理制度基本确立。

2. 20世纪90年代中期到2012年：市场准入管理制度进一步完善时期

这一时期，为适应加入WTO和与国际标准接轨的要求，中国新制定了大量法律法规，并废止了一些制约市场发展的政策法规，开始逐步统一市场准入标准。2003年8月，中国颁布《中华人民共和国行政许可法》，确立了以形式审查为主的市场审查制度。对申请材料齐全、符合法定形式的，要求当场登记，体现了准则制的要求。2004年7月，《国务院关于投资体制改革的决定》印发，提出了深化投资体制改革的指导思想、目标和具体措施，重新明确了审批、备案、核准3种主要投资管理方式的使用范围。2005年新修订的《中华人民共和国公司法》，取消了股份有限公司的设立审批、降低了公司注册资本、放宽了出资方式、首次允许设立一人公司，实现了从审批制与准则制并存向准则制的转变，适应了市场经济体制的要求。之后经过10年多的努力，中国"市场引导投资、企业自主决策、银行独立审贷、融资方式多样、中介服务规范、宏观调控有效"的新型投资管理体制初步建立起来，并在实践中不断完善。此阶段对市场管理制度进行完善，在上一阶段对国内与企业的设立与登记管理基础上，扩大市场准入涉及范围，从宏观层面进行改革，对

企业投资管理方式进行规范。

3. 2013年至今：新一轮市场准入管理制度改革全面展开时期，逐渐开启负面清单时代

2013年，党的十八届三中全会为深入推进市场准入管理制度改革勾画了新的蓝图，明确了新的任务。《中共中央关于全面深化改革若干重大问题的决定》提出要紧紧围绕使市场在资源配置中起决定性作用深化经济体制改革，大幅减少政府对资源的直接配置；"深化投资体制改革，确立企业投资主体地位"；"实行统一的市场准入制度，在制定负面清单基础上，各类市场主体可依法平等进入清单之外领域。探索对外商投资实行准入前国民待遇加负面清单的管理模式"。由此，通过制定负面清单改革市场准入管理制度的思路得以明确，也成为未来改变的主要方向。政府与市场关系界限逐渐清晰、明朗起来，政府对市场的准入管理制度也逐步走向更加开放、透明、公平的方向，呈现出国际经验与中国特色相结合、"严进疏管"等特征。[①]

第四节　当前地方政府与市场关系存在的问题

当前时期，中国经济发展进入新常态，经济运行发生一系列新变化，包括增长速度从高速转向中高速，发展方式从规模速度型转向质量效率型，经济结构从增量扩能为主转向调整存量、做优增量并举，发展动力从主要依靠资源和低成本劳动力等要素驱动转向创新驱动等。而随着市场经济在中国逐渐确立和发展，市场的概念渐入人心，市场在资源配置中的作用不断强化，从辅助性作用上升到基础性作用，再到当前决定性作用。地方政府在处理与市场关系中，认识不断强化，当前开展了权力清单和负面清单等实践，取得了不小成就。

但总体而言，不少地方政府还是在"大包大揽"，导致了审批制使用范围的泛化。仍然依赖于准入前的审批，把事前审批当作调控市场、管理市场最重要的抓手。对于市场主体而言，企业取得的市场准入资格，有的需要上百项的政府事前审批，审批时间长、审批的环节过多，对同一事项的多头审批和重复审批等弊

---

① 参见郭冠男、李晓琳《市场准入负面清单管理制度与路径选择：一个总体框架》，《中国经济转型》2015年第7期。

端凸出。① 特别是，对于政府认为有问题的或者拿不准的经济社会项目，因为没有其他管理手段，就直接以行政审批的方式予以否决，使得很多具有创新潜质的项目胎死腹中；迷信行政审批的作用，强调"严准入"，而对于市场准入后的管制过于疏忽或者缺少必要的工具加以监管，而导致"宽监管"的泛滥，导致了诸如"三鹿奶粉""过期疫苗"等恶劣事件的发生。

对于地方而言，地方政府部门在管制具体经济领域中的权力较大，各种审批和变相审批容易导致权力寻租。这些地方的政府往往从市场经济"扶持之手"变成了"掠夺之手"，破坏了当地市场经济秩序。② 而且地方政府前置审批多、市场准入门槛高、行政性垄断多等问题的存在，不利于创造公开、公平、公正的市场竞争环境，严重束缚了经济发展活力，③ 还制约了市场发挥资源配置的决定性作用，同时也降低了行政效率，不利于更好地发挥政府作用。

当下而言，随着生产力的发展，社会需求呈现多元化趋势，仅依赖地方政府提供的公共服务已经不能满足多元的社会需求，需要发挥市场在资源配置方面的决定性作用。地方政府也应从某些具体的公共服务提供领域中退出，转向公共服务政策制定和过程监管中。在这一过程，首先无疑需要使市场在资源配置中起决定性作用，正确认识和把握市场规律，使市场通过价值规律、竞争规律、供求规律等在资源配置中起决定性作用。但同时，地方政府这只"看得见的手"也是不可或缺的，地方政府需要动用规制力量对市场缺陷作修复、补充市场的不足。地方政府要通过转变政府经济职能，对市场机制做有必要的有效补充，切实把地方政府的经济管理职能转移到为市场主体服务和创造良好的发展环境上来，最大限度促进市场展现其机制的优越性。④ 完善市场体系、统一市场规则、规范市场秩序、促进和维护市场充分竞争。针对经济领域地方政府权力过大、审批烦琐、干预过多、监管不到位等问题，围绕建设法治政府和服务政府，切实解决政府职能越位、缺位、错位问题，简政放权，大幅度减少政府对资源的直接配置，让市场充分发挥在资源配置中的决定性作

---

① 据陈清泰和张永伟 2013 年在《人民日报》上《行政审批何其多!》一文中公布的调研：近三年 1539 家受调查企业每家每年平均向政府申报审批项目 17.67 个，单个项目涉及的审批部门平均为 5.67 个、审批程序平均为 9.4 道，受调查企业审批时间最长项目的平均值为 171.35 天，其中最长约为 1500 天；企业的设立要经名称核准、设立登记、验资、社保登记等 12 个以上流程和审批，涉及工商、税务、质检等 7 个以上部门，国有独资、外资企业和经营范围涉及许可的还需履行额外的审批。

② 参见沈荣华、曹胜《政府治理现代化》，浙江大学出版社 2015 年版。

③ 参见姚冬琴、王红茹、李勇、马玉忠《政府职能转变：从"全能政府"到"有限政府"》，《中国经济周刊》2013 年 11 月 19 日。

④ 参见赵韵玲、刘智勇《市场主体准入制度改革研究》，中国人民大学出版社 2010 年版。

用,以更好发挥政府应当发挥的作用。并借鉴和参考西方国家在进行新公共行政管理体制改革中利用企业管理的一些科学管理方法,比如绩效考核、管理目标等,促进地方政府的治理效率。

第五节 小结

本章从政府与市场关系的历史演变入手,简介了关键的三个阶段,即"政府处于市场外部""政府逐渐进入市场内部,逐步渗透到市场的各个领域""政府的职能从微观层次上升到了宏观层次"。认为当前阶段"市场与政府是相辅相成的;在为市场建立适宜的结构性基础中,国家是必不可少的。绝大多数成功的发展范例表明,不论是近期的还是历史的,都是政府与市场形成合作关系"。[①] 而在该关系中,政府不应该直接干预企业的经营活动,而是要通过财政政策和货币政策调节经济总量,起着宏观调控、缓解经济波动的作用,政府的职能要从微观层次上升到宏观。本章从市场准入的角度对中华人民共和国成立以来中国政府与市场关系,进行了较为详细地梳理,将其划分为改革开放前以严格管控为特点的市场管理和改革开放后以行政审批为主要形式的市场管理两个时期。此外,还指出了当下不少地方政府在处理与市场关系时"大包大揽"、审批烦琐、干预过多等现象。这种过多、过严的审批造成了市场主体准入的耗时过长,无形增加了市场主体的准入成本,不利于激发市场主体活力。而对于地方政府而言,这种"大包大揽"使得其主要精力集中于事前的各类审批,不仅工作低效,这种"重事前审批,轻事中事后审批"的工作方式也是现实中造成重大事故发生的隐患。因此,地方政府应该从一些不必要的事前审批中解脱出来,从某些具体的公共服务提供领域中退出,转向公共服务政策制定和过程监管中。

【思考与讨论】

1. 政府与市场关系的形态有几种?中国政府与市场的关系是如何演变的?
2. 新时期,中国地方在处理好政府市场关系中做出的努力有哪些?
3. 如何发挥市场在资源配置中的决定性作用,如何更好地发挥地方政府的作用?

[①] 参见世界银行《1997 年世界发展报告:变革世界中的政府》,中国财政经济出版社 1997 年版,第 3 页。

【扩展阅读】

《中共中央关于全面深化改革若干重大问题的决定》,人民出版社2013年版。

世界银行:《1997年世界发展报告:变革世界中的政府》,中国财政经济出版社1997年版。

洪银兴:《地方政府行为和中国市场经济的发展》,《经济学家》1997年。

[美]丹尼尔·耶金、约瑟夫·斯坦特罗:《制高点——重建现代世界的政府与市场之争》,外文出版社2000年版。

第 二 章

权责清单、负面清单——处理好政府与市场关系的切入点

李克强总理在出席 2014 天津夏季达沃斯论坛开幕式时强调，中国全面深化改革未有穷期，政府应带头自我革命，开弓没有回头箭。并给制度建设开出三张清单——"权力清单""责任清单""负面清单"，这一"捆绑政府的手，放开市场的腿"的举措厘清了政府和市场的界限，详解了简政放权的改革思路。[①] 值得说明的是，权力清单和责任清单相辅相成，通过权力清单，既明晰了权力的边界和范围，也确定了职位的权责，在同一框架下，权力清单和责任清单统一进行实践。因此，本书把权力清单和责任清单统称为权责清单。

这三张清单分别解决什么问题？用李克强总理的话来回答，就是政府要拿出"权力清单"，明确政府该做什么，做到"法无授权不可为"；给出"负面清单"，明确企业不该干什么，做到"法无禁止皆可为"；理出"责任清单"，明确政府怎么管市场，做到"法定责任必须为"。本章对三张清单的内涵、改革实践和功能定位进行了较为深入的阐述。

第一节 权责清单、负面清单内涵

权责清单、负面清单的究竟是什么？以什么样的形式列单？本部分将进行阐述，以深化对其的认识。

一 权责清单

权和责总是相辅相成的，权力清单和责任清单在中国的实践是统一推行实施的，

---

① 参见陈晨《三张清单看改革》，光明网，2014 年 10 月 9 日。

本书把权力清单和责任清单统称为权责清单。所谓权力清单，就是把各级政府及其所属工作部门掌握的各项公共权力进行全面统计，并将权力的列表清单公之于众，主动接受社会监督。[1] 目前权力清单内涵的表述或有差异，但其蕴含的基本要素是一致的：其一，权力清单的表现形式和载体，即行政权力在梳理、科学归类后以清单为载体，列单明细，对外公布；其二，权力清单的内容应包括行政职权、行使依据、主体及办理流程等。[2]

对于地方政府而言，2015年3月中共中央办公厅、国务院办公厅共同颁发《关于推行地方各级政府工作部门权力清单制度的指导意见》（以下简称《意见》），为地方推行权力清单制度提供了统一模板和具体操作方式，并提出要"将各级政府工作部门行使的各项行政职权及其依据、行使主体、运行流程、对应的责任等，以清单形式明确列示出来，向社会公布，接受社会监督"。[3] 地方政府实行权力清单主要有两大作用：一是明确权力边界，即政府该管什么，不该管什么，哪些该审批，哪些不该审批，到底有哪些程序和流程等，都用制度形式定格下来，让政府"法无授权不可为"；二是实行政务公开，即权力清单不是内部掌握，而要求"晒"出来，置于公众和社会的监督视野之下。

责任清单与权力清单相对应，它是各级政府及其所属工作部门对应承担的各项公共责任全面统计、列表的结果，其主要包括责任事项、职责边界等内容。各级政府与权力清单一并公布责任清单，以便政府主动接受社会监督和追责。地方政府的"责任清单"明确了其怎么管市场，要求地方政府在治理过程中做到"法定责任必须为"。

二 负面清单

负面清单，按照国际通例惯例，是一张列举法律法规明确禁止（或有条件限制）事项的清单。简言之，正面清单是"允许才能干"，负面清单是"没禁止就能干"。[4]

负面清单的类别，主要包括市场准入负面清单和外商投资负面清单。市场准入负面清单是适用于境内外投资者的一致性管理措施，是对各类市场主体市场准入管

---

[1] 参见柳霞《权力清单制度：将权力关入透明的制度之笼》，《光明日报》2014年1月17日。
[2] 参见申静《地方政府推行权力清单制度路径构建》，《人民论坛》2015年12月25日。
[3] 《中共中央办公厅、国务院办公厅印发〈关于推行地方各级政府工作部门权力清单制度的指导意见〉》，新华网，2015年3月24日。
[4] 参见陈升《英雄不问出处，负面清单带来的机遇与挑战》，凤凰网，2019年1月3日。

理的统一要求；外商投资负面清单适用于境外投资者在华投资经营行为，是针对外商投资准入的特别管理措施。①

市场准入负面清单制度，是指一国以清单方式明确列出境内禁止和限制投资经营的行业、领域、业务等，各级政府依法采取相应管理措施的一系列制度安排。②市场准入负面清单包括两类事项：一是禁止类事项，是国家明令禁止市场主体进入的行业、领域、业务等，如"禁止销售境外密码产品""禁止新建低于30万吨/年的煤矿、低于90万吨/年的煤与瓦斯突出矿井"等；二是许可类事项，是国家明令要求需要满足特定条件或特定程序才能进入的行业、领域、业务等，如"麻醉药品和精神药品经营""从事放射性固体废物贮存、处置""枪支制造、配售及配置民用枪支"等。

外商投资负面清单，是指一个国家在引进外资的过程中，对某些与国民待遇不符的管理措施，以清单形式公开列明，在一些实行对外资最惠国待遇的国家，有关这方面的要求也以清单形式公开列明。其管理模式与市场准入负面清单的相似，只不过是针对外商投资准入的特别管理措施。

负面清单的管理模式下，清单内禁止类事项、许可类事项以及未列入清单的事项，地方政府分别对应采取3种准入方式：对禁止准入事项，市场主体不得进入，地方政府不予审批、核准，不得办理有关手续；对许可类事项，或由市场主体提出申请，行政机关依法依规做出是否予以准入的决定，或由市场主体依照政府规定的准入条件和准入方式合规进入；对负面清单以外的行业、领域、业务等，各类市场主体皆可依法平等进入，地方政府不再前置审批。

实行市场准入负面清单制度对政府、市场及国际层面都具有重要意义。第一，通过实行市场准入负面清单制度，明确政府与市场的边界，赋予市场主体更多的主动权，有助于发挥市场的决定性作用和更好地发挥政府作用。市场准入负面清单制度降低了行政成本和自由裁量权，把以前由政府管理的事务交给市场自主决策，有利于各类市场主体放开手脚，释放市场最大潜力，发挥资源配置的决定性作用。同时，以"清单"方式明确政府与市场的边界，使政府从大量不必要的具体审批中解放出来，并将精力放在少部分清单事项的审批上，将政府的有形之手从微观转向宏观服务，转向建设法治化营商环境、维护公平竞争的市场秩序，从根本上促进政府职能转变。

---

① 《国务院关于实行市场准入负面清单制度的意见》，2015年10月19日。
② 参见陈升《市场准入负面清单制度是我国政府管理方式的重要变革》，新华网重庆频道，2015年10月19日。

第二,以市场准入负面清单衔接整合各类市场准入办法。实现了市场准入禁限事项"一网打尽、一单列尽",做到了真正意义上的"非禁即入"。国务院以负面清单的形式明确列出在中国境内禁止和限制投资经营的行业、领域、业务等,将所有分散各处的禁止、许可事项在一张清单上集成,这样的列单方式做到了"一网打尽、一单列尽"。

第三,对内外资实行统一的负面清单制度,促进了国际国内的要素流动,有助于构建开放型经济体制。一方面,实行全国统一的市场准入负面清单,使全国范围内的市场准入有了统一标准,有利于促进国内大市场的建设,实现国内要素的有序自由流动。另一方面,实施市场准入负面清单和外商投资负面清单制度,对获取准入前国民待遇的境外投资者和境内投资者一视同仁,加快了市场体系与国际通行规则的接轨,有利于充分利用国内国际两个市场、两种资源,构建更高水平的开放性经济新体制。

第二节 权责清单、负面清单的改革实践

权责清单、负面清单是在怎样的背景下提出来的,以及中国权责清单、负面清单的实践历程经历了哪些重要事件,目前实践的进程如何,有哪些成效?这是本部分所关注的重点。

一 权责清单、负面清单的改革背景

中国政府承担着艰巨的治理职责。后金融危机时期,全球经济疲软,正处于经济增长速度换挡期、结构调整阵痛期、前期刺激政策消化期"三期叠加"的中国,既面临着中外贸易摩擦、产业结构不优、三大泡沫风险(房地产、信贷和地方债务泡沫)等长期性问题,也面临着经济增速放缓、东北经济断崖式下跌、部分行业产能过剩、财政收入增速回落等一系列新问题,经济治理难度不断增大。治理中国难度极大,需要创新治理工具和手段,才能够有效率地治理中国。[①] 面对治理难题,党的十八届三中全会审议通过的《中共中央关于全面深化改革若干重大问题的决定》(以下简称《决定》),提出改革的总目标是治理体系和国家治理能力的现代化,并将经济体制改革作为全面深化改革的重点。核心问题是处理好政府和市场的关系,使市场在资源配置中起决定性作用和更好发挥政府作用。然而,现阶段下,各级政

---

① 参见胡鞍钢《科学发展观的方法论——以重庆为例》,党建读物出版社2010年版。

府与市场之间的关系处理仍有较大弊端,市场在资源配置中的决定性作用发挥面临较大障碍,这体现在以下几个方面。

第一,政府仍然干预过多,市场的决定性作用不能充分发挥。中国社会主义市场经济体制已基本建立,但政府在很多领域方面还是在扮演"全能型政府"的角色,导致在完善社会主义市场经济体制的过程中出现了一些问题与矛盾,主要是市场秩序不规范,以不正当手段谋取经济利益的现象时有发生;生产要素市场发展滞后,要素闲置和有效需求得不到满足;市场规则不统一,地方保护、市场封锁、政府职能部门间相互扯皮的情况时常出现;市场竞争不充分,阻碍优胜劣汰和结构调整;等等。这些问题不仅对市场主体进入市场造成了障碍,还制约了市场发挥资源配置的决定性作用,阻碍生产要素自主高效流转与配置,市场竞争中无法实现效益最大化和效率最优化,同时也降低了行政效率,不利于更好地发挥政府作用。

第二,政府对市场的管理,仍然"重事前审批、轻事后监管",部门间推诿责任。从市场进入的角度看,政府分鼓励类、限制类、禁止类3类,对市场主体投资行为施以区别性的引导政策。而对于大量存在既不鼓励,又不禁止、限制的事项,政府是通过一系列前置审批加以把关。而各级政府也习惯于各种事前审批,政府的大量事权和人员配置往事前审批倾斜,而对准入后的监管却有所放松,为不少事故发生提供了条件。而且各级政府和各个职能之间的监管职责往往界定不明确,出了事部门之间往往相互推诿。

第三,涉及市场管理的法律法规庞杂,各类规定过于分散,缺乏系统性。以市场准入制度为例,目前还没有统一的市场准入管理规范,有关准入规定分散在不同的法律、行政法规等规范中。这样一方面造成企业不方便查阅,准入前要在各类法律法规、《产业结构调整指导目录》《政府核准的投资项目目录》《限制用地项目目录》《禁止用地项目目录》《禁止进口货物目录》《禁止出口货物目录》等清单、目录中,核查是否触及相关禁止或限制界限;另一方面,散诸各处的规定还往往相互矛盾、不统一,市场主体缺乏明确的"交通信号灯"、无所适从。以成立快递企业分支机构为例,根据《快递市场管理办法》,快递企业设立分支机构,如果是当地独立法人单位,需要省级邮政管理局申请办理快递经营许可证;如果是申请设立总部分支机构,总部已经取得的快递经营许可证,分支机构还不能直接使用,需要提前向总公司的发证机关,提出快递经营许可证增设分支机构的申请。这就与《中华人民共和国邮政法》第五十四条"邮政企业以外的经营快递业务的企业设立分支机构或者合并、分立的,应当向邮政管理部门备案"的规定相冲突，使得快递企业设立分支机构需要审批程序，完全改变了备案的性质和意义，将备案制变成前置审批。

第四，政府对于不同主体市场管理的标准不统一，阻碍了国际国内要素的自由流动。不仅内、外资企业能够进入的行业领域、市场地域存在差别，不同所有制主体之间的准入待遇差异也很大。在主体的市场准入领域，仍存在以所有制划分区别政府调控手段和标准的情况，无论在经营范围、经营方式上，非公有制经济主体的准入限制都高于公有制经济主体。虽然2006年以来，国有垄断企业的改革开始在全国开展，但目前现在的许多公共事业领域，依然难见到民营企业的影子，这加剧了社会的收入分配不公，并且限制了民营企业的生存空间。而且，中国各地市场准入还缺乏一个全国统一的标准，对于全国层面缺乏统一规定的"盲区"，地方政府有权力通过设定地方性法规来获得行政许可的权力，或者通过设立政府规章的形式来获得临时性行政许可的权力。而这些法律规定方面的漏洞，容易被地方政府所利用，打地方保护主义的擦边球，从而违背了市场经济公平竞争的准则。这些不统一和不公平的准入限制，阻碍了国际国内要素的自由流动，使得资源配置缺乏效率。

二 权力清单、责任清单、负面清单的功能定位

三张清单三位一体，具有清晰的改革逻辑。"负面清单"从经济改革切入，瞄准政府与市场关系，打破许可制，扩大了企业创新空间。"权力清单"和"责任清单"从行政体制改革切入，瞄准规范政府权力，做出明细界定，是自上而下的削权。[1]"权力清单""负面清单"实际是政府简政放权的操作指南。通过简政放权，政府可以助力市场，为市场主体"松绑"，真正让市场在资源配置中起决定性作用。

三张清单之下，权力清单列明政府应该干什么，"法无授权不可为"，防止公权滥用，减少寻租现象，使政府真正履行为人民、为大众服务的职责；负面清单让企业明了不该干什么，可以干什么，"法无禁止皆可为"，以形成公开透明、预期稳定的制度安排，促进企业创新活力充分迸发；责任清单是法定职责必须为，以建立诚信经营、公平竞争的市场环境，激发企业动力，鼓励创新创造。政府要加强事中事后监管，当好市场秩序的"裁判员"和改革创新的"守护神"。

---

[1] 参见丛芳瑶《权力清单、责任清单、负面清单：三张清单看改革》，《光明日报》2014年10月9日。

表 3—1　　　　　　　　李克强总理对三张清单的功能定位

清单类别	具体功能定位
权力清单	明确政府该做什么，做到"法无授权不可为"
负面清单	明确企业不该干什么，做到"法无禁止皆可为"
责任清单	明确政府怎么管市场，做到"法定责任必须为"

资料来源：根据媒体公开报道整理。

这是对政府与市场、社会三者之间关系的一种厘清，也是对中央和地方之间关系的一种明确，有利于真正让经济社会发展的内生动力充分释放，助推中国经济社会发展跃上一个新平台。

三　权责清单、负面清单的实践历程

为了更加清晰地界定政府与市场之间的关系，发挥市场在资源配置中的决定性作用，2014年夏季达沃斯论坛上，李克强总理正式提出三张施政清单——"负面清单""权力清单""责任清单"，描绘了中央政府推进国家治理体系和治理能力现代化的方略。

（一）中国权责清单的改革实践[①]

早在2005年河北省就提出了权力清单这个理念，河北省邯郸市率先晒出市长权力清单，明确市长拥有93项法定权力。[②] 这一举措对全国推行权力清单具有示范意义。[③] 2009年成都市公布了49个市级部门和单位的权力清单；2011年北京市西城区公开了164张区委权力运行流程图，同时列出权力行使主体、权力行使步骤、限制条件、监督办法和举报方式等。[④] 但是"权力清单"首次以党的正式文件提出是在党的十八届三中全会上。此后，权力清单制度在全国范围内如火如荼的推广。国务院及地方政府对其进行了积极的探索，2015年3月，有关地方各级政府工作部门权力清单制度的《意见》发布，为全国范围内推行权力清单制度提供了统一模板和具体操作方式。同年4月国务院各部门正式公布了审批权力清单，同时，各地也在

[①] 权力清单和责任清单所列事项都是政府必须履行的法定职责，既是权力，也是责任，其实践历程也是同步推进。权力与责任不可分离。因此，此处把权力清单和责任清单归结为权责清单。

[②] 参见徐彬《反思巨贪案：国内首份市长"权力清单"邯郸出炉》，《南方周末》2005年8月26日。

[③] 参见申静《地方政府推行权力清单制度路径构建》，《人民论坛》2015年12月25日。

[④] 参见赵伟欣《推进负面清单、权力清单和责任清单制度，处理好政府和市场关系》，《现代管理科学》2016年第8期。

积极地进行权力清单的探索工作。[①]

表3—2　　　部分省份和国务院审批权力清单项目分布情况　　　（单位：项）

类别	具体项目类别	浙江	河南	重庆	国务院
经济类	投资项目审批	11	3	12	15
	主体资格登记、资质	155	159	235	256
	生产经营活动	64	65	87	170
	税收	1	1	9	12
	合计占比（%）	60	61	51	60
社会类	公共资源配置	10	12	26	15
	社会安全	59	65	89	117
	公共服务	56	46	123	120
	行政机关内部管理	15	9	43	21
	合计占比（%）	36	35	42	36
	其他	21	24	48	57
	总数	385	372	673	752

资料来源：根据2015年公布的清单整理。

责任清单的首次提出则是在2014夏季达沃斯论坛开幕式上。国务院总理李克强表示，在全面深化改革的过程中，政府要拿出三张施政清单，除了"权力清单"和"负面清单"，还首次提出了"责任清单"的概念。责任清单主要包括责任事项、职责边界等内容，其要解决的是3个层次的问题：一是管什么？明确政府的责任，那就是要种好"责任田"，当好"服务员"；二是怎么管？要创新完善政府管理方式；

[①] 浙江省早在2013年年初就开始对权力清单进行了探索。自新一轮改革启动以来，浙江省改革成效显著。2014年1月，该省富阳市是全国第一个公布县级权力清单。2014年中期，浙江省公布了全国首张省级权力清单。行政权力从1.23万项减到4236项，并做了省级部门直接行使权力、市县属地管理权力和共性权力等划分。浙江省采用了"三报三审三回"方式，将审批项目数量也从718项缩减到385项（2015年年底）。3年间，浙江省共发文3次，对775项行政审批项目进行了清理。其中取消下放300多项重要的审批事项。河南省自2013年以来，经过十几次发文取消和调整审批权力，成功"瘦身"，保留的审批数量减少到372项。2015年年初，河南省政府公布了完整版的权力清单。3年间，河南省共发文十几次，清理了1000多项审批事项。其中对所有的非行政许可作了取消或调整，审批清单中不再设置非行政许可项。重庆市权力清单的清理工作与2014年8月正式启动。通过清权、核权、配权、减权、晒权，形成了"两单一图一表"，即权力清单、责任清单、权力运行流程图、权力事项登记表，并于2015年年底公布了市级行政权力清单。3年间，重庆市取消下放300多项审批项目，且主要侧重于经济事务类，解除市场束缚。

三是管不好怎么办？要有问责追究的制度。①

改革成效方面，2015年4月，国务院各部门的审批清单基本完成并公布。省级政府也相继完成了权力清单的公布工作。此外，国务院在《意见》强调：行政审批制度改革不仅要坚决减少审批项目，对于确需要保留的行政审批，要建立健全监督制约机制，做到审批程序严密、审批环节减少、审批效率明显提高、行政审批责任追求制得到严格执行。截至2015年年底，中国省级政府都将各部门的审批事项挂在了政务网上，接受社会的监督。从行政审批权力项目来看，通过权力清单制度国务院项目从1999年的3945项到2015年的752项，总精简率约为81%；河南省级行政审批项目由1999年的2706项减少到372项，精简86.4%。重庆市1997—2014年共调整和取消行政审批事项1277项，目前保留行政审批事项673项，精简65%；浙江省行政审批从1999年的3251项行政审批事项减少到385项，削减88%。与此同时，与权力清单配套的责任清单、审批流程图等也相继公布于众。

（二）中国负面清单的改革实践

负面清单最早源于美国在第二次世界大战后签订的《友好通商航海条约》。此时，负面清单作为一种外商投资准入制度，相当于外商投资领域的"黑名单"，它明确了一个国家禁止外资进入或者限定外资比例的行业清单，清单以外领域则充分开放。②然而在现代社会，负面清单管理已经从外商投资准入领域拓展到整个经济管理领域，实现市场准入负面清单管理已经成为政府转变职能，创新行政审批管理模式的重要手段。

2013年9月，随着中国（上海）自由贸易试验区挂牌成立，负面清单成为舆论的焦点。在自贸区近年来的试验中，负面清单制度很好地促进了政府简政放权，提高了开放程度，发挥了外商投资企业的主动性。而为了解决目前市场准入领域存在的由计划经济体制遗留问题所引发的弊端，《决定》提出，要"实行统一的市场准入制度"的改革总要求，将负面清单管理模式在中国市场准入领域推广、运用。而随着国务院发布《关于实行市场准入负面清单制度的意见》，标志着中国已经率先开始了"将负面清单管理模式推广到国内统一的市场准入领域"的探索。

---

① 参见丛芳瑶《权力清单、责任清单、负面清单：三张清单看改革》，《光明日报》2014年10月9日。
② 参见陆振华《"负面清单"简史》，《世纪经济报道》2014年1月1日。

表 3—3　　　　　　　　中国负面清单制度的改革时间进程

阶段	时间	事件	意义
准备阶段	2013 年 7 月	第五轮中美战略与经济对话	负面清单最初进入国民视野
试验阶段①	2013 年 9 月	上海自贸区正式引入针对外资的负面清单管理模式，2013 版负面清单	自贸区首张负面清单
	2013 年 11 月	广东省佛山市南海区行政审批"负面清单"	各地试制定和推行负面清单制度，为全国负面清单的推行积累经验
	2013 年 12 月	吉林探索放开民企准入出台负面清单目录	
	2013 年 12 月	山西省也明确提出将保险与民营经济领域引入负面清单	
	2013 年 12 月	浙江省行政审批改革推"权力清单+负面清单"	
	2013 年 12 月	福建省推动试行台资准入负面清单	
	2014 年 6 月	北京市昌平区出台产业准入负面清单	
	2014 年 6 月	四川成都高新区探索负面清单管理模式	
	2014 年 6 月	福建厦门探索制定民间资本投资准入负面清单	
	2014 年 7 月	《国务院关于促进市场公平竞争维护市场正常秩序的若干意见》发布	明确提出要制定市场准入负面清单，全国负面清单概念出现
	2014 年 7 月	上海市政府公布《中国（上海）自由贸易试验区外商投资准入特别管理措施（负面清单）》（2014 年修订）	进一步完善负面清单
	2015 年 4 月	《自由贸易试验区外商投资准入特别管理措施（负面清单）》2015 年版发布，统一适用于上海、广东、天津、福建 4 个自贸试验区	首个全国自贸区统一适用的负面清单
	2016 年 7 月	同心县出台重点生态功能区产业准入负面清单	负面清单制定差异化

---

① 参见陈升、李兆洋《产业负面清单制定及其管理模式研究》，《第十届中国软科学学术年会论文集》2014 年。

续表

阶段	时间	事件	意义
全面实施阶段	2015年10月	通过《关于市场准入负面清单制度的意见》	首次提出市场准入全面引入负面清单管理，意味着中国市场准入将全面开启"负面清单时代"
	2018年起	实行全国统一市场准入负面清单制度	正式进入市场准入负面清单时代

资料来源：根据媒体公开报道、期刊整理。

中国负面清单制度改革按照先行先试、逐步推开的原则，在部分地区推行市场准入负面清单制度，积累经验、逐步完善，尤其在自贸区的实践，并探索形成全国统一的市场准入负面清单及相应的体制机制，从2018年起正式实行全国统一的市场准入负面清单制度。中国负面清单的发展历程如表3—3所示。

表3—4　　　　　　外商投资负面清单在上海自贸区的改革成效

改革成效	侧重点分类	具体表现
负面清单自身的创新优化	负面清单的发展更迭	2013年版的负面清单——扩大开放初始举措 2014年版的负面清单——新增31项扩大开放举措，缩减51条特别管理措施 2015年版的负面清单——总体缩至122项，且四个自贸区共用
	行政方面的流程转变	2013外企申请到落地——程序烦琐，耗时8个月 2014外企申请到落地——程序简化，耗时7个工作日 2015外企申请到落地——程序更简，最快1个工作日
	模式探索的初效明显	改革前：限制措施文件达186份 改革中：调整文件达151份 改革后：目前留存文件为35份 工作理念：法无授权不可为，法无禁止皆可为，法定职责必须为
	监管体系的研究成果	《负面清单管理模式下我国外商投资监管体系研究》——首份从负面清单管理模式的角度系统性研究中国外商投资监管体系建设的报告

续表

改革成效	侧重点分类	具体表现
管理模式实施的投资成果	前期趋势的走向基调	初露锋芒，充满潜力——备案项目与预测目标非常接近，符合区内产业发展导向
	中期运行的发展成效	状况良好，效应巨大——2014年，仅半年新设企业10445家，经营总收入7400亿元，实现工商税收335亿元
	目前积累的成绩效果	运行顺畅，成果显著——外商投资企业在自贸试验区的聚集作用明显；大部分实现准入前国民待遇加负面清单管理模式

资料来源：根据媒体公开报道、期刊整理。

随着上海自贸区的扩围以及后续自贸区的落地，2015版的负面清单已经由上海自贸区独享转变为全国自贸区适用，并向第三批自贸区复制经验。自贸区这一外商投资负面清单的"试验田"，成为中国进一步改革开放过程中的一大突破性亮点。各自贸区自改革以来，负面清单管理模式运行比较顺畅，不断深入探索负面清单管理模式，不断推进投资管理方式相关改革，总体成效也比较明显（见表3—4）。

目前市场准入负面清单有两个版本。一是《市场准入负面清单草案（试点版）》（以下简称试点版《草案》）。试点版《草案》根据法治原则、安全原则、渐进原则、必要原则、公开原则汇总审查形成，初步列明了在中华人民共和国境内禁止和限制投资经营的行业、领域、业务等。试点版《草案》共328项包括禁止准入类96项和限制准入类232项。但是也存在一些问题，一方面，试点版《草案》按其制定工作的开展方式而言，其主要制定依据为国务院及其下属部门的审批事项汇总，此工作方式不可避免会导致地方事权的遗漏，也缺乏对各地特殊情形的考虑，就导致试点版《草案》中会存在一些隶属地方事权的事项"缺失"，比如原草案只设有"国家强制免疫所需兽用生物制品的指定生产"，对隶属于地方农业部门的审批事项的"非国家强制免疫兽用生物制品经营审批"未考虑。一些地方特殊情形的考虑的事项"缺失"，比如烟花爆竹生产在试点版《草案》中属于限制准入事项，但按照《天津市烟花爆竹安全管理办法》规定，则属于禁止准入事项。一些部门遗漏的考虑事项"缺失"，比如2004年国务院令第412号明确保留的旅馆业特种行业许可。另一方面，试点版《草案》部分事项有些"多余"，主要包括针对非市场主体的事项、非市场准入环节、非投资经营行为、特定领域空间、非境内市场主体、已经取消、调整等事项。

二是《市场准入负面清单（2018年版）（征求意见稿）》。国家发展改革委、商务部会同有关部门对2016年印发的《市场准入负面清单草案（试点版）》开展了全面修订，删减、合并、修改、增列后形成了《市场准入负面清单（2018年版）（征求意见稿）》，主要有以下特点。

一是定位准确。列入清单的事项针对的对象属于或部分属于持续开展生产经营的市场主体，只针对非市场主体的事项不应列入清单；列入清单的事项针对的环节是市场准入环节，针对准入之后的事项不应列入清单；列入清单的事项针对的活动是投资经营行为，针对非投资经营行为的事项不应列入清单；列入清单的事项针对的是全国、省级等行政区域范围内的行业、领域、业务，针对非行政区域范围的特定地理区域、空间的事项原则上不应列入清单。

二是合法有效。列入清单的市场准入事项，其设立依据应符合《意见》《立法法》和《行政许可法》等规定，由法律、行政法规、国务院决定或地方性法规设定。尚未制定法律、行政法规和地方性法规，因行政管理的需要，确需立即实施市场准入许可的，省、自治区、直辖市人民政府规章可以设定临时性市场准入事项；部门规章或其他规范性文件等不得设定市场准入事项，已经设定并经评估确需暂时列入清单的，应按程序报请国务院批准；因特殊原因需采取临时性准入限制的，经国务院同意，可作为特别事项条款，与市场准入负面清单直接衔接。

三是统一规范。清单事项修订必须按照国家发展改革委、商务部规定的统一修订标准进行，确保符合清单定位的事项一单尽列、一目了然；做到形式简洁、表述准确、内容清晰、文字规范。

根据《国务院关于实行市场准入负面清单制度的意见》，从2015年开始要在部分地区开始市场准入负面清单的试点工作，规范全国市场准入负面清单的改革探索，国务院决定选择天津、重庆等部分地区开展市场准入负面清单制度试点，同时叫停了地方层面在市场准入负面清单制度的改革探索。

1. 天津试点的探索

天津对市场准入负面清单的试点主要从"试清单、试制度、试落地机制"三方面推进。一是试清单。主要是试行试点版《草案》，看清单本身是否适合可行。天津先后两次组织市级各部门和各区县政府，对试点版《草案》和天津市现行的市场准入事项进行梳理，主要梳理两方面问题：一是试点版《草案》是否全面，是否与现行的各类市场准入管理规定相衔接，是否存在现行但未列入试点版《草案》的事项；二是试点版《草案》中所列事项是否属于准入事项，哪些事项更多属于事中事后监管范畴或者可以不再通过审批方式进入。

二是试制度。主要是探索建立与市场准入负面清单相配套的制度体系。按照国务院文件要求，改革的重点是推进市场准入机制、行政审批体制、市场监管机制、社会信用体系和激励惩戒机制、信息公示制度和信息共享制度、法律法规体系等领域改革。天津将其细化为17项重点改革任务，通过出台重点改革任务，明确责任部门、时间节点和成果路径的方式推进。

三是试落地机制。主要是探索试点版《草案》落地机制，如何实施市场准入负面清单这一新制度。编制了市场准入负面清单制度改革试点相关问题解答，设计了一套梳理情况表，主要从三方面推动试点版《草案》落地实施：一是要让各部门各地区清楚市场准入负面清单制度的内容和意义，了解开展这个试点对各部门的影响、要做哪些工作等；二是明确试点版《草案》所列事项的管理部门，确保试点版《草案》所列事项按照禁止或限制准入要求落实到位；三是试点版《草案》以外的事项，要按照市场准入负面清单制度要求，逐步清理规范，实现清单以外的事项政府不再审批。

总结天津的实践经验，第一，建议按照"一增一减一调整"的思路，着力对试点版《草案》进行调整完善。"一增"就是尽可能增加试点版《草案》的项目，确保各级政府部门现行符合规定的市场准入管理事项都要纳入清单草案。"一减"就是通过明晰市场准入概念和合并同类项方式，对试点版《草案》的事项进行大幅精简。"一调整"就是参考外商投资准入负面清单分类方式进行调整，使两个负面清单形式更趋于统一。

第二，建议进一步树立市场准入负面清单的权威性。一是建议进一步提升市场准入负面清单的发文层级，强化市场准入负面清单对各地区各部门的强制约束力。二是建议将试点版《草案》中涉及《产业结构调整指导目录》和《政府核准的投资项目目录》的内容，不在市场准入负面清单中一一列出，仅以概括性方式表述，避免几张清单调整时间不一致带来的试点版《草案》调整滞后等问题。三是建议在市场准入负面清单中增设部分例外条款，以方便与新出的行业和地域性市场准入负面清单相衔接，形成以市场准入负面清单为总，新增负面清单为特例的市场准入负面清单体系。

第三，建议对一些配套制度改革进一步细化指导。比如，国务院文件提出在市场准入机制改革方面，可探索实行承诺式准入制度、与之配套的书面承诺书、告知性备案、准入信息公示等制度，这些更多是概念上的，没有具体操作性指导。从天津试点情况看，要推进此类制度创新，可能需要调整相关法律法规或规章制度，明确允许地方开展承诺式准入探索,同时指导制定统一规范的配套制度文本。

2. 重庆试点的探索

重庆市主要从三个任务入手推进市场准入负面清单的落地:一是以《市场准入负面清单(2018版)(意见征求稿)》(以下简称《2018版》)为基础,结合重庆市禁投清单、权力清单、责任清单,形成重庆市"市场准入负面清单"实施细则,梳理本市现行的市场准入禁止、限制措施,按照市场准入负面清单的改革要求进行相应地调整;二是建立与市场准入负面清单相适应的审批体系;三是建立与市场准入负面清单改革相匹配的工作机制。

第一,梳理清单。首先是将《2018版》的各类限制或禁止类事项与重庆市现行的相关市场准入规定事项进行对比。其目的是根据差异,提出有关建议(建议增补、修改),根据负面清单精神调整、规范本市准入规定。然后是基于对比结果,重庆市需要在逐项进行判断分析的基础上,对市场准入负面清单"重庆操作化"。一是做加法,对于《2018版》未有涉及的事情,但结合重庆市市情,需要增加的事项,说明依据,报送国务院;二是做减法,对《2018版》中已经列明,但重庆市或可放宽准入或不涉及的事项,酌情建议删除,并提出删除缘由和依据,报送国务院。三是做说明,对清单所有列明事项,说明本地责任部门与层级、审批办法、审批流程;监管方式等。

第二,建立与市场准入负面清单相适应的审批体系。加强与"放管服"相关工作的对接,动态对接清理和调整的行政审批事项;推进行政审批告知承诺制。对于事中事后监管能够纠正不符合审批条件行为,且不会产生严重后果的审批事项,可以实行告知承诺制。推进行政审批标准化,提高审批的透明度和公开性。推进行政审批网上办理,创新审批方式。加强审批监督检查。

第三,建立工作机制。加强组织领导,成立由市级主要领导负责的改革领导小组,引起全市各区各部门高度重视;各区各部门认真学习领会这一制度的重大意义和深刻内涵,积极配合改革试点各项工作部署,确保各项改革任务顺利开展。建立市级部门联动协调机制。完善各区县和市级各部门的参与机制,建立健全市场主体、专家学者、社会公众参与机制。落实重庆市总体改革方案的任务分工,定期进行改革成效工作总结汇报工作。

第三节 清单治理:以市场准入负面清单为例

清单治理作为现代社会中一种重要的治理模式,逐渐成为新一轮国家治理创新中的新生制度。其内涵主要体现在以依法治权为核心，符合依法行政的要求，推动地方政府依法行政的发展；以合作共治为基础，清单治理模式作为"治理"术语的延伸，强调在制定、实施清单过程中，以多元主体、多元力量的合作参与为基础；以划界定责为导向，侧重厘清政府权力边界，界定政府责任，从而将政府职责权限限制在合理范围内；以多种清单为表征，其核心抓手就是各项清单，不断建立和完善各种清单有利于科学规范政府权责边界，保证政府公共权力在合理法治的轨道内运行。[①] 清单治理作为加强和推进国家治理体系和治理能力现代化的强有力抓手，对提升政府治理效果，加强社会公共服务具有重要的制度效能。

如果说清单治理来源已久、源远流长，那么负面清单治理，特别是市场准入负面清单治理，则是清单治理在现代社会的一次重大的模式改良。"市场准入负面清单"可谓中国国家治理领域"清单革命"中，最具创新特色的一张清单。在国家治理创新的大时代背景下，改良后的"清单治理"模式，如何实现了国家治理创新，从"特征—理念—路径"这一整体框架进行分析。

一　市场准入负面清单治理的特征

随着党的十八届三中全会《决定》中"实行统一的市场准入制度"改革总要求的提出和《国务院关于实行市场准入负面清单制度的意见》制度顶层设计正式成型，中国开始了市场准入负面清单的相关探索。面对现实的治理难题，市场准入负面清单制度的设计，具有以下几点特征。

一是依法列单。法律法规是制定市场准入负面清单的根本依据和措施来源。市场准入负面清单实行"法无禁止皆可为"的管理模式，制定市场准入负面清单要全面落实依法治国的基本方略，其制定的根本依据就是法律、行政法规和国务院决定。

二是一单尽列。实现了市场准入禁限事项"一网打尽、一单列尽"，做到了真正意义上的"非禁即入"。国务院以负面清单的形式明确列出在中国境内禁止和限制投资经营的行业、领域、业务等，将所有分散各处的禁止类、许可类事项在一张清单上集成，这样的列单方式做到了"一网打尽、一单列尽"。

三是全国统一。市场准入负面清单实现了全国层面统一准入办法和各类市场主体统一准入标准的管理，是中国对统一市场准入管理的一次前所未有的尝试。

四是重心后移。市场准入负面清单制度作为推进中国治理能力和治理体系现代

---

① 参见张杰、李和中《清单式治理视域下的政府、市场与社会关系研究》，《广西大学学报》（哲学社会科学版）2018年第2期。

化的重要支撑点,是一个"牵一发而动全身"的改革,制度设计不是只追求"宽进",而是将现有体系的管理重心后移,达到"事前、事中、事后"的全方位治理到位。

二 市场准入负面清单治理的理念

纵观古今中外,国家治理的演进都遵循着从传统到现代的演进过程,因而其发展演进不是无规律可循的。俞可平将治理的合法性看作现代社会善治的第一要素[①]。依法治理,已经成为判断国家治理现代化的必要性、标识型条件。Perri则提出整体性政府概念,主张21世纪的政府应为整体性的政府[②],整体性治理理论强调的是政府部门对资源的整合,并通过有效的沟通与协调,达成治理的目标。同时,实践早已证明,政府治理与市场治理都存在其局限性,无法实现资源配置的帕累托最优。国家治理需要来自公共和私人机构的多方主体协同参与制定、执行和管理规则,为共同面对的挑战提供长期解决方案的过程。协同治理成为继传统公共行政、新公共管理之后的公共管理主流范式。此外,国家治理变革并不是单一的变革,而是一个复杂的系统工程,涉及治理主体间横向、纵向结构关系的调整,同时还涉及如何以具体的公共需求为出发点,在以系统治理的理念高效实现公共利益的问题。[③]《决定》也多次提及"系统治理",要求按照国家治理现代化的目标坚持实施系统治理。总之,现代社会国家治理面临着更加多元、复杂的治理背景,国家治理的创新有向依法治理、整体治理、协同治理、系统治理演进的趋势。

三 市场准入负面清单治理的路径

市场准入负面清单制度具有的"依法列单""一单尽列""全国统一""系统工程"四个特征,分别对应着现代国家治理的"依法治理""整体治理""协同治理"和"系统治理"四种治理理念,在实践中分别通过对市场和政府两个层面的作用,将治理理念转化成治理创新的效果,如图3—1所示。

第一,依法列单、非禁即入体现了依法治理的理念。市场准入负面清单奉行"法无禁止即自由"的法治理念,作为一种市场准入管理模式,负面清单既是依法治理理念的具体落实,又是依法治理理念的法制创新。对于市场来说,市场准入负面清单的内容是依法禁止或需要许可的私法自治、依法治理理念的集中体现。对于

---

① 参见俞可平《治理与善治》,社会科学文献出版社2000年版。
② Perri Leat D., Seltzer K., et al., *Towards Holistic Governance: The New Reform Agenda*, Palgrave, 2002.
③ 参见娄成武《中国社会转型中的政府治理模式研究》,经济科学出版社2015年版。

政府来说，市场准入负面清单是正确针对清单内容依法禁止或许可市场主体从事的有关事项，政府这方面的权力在"权力清单"有所体现，依法把权力关进制度的笼子，用法律作为政府准入审批的标尺。因此，"负面清单""权力清单"是一个问题的两个方面。

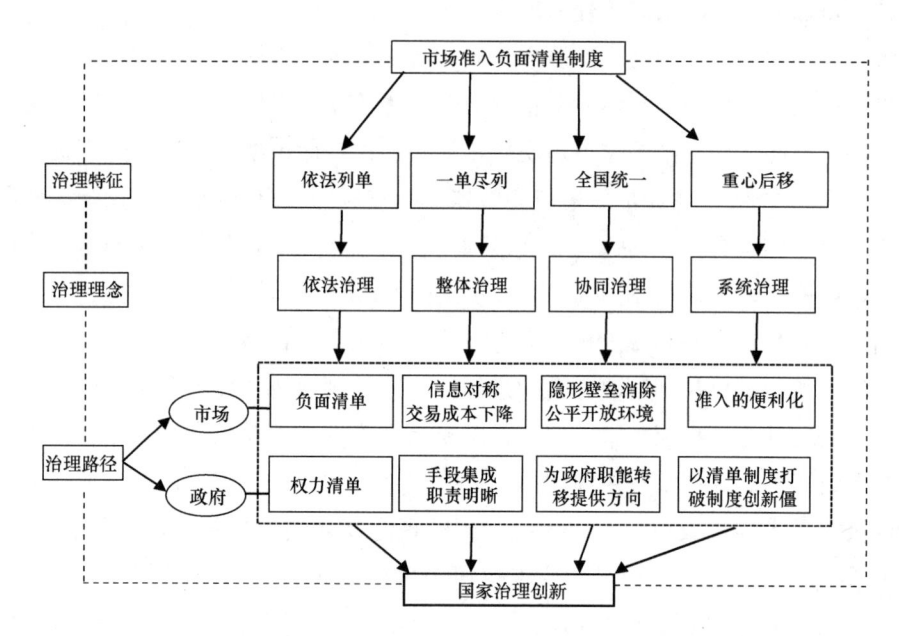

图3—1 市场准入负面清单制度与国家治理创新的内在联系

第二，一单尽列，体现了整体性治理的理念。在市场准入负面清单制度下，国务院以负面清单的形式明确列出在中国境内禁止和限制投资经营的行业、领域、业务等，将所有分散各处的禁止、限制事项在一张清单上的集成。这是以破解市场准入领域"碎片化"的整体性治理尝试。对于市场而言，这样的列单方式做到了"一网打尽、一单列尽"，既清晰地表明了市场准入的"红线"所在，又明确地给市场主体点亮了"交通灯"。对于政府而言，通过负面清单一单尽列，实现管理手段的整合、集成，治理效率的极大提升。市场准入管理部门基于清单进行监管信息的互通、交换和共享，为加强事中事后监管提供信息支撑，使得政府监管更加科学化、规范化和阳光化。而且以负面清单这种形式整合划定政府职责边界，极大地压缩了权力寻租空间，有助于克服权力放纵和腐败，降低制度成本。

第三，全国统一，体现了协同治理的理念。实现市场准入负面清单全国统一，不仅是不同层级和地域范围上的统一，也是对内外资市场准入的统一。市场准入负面清单由国务院统一制定发布，这使市场准入在全国范围内有了统一的标准。与此同时，市场准入负面清单也实现了内外资市场准入的统一，它是适用于境内外投资者的一致性管理措施，是对各类市场主体市场准入管理的统一要求。对于市场而言，市场准入负面清单制度通过全国统一协调的治理方式，建立统一的准入规则，消除地区间市场壁垒，有效促进市场治理的公平正义。对于政府而言，进一步压缩权力寻租空间和自由裁定空间，有助于开启政府、市场、社会协同治理的新模式，能够实现政府、市场、社会等各类主体之间的良性互动，优势互补，以达到治理的协调、优化，实现善治。

第四，重心后移，体现了系统性治理理念。市场准入负面清单是对市场准入领域的系统性改革，在进行市场准入负面清单改革的同时，推动了直接涉及和配套的负面清单改革的方方面面，特别是它促使了政府将治理的重心从事前审批、向事中事后监管和服务转移。对于市场而言，通过改革配套落实告知性备案、准入信息公示等手段，以及进一步深化商事制度改革，实施"三证合一""一照一码"等方式，能够使市场主体准入成本下降和准入周期缩短，极大地便利市场主体的准入。对于政府而言，市场准入负面清单制度"牵一发而动全身"的特点，决定了制度一旦推行，对于当前政府管理方式和理念会带来一定程度的冲击。

随着国家治理实践和治理经验的不断丰富，清单制度逐渐体现出来的优越性，使其成为当前厘清政府、市场与社会关系，实现国家治理的"善治"与"现代化"的重要制度设计。而未来，随着清单治理的深入推进，将会逐渐扩展到更大领域。

第四节　小结

纵观40年来中国经济社会沧海桑田的巨大变迁，改革无疑是驱动这一变迁的核心动力源。其中，清单管理制度建设既是全面深化改革、推进国家治理现代化的一项标志性措施，也是厘清政府与市场、政府与社会边界的有效途径和实现公共行政权力运行"可视化"的基础性工程。党的十八届三中、四中全会均明确要求推行政府权力清单制度，权力清单是把各级政府及其所属部门掌握的各项公共权力进行全面统计，并将权力的列表清单公之于众，主动接受社会监督。责任清单与权力清单相对应，它是各级政府及其所属部门对应承担的各项公共责任全面统计、列表的结果，其主要包括责任事项、职责边界等内容。党的十九大报告则要求全面实施市场准入负面清单制度。负面清单包括市场准入负面清单和外商投资负面清单。市场准入负面清单是适用于境内外投资者的一致性管理措施，是对各类市场主体市场准入管理的统一要求；外商投资负面清单适用于境外投资者在华投资经营行为，是针对外商投资准入的特别管理措施。三张清单三位一体，具有清晰的改革逻辑，切实发挥清单管理制度在推进国家治理现代化中的杠杆性作用。"负面清单"从经济改革切入，瞄准政府与市场关系，打破许可制，扩大了企业创新空间。"权力清单"和"责任清单"从行政体制改革切入，瞄准规范政府权力，做出明确界定，是自上而下的削权。"权力清单""负面清单"实际是政府简政放权的操作指南。通过简政放权，政府可以助力市场，为市场主体"松绑"，真正让市场在资源配置中起决定性作用。总而言之，清单治理作为加强和推进国家治理体系和治理能力的有力抓手，是实现简政放权的重要政府治理工具，是实现中华民族伟大复兴的重要顶层设计。

【思考与讨论】

1. 三张清单分别是什么？
2. 中国三张清单的实践经历了怎样的历程，其中反映出了中国治理理念怎样的转变？
3. 三张清单功能定位下，政府与市场边界在哪里？

【扩展阅读】

陈升：《有限政府理论下行政审批改革及绩效研究——以浙、豫、渝等省级权力清单为例》，《公共行政评论》2017年第8期。

林孝文：《地方政府权力清单法律效力研究》，《政治与法律》2015年第7期。

罗亚苍：《权力清单制度的理论与实践——张力、本质、局限及其克服》，《中国行政管理》2015年第6期。

郭冠男、李晓琳：《市场准入负面清单管理制度与路径选择：一个总体框架》，《改革》2015年第7期。

第 三 章

政府职能转变

党的二十大指出,"转变政府职能,优化政府职责体系和组织结构,推进机构、职能、权限、程序、责任法定化,提高行政效率和公信力"。[1] 政府职能,从作用来讲,是"一个社会的行政体系在整个社会系统中所扮演的角色和所发挥的作用",[2] 包括行使职能的手段和方式;从职能角度来讲,政府职能一定意义上又称为行政职能,是"行政机关在管理活动中的基本职责和功能作用,主要涉及管什么、怎么管、发挥什么作用的问题";[3] 从职责和功能角度讲,政府职能既强调政府应发挥作用,又明确限定职能作用的边界,是职权与责任的统一,强调政府职责的内在统一性。[4] 在长期的历史发展进程中,由于社会经济基础的演变,政府职能会随之不断发生变化。

而在现代治理体系中,治理主体的职责和界限发生了极大的变化,复杂多变的社会经济问题,通常需要多种途径去解决。这一过程中,不仅需要政府作为治理主体,发挥其应有职责与功能,高效地提供公共产品与服务;此外,私人部门和第三部门在治理过程中扮演的角色越来越重要,需要承接部分转移的政府职能,维持秩序、协调社会发展。

第一节　中国政府职能

在现代国家中,政府职能与社会经济发展密切相关。随着市场经济发展,中国政府职能转变具有了历史必然性。目前,中国已经进入全面深化改革、加快转变经

---

[1] 习近平:《高举中国特色社会主义伟大旗帜 为全面建设社会主义现代化国家而团结奋斗——在中国共产党第二十次全国代表大会上的报告》,人民出版社2022年版,第41页。
[2] 参见许文惠、齐明山、张成福《行政管理学》,人民出版社1997年版。
[3] 参见夏书章主编《行政管理学》,高等教育出版社、中山大学出版社2015年版。
[4] 参见刘光军《政府职能界定与政府职能转变》,《河南社会科学》2007年第5期。

济发展方式的关键时期，所触及的深层次矛盾越来越多，改革的难度越来越大。建立一个职能科学、结构优化、廉洁高效、人民满意的服务型政府，需要正确处理好政府与市场、社会的关系，更需要政府加快转变自身职能，由全能型政府向服务型政府，高消耗政府向高效率政府转变，着力解决政府经济调节越位、市场监管缺位、社会管理错位和公共服务不到位的问题，推动政府职能全面归位。

一　中国政府职能

党的十六大提出政府职能是经济调节、市场监管、社会管理和公共服务。党的十八大首次提出经济建设、政治建设、文化建设、社会建设、生态文明建设的"五位一体"的战略布局。并在党的十八届三中全会首次提出，政府职能是：宏观调控、公共服务、市场监督、社会管理、环境保护，把"环境保护"与其他4项职能相提并论、并驾齐驱地作为政府的"第五职能"。

第一，宏观调控。即政府通过指导、发布信息以及规范市场准入，制定和运用以财政政策、货币政策为主的宏观调控政策体系，对整个国民经济运行进行间接的、宏观的调控。党的十八大以前，并未对财政政策、货币政策、产业政策和土地政策等宏观调控政策加以区分。党的十八大以来，党中央更加强调财政政策和货币政策在宏观调控中的主体地位。党的十八届三中全会指出，健全"以财政政策和货币政策为主要手段的宏观调控体系"。"十三五"规划纲要要求，"完善以财政政策、货币政策为主，产业政策、区域政策、投资政策、消费政策、价格政策协调配合的政策体系"。

第二，公共服务。政府要把更多的资源投入到公共服务领域，以使社会发展更加均衡。通过制定社会政策和法规，依法管理和规范社会组织、社会事务，化解社会矛盾，调节收入分配，维护社会公正、社会秩序和社会稳定。同时，还要发挥社会中介组织和企业的力量，与政府一道共同承担提供公共产品和服务的任务，如基础教育、公共卫生、公共文化、社会保障、科学技术、体育休闲、基础设施、环境保护、公共安全发布公共信息等，既是为市场创造一个良好的外部环境，又是使人民群众共享发展成果，实现人的全面发展的重要措施。

第三，市场监管。依法对市场主体及其行为进行监督和管理，维护公平竞争的市场秩序，形成统一、开放、竞争、有序的现代市场体系。界定和保护各类产权；创造良好的信用环境；促进全国统一市场的形成，扩大市场对内对外开放，逐步消除行政性垄断，加强对自然垄断行业的规范；对产品定价和产品质量信息披露行为进行严格监管等。政府通过指导、发布信息以及规范市场准入，对市场进行监督、管理。

第四，社会管理。为改善和保障人民物质和文化生活，政府通过制定专门的、系统的、规范的社会政策和法规，依法管理和规范社会组织与社会事务的一系列活动或过程。社会管理理念要从管理向服务转变，以社会为本，强调民主的价值取向，更需要以公共利益为出发点和落脚点，积极建设服务型政府；社会管理主体应强调多元化，充分发挥各类主体在社会管理中的作用，培育社会组织及其社会责任，提倡公众在公共事务中的广泛参与；社会管理方式需综合应用多种管理手段，逐步由单一的行政管理模式向行政、经济、法律、政策等多种手段的社会管理模式转变。

第五，环境保护。政府职能和作用新增环境保护要求，强化了政府在环保方面的职责，有利于加强生态文明建设。环境管理的手段有法律手段、经济手段、行政干预手段、技术手段以及宣传教育手段。改革开放极大地增强了中国的综合国力，但是发展过程中也付出了不少的环境代价，高污染、高排放，生态环境问题频发，而把环境保护列入政府五大职能，顺应发展、符合现实要求，是政府职能转变释放的新内涵。

二 政府职能的转变：从全能型到有限型，再走向有限有为

在现代国家中，政府职能与社会经济发展密切相关。在长期的历史发展进程中，由于社会经济基础的演变，政府职能总会随之不断发生变化。而政府职能转变，是指国家行政机关在一定时期内，根据国家和社会发展的需要，对其应担负的职责和所发挥的功能、作用的范围、内容、方式的转移与变化。[①] 政府职能转变的必然性，是由影响政府职能的诸多因素所决定的，包括管理职权、职责的改变（对哪些事物负有管理权责，管什么，管多宽，管到什么程度），管理角色（主角、配角等）的转换，管理手段、方法及其模式的转变等。

当前，政府职能转变成为中国地方政府治理改善的关键性问题之一，已经成为政府和社会各界的基本共识。真正做到"政府的归政府，市场的归市场，社会的归社会"，并寻求政府、市场和社会多元主体协调整合的治理机制，是地方政府治理改善的最终目标。

（一）从全能型政府到有限型政府的转变

在计划经济体制下，地方政府职能带有"全能主义"特点。具体表现为行政权

---

① 参见刘泽《关于我国行政机构改革之政府职能转变的思考》，《法治与社会》2011年第29期。

力对社会进行全方位的渗透,直接干涉社会的每个角落,权力运行过程中以命令——服从为主要形式,带有很强烈的"人治"色彩。随着计划经济体制向社会主义市场经济体制逐步转变,中国社会开始转入一种过渡性状态。在政府职能配置上,呈现出传统计划经济体制下的政府职能和社会主义市场经济体制下的政府职能同时并存的"双轨制"。在"双轨制"状态下,由于计划经济体制的弊端和新体制的稚嫩,使得中国政府职能的转变明显滞后于整个改革事业的进程,逐渐成为制约中国进一步发展的"瓶颈"。在"双轨制"状态下,政府对全社会变化中的经济和社会活动的适应性较差,宏观调控能力也比较弱,而对微观活动却仍然在很多领域里管得过死,从而影响了社会组织的自主性和活力,削弱了中国的"社会资本",再加上有些地方政府还直接参与资源分配的争夺,造成政府角色的错位。[1]

在治理背景之下,地方政府职能不应是全能型的,应该是有限和有效的。政府要转变传统观念,改变直接生产公共服务的思路,主要职能是掌舵而不是划桨,是服务而不是管制。改革开放以后,国家治理的目标转变为以经济建设为中心,引导着政府职能类型从全能型政府向有限型政府转变,市场化改革激发了经济活力,国家治理从管制社会、限制市场的思路中摆脱出来,收缩国家权力,扩大了社会自治的范围;政府调整与市场的关系,政府职能从干预经济活动向宏观调节转变。

(二)政府职能转变的现代化趋势:走向有限有为

进入 21 世纪以后,政府职能向服务型政府职能转变。当下,特别需要各级政府以极大的改革魄力,"收缩"管制范围,从"不该管"的领域中完全退出来。做到凡是公民、法人和其他组织能够自主解决的,市场竞争机制能够调节的,行业组织或者中介机构通过自律能够解决的事项,除了法律另有规定,政府尽可能不会干预。同时也要提高管理服务水平,一方面"拓展"监管范围、提高监管能力,另一方面也要主动适应社会经济发展,在新环境中不断提升服务水平。从"放得下、管得住、服务好"3 个角度,推动地方政府走向有限有为。

1. 放得下

首先,是"松开手"。现行法律法规已经放开的业务、领域,市场主体进入时一定不再审批。应做到法律、行政法规、国务院决定没有明确规定为前置条件的,一律不再作为前置审批;法律、行政法规、国务院决定明确规定为前置条件的,除确有必要外,都要通过修改法律、行政法规、国务院决定,一律不再作为前置审批。

---

[1] 参见沈荣华《关于转变政府职能的若干思考》,《政治学研究》1999 年第 4 期。

其次，是"放到位"。做到交由市场主体依法自主决定的事项，以及企业的守法投资经营行为，不要去干扰。地方政府不应设立对非公有制经济各种形式的不合理规定，不应通过各种隐性的壁垒，阻碍符合条件的企业依法进入自然垄断、特许经营领域。

2. 管得住

首先，对于一些涉及国家安全、安全生产等环节的前置性审批，要依法规范和加强。如"矿山企业、危险化学品和烟花爆竹生产企业的安全生产许可"等存在重大安全隐患的事项，应该加强前置审批，确保安全。其次，对于市场行为的监管，应该坚持"放管结合、宽进严管"的原则，创新监管方式，提升监管效能，在负面清单制度实行后，确保负面清单以外的事项放得开、管得住。特别地，有关部门还要强化发展战略、发展规划、产业政策和标准规范等的制定、调整和管理，设定"红线"严格依法加强事中事后监管。最后，事后要根据市场主体信用状况实行分类、动态管理，做到"赏罚分明"。对守信主体予以支持和激励，对失信主体在投融资、土地供应、招投标、财政性资金安排等方面依法依规予以限制。将严重违反市场竞争原则、扰乱市场经济秩序和侵犯消费者、劳动者、其他经营者合法权益的市场主体列入"黑名单"，对严重违法失信者依法实行市场禁入。

3. 服务好

地方政府则需要做到提高审批效率，探索实行一站式审批。为此，要加快建立"统一规范、并联运行，信息共享、高效便捷，阳光操作、全程监督"的网上联合审批监管平台，实现所有审批事项"一网告知、一网受理、一网办结、一网监管"。此外，对市场上出现的新技术、新产品、新业态、新商业模式等，要本着鼓励创新、降低创业门槛的原则，加强制度供给，寓监管于服务。例如，现在市场上相继推出的专车软件，如滴滴打车、优步等作为典型的"互联网＋"创新性产业模式，政府可以一方面对这些新兴行业采取鼓励态度，另一方面积极探索管理方式创新，在规范各方面条件基础上将其纳入规范管理。

第二节 地方政府职能转变[①]

行政审批制度改革是转变政府职能的突破口，可以通过分析行政审批事项变

---

① 参见李霞《省级行政审批权力清单制度实施比较研究——以渝、豫、浙为例》，硕士学位论文，重庆大学，2016年。

迁透视政府职能转变。计划经济体制下,行政审批被广泛地应用于社会生活的方方面面,对市场活动的过多审批和管制,不仅忽视了市场的作用,还造成了政府职能的错位,为行政人员制造了寻租空间。随着中国社会主义市场经济体制的逐步建立,以及2001年加入世界贸易组织,为适应新形势、应对新挑战,国务院成立行政审批制度改革工作领导小组,"全面改革行政审批制度被提上中央政府的议事日程"。2004年施行《中华人民共和国行政许可法》,特别是2013年以来,国务院以简政放权、放管结合、转变政府职能为目标,大幅清理行政审批事项。与此同时,地方政府也积极贯彻落实国务院文件,精简审批事项,还权和放权于市场、社会。

一 行政审批事项改革现状

通过对地方政府已清理和现保留的行政审批事项进行梳理,可以初步了解改革的现状和特点,以及在事项改革过程中的问题所在,从而更好地厘清政府和市场的关系,释放市场活力,发挥政府作用。

2013年新一轮行政审批制度改革以来,国务院在广度和力度上大幅清理行政审批项目。一是取消和减少行政审批项目。取消评比达标表彰评估项目,取消职业资质资格许可和认定事项,取消行政事业性收费项目,取消非行政许可审批事项,减少政府核准投资项目数量,取消部分中央指定地方实施的行政审批事项。二是改革工商登记制度,将前置审批(除确需保留)调整为后置审批,推行"先照后证"改革,加强事中事后监管。三是清理规范行政审批中介服务,清理中介服务事项,实行企业投资项目网上并联核准制度,建设投资项目在线审批监管平台。在国务院的引导下,各级地方政府也积极推动行政审批制度改革。认真贯彻落实国务院改革要求,对应取消和承接国务院改革的审批事项;对本级政府审批事项进行清理,分批取消和调整审批事项,简政放权,放管结合。

早在2005年,河北省就以省商务厅、省国土资源厅、邯郸市政府为试点,进行行政权力公开透明运行改革,但首次以全国性政府文件提出是在党的十八届三中全会上。2013年,国务院对行政审批事项进行了大规模的清理,同时全面取消了非行政许可事项,并于2015年4月正式公布了国务院各部门的审批权力清单。2016年年初,全国31个省份已全部公布省级政府部门权力清单,按照"清权、减权、制权、晒权"4个主要环节,对政府部门权力进行公开,确保权力行使有规可依，进而推动政府简政放权、放管结合和转变政府职能。[①] 同时，利用"互联网+"开展在线审批和审批流程再造、建设便民网站等一系列创新，优化政府服务。

二 行政审批事项改革的特点

通过梳理 2013—2015 年政府清理的行政审批项目和 2016 年年初公布的权力清单审批事项，分析地方政府在审批数量、设定依据等方面所呈现出的特点。本书以经济发展状况较好、行政审批事项改革较全面、权力清单制度建设较完善为标准，在中、东、西部各选取一个具有代表性的省份——河南省、浙江省和重庆市为比较对象，分析行政审批改革的特点。河南省作为农业大省、新兴工业大省，2015 年 GDP 总量位居中部首位，且较早出台完整的权力和责任清单；浙江省是全国首个公布省级政府权力清单的省份，也是东部经济发展较快的省份之一；重庆市作为西部唯一的直辖市，建立了"市—区县—乡镇"三级和"市—区"两级行政管理体制架构，积极贯彻落实国务院行政审批制度改革。

对 2013—2015 年河南省、浙江省和重庆市行政审批事项改革分析后，发现改革过程中主要呈现出 3 个特点。

第一，审批数量大幅精简。通过比较党的十八大以来新一轮行政审批改革中，取消和调整以及权力清单保留的项目，可以初步了解行政审批的精简情况。如表 3—5 所示，2013—2015 年，浙江省共取消和调整 775 项，河南省共 1097 项审批项目，重庆市共 846 项；2016 年年初，权力清单中的行政审批项目仅剩 380 项、372 项和 777 项（不含子项）。3 个省份无论是取消和调整，还是权力清单中的审批项目，其结果表明审批项目数量都在大幅减少，这在一定程度上可以反映出政府职能的缩减。

第二，改革类别侧重经济。[②] 按照审批项目的侧重类别，将 2013—2015 年取消

[①] 《全国省级政府部门权力清单全部公布》，参见新华网（http://news.xinhuanet.com/politics/2016-01/29/c_128681435.htm），2016 年 1 月 29 日。

[②] 结合国内学者对行政审批项目的分类方式及定义，本节将行政审批项目分为经济类、社会类以及其他类。其中，经济类细分为投资项目审批（涉及中外企业进入中国市场进行经营活动，涵盖投资体制、资金投资和外商投资审批等）、主体资格（质）和登记（市场准入资格、资质类，生产许可类，登记注册备案类）、生产经营活动（投入、产出、销售、分配以及再生产所开展的活动）、税收及补贴（税收的缴纳、减免、优惠和扣除）。社会类行政审批项目细分为公共资源配置（为国家所有或垄断的公共资源配置）、社会安全（生产、运输、销售或使用直接关系公共安全、人身及财产安全等社会危害性的物品）、公共服务（城乡公共设施建设，科教育文卫体等公共事业）和行政机关管理（行政机关内部职能配置和人员编制）。其他类项目审批则是经济类和社会类之外审批项目。

和调整的行政审批项目,以及2016年年初行政审批权力清单项目进行统计,并通过取消和调整以及权力清单中行政审批项目的各类别所占比重变化情况,分析其放权侧重点所在。如表3—6所示,2013—2015年,浙江省取消和调整357项,权力清单中仅228项经济类审批项目;河南省取消和调整462项经济类审批项目,权力清单中仅226项;重庆市取消和调整473项,权力清单中396项经济类审批项目。在权力清单中的行政审批项目,浙江省经济类审批约占总数的60%,河南省占比约为61%,重庆市约占总数的51%(重庆市社会类占比42%)。通过比对取消和调整审批项目以及权力清单中的行政审批项目类别,发现被清理审批项目的重点在于经济领域,同时这也是目前审批的热点所在,而且经济类审批中,侧重于对投资项目审批和市场主体资格、资质审批放权。

第三,依据以法律法规为主。行政审批项目的设定依据可反映政府权力来源是否合法。如图3—2所示,浙江省行政审批权力清单项目的法定依据中,含有法律和仅有国务院及其部门文件的项目约占总数的86.05%,河南省91.94%,重庆市76.06%;而重庆市仅将地方政府文件作为法律依据的审批项目在3个省份中最多,约占13.13%,河南省和浙江省仅占1.88%、2.63%。3个省份审批项目设定依据多以法律法规为主,其中,河南省和浙江省对具有法律和国务院文件依据的审批项目予以保留,针对地方政府文件而设立的项目较少,而重庆市则需进一步对审批项目的法律来源梳理规范。

表3—5　　　　　　　　取消和调整以及权力清单中的
　　　　　　　　　　　　行政审批项目数量对比　　　　　　（单位:项）

地区	取消和调整的行政审批项目 (2013—2015年)	权力清单中的行政审批项目 (2016年年初)	
		不含子项	含子项
浙江省	775	380	918
河南省	1097	372	523
重庆市	846	777	1120

资料来源:根据国务院、省级政府2013—2016年取消和调整行政审批项目文件整理而来。

表3—6　　　　　　　　　　取消和调整以及权力清单中的
行政审批项目类别划分　　　　　　（单位：项）

类别	浙江省 取消调整	浙江省 权力清单	河南省 取消调整	河南省 权力清单	重庆市 取消调整	重庆市 权力清单
经济	357	228	462	226	473	396
投资项目审批	23	11	105	3	71	15
主体资格和登记	196	152	243	157	268	271
生产经营活动	133	64	93	65	118	100
税收及补贴	5	1	21	1	16	10
社会	342	136	450	130	286	326
公共资源配置	40	10	74	12	50	30
社会安全	111	57	91	64	55	103
公共服务	105	54	126	45	59	142
行政机关管理	86	15	159	9	122	51
其他	76	16	185	16	87	55
总计	775	380	1097	372	846	777
经济占比（%）	46	60	42	61	73	51
社会占比（%）	44	36	41	35	23	42
其他占比（%）	10	4	17	4	4	7

资料来源：根据国务院和省级政府2013—2015年取消和调整行政审批项目文件整理而来。

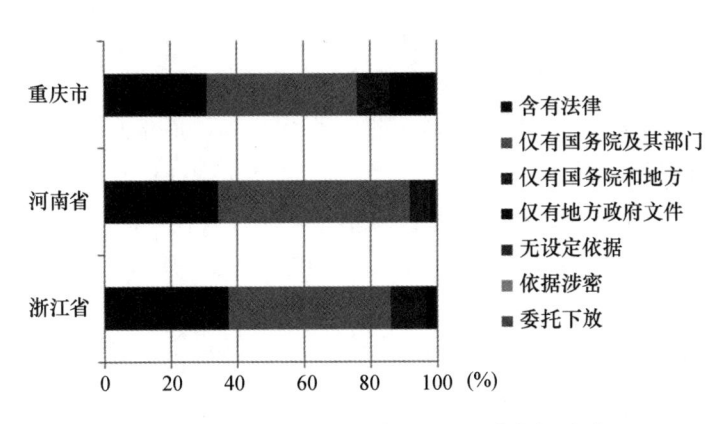

图3—2　权力清单行政审批项目设定依据统计

注：重庆市行政审批项目中有6项仅以行政许可法为设定依据，归为无设定依据类。

资料来源：根据各政府门户网站权力清单（2016年版）整理而来。

三 行政审批事项改革的成效与问题

地方政府清理行政审批事项的同时,也是对政府和市场关系的界定,明确政府和市场关系的新定位。那么,在行政审批事项改革过程中,地方政府取得了什么样的成效?存在什么问题?

(一) 审批事项改革取得的成效①

围绕"处理好政府和市场的关系"这个核心,地方政府通过取消和调整行政审批事项,对自身权力进行精简,将不该管的权力还给市场和社会,厘清了政府和市场的关系,取得了如下成效。

改革理念上,行政审批改革初步实现了政府职能转变,呈现出有限、法治、服务和创新的特点。行政审批改革厘清了政府与市场的关系,改善了政府对微观经济活动干预过多的现象,给市场放权、为企业松绑,初步实现了政府职能转变。在有限政府理念导向下,行政审批改革有助于建立职能有限、法律制约和服务导向的政府,也有利于提升政府自身创新能力。行政审批项目大幅精简,逐步从数量减少转变为质量提升,在一定程度上反映出政府职能的缩减,初步实现了简政放权、职能有限;逐条逐项清理行政审批,使得行政审批来源有法可依、权力运行公开透明,由政策主导转变为法治主导,体现了依法行政;将优化和创新服务贯穿于放权市场和监管市场的过程之中,将审批流程再造,审批时限得以压缩,为企业降低时间成本,除了法律、行政法规另有规定,行政许可不收取任何费用,为企业减轻经济负担,变管理为提供服务,变群众跑腿为数据跑腿,注重于服务市场。此外,俞可平指出,创新型政府是为增进公共利益而进行管理体制、行政机构和行政程序的创造性改革。② 近年来,地方政府推动行政审批改革,探索清单管理模式,在此过程中自主性也不断增强;建设政务服务大厅,借助"互联网+"探索网上行政审批,推动行政审批流程优化和政府信息服务创新,使得政府创新能力有所提升。

实施过程和绩效来看,行政审批改革推动了简政放权、放管结合、优化服务,带动了新增企业单位数和投资项目增长,激发了市场活力。行政审批改革把简政放权作为"当头炮",通过"简政放权、放管结合、优化服务"一系列举措,放权于市场,加强事中事后监管,服务于市场,从而激发市场活力,特别是市场主

---

① 参见陈升、王梦佳、李霞《有限政府理念下行政审批改革及绩效研究——以浙、豫、渝等省级权力清单为例》,《公共行政评论》2017年第4期。

② 参见俞可平《大力建设创新型政府》,《探索与争鸣》2013年第5期。

体和投资项目的增加。第一,简政放权方面。行政审批项目大幅精简,将行政审批项目清单化和目录化,制定权力清单和负面清单,明确政府该审批什么、企业不该干什么。清理市场主体资格和投资项目行政审批事项,建立"以准入后监督为主,准入前负面清单方式许可管理为辅"的投资准入管理体制,降低市场准入门槛,让更多新的市场主体能够投身于创业创新,带动了投资项目的增长。第二,放管结合方面。负面清单和权力清单明确政府有何审批权、审批权力来源、行使要求,防止政府乱作为;责任清单明确政府如何用权、谁来用权、责任担当;贯彻"谁审批谁监管"原则和"双随机"抽查制度,加强事中事后监管,健全监管制度和程序,创新监管方式和手段,从而推动政府权力运行合法化、市场运作规范化。第三,优化服务方面,行政审批改革将优化服务贯穿于放权市场和监管市场的过程之中,由注重审批清理和数量精简转变为提升公共服务,以政府门户网站为载体,提供办事指南和办理流程,优化审批流程,创新审批方式,促进权力的高效行使,更好地服务于市场,激发市场活力,更好地发挥市场在资源配置中的决定性作用。

总体而言,地方政府行政审批改革过程中,基于有限、法治和服务理念,取消和调整行政审批项目,将行政审批制成清单,实行目录化和公开化管理。推行负面清单,明确企业不该做什么,做到"法无禁止皆可为";推行权力清单,明确政府审批什么,做到"法无授权不可为"。通过行政审批清单化,界定政府和市场的关系,放权于市场,加强事中事后监管,将优化服务贯穿始终,更好地为市场服务,进而优化营商环境、激活市场活力,推动市场主体数量和投资项目(或金额)的增加(见图3—3)。

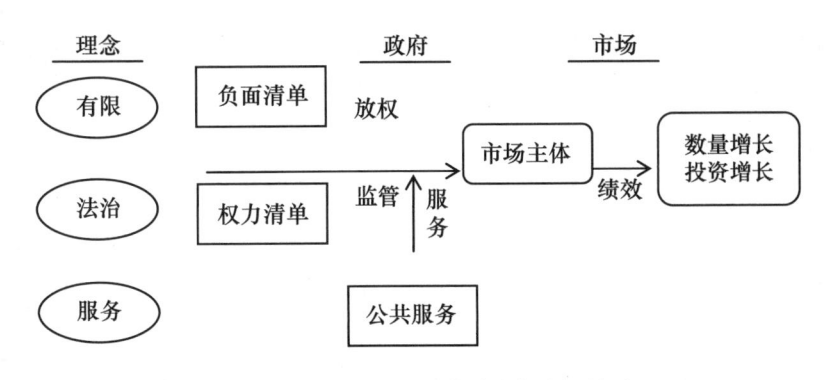

图3—3 行政审批改革中政府与市场关系

（二）审批事项改革存在的问题

地方政府在行政审批事项改革中取得了巨大成效，"含金量"不断提高，但是，存在一些改革难点和问题：一是权力清单审批事项梳理口径难统一，受工作人员主观影响较大；二是在其他类别中存在部分隐形审批和兜底条款；三是权力清单中审批事项法律依据不充分。

1. 梳理口径难统一

地方政府遵循国务院要求，以清单形式列明各部门行政权责及其设定依据、运行流程、追责情形等，但是，各省级政府权力清单中的行政审批项目有上百条，种类繁多、内容庞杂，一方面梳理口径难以形成统一标准，另一方面，工作人员在整理和划分审批事项中往往具有较强的主观性，对改革要求乃至审批项目的主观理解，都会造成梳理口径和划分类别等差异。

第一，同一审批事项的子项和归类不一致。一是同一行政审批的子项的分法不同，如"矿产资源储量评审备案及储量登记"一项，重庆市将这一项归类为行政许可，而河南省则划分为两项"矿产资源储量登记"和"矿产资源储量评审备案"，并归类为其他类权力；二是同一审批项目的职权类别不同，如"对纳税人延期缴纳税款的审批"一项，重庆市和河南省将其归入行政许可类，而浙江省则在"其他"职权类别中。

第二，地方政府间审批事项的设定依据、审批流程和追责情形不同，甚至不同政府部门之间也存在差异。河南省和浙江省权力清单建设较健全，审批事项都会明确列出设定依据、审批流程和责任事项。但是重庆市 2016 年权力清单网站未及时更新，部分事项审批流程不健全、追责情形缺乏或多以行政许可作为追责依据，而且部门之间标准也不一致，对审批流程图的理解、详略程度也不尽相同，主要有 3 种形式，办理流程图、审核文件和办理证书，但各部门之间并没有统一。

2. 隐形审批和兜底条款

行政审批制度改革多集中于行政审批项目的清理，行政处罚、强制、确认等其他类别的职权中存在兜底条款。从表 3—7 中可以看出，浙江省和河南省的权力清单中，除了行政审批，行政处罚、行政确认等职权数量庞大，甚至远远超过行政许可。另外在有的地方政府权力清单中，部分隐形审批和兜底条款作为其他职权而存在，包括一些评比达标的审批等被要求取消和下放的审批项目。

表 3—7　　　　　　　　各类别行政职权数量统计　　　　　　　（单位：项）

省份	行政许可	行政处罚	行政强制	行政征收	行政检查	行政给付	行政裁决	行政确认	行政奖励	其他职权
浙江省	380	536	32	35	\	12	10	121	72	495
河南省	372	1789	101	34	187	11	0	86	0	767
重庆市	777	27	0	0	5	0	0	6	0	26

资料来源：根据国务院和省级政府 2015 年公布的权力清单中的行政审批项目整理而来。

3. 法律依据不充分

调整后或现保留的审批项目，面临法律依据不充分或者无法可依的尴尬境地。据不完全统计，中国有近百部法律、行政法规和大量的地方性法规和部门规章涉及行政许可，这些规定涉及国防、公安、交通、国土资源、经济、城市管理等多个领域和行业。在对权力清单的整理中发现，河南省、浙江省和重庆市行政审批项目的设定依据多为国务院行政法规、部门规章以及地方政府文件，所占比重高达 65.59%、62.11% 和 68.21%（见图 3—2），法律依据不充分。此外，重庆市依然存在 6 项无设定依据事项。

第三节　社会[1]承接政府职能[2]：行业协会为例

政府转移的职能需要行业协会等社会组织来承接，将一部分政府"管不好""管不了"的社会公共事务逐步转移给以行业协会为代表的社会组织来承担，社会组织承接政府职能已成为加快推进政府职能转变的重要方向。

一　行业协会承接政府职能转移的意义

一是提高财政资金使用效率。通过在公共服务领域引入竞争机制，可以促进以行业协会为代表的社会组织更大程度地参与到社会公共服务提供中来，在提高财政资金使用效率的同时，为社会提供更多的优质公共服务；同时也提高政府部门履职的透明度，减少政府部门在公共服务提供中的权力寻租和贪污腐败等。

---

[1] 本章节内容中，社会泛指政府以外的各个主体，在承接政府经济职能的过程中，中国治理中尤其表现为行业协会。行业协会就是社会团体中的行业性社团，主要指同一行业经济组织及其相关单位为维护和增进全体会员共同的合法利益而自愿组成，实行行业服务和自律管理的社会团体。

[2] 参见包能《行业协会承接政府职能存在的问题及对策研究——以 C 市为例》，硕士学位论文，重庆大学，2016 年。

二是提升公共服务效率。以行业协会为代表社会组织更加贴近社会事务服务对象，组织结构和运行机制也更加灵活多样，能直接反映服务对象的诉求，工作效率更高，服务也更周到。通过加大政府购买公共服务的力度，寻找公共服务供给的新路径，解决政府在公共服务供给中所出现的职能缺位严重、服务质量不高、服务水平欠佳、专业性不强的问题。

三是激发社会发展活力。通过政府公共职能转移，将政府部门的主要精力放在政府决策和宏观调控等核心职能上；同时调动社会各界力量，增强公众对社会事务的关注度和参与度，促进社会健康发展，激发社会发展活力。

二 行业协会承接地方政府职能的案例

（一）温州市行业协会承接政府职能的经验做法

温州行业协会发展起步较早，同民营企业、民间资本、民办市场一起，是"温州模式"的重要组成部分，为推动温州经济社会改革发展发挥了重要作用。

一是率先开展改革试点工作。在20世纪90年代初，在温州出台的加快行业协会商会改革与发展的意见中，就已经将行业统计、信息汇总分析、组织展览展销、开展行业安全生产管理等职能转移给行业协会。同时温州将开展行业协会承接政府职能转移改革试点作为温州民营经济创新发展综合配套改革试点的重点内容之一，政府部门通过委托授权、购买服务的方式，将一部分技术性、事务性、服务性的职能逐步转移给行业协会，并对行业协会的运行情况、履职效果进行规范和监督。

二是完善制度安排。温州市制定了《温州市政府向社会组织转移职能目录》《温州市政府向社会组织购买服务目录》和《温州市具备承接政府职能转移和购买服务资质的社会组织目录》"三个目录"。针对"转移什么"问题，对哪些部门职能需要转移、哪些适合行业协会承接做出进一步论证，出台《温州市政府向社会组织转移职能目录》。针对"购买什么"问题，梳理出涉及基本公共服务事项、社会事务服务事项、行业管理与协调事项、技术服务事项、政府履职所需辅助性和技术事务5项一级目录、55项二级目录、280多项三级目录，论证提出《温州市政府向社会组织购买服务目录》。针对"向谁转移、向谁购买"问题，研究承接政府职能的社会组织应当具备的条件，完善社会组织准入机制，筛选确定《温州市具备承接政府职能转移和购买服务资质的社会组织目录》。

三是建立绩效评价机制。对行业协会完成相关承接事项后，由职能转出部门听取被服务对象的意见建议后，组成评估小组或引入第三方机构，对承接的社会组织履职情况进行评估验收，并接受社会咨询、监督和投诉。抓好绩效评估结果运用，对按期保质完成职能事项的社会组织，继续参加政府采购时给予优先资格；对评估不合格或有重大违约行为的社会组织取消资质，予以清退，并追究有关违约责任。截至目前，尚未发生评估不合格或有重大违约行为。

（二）无锡市行业协会承接政府职能的经验做法

一是完善政府职能转移政策。无锡市在政府职能转移方面不断进行政策创新。无锡市政府下发了《无锡市行业协会商会承接政府有关职能的实施意见》和《无锡市政府购买行业协会商会服务实施办法（试行）》，明确了行业协会承接政府职能转移的相关事宜。

二是优化行业协会发展环境。无锡市人大通过了《无锡市促进行业协会发展条例》，成为全国少数以地方性法规形式规范行业协会行为的地区之一，并制定了《无锡市政府购买行业协会商会公共服务实施办法（试行）》《无锡市行业协会商会承接政府有关职能的实施意见》《关于无锡市政府购买行业协会商会公共服务实施细则》等制度，优化行业协会发展环境。

三是规范职能转移管理措施。无锡市对行业协会承接政府转移职能做出了严格的规范：将承接政府职能工作列入政府年度目标考核中，定期检查督促政府相关职能部门的工作进展情况，及时发现并解决问题；定期对承接政府职能的行业协会及专职工作人员素质、规范运作能力、运作效率、社会公信度、财政保障经费使用情况等进行绩效评估；对诚信守法、严格自律、履行承接政府职能作用突出的行业协会给予表彰，对于履职情况较差的行业协会将视情节给予其通报批评、限期改正等处罚，尤其对违反《社团登记管理条例》的行业协会坚决予以依法撤销登记处罚；对行业协会的表彰及违法违规问题的查处，均向社会公示、公告，接受社会舆论的监督。

（三）青岛市行业协会承接政府职能的经验做法

一是引导行业协会融入地方发展。围绕青岛市"率先科学发展，实现蓝色跨越，加快建设宜居幸福的现代化国际城市"这个中心，鼓励行业协会通过学术性交流大会，开办专题研讨、举办展会等形式参与到青岛打造国际化旅游目的地城市、蓝色经济领军城市、战略性新兴产业发展等重点工作中来。

二是强化行业协会开拓意识。青岛市政府通过引导行业协会根据市场需求不断转变陈旧观念，克服自身不足，提高自身实力，克服"等靠要"思想，改变行业协会对政府部门的过度依赖，帮助行业协会开创充满活力和内在动力、自主发展的新局面。

三是加强行业协会自身能力建设。政府鼓励行业协会不断增强自身影响力、会员凝聚力、社会公信力和自主发展能力，抓好行业协会经营管理，搞好自身建设，提高专业化、职业化水平,增强自身权威性和社会认可度,为履行好政府转移职能夯实基础。

三 行业协会承接政府职能的问题分析

第一,行业协会承接政府职能缺乏制度安排,承接内容边缘化,承接方式单一。目前行业协会承接政府职能转移都还处于试点阶段,对于哪些职能和服务通过何种形式转移给行业协会并没有相关的制度安排,因而政府职能转移在一定程度上具有较大的随机性。在具体实践中,政府向行业协会转移职能十分随意,受到领导意志、人情世故等方面的影响很大,政府与行业协会的合作更多是基于熟人的非制度化安排。其次,政府部门出于对行业协会履职能力的怀疑以及自身利益的考虑,并没有将重要职能转移给行业协会,导致行业协会承接的实质性内容有限,主要以边缘化的辅助性、事务性职能为主。此外,政府部门向行业协会转移职能主要采取授权委托和购买服务的方式。实际操作中,政府大多通过购买服务的方式将部分职能交由行业协会来承担,而采取将某项职能授予行业协会,由行业协会以自己名义组织实施的授权委托方式非常少。

第二,内部管理制度尚不健全和管理水平低下,可能出现寻租腐败现象。行业协会内部管理对政府转移职能有效履行具有重要影响,但在具体实践中,行业协会资金、人员、组织运行等方面缺乏完善的内部管理体制、管理水平低下,极大地影响了履职效果。一方面,行业协会缺乏自律机制、管理水平不足,降低了自身获取外部支持资源能力以及资源使用效率,比如会费随意支取和挪用现象,导致外部资源被严重滥用,自身负债率极高;相反,通过良好的人才建设与内部管理,才能够更充分地获得外部资源,实现资产增值。另一方面,行业协会承接政府转移职能后,成为相关公权力的行使者,但由于监督缺位,可能出现利用手中权力,假借行业协会名义谋取私利,乱收费,挥霍、挤占、挪用甚至贪污公款,私立小金库等问题。

第三,行业协会自身发展有限,极大地依赖于政府支持。政府在转移职能时提供专项支持作为职能实施保障,更能有效提升行业协会职能履行的效果;同时,政府实质性政策支持(如税收减免和办公场地优惠等),能够帮助行业协会得到更多的会员支持。但是,缺乏政府政策和资金支持的行业协会,则对企业缺乏足够的吸引力,获得的经费极为不足,进而造成协会难以吸引优秀人才,内部管理制度建设更是无从谈起。行业协会的发展极大地依赖于政府支持,但这种依赖必须限制在一定的程度和范围内,特别是避免官办色彩过浓,失去了民间性质,限制了协会自身功能的发挥。

四 促进行业协会承接政府转移职能的对策建议

要实现政府职能向以行业协会为代表的社会组织有效转移，就必须使得双方对自身定位有合理的认识，明确自身的职能职责和地位，在两者之间建立一种新型的合作伙伴关系。一方面，加快政府职能转变，将政府职能从具体的社会事务中脱离出来，真正致力于宏观政策的制定和市场环境的维护，同时承担培育行业协会发展壮大的社会服务功能；另一方面，行业协会在承接政府转移职能中，要根据自身的发展特点和优势，有选择性的进行职能承接，对于不符合自身定位和能力的职能不能大包大揽。

（一）完善职能转移制度安排，形成完整的政府职能转移体系

政府向行业协会转移的职能主要是一些事务性和辅助性的边缘职能，但由于受到各种条件的限制，真正能够承接到政府转移职能的行业协会还是极少数。政府部门如果想更好地实现政府职能转移就需要改变传统观念，应该在保障政府核心职能不被转移的前提下，对于其他社会事务性的服务职能，通过出台相关法律法规的方式，明确政府职能转移的内容、方式和依据，形成完整的政府职能转移体系。

一是从顶层设计上完善相关法律规范。从国家层面上，应当将出台相关的指导意见作为当前的重点工作，力求能够从宏观层面上把握政府职能转移的基本原则、主要内容、职责范围和体制机制等。在地方政府具体实践中，应通过出台相应的政府文件，针对各地的政府职能转移情况制定具体的职能转移目录，明确政府授权委托行业协会承办事务的具体内容以及购买行业协会提供公共服务的标准、类别、性质和范围。

二是建立承接政府职能转移的长效机制。对于行业协会承接政府职能应该从远处着手，制定适合行业协会自身发展情况和特点的指导性意见和中长期发展规划，明确行业协会承接政府转移职能的内容、方式和依据，将行业协会承接政府转移职能作为一项基本的政策制度固定下来。

三是创新职能承接准入制度。针对目前行业协会发展仍然十分薄弱落后的情况，政府部门应该从创新行业协会的准入制度方面着手，力求创造一个宽松的制度环境和发展空间。通过调整现行的登记管理制度来放宽行业协会设立的准入门槛，适当探索"一业多会"制度，鼓励更多行业协会发展成为具有较强履职能力的独立承接主体；在税收、财政、金融方面给予行业协会政策扶持，对行业协会的财务制度、职称评定、岗位培训、社会保障、人事管理和信息化管理等给予政策支持。

（二）健全行业协会内部管理制度，壮大自身发展

行业协会自身实力薄弱是制约其承接政府职能的重要因素。目前大部门行业协

会发育尚不成熟，严重影响协会职能的发挥，促进行业协会发展，提高行业协会承接政府转移职能的能力可以从以下几个方面着手：一是健全内部治理结构。行业协会内部管理制度的缺失和松散一直制约着行业协会的发展。完善内部治理结构是强化行业协会自律机制的前提。在内部组织机构上，要按照权力机关（成员大会）、执行管理（理事会或董事会）和运营决策机关以及监察机关相互监督和制约的原则设置。在行业协会日常运行规范上，三大机关应该明确各自的职能职责，在相互制约的同时，将运转协调和决策科学相统一结合。

二是加强人才队伍建设。根据现有的政府职能转移情况和行业协会管理特点，加强行业协会人才队伍建设，完善保障行业协会地位的制度安排。在行业协会内部坚持社会化、职业化的人员管理原则，提高人员综合素质，提升组织声誉，扩展服务对象，增加服务性收入，增强员工认同感与归属感，吸收储备优秀人才；此外还需要完善包括薪酬、招聘、福利和培训等一系列人力资源管理制度，充分发挥人力资源的积极性和创造性。

三是完善财务管理制度。有效的财务管理制度可以提高行业协会的资金整合能力和社会公信力，促进行业协会可持续发展和职能承接工作的有序开展。在具体实践中，应加强财务制度的规范性管理，建立健全行业协会内部管理制度、内部控制制度、财务管控制度和科学合理的预算制度，实现自身可持续发展，提高自身社会公信力。

四是健全履职效果监管评估体系。政府职能部门在职能转移以后，依旧承担着对行业协会履职效果的监管评估职责，监管过程既涉及登记部门又涉及行业主管部门。因此，为防止政府部门过多干预行业协会自身独立发展的现象，应建立完善的监管体制——日常监管与年度考核相结合的机制、职能承接效果评估机制、履职监督管理制度、诚信体系管理制度。

第四节　小结

党的十八届三中全会提出，政府职能是包括宏观调控、公共服务、市场监督、社会管理和环境保护，把"环境保护"与其他四项职能相提并论作为政府的"第五职能"。建设服务型政府，需要正确处理好政府与市场、社会的关系，转变政府职能，还权于市场和社会，由全能型政府转变为有限型政府、再走向有限有为型政府。一方面，地方政府在职能转变过程中，将行政审批制度改革作为简政放权和转变职能的突破口，而清理审批事项则是这一改革的重要环节。通过行政审批精简化和清单化，以理清政府和市场、社会的关系，释放其活力；由重事前审批转变为重事中事后监管，以更好地发挥政府作用。另一方面，地方政府除了发挥其应有职责与功能、高效地提供公共产品与服务，还应更加重视行业协会等社会组织在治理过程中扮演的角色，将部分政府"管不好""管不了"的维持秩序、协调社会发展的职能转移出去，从而加快推进政府职能转变。

【思考与讨论】

1. 阐述中国政府职能。
2. 如何构建有限有为的政府？中国地方政府职能该如何转变？
3. 分析行政审批事项改革的成效与问题，并提出行政审批规范化的对策建议。
4. 分析影响行业协会承接政府转移职能的状况，如何促进行业协会承接政府转移职能。

【扩展阅读】

林毅夫：《政府与市场的关系》，《中国高校社会科学》2014 年第 1 期。

徐平华：《政府与市场：看得见的手与看不见的手》，新华出版社出版 2014 年版。

范柏乃、张鸣：《加快政府职能转变的实现路径——四张清单一张网》，浙江大学出版社 2016 年版。

［美］萨瓦斯：《民营化与公私部门的伙伴关系》，中国人民大学出版社 2002 年版。

［美］戴维·奥斯本、特德·盖布勒：《改革政府：企业家精神如何改革着公营部门》，上海译文出版社 1996 年版。

陈升、王梦佳、李霞：《有限政府理论下行政审批改革及绩效研究——以浙、豫、渝等省级权力清单为例》，《公共行政评论》2017 年第 4 期。

第四章

地方政府经济治理案例分析

2017年12月18—20日在北京举行的中央经济工作会议首次提出习近平经济思想。对于这一经济思想的内涵，会议提出了"七个坚持"，指出，"坚持使市场在资源配置中起决定性作用，更好发挥政府作用，坚决扫除经济发展的体制机制障碍；坚持适应我国经济发展主要矛盾变化完善宏观调控，相机抉择，开准药方，把推进供给侧结构性改革作为经济工作的主线"。[①] 党的二十大指出，"坚持和完善社会主义基本经济制度……充分发挥市场在资源配置中的决定性作用，更好发挥政府作用……健全宏观经济治理体系，发挥国家发展规划的战略导向作用，加强财政政策和货币政策协调配合，着力扩大内需，增强消费对经济发展的基础性作用和投资对优化供给结构的关键作用"。[②] 政府经济治理重点体现在创新发展和开放发展两个方面。那么，在具体实践中，地方政府如何用好政府和市场之手，形成市场作用和政府作用有机统一、相互补充、相互协调、相互促进的格局？

第一节　地方政府创新发展治理[③]

党的十八届五中全会强调，创新发展是"十三五"时期经济结构实现战略性调整的关键驱动因素，是实现"五位一体"总体布局下全面发展的根本支撑和关键动力。党的十九大报告中指出，"发展是解决我国一切问题的基础和关键，发展必须是科学发展，必须坚定不移贯彻创新、协调、绿色、开放、共享的发展理念"[④]。并

[①] 参见人民日报社经济社会部编《深入学习贯彻中央经济工作会议精神》，人民出版社2017年版，第2页。
[②] 习近平：《高举中国特色社会主义伟大旗帜　为全面建设社会主义现代化国家而团结奋斗——在中国共产党第二十次全国代表大会上的报告》，人民出版社2022年版，第29页。
[③] 参见胡鞍钢、陈升《地方政府如何推动创新发展》，《国情报告》2016年第23期。
[④] 参见习近平《决胜全面建成小康社会　夺取新时代中国特色社会主义伟大胜利——在中国共产党第十九次全国代表大会上的报告》，人民出版社2017年版，第21页。

进一步指出，坚定实施科教兴国战略、人才强国战略、创新驱动发展战略等，不断推进理论创新、实践创新、制度创新、文化创新以及其他各方面创新。最近又进一步强调"创新是发展的第一动力"，地区是否良性发展，关键之处在于能否实现创新发展。那么，地方政府如何进行创新发展治理？在创新发展中扮演什么角色？怎么处理好与市场的关系，运用好政府"看得见的手"和市场"看不见的手"？

一 地方政府创新发展治理——以重庆市为例

重庆市坚持以理念创新为引领，通过制度创新引导和保障市场经济运行，充分发挥市场活力和创造力，强化科技创新，不断推动重庆市经济社会发展迈入健康轨道，经济总量上万亿的基础下仍保持高速增长。

重庆市政府充分发挥创新驱动发展的第一动力作用，全面、持续地推动理念创新、制度创新和科技创新。其中，理念创新在地方政府发展过程中起引领性和基础性作用。发展理念是发展行动的先导，管全局、管根本、管方向、管长远，是发展思路、发展方向的集中体现。重庆市 20 多年来的快速发展与历届市委、市政府的发展理念创新分不开。重庆市政府从客观实际出发，突破落后的传统观念和主观偏见的束缚，主动迎接新事物，大力强化市场经济意识；坚持"抓住一头、放活一片"和"简政放权、重心下沉"的管理思路，把市场能做的交还给市场，释放改革红利。在理念创新的引领下，重庆市政府积极运用市场经济手段，进行制度创新和科技创新。通过创设新的、更能有效激励市场主体等行为的制度规范体系来实现经济社会的持续发展。利用创新思维和市场思维，充分利用国内国外两个市场资源进行科技创新，着力构建以市场为导向、以（民营）企业为主体的开放创新体系。

重庆 20 多年来的创新发展总体经历了 5 个阶段：直辖体制理顺阶段（1997—2000 年）、基础建设阶段（2000—2007 年）、城乡统筹阶段（2007—2011 年）、全面开放阶段（2011—2013 年）以及协调发展阶段（2013 年至今）。第一阶段，改革调整行政体制，建立符合重庆特殊市情的直辖体制成为该时期的主要任务。第二阶段，重庆市抓住西部大开发机遇，为重庆建成西部地区的重要增长极扫除基础设施落后的障碍。第三阶段，重庆市成为全国城乡统筹综合配套改革试验区，将建设城乡统筹发展直辖市作为攻坚任务和主线，着力解决城乡市场存在壁垒、城乡要素流通不畅等城乡二元结构突出的问题，为全国缩小城乡差距探索新路径。第四阶段，重庆市紧紧抓住全国对外开放大局，扭转重庆地处西部内陆、"不沿边不沿海"、对外开放程度低的劣势。第五阶段，重庆区域发展战略进入 4.0 时代，为解决各区功能定位不明确、同质化发展、无序竞争、资源浪费和环境恶化等问题，贯彻中国主体功能区战略思想，提出各功能区域协调发展战略。

重庆创新发展的五大阶段不断演进,各阶段的主要任务既是当时结合市情国情而做出的发展定位,同时也是为后一阶段所打下的发展基础,贯穿着理念创新、市场创新、制度创新以及科技创新。

(一) 理念创新

发展理念是发展行动的先导,管全局、管根本、管方向、管长远,是发展思路、发展方向的集中体现。重庆20多年来的快速发展首先是源于重庆市发展理念的创新(见表3—8)。

表3—8 重庆直辖以来的理念创新

阶段	国家背景	重庆背景	国家对重庆的定位	理念创新
理顺体制(1997—2000年)	中央先后做出三大决策:建设三峡工程;设立重庆直辖市;实施西部大开发战略	集中力量完成中央交办四件大事:妥善安置100万移民;"九五"时期的366万农村贫困人口越温脱贫;振兴老工业基地,妥善安置40万下岗职工;防治环境污染和保持生态平衡	长江上游地区的经济中心;进一步发挥重庆的区位优势、"龙头"作用、"窗口"作用和辐射作用,带动西南地区和长江上游地区的经济、社会发展	在实践中解放思想,强化改革意识、发展意识与大局意识;树立市场经济意识解决市场发展难题;提高领导干部思维开放程度
基础建设(2000—2007年)	党的十六大报告提出"重点抓好基础设施建设,争取十年内取得突破性进展"战略目标	重庆直辖5年,基础设施仍然落后	"314总体部署"要求将重庆建成西部地区的重要增长极、长江上游地区的经济中心	始终将重庆发展置于国家发展大局当中谋划;在建设创新型国家背景下,建设创新型重庆
统筹城乡(2007—2011年)	党的十六届三中全会提出"五个统筹"	城乡差距越来越大	"314总体部署"要求将重庆建成城乡统筹发展的直辖市	把城乡统筹发展直辖市作为攻坚任务和主线
全面开放(2011—2013年)	党的十七大报告强调"改革开放是实现中华民族伟大复兴的必由之路"	对外开放程度不够高,对外开放区域竞争加剧	"314总体部署"三大定位;五大国家中心城市之一	树立全球视野,提出"开放是一种文化、一种观念、一种制度安排";形成面向全球的大开放格局;树立开放思维,吸引全球创新资源建设长江上游创新中心

续表

阶段	国家背景	重庆背景	国家对重庆的定位	理念创新
协调发展（2013年至今）	党的十八大报告提出"五位一体"总体布局；"一带一路"和长江经济带等国家对外开放和区域发展重大战略	"直辖体制、省域面积，城乡区域差异大"的特殊市情	充分发挥西部大开发重要战略支点，"一带一路"和长江经济带联结点的特殊区位优势，做实做靓"内陆开放高地"和"山青山秀美丽之地"	以"三大动力"、"四化同步"、落实全国主体功能区规划重要发展理念引领发展

直辖体制理顺阶段，重庆市在一次党代会提出的破除"左"的思想束缚、破除传统计划经济意识以及破除自我封闭等狭隘意识下，以理念革新解决直辖初面临的三大挑战。一是通过树立市场经济意识振兴老工业基地，坚持以"抓大放小"对国有企业进行改组，从整体上搞活国有经济；同时大力发展私营经济使其成为新的经济增长点。二是以开发式移民方针为引导，搞好淹没迁建城镇的基础设施建设妥善安置移民，同时将企业迁移与产业结构调整相结合，发展库区经济，实现"在移民中发展，在发展中移民"。三是树立创新思维，坚持开发式扶贫方针，以科教扶贫、技术扶贫、异地扶贫、"集团式扶贫"、将三峡移民与扶贫有机结合等多措并举，妥善解决300万贫困人口的温饱问题。

基础建设阶段，其核心理念创新是始终将重庆发展置于西部大开发和国家发展全局当中谋划发展，强化服务西部大开发、全国发展大局就是发展自己的理念。一是提出要抓住西部大开发的战略机遇，重点建设基础设施，明确要"打基础、建平台、增后劲"，通过不断增强作为长江上游经济中心城市的功能。二是在建设创新型国家[①]背景下，提出的建设创新型重庆理念，是落后地区实现后发先至的重要尝试。全市经济持续较快发展和社会事业不断改善，为顺利实施创新型重庆战略奠定了良好的财力、物力基础。

城乡统筹阶段，应全面基础设施建设的需要，重庆市在加强城市设施建设基础上，扩大乡镇郊区的基础设施建设。其核心理念创新是以建设城乡统筹发展直辖市

---

① 2006年1月9日，胡锦涛在全国科技大会上宣布，到2020年建成创新型国家，使科技发展成为经济社会发展的有力支撑。

作为攻坚任务和主线，为全国缩小城乡差距探索新路径。结合中央要求和市情提出"必须抓住建设城乡统筹发展直辖市这条主线构建区域发展新格局"，[①] 举全市之力统筹城乡发展。

全面开放阶段，重庆的核心理念创新是树立全球视野，提出"开放是一种文化、一种观念、一种制度安排"理念。在"扩大开放是实现重庆振兴的必由之路，必须把开放作为加快发展的第一动力，要以开放促改革、促发展，着力建设内陆开放高地"的理念引领下，重庆市进行三大创新理念实践：一是通过加强渝洽会、高交会、三峡国际旅游节等开放平台的建设，发挥开发区和产业园区在招商引资中的重要作用，扩大招商引资规模。二是实施大开放大创新战略，大力发展开放型经济，引进一批国际知名企业落户重庆。三是通过正式挂牌两江新区、建成西部唯一的保税港区，成立西永综合保税区等具体平台搭建举措为重庆建成开放高地提供支撑。

全面协调发展阶段，其核心理念创新是以"三大动力"、"四化同步"[②]、落实全国主体功能区规划推动重庆创新、协调、绿色、开放、共享发展。一是提出强化改革、开放、创新"三大动力"。以全面深化改革释放发展新动力，以扩大开放注入发展新动力，以创新驱动激发发展新动力。二是提出要统筹推进新型工业化、信息化、城镇化、农业现代化"四化同步"，走出一条符合实际的深度融合、良性互动、协调发展之路。三是立足重庆"直辖体制、省域面积，城乡区域差异大"的特殊市情，在坚持深化、细化"一圈两翼"区域发展战略基础上，按照全市整体功能最大化、人口资源环境相均衡、经济社会生态效益相统一的要求，提出落实全国主体功能区规划发展战略。

（二）市场创新

市场创新是采取一系列创新措施推动市场在资源配置中起决定性作用，这也是经济发展活力源泉。直辖以来，重庆市围绕着各阶段的主要工作任务，善于解放思想，尊重市场规律，利用市场经济思维寻求促进发展之良策，创新地运用市场手段解决了一系列难题（见表3—9）。

[①] 参见《重庆市第三次党代会报告》。
[②] "三大动力"是指改革、开放、创新；"四化同步"是指新型工业化、信息化、城镇化、农业现代化同步发展。

表 3—9 重庆直辖以来的市场创新

阶段	重庆背景	国家背景	市场创新
理顺体制（1997—2000年）	国企亏损严重,老工业基地百废待兴①	全国大多数国有企业发展陷入困境,经历3年的脱困时期	采用兼并破产淘汰一批、债转股搞活一批等办法解决国有企业突出矛盾和问题;推进"所有制结构调整""抓大放小"将优质国有资产集中到优势行业和优势企业;设立北部新区,再造一个重庆工业
基础建设（2000—2007年）	基础设施落后"缺水、缺电、路难走",基础设施建设面临资金难题	深入实施西部大开发战略,重视对西部地区基础设施的建设	搭建"八大投"基础设施融资平台;组建渝富资产经营管理公司
统筹城乡（2007—2011年）	城乡市场存在壁垒,城乡要素流通不畅	城乡二元结构突出,城乡协调发展属历史难题	设计了"地票"交易制度;积极推进农业产业化经营;转移人口发展劳务经济
全面开放（2011—2013年）	"不沿边不沿海",对外开放程度低于全国平均水平	国际金融危机爆发,全球产业向发展中国家加速转移	产业的垂直整合,提高产品的配套率;发展离岸金融结算业务;大力推动要素市场发展
协调发展（2013年至今）	二元结构矛盾突出;对外开放的区域竞争加剧	中国经济发展进入新常态;中国实施主体功能区战略,积极推进主体功能区建设	强化改革、开放、创新"三大动力";利用市场的力量,推动"四化同步"发展;以落实全国主体功能区规划为基础,促进要素资源配置在各功能区的优化配置

理顺直辖体制阶段,重庆面临着"小马拉大车"的困境,1000多亿元的经济总量,肩负着老工业基地改造等历史重任。支柱产业"黑、粗、重",国有企业亏损面达70%,扭转国企亏损成为首要任务。首先,重庆针对老工业基地的烂摊子,充分运用市场经济思维,采用兼并破产淘汰一批、债转股搞活一批、中小企业改制脱困一批、扶优扶强壮大一批等②办法解决国有企业突出矛盾和问题。其次,推进包

---

① 当时作为老工业基地的重庆,支柱产业"黑、粗、重",国有企业亏损面达70%。
② "七个一批":通过兼并破产淘汰一批,消灭部分亏损源;债转股搞活一批,实现由亏转盈;技术改造提高一批,增强创新发展能力;加强内部管理转化一批,当年扭转亏损;军民分线解脱一批,减人增效一举扭亏;中小企业改制脱困一批,整体上亏损的扭亏、盈利的增盈;扶优扶强壮大一批,发挥骨干与带动作用。

括"所有制结构调整"在内的"五大调整",对国有企业进行战略性改组,通过减持股权、合资合作、出售资产、公开拍卖等多种方式,使国有资本从一般性竞争领域有序退出。另外,重庆于2001年成立北部新区,以城市建设为重点转变为以产业发展为重点,从侧重城市建设转变为侧重产业集群,以更好地适应市场创新发展和城市发展空间拓展的需要。

基础建设阶段,重庆充分发挥市场力量为全国大局服务,进而发展自己。一方面,重庆一个创新性的举措则是设立国资控股的融资平台解决基础设施建设资金问题以及"小马拉大车"困境,逐渐将由政府出面举债为主的投资方式转变为以投融资集团为平台向社会融资为主的方式。从搭建了"八大投"融资平台①到组建了渝富资产经营管理公司②,都充分展现了重庆市如何创新运用市场机制,将企业变为建设投融资的主体,将分散的资源、资产、资金整合转化为资本,形成规模优势。

统筹城乡阶段,重庆采用多种措施推进统筹城乡发展综合配套改革,为国家统筹城乡发展探索新路。一是通过市场的力量让土地资产增值,创造性地设计了"地票"交易制度,实现土地资源的优化配置。二是利用市场的运作方式,鼓励工商资本下乡鼓励农村发展,积极推进农业产业化经营。三是在统筹城乡改革试验中,重庆市以解决农民工问题为突破口,重庆坚持在产业发展中解决就业问题,转移人口发展劳务经济是其中一个有效办法。

全面开放阶段,重庆市创新开放模式,提升内陆对外开放水平,促进内陆地区实现区域发展。通过市场手段和政府宏观调控的手段创新性的引领重庆建设内陆开放高地,具体来说,一是通过产业的垂直整合,提高产品的配套率。在汽车工业方面,打造集群化的汽车产业链,形成了"1+10+1000"③汽车产业集群;在电子产业方面,重庆力图把一个整机所需要的零部件80%本地化,减少零部件运输的物流成本。二是发展离岸金融结算业务,并通过建立离岸金融中心,建立低物流、低要素成本、低物业成本、低融通成本、低税费"五低"机制,打造全国最优投资环

---

① 从2002年年底,不到1年时间,重庆陆续创办了八大国有建设性投资集团——重庆市城市建设投资有限公司、重庆市地产集团、重庆市水务集团、重庆市高速公路发展有限公司、重庆市高等级公路建设投资有限公司(现为"交旅集团")、重庆市建设投资公司、重庆市水利投资有限公司、重庆市开发投资有限公司(简称"八大投")。八个公司均是按照现代企业制度和资本市场要求建立的所有权与经营权统一的产业集团,隶属市国资委,厅局级架构,接受对口部门的行业指导,主要履行政府规划的基础设施建设项目的投融资任务。

② 渝富资产经营管理公司成立于2004年,主要职责是打包处置国有企业不良债务和资产重组,承担国企破产、环保搬迁和"退二进三"的资金托底周转,以及对地方金融和国企进行战略投资、控股。

③ "1是长安集团,10是国内外知名的汽车厂商,福特、铃木、五十铃、韩国现代等10家汽车厂商,1000则是配套的1000个零部件厂。"

境。三是建设包括金融资产交易所①在内的 7 家要素交易市场（到目前达到十余家），为建设长江上游金融商贸中心提供强大动力，为重庆和中西部地区经济发展注入新活力。

协调发展阶段，重庆市围绕"三大动力""四化同步"、落实全国主体功能区规划发展战略、三大重要发展理念，发挥市场对资源配置的决定性作用，利用改革、开放、创新牵引发展。一是发挥市场在资源配置中的决定性作用和更好发挥政府作用，最大限度地激发市场活力和发展动力，强化改革、开放、创新"三大动力"支撑。二是利用市场的力量，推动"四化同步"发展。运用市场改造提升传统制造业，走新型工业化道路；促进互联网与经济、社会、文化以及政府建设等领域全方位深度融合；利用市场机制引导社会资本投入新型城镇化建设；加强市场主体培育，以市场主体为依托建基地、联农户，促进农业现代化发展。三是以落实全国主体功能区规划为基础，促进要素资源配置在各功能区的优化配置，坚持"产业跟着功能走、人口跟着产业走、建设用地跟着产业和人口走"。同时，重庆市政府按照"非禁即入"的原则，对企业投资进行引导，助于发挥市场在落实全国主体功能区规划内进行资源配置的决定性作用。

（三）制度创新

重庆直辖以来，不断突破创新，通过创设新的、更能有效激励市场主体等行为的制度、规范体系积极探索出一条符合重庆市情的路子（见表3—10）。

表 3—10　　　　　　　　　　重庆直辖以来的制度创新

阶段	重庆背景	国内背景	制度创新
理顺体制 （1997— 2000 年）	经济基础薄弱，区域发展不平衡	三峡工程建设、库区移民安置；新一届中央政府推进行政体制改革和创新	探索"省直管县"体制；探索行政审批制度改革；率先规范政府管理
基础建设 （2000— 2007 年）	总体城市基础设施建设人均水平低，基础设施建设面临资金难题	深入实施西部大开发战略，重视对西部地区基础设施的建设	改革投融资体制：通过深化财税、金融、投融资等体制改革，建立基础设施建设的投融资体制。

---

① 重庆金融资产交易所成立于 2010 年 12 月 29 日，系重庆市开出的第 7 家要素市场，前 6 家分别是重庆联合产权交易所、重庆农村土地交易所、重庆农畜产品交易所、重庆股份转让中心、重庆药品交易所、重庆航运交易所。

续表

阶段	重庆背景	国内背景	制度创新
统筹城乡（2007—2011年）	城乡二元结构矛盾突出；集大城市、大农村、大库区于一体；城乡发展不平衡	"三农"问题被列为全党工作重中之重；全国城乡二元结构矛盾突出	大城市带动大农村体制机制；"一圈两翼"对口帮扶机制；开展户籍制度改革
全面开放（2011—2013年）	对外开放程度不够高，对外开放区域竞争加剧	中央对重庆做出"314总体部署"；① 重庆列为五大国家中心城市之一	完善招商引资体制机制；创新加工贸易模式，形成有利于推动内陆产业集群发展的体制机制；推动形成全域海关业务一体化体制机制
协调发展（2013年至今）	各区县功能定位不明确、同质化发展、无序竞争、资源浪费和环境恶化等问题凸显	中国经济发展进入新常态；国家实施主体功能区战略，积极推进主体功能区建设	围绕以"三大动力""四化同步"、都市功能核心区进行体制机制创新

理顺直辖体制阶段，重庆市主要围绕直辖市的设立进行行政体制改革和创新。一是探寻"省直管县"体制，建立了"市—区县—乡镇"三级和"市—区"两级直辖市行政管理体制架构，实现了市对所有区县、区县对乡镇的直接管理。二是探索行政审批制度改革，1998年开始探索行政审批制度改革，不断削减审批事项、优化审批流程、创新体制机制，不断推进行政审批服务体系建设，加快转变政府职能，使政府依法行政能力和水平得到提高。三是规范政务管理，② 逐步改善投资环境，把市场能做的事交还给市场去做，政府从"大包大揽"转变到经济调节、社会管理、公共服务上。

基础建设阶段，重庆市最主要的制度创新则是改革投融资体制，即通过深化财税、金融、投融资等体制改革，建立基础设施建设的投融资体制，最终形成基础设施和公共设施领域政府主导、社会参与、市场运作的多元投资格局，创新性地解决

---

① 314总体部署：2007年3月两会期间，时任总书记胡锦涛参加重庆代表团讨论的时候提出的。胡锦涛提出重庆新阶段发展的"314"总体部署。明确了3大定位——努力把重庆加快建设成为西部地区的重要增长极、长江上游地区的经济中心、城乡统筹发展的直辖市；提出了1大目标——在西部地区率先实现全面建设小康社会目标；交办了4大任务——加大以工促农、以城带乡力度，扎实推进社会主义新农村建设；切实转变经济增长方式，加快老工业基地调整改革步伐；着力解决好民生问题，积极构建社会主义和谐社会；全面加强城市建设，提高城市管理水平。

② 参见《重庆市人民政府关于进一步规范政务管理改善投资环境的决定》。

基础设施基金来源问题。

城乡统筹阶段，重庆围绕统筹城乡发展展开一系列制度创新与体制机制改革。一是突破影响城乡统筹发展的体制机制障碍，以农民工市民化为突破口，围绕农民工就业、安居、子女教育、社会保障等出台了一系列改革举措。二是实施大农村带大城市战略，统筹推进"一圈两翼"的城镇化，增强城市对农村、"一圈"对"两翼"的辐射带动力，同时完善"一圈"对"两翼"之间区县对口帮扶机制，探索改变城乡二元结构。

全面开放发展阶段，重庆市增强对外开放的制度优势，构建市场创新开放的重要保障。针对"中国的内陆城市，内陆的码头城市"的特点，重庆市主要进行了以下制度创新。一是完善招商引资体制机制，着力打造"五低"①环境，把国际国内投资"引进来"。二是强化金融结算功能。大力发展离岸金融结算、跨境人民币结算、跨国公司总部结算、跨境电子商务支付结算等金融结算。三是创新加工贸易模式，形成有利于推动内陆产业集群发展的体制机制。将加工贸易价值链的水平分工变为垂直整合，构建起符合内陆特点的外向型产业集群、加工贸易三大集群②以及"五位一体"③内陆加工贸易基地。四是通过优化通关环境、优化监管办法、创新查验手段、优化监管服务，推动内陆同沿海沿边通关协作，形成全域海关业务一体化体制机制。

协调发展阶段，重庆市通过"三大动力""四化同步"及落实全国主体功能区规划发展战略三大理念创新进一步解放思想，以体制机制创新破除发展障碍，形成良好制度环境。一是推动形成改革、开放、创新"三大动力"支撑体系。以体制机制创新扩大对外开放，以体制机制改革促进创新发展。④二是以体制机制的创新与完善推动"四化"发展。以"一体化、园区化、集群化"模式、"6+1"工业集群、"五低成本"、"11+7"、"7+38+400"等促进工业化。以地票制度、工业用地租让弹性年期和分期供地制度、区县（自治县）PPP投融资模式试点机制等多举措完善城镇化体制机制。以信息化助推农业农村发展的体制机制推动农村事业发展。⑤

---

① 最低的税费，最低的土地房产成本，最低的油电煤要素成本，最低的物流运输成本，最低的金融融通成本。
② 一是零部件、原材料、整机上中下游产业链形成了"5+6+860"集群（五大品牌商，六大整机商，860多家零部件厂商）；二是同类项产品、同类企业在重庆形成了集群；三是物流运输、销售结算等生产性服务业与制造业的集群。
③ 指研发设计、零部件加工、整机组装、物流销售、贸易结算"五位一体"。
④ 参见《重庆市深化体制机制改革加快实施创新驱动发展战略行动计划》（2015—2020年）。
⑤ 参见《重庆市探索信息化助推农业农村发展机制改革实施方案》。

以农村产权制度,农业经营体制,"龙头企业+基地+农户"等多种产业化经营模式创新实现农业现代化。三是形成落实全国主体功能区规划发展战略政策体系。进一步科学划分功能区域,明确区县功能定位,增强科学性、针对性和有效性,使全市发展形成一个有机联系的统一整体,发挥区域优势和资源整合的最大效应。

（四）科技创新

科技创新决定着世界政治经济力量对比的变化,也决定着各地发展的前途命运。重庆市在不同的时代机遇与挑战面前,结合国情市情探索出具有重庆特色的科技创新之路（见表3—11）。

表3—11　　　　　　　　　　重庆直辖以来的科技创新

阶段	重庆背景	国内背景	科技创新
理顺体制（1997—2000年）	重庆科技发展基础条件差,科技创新动力不足,还面临着老工业基地脱困的重大任务	中央提出科教兴国战略,一个有利于科技发展宏观环境正在形成	以"技术改造一批"行动强调技术革新,加快产品开发,振兴老工业基地;大力发展民营企业,发挥民营企业在科技创新上的优势
基础建设（2000—2007年）	重庆在区域科技创新能力中处于第四集团位置,与发达地区还存在较大差距	中央做出建设创新型国家的战略决策,提出让科技创新作为基本战略	推动形成较为完整的科技创新链条;实行激励自主创新的政府采购政策,通过政策引导创新、促进创新;发挥民营企业在创新中的引领作用
统筹城乡（2007—2011年）	科技要素城乡配置不均;科技助推城乡统筹作用不明显	中央将重庆市首批设立为全国城乡统筹综合配套改革试验区之一	完善"科技特派员"制度;建立民生科技支持机制;创建创新产学研联盟
全面开放（2011—2013年）	重庆技术进步对经济增长贡献率仍然不高	党的十七大报告指出"改革开放是决定当代中国命运的关键抉择,是发展中国特色社会主义、实现中华民族伟大复兴的必由之路"	开展工业研发千亿投入计划、千亿技术改造计划等专项计划促进产业发展与技术研发相结合;完善科技创新体制机制,如"双师带题挂职制度"、产业领军人才计划等
协调发展（2013年至今）	重庆区域发展战略进入4.0时代,需以主城区为载体建设西部创新中心	党的十八大提出"必须把科技创新摆在国家发展全局的核心位置",重视科技创新的核心作用	推动科技创新与产业发展相结合;进行"一个平台,三大体系"科技金融改革,设立科技金融服务中心和科技融资担保风险补偿资金池;建立创新生态圈、中新前沿科技城

理顺体制阶段，重庆提出"科教兴渝"战略，并以老工业基地振兴作为科技创新的切入点进行突破。通过开展"技术改造提高一批"行动，以科技脱困的理念探索出科技创新助推老工业基地振兴的路子，引导老工业振兴、产业发展与科技创新发展相辅相成、相互促进。其次，利用民营经济在科技创新上的优势，弥补国有企业在科技创新上的劣势，依靠发展民营企业推动科技创新的发展。

基础建设阶段，重庆市基于自身创新水平较低的实际情况和建设创新型国家背景下，提出建立"创新型重庆"。一是进一步发挥民营企业在创新中的引领作用，主要通过鼓励企业建立研发机构，以企业化、公司化实现科技市场资产重组，鼓励科研单位企业化或公司化改制，扩大与丰富科技创新主体；二是推动形成一个较为完整的科技创新链条，重庆率先在全国建立科技研发、资源共享、成果转化三大科技平台；三是实行激励自主创新的政府采购政策，通过政策引导创新、促进创新。

统筹城乡阶段，重庆市引导科技要素向农村转移，把区县作为科技工作的主战场，以科技创新助推城乡经济统筹发展。一是民生科技支持机制，对于节能、环保、农业等民生问题的实用技术，以及搭建公共科技服务平台等，给予优先立项和经费的倾斜支持，引导更多的科研要素向"民生科技"转移。二是创新完善"科技特派员"制度，促进科技人才的互动交流，以此在区县打造一批富有鲜明区域特色的重点产业，推动科技成果与市场的零距离对接，并把对科技成果的评价方式，从原来的论文评判，转化为社会需求和市场应用的情况来评判。三是引导企业、高校、科研院所与区县建立产学研联盟，通过县校合作、院村合作、技术培训等形式，推动城乡科技资源的良性互动。

全面开放阶段，重庆市抓住全国大开放的趋势，采用全球思维，提出建设"长江上游地区的科技创新中心和科研成果产业化基地"，建设"国家创新型城市"。这一时期引进诸多外资、外企推动重庆科技发展成为重要的战略举措。惠普、富士康等多个知名外企均在该时期被引入重庆，并在重庆设立科研机构。同时，重庆以开放作为科技创新与产业发展的驱动力，一方面，通过开展工业研发千亿投入计划、千亿技术改造计划等专项计划进一步促进产业发展与技术研发相结合，另一方面，通过确立风险担保机制、推进科技成果评价机制改革等措施提高科技成果转化率，实现创新成果推动产业发展，产业发展催生技术创新。

协调发展阶段，重庆市围绕"以拓展区和核心区为载体建设西部创新中心"的理念创新，提出建设"西部创新中心"。主要采取以下措施，一是围绕先进制造业、现代服务业、战略性新兴产业和社会民生需求，滚动实施一批重大科技专项，大力发展新型制造方式。二是强化科技创新平台建设，构建创新服务体系，规划创新生态环境，打造以仙桃数据谷为核心的创新生态圈。四是推动科技改革，通过"搭建一个平台，建立三大体系"推动科技金融改革，推动研发机构法人化改革，科技成果转化股权和分红激励试点，启动制造业创新中心培育工程，采用补助方式支持中小企业推广和利用科技成果。

二 地方政府创新发展治理经验总结及成渝城市群发展

"真知来源于实践、政策来自于群众、创新来自于地方，其根本点在于创新来自于地方。"地方总是处于社会矛盾的焦点，处于实践的第一线。市场经济初级阶段，地方政府须在经济和社会发展中起主导作用，在理念创新的引领下，创设新的制度，保障市场创新和科技创新（如图3—4）。地方政府应充分发挥理念创新的引领性和基础性作用。树立市场意识，通过权责清单和负面清单，厘清政府和市场的关系，让市场在资源配置中起决定性作用，坚持实事求是、解放思想，树立并强化创新意识、市场经济意识，不断谋求自身发展。在理念创新的引领下，地方政府进行制度创新，激励推动市场主体进行市场创新，特别是以科技创新为核心的创新行为。通过地方政府的创新性制度安排，改善投资环境，推动并保障市场创新，大力推动科技创新。坚持制度创新、市场创新和科技创新的良性互动。

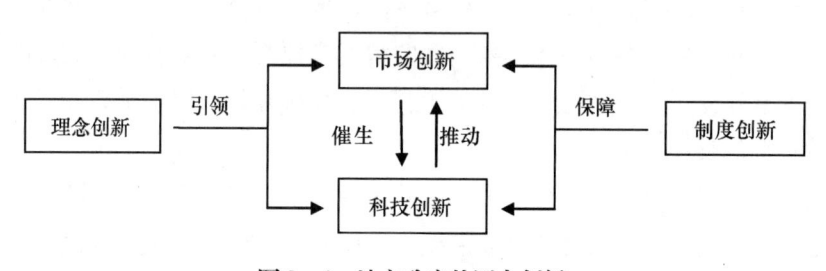

图3—4 地方政府的四大创新

未来重庆要获得跨越式发展，需要站在国家战略层面推进成渝城市群一体化发展。推进成渝城市群一体化发展有利于推动"一带一路"和长江经济带联动发展，加快国家全方位对外开放；有利于加快西部开发开放，优化国土空间布局；有利于拓展我国经济纵深，打造高质量发展的新支撑；有利于保障国家安全，建设可靠的战略大后方；有利于保障生态安全，建设国家重要生态屏障。

从地理区位、资源禀赋、经济实力、产业基础、开放水平、市场空间等方面综合分析，成渝城市群经济腹地广阔，未来发展空间巨大，具有较好的发展基础和潜力。应坚持新发展理念,深化市场化改革、扩大高水平开放,聚焦建设现代化经济体系、推进高质量发展、实现高品质生活目标,建设面向全球、辐射欧亚非、引领中西部的内陆开放型城市群,成为中国经济增长第四极、西部大开发的战略支点、"一带一路"建设和长江经济带发展的重要支撑。特别是应以国际先进产业发展和科技创新理念为引领,立足成渝两地现有产业,着力培育链条完整、分工明确、布局合理、创新协同的世界级智能制造、电子信息、汽车等产业集群。高标准建设国家自主创新示范区、国家(西部)科技创新中心,聚焦重点领域和关键环节,用好用活新一轮部市会商政策成果,打造具有国际竞争力的科技创新高地。同时也要提升对外开放水平,打造现代化城镇体系,促进基础设施互联互通,建设长江上游重要生态屏障。同时从国家层面推进成渝城市群一体化发展绝非一朝一夕之功,体制机制创新是破题的关键,因此要积极争取国家支持提升成渝城市群战略定位,推动建立国家层面的合作协调机制,完善川渝合作常态化工作机制,改革创新城市群协同发展体制机制,推动川渝合作平台优化提升。

第二节 地方政府开放发展治理

习近平总书记把开放发展作为引领中国未来 5 年乃至更长时期发展的"五大发展理念"之一,向世界表明中国开放的大门永远不会关上,中国经济发展将继续为世界带来巨大的正面外溢效应。开放发展理念为提高中国对外开放的质量和发展的内外联动性提供了行动指南,必将进一步拓展实现"两个一百年"奋斗目标的发展道路,进一步拓展实现中华民族伟大复兴中国梦的发展空间,也将进一步拓展世界经济发展空间。开放带来进步、封闭导致落后,这是各地发展的一条普遍规律。地方的对外开放是中国对外开放的重要组成部分。地方经济"竞进提质,加快发展,开放更是成为了第一动力"。[①] 地方间经济发展质量和速度的竞争,其中一个重要方面则是开放水平之间的竞争。对于地方政府治理而言,转变观念,促进地区开放发展治理,无疑是地方经济治理中重要的一环。

一 地方政府开放发展治理——以浦东新区开放为例

中国改革开放后,国家级新区成为新一轮开发开放和改革的前行地区。所谓国

---

① 参见刘章西《开放是第一动力——竞进提质建设"五个湖北"系列谈之四》,《湖北日报》2013 年 1 月 8 日。

家级新区,是指由国务院批准设立,总体发展目标、发展定位等由国务院统一进行规划和审批,相关特殊优惠政策和权限由国务院直接批复,在辖区内实行更加开放和优惠的特殊政策,鼓励新区进行各项制度改革与创新的开放发展探索工作。可见国家级新区是承担国家重大发展和改革开放战略任务的综合功能区。

对地方来说,成立国家级新区意味着能从中央获得更多的政策和经济支持,国家级新区成为地区对外开放的窗口,显著推动着地区经济增长。而国家级新区所在地政府,在促进新区开放的过程中也扮演了极其重要的角色。从改革成效来看,在上海市政府和新区政府积极的政策支持下,浦东新区经济开放取得了显著的成就。根据全球知名咨询公司德勤的研究报告,早在 2012 年,浦东新区的外商投资平均成功率(即实到外资除以合同外资所得比率)和浦东外商企业运营率(即参加年检正常运营企业数除以累计批准项目数)高于上海平均水平,远超全国平均水平。上海浦东新区地区生产总值从 1990 年的 60.24 亿元增长到 2016 年的 8731.84 亿元,增长了 144 倍,2016 年上海浦东新区 GDP 同比增长 8.2%,占上海全市的 31.8%。[①] 本书将在接下来的内容中,以上海浦东新区为案例,分析地方政府在促进其开发、开放过程中的作用。

(一)浦东新区开放历程

从 20 世纪 80 年代中期至 90 年代初期,上海市为筹划浦东开发,曾先后率代表团遍访欧、美、日等发达国家的高科技园区、新兴工业园区及自由贸易区,学习借鉴其成功的经验,组织大型中层干部团去广东、深圳等地学习取经。并于 1990 年 2 月正式向中共中央、国务院上报了《关于开发浦东的请示》。1990 年 4 月 18 日,时任国务院总理的李鹏宣布:中国政府决定开发开放浦东。随后,上海市委、市政府按照中央的战略部署,制定了"开发浦东、振兴上海、服务全国、面向世界"的开发方针。[②] 至此,浦东新区的建设正式拉开帷幕。

第一阶段:政府主导模式(1990—1995 年)。这一时期,浦东新区的开放采取的是政府主导的模式,政府的首要措施是高起点作好开发浦东的科学规划,逐步推开软硬件基础设施建设。具体而言,一是编制修订完成规划。1990 年 5 月,浦东开发规划研究设计院挂牌成立。上海市科学技术委员会主持对浦东发展规划进行全面的战略性研究,力求以高标准、系统化的规划指导浦东高起点开发。规划明确把浦东建成集中央商务区、自由贸易区、出口加工区、高科技园区以及海港、空港、铁

---

① 参见《上海统计年鉴 2017 年》。
② 参见《上海浦东新区》,《中国经济网》2008 年 10 月 7 日。

路枢纽于一体，城乡协调发展、具有高度文明和国际水平的现代化新区。二是投资基础设施建设。浦东集中力量进行道路、供水、供电、供气、通讯等"七通一平"的市政基础设施和重点小区的基础开发，投资以交通、能源和通讯项目为主的"八五"计划第一轮十大重点基础设施工程及各项配套设施项目建设，[①] 大大改善了投资硬环境，积极为"引进来、走出去"创造条件。三是规范市场环境。在中央给予浦东开发优惠政策的同时，上海也相继出台对外商和国内投资者逐步实行"国民待遇""市民待遇"的措施、招商引资等有关政策法规，这些政策有效地促进扩大利用外资与扩大市场准入相结合，为浦东开启开放进程提供政策保障。

第二阶段：政府主导，重视市场力量（1996—2005 年）。在这一时期，浦东新区的开放模式仍是政府主导模式，期间政府积极抓住国际制造业转移、关税下调和服务业开放的历史性机遇，进行浦东城市形态布局、重大基础设施建设。浦东投资建设以航空港、信息港、深水港为核心，以"三港二线"为标志的新一轮十大基础工程，初步形成了基础设施比较配套的浦东新区大格局，积极为吸引人流、物流、资金流与信息流创造条件。[②] 同时，也愈发重视发挥市场作用，采取了更加有效的市场手段促进新区发展，积极培育区内金融贸易、现代工业、现代农业、高新技术产业行业分区开放。按照"开发一片，建成一片，投资一片，收效一片"的滚动开发方针，推动重点功能区开放，对外开放重点从一般生产加工扩展到服务贸易领域。浦东新区采用"资金空转，土地实转"的创新开发方式，以开发公司取代政府作为开发主体，使土地的有偿使用得以实现，对土地价值的提前预支，避免了资金的直接投入，降低了土地开发成本；而政府则将有限的财政资金投入到基础设施建设中，提升了土地价值，加速了土地开发一级市场循环。截至 2001 年，土地空转制度基本结束时，浦东"土地空转"以 61 亿元撬动 700 亿元，为整个浦东的开发建设创造了有利条件。[③]

第三阶段：逐步转变为政府和市场协同模式（2006 年至今）。此阶段内，浦东新区政府着重强调政府职能转变，发挥市场在资源配置中的决定性作用，更好地发挥政府作用，并采取一系列重大举措推进新区的全面开放，逐步由政府主导模式转变为政府和市场协同模式。2007 年 4 月 28 日，浦东国际商会正式成立，浦东政府职能转变迈出标志性一步。作为介于政府与企业之间的重要中介组织，浦东国际商

---

① 参见周轶昆《浦东新区开发开放 17 年的历史回顾与现状分析》，《经济前沿》2007 年第 12 期。
② 参见周轶昆《浦东新区开发开放 17 年的历史回顾与现状分析》，《经济前沿》2007 年第 12 期。
③ 《浦东经验："土地空转"和"阳光行政"》，财经纵横栏目，参见新浪网（http：//finance.sina.com.cn/roll/20050418/033018896.shtml），2005 年 4 月 18 日。

会明确其生命力在于服务企业，致力于做政府与企业间的"传导器"、外经贸事业的"助推器"和新区外向型经济发展的"稳定器"。二是用自贸区试验倒逼政府职能转变。2013年9月29日浦东境内中国（上海）自由贸易试验区正式成立。上海自贸区对"市场准入负面清单+行政权力清单+行政责任清单"的试验，厘清了政府与市场的关系，使政府各部门职责更加清晰，营造了一个更加国际化、市场化、法治化的营商环境，提高政府经济治理能力。三是打造提升政府治理能力的先行区。浦东综合配套改革已完成四轮三年行动计划，开展开放型经济新体制综合试点试验，持续深化"放管服"改革，推动市场准入高效便利，加快行政审批"四个集中"，进一步改善投资、政策、工作、生活和人文等综合投资环境。截至2017年年底，自贸试验区累计新设企业超过5万家，实到外资占全区比重约90%。[1]

专栏3—1　开放发展的运行机制模式

对外开放的运行机制，是指影响对外开放的各因素的结构、功能及其相互关系，以及这些因素产生影响、发挥功能的作用过程和作用原理及其运行方式。根据政府和市场职能定位和作用的不同，可以划分为政府主导模式、政府与市场协同模式、市场主导模式三类。

1. 政府主导模式

政府主导的对外开放模式，实质上就是政府利用行政权力配置经济资源，主导对外开放发展进程和方向的模式。政府主导模式在本质上仍然属于计划经济范畴，就是地方政府对内依靠行政权力拉动经济发展。与市场经济的最大不同在于，无论是对内发展还是对外竞争，地方政府凭借的是自身的权力。

在改革开放初期，在政府主导的对外开放模式下，中国经济实现了质的飞跃，从这一点上就应当充分肯定这一模式当时对中国经济发展的重要作用。因为在改革开放初期，政府主导对外开放有助于维护国内经济秩序，而当时经济转型仍处于探索阶段，国民经济体系尚未健全，综合竞争力不强，在政府主导的对外开放模式下，可以根据经济社会发展需要，有计划地放开某些地区、某些领域外商投资，实现政府发展意图。但政府主导开放模式也留下了一些隐患：一是在相对独立的地区利益驱使下，同级政府间出现的激烈竞争带来的只是资源配置的低水平重复，产业结构的低水平雷同，生产能力的低水平过剩。二是政府主导对外开放会带来分配的明显不公。地方政府为吸引外资流入本地，往往会竭尽资源为外资提供便利条件，主要包括税收、规费、土地、配套建设、公共服务等方面，而相对外资企业，本地企业则很难享受上述优惠政策。三是政府主导对外开放会导致市场的相对萎缩。在可配置的资源给定时，政府配置资源的能力越强，市场配置资源的能力就越弱。四是政府主导对外开放导致政府职能严重扭曲。在政府主导开放模式下，政府投资成了推动对外开放的主体，通过政府投资为外商投资提供便利条件，主导产业选择和发展，政府就像一个大公司，政府官员就是该公司的高管或者是幕后操纵者，政府成为经济法人。在此种状况下政府既是"运动员"，又是"裁判员"，其结果必然破坏市场公平竞争规则。

---

[1] 参见上海浦东2018年政府工作报告。

随着改革开放的不断深入，政府主导型的对外开放模式已经无法适应中国进一步开放的发展需求，要素资源流动的全球化和国际竞争自由化，迫切需要中国转变传统政府主导的开放和发展模式，培育自由竞争市场。党的十八届三中全会中央首次提出"经济体制改革是全面深化改革的重点，核心问题是处理好政府和市场的关系，使市场在资源配置中起决定性作用和更好发挥政府作用"，为中国经济体制市场化改革指明了根本方向，这就客观上要求传统政府主导的对外开放模式需要随着政府与市场职能定位的转变而做出调整。

2. 政府与市场协同模式

政府与市场协同模式，是政府的调控引导作用与市场的资源配置作用相结合，根据地方发展实际和开放的不同阶段灵活调整政府与市场关系。这种模式的优点在于能够结合政府和市场作用的可取之处，适应性强。政府与市场协同模式的特征：第一，能够充分发挥政府和市场各自优点。政府与市场协同模式下，并不单一突出政府或市场在对外开放中的作用，而是结合实际发展的需要采取不同的强弱模式，发挥各自的优点。但在这种模式中，最难以处理的就是政府和市场的边界划分问题。在政府与市场协同模式的对外开放实践中，政府与市场的边界无法依据双方职能而做出清晰界定，这就需要根据开放的发展阶段，从时间角度加以界定。在对外开放初期，应当以政府主导为主，为对外开放创造有利的发展环境，培育开放的市场主体和市场体系，但随着开放体系逐步完成构建，应当转向市场自发适应开放格局。第二，具有较强的灵活性和适应性。政府与市场协同模式下，可以根据各地方不同的发展实际，灵活协调政府与市场的关系，以实现经济社会效益最大化。例如，在开放型经济发展初期，可以通过政府力量，配置经济发展所必备的要素资源，并通过政府性的招商引资集聚外向型产业。而在要素配置、产业集聚、市场主体建设、市场体系建设完成之后，则可以放手市场自发调节要素流动、引导产业垂直整合和参与国际分工。

3. 市场主导模式

市场主导的对外开放模式，是指由市场自发配置经济资源，自主引导产业适应外向型经济发展需求，形成市场发挥资源配置决定性作用和主要作用的经济发展格局。市场主导模式的特征：第一，政府职能转向提供公共服务。市场主导的对外开放模式下，要求政府退出市场，不再作为强势市场主体出现，而将传统干预型职能转变为服务型职能，把更多的精力放到市场环境建设上。第二，市场主导要素配置。市场主导的对外开放模式下，要素资源的配置和流动是由于外向型经济发展需要自发形成的，这就需要政府逐渐退出要素配置领域成为社会公共服务的供给者。第三，市场自发形成产业集聚。市场主导模式下，随着竞争的加剧，地方政府手中能够配置的资源趋于同质化，市场化改革的深入致使政策对促进经济发展与对外开放的效应逐步弱化，以政府主导的工业园模式在产业集聚中的作用被削弱，而市场对产业的集聚作用逐步凸显。市场主导的对外开放模式，成为中国经济转型和对外开放深化的必然要求。

（二）浦东新区开放过程中政府的推动作用

本书将从基础设施建设、发展要素、产业发展和人力资源4个方面，分析地方政府如何进行新区开放发展治理。

1. 基础设施建设为新区开放提供了基础条件

日趋完善的基础设施是浦东开放的坚实物质保障，有力地推动了浦东新区开放的进程。上海政府通过对道路、桥梁、码头、机场到通信设施、电力、水、煤气供应等的巨大投入，极大地改善了浦东的投资环境，使之成为国际资本重要流入地。①浦东开放以来，新区不断增强基础设施建设，截至 2016 年年底，新区固定资产投资总额高达 1825.74 亿元，是 1990 年的 129.03 倍（见图 3—5）。

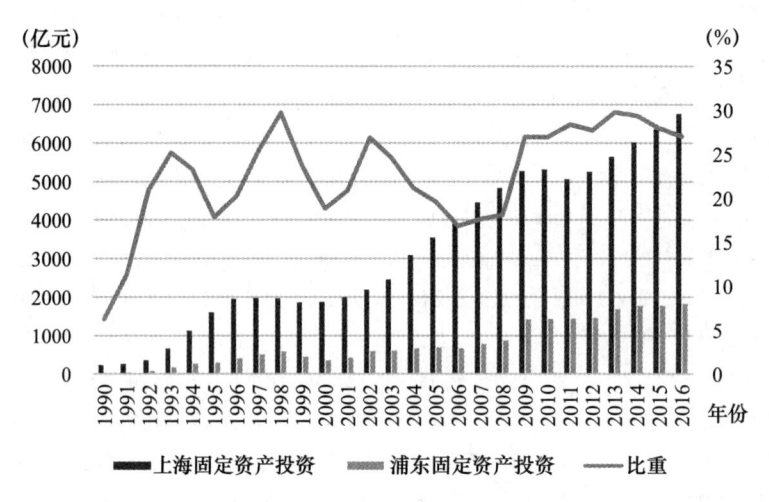

图 3—5　1990—2016 年浦东新区固定资产投资总额与占全市比重

资料来源：《2017 年浦东新区统计年鉴》《2017 年上海统计年鉴》。

2. 引导要素集聚为新区开放提供了重要推力

第一，引导金融要素聚集，浦东形成了一条"陆家嘴（高端金融）—金桥（新兴金融）—自贸区（离岸金融）"自西向东的"金融产业走廊"。政府出力打造"金桥新兴金融创业园"浦东新兴金融产业的集聚高地。"金桥新兴金融创业园"集对冲基金、资产管理、股权投资、金融数据、金融设备、金融服务等于一体，并给予入驻的新兴金融企业引导基金、物业租金、人才激励、财税扶持、医疗保障、交通设施等方面配套支持。② 2016 年 6 月，浦东新区政府打造上海保险交易所，有效填补国内保险交易所的空白，标志着上海金融要素市场建设更加完备。

第二，引导土地要素集聚，新区政府探索土地滚动开发的融资模式，助推新区开放。以国有开发公司（陆家嘴金融贸易区开发公司、金桥出口加工区开发公司、张江高科技园区开发公司、外高桥保税区开发公司等）为主体，不靠财政投资，基

---

① 参见杨上广、吴柏均《城市新区发展、空间演变与发展策略思考——以上海浦东新区为例》，《学习与实践》2011 年第 7 期。

② 《浦东有望形成"金融产业走廊"》，参见 http：//invest.pudong.gov.cn/investInfo_TZDT/Info/Detail_523853.htm，2014 年 1 月 22 日。

于公有土地资产"空转启动、滚动开发"的市场运作收益。即先估算出租土地使用权的收入,作为开发公司的"空"国有股,进而由开发公司向银行贷款或吸引外资,实现"空转启动"的第一轮开发,进而抬高土地价格,国有股就可以从中取得收益,进行滚动开发,浦东开放模式遵循"土地资源—土地资本—货币资本—更高层次的土地资本—更大的货币资本"的现实逻辑,① 既为新区开放提供了强有力的资金保障,又为落户企业提供了工业、商业用地等土地资源。

第三,引导信息要素集聚,打造电子商务平台经济深化开放。新区政府以"数字高原、智慧浦东"为定位,专门制定《浦东新区推进电子商务发展三年行动计划》,通过区域电子商务产业资源的集聚与协同发展,使浦东逐渐成为全国乃至东北亚国际贸易结算中心、营运中心、订单中心和产品交易定价中心。② 建立起电子商务综合服务信息平台、网购纠纷协调服务平台等进行电子商务服务创新,③ 深化了新区的开放领域。2015 年浦东新区新增一批国家级电子商务示范基地,促进跨境电商发展,电子商务交易额保持 20% 以上的高速增长。④

第四,以高新产业园作为汇集技术要素的载体,重视高技术产业对经济发展和对外开放的推力,推动技术要素集聚。在浦东,张江创新创业产业园与国内外研发机构相融相生,创新要素的综合集成效应逐步显现;临港新兴产业创新引领区已有霍尼韦尔飞机辅助动力装置系统、中航商用发动机、西门子风电等一批重大产业项目落地、开工和投产。

第五,新区政府通过会展经济聚集各类开放资源,发挥会展经济的综合集聚效应,同时汇聚人流、物流、资金流、技术流、信息流与商品流,打造高品质、国际化的会展平台。新区政府加强培育自有展览品牌,推动新展会项目落户浦东,2015 年,浦东新区共举办展览 247 次,其中国际性展览 224 次,分别比 2014 年同期增长 12.27% 和 21.08%,占到全市展览总量的 32.98% 和 91.8%。2015 年浦东新区会展业总收入约 750.8 亿元,其中直接收入约 81.17 亿元,间接收入约 669.63 亿元,"会展经济"相关的各服务行业中,拉动餐饮、住宿、游览、购物和文化娱乐等相关旅游消费约 392.13 亿元,占展览业直接和间接收入总量的 52.23%。会展经济的

---

① 参见朴银哲、安虎森《我国综合功能开发区创新型发展模式探索——浦东新区与滨海新区开发模式比较分析》,《求索》2012 年第 8 期。
② 参见《浦东新区推进电子商务发展三年行动计划(2010—2012)》。
③ 《浦东举行 2015"互联网+"大会 共商发展机遇与合作》,参见 http://news.21cn.com/caiji/roll1/a/2015/0710/18/29784340.shtml,2015 年 7 月 10 日。
④ 《2016 年上海市政府工作报告(全文)》,参见腾讯网(http://sh.qq.com/a/20160124/027282.htm),2016 年 12 月 4 日。

开放效应更加显著。①

3. 产业发展政策为新区开放提供了动力保障

为了配合党中央、国务院开放浦东的重大战略决策,上海市级政府及有关部门针对浦东出台了39项政策文件,包括吸引投资政策、园区建设政策、鼓励研发政策、综合配套改革政策、外汇管理政策和其他政策。其中,园区建设和外汇管理方面的政策所占比例最高,分别占政策总数的43.6%和23.1%(见表3—12);综合配套改革政策所占比例也较高,达到15.4%。从时间分布来看:一是出台吸引投资政策最多的时期是1990—1994年,这个阶段是浦东开发初期,上海市通过《上海市鼓励外商投资浦东新区的若干规定》(1990)等政策从多个方面为浦东带来吸引投资的优势;二是出台园区建设政策最多的时期是2000—2004年,上海市政府通过出台一系列园区建设政策以促进四个功能园区的开发,为开放营造良好的投资环境;三是浦东在2005年被批准为国家综合配套改革试点,上海市有关部门相继出台了多项政策支持浦东新区的综合配套改革,为开放提供了有效的政策保障。

表3—12　　　　　　　　分阶段上海市政府改革发展政策统计

阶段 政策类型	1990—1994年	1995—1999年	2000—2004年	2005—2010年	合计
吸引投资	3	0	0	0	3(7.7%)
园区建设	2	1	12	2	17(43.6%)
鼓励研发	0	0	1	0	1(2.6%)
综合配套改革	0	0	0	6	6(15.4%)
外汇管理	0	0	0	9	9(23.1%)
其他	2	0	0	1	3(7.7%)
合计	7(17.9%)	1(2.6%)	13(33.3%)	18(46.2%)	39

资料来源:杨洪涛、刘亮:《浦东新区开发开放政策及竞争优势演变分析》,《华东经济管理》2012年第9期。

同时,浦东新区政府及有关部门出台了54项政策文件,包括产业扶持政策、园区发展政策、研发创新政策、吸引人才政策、金融政策与其他政策。其中,吸引人才和园区发展方面的政策比例最高,分别占政策总数的33.3%和22.2%,产业扶持

---

① 《浦东会展业去年拉动消费392亿元》,参见网易财经(http://money.163.com/16/0318/10/BIEC1G5000253B0H.html),2016年3月18日。

政策所占比例也较高，达 16.7%。这说明浦东新区政府十分重视人才、园区和产业等问题（见表 3—13）。从时间分布来看，浦东新区的所有政策都是在 2000 年以后颁布的，尤其是在浦东 2005 年被批准为国家综合配套改革试点之后，浦东由此获得了在体制改革方面"先行先试"的特权，新区政府及有关部门抓住这一机遇，出台多项政策，加大对人才吸引、产业发展、园区建设和金融中心建设等各项工作的支持，促进人流、物流、资金流与信息流等要素的集聚，激发开放活力，提高开放水平。

表 3—13　　　　　　　分阶段浦东新区政府改革发展政策统计

政策类型 \ 阶段	1990—1994 年	1995—1999 年	2000—2004 年	2005—2010 年	合计
产业扶持	0	0	4	5	9（16.7%）
园区建设	0	0	4	8	12（22.2%）
研发创新	0	0	1	3	4（7.4%）
吸引人才	0	0	3	15	18（33.3%）
金融	0	0	0	7	7（13.0%）
其他	0	0	3	1	4（7.4%）
合计	0（0%）	0（0%）	15（27.8%）	39（72.2%）	54

资料来源：杨洪涛、刘亮：《浦东新区开发开放政策及竞争优势演变分析》，《华东经济管理》2012 年第 9 期。

4. 人力资源开发为新区开放提供了重要支撑

人才集聚可以汇集海内外优秀人才，解决新区企业的人才缺口问题，为新区开放提供智力支持。浦东新区加快建设国际人才高地。浦东新区政府于 2011 年全面启动引进海外高层次人才工程，面向全球引进 100 名左右具有海外丰富从业经历、通晓国际规则和惯例、掌握核心技术、带动产业发展的海外高层次人才，并为引进人才提供出入境、户籍、住房、子女入学、安家费、医疗保险等方面的综合性生活保障，着力解决人才发展的后顾之忧。[①] 此外，"浦东国际人才城"于 2012 年正式启用，作为浦东吸引服务国际人才的集中平台，人才城通过建立人才创业引导机制，为导入的人才创业项目提供政策咨询、孵化支持和创业跟踪，并吸引银行、风险投

---

① 《浦东"百人计划"吸引海外高层次人才》，参见 http：//invest.pudong.gov.cn/investInfo_TZDT/Info/Detail_394714.htm，2011 年 8 月 23 日。

资、私募股权投资、人才社团、猎头公司等市场机构入驻,为人才创业提供融资和市场支持。截至 2016 年 6 月,浦东新区已累计引进国家"千人计划"197 人,上海"千人计划"204 人,浦东"百人计划"56 人。这些专家普遍拥有丰富的原创、核心及关键技术,广泛参与国际研发、合作及竞争经验,对吸附资本、凝聚团队,推动提升浦东的自主创新及经济发展,起到了至关重要的作用。①

二 地方政府开放发展治理经验总结

保持开放包容的发展环境是地区兴旺发达的重要条件。地方政府应把开放作为加快发展的战略,转变政府职能,营造一个开放包容、能够激发市场主体创新活力的营商环境,强化政府服务,积极构建"强政府、大社会"的管理体制。

第一,要有开放意识,以开放促改革。在发展过程中,地方政府必须以开放发展理念为指导,加强外资引进和利用,扩大招商引资规模;实施大开放大创新战略,大力发展开放型经济,吸引企业落户;搭建开放平台,拓宽开放领域。同时,以扩大开放促进深化改革,为经济发展注入新动力、增添新活力、拓展新空间,形成开放、改革与发展的良性循环。

第二,地区开放需要地方政府提供制度保障。地方政府在地区开放发展过程中,更多扮演的是政策提供者和方向引领者,为地区开放提供制度保障。同时,发挥政府的经济管理职能,保障市场主体的有序竞争,释放改革红利,逐步形成开放型制度。上海市政府针对浦东出台了吸引投资政策、园区建设政策、鼓励研发政策、综合配套改革政策、外汇管理政策和其他政策。再者,浦东新区的发展也得到了新区政府的大力支持,主要从基础设施建设、发展要素、产业发展和人力资源等四个方面,出台了招商引资、对外贸易、金融开放、园区建设、外汇管理、创新研发、综合配套改革等各类政策,以保障新区开放,借此为市场解绑,激发开放活力,这对于其他地方政府开发开放具有借鉴意义。

第三节 小结

在厘清政府与市场关系的基础上,地方政府如何进行经济治理?通过对重庆市的创新发展、浦东新区开放发展等案例研究,总结了地方政府在促进地区经济发展

---

① 《上海浦东完善集聚人才制度设计》,参见新浪网(http://finance.sina.com.cn/roll/2016-06-30/doc-ifxtrwtu9488323.shtml),2016 年 6 月 30 日。

过程中，所应扮演的角色。首先，在创新发展的过程中，地方政府应充分发挥理念创新的引领性和基础性作用，推进制度创新，激励市场主体进行市场创新，特别是以科技创新为核心的创新行为。其次，根据政府和市场职能定位和作用的不同，将开放发展的运行机制模式划分为政府主导模式、市场主导模式、政府与市场协同模式 3 类。地方政府必须要有开放意识，健全政策体系以提供制度保障，以开放促改革、以开放促发展，形成开放、改革与发展的良性循环，逐步由政府主导的开放模式，向政府与市场协同的开放模式转变，最终实现市场主导的开放模式。

总体而言，地方政府这只"看得见的手"在推动地方经济发展的过程中是不可或缺的；在引导发展理念、提供适宜制度安排和落实改革政策上发挥着重要作用，是地方进行创新、开放和改革发展的强有效的推动力之一。

【思考与讨论】

1. 如何认识中国地方政府在促进经济发展过程中的作用？
2. 阐述地方政府在创新发展治理中的作用。
3. 阐述政府开放发展治理的 3 种运行机制模式。

【扩展阅读】

胡鞍钢等：《中国国家治理现代化》，人民大学出版社 2014 年版。

沈荣华、曹胜：《政府治理现代化》，浙江大学出版社 2015 年版。

钱运春、郭琳琳：《浦东之路：创新发展二十年回顾与展望》，上海人民出版社 2010 年版。

周轶昆：《浦东新区开发开放 17 年历史回顾与现状分析》，《经济前沿》2007 年第 12 期。

杨上广、吴柏均：《城市新区发展、空间演变与发展策略思考——以上海浦东新区为例》，《学习与实践》2011 年第 7 期。

朴银哲、安虎森：《我国综合功能开发区创新型发展模式探索——浦东新区与滨海新区开发模式比较分析》，《求索》2012 年第 8 期。

第 五 章

地方政府开发区治理

开发区是中国为促进地方经济发展而设置的专门经济发展区域。由于开发区具有吸引外部生产要素、聚集大量优势产业等优势,已成为中国地方政府推动经济发展的一个重要途径。据统计,目前中国地方开发区的平均产值达到了当地经济总量的50%以上,例如重庆开发区经济产值在2015年已经达到了当地经济总量的80%以上。在中国产业升级与产城融合的战略背景下,以及随着工业产业退城入园与开发区升级转型策略的推进,地方政府如何更好地通过开发区促进当地经济发展,是摆在地方政府面前急需解决的一道难题。

第一节　中国地方开发区

在注重集聚化与集约化发展的当下,地方政府推动经济发展越来越依赖开发区建设。为了治理城市污染、解决交通拥堵等问题,地方政府鼓励新的工业企业退城入园,大量工业企业聚集的开发区成为地方发展的新引擎。

一　中国开发区类别

开发区是自20世纪80年代以来改革开放的产物,是由国务院和省、自治区、直辖市人民政府批准在城市规划区内设立的开放开发新区、经济技术开发区、保税区、高新技术产业开发区、国家旅游度假区等实行国家特定优惠政策的各类开发区。

第一,国家级开放开发新区处在整个国家开发区序列的顶端,是由国务院批准设立,承担国家重大发展和改革开放战略任务的综合功能区。国家级开放开发新区实行更加开放和优惠的特殊政策,并进行各项制度改革与创新的探索工作。2017年,中共中央、国务院设立国家级新区——雄安新区。雄安新区对于集中疏解北京非首都功能、探索人口经济密集地区优化开发新模式、调整优化京津冀城市布局和空间结构、培育创新驱动发展新引擎等方面，具有重大现实意义和深远历史意义。

第二，国家级经济技术开发区是由国务院批准成立的经济技术开发区，截至2015年9月，中国共设立219个国家级经济技术开发区。国家级经济技术开发区大多位于各省（市、自治区）中心城市，在沿海开放城市和其他开放城市划定小块的区域，集中力量完善基础设施建设，创建符合国际水准的投资环境，通过吸收利用外资，形成以高新技术产业为主的现代工业结构，成为所在城市及周围地区发展对外经济贸易的重点区域。

第三，国家高新技术产业开发区，简称"国家高新区"或"国家级高新区"，属于国务院批准成立的国家级科技工业园区。截至2015年年底，中国国家高新区数量已达到145个。高新区以智力密集和开放环境条件为依托，主要依靠国内的科技和经济实力，充分吸收和借鉴国外先进科技资源、资金和管理手段，通过实施高新技术产业的优惠政策和各项改革措施，实现软硬环境的局部优化，最大限度地把科技成果转化为现实生产力。

第四，国家级旅游度假区，是指符合国际度假旅游要求、接待海内外旅游者为主的综合性旅游区，2015年10月，国家旅游局正式公布17家度假区创建为首批国家级旅游度假区。国家级旅游度假区有明确的地域，适于集中配套旅游设施，所在地区旅游度假资源丰富，客源基础较好，交通便捷，对外开放工作已有较好基础。

第五，自由贸易试验区是指在贸易和投资等方面比世贸组织有关规定更加优惠的贸易安排，在主权国家或地区的关境以外，划出特定的区域，准许外国商品豁免关税自由进出，实质上是采取自由港政策的关税隔离区。其制度安排不仅包括货物贸易自由化，而且涉及服务贸易、投资、政府采购、知识产权保护、标准化等更多领域的相互承诺。自由贸易试验区是中国对外开放程度最高、运行机制最便捷、政策最优惠的经济区域之一。

二 开发区在地方发展中的作用

首先，开发区是地方经济发展的重要增长极。开发区是地方经济发展最具活力的地区之一，在提高地方经济发展的质量、效益以及规模、速度上，有着强大的影响效应与辐射功能。一定程度上，开发区的发展水平事关一个地区的全局发展水平。地方各类开发区在探索和引领地方管理体制机制创新、开放型经济发展和产业升级方面具有重要作用,成为地方经济社会发展的重要引擎。开发区能够通过吸引国内外投资、集聚创新资源,引进大量企业,实现产业链的规模效益,从而带动一个地区产业的整体发展。

其次,开发区发挥了地方改革"试验田"的功能。中国的地域广阔、发展不平衡、社会关系纷繁复杂,这决定了任何一项政策都难以采取一种简单的方式来推行,无论是在改革初始阶段还是在攻坚期,国家都需要在局部地区形成改革的"试验田"以获取新鲜经验。因此,在整个体制转轨期,开发区实际上就扮演改革"试验田"的角色,成为一种提供体制改革创新的平台,率先承担地方改革的重任,在开放合作、产业升级、科技创新、体制改革、城市治理等方面进行探索,与国际成熟规则接轨,从而能够加快地方构建开放创新的新格局,取得积极成效,甚至能够形成一批可复制的成果和经验,为全国的改革问题提供解决方案。

最后,开发区在城市转型升级中具有重要作用。开发区拓展了城市的区域,实现了城市的功能创新和提升。中国城市在发展过程中的特点是从单一的功能逐步转向集约发展的多功能。在改革开放之前,中国的生产力水平比较低,和世界的先进工业化文明有很大的差距,为了缩小和外界之间的差距,大力进行开发区的建设,以此带动所在城市发展。随着产业和人口的集聚,开发区内的公共设施与公共服务越来越难以适应社会公众的需要,开发区自身建设也面临着转型。开发区应聚焦改革创新、开放发展,挖掘低效闲置用地潜力,优化资源要素配置,按照节能环保、职位平衡的思路,加快完善开发区生产、生活、生态功能配套,提升投资强度和产出效益,促进城乡一体化发展,推动自身转型升级,提质增效,高质量发展,以此带动所在地区转型升级。

三 开发区成立过程中的政府行为

地方政府为促进经济发展而设立开发区,在开发区成立过程中地方政府承担了主要职责,不仅要协调地方事务,还要积极寻求中央政府的支持。地方政府在向中央政府提出进行开发区开发建设时,首先需要分析开发区可能带来的发展机遇,明确开发区对地方及国家经济发展的重要作用,在恰当时机向中央政府报批报备。随后,地方政府需要积极配合由多部委联合组成的调研组对开发区的成立条件进行调研,重点调研规划区域内产业布局、资源条件、经济发展等方面。中央政府会根据调研情况,对该区域设立开发区做出产业转型升级、经济结构调整等方面的指导意见,这些指导意见需引起地方政府的高度重视,并基于指导意见向中央政府报告开发区的总体规划方案。最后，中央政府将根据总体规划方案依法批准开发区成立，至此，地方政府可正式挂牌成立开发区。

开发区的成立集中体现了中央与地方的互动。以海峡西岸经济区为例，海峡西岸经济区作为中国区域经济发展的一项重大战略，其创立与发展是中央与地方互动的结果，也是新形势下中央与地方合作的表现。一方面，海峡西岸经济区的建立不仅是福建省加快经济发展、创新区域发展模式，构建海峡两岸商贸交流区的战略举措，同时也是促进整个国家发展的重要战略，对进一步深化中国社会主义市场经济改革，探索经济改革的未来发展方向具有重要意义。另一方面，海峡西岸经济区的成立过程也是中国公共政策史上的一个典型案例，它是福建省委、省政府主动谋求发展权，通过"自下而上"的方式寻求中央政府及各部门的支持，将地方的决策逐渐上升为国家意志的过程。[①]

(一) 海峡西岸经济区创建中的互动主体

海峡西岸经济区的创建过程中，中央与地方是整个政策过程的两大重要主体，中央是经济区创建的宏观战略指导和强力推动者，地方是经济区创建的初期推动者和后期的基层执行者，这里所指的中央就是中央党委、全国人大、国务院、全国政协以及他们各自下属的部门等，而地方则是地方各级党委、人大、政府、政协等。

(二) 海峡西岸经济区创建中的央地互动过程

在 2003 年年底召开的福建省委、省政府干部群众会议上，省主要领导提出了福建发展战略新定位——构建海峡西岸经济区。这是改革开放之后，福建省在 20 世纪 80 年代加快闽东南开放开发、90 年代建设海峡西岸繁荣带设想的多次拓展和深化之后，最终形成的一项战略定位。"海西"经济区的创建也由此开始，其过程分为 3 个阶段。

1. 第一阶段：地方积极探索，中央回应较少

为使"海西"经济区的创建构想得到落实，福建省高度重视，在构想提出之初便开始积极探索，并努力寻求中央支持，这是"海西"经济区创建的第一个阶段。在这个阶段中，地方参与的主体较多，并主要集中于省一级，而中央参与的主体较少。一方面，福建省开始以各种方式争取政策话语权，强调创建经济区的意义并付诸地方性政策和行动，逐渐形成地方构建"海西"经济区的合力，即一

---

① 参见程红《海西经济区内各级政府合作的制度化》，《厦门特区党校学报》2011 年第 2 期；何丹、李晶《2009 年以来中国区域发展、规划及政策评述》，《华东经济管理》2011 年第 3 期。

种强烈的地方发展需求,并希望得到中央的重视和支持;另一方面,这一构想逐渐被中央了解,中央通过听取地方报告并深入地方考察调研,形成对创建"海西"经济区的初步认识。

2. 第二阶段:中央重视,地方推动创建

在 2006 年 3 月第十届全国人大四次会议上,"支持海峡西岸经济发展"分别被写入《政府工作报告》和《"十一五"规划纲要》,此时"海西"经济区创建正式被纳入国家政策议程,自此开始了第二阶段。这个阶段中,中央参与的主体逐渐增多,除了国务院,全国人大和全国政协也加入进来,地方主体也由原来的省一级逐渐扩展到市一级,多方主体在这一过程中都发挥了一定的推动作用。期间,中央开始由被动转为主动,成为政策制定的主导者,不仅在各项国家级重大会议上强调"海西"经济区的创建议题,而且发改委等 10 个国务院部委也都开始制定针对性的政策或意见,给予"海西"建设政策支持;地方开始由政策探索者转变为传递中央意志的执行者,在中央和省委、省政府的领导下,省级政府 14 个部门开始制定一系列实践性的地方政策,引导市县一级展开"海西"经济区的创建工作。

3. 第三阶段:中央主导创建,地方配合

2009 年 5 月,国务院总理温家宝主持召开国务院常务会议,讨论并原则通过《关于支持福建省加快建设海峡西岸经济区的若干意见》,标志着海峡西岸经济区从区域措施正式上升为国家战略,这个阶段成为第三阶段。这个阶段中,中央和地方参与主体更加广泛,方式更加多元。国务院参与经济区创建的部委从第二阶段的 10 个上升为 19 个,地方政府参与经济区创建的部门也从 14 个上升为 23 个,并且市县一级的响应度和积极性也不断提高。中央与地方都呈现出对"海西"经济区创建的高度关注,并且中央部委和地方部门之间的直接交流更加频繁,政策制定的重心开始从地方向中央转移,中央在"海西"经济区的政策制定上开始出台更多微观的、具体性的实践政策。①

由此可见,地方政府在开发区设立的过程中发挥积极作用,全面参与开发区的建设论证、政策资源获取与贯彻执行,特别是在寻求中央政府支持、获得项目批准中发挥着关键的推动作用。中央政府则在响应地方需求的基础上,宏观把握国家战略规划,在适时、适度的情况下全面支持地方开发区的成立与发展。地方政府与中央政府在开发区成立过程中的互动并非一蹴而就,而是通过调研、会议、报告等形式,进行多层级、多部门的反复磋商与沟通。

---

① 参见张娟娟、张伟《海西经济区:四省 20 市发展新布局凸现》,《中国经济周刊》2009 年第 10 期。

表 3—14　　　　"海西"经济区创建中的互动主体及方式变迁

互动阶段	第一阶段		第二阶段		第三阶段	
时间区间	2003年12月—2006年2月		2006年3月—2009年4月		2009年5月至今	
主体/方式	主体	方式	主体	方式	主体	方式
中央	中央党委国务院	听取地方报告和考察调研为主	中央党委、全国人大、国务院(发改委等10个部委)	全国两会等国家级会议、研讨会、论坛等；中央政策文件颁布；考察调研为辅	中央党委、全国人大、国务院(工商部等19个部委)、全国政协	全国两会等国家级会议、研讨会、论坛等；中央及各部委政策文件颁布；中央部委与地方部门直接对话为主，考察调研为辅
地方	省委省人大省政府	省两会等地方性会议等；省级政策文件出台为主。	地方各级党委、地方各级人大、地方各级政府(14个部门)	各级地方性常务会议、研讨会、论坛等；地方各级政策文件出台	地方各级党委、地方各级人大、地方各级政府(23个部门)	各级地方性常务会议、研讨会、论坛等；地方各级政策文件出台，以市县一级为主；各部门与中央部委直接对话更加频繁

资料来源：根据现有文献研究整理。

第二节　地方开发区管理体制

地方政府进行开发区建设必须设置相关机构对开发区内的经济社会事务进行管理，鉴于政府、市场等主体在机构内部的职能范围、职能权限不同，形成了不同的管理体制。管理体制的优劣关系到开发区建设效益的好坏，因此，必须梳理中国开发区管理体制中存在的问题，并探索改革管理体制的有效路径。

一　中国开发区管理体制的主要类型

开发区管理体制是行政管理体制的重要组成部分，是政府、管委会、企业等管理主体在对开发区进行管理、建设时所采取的管理方法与模式,是机构设置、管理制度、管理权限、职能范围、运行机制等方面的总称。中国开发区在改革实践总结和借鉴国外先进管理经验的基础上,形成了各具特色的开发区管理体制。进行政府机构改革试点,探索精简高效的政府管理模式是国家设立开发区的重要目标,国家开发区管理体制分类研究既有益于开发区向高水平纵深发展,也将为中国行政管理体制改革提供借鉴。

经过30年的发展与演变,在开发区的发展时空中,新型管理体制逐渐显现。基于开发区在设立之初都以政府管理为主的特点,开发区管理体制演变的本质就是政府管理程度的变化。但是,不论开发区的管理体制发生什么样的变化,中国的国情特点决定了任何一个区域的行政都不可能完全脱离政府的管理。因此,关于中国开发区管理体制的任何一种分类,都与政府在开发区管理权限、地位和作用密切相关。①

第一,准政府的"管理委员会"模式。中国2010年之前批准设立的54个经济技术开发区中有49个采取这种管理模式。"管委会"作为所在城市政府的派出机构,代表所在地人民政府对管辖区域内的基础设施建设、土地开发、招商引资、经济管理等经济和相关社会事务实行统一领导、统一管理。区内不设人大、政协,机构设置一般不与政府部门一一对应,在内部机构设置上,按照精简、统一、效能的原则,行政区政府的7—8个职能部门在开发区往往简化为一个职能部门,保持了精简高效地运转。开发区大多设有一级财政,可以组织税收和编制、实施财政预算,在早期起步发展时期实行财政收入全留开发区,使开发区的建设资金、滚动发展能力得以保证。

第二,企业型管理模式。区内不设专门的行政管理机构,而是设立一个诸如开发总公司之类的法人管理主体,被赋予一定的行政职能,承担开发区内经济活动的组织和管理。该企业作为开发区的创办者、投资者、经营者、受益者和风险承担者,直接向所在地市政府负责,在政府发展战略和计划指导下,实行承包经营,进行基础设施建设、资金筹集、土地开发、企业管理等工作。开发区内的其他行政性事务,如劳动人事、财政税收、工商行政、公共安全等,则仍然由所在地市政府的相关职能部门来管理。企业型管理模式适合于区域功能相对单一、地域面积较小的开发区,由于在中国首创于深圳蛇口,又被称为"蛇口模式"。这种模式也是欧美等主要发

---

① 参见赵晓冬、王伟伟、吕爱国《国家级经济技术开发区管理体制类型研究》,《中国行政管理》2013年第12期。

达国家普遍采用的开发区管理模式。

第三，混合型管理模式。开发区管理委员会通过受委托管理、与行政区合并管理等方式，将开发区管理职能和相关资源辐射到周边区域，客观上拓展了开发区的发展空间。从方式来看，混合型管理模式可以细分为以下两种模式："管委会+托管乡镇"管理模式、"政区合一"（行政区+开发区）管理模式。例如，重庆江津经济技术开发区采用的就是混合型管理模式，开发区内的经济社会事务由管委会、乡镇政府、园区公司共同管理和开发。这种模式源于步入成熟期的开发区面临土地约束和繁重的社会事务，而缺乏相应的执法权限容易造成传统体制的复归，但在客观上有利于整合开发区周边资源。这种模式的关键和难点在于，如何在保障开发区精简高效的体制优势，加快自身发展的同时，通过制度的设计，更好地发挥开发区的辐射带动作用。[①]

表3—15　　　　　　　　　开发区管理体制模式比较

体制模式	管理主体	管理内容	管理权限
准政府的"管理委员会"模式	政府的派出机构：开发区管理委员会	基础设施建设、土地开发、招商引资、经济管理等经济和必要的相关社会事务	设有一级财政，可以组织税收和编制、实施财政预算，但社会管理权力相对弱化
企业型管理模式	法人管理主体：开发总公司	经济活动的组织和管理：基础设施建设、资金筹集、土地开发、企业管理等工作	经济活动的组织和管理，不具备行政管理权力
混合型管理模式	开发区管理委员会、当地行政区、开发公司	开发区内的经济管理活动和社会管理活动	经济、社会等管理职能，具备执法权限

资料来源：根据现有文献研究整理。

二　开发区管理体制创新的主要问题

第一，法律地位不明确，职能权限不到位。开发区管委会是地方政府的派出机构，不是一级行政执法主体，不具备相应的法律地位和执法权限。由于缺乏法律保障，开发区管委会的体制、机制、政策缺乏稳定性和规范性，影响了执法效能。特

---

① 参见王亚《我国开发区管理体制与运行模式创新的实践与思考》，《中国行政管理》2015年第4期。

别是,在深入贯彻落实党的十八届四中全会全面推进依法治国基本国策的大背景下,开发区行政管理、行政执法于法无据的问题更为突出。

第二,先行先试与依法行政存在矛盾冲突。当前开发区建设发展迫切需要从"政府主导型"向"市场主导型"转变,通过体制机制改革创新、先行先试激发开发区发展活力。但"先行先试"又与"依法行政"产生一定的矛盾冲突。虽然各地开发区在体制机制创新上进行了诸多探索,但涉及一些具体改革的操作上,遇到的最大困惑是"一试就违法、一试就碰线、一试就无依据",体制改革创新难有重大突破,开发区作为体制机制"试验田""排头兵"的作用很难得到充分发挥。[①]

第三,社会管理任务繁重,旧体制回归趋向明显。过去开发区的职能主要集中在土地开发、招商引资、企业服务等经济工作方面,如今还面临居民服务、流动人口管理、文教卫生、劳动就业、民政福利、公共环境、社会治安、民兵武装等大量社会公共服务事项,开发区已不再是单纯的经济功能区,管理职能全能化趋势明显,普遍出现向"大而全"旧体制的回归趋势。开发区不是一级政府,却要承担政府的许多功能。开发区的经济开发功能逐渐淹没在繁杂的行政和社会事务中,分散其招商引资、开发建设、创新驱动、转型升级的精力,逐渐趋同于一般行政区,造成功能定位的扭曲。

第四,开发区的机构编制管理不规范。一些开发区在管理体制、内部机构规格、编制核定和使用、领导干部配备等方面标准不统一,存在机构设置编制管理不科学、不规范和随意性强等问题。有的省级经济开发区管委会主任由乡镇党委书记担任;开发区因属地级别和各地编制总量的差异,行政编制数量差别较大,有的只有几个行政编制。一些开发区为完成繁重的行政管理、社会管理和公共服务等任务,不得不加大事业编制核定数量或者聘用大量编外人员。在实际工作中,行政编制、事业编制和其他身份人员混岗混编,不利于对各类人员的规范管理,而且在一些行政执法工作中存在执法人员无资格、执法程序非法等问题。

三 开发区管理体制的改革路径

改革既是为开发区转型发展提供动力和制度保障,也是主动适应开发区功能和形态变化对公共管理的新要求。原有的管理体制、机构设置和职能配置,都已不适应开发区持续发展的需要,单一的管委会这种不具有完整政府职能的管理体制必须

---

① 参见张俊《改革创新行政体制机制再造开发区发展新优势》,《中国行政管理》2016年第1期。

向能够同时承担经济开发职能和社会管理职能的新体制转变。应当重新进行体制设计，以解决开发区管理机构的法律地位问题以及实际运行中的法治缺失问题。重新梳理开发区管理职能，强化社会管理，优化经济开发，并保持机构精简高效，增强开发区管理体制新优势。[①]

第一，以法治化为导向，推进开发区新型管理体制的再设计。开发区应当按照民主和法治的要求建立一级政府，形成以开发区管理体制为主导、开发区与行政区管理体制优势叠加的新体制，使之具有管理社会事务的合法性。换言之，开发区应该与所在或邻近的行政区融合，或者成为独立的行政区，建立一级政府，由具有法定地位的一级政府行使社会管理职能，使原先由管委会代行使的社会管理职能合法化。在机构设置上，作为一级政府，开发区政府应该只设置社会管理机构，而不重复设置由管委会承担经济发展方面管理职能的机构。同时，保留开发区管委会，实行"两块牌子一套班子"的体制，管委会仍然作为上一级政府的派出机构，利用其高规格授权的优势，行使经济开发的规划和调控职能，亦即开发区的经济开发职能和社会管理职能由名义上的两个组织分担，从而获得效率和合法性的平衡。

第二，以公共服务外包为方向，促进开发区机构精简高效。基于公共部门的管理和服务能力有限，开发区应尽可能地把公共事务交由社会组织去承担，将能够由社会、市场承担的公共服务外包出去，从而使开发区回归其制度创新"试验田"功能。首先，要充分发挥社会组织的功能，将一些服务由社会组织自我承担与实现。将与居民生活密切相关的文化、教育、卫生等公共事务交由社区组织，开发区管理机构与当地基层政府辅导社区组织，促使社区组织的成立、运行，使其提供公共服务的能力得到逐步提升。其次，充分利用市场资源，将一部分公共产品交由企业提供。借鉴国外的管理模式，[②] 中国开发区可以与企业签订外包协议，将开发区内的道路建设、居民配套设施建设、水电气管理等公共事业产品交由企业生产与提供，并在生产与过程中进行监督与管理。

第三，重塑开发区管理职能，强化社会管理。在开发区成立和建设初期，重点突出其经济职能，其职责主要是聚集产业，带动地方经济发展。当开发区逐步

[①] 参见钱振明《城镇化发展过程中的开发区管理体制改革：问题与对策》，《中国行政管理》2016年第6期。

[②] 国外开发区的成功典型——美国硅谷，作为一个自发形成的特殊的高科技开发园区，政府在其中的管理权限十分有限，而硅谷制造集团、西部电子制造商协会等各种非政府组织非常活跃，在区域经济社会管理中发挥了十分积极的作用，它们与地区政府代表协力解决开发区内企业所共同面临的诸如交通堵塞、环境治理、教育发展等社会和政治问题。

步入成熟阶段后，由于大量产业工人、技能型人才聚集，开发区在注重经济职能的同时，更要关注区域范围内的社会民生事业。应当将开发区社会功能的完善作为开发区管理机构的基本职能和重要任务。开发区的管理机构应当重点解决贫困问题、提供医疗卫生和教育服务、发展社会福利、完善社会保障、追求社会公平、促进社会和谐等方面的社会服务，并将开发区职工与居民切实利益的实现放在重要位置。

第三节　开发区治理的内涵与模式

一　开发区治理的相关研究

学术界关于开发区治理的研究主要集中在治理主体与管理体制两方面：第一，开发区治理主体的多元化。学者主要从 2 个层面来分析开发区的治理主体。一是政府与企业的层面。王朝全将园区内部治理主体分为政府和企业两类，这体现了主体的严格单一性质。[①] 孙煜泽等认为，政府、企业之间利益的互动发展，有助于形成产业优化升级、土地节约集约和环境保护等"三位一体"公共治理机制的分析架构。[②] 二是政府、企业与社会的层面。随着现代治理理论的发展，公民社会组织作为治理主体的趋势和作用逐渐被学者重视。谢思全和任一阐释了政府派出机构管委会与行业协会组织协同治理的园区治理模式，指出其内在机制体现为园区管委会对行业协会组织的职能授权、项目委托以及购买服务等。[③] 夏美武和赵军锋采用嵌入性多案例比较的方法，从社区治理结构、社区治理工具和社区治理方法 3 个层面评估社区治理实践成效、总结社区治理发展战略，探索经济开发区社区治理的发展。[④] 本书认为，将公民社会组织纳入治理主体分析，既是现代治理理论的核心，也是开发区治理实践的重大创新。

第二，开发区管理体制的改革与创新。郑宁最早提出了开发区政府管理体制改革的 4 点原则：管理体系适用高效的原则；组织机构精简高效的原则；管理机构

[①] 参见王朝全《农业科技园区的目标、绩效与治理——基于混合组织理论的视角》，《经济体制改革》2006 年第 2 期。

[②] 参见孙煜泽、西宝、李清君《中国开发区发展转型公共治理研究：均衡分析与实证检验》，《东北农业大学学报》（社会科学版）2015 年第 5 期。

[③] 参见谢思全、任一《政府与协会合作治理的模式探索——以中关村科技园区为例》，《天津行政学院学报》2008 年第 4 期。

[④] 参见夏美武、赵军锋《论我国经济开发区社区治理的发展方向》，《江淮论坛》2014 年第 1 期。

"宏观管得住，微观放得活"的原则；管理行为按国际管理办事的原则。[①] 钟坚则把世界科学园区与经济特区的管理体制分为一元管理体制和多元管理体制，并指出不同管理模式适用不同的发展阶段，政府的作用在一定程度上是不可或缺的，同时要充分发挥民间和市场的作用。[②] 鲍克提出了开发区超自主体制理论，认为管制性服务创新是开发区管制职能存在的基础，它的出现是由园区被管制对象的需求压力、上级政府的压力和企业家创新精神3种力量共同作用的结果。[③] 闫国庆认为，中国开发区大多数已渡过创建初期求生存的原始阶段，亟须创新治理模式。[④] 开发区治理模式创新应当集中在公共物品供给模式、公共决策模式与政府机构自身的治理模式3个方面。在开发区演进过程中政府要适时发挥关键作用，并建立适应开发区体制创新的运行机制，构建开发区治理的保障体系。

由此可见，开发区治理是区别与传统的开发区管委会管制模式的一种新型的治理模式。在这种治理模式中，开发区管委会与非政府组织、企业、公民与其他的公共机构或私人机构相互合作，共享管理权利，并通过多种管理手段与方式达到共同分担开发区建设的责任与义务，从而增进和实现开发区的公共利益。

二 开发区公共治理的内容要素

治理内容是开发区公共治理的研究重点，是开发区开展治理的前提。只有正确认识开发区的治理内容，才能有效推动开发区的发展。但是，虽然学术界目前在大力提倡开展开发区治理，但并未系统归纳开发区治理的内容。围绕公共治理的精髓，通过总结现实中各种治理实践，并结合中国开发区的特点，开发区治理的内容要素大体包含以下几个方面。

第一，经济建设。目前，中国开发区正处于社会转型期，开发区经济的快速增长和生产效率的不断提高有利于人民生活水平的改善；而人民生活水平的提高会提升自身参与治理意识，倒逼政府提高治理水平。因此，结合中国开发区整体经济发展现状，经济发展依然是开发区治理的一个重要方面。开发区治理的经济建设要素主要表现在开发区经济规模扩大、利润与税收增加、资产扩张、负债减少、市场效率提高等方面。

第二，社会发展。开发区治理过程中不仅要追求经济目标，还要追求包括教育、

---

① 参见郑宁《经济技术开发区研究》，中国财政经济出版社1991年版。
② 参见钟坚《世界经济特区发展模式研究》，中国经济出版社2006年版。
③ 参见鲍克《中国开发区研究——入世后开发区微观体制设计》，人民出版社2002年版。
④ 参见闫国庆《我国开发区治理模式探索》，《管理世界》2006年第1期。

健康、安全等方面在内的生活质量的实质提高，增强发展的协调性；追求共享发展，使社会发展的成果逐步由单向、低层次的共享走向多元、高层次的共享。因此，社会发展要素是开发区公共治理的另一个重要方面，具体体现在开发区公共安全的维护，教育、卫生、社会保障水平的提高，园区创新文化的培育等方面。

第三，资源保护与生态发展。目前，开发区的经济建设带来了一系列环境问题，环境污染与退化、资源浪费、生态破坏等问题严重影响着开发区的可持续发展，考验着开发区的治理能力。开发区治理理应反映"资源保护与生态发展"的主题应追求包括保护自然资源和生态环境在内的可持续发展，开展生态文明建设，形成节约能源资源和保护生态环境的产业结构、增长方式和消费模式。

第四，创新能力建设。开发区除了肩负着经济、社会、生态等方面的发展任务，更重要的任务是发展高新技术产业，优化产业结构，提升区域自主创新能力。在当前开发区面临转型发展的机遇期，必须通过创新来带动产业结构升级与优化。因此，开发区治理的一个重要方面就是开发区整体创新能力的培育与发展，具体表现在政府、企业与科研机构在R&D活动和科技活动方面的增加，科技产出的增长，知识创造和管理能力的提升等方面。

三　开发区公共治理的主要特征

第一，开发区治理主体的多元化。从中国开发区的发展历程来看，开发区的建设与发展明显带有政府主导的特点，政府对市场和社会的干预较多，市场和社会的作用未能很好地显现。现在这种由政府单一主体来进行的管理模式不论在理论上还是实践上，都存在一定不足。从实践来看，随着中国社会主义市场经济的完善，市场的巨大作用得以发挥，开发区管委会职能也应由"全能"转变为"有限""法治""服务"，由"单一"的社会管理转向"多中心"的社会公共治理。开发区治理主体包括各级政府、管委会、大学、研究机构、银行等部门，多主体联合管理，充分发挥各部门的优势，实现资源互补。因而，开发区公共治理模式的首要因素是管理主体的多元化，只有主体的多元化，多元主体之间的协调、互动和合作网络的形成才会成为可能，开发区的公共治理才会有保障。

第二，多元主体的平等、互动和协调。开发区治理模式的实质内涵就是通过平等地位的多元主体的互动和协调来形成合作网络。具体而言，开发区治理模式在管理主体多元化的前提下，具备两个基本特征。一是，多元主体的地位平等。地位平等是互动和协调得以实现的前提和保证，也是开发区治理模式的核心要求。尽管政府力量、市场力量和社会力量所控制的资源和所掌握的权力存有很大的差异，但在合作网络中，多元主体之间是平等的关系，需要通过对话建立伙伴关系，融合多方资源共同实现开发区的经济、社会与生态建设任务。二是，多元主体的互动和协作。合作网络的形成过程，实质上就是多元主体通过对话和协商，相互交流信息，以实现公共资产配置最优化的过程。对于开发区管理机构而言，是从发号施令的管制到互动协作的治理的转变过程；对于开发区内的企业与社会组织而言，是从被动排斥到主动参与的变化过程。在平等的互动环境中，企业与社会组织的参与动机和热情完全释放出来，开发区管理机构也能够致力于自身能力的改善，从而最大限度提升开发区的治理效率。[①]

四 创新开发区的治理模式

为适应开发区公共治理的需要，必须创新开发区治理模式。通过创新开发区治理模式，使治理主体具备多元性特征，以及促进多元主体的良性互动，真正实现开发区的转型升级与可持续发展。

第一，区域联合治理模式。开发区改变由单一的管委会主导的模式，建立联合治理与发展的制度。具体来说，开发区应该通过多元主体的广泛参与、组织间的协作以及统一协调领导来实现开发区内多维战略网络的构建，从而能够在更广泛的空间范围内交换信息和资源。另外，开发区还应该通过有组织的网络实现知识的有效整合和综合利用，形成不断扩大的知识创新循环，全面提升开发区治理主体的治理能力。在联合治理框架下，开发区治理主体应当具有多重角色与多重身份，包括领导型企业家、组织整合者、边界跨越者、联合建设者等，这些多元主体共同参与开发区的建设、管理和治理过程。

当前，开发区建立区域联合治理模式的重要目标导向之一，就是实现区域创新资源的整合与创新成果的产出。在整体治理框架内，开发区应该强化创新资源嵌入区域创新系统的能力，在对区域创新资源进行聚集的同时，增强创新产出的效率。开发区应当支持和鼓励园区创新资源与区域创新网络实现有机衔接，建立与区域其他经济体的联系、沟通和交流，促进创新资源共享机制的形成；围绕区域的发展，有意识地引导园区创新资源向区域产业集群的辐射，提升区域产业发展的导向能力和对区域传统产业的改造能力，促进园区和区域经济的协调发展，增强园区创新经济的活力。[②]

[①] 参见闫国庆、孙琪、周志丹《中国开发区公共治理绩效评价》，浙江大学出版社2011年版。
[②] 参见张克俊、唐琼《西部高新区提高自主创新能力与促进高新技术产业发展研究》，西南财经大学出版社2011年版。

第二，企业化治理模式。开发区企业化治理模式，是指采用董事会领导下的经理负责的管理体制，即以企业作为园区的开发者和管理者，负责建设区内的基础设施、管理区内的经济活动、经营区内的各项社会业务和提供区内企业所需要的各种服务。① 一是，创新开发区资产运行管理机构的制度安排。实行政资分离的开发区资产运营管理体制，将开发区资产运营管理职能从管委会中剥离出来，建立专门的资产运营管理公司，负责开发区的建设、运行和服务。管委会主要承担制定政策，建立制度规范，对资产运用公司实行监督管理的职责。开发运行机构在政府安排的制度框架下，自主经营，允许民间资本经营或参与，按照市场经济的运作模式管理。② 二是，产权实体实行规范的公司制。确定开发区产权主体及运营身份，赋予开发公司自负盈亏的独立法人地位，政府通过国有资产公司在开发公司中占有绝对或相对控股股份。随着开发区运营逐步规范，政府应逐步退出，为开发公司留出充分市场化的空间。另外，要实现产权多元化，需建立企业内部制约机制，引入企业股东，建立规范的公司治理结构。同时，建立公司内部及外部的监控制约机制，通过政府放权让利、员工身份转变、薪酬与绩效挂钩等制度改革，形成开发公司规范化的治理结构。

第三，"官、产、学"互动治理模式。开发区应积极构建"官、产、学"的创新互动模式。首先，要对"官、产、学"的职能进行重新定位。大学不仅仅是教学和科研，而且还可以拥有技术转移、衍生企业等第三方职能，利用自己的研发成果组建新公司；企业不仅仅是生产产品，而且还可以也应当具有技术研发、人员培训等职能，开展具有和大学一样高水平的培训和研究工作；政府不仅仅是规制与政策的制定者，还应当具备创新参与者的角色，可以通过资助创新项目和改善经营环境来支持企业的发展。其次，应利用"官、产、学"的相互影响、相互作用机制，以开发区为载体大力培育和催生新的组织机构和网络，例如产学研合作网络、产业技术创新战略联盟、中介服务网络等。通过这种重叠的组织机构和网络，进行内部功能结构的优化，吸收创新资源，不断获得创新的动力。最后，政府应推动重大科技项目的实施，主动承担起政策引导者和服务支撑者的角色，搭建信息交流平台或者举办产学研协同成果展，全面促进"官、产、学"互动治理模式的形成。③

---

① 参见孙琪《我国开发区企业化治理模式研究》，《经济论坛》2011年第3期。
② 参见孙琪《我国开发区治理模式的现实选择》，《经济研究导刊》2011年第23期。
③ 参见邱志强《网络治理理论视野下产学研协同发展研究》，《改革与战略》2015年第10期。

专栏 3—2　自贸区治理模式创新：以重庆为例

自由贸易试验区是中国开发区序列中开放程度最高，经济自由度最高的经济区域。建设自由贸易试验区是中央为推进新形势下改革开放提出的一项重大举措。重庆自贸区建设面临着特殊的开放环境和广大的内陆市场，重庆未来推进自贸区发展需要创新治理模式。

1. 简政放权，推行"清单"管理制度

实行权力清单、责任清单和公共服务清单制度，限定政府权力范围，强化政府责任，并向社会公开。并以负面清单管理为核心，实施"准入前国民待遇+负面清单+备案管理"的管理模式，减少和取消对外商投资准入限制，用负面清单管理模式促进政府转变职能从事前审批向事中、事后监管转变，降低企业融资、注册、运行以及项目审批上的成本，形成可复制、可推广的制度性经验，完整地复制到国内其他地区。

2. 推进事中事后监管制度改革创新

重庆自贸区作为新时代推进西部大开发的重要平台，重点在于制度创新和政府职能转变，它的建设应当成为转变政府职能、政府治理模式再造的综合改革区域。必须加强事中事后监管，提高政务服务的针对性、便利性、实效性，营造公平高效、竞争有序的市场环境。如：丰富完善"单一窗口"；建立区内外、口岸间通关信息公示平台和电子证书数据共享机制；降低海关出口平均查验率，逐步提高出口退税一类企业比例；推进口岸部门综合执法，深化关检合作"三个一"，推进监管设施共建共用等。

3. 强化服务，持续改善营商环境

首先，建设国际化的创新创业服务平台。支持跨国公司在重庆自贸区设立全球研发中心、跨区域研发中心和开放式创新平台，鼓励外资研发中心与科技企业开展协同创新、共建公共技术平台、重点实验室等，开展产业链核心技术攻关、众包服务等，为科技创新提供有力支撑。其次，营造公平的外部竞争环境。取消或放宽探索外资在金融、保险、租赁、电信、旅行社、人才中介、投资管理、工程设计、教育培训和医疗服务等领域投资的资质要求、股比限制、经营范围等限制，形成透明规范的投资服务体系；按照企业需求导向和问题导向建立国际贸易"单一窗口"平台，进一步推进贸易便利化，促使外贸企业从设立到通关通检仅"一个窗口、一次申报、一次办结"，缩短企业进出口货物申报和船舶检验检疫申报时间，节省企业的时间成本，为企业营造一个更加有利的经济环境。

第四节　小结

开发区是地方经济发展的重要增长极，是地方改革的"试验田"，在推动地方经济规模、质量、效益发展方面具有重要的影响力。鉴于开发区在经济发展方面的强大辐射与带动作用，地方政府积极推动开发区的设立、建设与发展。政府可根据开发区的发展阶段，建立与实际情况相符合的管理体制，包括准政府的"管理委员会"模式、企业型管理模式、混合型管理模式，以适应开发区产业发展与创新转型的需要。同时，为进一步促进开发区的转型升级与可持续发展，必须创新开发区治理模式，推动政府职能转变，为开发区发展营造良好的外部环境。开发区治理内容包括经济建设、社会发展、资源保护与生态发展、创新能力建设等方面，其主要的治理特征包括治理主体的多元化、多元主体的平等、互动和协调。未来开发区治理可采用区域联名治理模式、企业化治理模式、"官、产、学"互动治理模式，推动开发区创新转型的实现。

【思考与讨论】

1. 地方政府进行开发区建设的必要性分析？
2. 地方政府如何创新开发区管理体制？
3. 地方政府如何通过开发区建设推动地方经济发展？
4. 地方政府创新开发区治理模式的具体举措有哪些？

【拓展阅读】

林云莲：《中国沿海开发区生态工业园建设模式研究》，煤炭工业出版社 2008 年版。

朱永新：《中国开发区组织管理体制与地方政府机构改革》，天津人民出版社 2001 年版。

李振远、吴冀林：《开发区建设管理理论与实践》，人民出版社 2010 年版。

陈晟：《产城融合（城市更新与特色小镇）理论与实践》，中国建筑工业出版社 2017 年版。

王亚：《转型与创新：全球化下中国开发区的实践与发展趋势》，四川大学出版社 2015 年版。

刘伟忠、欧阳君君：《开发区管理与服务转型研究》，南京大学出版社 2014 年版。

第四篇

新时代地方政府治理

地方政府绿色治理

地方政府城镇化治理

地方政府贫困治理

地方政府治理变革

党的十九大报告提出，经过长期努力，中国特色社会主义进入了新时代，这是中国发展新的历史方位。报告同时也指出了未来一个时期中国发展战略和举措，其中和地方政府治理密切相关的包括污染防治、新型城镇化、扶贫攻坚等。

绿色发展是指导中国未来发展的核心理念，也是中国实现可持续发展的必要条件；绿色发展理念是否能够落地，关键在于地方政府。作为三大攻坚战的脱贫攻坚，关系着中国第一个百年目标的实现，是各级政府特别是地方政府治理能力的重大考验。作为过去中国经济社会发展的重要动力，城镇化能否持续发挥作用，关键在于能否实现由"物的城镇化"向"人的城镇化"转型，这需要地方政府的治理模式转型。全面深化改革总目标是推进国家治理体系和治理能力现代化，而地方政府治理现代化是国家治理体系和治理能力现代化的重要组成部分，关系着全面深化改革的各种措施能否落地、见效。

本篇主要讨论国家战略视域下的地方政府治理，总共分为四章。第一章地方政府绿色治理，回顾中国绿色发展的模式变迁，结合重庆市的绿色发展实践，探究地方政府绿色治理之道。第二章地方政府城镇化治理，回顾中国城镇化历史变迁，分析地方政府在城镇化的职能定位，以重庆市为例探讨新型城镇化背景下的地方政府治理。第三章地方政府贫困治理，回顾贫困治理模式的变迁，分析精准扶贫下的地方政府治理理论与实践。第四章地方政府治理变革，阐述了全面深化改革的意义以及深化改革的目标内涵，探讨地方政府如何抓住六大领域内部改革关键问题及其互动关系，如何推进全面深化改革和防范风险。

第一章

地方政府绿色治理

党的十八届五中全会首次将绿色发展作为新发展理念之一提出。党的二十大报告进一步指出要"推动绿色发展，促进人与自然和谐共生"。[①] 绿色发展要求实现资源要素的绿色重组，形成新的绿色生产函数，从而实现绿色跨越式发展，实现顺应自然、保护自然。中国的绿色发展理念并非一蹴而就，而是经历了一个漫长的探索过程。绿色发展是中国未来发展的重要方向，是指导中国生态文明建设的核心理念，也是实现中国永续发展的必要条件。绿色发展意味着在思想认识、理念框架、政策支持和机制构建等各个方面的发展全面转型，在绿色发展的背景下，地方政府必须将绿色发展作为重要的发展战略，并以此指导地方政府的绿色治理实践。

第一节 中国绿色发展的模式变迁[②]

中国绿色发展在三个不同历史时期经历了三个不同的发展模式，分别是中华人民共和国成立初期以"工业发展为重点，生态赤字迅速扩大"的模式，改革开放初期以"可持续发展为主线，生态赤字由大到小"的模式，进入21世纪后"绿色发展为主题，实现生态盈余"的模式。在不同发展模式下，中国绿色发展中工业发展、生态发展等方面都表现出了鲜明的特点。

一 工业发展为重点，生态赤字迅速扩大

中华人民共和国成立以来，中国进入了经济起飞期，1978年中国基本实现了20世纪五六十年代所制定的国家工业化的初期目标，迅速完成了国家工业化的原始积

[①] 习近平：《高举中国特色社会主义伟大旗帜 为全面建设社会主义现代化国家而团结奋斗——在中国共产党第二十次全国代表大会上的报告》，人民出版社2022年版，第49页。

[②] 参见胡鞍钢《中国创新绿色发展》，中国人民大学出版社2012年版。

累，建立了独立且比较完整的工业体系和国民经济体系，奠定了工业化发展的基础，实现了历史上较快的经济增长。

"一五"时期是中国资源大开发、能源大发展的重要时期。在苏联的帮助下，建设了156个"大项目"，其中作为重工业"血液"的能源工业成为建设的第一重点（占33.3%），作为原材料的冶金工业居第4位（占12.8%）。与此同时，能源消耗增长率大大超过经济增长率，单位GDP能耗不断上升，1953—1957年上升了32.4%。

"大跃进"时期的超高速增长与全国上上下下大搞黑色工业极为相关，形成了"村村冒烟"，"镇镇点火"，县县"工业强县"，市市"工业强市"，省省"工业强省"的局面。① 这既脱离中国国情，又违背世界发展潮流，造成巨大的资源环境代价。各地大办小高炉、小土炼焦炉、小煤窑，经济发展方式异常粗放，1960年的单位GDP能源消耗比1957年增加了138%，达到了历史峰值。

随后，中国对"大跃进"造成的工业建设混乱局面进行了调整，大幅度缩减了基建规模，同时也开始重新强调中央计划的控制，上收了投资、生产、物资调配的权力。在此期间中国能源工业快速发展，从一穷二白到基本自给，从世界资源小国到世界重要的资源生产大国，中国主要资源型工业产品产量在世界的位次大幅度提高，其占世界总量比重不断上升。这一时期，中国总体上走了一条资源密集、能源密集的工业化道路。

能源、资源消耗强度不断上升，② 单位GDP能源消耗量从1953年的6.89吨标准煤/万元提高至1977年的18.27吨标准煤/万元，增长了165%，能源强度年平均增长率为4.1%，这反映了工业化初期所经历的能源密集化上升过程，即典型的能源粗放型增长模式。

进入20世纪70年代，中国出现了新的人口倍增台阶，总人口数由1949年的5.4亿人增长到1980年的10.1亿人，形成了对生态环境的巨大冲击与破坏。在进行人工林绿化的同时，也大量地砍伐森林，对森林资源的破坏速度，超过了历代王朝，林木蓄积量从中华人民共和国初期的90.28亿立方米，下降到86.6亿立方米，此外还带来了土地荒漠化、草原退化、生态赤字规模扩大、生物的多样性受到严重威胁等一系列

---

① 1958年"大跃进"，中国建成了简陋的炼铁、炼钢炉60多万个，小炉窑59000多个，小电站4000多个，小水泥厂9000多个，农具修造厂80000多个。工业企业由1957年的17万个猛增到1959年的60多万个。参见《中国环境保护行政二十年》，中国环境科学出版社1994年版，第4页。

② 根据以下资料计算：国家统计局工业交通统计司《中国工业交通能源50年统计资料汇编1949—1999》，中国统计出版社2000年版，第56—57页。

问题。

　　同时，环境问题开始成为一项人类的公害，引起世界各国的高度重视，1972年联合国在瑞典斯德哥尔摩召开人类环境会议第一届会议，号召各国政府和人民为保护和改善环境而奋斗；[①] 1973年8月中国召开第一次环境保护会议，确立了环境保护方针"全面规划，合理布局，综合利用，化害为利，依靠群众，大家动手，保护环境，造福人民"，这一次会议以后，从中央到地方开始建立环境保护机构，加强了对环境的管理。这一时期中国的人工森林建设也取得了进展。1973—1976年的第一次全国森林资源清查表明，森林面积由1949年的0.83亿公顷，上升到1.22亿公顷，森林覆盖率由8.6%提高到12.7%。但是天然林面积和蓄积量还是有所减少。

二　可持续发展为主线，生态赤字由大到小

（一）改革开放初期

　　改革开放初期，随着市场化改革，能源效率明显提高，开始出现单位GDP能源消耗、单位GDP二氧化碳排放量持续下降的基本趋势。与此同时，随着人类历史上最大规模的工业化、城镇化以及高速的经济增长，中国的能源、资源消耗总量持续扩大，工业污染物排放量持续增加，加剧了生态环境破坏。这一时期，中国出现了历史上最大的生态环境危机，形成了中国历史上规模最大、涉及面最广、后果最严重的生态破坏和环境污染。经济增长付出了巨大的自然资产损失代价，自然资产损失占GNI的比重高达10%—20%，最重要的原因是能源耗竭占GNI比重居高不下。

（二）初步转型期

　　改革开放初期之后，中国进入初步转型期。中国逐步计划和实施各种有效措施，积极应对各种生态挑战。最明显的就是中国五年规划的转变，逐步由指令性计划转向指导性计划，由经济计划转向经济社会发展计划。同时，五年计划也逐步摆脱黑色计划模式，开始初步转型，单位GDP能耗、单位GDP碳排放持续下降，自然资产损失占GDP比重也持续下降，"六五"计划开篇明确指出，这是"走社会主义现代化建设新路子的五年计划"；"七五"计划提出要走内涵型为主的扩大再生产的路子；"八五"计划提出坚持开发与节约并重的方针，把节约放在突出位置。此外，这一时期，五年计划开始强调能源资源集约利用，并将能源资源利用作为五年计划的主要目标之一，制定了相关量化指标。

[①] 参见李琦《在周恩来身边的日子》，中央文献出版社1998年版。

（三）可持续发展阶段

20世纪90年代中期以来，中国首次明确提出可持续发展战略，[①] 可持续发展是一种既满足当代人的需求，又不对后代人满足其需求的能力构成危害的发展模式。江泽民提出"决不能走浪费资源和先污染后治理的路子，更不能吃祖宗饭，断子孙路"。[②] 与此同时，可持续发展体现在五年计划战略中，"九五"计划首次提出了两个转变，即"经济体制从计划经济体制向社会主义市场经济体制转变"和"经济增长方式从粗放型向集约型转变"，中国开始进入由黑色发展转向可持续发展的时期。"九五"计划的绿色发展指标比重提高到11.8%，这很大程度上促进了"九五"时期中国经济发展方式的初步转变，单位GDP能耗大幅度下降，主要污染物排放量开始减少，自然资产损失占GDP比重降至最低点。同时这一时期GDP依然保持着8.6%的年均增长率，出现了少有的经济增长与资源环境协调发展的黄金时期。

"十五"计划再次明确"实施可持续发展战略，是关系中华民族生存和发展的长远大计"。[③] 五年计划进一步转向可持续发展，绿色指标比重进一步提高到16.7%，环境保护和生态建设指标首次成为国家五年规划的主要指标。与此同时，随着消费结构的升级，中国的经济发展进入了新一轮的重工业化过程，中国的经济发展方式继"九五"计划初步转变之后，出现了逆转，重新转向高消耗、高投入、高污染的发展方式，全国能源消费量急剧上升，再加上这一时期五年计划指标的调控功能被弱化，中国没能完成削减主要污染物排放的指标，化学需氧量和二氧化硫的排放量不降反升；自然资产损失占GDP比重不断上升。

随后，中国强化生态环境建设，开始进入自然赤字缩小期，随着能源利用效益的进一步提高，污染治理和生态环境保护的推进，自然资产损失占GDP的比重明显下降，约为5%；防灾减灾能力提高，自然灾害直接损失占GDP比重明显下降；绿色投资显著提高，由20世纪90年代初的1%左右，提高到2%左右。到1995年，中国的绿色GDP就已经高于名义GDP，到2000年达到了107%。生态赤字已经明显缩小，出现了局部生态盈余的趋势。

[①] 1994年7月4日，国务院批准了《中国21世纪人口、环境与发展白皮书》；1995年9月28日，党的十四届五中全会《关于制定"九五"计划和2010年远景目标的建议》正式提出实施可持续发展战略。明确提出：到20世纪末，力争环境污染和生态环境破坏加剧趋势得到基本控制，部分城市和地区环境质量有所改善；2010年基本改变生态环境恶化的状况，城乡环境有比较明显改善。

[②] 参见《江泽民文选》第1卷，人民出版社2006年版，第532页。

[③] 参见《十五大以来重要文献选编（中）》，人民出版社2001年版，第1386页。

三 绿色发展为主题，实现生态盈余

进入21世纪，人与自然之间差距扩大，仍然是人类面临的重大挑战，如何应对这一根本性挑战，中国应坚持以绿色发展为主题，率先推进绿色发展。

2003年以来，中国领导人首创科学发展观，倡导绿色发展。在科学发展观的指导下，21世纪的第1个十年，中国已经出现局部的生态盈余，表现为自然灾害损失占GDP比重大幅度下降，绿色投资大幅度提高，绿色GDP比名义GDP已经高出10%左右。在"十一五"时期中国开始转向绿色发展，中国已经出现了初步的生态盈余。

"十一五"规划（2006—2010年）是继2003年中央提出"科学发展观"之后的第1个五年规划。该规划凸显了"必须加快转变经济增长方式"的基本原则，承认"我国土地、淡水、能源、矿产资源和环境状况对经济发展已构成严重制约"，提出"要把节约资源作为基本国策，发展循环经济，保护生态环境，加快建设资源节约型、环境友好型社会"。[①]"十一五"规划不仅首次将国家发展目标根据政府责任和市场机制的不同划分为约束性指标和预期性指标，经济发展指标所占比重降至历史最低水平，而且节能减排及环境保护相关指标比重提升至历史最高水平，绿色发展指标数共16个，其中绿色发展的直接指标为12个，间接指标为4个，优先指标为11个，次优先指标为5个，充分体现了绿色发展转向。从完成情况来看，"十一五"规划的最优先指标中有8个绿色发展直接指标全部完成，"十一五"规划推动中国转向实现绿色发展的目标。

"十二五"规划进一步转向绿色发展，成为中国第1个绿色发展规划，实现了"黑色发展规划"向"绿色发展规划"的量变到部分质变，再到进一步量变，进而全部质变的转变。从五年规划的指标构成来看，"十二五"规划进一步增加了气候变化指标，绿色发展指标比重达到43%，促使"经济—自然—社会"系统全面转向绿色发展。"十二五"规划专设"绿色发展"篇，将"绿色发展"作为生态建设原则。首先，绿色发展指标的比重大幅度上升。就优先指标来看，资源环境指标由"十一五"的7个，占31.8%，提高到"十二五"的8个，占33.3%；如果以实际指标数来看，绿色发展相关指标共12个，占了42.9%。另外，还有1个提高服务业增加值比重指标，以及4个教育科技指标，这些指标都间接促进了绿色发展，绿色发展的直接指标和间接指标达到了17个，占主要指标的60.7%。其次，充分强

[①] 参见《十六大以来重要文献选编》（中），中央文献出版社2006年版，第1064页。

调经济系统—自然系统—社会系统全面公平和谐可持续的发展，以绿色增长带动绿色福利和绿色财富。再次，明确了绿色发展的激励约束机制。规划首次将"深化资源型产品价格和环保收费改革"作为五年规划改革攻坚的方向。最后，首次明确提出积极应对全球气候变化。"十二五"规划首次明确提出"积极应对全球气候变化"，作为第六篇的第 1 章。① 制定了到 2015 年减少单位 GDP 二氧化碳排放量、增加非化石能源消费比重的量化指标，以及增加森林覆盖率、林木蓄积量、新增森林面积的固碳能力的量化指标。这充分反映了中国特色的控制温室气体排放、增强适应气候变化能力的特点。

"十三五"规划将绿色发展作为核心发展理念之一。首次明确提出了"生态环境质量总体改善"这一核心目标，首次将生态文明列入十大目标，首次将"美丽中国"写入规划。要求能源资源开发利用效率大幅度提高，能源和水资源消耗、建设用地、碳排放总量得到有效控制，主要污染物排放总量大幅度减少；落实全国主体功能区规划布局和生态安全屏障基本形成。与此前的五年规划相比，"十三五"规划的绿色发展有 3 个方面的重大变化。一是"十三五"规划中绿色发展的治理对象更加注重全面性。从资源环境的治理指标来看，"十三五"规划绿色发展指标大幅增加，覆盖面更加广泛。"十三五"规划资源环境的指标数量从"十一五"规划的 7 个、"十二五"规划的 8 个提高至 10 个。从绿色发展有关的规划章节来看，已经涉及资源集约、生态保护、气候变化、生态安全和环保产业等各个方面，相比此前的五年规划，"十三五"规划绿色发展所涉及的领域更广，开展的工作更为全面，实施的力度也更强。二是绿色发展治理方法更加注重系统性。一方面，"十三五"规划更加注重生态系统与经济系统、社会系统之间的联系。"十三五"规划首次单章提出发展绿色环保产业相关规划目标，这标志着五年规划正在从一个更加系统和整体的角度看待生态文明建设和绿色发展。另一方面，"十三五"规划也更加注重生态系统的内部联系，将生态系统视作一个完整的生命体。"十三五"规划所提出的"山水林田湖草"等综合治理思路以一个更加系统的眼光进行综合考虑，从而实现生态系统内部的整体性发展。三是绿色发展治理制度更加注重基础性。与此前的五年规划相比，"十三五"规划显著加强了基础性制度的建设工作，主要是基础性制度工作、权责基础性制度工作、管理基础性制度 3 个方面的工作。②

---

① "十一五"规划的提法是合理利用海洋和气候资源。
② 参见唐啸、胡鞍钢《绿色发展与"十三五"规划》，《学习与探索》2016 年第 11 期。

第二节 地方政府绿色治理实践

地方政府通过党代会、五年规划等方式积极规划与实践绿色发展，充分发挥政府在绿色发展中的积极作用。通过党代会、五年规划可以总结出地方政府在绿色发展中的理念与实践变化。同时，新时代下进行绿色发展，要求政府必须积极探索新方法、新方式。在此背景下，重庆的绿色发展实践进行了积极探索。

一 地方政府通过党代会与五年规划引领绿色发展

（一）从党代会报告来看重庆绿色治理实践

从直辖以来，重庆共召开了五次党代会，从党代会报告文本上，可以看出生态文明建设的地位变迁（见表4—1）。

重庆第一次党代会报告，提出以开发为重点，但同时对资源利用与环境保护也提出了要求。第二次党代会报告，在西部大开发战略指导下，仍然是以经济开发为重点，但提出针对三峡库区生态问题建立生态经济区。第三次党代会报告，提出实施生态安全保障战略，扎实推进生态大市建设。第四次党代会报告，提出统筹城乡生态环境保护和建设，构筑长江上游重要生态屏障，始终把生态环境保护和建设作为长期战略任务。第五次党代会报告，提出加强环境保护和生态建设。坚持生态优先、绿色发展，突出发展的绿色本底。深入实施落实全国主体功能区规划发展战略，立足生态环境发展区域功能定位，坚持"面上保护、点上开发"，坚定不移地走生态优先、绿色发展之路。

表4—1　从重庆党代会报告看重庆直辖以来的生态文明建设地位变迁

	第一次（1997年）	第二次（2002年）	第三次（2007年）	第四次（2012年）	第五次（2017年）
生态地位变化	开发为重点，对保护也提出要求	开发为重点，同时加强保护	生态保护的地位进一步凸显	将生态保护与建设作为长期战略任务	坚定不移地走生态优先绿色发展之路
发展格局	发展地区经济，将资源优势转化为经济优势	加快长江上游经济中心建设	"一圈两翼"区域发展新格局	"落实全国主体功能区规划"	着眼建成以生态经济为支撑的生态发展区，强化生态屏障功能

续表

	第一次（1997年）	第二次（2002年）	第三次（2007年）	第四次（2012年）	第五次（2017年）
保护	保护和合理开发利用资源	建立三峡库区生态经济区	建设生态大市	统筹生态环境保护和建设，构筑长江上游重要生态屏障	坚持"面上保护、点上开发"，坚定不移地走生态优先、绿色发展之路

资料来源：根据文献及网络新闻整理。

总之，从第一次党代会到第五次党代会，生态文明建设从"无位"到"有位"，从"副位"到"主位"，最终贯穿经济、政治、文化、社会建设的全过程。

（二）从五年规划来看重庆绿色治理实践

重庆从开始重视生态到最后走上全面"绿色发展"之路，同样也是经过长达四个五年规划（计划）的实践探索（见表4—2）。

表4—2　　从五年规划（计划）纲要看重庆直辖以来的生态地位转变

	"十五"	"十一五"	"十二五"	"十三五"
生态地位	开发优先兼顾保护	生态保护上升到战略层面	开发与保护同等重要	生态优先
主导战略	西部大开发	可持续发展	可持续发展	全面绿色发展
经济上	结构调整	循环经济	低碳经济	全面绿色
生态上	改善环境	保护环境	建设"森林城市"	环境质量、生态保护修复、生态制度建设
空间上	建设三峡库区生态经济区	建设三峡库区生态经济区	加快"两翼"区域发展	渝东北生态环境发展区，渝东南生态保护发展区

资料来源：根据文献及网络新闻整理。

"十五"计划：开发优先兼顾生态保护。提出西部大开发战略与可持续发展战略。但本阶段重庆市仍然以开发为优先，主要针对三峡库区进行局部的生态保护。"十一五"规划：生态保护上升到战略层面。提出建设资源节约型和环境友好型社会。在具体战略上从五年前提出的"改善环境"到"保护环境"，从综合利用资源到保护资源，不仅反映了生态环境保护和资源节约观念的进步，更反映出生态保护已经上升到战略层面。"十二五"规划：开发与保护同等重要。在建设资源节约型和环境友好型社会的基础上,提出走绿色发展之路,增强可持续发展能力,并针对生态环保,提出建设森林城市重庆,树立了"低碳"发展理念,推进绿色低碳循环经济发展,这个阶段重庆市已经将生态保护与开发放到同样重要的位置。"十三五"规划:生态保护优先。在"十三五"规划中,重庆市贯彻落实党的十八大关于生态文明建设的精神,推动生产、生活和消费方式的全面绿色化,体现了生态保护优先兼顾开发的特点。

同时,从"十一五"开始有了具体的五年规划指标体系(见表4—3)。从生态环境相关指标设置来看:在数量上,生态指标越来越多,且约束性指标也越来越多;在覆盖面上,涉及的生态方面越来越广。从指标的完成度来看:"十一五"生态环境相关指标全部完成,其中"森林覆盖率(%)""主城区环境空气质量满足Ⅱ级天数(天)"两个生态指标都超额完成;"十二五"的生态环境相关指标,也都基本完成,其中排放类指标全部提前完成。

表4—3　　　　五年规划(计划)生态环境相关指标(2001—2020年)

	"十五"①	"十一五"	"十二五"	"十三五"
生态环境指标总数	4	10 (7个约束性)	13 (13个约束性)	13 (13个约束性)
生态指标	2	4	5	6
环境指标	2	6	8	7
完成度	4/4	10/10	10/13	/

资料来源:根据文献及网络新闻整理。

总体看,从"十五"规划到"十三五"规划,生态建设的位置越来越重要,并且从"十三五"开始,以落实全国主体功能区规划为载体,实现了生态保护在空间上的落地,并不断地实现生态优先。这如同"前人种树后人乘凉",种树即积累生态资本,前人种树就为后人留下了更多的生态资本。同时,后人很快就成为前人,也要种树,积累生态资本,如此反复,形成一个良性循环。

二　地方政府创新地方绿色发展模式,实现地方生态健康发展

重庆虽为直辖市,但大城市、大农村、大山区、大库区并存,城乡区域差距大。

---

① "十五"规划没有设立专门的指标体系,作者根据"十五"规划文中提到的发展目标与"十一五"发展目标体系中2005年的目标值进行比对,总结"十五"规划中生态环境指标共4个,分别是森林覆盖率、三峡库区长江干流水质、城市污水集中处理率、城市生活垃圾无害化处理率。

直辖以来，重庆取得了长足的发展，但随着经济社会形势变化，各区县功能定位不明确、同质化发展、招商引资无序竞争等问题凸显。同时，重庆作为长江上游生态屏障，生态环境保护责任重大、任务艰巨。为此，重庆在过去区域发展战略基础上，综合考虑人口、资源、环境、经济、社会、文化等因素，将全市进一步细划分为一小时经济圈、渝东北和渝东南。前者构成今后重庆的大都市区，是城市圈、城市组团发展和产业布局联动的概念；后两个功能区域是重庆的大生态区，主要为了在发展中加强生态保护、在增强生态涵养中加快发展。

构建经济发展、生态保护相协调的国土空间开发格局。将经济发展功能重点布局在大都市区，优化空间开发结构，充分考虑山水城市和山地丘陵地貌本身的特点，按照地理条件优势，提高土地利用效率，有效释放空间经济效应。将生态文明建设功能重点布局在大生态区，持续增加生态空间。将渝东北定位为国家重点生态功能区，长江流域重要生态屏障，长江三峡国际黄金旅游带，引导人口相对聚集和超载人口梯度转移，着力涵养保护好三峡库区的青山绿水，实现生态涵养。将渝东南定位为国家重点生态功能区与重要生物多样性保护区，武陵山区文旅融合试验区。实施优化完善产业发展布局政策，引导区县错位招商。针对渝西地区基础设施相对薄弱的实际，出台重大基础设施建设实施方案，规划重大基础设施建设项目。实施分类扶持的财政政策，通过发挥财力支撑和政策激励约束作用，促进区域差异化发展。实施差别化管控开发秩序政策。对渝东北和渝东南赋予生态服务功能和增加生态产品供给。

建立长江上游重要生态屏障建设的政策体系、生态环境治理责任体系、生态屏障建设资金保障机制、生态屏障建设监管机制、跨区域协同治理机制等体制机制。创新成渝地区域治理合作机制，以"流域为单元"，以自然河流为本，尊重河流规律，打破行政束缚。构建以自然河流流域为统一的生态治理和环境保护空间格局、生态环境保护和治理规划体系、建立跨行政区域的生态环境联防联控机制；以"水为脉"，以地表水体覆盖为本，打破人为分割，尊重地表水系的自然分布规律，构建自然相连的山水林田湖草生态共同体建设与修复。以"流域水环境容量"，以水环境总量为本，尊重环境容量的科学规律，打破区域分割，构建约束变量确定生态环境管控目标。

完善落实全国主体功能区规划空间治理体系。以区县级行政区为单元，建立由空间规划、差异化绩效考核、资源环境承载能力监测预警机制等构成的空间治理体系。一是建立国家空间规划体系，探索推进"多规合一"。从2007年探索"三规合一"到"四规叠合"，再到"多规合一"，初步形成了以五年发展规划为统领，城乡规划全覆盖的规划体系。二是建立导向明确的考核机制，促进差异化绩效考核。出台《改进完善区县（自治县）党政领导班子和领导干部综合考核的意见》，将区县考核项目由 271 项精简整合为 27 项，按功能区域划分考核组别，突出首要任务，差异化设置考核指标及权重。三是建立资源环境承载能力检测预警机制。出台了《关于加快推进生态文明建设的意见》，以全市区域差异化发展统筹谋划生态文明建设，更加突出环境保护与生态建设。探索建立资源环境承载能力监测预警机制，完善污染物排放许可制度。

第三节 地方政府绿色治理之道

随着中国工业规模的快速扩张与 GDP 连续多年的高速增长，严重的环境污染与生态破坏问题日益突出。党的十八届五中全会提出绿色发展理念，坚持绿色发展理念，推进绿色治理，有利于加快资源节约型、环境友好型社会建设，形成人与自然和谐发展现代化建设新格局。在地方政府层面，绿色发展理念有利于指导地方政府的绿色治理实践，促进地方政府治理模式由原有"重 GDP、轻环境"的粗放型发展向经济提质增效与环境保护并重的集约型发展转型升级。在经济社会层面，绿色发展理念有利于实现生态系统和经济系统良性循环，实现经济效益、生态效益、社会效益有机统一。那么，地方政府如何推进绿色治理呢？[①]

一 正确处理中央与地方在绿色治理中的关系

党的十九大报告明确指出，加快生态文明体制改革，加大生态系统保护力度，建立市场化、多元化生态补偿机制。目前由"中央政府提供"的生态补偿机制是当前中国开展区域生态补偿的最重要形式，也是目前比较容易启动的补偿方式。相比之下，地方政府积极投入生态治理既要投入大量的财力物力，又要限制某些经济建设项目的建设，经济代价很大。因此，为破解生态补偿的治理困境，必须按照谁开发谁保护、谁受益谁补偿的原则，进一步健全生态补偿机制，对地方政府生态治理予以补偿。

正确处理中央与地方在绿色治理中的关系，是在单一制国家架构下贯彻绿色发展理念、实施绿色治理的前提。只有处理好了两者的关系，地方才能在中央的统一领导下充分发挥主观能动性，实现"绿水青山就是金山银山"的绿色治理目标。

---

① 参见胡鞍钢、鄢一龙《中国国情与发展》，中国人民大学出版社 2016 年版，第 58—107 页。

首先,在绿色治理中,中央和地方各尽其责,形成治理合力。中央政府要以规划引领,以绿色发展理念推进实施绿色治理,明确全国绿色发展战略,统筹各地方政府整体推进绿色发展的战略框架,以促使各地区绿色发展的各方面目标能较好地协调和统一。在中央总体部署的框架内,各地方政府在绿色发展的具体推进过程中依据自身区位、生态环境和自然资源及产业结构特征,制定各有侧重的推进路径,如京津冀、东北等工业集聚地区大气和水污染治理的要求较为紧迫,而青藏等生态功能区,则更需加强生态保护。此外,地方政府应提高生态自觉、增强生态意识,强化责任、完善机制,保障绿色发展刚性推进,成为绿色发展理念的践行者。

其次,解决好中央地方两类公共物品的关系。地方的生态建设具有极强的正外部性,在许多大江大河流域为国家提供重要的生态产品。因此,应该不断加大国家投入、以公共财政购买生态公共产品。由国家出钱,地方出力,积极鼓励通过财政支持地方为全国提供生态产品、生态功能、生态服务;国家负责总体规划,由省级政府负总责,地市县级作为实施主体,由第三方监督和评估。对生态脆弱的地方,应该改变绩效考核机制,不搞 GDP 评估,而应该进行生态服务评估。

最后,强化《全国主体功能区规划》牵引作用,将其作为制定差异化区域发展策略并实现区域均衡和绿色发展的重要依据。落实《全国主体功能区规划》设定了不同功能区域差异化发展的原则,并为各地区根据自身实际进行绿色发展制定相关决策提供了参考和依据。同时,地方也要根据《全国主体功能区规划》完善政策制定体系,使其在区域均衡和绿色发展道路上发挥更大的作用,在区域中的限制开发区尤其是贫困集中和区域发展潜力较大地区,鼓励具有区域特色的新型绿色产业的发展,充分发挥区域自然和社会资源优势,培育区域特色产业,发掘区域特色与绿色发展相结合的巨大发展潜力,提升区域竞争力。[①]

二 加强地方绿色发展的政策引导

绿色发展的系统规划与持续推进,是地方政府实现绿色治理的关键。地方各级政府应根据各地具体实际,编制地方绿色发展规划,五年规划中不仅要体现有关节能减排、生态保护的约束性指标,而且要明确地方绿色发展目标,并在政府绩效评估中用绿色 GDP 取代传统的 GDP 指标,促进绿色经济发展、完善绿色发展体制机制,从而真正实现绿色可持续发展。

---

① 参见彭迪云、温舒甜《基于主体功能区视角的产业集群转型发展——以中部地区为例》,《江西社会科学》2013 年第 10 期。

地方政府要扮演地方绿色发展引领者的角色，积极发挥导向作用，引导各社会主体尽快走上绿色发展的轨道。地方政府的引领作用主要是通过发布一系列促进绿色发展的规划及政策制度安排来实现。一是设立绿色发展基金。基金主要用于支持绿色技术的研发和扶持企业的绿色转型发展。二是实施地方政府绿色决策。各级政府在城乡规划、产业结构调整、资源开发、基础设施建设等重大公共决策过程中，必须优先考虑生态环境容量和资源承载力，对可能产生重大环境影响的公共决策坚决实行环保一票否决。三是制定绿色财税政策。对绿色产品的开发、生产、销售提供一定的财政补贴，或实行税收上的减免，或者优先进入政府采购目录。四是推动绿色金融发展。通过出台绿色信贷、绿色证券、绿色保险等一系列绿色金融政策，解决企业由传统模式转向绿色发展所面临的资金压力，使企业追求绿色发展。五是提供绿色技术支撑。加大对绿色发展关键和共性技术的研发攻关力度，通过提供奖励、保护知识产权等方式鼓励和支持企业与科研院所对绿色技术进行自主创新，发展绿色产品，开拓绿色市场。在这个过程中，地方政府要正确处理政府与市场的关系：既不能缺位，也不能越位、错位，特别要防止政府大包大揽、过度干预的行为。[①]

同时，地方各级政府应当成为绿色发展的第一实践者。一是政府公务用车和城市公交车要普遍采用新能源汽车，带头践行绿色交通的低碳理念；二是实施绿色采购制度，政府使用财政性资金进行采购时要优先采购节能环保产品，并逐年提高政府采购绿色产品的比例；三是新建政府大楼和其他公共建筑符合绿色建筑的标准，政府公务员能走楼梯的不用电梯，能步行的不开公车，尤其是党政领导干部更应该率先垂范，带头转变生活方式，拒绝奢侈浪费和使用一次性用品，推动绿色生活成为社会生活的主流。通过普遍开展绿色机关创建活动，带动绿色社区、绿色学校、绿色医院、绿色家庭等的创建。同时，政府要加强对民众进行资源、环境、国情方面的宣传教育，倡导绿色消费、适度消费的理念，努力营造全民广泛参与、共同推动绿色发展的良好氛围。只有把绿色发展理念贯穿到人们工作生活的全过程，渗透到每一个环节、每一个细节，让绿色发展理念深入人心，才能真正为推动绿色发展注入强大动力。

三 强化绿色发展考核

强化绿色发展指标在政府考核中的地位，是地方实现绿色治理的切实保障。将

[①] 参见李斌《绿色发展中的政府角色定位探究》，《经济论坛》2013年第6期。

绿色发展目标细化为具体几个方面的指标，以区县级行政区为单元，建立差异化绩效考核、全面的绿色发展评价内容、各部门协调配合的综合考评体系。

实施差异化绩效考核。健全区县党政领导班子和领导干部综合考核体制机制，简化整合考核项目，依据主体功能区规划划分考核组别，突出首要任务，差异化设置考核指标及权重。其中生态功能区域，要将绿色发展的相关指标设置成最大权重，其他落实全国主体功能区规划也要在原有的考核体系上提高绿色发展的相关指标的权重。

构建绿色发展的全面指标体系。地方政府应将绿色发展的评价内容纳入政府考核机制，并建立相应的评价指标体系。根据发展改革委印发的"绿色发展指标体系"，绿色发展的评价内容包括资源利用、环境治理、环境质量、生态保护、增长质量、绿色生活、公众满意程度7个方面。建立全面指标体系，需注意以下几个原则：首先，权重设计需突出重点考核，如重点强调环境治理、环境质量、污染物排放等指标权重；其次，划分目标层与准则层，如考核环境治理一级指标时，将其分解为化学需氧量排放总量减少、氨氮排放总量减少、二氧化硫排放总量减少、氮氧化物排放总量减少、危险废物处置利用率等二级指标进行考核；最后，强调数据获取的可行性，每一指标都由相应的部门提供数据，如生态保护则需要农业、林业、水利、环保等部门提供数据。为使评价可行，评价指标的设计要求概念明确、定义清楚，数据采集方便；评价指标的内容应精准，便于操作；评价指标的选取必须抓住其发展过程的主要方面和本质特征，尽可能利用现有统计资料，指标要具有可测性和可比性，易于量化。[①]

第四节　小结

绿色发展是中国未来发展的重要方向，是指导中国生态文明建设的核心理念，也是实现经济、社会、资源、环境协调发展的必然要求。进入21世纪，推进绿色发展，地方政府的作用不可替代，这是由绿色发展的内涵及生态环境的外部性特征所决定的。地方政府作为顶层设计的执行者，应正确处理中央与地方在绿色治理中的关系，加强地方绿色发展的政策引导，创新地方绿色发展模式，强化绿色发展指标在政府考核中的权重，引领绿色发展，着力构建资源节约型、环境友好型社会，以对人民群众、对子孙后代高度负责的态度，加大力度，攻坚克难，使绿色发展在地

---

① 参见余敏江《论生态治理中的中央与地方政府间利益协调》，《社会科学》2011年第9期。

方治理中真正得到落实,并深植于地方发展理念之中。

【思考与讨论】

1. 简述中国绿色发展的模式变迁。

2. 如何加强生态环境发展的政策配套体系?

3. 如何正确处理中央与地方在绿色治理中的关系?

【扩展阅读】

胡鞍钢:《中国:创新绿色发展》,中国人民大学出版社2012年版。

诸大建:《生态文明与绿色发展》,上海人民出版社2008年版。

齐建国:《循环经济与绿色发展——人类呼唤提升生命力的第四次技术革命》,社会科学文献出版社2013年版。

谷树忠:《绿色转型发展》,浙江大学出版社2016年版。

高世楫:《用制度创新促进绿色发展》,中国发展出版社2017年版。

关成华:《绿色发展与转型》,经济科学出版社2017年版。

关成华:《绿色发展经济学》,北京大学出版社2018年版。

林智钦:《绿色发展革命》,中国经济出版社2018年版。

肖巍:《绿色发展研究》,高等教育出版社2018年版。

第二章

地方政府城镇化治理

新型城镇化是现代化的必由之路，也是地方经济发展的重要动力。党的二十大报告提出，"推进以人为核心的新型城镇化"。① 与新型城镇化相伴而生的是大规模人口流动，这离不开地方政府有效治理。本章首先回顾中国城镇化的历史变迁，从纵向角度展现中国城镇化的演变与现状，其次分析地方政府在城镇化中的职能定位，以更好促进地方政府推进新型城镇化，最后以重庆市为例，具体展现地方政府如何在政府治理中实现新型城镇化。

第一节 中国城镇化历史变迁

中国城镇化的发展不是一蹴而就的，经历了不断调整优化，不断完善提升的过程。城镇化的发展既包括了城镇化战略的演变也包括了实际城镇化发展进程，因此，本节主要从城镇化战略的演变、城镇化进程以及城镇化现状三方面展开。

一 中国城镇化战略的提出以及演变

中国城镇化战略的提出经历了一个起步较早、不断调整、逐渐优化的过程（见表4—4）。中华人民共和国成立以后，党的工作重心由农村转移到城市，为更好地恢复和发展国民经济，国家制定了"一五"计划，提出"重点建设，稳步前进"的方针来推动重点工业城市的建设。② 随着中国工业基础逐步奠定和社会主义改造的完成，1960年以后，中国提出了"控制大城市规模和发展小城镇"的战略思路，强

---

① 习近平：《高举中国特色社会主义伟大旗帜 为全面建设社会主义现代化国家而团结奋斗——在中国共产党第二十次全国代表大会上的报告》，人民出版社2022年版，第32页。

② "重点建设，稳步前进"的方针，参见中国共产党历史网（http://gx.people.com.cn/n2/2016/0518/c365308-28357013.html），2016年5月18日。

调小城镇发展战略的重要性。

改革开放以后,中国继续坚持"控制大城市规模,多搞小城镇"的战略方针,但随着形势的发展,战略思路有所调整。在1980年召开的全国城市规划工作会议上,中国提出要在控制大城市规模的基础上积极发展小城市,同时合理发展中等城市,大、中、小协调发展的城镇化战略思路基本形成。从首次提出"城市化"概念的"八五"计划伊始,中国城镇化战略不断改进、优化,战略地位也不断提高。

表4—4　　　　　　　　　　中国城镇化战略演变

五年规划	城镇化发展核心	城镇化发展重点
"八五"计划	首次提出"城市化"	加强城乡建设统筹规划方针;有计划推进;乡村建设要以集镇为重点、以乡镇企业为依托,建设具有地方特点的新型乡镇①
"九五"计划	突出城镇化的重要地位	逐步形成大、中、小城市和城镇规模适度、布局和结构合理的城镇体系;推进城镇住房制度改革、加强乡村基础设施建设;发展一批小城镇,引导少数基础较好的小城镇发展成为小城市②
"十五"计划	城镇化战略上升到新的高度	专设一章描绘城镇化战略蓝图,充分肯定了城镇化在国民经济发展中的地位;改革城镇户籍制度、完善城镇用地制度、建立城镇建设投融资新体制、科学制定设市、设镇标准;加强政策协调,改进城镇化宏观管理③
"十一五"规划	重视城镇群的作用和农民工问题的解决	坚持大、中、小城市和小城镇协调发展,提高城镇综合承载能力;强调人口转化,分类引导,鼓励人口进城并转化为城市居民;建立健全财政、征地、行政区划设置和管理模式等配套政策④
"十二五"规划	强调城镇化的质量和水平	积极稳妥推进城镇化;构建城市化战略格局、稳步推进农业转移人口转为城镇居民、增强城镇综合承载能力;消除"城市病",注重城镇环境的建设⑤

---

①　参见刘心源《共和国回响(八):八五计划——小平南巡改革潮涌》,《中国网》(http://www.china.com.cn/cppcc/2016-03/04/content_37939406.htm),2016年3月4日。
②　参见《国民经济和社会发展"九五"计划和2010年远景目标纲要》。
③　参见《国民经济和社会发展第十个五年计划纲要》。
④　参见《国民经济和社会发展第十一个五年规划纲要》。
⑤　参见《国民经济和社会发展第十二个五年规划纲要》。

续表

五年规划	城镇化发展核心	城镇化发展重点
"十三五"规划	提出新型城镇化	坚持以人的城镇化为核心、以城市群为主体形态、以城市综合承载能力为支撑、以体制机制创新为保障； 提高社会主义新农村建设水平，努力缩小城乡发展差距，推进城乡发展一体化①

资料来源：根据"八五"至"十三五"6个五年规划整理而得。

至此，中央明确了城镇化基本思路，指明了城镇化发展方向，即坚持走中国特色的新型城镇化道路。

二　中国城镇化进程②

中华人民共和国成立以来，随着国民经济的发展，特别是改革开放以来经济的高速发展，中国城市数量的增长和城镇化水平的提高在曲折反复中经历了一个由慢到快的过程（见表4—5）。

表4—5　　　　　　　　　中国城镇化发展进程

城镇化发展阶段	城镇化发展进程
城镇化恢复发展时期 （1949—1957年）	中华人民共和国成立初期，中央将城镇化作为国家工作重心，城镇化逐步发展。中华人民共和国成立之初城市人口仅占全国总人口的10.64%。1949年党的七届二中全会提出"党的工作重心由农村转向城市"的战略决策，推动城市的建设和发展成为国家工作重心之一。这既是中国原有城镇化的恢复和发展阶段，也成为之后城镇化发展奠基阶段
城镇化波动停滞时期 （1958—1977年）	中国该时期路线方针出现错误，无论是"大跃进"还是"文化大革命"，对城镇化都产生巨大影响。"大跃进"运动初期，多上快上成为主流方针，1962年城镇化水平超过了19%。由于3年自然灾害和国际环境的恶化，到1964年中国城镇化水平不到14%，1966—1976年，中国进入了"文化大革命"时期，1975年城镇化水平只有12%左右，达到了中华人民共和国成立以来历史的最低点，城镇化进程持续低迷

---

① 参见《国民经济和社会发展第十三个五年规划纲要》。
② 参见杭琍《我国城镇化进程中县级政府职能研究》，博士学位论文，东北师范大学，2014年。

续表

城镇化发展阶段	城镇化发展进程
改革开放以来的城镇化提速期（1978—2013年）	改革开放以来，中国经济高速发展，城镇化水平快速上升。从1978年开始，城镇化进程明显加快，到2013年已达到53.73%
新型城镇化阶段（2014年至今）	2014—2017年中国的城镇化率由54.77%上升至58.52%，中国有序推进农业转移人口市民化，优化城镇化布局和形态，提高城市可持续发展能力，推动城乡发展一体化，预计2020年城镇化率达到60%

资料来源：根据杭琍《我国城镇化进程中县级政府职能研究》，以及"十三五"规划、《国家新型城镇化规划（2014—2020年）》等政策文件梳理。

三 中国城镇化的基本现状

（一）中国城镇化水平近年发展较快

纵向发展来看，中国城镇化发展速度快，2016年年末，常住人口城镇化率为57.35%，比2012年年末提高4.78个百分点，年均提高1.2个百分点。2013—2016年城镇人口每年增加2000多万人，带动了巨大的投资和消费需求。[1] 横向比较来看，2000年中国城市人口比重比世界平均水平低10.9个百分点，而到了2015年，中国城市人口比重比世界平均水平高1.9个百分点。诺贝尔奖得主约瑟夫·斯蒂格利茨说过："二十一世纪影响人类发展的大事之一是中国的城市化。"[2]

（二）城镇化赶超工业化发展水平

在1978年，中国的工业化率已达到44.1%，而当时人口城镇化率仅为17.92%，远远低于工业化率。随着中国城镇化进程不断推进，2005年，城镇化率（42.99%）首次超过工业化率（41.6%），城镇化和工业化发展逐渐平衡。此后，工业化率逐步降低，而城镇化率稳步提高，到2016年，中国常住人口城镇化率达到57.35%，户籍人口城镇化率为41.2%，比2015年年末提高1.3个百分点，城镇常住人口达到7.93亿人。[3]

---

[1] 2017年中国城镇化率、全国城镇化率排名、全国各省份的城镇化率及各省份年末常住人口情况分析，参见中国产业信息网（http://www.chyxx.com/industry/201708/553670.html），2017年8月24日。

[2] 《中国相当于发达国家哪个阶段看收入、城市化率等对比》，参见凤凰网财经综合（http://news.ifeng.com/a/20171011/52565243_0.shtml），2017年10月11日。

[3] 参见《2017年国家统计公报》。

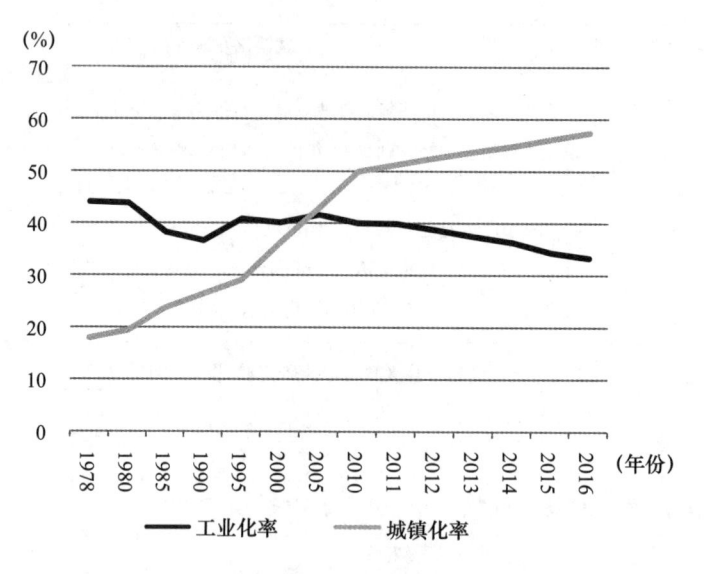

图 4—1　工业化率和城镇化率比较

数据来源：《2017年中国统计年鉴》。

(三) 城镇化优化布局快速发展，区域间城镇化水平差异缩小

近年来，中西部地区城镇化加速发展，与东部和东北地区的城镇化水平差距逐渐缩小。2012年年末全国城镇化率为52.57%；其中东、中、西部地区城镇化率分别为56.4%、53.4%、44.9%。[1] 2016年，中国东部地区城镇人口比重65.94%，与2012年相比，提高了4.08个百分点，年均提高1.02个百分点；东北地区城镇人口比重61.67%，仅提高2.07个百分点，年均提高0.52个百分点，增速较慢；中部和西部城镇人口比重分别为52.77%和50.19%，与2012年相比，分别提高5.57个百分点和5.46个百分点，年均提高1.39个百分点和1.36个百分点。中西部地区城镇化发展速度快于东部地区，东部地区又快于东北地区。中部、西部地区城镇化率与东部地区的差距分别缩小1.49和1.38个百分点。[2] 综合来看，东部地区和东北地区城镇化发展正向成熟阶段迈进，中西部地区城镇化处于快速发展阶段。

---

[1] 《〈人民日报〉谈1亿人如何城镇化：中西部或成主战场》，参见 http：//finance.sina.com.cn/china/20140128/033918103566.shtml，2014年1月28日。
[2] 《人口发展战略不断完善人口均衡发展取得成效》，参见统计局网站（http：//www.gov.cn/xinwen/2017-07/25/content_5213292.htm），2017年7月25日。

（四）以城市群为主体形态的城镇体系逐渐形成

2015年，京津冀、长江三角洲、珠江三角洲三大城市群，以5.2%的国土面积集聚了23%的人口，创造了39.4%的国内生产总值，成为带动中国经济快速增长和参与国际经济合作与竞争的主要平台。2016年，中国城市群主体形态建设呈现新亮点，印发实施了长三角、长江中游、成渝、哈长、中原和北部湾6个城市群规划。①未来中国城镇化的发展将呈现出大城市以城市群为主要形态、辐射带动中小城市发展的主要模式。②

表4—6　　　　　　　　　　城市群建设情况

城市群	战略定位	城市名单
长江中游城市群	中国经济新增长极，中西部新型城镇化先行区，内陆开放合作示范区，"两型"社会建设引领区③	武汉、黄石、鄂州、黄冈、孝感、咸宁、仙桃、潜江、天门、襄阳、宜昌、荆州、荆门、长沙、株洲、湘潭、岳阳、益阳、常德、衡阳、娄底、南昌、九江、景德镇、鹰潭、新余、宜春、萍乡、上饶、抚州、吉安
哈长城市群	东北老工业基地振兴发展重要增长极，北方开放重要门户，老工业基地体制机制创新先行区，绿色生态城市群④	哈尔滨、大庆、齐齐哈尔、绥化、牡丹江、长春、吉林、四平、辽源、松原、延边
成渝城市群	全国重要的现代产业基地，西部创新驱动先导区，内陆开放型经济战略高地，统筹城乡发展示范区，美丽中国的先行区⑤	成都、重庆、自贡、泸州、德阳、绵阳、遂宁、内江、乐山、南充、眉山、宜宾、广安、达州、雅安、资阳

---

① 《中国10省市城镇化率超60% 3个达发达国家水平》，参见《第一财经日报》（http://finance.huanqiu.com/chanjing/2017-10/11324441.html），2017年10月13日。
② 参见杭琍《我国城镇化进程中县级政府职能研究》，博士学位论文，东北师范大学，2014年。
③ 参见国家发展改革委《长江中游城市群发展规划》（发改地区〔2015〕738号）。
④ 参见国家发展改革委《哈长城市群发展规划》（发改地区〔2016〕499号）。
⑤ 参见国家发展改革委、住房城乡建设部《成渝城市群发展规划》（发改规划〔2016〕910号）。

续表

城市群	战略定位	城市名单
长江三角洲城市群	最具经济活力的资源配置中心，具有全球影响力的科技创新高地，全球重要的现代服务业和先进制造业中心，亚太地区重要国际门户，全国新一轮改革开放排头兵，美丽中国建设示范区[1]	上海、南京、无锡、常州、苏州、南通、盐城、扬州、镇江、泰州、杭州、宁波、嘉兴、湖州、绍兴、金华、舟山、台州、合肥、芜湖、马鞍山、铜陵、安庆、滁州、池州、宣城
中原城市群	中国经济发展新增长极，全国重要的先进制造业和现代服务业基地，中西部地区创新创业先行区，内陆地区双向开放新高地，绿色生态发展示范区[2]	郑州、洛阳、开封、南阳、安阳、商丘、新乡、平顶山、许昌、焦作、周口、信阳、驻马店、鹤壁、濮阳、漯河、三门峡、济源、长治、晋城、运城、聊城、菏泽、宿州、淮北、阜阳、蚌埠、亳州、邢台、邯郸
北部湾城市群	面向东盟国际大通道的重要枢纽，"三南"开放发展新的战略支点，21世纪海上丝绸之路与丝绸之路经济带有机衔接的重要门户，全国重要绿色产业基地，陆海统筹发展示范区[3]	南宁、北海、钦州、防城港、玉林、崇左、湛江、茂名、阳江、海口、儋州、东方、澄迈、临高、昌江
粤港澳大湾区	珠江三角洲城市群是中国城市群中经济最有活力、城市化率最高的地区	广州、香港、澳门、深圳、佛山、东莞、中山、珠海、江门、肇庆、惠州
京津冀城市群	以首都为核心的世界级城市群、区域整体协同发展改革引领区、全国创新驱动经济增长新引擎、生态修复环境改善示范区	北京、天津、石家庄、唐山、保定、秦皇岛、廊坊、沧州、承德、张家口、邯郸、邢台、衡水
兰西城市群	兰西城市群是西部重要的跨省区城市群，是立足西北内陆和面向中亚西亚的重要枢纽，是着眼于国家安全、支撑生态安全格局和维护西北地区繁荣稳定的重要城市群	兰州、西宁、白银、定西、临夏、海东、海北、海南

---

[1] 参见《国家发展改革委住房城乡建设部关于印发长江三角洲城市群发展规划的通知》。
[2] 参见《国家发展改革委关于印发中原城市群发展规划的通知》。
[3] 参见《国家发展改革委住房城乡建设部关于印发北部湾城市群发展规划的通知》。

续表

城市群	战略定位	城市名单
关中城市群	西北人口最密集地区，是中国西部地区唯一的高新技术产业开发带和星火科技产业带，是西北乃至西部地区的比较优势区域	西安、咸阳、宝鸡、渭南、铜川、商洛、天水、运城、临汾、平凉
呼包银榆城市群	呼包银榆城市群地处鄂尔多斯盆地腹地，是沟通华北和西北的重要枢纽，也是中国向北对外开放的主要桥头堡和中蒙俄经济走廊主要产业聚集区，是我国华北地区优秀的城市群代表	呼和浩特、包头、鄂尔多斯、榆林

资料来源：根据城市群发展规划等相关政策文件以及百度百科等整理。

（五）人口流动趋向合理有序

2016年，中国流动人口为2.45亿人，流动人口占总人口比重为17.7%，平均每6个人中就有1人是流动人口。同2000年相比，流动人口增加1.24亿人，比重上升8.2个百分点。虽然流动人口规模庞大，但随着农村外出农民工增速回落和农村转移人口在城镇落户政策的实施，流动人口增速减缓，特别是近两年流动人口出现负增长，体现了新型城镇化建设的显著成果，反映了中国劳动力市场资源合理配置的明显成效。[①]

表4—7　　　　　　　　人户分离人口及流动人口变化情况

年份	人户分离人口（亿人）	流动人口（亿人）	流动人口占总人口比重（%）
2000	1.44	1.21	9.5
2005	—	1.47	11.2
2010	2.61	2.21	16.4
2011	2.71	2.30	17.1
2012	2.79	2.36	17.4

[①]《人口发展战略不断完善人口均衡发展取得成效》，参见统计局网站（http://www.gov.cn/xinwen/2017-07/25/content_5213292.htm），2017年7月25日。

续表

年份	人户分离人口（亿人）	流动人口（亿人）	流动人口占总人口比重（%）
2013	2.89	2.45	18.0
2014	2.98	2.53	18.5
2015	2.94	2.47	18.0
2016	2.92	2.45	17.7
2017	2.91	2.44	17.6

资料来源：《2018年中国统计年鉴》。

第二节　地方政府城镇化的职能定位分析

新时代地方政府如何进行城镇化治理？需要结合地方政府职能对其进行角色定位。

一　地方政府职能定位内涵

政府职能定位是政府角色的总体特征。从内涵上看，政府职能定位是政府行为和结果的高度概括。它涉及政府职能、权力、责任等多重因素，是一个跨度较大，联系面广，具有较强综合性的词汇。而且，政府职能定位不是对一次政府行为的评价，也不是对政府在某一领域中行为特征的总结，而是对一定时期内政府行为和结果的总体概括。[①]

表4—8　　　　城镇化中地方政府与中央政府地位、作用区别

	中央政府	地方政府
地位	统筹、宏观把控地位；负责制定城镇化基本战略、基本方针、基本政策，通盘绘制全国城镇化的蓝图	贯彻中央精神，执行地方工作；省市政府主要负责落实中央的有关精神和规定，按照中央的要求制定符合本地实际的城镇化路线图和地域城镇化规划；县级政府则主要负责中央和省市政府有关城镇化的规划，是城镇化的实际操作者和推动者
作用	运用市场机制、宏观调控和法律政策手段推进城镇化	运用市场手段、行政手段等来推进城镇化进程

---

① 参见鲁敏《转型期地方政府的角色定位和行为调适研究》，博士学位论文，南开大学，2012年。

地方政府职能的定位，就是地方政府随着经济社会发展的变化对于自身应具有的职责和功能的界定，这基于地方政府对自身职能的准确认识；表明政府从自身职能的角度对经济社会发展做出的适应性的调整。在城镇化进程中，地方政府与中央政府存在着地位与作用上的区别，如表4—8所示。

二 地方政府城镇化职能定位转变

新时代城镇化的主题是新型城镇化。新型城镇化是以人为核心的城镇化，和传统城镇化相比，对地方政府提出了不同以往的要求。

（一）城镇化对地方政府治理的要求

要求加快人口市民化，需要地方政府深化户籍制度改革，完善相关配套政策。这要求地方政府加大治理力度，全面放开对高校毕业生、技术工人、职业院校毕业生、留学归国人员的落户限制，建立流动人口居住证制度；落实公平的就业政策，促进新落户人口就业；建立完善农业转移人口市民化成本分担机制，加大对推进农业转移人口市民化的资金投入；完善农业转移人口社会参与机制，通过建立通畅的需求表达、反馈机制，将自上而下的调查与自下而上的主动传递结合起来，加强转移人口社会参与、政治参与热情。[①]

要求城乡基本公共服务均等化，需要政府在教育、社会保障、医疗卫生、住房等方面加强保障力度。城乡基本公共服务共建共享一直是城镇化推进过程中的短板，也是转移人口的最大需要。随着城镇化进程推进，政府公共服务资源配置结构面临更大的调整压力。这就要求地方政府推进教育一体化建设，提高教育、文化等优质资源的供给能力，解决农民工子女的就学问题；把进城落户农民纳入社会保障体系，在农村参加的养老保险和医疗保险规范接入城镇社保体系，提高社会保障水平；拓宽住房保障渠道，推进廉租房、公租房并轨运行；完善覆盖城乡的公共就业服务体系，积极开展免费培训，帮助农业转移人口就近就业。此外，由于农业转移人口普遍教育程度偏低，需要政府发挥主导作用，鼓励和支持社会多主体参与治理，实现政府治理和社会治理良性互动。[②]

要求产业现代化、空间布局合理化，需要政府出台城乡空间转型配套政策，并重新调整土地等资源要素空间布局。地方政府布局城镇化发展空间必须考虑农村劳

---

① 李志强：《新型城镇化"以人为本"》，参见 http://epaper.anhuinews.com/html/jhsb/20170324/article_3546753.shtml，2017年3月24日。

② 《关于以供给侧改革推进以人为核心的新型城镇化的建议》，中国人民政治协商会议山西委员会，参见 http://www.sxrb.com/sxxww/zthj/2017/sxlh/taya/6569017.shtml。

动力就业转移以及人口集聚。土地等资源空间上的重新划分势必造成农民职业身份、社会身份以及居住方式的变化。地方政府需要创新治理体制机制,加快农村富余劳动力就业转移与农民市民化进程,为加速土地流转创造先决条件;另一方面,在资源空间布局重新配置过程中,地方政府必须承担起"兜底"的职能,更好地解决失地农民社会保障与就业等人口市民化问题。[①]

(二) 地方政府治理对城镇化的作用与影响

中国城镇化进程中政府长期处于"主导"地位,市场、社会发育不成熟。在此背景下,地方政府需要重新界定其职能边界,明确哪些可以由市场或社会来运作,哪些必须由政府来操作。新型城镇化是人口市民化、公共服务均等化与产业现代化等要素协调推进的系统工程,地方政府在城镇化治理过程中,与市场、社会等治理主体功能及其相互关系如表4—9所示。

表4—9　　　　　　　　城镇化进程中的地方治理

	地方政府	市场	社会
人口市民化	深化户籍制度改革; 建立流动人口居住证制度; 落实公平的就业政策; 完善农业转移人口市民化成本分担机制; 完善农业转移人口社会参与机制	劳动力资源配置机制; 政府有关服务代理人	社会为制度改革提建议; 居民会议或居民代表会议对重大事项的决策; 居民组织与政府等主体的沟通与协商
公共服务均等化	教育一体化建设; 社会保障; 拓宽住房保障渠道; 劳动力技能培训等就业服务; 基础设施的生产与供给; 城乡一体的基本公共服务与社会福利	参与基础设施建设; 提供转移人口权益维权服务; 政府有关服务代理人	劳动维权; 各社会群体自组织的自治及参与公共事务治理的功能; 政府有关服务代理人

---

① 《城市化过程应是城市文明在全社会的推广》,参见《深圳特区报》(http://news.southcn.com/sz/2012-07/10/content_50470259.htm),2012年7月10日。

续表

	地方政府	市场	社会
产业现代化	产业发展规划； 基础设施建设； 保护知识产权； 鼓励技术创新制度供给； 构建技术创新平台； 其他弥补市场与社会失灵作用	生产要素与产品的流动及配置机制； 政府有关服务代理人	行业（产业）组织自治功能； 政府有关服务代理人

资料来源：根据冯涛《新型城镇化进程中的地方政府治理转型》，浙江大学出版 2014 年版整理。

(三) 城镇化过程中地方政府职能定位：以重庆市为例

1. 地方新型城镇化的规划、政策制定者

中央提出新型城镇化战略部署，重庆市围绕自身战略地位，在推进城镇化进程中，制定专项政策推进新型城镇化，着力凸显主城的国家中心城市、内陆重要的先进制造业基地、西南地区综合交通枢纽等功能；大力推进工业园区建设，进一步完善城市基础设施功能。[1] 具体而言，一是在"十三五"规划中确立城镇化地位。重庆市"十三五"规划以一个章节强调要"促进城乡一体化协调发展"，从优化城镇空间布局、促进人口合理分布、提升城市品质等多方面扎实推进区域城镇化发展，为重庆市城镇化整体发展指明方向。[2] 二是积极制定专门政策发展城镇化。重庆市 2015 年出台《重庆市主城九区国家新型城镇化综合试点工作方案》，2016 年出台《中共重庆市委重庆市人民政府关于推进城镇化的若干意见》，试点主城区也积极制定专项工作方案，如江北区颁布《江北区国家新型城镇化综合试点工作方案》。

2. 新型城镇化战略的执行者

重庆市政府是城镇化战略的具体执行者。"十二五"时期，累计 429 万农业转移人口进城落户。城镇户籍人口累计增加 130 万左右。推动渝东南和渝东北地区人口梯度转移，有序减载人口。[3] 城镇化推进取得如此成果，归功于重庆市政府积极主动执行城镇化战略。一方面，重庆市户籍差别化设置条件，让农业转移人口进得

---

[1] 《我市制定专门政策推进城镇化和农业现代化》，参见华龙网—重庆晨报（http://news.sina.com.cn/o/2012-08-22/043925010940.shtml），2012 年 8 月 22 日。

[2] 《重庆市国民经济和社会发展第十三个五年规划纲要》，参见 http://yc.cq.gov.cn/art/2016/3/21/art_3769_142709.html，2016 年 3 月 21 日。

[3] 参见《重庆市国民经济和社会发展第十三个五年规划纲要》。

来。主城区着力疏解人口,以务工经商5年和合法稳定住所为基本落户条件;按照"新增城市人口宜居区"定位,将务工经商年限放宽到3年;渝西地区按照"集聚人口重要区域"定位,将务工经商年限放宽到2年;渝东北和渝东南着力推动人口合理减载。① 另一方面,重庆市积极改革创新"地票"制度,允许买卖农村用地且价格由市场决定,由此构建农村用地的自由交易市场,为农民工进城提供资金资助同时,为市场注入活力。② 同时,完善合理的多方成本分担机制,促进农民工市民化。政府承担城市基础设施和基本公共服务投入,约占30%。企业承担养老、医疗等社会保险成本,约占40%。农民承担社保个人缴费部分及其他开支,约占30%。转户居民还可获得社会资本提供的"地票"收益。③

3. 市场社会的引导者

重庆市采取"政府引导、市场主导、社会参与"的发展模式推进城镇化建设。主动调整政府职能定位,由主导转变为引导,主要通过政策引导市场,以人的城镇化为核心,实现产业跟着功能走、人口跟着产业走、建设用地跟着产业和人口走的统筹机制。④ 同时,重庆市还鼓励社会资本参与基本公共服务,完善政府与社会资本合作机制,在商业模式清晰、现金流稳定、资源平衡的公共基础设施和公共服务领域,采取以土地作价入股、特许经营、购买服务等方式吸引社会资本,⑤ 形成了"政府引导、市场主导、社会参与"的良性发展模式。截至2016年年底,重庆市累计签约项目73个,总投资约3900亿元,确定社会投资人及正在进行投资人招标的项目总投资估算近1000亿元。⑥

4. 公共服务的提供者

重庆市提升城市精细化管理水平,助推基本公共服务均等化。重庆出台全国首个城市精细化管理标准,从一座公厕到一盏路灯,城市管理均有规范,助推城镇化

---

① 《重庆新型城镇化获国家发改委点赞"秘诀"在哪里?》,参见华龙网(http://www.cq.xinhuanet.com/2017-02/15/c_1120469333.htm),2017年2月15日。
② 《地票:统一城乡用地市场的创新试验》,参见中国网(http://finance.china.com.cn/roll/20140113/2116724.shtml),2014年1月13日。
③ 《重庆新型城镇化获国家发改委点赞"秘诀"在哪里?》,参见华龙网(http://www.cq.xinhuanet.com/2017-02/15/c_1120469333.htm),2017年2月15日。
④ 《重庆新型城镇化建设情况新闻发布会》,参见华龙网(http://www.scio.gov.cn/xwfbh/gssxwfbh/fbh/Document/1389128/1389128.htm),2014年12月30日。
⑤ 《重庆新型城镇化获国家发改委点赞"秘诀"在哪里?》,参见华龙网(http://www.cq.xinhuanet.com/2017-02/15/c_1120469333.htm),2017年2月15日。
⑥ 《重庆新型城镇化获国家发改委点赞"秘诀"在哪里?》,参见华龙网(http://www.cq.xinhuanet.com/2017-02/15/c_1120469333.htm),2017年2月15日。

建设精细化。① 在住房方面，2010 年以来，重庆率先向城市外来人口开放公租房，允许本市和外地户籍人员在同一低门槛条件下申请公租房。为了消除农民工对于变更为城市户口的恐惧，重庆市对于申请变更的农民，给予 3 年的考虑期限，在此期间农民可以撤销申请。同时，政府也允许更换为城市户口的人群保留他们的农用地使用权。2015 年 9 月，重庆市政府出台相关政策，允许农村户口持有者享受大部分城镇社会公共服务。这个举措大大缩小了城乡居民间的现实差距。②

第三节　案例分析

重庆市是我国统筹城乡综合配套改革试验区之一，也是国家新型城镇化综合试点地区之一。直辖初的重庆农村人口庞大，城镇化压力较大，但通过一系列政策措施，有效推进了城乡统筹和城镇化的发展，并形成了众多可复制可推广的经验与模式。

一　重庆直辖以来城乡统筹试验及城镇化发展

重庆新型城镇化始于重庆的统筹城乡发展综合改革试验。重庆作为中央在中西部地区设立的唯一直辖市，有必要、有条件、有责任率先进行统筹城乡发展综合改革的试验。首先，重庆是大城市与大农村并存的特殊直辖市，突出的二元结构，是制约重庆又好又快发展的最大"瓶颈"。重庆要建成名副其实的直辖市，成为长江上游的经济中心，最重要的是搞好城乡统筹。二是重庆因三峡移民而设立为直辖市，依靠统筹城乡发展解决三峡库区移民安稳致富和库区生态环境问题，是完成中央交办的"四件大事"的必然选择。三是直辖以来我们建立了市、县、乡的行政层级等新型行政管理体制，在加强城市支持农村、工业反哺农业等方面，初步积累了一些经验，为进一步统筹城乡发展奠定了基础。四是经过近十年的发展，目前重庆人均 GDP、人均可支配财力、城市居民人均可支配收入、社会发展总水平、居民购买力等经济社会指标均处于中西部地区前列，基本具备了进行城乡统筹的基础和条件。为了做好统筹城乡发展综合改革试验，重庆进行了科学谋划。

一是从重庆农村库区、山区面积大的实际出发，充分考虑生态要求和劳动力转

---

① 《重庆出台全国首个城市精细化管理标准》，参见央广网（http://china.huanqiu.com/hot/2017-04/10470219.html），2017 年 4 月 13 日。

② 《重庆城镇化试点：迈向改革深水区》，参见中国日报网（http://news.163.com/16/0707/10/BRC8BHVH000146BE.html），2016 年 7 月 7 日。

移的实际情况,在科学规划的基础上,探索建设新农村的新路子;二是从调整国民收入分配格局等入手,探索建立健全工业反哺农业的政策体系;三是从为农村提供基本的公共服务,改善农村饮水、道路等生产生活条件起步,探索建立城乡一体公共财政体制;四是从加快普及新型农村合作医疗等着力,探索建立覆盖城乡的社会保障体制;五是从完善乡镇行政管理职能等深入,进一步探索城乡统筹的行政管理体制;六是以建设重庆"1小时经济圈"为重点,探索打造城乡统筹的战略平台,用城镇和第二、第三产业发展的经济实力,提高反哺农业、支持农村、转移富余农民的能力。其中,最大的亮点是:"以农民工为突破口"进行统筹城乡发展综合改革试验。农民工较多是重庆的基本特点,也是在工业化中期全国需解决的问题。重庆"小马拉大车"的改革,需要杠杆力,这就是农民工,一头连农村,一头连城市,中间突破,带动两边,撬动发展。同时要大力发展产业,除了工业,服务业、现代农业同样大有可为。与此相联系是人口就业转移,人跟着产业走,要通过科学谋划产业布局进行引导。

纵观直辖以来重庆市城镇化历程,加快发展和结构调整始终是重庆新型城镇化路径的主题和主线,尤其是行政体制改革和市场体制改革始终贯穿其中,从实质上看就是政府与市场的关系不断调整融合的过程。重庆市在探索符合重庆实际的新型城镇化道路的过程中,逐步弱化政府在城镇化进程中的主导作用,政府在新型城镇化路径中的地位由"强制"转变为"引导",市场的决定性地位也逐步加强与凸显。在新型城镇化战略提出后,重庆市城镇化发展由政府强制性部署逐渐转为政策引导、市场主导。这一点在《2016年重庆市推进新型城镇化工作要点》中得到体现。其详细规划了农业转移人口市民化的推进手段,如通过完善购租并举的住房制度、扎实推进城市棚户区改造和公租房建设等公共服务配套措施,给予农业转移人口市民化的政策环境;提出优化城市空间布局、提升城市功能、以城带乡促进乡一体发展、完善新型城镇化体制机制等战略,从推进城乡基本公共服务均等化、深化地票制度改革等政策措施出发,为推动重庆市城镇化建设打造更加成熟的环境。由此可见,重庆市无论从理念上还是政策上,都明确转为政府引导、市场主导的城镇化发展模式。

表 4—10　　　　　　　　　　重庆城镇化发展历程

发展历程	主要措施	重要成效
政府主导与市场推动路径：1997—2002 年	基于直辖市新要求：第一，重新修改"九五"计划和 2010 年远景目标纲要以及《城市总体规划》，对经济社会发展全局进行科学规划、合理布局，实施点轴系统开发模式；第二，实现"长江上游经济中心"总体目标，在"十五"计划中明确提出建设"都市发达经济圈""渝西经济走廊""三峡库区生态经济区"三大经济区，呈现"点轴"式区域发展格局	促使重庆城镇人口迅速增加，城镇化率呈现加速度增长的趋势。1997 年城镇化率为 31.0%，至 2002 年达到 39.9%
政府导向与市场推动路径：2003 年至今	以 2003 年为标志，重庆步入新型城镇化路径阶段	政府向服务型政府、高效政府转变，政府与社会、市场的关系都得到较大改善；2016 年，新增城镇人口 16.9 万人，常住人口和户籍人口城镇化率分别达到 62.2%、47.2%①
	2003 年，以深化行政体制改革为切入点，致力于建设服务型政府，妥善处理政府与市场的关系	
	2006 年，对区县进行扩权改革试点，将部分经济社会事务管理权限赋予区县政府及其部门行使；同年实施乡镇政府"整体转型"改革	
	2013 年，部署城市发展战略的"升级版"	
	2014 年，出台一系列新政策，推进城镇化进程，如公积金首付分三档最低两成，保障低收入者购房权益；主城实施积分落户，保障流动人口的权益	
	2015 年，城市发展新区城镇化加速推进，渝东北、渝东南乡村人口加速向城镇集聚步伐加快	
	2016 年，推进以人为核心的新型城镇化。建立"人、钱、地"挂钩机制	

资料来源：根据吴江《重庆新型城镇化推进路径研究》，博士学位论文，西南大学，2010 年；及其他新闻资料整理而得。

二　重庆市政府在推进城镇化过程中的问题分析

重庆直辖以来，社会经济发展取得了瞩目的成绩。但是推进新型城镇化过程中治理主体理念、治理客体重心、治理模式仍然存在不足之处。

（一）治理主体理念偏差：重土地城镇化、轻人的城镇化

重庆市城镇化进程快速推进，城镇化率稳步提升，常住人口城镇化率从 1997 年

---

① 《回眸 2016 年 重庆实现"十三五"良好开局》，参见《重庆日报》（http://www.cq.xinhuanet.com/2016-12/24/c_1120179309.htm），2016 年 12 月 24 日。

的31.0%提高到2016年的62.60%,[①] 城镇化发展飞速。但城镇化"质量"却有待进一步提升,政府在新型城镇化推进过程中,应高度重视"人的城镇化"。

户籍制度配套政策落实不到位,转移人口存在"被转户"现象。重庆市为农民转户进城设计了"3+5"政策体系,包括"3年过渡,3项保留和5项纳入"三个方面,但户改制度启动以来,积极动员农村居民转户,农民在脱掉土地承包权、宅基地使用权和林地受益权"三件衣服"时,却不能穿上或者及时穿上就业、教育、社保、住房、医疗"五件衣服"。此外,重庆户改设有落户的总量控制,不仅如此,还设定了两年300万,十年1000万的转户目标,[②] 因此在户改的过程中还出现了"被转户"现象。一些大学生反映学校将入党、评先、评奖学金及毕业证发放等与转户挂钩,让学生被动转户以完成地方政府部门给学校下达的转户指标。

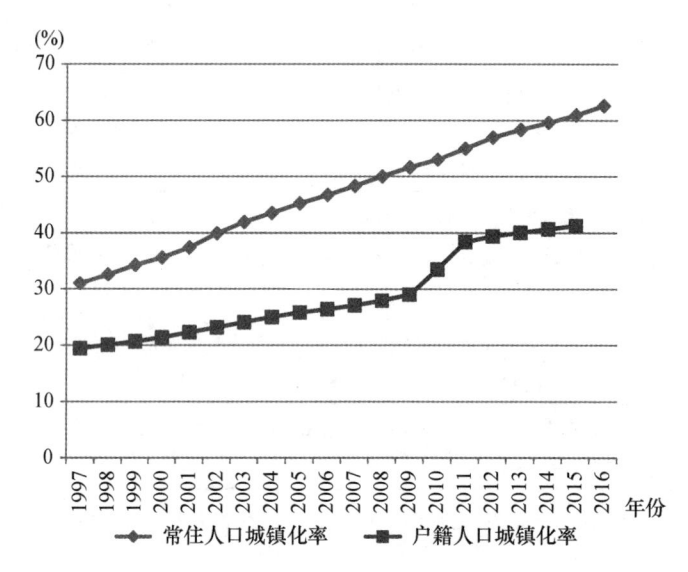

图4—2 1997—2016年重庆常住人口城镇化率和
户籍人口城镇化率变化趋势

资料来源:1998—2013年、2017年《重庆统计年鉴》,2013—2015年《重庆市国民经济和社会发展统计公报》。

户籍城镇化率与常住人口城镇化率存在明显差距,人口转移落后于城镇建设

---

① 《2016年重庆市国民经济和社会发展统计公报》,参见 http://www.cq.xinhuanet.com/2017-03/20/c_1120655165.htm,2017年3月20日。

② 《重庆开始启动户籍改革千万农村人口将转市民》,参见 http://www.china.com.cn/news/local/2010-07/14/content_20491296.htm,2010年7月14日。

用地扩张速度、规模。重庆市常住人口城镇化率从 1997 年的 31.0% 提高到 2015 年的 60.94%，18 年间增加了 29.94 个百分点，相比之下，同时期重庆户籍人口城镇化率仅提高 21.75 个百分点；1997 年两者的差距仅为 11.5 个百分点，到 2015 年扩大到 19.69 个百分点，18 年间扩大了 8.19 个百分点。此外，重庆市城市户籍管理缺乏统一的入户标准，出现了大量空挂户口、双重户口、人户分离、无户口人员和暂住长达 10—20 年的"暂住"人口现象，距离以人为本的新型城镇化还有距离。

产业空心化和人口空心化并存。小城镇是农村转移人口的承载地之一。小城镇重视不够、发展不足，城镇建设缓慢，留不住人，就业吸纳能力有限。同时，小城镇的产业特色不突出，产业发展存在严重的跟风现象，在市场经济环境下，政府主导致使产业发展固化，众多的小城镇产业发展战略趋同，恶性竞争严重，进一步加剧了产业发展问题，从而导致产业空心化与人口空心化并存局面。

(二) 治理客体重心偏差：重物轻人

直辖以来，重庆市城镇化治理着重围绕土地改革展开，尤其 2008 年以来探索的地票制度，已成为土地城镇化的重庆样本。然而，新型城镇化是以人为核心的城镇化，要求政府治理要以人为本，从更多关注物质生产转变为更多关注人本身的需求，[1] 特别重视转移人口市民化问题，以及提升公共服务水平。

转移人口市民化融合遇到就业融入困难、社会化融合程度较低、政治参与不够等问题。一方面，转移人口就业融入困难、职业培训体系不完善，经济收入普遍偏低。不重视转移人口的培训，在一定程度上限制了市民化融合。加之城乡二元劳动力市场的存在，转移人口劳动就业遭排斥，即使部分转移人口在劳动技能方面达到了初级劳动力市场的要求，也由于制度性障碍而存在"同工不同酬，同工不同时、同工不同权"的现象。另一方面，转移人口社会化融合程度较低，自身社会交往面普遍较窄，社会关注程度普遍不高。转移人口的交际网络依然是以血缘和地缘等关系为基础的非正式交际系统，社会资本匮乏。交往方式封闭，形成圈子亚文化，放弃了对城市文化、生活方式、价值观念等深入的接触和吸收。加之城市社区、居民主观上的漠视、歧视和隔阂，客观上居住环境和工作节奏的差异，使得转移人口退居城乡接合部或城中村，形成低层次的社会交际圈。此外，转移人口参与社区治理等的积极性较弱，多数转移人口可能并不清楚如何在当地政府办事，这在一定程度

---

[1] 《新型城镇化重在以人为核心》，参见 http://theory.people.com.cn/n1/2016/0927/c40531-28742664.html，2016 年 9 月 27 日。

上遏制了转移人口的社会参与意识。

面向农村转移人口提供的公共服务不够。进城农村转移人口其随迁子女的入学需求给义务教育带来较大压力，教育资源不足，师资较为缺乏。进城农村转移人口社会保障衔接存在障碍。进城农村转移人口管理服务一定程度上存在"重管理、轻服务"倾向，出现条块分割、多头管理、权责分散的现象。

（三）治理模式维度单一：重政府施策，轻多元主体参与

过去重庆市的城镇化发展模式偏重政府主导的、"一元"的、"自上而下"的治理模式，这种模式在早期城镇化快速发展过程中起到了重要的推进作用，但随着新型城镇化的进一步发展，导致了城市人口多元化、问题复杂化、社会认同"内卷化"等现象的出现。

城镇化过程中的社会性与政府单一主体治理相矛盾。城镇化是人的城镇化，其治理带有鲜明的社会性，但长期以来，受传统行政文化影响，政府行政主导色彩依然浓厚，使得治理结构呈现以党委和政府为主体的单中心治理模式，治理主体单一，其他公民、组织等社会力量作用发挥有限。然而政府治理的最佳状态在于通过政府和多个参与主体的通力合作达到一种行政成本低、行政效率高、公共服务好的状态。而当前，自上而下的治理模式使得其他来自市场和社会自治领域的企业、非营利组织和个人成为城镇化的"配角"。

政府单一维度的治理模式，成本高、效率低，加大政府治理负担。一方面，会导致城镇化建设偏向效率至上，其价值天平向地方政府自身倾斜，重视塑造"硬件"而非"软件"的形象工程建设，忽略了对公众社会福利等公共服务的提供；另一方面，会使政府在公共物品和基础公共设施的供给数量和质量上容易忽略了居民的实际需求，从而产生供需错位、资源浪费等问题。

三 提升城镇化政府治理能力建议

（一）治理主体理念转变：重视"人的城镇化"

新型城镇化发展，不仅要提速，更要保质量。重庆市城镇化治理主体应首先从根本上转变理念，为转移人口解决住房、医疗等公共服务难题，为新型城镇化提供物质基础，保障新型城镇化质量。

完善户籍信息采集、管理、共享机制制度。第一，建立完善的户籍信息共享机制。人口信息共享是跨部门的工程，制定行之有效的数据交换规范，真正做到部门协作联动，及时互通信息，从而不断提高全员人口信息质量。第二，建立标准的人口信息指标体系，各人口管理部门统一规范，建立统一的采集、录入标准，严把采

集、录入关。对信息采集、录入的项目内容要制定统一的规范标准。第三，建立综合人口信息管理系统。引入现代信息技术，搭建能够实时跟踪人口动态变化，记录历史数据，多部门共享数据的综合人口信息管理系统。

提高小城镇产业就业吸纳能力。将乡村规划纳入城市规划，上升其战略地位，在全市层面统筹布局，有利于避免战略定位趋同、同质化发展；各区域制定有针对性的专项规划，瞄准各地区特色、现实条件等，实现差异化发展。政府应高度重视并协调各地区规划制定，严格把关。鼓励乡村、小城镇产业化、规模化发展，以市场机制调控为主，政府引导为辅，将小城镇产业布局与城镇未来发展相结合，实现战略上的对接，从而更有预见性、前瞻性地发展产业，合理配置资源。围绕当地的特色优势资源，引进龙头企业因地制宜大力发展食品加工、纺织服装、家具等劳动密集型产业。

（二）治理客体重心转变：围绕转移人口重视公共服务

新型城镇化发展，不仅要重视土地的城镇化，更要引导人的城镇化。城镇化治理客体的重点也应从土地开发、城市扩张，转变到转移人口市民化融合的工作重心上来，为新型城镇化提供精神基础。"人的城镇化"应分三步走："人愿不愿意转""人往哪里转，怎么转""人如何长期留得住"。

充分尊重群众自主定居意愿，差别化设置条件，鼓励农民自主入籍，使其"愿意转"。深挖农民对农村土地有强烈的归属感的心理特性，以保护农民最大权益为出发点，制定差别化对策，对于申请变更的农民，政府给予其一定期限的考虑时间，在此期间农民可以撤销申请。同时，政府可允许更换为城市户口的人群保留其农用地使用权，如此一来消除农业人口"进城"的后顾之忧，真正给予群众自主定居的选择机会。

建立"门槛式"人口转移机制及配套相关政策，使其"转进来"。针对市内人口，重庆市应加强新型城镇化体制机制的顶层设计，通过"人口跟着产业走，建设用地指标、财政投入指标等跟着人口走"，通过功能定位、产业定位和资源环境承载力区别，实行主城区和小城镇差异化的转移原则，实现各区域人口、市民化人口科学有序分布。继续深化户籍改革，持续推进"5+3"公共服务与保障。通过要素流动将农民真正地转移出来。盘活农民房屋、宅基地以及各种在农村的资产，并且这些资产可以获得财产性收益。针对外来人口，尤其是高端人才，重庆市应结合自身特点完善阶梯式居住证制度，分阶段分层次地解决流动人口的社会诉求。不仅要提供就业机会和培训，更要创造劳动就业岗位。

有序推进人口市民化融合机制建设和政策支撑，使其"留下来"。政府要积极探索"社会融合"模式,推动"农村社区"建设。把特色产业和新村布局相结合,通过相互融合,助推镇域经济快速发展,同时形成农村社区,让农民"市民化"。建立转移人口"同乡村流动党员支部",将流动、分散的党员组织起来,引导他们发挥模范带头作用,实现"同乡村"的自我服务、自我管理、自我发展,带动流动人口市民化。社会要以社会组织为载体推进新老市民融合,比如妇联委派社工免费教大家制作丝网花,教大家各种舞蹈,定期安排医生为"新市民"进行生理及心理的检查辅导。企业要通过工会,在城中村、工业园区,成立职工俱乐部;可定期举行"送法进工地"的活动;可在法律知识方面定期对转移人口进行培训。增强城镇规划建设管理决策的透明度,在城镇发展的重大问题上广泛听取群众意见、建议和诉求,使广大城镇居民更多参与自己城镇发展的决策与管理。[①]

加大公共基础设施建设投入,强化公共服务供给,为城镇化发展夯实基础。一是创新以推动公共服务均等化为目标的资金保障体制机制,为城镇化建设提供发展资本。建立规范透明的城市建设投融资机制。健全重庆市市政债券发行管理制度,推动公私合作项目合作模式(PPP)改革,加快培育多元化投融资主体,改革创新地方融资平台,研究制定政策性金融专项支持政策。完善财政转移支付制度。二是健全城镇住房保护体制机制。根据区域人口流向优化房地产市场供需结构,健全保障性住房制度,建立各级财政保障性住房稳定投入机制,扩大保障性住房有效供给;对保障性住房的准入、监管、退出的全过程实施管理。完善房地产市场调控配套措施,完善住房产权信息登记制度,推动地价调控政策,健全房地产市场税收政策调控机制。对城镇低收入和中等偏下收入住房困难家庭,实行租售并举、以租为主,提供保障性安居工程住房,满足基本住房需求。稳定增加商品住房供应,大力发展二手房市场和住房租赁市场,推进住房供应主体多元化,满足市场多样化住房需求。三是助力医疗、教育、养老等基本公共服务向进城农村转移人口延伸。保障进城农村转移人口同等享有基本公共服务的权利,推进基本公共服务常住人口全覆盖,并逐步均等化。优先发展教育,将家庭经济困难的农村转移人口子女纳入政府主导的扶贫助学范畴。向农村转移人口提供职业供求信息,强化对他们的职业培训,提供职业指导、就业和失业登记等服务;引导返乡就业农民工创业咨询服务。完善社会保障的转移接续办法。为农村进城务工人员提供基本医疗卫生服务。

[①] 《新型城镇化重在以人为核心》,参见 http://theory.people.com.cn/n1/2016/0927/c40531-28742664.html,2016年9月27日。

(三）治理模式的转变：强化"多元主体参与"

一个稳定有序而又充满活力的社会结构，是一个政府、社会、市场各居其位，各显其能，并形成相互匹配、相互制约的互动网络。在新型城镇化建设过程中，政府不再单打独斗，而应当引导其他主体参与共建共商共治。

政府应培育并引导社会组织承担公共事务，积极引入公民参与。将城镇化发展中某些技术性强的、专业性、行业性的职能交给社会组织，并加大对社会组织的监管力度，推动社会组织健康发展，最终形成各类不限于政府的相关机构组织和行为者参与到城镇化发展的治理中，各行为主体解决城镇化发展过程中问题的界限和责任日趋模糊，各个治理主体之间形成相互依存、相互制约的复合式治理网络。探索政府购买公共服务的机制体制，将居民需求多样化的、市场化方式运作效率更高的公共服务事项交给规范的、信誉良好的、有服务能力的社会组织、私营企业等第三方承担，推进政府向社会组织购买公共服务。[1] 引入公民参与，建设、拓展公民参与渠道，可以建立相关网站、APP 等与公民实时互动，吸纳公民建议辅助政策制定、执行。

着力完善农业转移人口市民化成本分担和利益共享机制。政府承担城市基础设施和基本公共服务投入，对于在公共成本支出中占比较大的住房保障部分，依托国有投资集团，采取市场化方式投资、建设、管理、运营，加大财政投入力度，引进融资贷款机制，采取租售并举的方式实现运营平衡。企业分担一定比例的养老、医疗等社会保险成本，农民承担一定比例的社保个人缴费部分及其他开支。[2] 以政府、企业、个人三方合力共担成本。建立利益共享机制。加快重庆城市公共交通"一卡通"服务平台建设，推进跨区域互联互通，促进基础设施和公共服务设施共建共享，促进创新资源高效配置和开放共享，推动区域环境联防联控联治，实现城市群一体化发展。建立城市信息系统，将企业、交通网、城市网纳入信息高速公路，以信息共享来促进企业网、城市网、交通网等各类网络的整合。

第四节　小结

中国城镇化战略的提出经历了一个起步较早、不断调整、逐渐优化的过程。中

---

[1] 《论新型城镇化进程中的政府治理转型》，参见 http://www.urbanchina.org/n/2015/1208/c369547-27901572.html，2015 年 12 月 8 日。

[2] 《重庆新型城镇化获国家发改委点赞"秘诀"在哪里？》，参见 http://www.cq.xinhuanet.com/2017—02/15/c_1120469333.htm，2017 年 2 月 15 日。

华人民共和国成立后，党的工作重心由农村转移到城市；到 1960 年以后，中国提出了"控制大城市规模和发展小城镇"的战略思路，强调小城镇发展战略的重要性；1980 年召开的全国城市规划工作会议之后，大、中、小协调发展的城镇化战略思路基本形成。

中国城镇化进程、中国城市数量的增长和城镇化水平的提高在曲折反复过程中经历了一个由慢到快的过程，分别包括城镇化恢复发展阶段（1949—1957 年）、城镇化波动停滞时期（1958—1977 年）、改革开放以来的城镇化提速期（1978—2013 年）、新型城镇化阶段（2014 年至今）。

中国城镇化的基本现状主要有以下几个特点：城镇化水平近年发展较快、城镇化赶超工业化发展水平、城镇化优化布局快速发展、区域间城镇化水平差异缩小、以城市群为主体形态的城镇体系逐渐形成、人口流动趋向合理有序，等等。

中国城镇化进程中政府长期处于"主导"地位。在此背景下，地方政府需要重新界定其职能边界，明确哪些可以由市场或社会来运作，哪些必须由政府来操作。地方政府的角色定位包括新型城镇化的规划、政策制定者、新型城镇化战略的执行者、市场社会的引导者和公共服务的提供者。具体来看，新型城镇化是人的城镇化，要求加快人口市民化，这需要地方政府深化户籍制度改革，完善相关配套政策。新型城镇化要求城乡基本公共服务均等化，这需要政府在教育、社会保障、医疗卫生、住房等方面加强保障力度。新型城镇化要求产业现代化、空间布局合理化，这需要政府出台城乡空间转型配套政策，并重新调整土地等资源要素空间布局。但地方政府在推进新城镇化进程中，治理主体理念、治理客体、治理模式仍然存在不足之处，要做到治理主体理念转变，重视"人口城镇化"；治理客体重心转变，围绕转移人口重视公共服务；治理模式转变，强化多元主体参与。

【思考与讨论】
1. 如何认识中国新型城镇化发展方向？
2. 新型城镇化为地方治理提出哪些挑战？
3. 新型城镇化背景下地方治理将如何转变？

【扩展阅读】
冯涛：《新型城镇化进程中的地方政府治理转型》，浙江大学出版社 2014 年版。
吴江、王斌、申丽娟：《中国新型城镇化进程中的地方政府行为研究》，《中国行政管理》2009 年第 3 期。

叶林:《中国新型城镇化发展与城市区域治理创新》,中央编译出版社 2017年版。

何源:《新型城镇化发展中的地方政府治理创新研究》,《财经问题研究》2017年第 2 期。

第三章

地方政府贫困治理

贫困问题是人类社会的顽疾，摆脱贫困是中国人民孜孜以求的梦想，实现共同富裕是人民群众的共同期盼。贫困人口脱贫是对中国各级政府治理能力和水平的重大考验。

第一节 贫困治理模式的变迁

农村贫困状况不是一成不变的，而是随着时间的推移，在贫困深度、广度以及地域分布上发生深刻变化。随着贫困状况的不断变化，改革开放以来中国扶贫模式也经历了多次变迁。从瞄准机制来看，中国扶贫模式经历了经济体制改革推动的发展型减贫模式（1978—1985年）、贫困县为重点的区域开发式扶贫模式（1986—1993年）、特殊贫困地区为重点的重点攻坚式扶贫模式（1994—2000年）、以贫困村为重点的整村推进式扶贫模式（2001—2010年）的演变，2013年后逐步进入精准扶贫阶段。

一 发展型减贫模式（1978—1985年）

经济体制改革推动的发展型减贫模式。改革开放初期，中国扶贫主要是以农村经济体制改革促进农村经济发展，增加农民收入，从而达到减贫的效果。1978年年底中国农村开始实行家庭联产承包责任制，打破了人民公社化时期僵化的农村经济体制，极大调动了农民的生产积极性，推动了农业的快速发展，农业总产值大幅提升，农产品流通体系初步确立，农民收入大幅增加，中国农村贫困面貌大为改观。此外，中央政府还制定了一系列扶贫措施：1980年设立了"支持经济不发达地区发展资金"扶持贫困地区的发展；1982年开始实施"三西"计划帮助极端贫困地区减贫；1984年设立"以工代赈"扶贫活动，并出台了《关于尽快改变贫困地区面貌的通知》，提出集中力量解决 18 个连片特困地区贫困问题。

二　区域开发式扶贫（1986—1993 年）

贫困县为重点的区域开发式扶贫模式。这一时期中央确立了以贫困县作为有针对性扶贫的基本单位，形成了贫困县为重点的区域开发式扶贫模式。这一时期农村贫困呈现出绝对贫困主要集中在中西部相对落后地区的特征，中西部落后地区贫困人口占全国贫困人口的 80%。[①] 1986 年党中央和国务院发布《关于帮助贫困地区尽快改变面貌的通知》，提出采取有效措施，集中力量，扶持贫困地区改善生产条件，提高生产能力。同年，国务院扶贫办正式成立，并开始贫困县申请审批工作，贫困县制度正式确立。从贫困瞄准机制来看，这一扶贫模式以贫困县为瞄准单位进行区域瞄准。[②] 从主要扶贫对象来看，国家将以贫困县为单位的贫困区域中没有解决温饱问题、生存存在绝对困难的贫困人口作为扶贫主要对象。从扶贫资金投入机制来看，主要是以贫困县为单位经由国家、省到市县的层层拨付进行扶贫资金投放。[③] 从项目建设来看，将区域开发与项目建设相结合，对贫困地区进行开发性生产和建设。[④]

三　重点攻坚式扶贫（1994—2000 年）

特殊贫困地区为重点的攻坚式扶贫模式。中共中央和国务院公布了多项计划和有关扶贫工作的决定，推动扶贫工作进展。1994 年国务院制定公布了《国家八七扶贫攻坚计划》，以加快贫困地区经济和社会发展，缩小东西部发展差距。1996 年，中共中央、国务院做出《关于尽快解决农村贫困人口温饱问题的决定》。1999 年，国家出台了《关于进一步加强扶贫开发工作的决定》。中央政府大幅度增加对自然条件恶劣的特殊贫困地区的扶贫开发投入，明确扶贫工作责任制，并建立东西部扶贫协作机制。此外还专项安排了"新增财政扶贫资金"和"贫困地区九年制义务教育"资金，以增强贫困地区自我发展能力。[⑤] 1994—2000 年农村尚未解决温饱问题的贫困人口由 8000 万减少到 3000 万，其中国家重点扶持贫困县的贫困人口由 1994

[①] 参见赵新居《我国贫困人口分布、成因和反贫困的措施》，《新疆大学学报》（哲学社会科学版）1996 年第 4 期。

[②] 参见齐超、陈方正《中国反贫困目标瞄准机制研究》，《社会科学论坛》2008 年第 10 期。

[③] 参见李小云等《我国财政扶贫资金投入机制分析》，《农业经济问题》2007 年第 10 期。

[④] 参见张磊《中国扶贫开发历程（1949—2005 年）》，中国财政经济出版社 2007 年版，第 56 页。

[⑤] 参见朱玲、陈俊《建国以来我国农村扶贫开发的历史回顾与现实启示》，《生产力研究》2012 年第 5 期。

年的 5858 万人减少到 2000 年的 1710 万人。[①]

四 整村推进式扶贫（2001—2010 年）

贫困村为重点的整村推进式扶贫模式。随着国家经济体制改革推动减贫、区域开发式扶贫、重点攻坚式扶贫的相继开展，进入 21 世纪之后，中国贫困现状发生了深刻变化。贫困人口规模缩小并集中到西部地区，贫困人口分布也逐渐分散在贫困村这一级别。针对这一现状，2001 年国务院制定了《中国农村扶贫开发纲要（2001—2010）》，将扶贫工作的重点放到西部地区，尤其是西部地区的贫困村。这一时期，"整村推进"成为政府扶贫的重要理念和重要模式，强调做好村级扶贫规划，强调扶贫资源到村到户，相继出台"两免一补""雨露计划"以及取消农业税等惠农利农政策，极大改变了农村、农民的贫困面貌。[②] 从贫困瞄准机制来看，贫困村成为基本的瞄准单位。[③] 从扶贫战略重点和格局来看，同过去相比，中国农村扶贫开发的战略重点和战略格局由过去集中全力解决大量贫困人口的脱贫问题转向解决少数绝对贫困人口的温饱问题，又解决已脱贫人口的返贫问题，为农村小康社会建设创造条件。

五 精准扶贫模式（2013 年至今）

长期以来中国扶贫开发存在着贫困人口底数不清、情况不明，针对性不强，扶贫资金和项目指向不准等问题。[④] "大水漫灌"粗放式扶贫方式，使得资金和政策已经很难渗透到剩下的贫困人口。[⑤] 因此，2013 年习近平总书记适时提出了精准扶贫。2014 年 4 月，中共中央办公厅、国务院办公厅印发了《关于创新机制扎实推进农村扶贫开发工作的意见》，正式通过官方文件提出建立精准扶贫工作机制。2014 年 5 月，国务院扶贫办联合六部门印发《建立精准扶贫工作机制实施方案》，精准扶贫工作在全国范围内正式开启。在对"精准"二字的理解上，董家丰将其归纳为"扶

[①] 国务院新闻办公室：《中国的农村扶贫开发》（白皮书），参见中国网（http://www.scio.gov.cn），2001 年 10 月 15 日。

[②] 参见杨占国、于跃洋《当代中国农村扶贫 30 年（1979—2009）述评》，《北京社会科学》2009 年第 5 期。

[③] 参见汪三贵《中国的农村扶贫：回顾与展望》，《农业展望》2007 年第 1 期。

[④] 参见顾仲阳《精准扶贫，不撒胡椒面》，《人民日报》2014 年 3 月 12 日。

[⑤] 参见王介勇、陈玉福、严茂超《我国精准扶贫政策及其创新路径研究》，《中国科学院院刊》2016 年第 3 期。

贫对象、扶贫措施与效果两方面的精准"。① 而黄承伟和覃志敏认为，精准扶贫是国家扶贫治理体系的重要组成部分，它由贫困人口识别和扶贫资源（资金、项目）瞄准两部分构成。② 目前大多数学者认为，精准扶贫是针对不同贫困区域环境、不同贫困农户状况，运用科学有效程序对扶贫对象实施精准识别、精准帮扶、精准管理的治贫方式。③

第二节　现阶段地方政府贫困精准治理

精准扶贫是国家综合扶贫政策的最新表述、最新思路，并在全国各地广泛实践。在此背景下，如何理解该思想提出的重要意义以及其内在机制？较传统的贫困治理模式，贫困精准治理有何不同？

一　精准扶贫是全面小康目标导向下当前严峻减贫任务的必然选择

改革开放以来，中国农村贫困人口减少7亿，按照2014年当年价每人每年2800元的现行农村贫困标准，服务于国家2020年全面实现小康社会目标的实现，5年间中国将减贫脱贫7017万人。"全面建成小康社会，最艰巨最繁重的任务在农村、特别是在贫困地区。没有农村的小康，特别是没有贫困地区的小康，就没有全面建成小康社会"，贫困人口成为实现全面小康社会目标短板中的短板。根据国家统计局2014年对调查样本数据推算显示，全国农村贫困居民仍有8249万人。④ 目前中国贫困人口大部分分布在革命老区、集中连片贫困地区或生态脆弱区（见表4—11），这些地区或是自然资源贫乏，或是生态环境脆弱，或是生存条件恶劣，而且往往基础设施落后，产业发展严重滞后，减贫难度比过去大幅度增加。

为了确保中国到2020年如期实现贫困人口脱贫、全面建成小康社会的发展目标，2013年11月，习近平总书记在湖南湘西考察时做出了"实事求是、因地制宜、

---

① 参见董家丰《少数民族地区信贷精准扶贫研究》，《贵州民族研究》2014年第7期。
② 参见黄承伟、覃志敏《论精准扶贫与国家扶贫治理体系建构》，《中国延安干部学院学报》2015年第1期。
③ 参见张笑芸、唐燕《创新扶贫方式，实现精准扶贫》，《资源开发与市场》2014年第9期；沈茂英《四川藏区精准扶贫面临的多维约束与化解策略》，《农村经济》2015年第6期；郑宝华、蒋京梅《建立需求响应机制提高扶贫的精准度》，《云南社会科学》2015年第6期。
④ 根据国家统计局全国7.4万户农村住户调查样本数据推算而来。

分类指导、精准扶贫"的重要指示,[①] 并首次提出了"精准扶贫"的重要思想。2014年1月,中共中央办公厅印发的《关于创新机制扎实推进农村扶贫开发工作的意见》等文件,[②] 对精准扶贫工作模式的顶层设计等方面都做了详细规制,推动了"精准扶贫"思想落地。2015年10月,党的十八届五中全会指出,实施脱贫攻坚工程,实施精准扶贫、精准脱贫,分类扶持贫困家庭,探索对贫困人口实行资产收益扶持制度。[③] 习近平总书记明确提出了2016年的国民经济与社会发展的五大重要任务,其中重点提到要"坚持精准扶贫、精准脱贫,瞄准建档立卡贫困人口,加大资金、政策、工作等投入力度,真抓实干,提高扶贫质量"。[④] 因此,"精准扶贫"逐渐上升为国家扶贫政策,成为国家综合扶贫政策的最新指导思想。

表4—11　　　　　中国14个集中连片特困地区贫困状况

集中连片特困地区	贫困人口（万人）	贫困发生率（%）	人均纯收入（元/年）	区域要素特征
全部片区	3518	17.1	4839	—
六盘山区	349	19.2	4208	地形破碎、干旱缺水、地质灾害频发、水土流失严重
秦巴山区	444	16.4	5006	生态保护区、革命老区、灾害频发地区
武陵山区	475	16.9	4561	生境脆弱、基础设施落后、地质灾害频发、民族地区
乌蒙山区	442	21.5	4372	生态保护区、民族地区、革命老区、基础设施落后、流行病盛行
滇桂黔石漠化区	488	18.5	4775	地形复杂、土层瘠薄、生境脆弱、灾害频发、基础设施落后
滇西边境山区	240	19.1	4754	生态保护区、灾害频发、少数民族聚集

[①] 参见《习近平总书记系列重要讲话读本》,人民出版社2018年版,第225页。
[②] 中共中央办公厅《关于创新机制扎实推进农村扶贫开发工作的意见》,参见新华网（http://news.xinhuanet.com/politics/2014-01/25/c_119127842.htm）,2014年1月25日。
[③] 参见《中共中央关于制定国民经济和社会发展第十三个五年规划的建议》,人民出版社2015年版,第33页。
[④] 参见《中国供给侧结构性改革》,人民出版社2016年版,第36页。

续表

集中连片特困地区	贫困人口（万人）	贫困发生率（%）	人均纯收入（元/年）	区域要素特征
大兴安岭南麓山区	74	14.0	5304	生态保护区、产业转型困难
燕山—太行山区	150	16.8	4570	生境脆弱、基础设施落后，自然灾害频发
吕梁山区	67	19.5	4402	地形复杂、沟壑纵横、耕地缺少、干旱与水土流失严重
大别山区	392	12.0	5722	水土流失严重、基础设施落后、产业基础薄弱
罗霄山区	134	14.3	5116	洪涝灾害频发、水土流失严重、生境保护、基础设施落后
西藏区	61	23.7	5719	地形复杂、高寒地区
四省藏区	103	24.2	4225	高山峡谷、基础设施落后、自然灾害频发
新疆南疆三地州	99	18.8	4626	气候干旱、生境脆弱、灾害频发、人力资源不足

当前减贫任务依然十分严峻，精准扶贫是全面建成小康社会的必然选择。精准扶贫并不仅仅是一种战略、一种政策、一种机制，更应当是包括理论、战略、政策、机制和行为的完整系统。[①] 精准扶贫理念的实质是在扶贫工作中实现扶贫主体的精准定位、扶贫对象精确识别与扶贫路径的精准选择，以高效开展扶贫并取得减贫脱贫成果。解析扶贫对象的多维致贫原因，多是发展要素组合效率低下或者要素功能疲软所致。扶贫开发过程中形成的传统多元参与的社会大扶贫格局，有助于集聚整合扶贫资源，助推扶贫朝着社会参与和扶贫治理方向发展，在扶贫对象基数较大、贫困区域较广的扶贫初期阶段作用显著。随着减贫脱贫工作逐步步入改革攻坚期，扶贫对象脱贫难度加大、相对贫困与区域贫困特征明显、减贫资源渗漏严重与资源投入边际效益下降等挑战并存，扶贫开发工作需要进行理念更新和认知提升，明确主次矛盾并系统梳理各类贫困生成机制，因时因地因人展开针对性发展策略探讨，找到"贫根"，对症下药，靶向治疗，建立精准识别、精准帮扶、精准管理、精准考核的精准扶贫机制。

---

① 参见刘解龙《经济新常态中的精准扶贫理论与机制创新》，《湖南社会科学》2015年第4期。

二 精准扶贫机制分析

精准扶贫是新时期中国根据扶贫开发实践和贫困问题的总体特征,以实现全面建成小康社会为根本目标,逐步形成精准扶贫政策框架(见图4—3)。精准扶贫政策的核心要义在于"扶真贫、真扶贫",改变过去大水漫灌粗放式扶贫方式,将扶贫政策和措施下沉到村到户,通过对贫困家庭和贫困人口的精准帮扶,从根本上解决导致贫困发生的各种因素和障碍,从而拔出"穷根",实现真正意义上的脱贫致富。精准扶贫政策的内容体系包括精准识别、精准帮扶、精准管理和精准考核4项内容。

(一) 精准识别

精准识别是精准扶贫的前提。精准识别是指通过申请评议、公告公示、抽检核查、信息录入等步骤,将贫困户和贫困村有效识别出来。[1] 世界银行[2]的研究报告显示,在缺乏合理制度设计和必要支持的情况下,贫困群体往往难以从政府的公共服务中获益。[3] 即便是专门针对贫困群体的支持项目,非贫困群体往往可以利用他们所拥有的经济优势来获取有利于自身的福利服务政策。[4] 因此,只有将贫困户、贫困村有效识别出来,建立贫困户和贫困人口档案卡,摸清致贫原因和帮扶需求,才能实现精准扶贫。

(二) 精准帮扶

精准帮扶是精准扶贫的关键。精准帮扶是指对识别出来的贫困户和贫困村,深入分析致贫原因,落实帮扶责任人,逐村逐户制定帮扶计划,集中力量予以扶持。[5] 精准帮扶包括4个维度,一是项目安排精准,提高扶贫项目的瞄准性有利于增强扶

---

[1] 参见汪三贵、郭子豪《论中国的精准扶贫》,《贵州社会科学》2015年第5期。

[2] The World Bank, 2004 *Word Development Report*: *Marking Services Work for People*?, World Bank Publications, Washington DC, 2004.

[3] 据计算,1973—1974年,印度中央政府支出中仅有不足1/6可以使贫困户获益(Gupta, 1977);在印度,占总人口20%的最富有群体享有的政府医疗服务是占总人口20%的最贫困群体的3倍(Peters et al., 2002);而在尼泊尔,46%的政府教育支出为1/5最富有的群体获得,而最贫困的群体仅享有政府教育支出的11%(Devarajan and Shah, 2004)。

[4] Jha R., Bhattacharyya S., Gaiha R., et al., "'Capture' of Anti-poverty Programs: An Analysis of the National Rural Employment Guarantee Program in India 2009", *Journal of Asian Economics*, 2009, Vol. 20, No. 4; Park A., Wang S., "Community-based Development and Poverty Alleviation: An Evaluation of China's Poor Village Investment Program", *Journal of Public Economics*, 2010, Vol. 94, No. 9; 程恩江:《中国非政府组织扶贫:小额信贷案例分析》,《中国国际扶贫中心研究报告》2010年第3期。

[5] 参见吴雄周、丁建军《精准扶贫:单维瞄准向多维瞄准的嬗变——兼析湘西州十八洞村扶贫调查》,《湖南社会科学》2015年第6期。

贫成效。① 二是资金使用精准。扶贫资金层层下拨、层层管理所形成的多元化权力资源可能会诱发项目寻租从而导致目标偏离，② 提高扶贫资金的瞄准性有益于增强扶贫成效。③ 三是措施到户精准。研究发现扶贫工作存在精英捕获现象，④ 在村庄层面表现为扶贫资源向经济基础好、容易出政绩的村倾斜以及在村庄内部表现为"扶富不扶贫"，⑤ 精准扶贫下的措施到户直接瞄准了以精英捕获为代表的扶贫资源分配、传递和使用中的不公来增强扶贫成效。四是因村派人精准。精准扶贫配套实施的驻村干部制度，使得贫困村公共产品的供给和扶贫物资的分配过程中多了一道外来的监督力量，有利于公平分配和提高扶贫效率。⑥

（三）精准管理

精准管理是精准扶贫的保证。精准管理是指对扶贫对象、扶贫资金和帮扶主体进行全方位、全过程的监测，实时反映帮扶情况，实施动态化、制度化管理，实现扶贫对象有进有出，为扶贫开发工作提供决策支持。⑦ 精准管理包括3个维度。第一是农户信息管理。建立起贫困户的信息网络系统，将扶贫对象的基本资料、动态情况录入到系统，实施动态管理有利于实现脱贫。⑧ 第二是阳光操作管理。为有效避免权力寻租与资金滥用，要建立扶贫资金信息披露制度以及扶贫对象、扶贫项目公告公示公开制度，将筛选确立扶贫对象的全过程公开，避免暗箱操作导致的应扶未扶，保证财政专项扶贫资金在阳光下进行。⑨ 第三是扶贫事权管理。可采用"中

---

① 参见方黎明、张秀兰《中国农村扶贫的政策效应分析——基于能力贫困理论的考察》，《财经研究》2007年第12期；张全红《中国农村扶贫资金投入与贫困减少的经验分析》，《经济评论》2010年第2期。

② 参见李小云、唐丽霞、张雪梅《我国财政扶贫资金投入机制分析》，《农业经济问题》2007年第10期。

③ 参见林万龙、杨丛丛《贫困农户能有效利用扶贫型小额信贷服务吗？——对四川省仪陇县贫困村互助资金试点的案例分析》，《中国农村经济》2012年第2期。

④ 精英捕获是指本应该惠及大众的资源被少数群体（常常是政治或经济上有权力的集团）占有，从而导致在政治和经济上权力较弱的集团的利益受到损害的现象。参见邢成举、李小云《精英俘获与财政扶贫项目目标偏离的研究》，《中国行政管理》2013年第9期。

⑤ 参见左停、杨雨鑫、钟玲《精准扶贫：技术靶向、理论解析和现实挑战》，《贵州社会科学》2015年第8期。

⑥ 参见孔德斌《精准扶贫对贫困村公共产品供给影响的实证研究——基于H省Z村的驻村扶贫工作实践》，《成都行政学院学报》2015年第3期。

⑦ 参见汪三贵、郭子豪《论中国的精准扶贫》，《贵州社会科学》2015年第5期。

⑧ 参见左停、杨雨鑫、钟玲《精准扶贫：技术靶向、理论解析和现实挑战》，《贵州社会科学》2015年第8期；葛志军、邢成举《精准扶贫：内涵、实践困境及其原因阐释——基于宁夏银川两个村庄的调查》，《贵州社会科学》2015年第5期。

⑨ 参见孔德斌《精准扶贫对贫困村公共产品供给影响的实证研究——基于H省Z村的驻村扶贫工作实践》，《成都行政学院学报》2015年第3期。

央—地方—村庄"关系结构。① 监督权向上提，事权在地方内进一步下移，扶贫资源传递层级减少，国家入村直接面对农民，代理人角色弱化。

（四）精准考核

精准考核是精准扶贫的保障。精准考核是指针对贫困户和贫困村脱贫成效，建立贫困人口脱贫退出和返贫再入机制，完善贫困县考核与退出机制，加强对贫困县扶贫工作情况的量化考核，强化精准扶贫政策实施的效果。孔德斌认为，实施精准扶贫要改进贫困县考核机制，由主要考核地区生产总值向主要考核扶贫开发工作成效转变，把提高贫困人口生活水平和减少贫困人口数量作为考核主要指标。② 因此，以扶贫成果为导向的考核机制，有利于激发地方扶贫积极性，实现精准扶贫与精准脱贫。

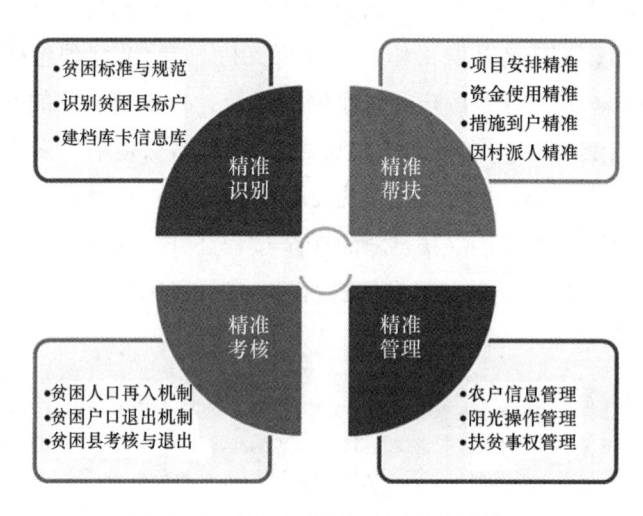

图4—3 精准扶贫政策体系总体框架

三 地方政府贫困精准治理

地方政府治理就是围绕治理目标、治理主体、治理客体与治理方式等要素的有机架构。具体来讲，精准扶贫下的地方政府治理就是围绕"为何扶""谁来扶""扶持谁"和"怎么扶"的实践命题。

---

① 参见左停、杨雨鑫、钟玲《精准扶贫：技术靶向、理论解析和现实挑战》，《贵州社会科学》2015年第8期。

② 参见孔德斌《精准扶贫对贫困村公共产品供给影响的实证研究——基于H省Z村的驻村扶贫工作实践》，《成都行政学院学报》2015年第3期。

（一）治理目标：为何扶

精准扶贫目标由解决经济收入问题转向全面建成小康社会。精准扶贫最突出的一点便是提出了脱贫攻坚的奋斗目标，[①] 扶贫开发工作既是"十三五"时期脱贫攻坚的最后阶段也是最为艰难的阶段，所以，实现全面脱贫的目标不仅仅体现在贫困人口的收入增长上，更要考虑到生存环境、生态保护、能力建设等综合扶贫开发实现指标，实现以人为本与可持续发展的良好结合。也就是说，实现全部贫困人口精准脱贫是精准扶贫的最终目标。

（二）治理主体：谁来扶

精准扶贫主体由政府为单一主体转向以政府为主导的多元主体共同参与。精准扶贫在坚持政府的主导地位的同时积极引入社会成分参与到新一轮的扶贫攻坚之中，是在新时代背景下的扶贫新模式的探索。如何激发全社会力量在扶贫领域内的活力一直以来都是破解扶贫效能发展瓶颈的重点所在。实现多元参与的扶贫模式，一方面要求政府继续发挥在扶贫领域内的主体地位，积极发挥引导作用并作为治理主体发挥主要作用；另一方面多元主体对于精准扶贫同样重要，如何在扶贫领域引入社会各方力量并积极探索相互之间的合作模式是激发社会潜能的重中之重，积极引导、利用社会资源参与扶贫开发是大势所趋。

（三）治理客体：扶持谁

精准扶贫客体从"广而粗"向"精而准"的扶贫对象转变。在以往的扶贫开发进程中，一个重要的特征是以贫困县、贫困村、集中连片特困地区等为对象的区域性扶贫开发模式，行政区划的贫困对象认定并不能完全甄别谁是贫困人口，造成贫困地区通过区域性扶贫政策支持获得了经济社会发展，而处在这个贫困地区的贫困人口并不一定能够享受到扶贫开发成果，仍然处于贫困线边缘的情况。同时，在区域性扶贫开发政策实施的过程中，还使得一些地区为了享受到国家扶贫开发的各种优惠政策支持，出现了"脱贫不摘帽""庆祝获得贫困县"等把贫困县当成一种扶贫资源获取手段的扶贫异化现象，造成扶贫资源的帮扶偏差。因此，推进贫困人口的精准识别，很大程度上还可以遏制以往的贫困识别中出现的人为排斥、制度排斥等问题，降低了在识别过程中出现误差的可能性，精准识别贫困人口是实现新时代的脱贫攻坚目标的基础。

[①] 以每年人均收入6%的增长幅度设定2020年全国脱贫标准为人均纯收入4000元，通过产业扶持、转移就业、易地搬迁、教育支持、医疗救助等措施解决5000万左右贫困人口脱贫，对于2000多万完全或部分丧失劳动能力的贫困人口则实现全部纳入农村最低生活保障的覆盖范围，完善社会保障兜底政策。

(四)治理方式：怎么扶

精准扶贫方式从"漫灌式"扶贫转向"滴灌式"帮扶。长期以来，国家扶贫开发资源难以形成合力，甚至出现扶贫资源重复投入、浪费使用等现象。例如，支农扶贫资金管理涉及发改委、财政部、扶贫办、民委、农业部、科技部、林业部、水利部、移民局等多个部门，在实施中存在"上面一盆水，下面毛毛雨"的分散使用、效率不高现象，扶贫开发资源形成不了合力，就做不到高效精准。因此，需要在扶贫方式上实现转型，从"漫灌式"到"滴灌式"转变同时也体现了中国当下扶贫开发的迫切需求。精准扶贫在新的扶贫攻坚背景下提出的"滴灌式"治理模式是对以往"漫灌式"治理模式所引发的问题的回应，解决以往开发工作效率低下、资金使用缺乏管理等问题。针对"宽泛"问题所提出的"精准"理念是从根本内涵上对过往扶贫理念的总结创新，而扶贫理念的精准化则成为下一步的扶贫工作重要的指导方针。

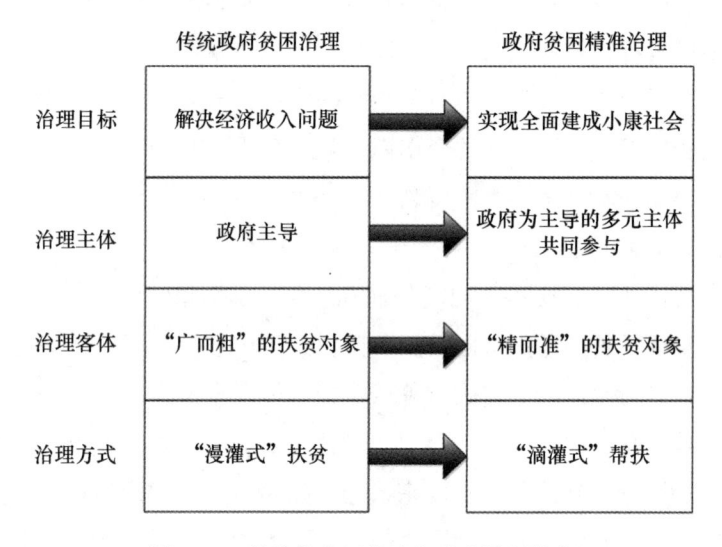

	传统政府贫困治理		政府贫困精准治理
治理目标	解决经济收入问题	→	实现全面建成小康社会
治理主体	政府主导	→	政府为主导的多元主体共同参与
治理客体	"广而粗"的扶贫对象	→	"精而准"的扶贫对象
治理方式	"漫灌式"扶贫	→	"滴灌式"帮扶

图4—4 精准扶贫下的地方政府治理转变

第三节 大数据驱动下精准贫困治理机制[①]

党的十八大以来，习近平总书记把"精准扶贫、精准脱贫"作为扶贫开发的基

---

① 参见2016年度"学习贯彻习近平总书记扶贫开发战略思想研讨会"主题征文活动优秀获奖论文：陈升、刘泽，《大数据驱动下的精准扶贫机制研究》。

本方略，这是党中央在深刻总结国内外减贫思路经验教训的基础上，根据目前中国扶贫发展阶段所提出来的，是中国乃至全世界减贫事业的理论贡献。大数据驱动型扶贫的出现，将扶贫对象进行精确锁定，推动精准扶贫工作进一步开展。

一 大数据驱动型贫困治理能有效贯彻落实精准扶贫思想

扶贫开发，事关中国特色社会主义伟大事业的顺利推进，事关国家的长治久安。目前，国内关于落实精准扶贫思想主要是两种方式：人工主导型扶贫和大数据驱动型扶贫。人工主导型扶贫和大数据驱动型扶贫都改变了过去大水漫灌的现象，但大数据驱动型扶贫能更加有效地贯彻落实总书记"六个精准"的扶贫思想，做到有效扶贫资源最优化利用，从而实现精准脱贫。

大数据驱动型扶贫，即在精准识别、精准帮扶和精准管理过程中主要是通过大数据驱动完成。这种方式是在人工主导型扶贫基础上，通过采用大数据思维和技术，实现数据流程和扶贫业务流程融合，进而发挥其驱动作用。具体来看，精准识别过程中，除了进村入户建档立卡数据，还通过对接公安、民政、教育、财政、银行等多部门数据，按照现行贫困人口标准精准识别贫困人口，为精准帮扶提供可靠支撑；精准帮扶过程中，在精准识别贫困人口的基础上，充分整合和贫困人口相关的多部门、多行业数据，分析贫困人口致贫原因。根据致贫原因，结合以往扶贫经验模式、成本效益，因人因地精准施策，找出最佳帮扶方式，并做到扶贫方式与贫困人口的精准对接；精准管理过程中，运用大数据发掘相关工具持续跟踪，全方位、全过程监测和管理扶贫对象，实现脱贫退出、返贫预警、返贫纳入等动态管理机制。目前，贵州、甘肃、广西等地区均在积极探索大数据驱动型扶贫模式。

二 大数据驱动型贫困治理机制分析

精准扶贫思想见成效的关键是如何做到精准。当前，中国面临的脱贫任务存在四大难题：一是量多，二是面广，三是脱贫难度大，四是时间紧。精准扶贫的困难性和紧迫性决定只有创造性贯彻落实才能真正见成效。大数据驱动型扶贫以习近平总书记提出的"精准扶贫"思想体系为指导，从扶贫目标（为何扶）、扶贫主体（谁来扶）、扶贫对象（扶持谁）、扶贫方式（怎么扶）四个方面进行分析。

（一）扶贫目标：为何扶

为了实现最大化资源调动向精准化资源调动、经验式资源配置向动态性资源配置转变，以及粗放式资源运用向最优化运用的"三大转变"，更加有效地贯彻落实总书记"六个精准"的扶贫思想，做到有效扶贫资源最优化利用，从而实现脱贫精准。大数据驱动型扶贫运用大数据全方位、全过程监测和管理扶贫对象，进行动态精准管理机制。

（二）扶贫主体：谁来扶

大数据驱动型扶贫，通过发挥大数据众筹众扶优势，精准筛选、智能匹配，将贫困人口与帮扶主体精准对接。比如，贵州省"一云助力、多端协力、多方合力"的大数据精准扶贫模式，爱心人士可以借助大数据扶贫云平台了解贫困户现状和实际需求，选择帮扶对象，进行针对性帮扶。

（三）扶贫对象：扶持谁

大数据驱动型扶贫，通过将建档立卡信息与公安、民政、教育、财政、银行、工商企业登记等方面的数据进行比对分析，对扶贫对象精准识别。比如，广西通过大规模数据比对模拟测试平台，将一线20万扶贫工作队采集到的近500万识别农户和2000多万家庭成员信息，与各部门提供的1900万个人财产数据，经过百万亿次级的计算比对工作，检索出可疑农户50万户，涉及62万家庭成员，其中有7.3万余户确认被"一票否决"，从贫困户名单中剔除。

（四）扶贫方式：怎么扶

大数据驱动型扶贫在精准识别贫困人口的基础上，充分整合和贫困人口相关的多部门、多行业数据，分析贫困人口致贫原因。根据致贫原因，结合以往扶贫经验模式、成本效益，因人因地精准施策，找出最佳帮扶方式，并做到扶贫方式与贫困人口的精准对接。

表4—12　　　　　　　精准扶贫与大数据驱动型扶贫对比

	精准扶贫	大数据驱动型扶贫
扶贫目标（为何扶）	精准扶贫是为了精准脱贫	做到有效扶贫资源最优化利用，从而实现脱贫成效精准
扶贫对象（扶持谁）	精准识别贫困人口	全面真实地识别与评估扶贫对象，贫困人口识别更加精准
扶贫主体（谁来扶）	精准选配驻村第一书记，形成全社会共同参与的大扶贫格局；促进帮扶资源与贫困户精准对接帮扶，实现扶贫主体和贫困人口精准对接	利用大数据众精准筛选、智能匹配，将帮扶主体与贫困人口精准对接

续表

	精准扶贫	大数据驱动型扶贫
扶贫方式（怎么扶）	要结合贫困人口情况精准施策，因地制宜采取科学扶贫方式	整合多部门、多行业数据，分析致贫原因，并结合以往扶贫经验模式、成本效益，因人因地精准施策，做到扶贫方式与贫困人口的精准对接
总体来看	—	更加有效的贯彻落实总书记"六个精准"的扶贫思想，做到有效扶贫资源最优化利用，从而实现脱贫成效精准

三 推动大数据驱动型贫困治理在更广泛范围内实践运用

虽然部分地区在利用大数据助力精准扶贫取得不错成绩，但是全国范围内使用大数据助力精准扶贫并不多见。采用大数据动力不足的原因可能表现为以下几点：第一，部分政府部门缺乏"大数据思维"，摆脱不了"数据小农意识"，以保密和隐私为由，拒绝开放数据，把丰富信息锁在柜中、束之高阁。第二，是缺乏相应的技术基础和制度保障，大数据背景下依然存在的诸如数据质量、真实性方面的缺陷降低了应用大数据进行精准扶贫的预期效果。第三，是大数据应用可能消解、架空政府某些层级或部门利益，政府部门是否采纳大数据应用在当前的管理环境中并不具有政治责任的强制性。据前期调研教育扶贫发现，某地区搭建了助学金申报系统，申报成功的助学金经过平台直接下发给个人，这改变了过去由县、乡部门层层下拨发放的流程，也剥夺了县、乡有关部门的权力运用和可能存在的寻租利益，以至于县、乡有关部门对运用类似数据系统产生抵制情绪。

因此，必须总结相关地区应用大数据精准扶贫经验教训，鼓励全国范围内将大数据尽快纳入精准扶贫过程中，提出以下建议。第一，明确责任巩固主导力量。首先要在政府层面做好总体规划，明确各个责任主体及主导部门。各级政府应明确大数据建设主导机构，政府部门内部应实施一把手负责制，由部门负责人主导大数据扶贫计划的实施。

第二，评估现实发现差距，确定具体工作内容，按照优先次序分步实施。分析当前扶贫开发领域应用大数据的现实与理想的差距，以"三个在哪里"为重点内容（即"问题在哪里"，了解政府扶贫开发管理存在的问题；"数据在哪里"，整合政府运转过程中产生的各种数据、记录和档案；"办法在哪里"，将数据和问题结合找到解决问题的办法），针对现实与理想框架的差距与问题，确定具体的解决办法，分步实施。

第三，明确开放协作机制。一是建立扶贫数据资源共享开放机制。打破数据孤岛效应推动开放共享，对大规模、深层次的数据资源共享开放进行顶层架构设计，实现跨部门、跨区域、跨层级、跨系统的数据交换与共享。二是建立扶贫数据中心整合利用机制。整合各类政府信息平台和信息系统，依托现有平台资源，与企业数据中心合作，集中构建统一的互联网政务数据服务平台和信息惠民服务平台。三是建立大数据应用创新机制。推动政府扶贫数据开放共享，促进社会事业数据融合和资源整合。

四 大数据驱动型贫困治理：基于贵州的案例研究

贵州省是全国贫困人口最多、贫困面最大、贫困程度最深的省份。贵州省从总结习近平总书记要求、摸索全国大局以及提炼贵州自身发展实际出发，确定了"大扶贫、大数据"两大战略行动，将"大数据"作为"大扶贫"的突围战，率先在全国走出一条不同于东部、有别于其他西部地区的精准扶贫新路。贵州省从省级层面搭建的"大数据精准扶贫云"平台，用大数据甄别贫困人口，动员、管理扶贫资源，较好解决了"为何扶""扶持谁""谁来扶"和"怎么扶"的问题。从2015年借助大数据以来，贵州省已经实现了对623万贫困人口、9000个贫困村、934个贫困乡镇、66个贫困县和有扶贫开发任务地区的精准识别和动态监测，取得了卓越成绩。

关于扶贫目标，根据大数据分析结果，贵州省扶贫部门指导资源精准运用到贫困人口和最佳帮扶项目上，最优化资源运用效益。在评估扶贫项目落实情况上，贵州省运用大数据技术，打通相关行业数据，比对分析线上数据与具体扶贫措施，对贫困人口动态监测，分辨扶贫目标，进行精准扶贫，直到完成全省贫困人口脱贫。

关于扶贫对象，贵州省将政府管辖范围内贫困人口的基本信息数据和扶贫开发全流程的动态信息数据在政府各层级、各个职能部门之间，以及政府与社会其他扶贫主体之间实现数据开放、共享与整合，最终在扶贫云上能清楚看到贫困户属性、致贫原因、个人收入乃至帮扶人的姓名、单位和帮扶项目和项目进展等相关信息。

关于扶贫主体，贵州省通过对整合的数据进行对比，精准预测完成脱贫目标所需动员的资源类型和数量，并通过大数据平台精准整合各级政府、对口帮扶政府、企业、社会机构等扶贫主体的扶贫资源。2016年春节期间,贵州省参与"9+1① 我们一起过大年",仅13天就筹集爱心红包18271份,募集善款1827106元,捐款人数达到16254人。

关于扶贫方式,贵州省将卫计、国土、农业等十多个部门工作与扶贫工作相融合,可以实现扶贫部门扶贫开发政策和各部门扶贫制度的有效衔接,从而避免在扶贫工作中因信息不对称而浪费扶贫资源。同时,贵州省大数据精准扶贫云可以实现对口帮扶、定点帮扶、电商扶贫等不同层次、不同类别的社会扶贫项目的网上对接。

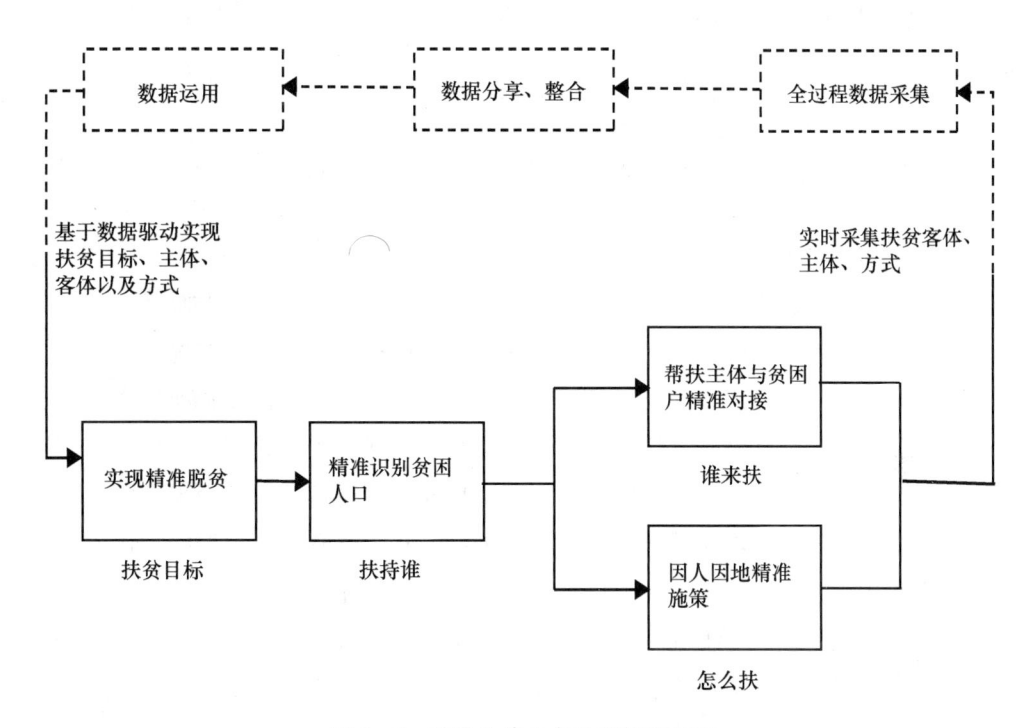

图4—5 精准扶贫内在作用机理示意

从扶贫目标来看,在2020年现行标准下贫困人口全部实现脱贫这一目标指引下,根据建档立卡数据识别贫困人口解决"扶持谁"的问题。通过层层分解扶贫指标和任务解决"谁来扶"的问题。通过分析致贫原因,落实扶贫政策、项目等解决"怎么扶"的问题。(见图4—5实线部分)。大数据驱动型扶贫,通过将建档立卡数据和公安、民政、教育、财政、银行等部门进行比对,精准识别贫困人

---

① 即9个网民帮助1个贫困人口。

口，解决"扶持谁"的问题。在精准识别贫困人口的基础上，根据大数据精准动员各级政府、对口帮扶政府、企业、社会机构等扶贫主体和整合扶贫资源，解决"谁来扶"的问题。在精准识别贫困人口的基础上，充分整合和贫困人口相关的多部门、多行业数据，分析贫困人口致贫原因。根据致贫原因，结合以往扶贫经验模式、成本效益，因人因地精准施策，找出最佳帮扶方式，并做到扶贫方式与贫困人口的精准对接，解决"怎么扶"的问题。在大数据驱动型扶贫过程中，关于"为何扶""谁来扶""扶持谁"和"怎么扶"的每一个环节、步骤都会产生大量新的数据，将这些数据进行采集、整合、运用，实现扶贫过程的动态管理，真正实现"用数据说话，用数据决策，用数据管理，用数据创新"的扶贫管理机制（见图4—5虚线部分和实线部分）。

第四节 小结

本章探讨了贫困治理背景下的地方政府治理。首先梳理了贫困治理模式的变迁。随着贫困状况的不断变化，改革开放以来中国扶贫模式多次变迁。先后经历了发展型减贫模式、区域开发式扶贫、重点攻坚式扶贫、整村推进式扶贫。这些扶贫模式开发存在着贫困人口底数不清、情况不明，针对性不强，扶贫资金和项目指向不准等问题，目前精准扶贫是国家综合扶贫政策的最新表述、最新思路，是全面小康目标导向下当前严峻减贫任务的必然选择。逐步形成了包括精准识别、精准帮扶、精准管理和精准考核4项内容的精准扶贫政策体系。和传统政府贫困治理相比，政府贫困精准治理主体由政府主导转向政府为主导的多元主体共同参与，治理客体由扶贫对象"广而粗"向"精而准"转变，治理方式从"漫灌式"转"滴灌式"帮扶。最后提出，为了更有效地落实精准扶贫，应充分应用大数据这一工具。

【思考与讨论】
1. 中国的贫困治理模式是如何变迁的？
2. 精准扶贫机制是什么？精准扶贫下的地方政府治理是如何转变的？

【扩展阅读】
杨道田：《新时期我国精准扶贫机制创新路径》，经济管理出版社2017年版。
陈升、潘虹、陆静：《精准扶贫绩效及其影响因素：基于东中西部的案例研究》，《中国行政管理》2016年第9期。

汪三贵、郭子豪:《论中国的精准扶贫》,《贵州社会科学》2015 年第 5 期。

左停、杨雨鑫、钟玲:《精准扶贫:技术靶向,理论解析和现实挑战》,《贵州社会科学》2015 年第 8 期。

陈振明、吕志奎:《〈摆脱贫困〉中的地方治理思想研究》,《马克思主义与现实》2017 年第 1 期。

第四章

地方政府治理变革

全面深化改革是以习近平同志为核心的党中央在新的历史起点上做出的重大战略决策,对实现"两个一百年"奋斗目标和中华民族伟大复兴的中国梦有着决定性意义。党的二十大报告指出,要"深入推进改革创新……把我国制度优势更好转化为国家治理效能"。[1] 全面深化改革的总目标是完善和发展中国特色社会主义制度、推进国家治理体系和治理能力现代化。因此全面深化改革与政府治理具有密切关系,即当前政府治理变革集中体现在全面深化改革。

第一节 政府治理变革:全面深化改革

党的十八届三中全会通过了《中共中央关于全面深化改革若干重大问题的决定》(以下简称《决定》),明确指出"改革开放是党在新的时代条件下带领全国各族人民进行的新的伟大革命,是当代中国最鲜明的特色",强调必须在新的历史起点上全面深化改革。党的十九大报告进一步将"坚持全面深化改革"写入新时代中国特色社会主义思想。

一 国家治理与全面深化改革的互促共进

全面深化改革支撑国家治理体系与治理能力建设。全面深化改革的根本指向是为了推进国家治理体系和治理能力现代化,改革的任务就是形成系统完备、科学规范、运行有效的制度体系,使各方面制度更加成熟更加定型。[2] 国家治理既不是推进某一个领域治理,也不是推进某几个领域治理,而是统筹各领域的综合治理,要实

---

[1] 习近平:《高举中国特色社会主义伟大旗帜 为全面建设社会主义现代化国家而团结奋斗——在中国共产党第二十次全国代表大会上的报告》,人民出版社2022年版,第27页。

[2] 参见巩建青、乔耀章《全面治理:习近平新时代治国理政的理论新命题》,《行政论坛》2018年第5期。

现更为有效的综合治理,唯有全面深化改革。只有各项改革协调推进、互相配合,才能达到推进国家治理体系和治理能力现代化的效果。[①]

国家治理体系与治理能力现代化推动全面深化改革向纵深发展。不断推进国家治理体系与治理能力现代化是全面深化改革的时代要求,这是因为全面深化改革是一个系统工程,涉及经济、文化、社会、生态等多领域改革,这些不同领域的改革并非是割裂孤立的,而是相互联系、相互关联的。[②] 为促进改革协调统一、实现改革向纵深发展,必须配备以更加健全的治理体系和治理能力,以治理体系的系统性和协调性促使全面深化改革各领域的协同推进,以治理能力的高水平和专业化提升全面深化改革各领域的整体成效。

二 深化改革是解决当前的深层次问题的关键

解决当前中国发展面临的一系列重大问题,继续保持经济社会持续健康发展势头,迫切要求全面深化改革。改革是由问题倒逼而产生,又是在不断解决问题中逐步深化的。改革开放40年来,我们用改革的办法解决了党和国家事业发展中的一系列问题,但还有许多深层次矛盾和问题尚未得到根本解决。同时还要看到,旧的问题解决了,新的问题又会产生。当前,国内外环境都在发生极为广泛而深刻的变化,中国发展面临一系列突出矛盾和挑战,前进道路上还有不少困难和问题。比如,发展中不平衡、不协调、不可持续问题依然突出,科技创新能力不强,产业结构不合理,发展方式依然粗放,社会矛盾明显增多,教育、就业、社会保障、医疗、住房、生态环境、食品药品安全、安全生产、社会治安、执法司法等关系群众切身利益的问题较多,形式主义、官僚主义、享乐主义和奢靡之风问题突出,一些领域消极腐败现象易发多发,反腐败斗争形势依然严峻等。解决这些问题,必须推进全面深化改革。[③]

面对新形势下的这些相互交织、相互影响的问题,要充分意识到其复杂性、艰巨性、敏感性前所未有。如何形成全国统一的市场体系,形成公平竞争的发展环境;如何进一步增强经济发展活力,为实现经济持续健康发展提供不竭动力;如何进一步提高宏观调控水平,提高政府效率和效能;如何增强社会发展活力,促进社会和谐稳定;如何进一步实现社会公平正义,通过制度安排更好地保障人民群众各方面

---

① 参见杜飞进《中国现代化的一个全新维度——论国家治理体系和治理能力现代化》,《社会科学研究》2014年第5期。
② 参见张喜红、罗志强《论现代国家治理体系的协同性》,《湖北社会科学》2014年第11期。
③ 《习近平关于三中全会决定的说明》,参见中国政府网(http://www.gov.cn/ldhd/2013-11/15/content_2528186.htm),2013年11月15日。

权益；如何进一步提高党的领导水平和执政能力，充分发挥党总揽全局、协调各方的作用，都需要通过全面深化改革加以推动。[①]

三 全面深化改革是顺应人民愿望、保持党和国家生机活力的内在要求

中国的改革已经进入了深水区和攻坚区。当前存在一些突出问题，如产业结构不合理、资源环境约束加剧、城乡区域发展差距和居民收入分配差距依然较大、社会阶层固化，社会道德失范、诚信缺失问题等，必须敢于啃硬骨头、敢于涉险滩，以更大决心冲破思想观念的束缚、突破利益固化的藩篱。只有全面深化改革，才能让广大人民群众共享发展成果；只有全面深化改革，建设法治社会，才能促进社会公平正义；只有全面深化改革，更好地回应人民期待，凝聚改革共识，才能把中国特色社会主义事业不断向前推进。

第二节 地方全面深化改革目标

国家层面全面深化改革的总目标是"完善和发展中国特色社会主义制度、推进国家治理体系和治理能力现代化"。这两句话是一个统一整体，前一句规定了根本方向，后一句规定了在根本方向指引下完善和发展中国特色社会主义制度的鲜明指向。只有两句话都讲，才是完整的、全面的。中国是一个大国，决不能在根本性问题上出现颠覆性错误，既不走封闭僵化的老路，也不走改旗易帜的邪路。改革是在中国特色社会主义道路上不断前进，是社会主义制度的自我完善和发展，大方向就是坚持中国共产党的领导和社会主义制度不动摇。

总体看，各省份都紧紧围绕《决定》提出的目标，同时结合自身实际，提出更加具体的阶段性目标。

表4—13　　　　　　　　　全国及有关省份的改革目标

	全面深化改革的目标
全国	完善和发展中国特色社会主义制度，推进国家治理体系和治理能力现代化。坚决破除一切不合时宜的思想观念和体制机制弊端，突破利益固化的藩篱，吸收人类文明有益成果，构建系统完备、科学规范、运行有效的制度体系，充分发挥中国社会主义制度优越性

---

① 《如何充分认识全面深化改革的重大意义》，参见人民网（http://theory.people.com.cn/n/2013/1128/c371950-23682642.html），2013年11月28日。

续表

	全面深化改革的目标
北京	按照完善和发展中国特色社会主义制度，推进国家治理体系和治理能力现代化的总目标，全面深化经济体制、政治体制、文化体制、社会体制、生态文明体制和党的建设制度改革，加快建立健全体现中国特色、首都特点、时代特征的特大城市可持续发展体制机制，让一切劳动、知识、技术、管理、资本的活力竞相迸发，让一切创造社会财富的源泉充分涌流，让发展成果更多更公平惠及全市人民①
广东	到 2020 年，我省在重要领域和关键环节改革上取得决定性成果，完成《决定》提出的改革任务，在全面深化改革中继续走在全国前列，形成系统完备、科学规范、运行有效的制度体系，使经济更具活力效率、政治更加清明廉洁、文化更加发展繁荣、社会更加和谐有序、生态更加平衡持续、党的建设更加坚强有力、人民生活更加富裕幸福②
江苏	积极推进在江苏的率先探索和实践创新，走出一条具有时代特征、中国特色、江苏特点的改革开放之路，加快发展社会主义市场经济、民主政治、先进文化、和谐社会、生态文明，让一切劳动、知识、技术、管理、资本的活力竞相迸发，让一切创造社会财富的源泉充分涌流，让发展成果更多更公平惠及全体人民。到 2020 年，在重要领域和关键环节改革上取得决定性成果，形成系统完备、科学规范、运行有效的体制机制，使各方面制度更加成熟更加定型，在全面深化改革中走在前列③
福建	到 2020 年，在重要领域和关键环节改革上取得决定性成果，若干领域走在全国改革前列，若干区域成为全国改革"排头兵"和"试验田"，形成具有福建特色的系统完备、科学规范、运行有效的制度体系，使各方面制度更加成熟定型，把福建建设成为富有创造力、充满活力的先行省份④
浙江	深入推进中国特色社会主义在浙江的实践，努力在推进治理体系和治理能力现代化上走在前列，再创浙江体制机制新优势。按照"一三五"时间表分步推进，到 2015 年，本决定提出的一批改革具体项目取得突破性进展；到 2017 年，在重要领域和关键环节改革上取得决定性成果，基本完成本决定提出的改革任务，为到 2020 年形成系统完备、科学规范、运行有效的制度体系打下坚实基础⑤

---

① 参见《中共北京市委关于认真学习贯彻党的十八届三中全会精神全面深化改革的决定》，2014 年 01 月 13 日。
② 参见中共广东省委贯彻落实《中共中央关于全面深化改革若干重大问题的决定》的意见，2014 年 1 月 12 日。
③ 参见中共江苏省委贯彻落实《中共中央关于全面深化改革若干重大问题的决定》的意见，2013 年 11 月 25 日。
④ 参见《中共福建省委关于贯彻党的十八届三中全会精神全面深化改革的决定》，2013 年 12 月 03 日。
⑤ 参见《中共浙江省委关于认真学习贯彻党的十八届三中全会精神 全面深化改革再创体制机制新优势的决定》，2013 年 11 月 29 日。

续表

	全面深化改革的目标
安徽	加快发展社会主义市场经济、民主政治、先进文化、和谐社会、生态文明，着力增强市场活力，着力保障改善民生，着力提高发展质量和效益，努力走出一条体现中央精神、富有安徽特色的改革开放之路。到2020年，在重要领域和关键环节改革上取得决定性成果，各方面体制机制更加健全、更加完善，一些重点领域改革走在全国前列，形成创新驱动、充满活力、富有效率、科学发展的生动局面①
河南	着眼完善和发展中国特色社会主义制度、推进国家治理体系和治理能力现代化总目标，立足河南实际，全面深化经济体制、政治体制、文化体制、社会体制、生态文明体制和党的建设制度改革。到2020年，完成中央和省委确定的各项改革任务，在重要领域和关键环节取得决定性成果，形成系统完备、科学规范、运行有效的制度体系，使各方面制度更加成熟②
四川	按照"完善和发展中国特色社会主义制度，推进国家治理体系和治理能力现代化"的总目标，探索符合四川实际的改革开放之路，让一切劳动、知识、技术、管理、资本的活力竞相迸发，让一切创造社会财富的源泉充分涌流，让发展成果更多更公平惠及全省人民。到2020年，完成本决定提出的改革任务，在重要领域和关键环节改革上取得决定性成果，形成系统完备、科学规范、运行有效的制度体系，使各方面制度更加成熟更加定型③
新疆	坚持走具有中国特色、符合新疆实际的发展路子，按照市场主导、充满活力、民主法治、公平正义、开放包容、团结和谐的要求，到2020年，努力在重要领域和关键环节改革上取得决定性成果，推进新疆治理体系和治理能力现代化取得重大进展④

资料来源：根据文献及网络新闻整理。

---

① 参见《中共安徽省委关于贯彻落实党的十八届三中全会精神全面深化改革的意见》，2014年01月26日。
② 参见《中共河南省委关于贯彻党的十八届三中全会精神全面深化改革的实施意见》，2014年03月30日。
③ 参见《中共四川省委关于贯彻落实党的十八届三中全会精神全面深化改革的决定》，2014年02月10日。
④ 参见中共新疆维吾尔自治区委员会贯彻落实《中共中央关于全面深化改革若干重大问题的决定》的实施意见，2014年04月08日。

第三节 六大领域改革

地方政府应以重大问题为导向,抓住关键问题,用改革的方法来研究解决经济体制改革、政治体制改革、社会体制改革、文化体制改革、生态体制改革和党的建设领域的关键问题,在此基础上深入分析这些改革举措的互动关系。

一 六大领域改革

(一)经济体制改革

经济体制改革是全面深化改革的重点,在改革全局中起牵引作用,而市场在资源配置中起决定性作用又是经济体制改革的关键所在。

经济体制改革首要前提是建立使市场在资源配置中起决定性作用的基础制度体系,包括产权保护制度、公平开放透明的市场规则、市场决定价格机制。其次,经济体制改革的关键环节是在国有经济、农村建设用地、科技创新等领域建立市场在资源配置中起决定性作用的体制机制。最后,经济体制改革的重要动力是构建开放型经济新体制。以此推动新一轮对外开放,让市场在更广的范围内发挥资源配置的决定性作用,进一步倒逼深层次改革。

表4—14 经济体制改革领域的重大问题、改革举措及其内在互动关系

重大问题	子问题	改革要点	改革内在联系
市场的基础制度不完善	产权保护制度不完善:一些产权归属不清晰;公有财产及私有财产得不到有效保护	完善产权保护制度:完善保护各种所有制产权的法规规章和政策体系;建立平等的产权市场	首要前提:建立市场基础制度体系(市权制度、市场规则、价格机制)
	市场规则不明晰:以正面清单为主,对不同投资项目的企业存在不平等待遇	建立公平开放透明的市场规则:推动负面清单管理;改革市场监管体系;建立健全社会征信体系	
	市场决定价格机制没有完全建立:行政配置资源现象普遍,价格不能反映市场供求关系和稀缺程度	完善主要由市场决定价格机制:加大要素价格和公共产品价格市场化改革力度;建立健全价格监管体制机制	

续表

重大问题	子问题	改革要点	改革内在联系
关键领域市场没有充分发挥作用	国有经济领域：国有企业受行政干预较多，不少处于竞争性经济领域，并在资源占有、土地、贷款、上市、利润分配都享有政策优势，不利于平等竞争	推动国有经济改革：大力发展混合所有制经济；推动国资监管由管资产向管资本转变；使国有资本逐步退出竞争性领域；提高国有资本收益上缴公共财政比例	关键环节：在国有经济、农村建设土地等领域建立市场决定性作用的体制机制
	农村建设用地：当前城乡土地市场的二元分割导致市场作用难以发挥；缺失农村土地产权制度；目前农村集体建设用地进入土地市场的途径只有政府征收	建立城乡统一的建设用地市场：允许农村集体经营性建设用地出让、租赁、入股；探索建立城乡统一的土地交易平台	
	城乡一体化发展领域：城乡二元结构突出，城乡要素向城市流动，农村公共资源和基本公共服务薄弱	健全城乡发展一体化体制机制：破除城乡二元结构，促进城乡要素平等交换，公共资源公共配置；推进以人为核心的城镇化建设	
	科技创新领域：科技创新市场化导向不足，科技立项、评价体系主要以学术价值为导向，忽略市场需求	健全科技创新市场化导向机制：建立科技创新成果市场化评估机制；加强知识产权运用和保护，健全技术创新激励机制	
以开放促改革的动力不足	开放型经济体制不完善：利用外资和内资管理体制不健全，存在"重事前审批、轻事后监管"倾向	构建开放型经济新体制：建立外商投资准入前国民待遇加负面清单的管理制度体系，放宽投资准入；健全对外贸易促进机制和监管体制	外在动力：构建开放型经济体制可让市场在更广范围内发挥资源配置的决定性作用

资料来源：作者整理。

（二）政治体制改革

政治体制改革，在地方层面，主要表现为行政体制改革。地方行政体制改革核心是处理好政府与市场的关系，通过发挥市场在资源配置中的决定作用倒逼政府行为透明化、法治化，再进一步倒逼政治体制改革。

行政体制改革的重要前提是处理好政府和市场关系，将市场角色与政府角色界定，明确政府职能，主要包括制定权力清单和负面清单、进行行政审批制度改革等。其次，以法律法规或规章形式把政府和市场界限进行明确规定，从而实现政府行为的法治化、规范化；其中立法、执法、司法改革是政府行为法治化的关键环节。最后，行政决策体制改革、行政执行体制改革、行政监督体制改革是制约政府行为、限制政府权力的体制机制保障；而财税体制改革是约束政府行为的物质保障。

表4—15　行政体制改革领域的重大问题、改革举措及其内在互动关系

重大问题	子问题	改革要点	改革内在联系
政府和市场的边界不够清晰	政府和市场角色定位不明确：行政审批事项过多，政府越位与缺位并存；行政审批权下放不到位	处理好政府与市场关系，制定权力清单和负面清单；精简行政审批事项，简化审批流程；建立有效的政府审批体制和市场监管体制	基础前提：处理好政府与市场关系
依法行政仍然存在较多问题	政府行为相关立法的不健全：导致政府干预市场的权力得不到有效约束	强化政府行为相关立法：厘清政府的职能边界；加快完善市场监管的法律体系；加快公共资源配置立法	关键环节：立法、执法、司法改革
	行政执法中存在多头执法等问题：浪费行政资源，削弱政府的管理能力	行政执法体制改革：整合执法主体，相对集中执法权，推进综合执法；减少行政执法层级，加强重点领域的基层执法力量	
	司法体制行政化严重：行政机关凌驾于宪法和法律之上，妨碍司法权的独立公正行使	司法体制改革：实行司法机关人才与行政区划适当分离的司法管辖制度；司法机关内部实现去行政化；司法人员管理去行政化	
政府行为制约和监督不足	行政决策主体关系交叉：党政群的决策权分配不合理	行政决策体制改革：理顺行政决策主体关系，实现决策权在党、人大、政府之间合理分配；建立行政决策问责制	体制机制保障：推进行政决策体制改革、行政执行体制改革、行政监督体制改革
	行政执行能力不足：行政执行不够独立且专业性不强	行政执行体制改革：建立相对独立的行政执行体系；强化执行机构的专业性；建立执行机构问责制	
	行政监督不力	行政监督体制改革：强化行政监督系统，加强反腐败体制机制创新和制度保障	

续表

重大问题	子问题	改革要点	改革内在联系
财税体制不健全	现行财税体制不适应经济社会发展：财政支出的范围、重点、方式与政府职能不匹配；按照事权和支出责权不适应	财税体制改革：以财政预算支出为重点，改进预算管理制度；建立事权和支出责任相适应的制度，确定各级政府的支出责任	物质保障：财税体制改革

资料来源：作者整理。

（三）社会体制改革

社会体制改革是维护社会公平正义、构建和谐社会的关键，也是全面深化改革的重要内容之一，在改革全局中起重要保障作用。基本公共服务均等化与社会治理方式创新是社会体制改革的关键所在。

社会体制改革目的是更好地保障和改善民生，弥补市场失灵与政府失灵，促进社会公平正义，核心是明确政府的责任，建立基本公共服务均等化体制机制、创新社会治理体制。建立基本公共服务均等化体制机制可以缩小社会差距，促进起点公平，并通过收入分配调控体制机制进一步缩小社会差距，促进过程公平，从而实现社会稳定；创新社会治理体制，需要政府要向社会放权，可以促进社会组织发展，提升社会组织能力，提升基层群众自治能力，从而促进社会进一步稳定，激发社会活力。

表4—16　社会体制改革领域的重大问题、改革举措及其内在互动关系

重大问题	子问题	改革要点	改革内在联系
社会矛盾日益凸显，社会稳定风险加大	基本公共服务均等化体制机制不健全：基本公共服务均等化水平不高；公共服务城乡、行业差距明显	建立健全基本公共服务均等化体制机制：明确政府的职责，推进基本公共服务的城乡一体化；完善基本公共服务供给体系，均衡资源配置完善	社会稳定的前提基础：基本公共服务均等化、建立收入分配调控体制机制
	贫富差距扩大：城乡、区域、行业收入差距不断扩大，劳动报酬在初次分配中的比重较低，再分配调节机制不完善	建立收入分配调控体制机制：提高劳动报酬在初次分配中的比重；健全工资决定和正常增长机制；健全由要素市场决定的报酬机制；完善再分配调节机制	

续表

重大问题	子问题	改革要点	改革内在联系
社会活力不足	社会组织发展不足：政府对社会组织限制较多，社会组织的服务功能缺失	大力发展社会组织：政府向社会充分放权，发展门类齐全的社会组织体系，突出其独立性、自律性及服务性	社会活力的重要支撑：大力发展社会组织，提升其能力，加强基层群众自治可以促进社会进一步稳定，激发社会活力
	行业协会商会能力不足：独立性、专业性不足，行政化倾向严重，缺失行业自律	提升现有社会组织能力：促进官办社会组织转型	
	基层群众自治能力较低	加强基层群众自治能力：促进政府治理和社会自我调节、居民自治良性互动	

资料来源：作者整理。

（四）文化体制改革

深化文化体制改革是建立完善的社会主义市场经济体制的需要。首先，体制改革基本前提是明确政府、市场、社会在文化领域的角色定位，应改变行政配置文化资源方式，由办文化向管文化转变，完善文化管理体制。其次，文化体制改革关键是发挥市场配置文化资源的作用，释放市场潜力，应加快建立健全现代文化市场体系，倒逼文化体制改革。最后，更好满足人民精神需求和文化需求是文化体制改革的根本目的，应发挥社会参与主体作用，建立和完善群众在公共文化服务体系构建中的评价和反馈机制，培育文化非营利组织。

表4—17　文化体制改革领域的重大问题、改革举措及其内在互动关系

重大问题	子问题	改革要点	改革内在联系
政府对文化角色不明确	政府和市场在文化领域没有理顺关系：文化领域政企、政事划分不清；基本公共文化服务水平不高，政府主导作用不够	完善文化管理和提供体制：按照政企分开、政事分开原则，推动政府部门向管文化转变；建立党委和政府监管国有文化资产的管理机构；建立公共文化服务建设协调机制，明确不同文化事业单位功能定位	前提基础：明确政府、市场、社会在文化领域的角色定位

续表

重大问题	子问题	改革要点	改革内在联系
市场配置文化资源作用没有充分发挥	现代文化市场体系不健全；市场配置作用较弱，文化市场准入和退出机制不够完善；非公有制文化企业发展活力不充分	建立健全现代文化市场体系：完善文化市场准入和退出机制，促进文化资源在全国范围内流动；推动国有经营性文化单位转企改制；鼓励非公有制文化企业发展，扶持小微文化企业	关键环节：发挥市场配置文化资源的作用
社会参与文化建设和创造积极性不高	社会力量参与文化建设和创造不够；推动公共文化建设与群众文化需求脱节；缺乏社会参与机制和群众评价机制；文化非营利社会组织较少	建立社会参与文化建设和创造机制：建立群众评价和反馈机制，促进文化建设和群众文化需求有效对接，鼓励社会力量、社会资本参与公共文化服务体系建设，培育文化非营利组织	根本目的：更好满足人民精神需求和文化需求

资料来源：作者整理。

（五）生态文明体制改革

《决定》把加快生态文明制度建设纳入全面深化改革的重大战略部署中，明确了生态文明体制改革的定位目标和路径。

首先，生态文明体制改革的前提基础是明确政府、市场、社会在生态领域的角色定位，特别要发挥政府的主导作用，落实主体功能定位，建立落实全国主体功能区规划协调发展机制，进一步强化生态涵养发展区域和生态保护发展区域建设，划定生态红线，建立生态预警制度；进一步完善落实全国主体功能区规划空间规划和各类规划，提高规划的强制力和法律地位，根据落实全国主体功能区规划功能定位设定干部考核体制；建立生态环境损害责任终身追究制，实行最严格的源头保护制度、损害赔偿制度、责任追究制度。其次，重要环节是建立资源有偿使用制度和生态补偿的市场化机制，充分发挥市场作用，激发市场、政府和社会三大主体的积极性，推进市场在资源配置中起决定性作用的制度建设，建立资源有偿使用制度和生态补偿的市场化机制，健全自然资源资产产权制度。最后，根本目的是为社会和人民群众提供更好更多的生态产品，要建立健全社会参与生态环境保护与治理机制。

表 4—18 生态文明体制改革领域的重大问题、改革举措及其内在互动关系

重大问题	子问题	改革要点	改革内在联系
政府对生态建设的角色定位需进一步明确	政府在生态文明制度建设的主导作用没有充分发挥；主体功能区制度推动不力；政绩考核多以GDP为导向，环境保护和生态建设的权重较低；空间规划的强制力不强；对资源环境承载能力认识不足，对生态环境损害责任执法不力、追究不够、环境监管和行政执法独立性不强	建立生态文明制度：建立落实全国主体功能区规划协调发展机制，落实主体功能定位；进一步完善主体功能区空间规划和各类规划，落实生态空间用途管制，建立规划实施机制；根据主体功能区功能定位设定干部考核体制；建立生态环境损害责任终身追究制，实行最严格的源头保护制度、损害赔偿制度、责任追究制度	前提基础：明确政府、市场、社会在生态领域的角色定位
市场在生态方面作用没有充分发挥	资源有偿使用制度和生态补偿的市场化机制不健全：自然资源及其产品价格形成机制不完善，生态环境损害成本和修复效益没有真实反应；节能、碳排放、排污、水权交易等领域市场化机制没有完全建立起来；横向生态补偿机制有待建立健全	建立资源有偿使用制度和生态补偿的市场化机制：健全自然资源资产产权制度，进行统一确权登记；加快自然资源及其产品的价格改革，实行各种资源税费制度；建立横向生态补偿机制；发展环保市场，推行节能量、碳排放权、排污权、水权交易制度	重要环节：发挥市场作用
社会参与生态建设的体制机制不健全	社会参与机制不健全：生态环境保护与治理的社会参与机制还未健全；生态环境非营利性社会组织发展不足	建立社会参与生态建设的机制：健全社会举报制度，加强社会评价与监督；建立吸引社会资本投入生态环境保护的市场化机制；培育生态类非营利性社会组织	根本目的：为社会和人民群众提供更好更多的生态产品

资料来源：作者整理。

(六) 党的建设

推进国家治理体系与治理能力现代化，客观上需要实现决策权在党、人大、政府之间的合理分配，而党的领导在此过程中发挥领导和核心作用。全面深化改革必

须加强和完善党的领导，充分发挥党总揽全局、协调各方的领导核心作用。

首先，理顺党政决策主体关系。实现决策权合理分工，发挥党与政府决策主体优势，提高决策质量。地方政府应成立深化改革领导小组，以改革制度设计为起点，理顺党政决策主体关系，重在强调党在大政方针上的领导权与决策权，将具体业务领域交由政府实行。同时，通过完善科学民主决策机制、加强领导班子建设等工作切实履行党对改革的领导责任。其次，加强组织保证和人才支撑。地方政府应着重构建有效管用、简便易行的选人用人机制，同时改革和完善干部考核评价制度，打破干部部门化，拓宽选人视野，加强干部交流。最后，加强党的领导应坚持群众路线。党在决策过程中加强调研，建立社会参与机制，充分调动人民群众积极性、主动性，充分发挥各人民团体作用，使得人民团体在党的领导下齐心推进改革。

二 六大领域改革的总体评价——以2014—2017年全国全面深化改革为例[①]

经过近几年的努力，在中央全面深化改革领导小组的统一领导下，全面深化改革在经济、政治、社会、文化、生态文明、党的建设六大领域具有标志性的改革方案已陆续出台，全面深化改革主体框架的顶层设计基本确定，上千项的具体改革方案、措施、政策已全面进入实施阶段。通过对2014—2017年六大领域的改革进行总体评价，了解全面深化改革的大体进展情况，具体评价如下。

（一）经济体制改革

经济体制改革作为全面深化改革的重点领域，2014—2017年，各项重点改革任务和改革措施有序推进，在重要领域和关键环节取得新突破。2014年提出的深化经济体制改革重点任务中，加快转变政府职能、推进财税金融价格改革、深化国有企业、科技体制等改革，从各个方面指向简政放权，紧扣清晰划分政府和市场的边界这一主题，从而激发了市场活力。2015年经济体制改革的领域和范围大大扩展。比如在对外开放体制方面，深化改革与扩大对外开放深度结合，通过若干自由贸易区的试验，对政府推动行政审批制度、负面清单制度、人民币国际化的改革起了重要作用。2016年经济体制改革以供给侧结构性改革为主线全面展开，国务院及有关部门围绕"去产能、去库存、去杠杆、降成本、补短板"出台和推动一系列改革举措和政策调整并取得积极成果。2017年经济领域的重点改革，在国企国资、农村经济、垄断行业、财税金融以及开放型经济体制的构建等方面取得一定进展，有些还带有破题性质。但这几年在推进经济体制改革中也存在着一些问题，除了各项改革

---

① 参见深圳创新发展研究院，2014年、2015年、2016年、2017年《中国改革报告》。

措施在贯彻落实方面与目标存在差距,在一些改革的方向选择方面也存在问题。比如,国企改革的方向和目标,是选择把国有企业做强做优做大,还是提高国有经济的活力、影响力和控制力,继续对国有经济的布局进行调整?目标尚不完全清晰。

(二)政治体制改革

围绕坚持党的领导,人民当家作主,依法治国,有机统一的政治体制改革,是"五位一体"全面深化改革整体布局的重要组成部分。2014年政治体制改革在制度化法制化方面迈出了新步伐。立法方面,全国人大常委会着眼于推动重点领域立法,科学立法、民主立法的路线图逐渐清晰;司法体制改革方面,中央全面深化改革领导小组审议通过《关于司法体制改革试点若干问题的框架意见》,在上海等6个省份启动试点工作,司法体制改革迈出了实质性步伐。2015年中国司法改革沿着去行政化、去地方化的方向,朝着司法审判独立的提升目标全面展开。这一轮司法改革虽涉及面广,规模大,但在中央统一领导,各相关部门大力推进下,取得了一定的成就和进展。2016年,新一轮司法体制改革进入攻坚年。新一轮改革以司法责任制为核心的四项基础性改革作为突破口,加强领导统筹推进,不少改革举措在实践中有所进展。2017年中国的司法体制改革步入深化综合配套改革阶段,司法体制"四梁八柱"的主体框架搭建完成,改革的重心向整体化和精细化偏移。总体来讲,虽然司法体制改革逐步走向成熟完善,但随着司法体制改革进入深化综合配套阶段,如何消除司法改革的信任危机,激发地方司法人员的改革积极性,以巩固既有的改革成果,也应该成为未来司法体制改革的重要任务。

(三)社会体制改革

2014—2017年,中国社会体制改革在部分关键领域及环节取得重大突破,各项改革政策措施密集出台,一些长期制约社会体制改革的瓶颈得到解决,一些重点难点问题的改革开始启动。2014年社会体制改革的主要进展表现在:城乡关系、群体关系、区域关系等社会体制中的重大关系得到调整和改善,一些潜在的社会矛盾和冲突的诱发因素得到抑制;新型社会运行机制正在逐步建立,社会服务和社会治理不断走向规范化、法治化。2015年是社会治理改革的重要一年,党中央、国务院确定了未来若干年社会治理的总框架和改革路径,并出台了若干社会治理领域的改革方案,中国社会治理改革出现了新的形势。2016年中央全面深化改革领导小组审议通过的重要改革举措中,近1/3涉及社会体制的改革,包括医疗、教育、养老、脱贫等重点民生领域,重在补短板、促公平,提升人民群众的获得感。2017年社会领域的改革,在前几年改革的基础上,对医疗卫生、教育、养老保险等制度进行适度的调整。据统计,2017年中央全面深化改革小组审议通过的70多份文件中,涉及社会体制的文件有 11 份，无论是从文件的份数，还是从比例来看，2017 年涉及社会领域的改革明显低于 2016 年。一系列社会领域改革的任务，虽然在方案设计和局部执行上取得了突破，但总体来看，基本上还在试点和落实之中，社会体制改革的推进还不到位，民生社会领域发展不平衡、不协调的状况依旧比较突出，与人民群众追求美好生活的需求差距很大。

（四）文化体制改革

2014—2017 年，文化领域的各项改革举措依次启动、精心实施，推动改革向面上展开、向纵深推进，引领文化发展质量和效益的提升。2014 年，《关于深化文化体制改革实施方案》指出：在加强顶层设计和统筹协调的基础上，文化体制改革年度重点工作实施台账式管理，针对涉及深层次矛盾和难点问题的重大任务，并列出重要改革举措及工作项目，力求做到具体化、项目化、责任化，确保各项改革任务能落地、见实效。2015 年推进文化事业管理部门简政放权，激发文化市场的活力，解放文化企业生产力；推进国有文化事业单位转企或管办分离，并探索建立符合文化事业特殊要求的国有文化资产管理体制。2016 年的文化体制改革按照中改组批准的《深化文化体制改革实施方案》继续推进，在完善文化宏观管理方面，出台《关于进一步深化文化市场综合执法改革的意见》；在加快基本公共服务均衡化方面，出台《中华人民共和国公共文化服务保障法》和有关条例，等等。2017 年，全国人大常务委员会颁布了《电影产业促进法》及《公共文化服务保障法》等，助力文化法治建设。按照国务院的部署，2017 年国务院有关文化体育部门开始实行负面清单管理。这几年文化领域的体制改革有些成效，但仍存在着一系列问题。比如文化体制改革方案中存在着相当多的"不落地""中梗阻"和"堰塞湖"现象，文化产业结构化矛盾仍然突出。

（五）生态文明体制改革

党的十八届三中全会旗帜鲜明地提出"用制度保护生态环境"，确立了生态文明制度体系，按照"源头严防、过程严管、后果严惩"的思路，为生态文明体制改革指明了方向、确定了任务。2014 年，从提高排污费征收标准、扩大征收范围、加大处罚力度，到推进排污权有偿使用和交易试点；从开展环境污染第三方治理试点，到强化节水准入，开展水权试点……生态文明体制改革稳步启动。2015 年中共中央和国务院正式出台《生态文明体制改革总体方案》，完成了生态文明体制改革和制度建设的总体规划和基本框架，提出了要建立产权清晰、多元参与、激励约束并重、系统完整的生态文明制度体系。2016 年，生态文明体制改革受到中央的高度重视，中央深改组年内通过与生态文明体制改革直接相关的文件达 24 个，占全年中央深改组通过文件总数的 26%，其中《生态文明体制改革总体方案》明确的 47 个具体改革任务，近半数在 2016 年启动。2017 年，中央全面深化改革领导小组通过了《关于完善主体功能区战略和制度的若干意见》和《建立国家公园体制总体方案》等。在推进体制改革的同时，党中央国务院还利用强有力的行政手段和法律手段，加大对生态文明建设方面的监管力度，中国一些突出的环境问题得到缓解，绿色发展进程明显加快。也要看到深化改革的任务还很艰巨，比如生态文明建设体制机制仍不健全，部门利益的藩篱仍然坚固，在环境污染治理、绿色发展中，政府与市场的边界仍然不清晰等，都是值得中央和地方在进一步深化生态文明体制改革中高度重视的。

（六）党的建设

党的建设的改革创新是党的十八届三中全会全面深化改革的重要组成部分，是强化国家权力运行制约机制和监督体系的核心，是实现国家治理体系和治理能力现代化最重要的任务之一。2014 年以来，党的建设制度改革持续发力，党的纪律检查体制改革立行立改，在猛药去疴的同时，着力固本强基，中国特色社会主义事业的领导核心愈加坚强有力。2015 年党的建设工作继续围绕贯彻落实党的十八大精神，坚持从严治党的基本方针，继续高压反腐，注重党风建设、制度建设、基层建设，取得了令人欣喜的明显成效，反腐败斗争取得压倒性胜利，一些多年难以消除的党内消极现象得到了很好的扭转。2016 年以来，以习近平同志为核心的党中央，高度重视党的建设，继续以"雷霆之力"继续推进高压反腐。此外，同年中央颁布了一批具有全局性影响的党内重要制度，包括《中国共产党地方委员会工作条例》《中国共产党党组工作条例》等，对协调党政关系，整合党内关系，规制全党行为，具有极为重要的作用。2017 年反腐败工作继续保持高压态势，反腐败工作开始从治标向治本转变，其中中央修改出台《中国共产党巡视工作条例》，提出巡视工作是治标之举也是治本之策，通过巡视工作的制度化、常态化，落实全面从严治党要求，深化政治巡视，加强党的建设，促进管党治党的标本兼治。当前党内存在的一些新现象也应该引起中央的高度关注和重视，如党内官员不作为、不善为，党建工作的形式主义等问题。

第四节 全面深化改革方法论

党的十八大以来，全面深化改革夯基垒台、积厚成势、攻坚克难、砥砺奋进，改革集中推进、全面深入、成果显著、积累经验，形成了一大批改革理论成果、制度成果、实践成果，主要领域改革主体框架基本确立。总体上看，中央高位推进深化改革，既审议改革方案，又提炼改革方法，为深化改革提供了重要遵循、制度利器和科学方法。在总结梳理十八届中央深改组五年38次会议、十九届中央深改组2次会议及中央深改委8次会议精神的基础上，形成以下方法论。

一 统筹谋划

大力弘扬实事求是、求真务实精神，理解改革要实，谋划改革要实。统筹考虑战略、战役、战斗层面的问题，做好政策统筹、方案统筹、力量统筹、进度统筹工作。注重统筹政策、方案、力量、进度，以确保改革任务相互协调、改革进程前后衔接、改革成果彼此配套。根据改革举措的轻重缓急、难易程度、推进条件，部署改革推进的步骤和次序。

二 问题导向

要坚持问题导向，奔着问题去，跟着问题走，哪里出现新问题，改革就跟进到哪里；哪里矛盾和问题最突出，哪个疙瘩最难解，就重点抓哪项改革。要坚持从具体问题抓起，着力提高改革的针对性和时效性，着眼于解决发展中存在的突出矛盾和问题，把有利于稳增长、调结构、防风险、惠民生的改革举措往前排，聚焦、聚神、聚力抓落实，做到紧之又紧、细之又细、实之又实。对改革遇到的新情况新问题，要及时研究、提出对策、积极化解，最大限度使提出的改革方案符合实际、符合改革要求。

三 改革方案

制定方案要坚持问题导向。抓住突出问题，找出体制机制症结，拿出解决办法。做实做细调查研究、征求意见、评估把关等关键环节。特别要进行全面深入的调查研究，要下功夫查找突出问题和现实困难，下功夫发现基层的有益探索，下功夫了解党内外对改革的各种意见和建议，下功夫了解群众的所想所盼，精准把脉、精确制导，为方案制定接地气、攒底气。

制定方案时要处理好政策顶层设计和分层对接、政策统一性和差异性的关系。要加强对改革方案的整体规划，既统筹考虑战略、战役层面的问题，又统筹考虑战斗、战术层面的问题。已经出台总体方案的，加强政策解读和指导把关，要抓紧出台施工方案，推出相关配套文件和实施细则，着力解决好改革方案同实际相结合的问题、利益调整中的阻力问题，把改革落准，使改革更加精准地对接发展所需、基层所盼、民心所向，更好造福群众。少数尚未形成总体方案的重点领域改革，要加快顶层设计，尽快拿出总体方案。涉及政策配套的改革方案，相互要留有制度接口，时间节点要能衔接得上。涉及落实标准、责任分工的，能细化的要尽可能细化，能明确下来的要尽量明确下来，能统一标准的要尽可能统一标准，让部门和地方好操作、好实践。

四　改革重点

要牵住改革"牛鼻子"，既抓重要领域、重要任务，又抓关键主体、关键环节、关键节点，以重点带动全局。多抓根本性、全局性、制度性的重大改革举措，多抓有利于保持经济健康发展和社会大局稳定的改革举措，多抓有利于增强人民群众获得感、幸福感、安全感的改革举措，多抓对落实已出台改革方案的评估问效。

改革要突出重点，攻克难点，在破除各方面体制机制弊端、调整深层次利益格局上再拿下一些硬任务，重点推进国企国资、垄断行业、产权保护、财税金融、乡村振兴、社会保障、对外开放、生态文明等关键领域改革。

五　基层探索

要把鼓励基层解放思想、改革创新、大胆探索作为抓改革落地的重要方法。要鼓励不同区域进行差别化探索，善于从群众关注的焦点、百姓生活的难点中寻找改革切入点，推动顶层设计和基层探索良性互动、有机结合。要坚持眼睛向下，脚步向下，尊重基层群众实践，解决群众生产生活中面临的突出问题，务必使改革的思路、决策、措施都能更好满足群众诉求。

六　改革试点

试点是改革的重要任务，更是改革的重要方法。试点目的是探索改革的实现路径和实现形式，为面上改革提供可复制可推广的经验做法。试点要取得实效，必须解放思想、与时俱进，准确把握改革试点方向，把制度创新作为核心任务，发挥试点对全局改革的示范、突破、带动作用。要区分不同情况，加强试点工作的分类指导，已完成试点任务的要尽快在面上推广，已取得阶段性成果的要及时总结推广，进展缓慢和管理不规范的要加强整改，综合配套性强的要注意系统集成，提高改革试点工作有效性。

七　改革落实

落实原则。在实施方案上各项指标要切实可行，实施措施要务实管用；在改革推进上要以钉钉子精神抓好改革落实，盯着抓、反复抓，直到抓出成效，还要讲求战略战术，注意方式方法；在评价改革成效上，要坚持群众立场，关键要看办成了多少事，解决了多少实际问题，群众到底认不认可、满不满意。

落实机制。抓改革落实，要遵循改革规律和特点，建立全过程、高效率、可核实的改革落实机制，推动改革举措早落地、见实效；要建立抓落实的台账，要有硬任务、硬指标、硬考核，每项改革落实要有时间表、路线图，跑表计时，到点验收。

落实责任。要牢牢扭住全面深化改革各项目标，落实改革主体责任，要把不同改革责任主体的责任划分清楚，落实到位，做到既各司其职、各负其责又相互协作配合，拧紧责任螺丝，提高履责效能，打通关节、疏通堵点、激活全盘，努力使各项改革都能落地生根。建立健全能定责、可追责考核机制。要以责促行、以责问效，抓紧抓实改革方案制定、评估、督察、落实等各个环节，做到全程跟进、全程负责、一抓到底，最终形成上下贯通、层层负责的主体责任链条，做到条条线都拉直绷紧。

八　改革督察

要以更大的决心和气力抓好改革督察工作，既要督任务、督进度、督成效，也要察认识、察责任、察作风，确保改革方向不偏离、改革任务不落空，使改革精准对接发展所需、基层所盼、民心所向。①督任务，看方向准不准，看任务实不实，能否结合实际，真正解决问题。②督进度，督促改革方案及时出台、抓紧落实，督察相关改革任务配套跟进，抓好进度统筹，加强政策衔接。③督成效，把改革举措放到实践中去检验，让基层来评判，让群众来打分。④察认识，看思想工作有没有做深入，是否认识和理解改革、关心和支持改革。⑤察责任，看改革主体责任是否划分清楚，是否理解到位、落实到位，是否各司其职、各负其责，相互协作。⑥察作风，督察是否坚持实事求是、求真务实，是否坚持改革促进派、实干家标准，是否以严和实的作风谋划改革、落实改革。

九　改革评估

有效性评估。改革工作中要整体推进，结合实际、突出重点，改革成效要靠实践检验，衡量改革的有效性要从国家改革发展全局出发，既看单项改革执行落实情况，也从战略层面统筹考虑相关制度的集成效果，梳理存在的突出短板和弱项，有针对性地一项一项推动解决。

总体成效评估。各有关方面要对已经出台的改革方案经常"回头看",既要看相关联的改革方案配套出台和落实情况,又要评估改革总体成效,对拖了后腿的要用力拽上去,对偏离目标的要赶紧拉回来。

第五节　地方政府全面深化改革

党的十八届三中全会为全面深化改革做出了"顶层设计"。但由于中国体制的复杂性、多样性,"顶层设计"不可能解决所有现实中的具体问题,很难制定形式上整齐划一、又充分结合各地实际情况的政策。中央做出部署以后,需要各地根据中央的精神、原则及导向,地方政府制定具体政策和实施方案,大胆试验、大胆突破,不断推进理论和实践创新。"要从群众最期盼的领域改起,从制约经济社会发展最突出的问题改起,从社会各界能够达成共识的环节改起。"

正确认识和处理改革与治理的关系。全面深化改革主要是解决经济体制、政治体制、社会体制、文化体制、生态体制和党的建设等领域的关键问题,治理则是推动经济、政治、社会、文化和生态文明等领域建设更加深入推进,治理能力贯穿以上领域方方面面。总的来说,改革内容与治理的内容是相契合的,治理不仅为改革深入和健康地进行创造必要的条件,而且它本身也需要改革的配合。

探索全面深化改革的推进路径,先要正确认识"六位一体"改革之间的内在关系。任一领域的改革与其他领域改革有着直接或间接联系,因此,不能单兵突进地推进某项改革。全面深化改革具有全面性、系统性、配套性的特征,地方政府领会与贯彻六大领域改革的内在联系,有助于为各项改革协调推进、深化改革目标实现奠定基础。

一　深刻把握"六位一体"改革的内在关系

推进治理体系和治理能力现代化的总目标,主要涉及市场、政府、社会三大主体,并以"处理好市场与政府的关系,发挥市场在资源配置中起决定性作用"为核心,分别推进以市场为主体的经济体制改革、以政府为主体的行政体制改革、以社会为主体的社会体制改革,其中经济体制改革是全面深化改革的重点,在全面改革中起到总牵引作用;同时,以"市场、政府、社会"三大主体的共建共享,同步推进生态体制改革、文化体制改革。以上五大领域改革,都需要强化党的建设制度改革,从而为成功改革提供坚强政治保证。

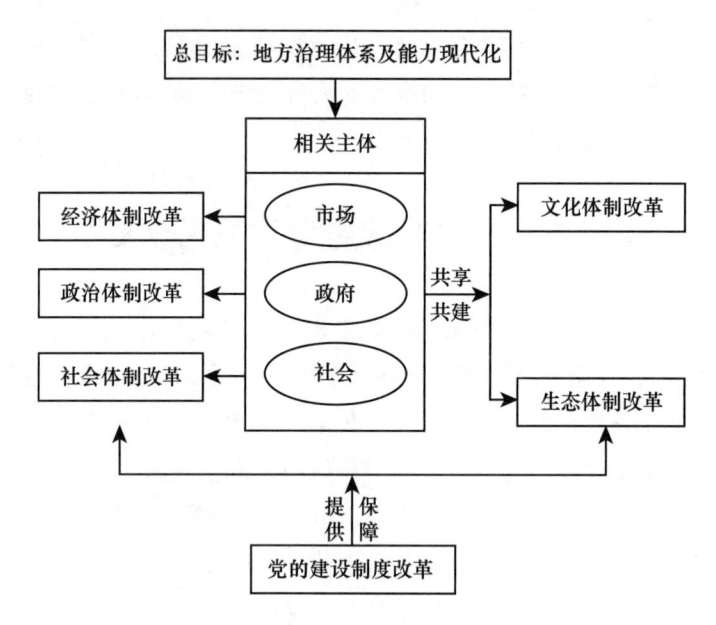

图 4—6 "六位一体"体制改革的内在关系

二　全面深化改革的协调推进机制

（一）六大改革领域的协调推进路径

首先，以市场为主体的经济体制改革是全面深化改革的重点，而市场在资源配置中起决定作用又是经济体制改革的关键所在。这需建立以公平开放透明的市场规则、市场决定价格机制等为核心的基础制度体系。以此为基础，在国有经济、农村建设用地、科技创新等核心领域建立市场在资源配置中起决定性作用的体制机制。经济体制改革能否成功，取决于是否处理好政府与市场的关系，以法治形式将政府和市场界限明确界定，这离不开行政体制改革。同时发挥市场在生态文明体制改革中的作用，建立资源环境的产权制度，推动资源、环境要素及其产品价格的市场化机制。在文化体制改革领域，推动由市场配置文化产业资源，释放文化产业潜力，倒逼文化体制改革。

其次，以政府为主体的行政体制改革是全面深化改革的突破口，最核心的是转变政府职能，深化行政体制改革，建设法治政府和服务型政府，重点做好放权（向企业放权，向社会放权，向市场放权）、分权（主要是决策权，执行权，监督权）、限权（对权力依法进行制约监督）。政府通过向市场和企业放权、制定权力清单和负面清单、减少行政审批等激发市场的活力，以此推动经济体制改革。政府通过向社会放权，更好地保障和改善民生，促进社会公平正义，以此推动社会体制改革。在文化体制改革领域，推动政府部门由办文化到管文化转变，构建现代公共文化服务体系。在生态文明体制改革领域，明确政府在生态、环境、资源等方面的角色定位和监管职责。

最后，以社会为主体的社会体制改革主要的目的是更好地保障和改善民生，促进社会公平正义，核心是基本公共服务均等化（教育、医疗卫生、社会保障、就业）与创新社会治理体制。在文化体制改革领域，扩大社会参与，建立群众评价和反馈机制，推动文化惠民项目和群众文化需求相对接。在生态文明体制改革领域，扩大社会监督，健全举报制度，建立吸引社会资本投入生态环境保护机制。

(二) 全面深化改革协调推进的时序安排

地方政府应把改革的重大事项以重大项目的性质进行规划，以推进项目的办法来推进改革，按时"谋划研究一批""试点一批""启动一批""实施一批""制度化一批"，形成改革滚动推进机制。

地方政府设计各项重大改革事项的时间进程，应遵循以下原则：一是改革配套原则，任何一项改革都是互相关联的，应在深刻理解"六位一体"改革互动的基础上，推出相关配套措施；二是央地结合原则，把中央精神和地方实际结合起来，在中央顶层设计的指导下，从地方政府拥有的改革权限进行设计推进；三是标本兼顾原则，从根本性问题的解决入手，从群众反映最强烈的问题入手、从社会发展最突出的矛盾入手；同时兼顾其他领域改革，为实施深层次改革举措赢得时间；四是蹄疾步稳原则，对已具备条件、形成广泛共识的改革，可先行改革，对必须取得突破但还未有把握的改革，可试点探索，避免改革失误引起社会不稳定；五是重要时点相互衔接原则，全面深化改革时间计划应与地方政府的党代会报告、五年发展规划、全面实现小康目标相结合，同时参考其他省份的改革计划，不抢跑、不落后。基于各个改革领域内在联系的基础上，地方政府全面深化改革可分为三个阶段。

第一阶段是全面深化改革的探索阶段。分别在经济体制改革领域和生态文明体制改革领域进行产权制度完善，为市场发挥作用奠定基础，同时研究制定国有企业改革方案，研究推动构建开放型经济新体制。行政体制改革领域，政府要转变职能，对市场、社会放权，以此为契机，制定负面清单、权力清单，建立公平开放透明的市场规则，同步推动行政审批改革。在文化、生态体制改革领域，以制定权力清单为契机，完善文化管理体制，健全各种生态文明制度。

第二阶段是全面深化改革的推进与实施阶段。在完善产权制度和建立市场规则的基础上，进一步健全由市场决定的价格机制，建立城乡统一的建设用地市场，推进国有企业改革，积极发展混合所有制经济。在行政体制改革领域，将有关成熟改革的成果以法律规章的形式明确下来，建设法治政府；同时研究制定决策、执行、监督体制机制改革方案，以中央的顶层设计为指导，推进财税体制改革。在社会体制改革领域，建立教育、医疗卫生、就业、社会保障等公共服务均等化机制和收入分配及再分配调节机制；以政府向社会放权为契机，探索创新社会治理。在文化体制改革领域，继续健全现代文化市场体系和构建现代公共文化服务体系，同时建立群众评价机制和反馈机制。在生态领域，继续健全各种生态制度，同时加快资源价格改革，制定资源有偿使用、环境补偿制度，建立生态补偿机制。

第三阶段是全面深化改革的深入和完善阶段。继续推动农村建设用地、国有企业领域改革，同时健全科技创新的市场化导向机制。在行政体制改革领域，继续推动决策、执行、监督体制机制改革和财税体制改革。在社会体制改革领域，继续推进公共服务均等化等改革，继续进行收入分配及再分配调节机制改革，进一步创新社会治理。在文化体制改革领域，继续建设现代公共文化服务体系，不断完善群众评价机制和反馈机制。在生态文明领域，深入推行和完善资源有偿使用、环境补偿制度和生态补偿机制，建立社会参与生态的治理机制。

（三）全面深化改革协调推进的保障机制

地方全面深化改革过程中关键问题的改革需要跨部门合作。因此，必须破除部门利益纠葛，实现合理分工与协作，提高改革推进程序的规范化和法治化程度，从而建立全面深化改革的协调推进机制。建立地方全面深化改革的协调推进机制，首先应明确以下问题：第一，改革是复杂的系统工程，应该加强顶层设计和整体谋划，全面改革拒绝碎片化；第二，制度变迁是一个艰难的过程，必将面临种种阻力，应该寻求利益最大公约数，突破阻力；第三，改革不可能一蹴而就，应在多个层面上逐步推进；第四，为将改革落实到实处，把从文件上的"一句话"转换为"一项项非常实际的工作"。

探索建立地方全面深化改革的协调推进机制，包括以下具体措施：第一，充分发挥"深改组"领导作用。"深改组"应着力破除影响发展和稳定的障碍、体制机制弊端、妨碍改革发展的传统思维定式，突破利益固化的藩篱。此外，还要发挥全局指导作用，防止畸轻畸重、单兵突进、顾此失彼，防止政策不配套、操作梗阻。第二，做好全面深化改革总体规划。抓紧制定全面深化改革的实施方案，把重点改革和面上改革结合起来，既要有总体规划，又要有详细的"施工方案"，实现总体方案和具体行动同步推进、相互协调、相互促进。第三，建立联席会议制度。加强沟通，上下联动，做好政策、方案、力量、进度等统筹工作。联席会议的作用在于听取重大改革进展情况汇报，研究解决改革推进中存在的问题，明确责任、时限，形成会议纪要，跟踪督办，同时对全面深化改革协调推进过程中的突发性、紧迫性问题，召开专题协调会议。第四，强化全面深化改革的责任制。将改革责任明确到具体的部门及其领导，由党委领导任命"深改组"各分组组长，坚持挂账督办、挂账问责、科学考评，把全面深化改革的各项具体工作纳入"急难险重"任务。第五，完善要素资源配置机制。实行以改革为导向的要素配置机制，一切要素的分配、流动要以改革的蓝图为依据，为全面深化改革做好要素保障。第六，积极做好试点工作。利用积累的改革经验和基础，打造具有地方特色的改革品牌。对比较复杂、影响广泛、难度较大的改革，抓紧开展调查研究，积极征询专家学者和企业家建议，可优先选择1—2个试点城市，总结得失，逐步推广。

三　全面深化改革进程中的风险及防范

随着改革进入"深水期"，改革本身面临的各种风险更加复杂，认识和处理好改革面临的各方面风险和挑战关系到全面深化改革的成败。

(一) 全面深化改革进程中的风险因素

第一，经济下行风险。近年来经济增长下行压力不断增大，产能过剩、地方债务问题突出。从长远看，改革有利于科学发展，但短期内可能会导致经济进一步下滑。这可能会削弱全面推进深化改革的信心，产生改革半途而废的危险。

第二，社会震荡风险。当前固化的利益格局基本形成，但在全面深化改革过程中定会触及某些团体或个人的利益，而对社会造成的冲击将可能会很大，一旦改革发展稳定的关系失衡，社会矛盾爆发的风险会随之上升。

第三，"破与立"衔接断裂风险。在改革过程中，当新的改革措施尚未成熟并固化为制度，而且旧的制度又被取消，很可能出现新措施和旧制度断层的风险，从而影响社会稳定。

第四，改革失误风险。全面深化改革的措施，多是创新的举措，针对地方而言，并无现成、成熟的经验，因此可能因改革顺序混乱、举措不周全、脱离地方实际而导致改革失误的风险。此外，还存在部门利益导向可能导致地方与部门在落实改革时，过多进行利益判断，选择性地落实改革，使改革误入歧途。

(二) 全面深化改革进程中的防范措施

第一，确保经济运行在合理区间内进行：应扩大财税金融扶持就业创业和小微企业的服务力度，释放改革红利，激发市场活力，推动城乡居民收入和消费需求持续增长；通过扩大服务业包括资本市场的对外开放，倒逼深层次改革和结构调整，促进信息化与工业化深度融合，协同推进新型工业化、信息化、城镇化、农业现代化；打造新的区域经济带，通过缩小城乡差距、区域差距，进一步增强地方经济的发展韧性。

第二，把握好社会的可承受程度：要遵循从易到难、从农村到城市、从外围到核心、从增量到存量的顺序不断推进的规律；把握好改革发展稳定的关系，发挥发展的统领作用，以发展来解决改革中出现的影响社会和谐稳定的新问题；加强对重大改革问题、疑难复杂问题的调研，推动各地区、各部门加强协调沟通。

第三，处理改革"破与立"衔接问题：重视调研和智库的重要性，根据地方实情确定改革力度，处理好"破"与"不破"的问题；按照本地区的改革路线图，加快改革中"立"的速度；要加强落实各领域改革的配套措施，配套地、系统地"立"，控制可能出现的各领域新"立"制度脱节的风险。

第四，掌握正确改革方法：要统筹谋划深化改革的关联性和各项改革举措的耦合性，深入论证改革措施的可行性，统筹考虑战略、战役、战斗层面的问题；注重改革措施的针对性和实效性，防止政策不配套、操作起来发生梗阻；要充分发挥专项小组和牵头单位的作用，确保各项改革有布置、有督促、有检查，确保工作时序进度。

第六节 小结

在全面深化改革的背景下，地方政府的治理实践要在中央顶层设计的整体框架下，结合地方政府的实际情况推进。在中央层面，国家全面深化改革的总目标是"完善和发展中国特色社会主义制度、推进国家治理体系和治理能力现代化"，而治理体系和治理能力现代化贯穿着经济体制、政治体制、文化体制、社会体制等方方面面。因此，在地方层面，地方政府作为这些顶层设计的执行者，其改革与治理的实践是全面深化改革成功的关键，地方政府应以重大问题为导向，分析六大领域改革之间的内在关系，重点推进关键部分的改革，同时也要注重改革的系统性、整体性、协同性。此外，以2014—2017年全国全面深化改革为例，总体评价六大领域体制改革。同时梳理总结了党的十八大以来历次中央深改组（委）会议精神，形成了全面深化改革方法论，在改革过程中，地方政府可以把改革的重大事项，以推进项目的办法来推进改革，形成改革滚动推进机制，同时探索建立地方全面深化改革的协调推进机制，思考全面深化改革协调推进的实施措施，完善推进全面深化改革的保障机制。此外，地方政府也要认识好和处理好改革面临的各方面风险和挑战，针对全面深化改革中的风险因素制定相应的防范措施，保障改革能顺利有效地推进，进一步提升地方政府治理能力，实现全面深化改革的目标。

【思考与讨论】

1. 全面深化改革有何重大意义？
2. 简述六大领域内部改革的关键问题及其互动关系。
3. 为什么说地方政府是全面深化改革成功的关键？
4. 简述全面深化改革协调推进的保障机制。
5. 全面深化改革中有哪些风险因素？针对这些风险因素有哪些防范措施？

【扩展阅读】

《中共中央关于全面深化改革若干重大问题的决定》，人民出版社 2013 年版。

习近平：《全面深化改革》（英文版），外文出版社 2014 年版。

中共中央文献研究室：《习近平关于全面深化改革论述摘编》，中央文献出版社 2014 年版。

李培林：《全面深化改革二十论》，社会科学文献出版社 2014 年版。

石良平、沈开艳：《全面深化改革进程报告》，上海社会科学院出版社 2016 年版。

沈传亮：《全面深化改革——十八大以来中国改革新篇章》，人民出版社 2017 年版。

杨海英：《全面深化改革研究》，中国人民大学出版社 2016 年版。

潘治宏、贾存斗：《全面深化改革样本：地方改革创新实践案例研究（2017）》，中国经济出版社 2018 年版。

李伟：《全面深化改革的中国》，中国发展出版社 2014 年版。

高小平：《国家治理体系与治理能力现代化的实现路径》，《中国行政管理》2014 年第 1 期。

丁煌、张雅勤：《新一轮思想大解放与地方治理模式变革》，《南京社会科学》2009 年第 1 期。

第五篇

地方政府发展规划治理

发展规划
发展规划和国家治理
发展规划编制实施与政府治理

五年计划或四年计划曾被占世界总人口1/3的国家采用。第二次世界大战后，不但社会主义国家普遍实行计划经济，新独立的发展中国家，以及法国、德国、瑞典等许多发达资本主义国家也纷纷实行经济计划。然而，五年计划或四年计划又被多数国家放弃。世界性的发展计划热潮并没有持续多久，20世纪60年代以后，发展计划便开始出现危机，并出现了去计划化的浪潮，最终导致了世界范围计划体制的瓦解。法国从20世纪70年代中期开始出现计划危机，并于90年代抛弃了发展计划。日本、韩国、中国台湾等东亚国家和地区也因为发展计划对产业发展的扭曲性干预而备受诟病，先后放弃了指导性计划。采用计划经济的社会主义国家，在50年代中期以后，资本投资的收益率迅速下降，社会指标开始出现恶化，人民生活水平提高缓慢。由于局部的改革和调整并不能彻底解决问题，最后在20世纪90年代初以计划经济解体而告终。

中国是五年计划（规划）实施时间最长而且最成功的国家。世界的计划浪潮中存续时间最长的苏联从1929年开始实施到1991年解体时，总共实施了12个五年计划。从1953年至今，中国已经制定和实施了13个五年计划。中国已经打破苏联的记录，并在可预见的未来还将长期存在下去。中国的五年规划体制也是五年计划体制最成功的国家，用1978—2008年数据计算168个国家和地区的经济增长率，发现世界前十名的国家中，有8个采用了五年或四年计划，其中中国是发展最快的国家。[①]

以规划引领经济社会发展，是党治国理政的重要方式，是中国特色社会主义发展模式的重要体现，五年计划（规划）是中国政府最重要的公共政策，是理解中国发展奇迹的一把钥匙，[②] 也是理解地方政府治理的一把钥匙。因此，本篇主要讨论政府和发展规划的关系：第一章是发展规划，讨论发展规划的定义、基础理论和规划活动的构成要素；第二章是发展规划和国家治理，分别讨论国家治理、目标治理和市场失灵与发展规划的关系。第三章是发展规划编制实施与政府治理，讨论如何在发展规划编制、实施背景下创新提升政府治理，探讨创新发展规划治理。

---

① 胡鞍钢：《中国发展奇迹之"道"》，参见《人民日报》（海外版）（http：//paper.people.com.cn/rmrb-hwb/html/2011-04/25/content_803069.htm），2011年4月25日。
② 习近平：《"看不见的手"和"看得见的手"都要用好》，参见新华网（http：//news.xinhuanet.com/politics/2014-05/27/c_1110885467.htm），2014年5月27日。

第 一 章

发展规划

党的二十大报告指出,"发挥国家发展规划的战略导向作用"。[1] 以规划引领经济社会发展,是地方政府治理的重要方式,科学编制并有效实施发展规划,阐明建设地方经济社会发展的奋斗目标在规划期内的战略部署和具体安排,引导公共资源配置方向,规范市场主体行为,有利于保持地方发展战略连续性稳定性,集中力量办大事,确保一张蓝图绘到底。如何做好发展规划编制实施工作,提升规划实施绩效成为地方政府治理重要内容。对于地方政府而言,结合国家发展规划,制定并实施地方性五年规划是其进行有效治理的重要手段。

第一节 发展规划概述

发展规划常见于发展型国家,是国家调配资源,推动工业化进程、培育市场、增强国家竞争力的一种重要措施。[2] 在中国,国民经济和社会发展五年规划,是国家的战略意图,是市场主体的行为导向,是政府履行职责的重要依据,是全国各族人民的共同愿景,明确了经济社会发展的宏伟目标、主要任务和重大举措。[3]

一 发展规划定义

发展规划是一个多学科交叉的领域,包括宏观经济规划、社会规划乃至物质空间规划等。对于发展规划的定义,国内外学术界从不同角度进行解释。[4]

---

[1] 习近平:《高举中国特色社会主义伟大旗帜 为全面建设社会主义现代化国家而团结奋斗——在中国共产党第二十次全国代表大会上的报告》,人民出版社2022年版,第29页。

[2] Archibugi, F., "Towards a New Discipline of Planning", Socio-Economic Planning Sciences, Vol. 30, No. 2, 1996.

[3] 参见《中华人民共和国第十二届全国人民代表大会第四次会议文件汇编》,人民出版社2016年版。

[4] 参见杨永恒《发展规划:理论、方法和实践》,清华大学出版社2012年版。

从发展规划意义角度，Archibugi 认为，发展规划就是推动经济社会发展的规划。[①] 它的目的在于推动一个国家或地区的经济社会发展，关注对发展的谋划、引领和指导。

从发展规划内容角度，《经济大辞典：计划卷》定义五年计划是"根据对科学技术发展及其成果应用的预测，对资源的开发和利用的估计，对未来时期经济发展可能达到的目标做出科学的设想，指出一个总体的奋斗目标，概要地确定经济和社会发展的主要方向和任务，确定发展的战略目标、战略重点和战略步骤"。[②] 杨伟民也指出，发展规划是"政府对国民经济和社会发展在时间和空间上的一种战略布局和具体的安排，也是对未来的一种谋划、安排部署"。[③]

从发展规划过程角度，岳修虎认为，发展计划是政府为落实长远发展战略而进行的积极、系统的干预，是一个民主的政治决策过程，是一个庞大的社会协作体系。[④]

综合以上不同定义，发展规划是政府为推进一国经济和社会发展，在具体国情基础上，对未来做出的总体部署与安排。

二 发展规划特征

第一，发展规划具有未来性。一是发展规划具有未来导向性。这是发展规划最重要的内涵和特点，即规划必须面向未来，是对未来的设想和安排。这种未来导向将人们的注意力引向未来的某个特定时段和未来的某个行为。二是发展规划具有未来不确定性。发展规划所应对的外部环境是演化的，具有变化性。同时发展规划系统内部也存在着不可调节和控制的因素，虽然规划的目的是减少未来发展的不确定性，但却无法从根本上避免不确定性的影响。

第二，发展规划具有政策性。发展规划作为政府行政的重要工具，其本身就是政策的直接体现，在规划的各个层面中均体现不同的政策性因素。甚至有国内学者认为，规划就等同于公共政策，规划是为有关单位、部门和地区制定措施服务的，故在国外有时也将其称为公共政策。

第三，发展规划具有实践性。发展规划以政策文件形式存在，但绝不是一纸空

---

① Archibugi F., "Towards a New Discipline of Planning", *Socio-Economic Planning Sciences*, Vol. 30, No. 2, 1996.
② 参见刘国光主编《经济大辞典：计划卷》，上海辞书出版社 1990 年版。
③ 参见杨伟民《规划体制改革的主要任务及方向》，《中国经贸导刊》2004 年第 20 期。
④ 参见岳修虎《对编制国民经济和社会发展中长期规划的思考》，《宏观经济研究》2002 年第 4 期。

文,不仅具有宏观指导性还有具体的实践性。一是发展规划应指明目标的实现途径,不仅要澄清未来的发展目标,还要指明为实现未来目标应该采取的行动、措施或方案。二是发展规划目的就是要在若干备选途径或方案中寻求最佳选择,以尽可能低的代价尽可能好地实现未来目标。三是发展规划是一种资源约束条件下的资源配置方式,正是由于资源的稀缺性,发展规划成为调配资源和优化目标的手段。四是发展规划具有系统性,系统性是支撑起发展规划实践性的一大关键,发展规划的长处在于它能够进行全面、系统、概括的分析和评价,从复杂形势中抓住核心问题,指出行动路线,提出解决方案。

中国地方政府的五年规划除了具有以上特征,还具有以下一些特征:一是本土化,由于中国地域广阔,各地资源条件千差万别,不同地方经济发展存在极大的竞争性与同质化,因此地方政府编制的五年规划将立足于本地的经济发展与资源条件,形成适合当地发展规律,有利于发挥其发展优势的五年规划;二是具有协同性,虽然各地根据其不同的情况制定了五年规划,但是其地方应该跳出本位主义和地方保护主义,要从相邻区域、相邻省份、全国的视野,思考与评估该地区的规划定位、规划目标的可行性与前瞻性,正确处理各地区之间的竞争与合作关系。

三 国家发展规划及规划体系

(一) 国家发展规划内涵

国家发展规划即中国的国民经济和社会发展规划,又称"五年计划(规划)"。中国的国民经济和社会发展规划是比较全面的、长远的、纲领性的规划,是国家对国民经济和社会发展的总体谋划。而地方国民经济和社会发展五年规划则是各省地方政府根据中央政府对其的战略定位以及不同的资源禀赋和区位优势编制符合其地方情况的五年规划,是对该地区未来发展的总体部署与规划。

自1953年中国开始制定"五年计划(规划)"以来,"五年计划(规划)"逐步从传统的经济指令计划转为发展战略规划,从微观领域转向宏观领域,从经济指标为主转向公共服务指标为主,反映了政府职能的重心从经济领域逐步转向公共服务领域,逐渐演变成为战略性、纲领性、综合性、指导性的规划,成为国民经济和社会发展在时间和空间上的一种战略布局和具体安排。

(二) 中国规划体系

中国规划体系主要分为发展规划与空间规划两大体系,发展规划体系与空间规划体系互为对方的依据(见图5—1),其中,国民经济和社会发展五年规划是其他各类规划的龙头。

发展规划体系中以五年发展规划为导向，并以此为依据编制区域规划与专项规划。具体来看，一是五年发展规划分为国家级、省（区、市）级、市县级三级规划。国家发展规划和省（区、市）级、市县级发展规划分别由同级人民政府组织编制，并由同级人民政府发展改革部门会同有关部门负责起草；专项规划由各级人民政府有关部门组织编制；跨省（区、市）的区域规划，由国务院发展改革部门组织国务院有关部门和区域内省（区、市）人民政府有关部门编制。国家发展规划、省（区、市）级发展规划的规划期一般为5年，可以展望到10年以上。市县级发展规划的规划期可根据需要确定。二是根据五年发展规划，编制区域规划与专项规划。专项规划、区域规划以及制定有关政策和年度计划的制定要依据发展规划，专项规划是以国民经济和社会发展特定领域为对象编制的规划，是发展规划在特定领域的细化，也是政府指导该领域发展以及审批、核准重大项目，安排政府投资和财政支出预算，制定特定领域相关政策的依据。区域规划是以跨行政区的特定区域国民经济和社会发展为对象编制的规划，是发展规划在特定区域的细化和落实。跨省（区、市）的区域规划是编制区域内省（区、市）级发展规划、专项规划的依据。国家对经济社会发展联系紧密的地区、有较强辐射能力和带动作用的特大城市为依托的城市群地区、国家发展规划确定的重点开发或保护区域等，编制跨省（区、市）的区域规划。其主要内容包括对人口、经济增长、资源环境承载能力进行预测和分析，对区域内各类经济社会发展功能区进行划分，提出规划实施的保障措施等。[①]

空间规划体系包含了主体功能区规划、国土规划、城乡规划、土地利用规划以及城市、镇、乡、村庄规划。其中，主体功能区规划是综合性规划，在空间规划体系中处于龙头规划，由发展改革部门编制实施，分为国家级与省级两级，其编制依据为五年发展规划、党代会。国土规划是针对国土空间开发与保护的战略性、综合性、基础性规划，各省、市、县、乡会以国土规划为依据编制各地的具体土地利用规划。土地利用规划是空间专项规划，由国土资源部负责管理。空间规划体系中除了国土规划还有城乡规划，包括国家级与省级的土地利用规划，城市规划、镇规划、乡规划和村庄规划。城市规划、镇规划分为总体规划和详细规划。详细规划分为控制性详细规划和修建性详细规划。

---

① 参见杨永恒《发展规划理论、方法和实践》，清华大学出版社2012年版。

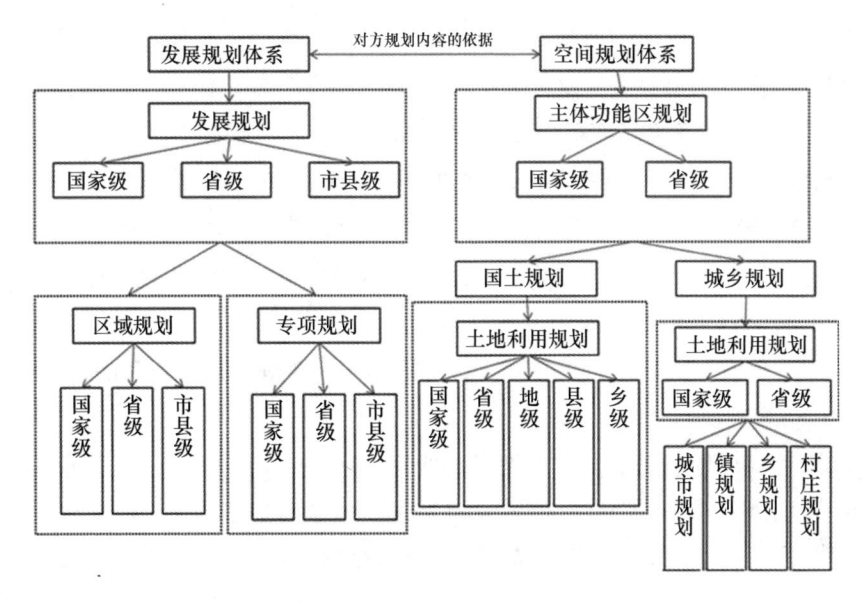

图 5—1 中国"规划丛林"

第二节　发展规划基础理论[①]

西方发展规划理论最早产生于 20 世纪 60 年代,从关注规划的科学理性到关注规划的价值理性,从实证主义到后实证主义,从现代主义规划到后现代主义规划,形成了丰富的规划理论。

一　规划理论概述

西方规划理论以理性规划理论、倡导式规划理论、沟通式规划理论、后现代主体规划理论以及协作式规划理论等为代表。

（一）理性规划理论

理性规划理论是第二次世界大战后西方规划理论中最具影响力的理论。在西方规划理论过程中,通常把关注规划过程的科学理性（工具理性）的规划理论作为第一代规划理论,包括系统规划理论和理性过程规划理论。系统规划理论应用了生物科学的系统论思想,认为系统存在于自然和人类环境的各个领域,可以通过规划系统加以控制。一是规划的对象是一个复杂联系的系统。城市及区域是一个复杂联系

---

① 参见杨永恒、陈升《现代治理视角下的发展规划：理论、实践与前瞻》,清华大学出版社 2019 年版。

的整体,并且是一个封闭的系统,规划应该从经济、社会、文化和生态等方面进行全面考察。二是规划需要对系统的动态变化具有应变能力,规划作为系统分析和控制的一种手段,[①]本身也是动态和变化的。规划师必须寻找相应的办法,对这些变化进行分类和预测,并加以控制。理性过程规划理论的核心是强调用"科学"和"客观"的方法去认识规划问题,设计规划方案。其核心思想在于:一是坚持"调查—分析—规划"的理性行动过程;二是强调用"科学"和"客观"的方法认识规划问题中的特殊要求,设计规划方案,力求产生最好结果;三是规划要保持科学、客观和中立,向政治和权力讲述真理。此后提出了典型理性规划过程的六阶段。

(二)倡导式规划理论

比起理性规划理论模型,第二代规划理论倡导式规划,更加注重公众参与,强调规划的价值理性和程序理性。倡导式规划理论的核心是多元主义。它认为,社会是由不同的利益群体组成的,每个利益群体都有权分享作为社会成员所应享有的社会资源。因此,公共决策过程中应该引入民主参与程序,解决不同利益群体的争端,力争达成共识。确定规划目标,既不是纯理性的,也不是纯技术的,而更应是一个复杂的政治过程。因此,规划师应该参与整个政治协商过程,拟订合适的规划决策程序,代表并服务于不同的社会利益群体,尤其是弱势群体和少数族群,推进公共参与。[②]

(三)沟通式规划理论

如果说理性模型是传统实证主义的表现,"沟通式规划"则是走出实证主义、接受后实证主义的开始。沟通式规划理论的核心思想是规划始终要面向公共利益,要为公众参与提供途径,通过广泛的公众参与和协商讨论,揭示社会利益争端背后的真实权力结构。公众参与的过程才是规划的实质,而规划的专业知识与技能只是辅助公众参与的工具。其倡导者们提出要培养社区网络、建立公众沟通交流平台、提高规划师协作能力等途径以推进公众参与。并提出沟通式规划的模式:通过交流沟通发现共同利益(就规划目标达成共识);提出可行方案(多方案选择);找到多数人同意的决策准则(决策标准);确定决策(方案选优);执行决策。

(四)后现代主义规划理论

后现代主义思想是 20 世纪 80 年代中期影响全球思想界的一个潮流,其代表人

---

① Taylor N. , *Urban Planning Theovy Since 1945* , London: Sage, 1998.
② Davidoff P. , "Advocacy and Pluralismin Planning", *Journal of the American Institute of Plannere*, Vol. 31, No. 4, 1965.

物桑德库克界定了现代主义规划的五大支柱[①]：(1) 规划——城市与区域规划与公共政策及政治的理性相关。(2) 只有当规划最具综合性时，才是最有效的。综合性被写进规划法规并与多功能、跨部门的规划相联系（如与经济、社会、环境规划交叉）。(3) 规划兼具科学性和艺术性。从历史上看，规划更强调科学性。规划的知识与技术立足于实证科学，在模型建立和数量分析上都带有这种倾向。(4) 作为现代化进程的一部分，规划是国家指导未来发展的一个计划。(5) 规划在"公共利益"层面上运作。规划师的专门训练赋予规划师中立的立场和判别是非的能力。

按照后现代主义的观点，由于规划涵盖更多的内容，而且许多新的规划方法在不断产生，所以现代主义规划的五大支柱都要被摧毁。对于后现代主义规划思想，桑德库克定义出新的五项原则：(1) 社会公正（Social Justice）：社会公正与市场产出同等重要，而且，不公正和不平等需要更为广泛的定义，不限于物质范畴和经济范畴。(2) 差异政治（The Politics of Difference）：对规划问题的界定和认识需要吸收不同政治团体的参与，通过讨论达成共识。(3) 公民权（Citizenship）：公民权是后现代主义规划理论固有的道德原则。在日益分化的社会中，需要重新界定和解释公民在规划中的权力。(4) 社区的理想模式（The Ideal of Community）：去除传统社区的地缘概念，增强社区的异质性和多元性。(5) 从公共利益走向公民文化（From Public Interest to Civil Culture）：规划师理解的公共利益与实际的公共利益有差异，经济力量已经造成社会分化，公共利益应该走向更加多元和更加开放的"公民文化"。

后现代主义规划是一个十分宽泛的概念，在多元化和开放性等方面做了许多有益的工作，尤其是对传统规划中权力意识的批判具有相当的价值。

（五）协作式规划理论

协作式规划理论是在倡导式规划理论和沟通式规划理论基础上演变而来的，代表着西方规划理论的最新发展方向。协作式规划理论认为：一是规划决策要更趋向于长远发展目标，综合考虑各种社会群体利益的合法性，而非若干单个群体利益的简单叠加；二是发展规划的发展目标要多元化。需要通过规划公示、公众咨询会等途径，建立公众参与机制，为各利益相关者提供对话、辩论的平台，积极反映和尊重各方面意见，并在发展规划中积极做出应对；三是协作式规划理论提倡合作的方式。要求不同的利益相关者采用辩论、分析和评估等方法，通过合作而不是无序竞争达成共同目标。[②]

[①] Sandercock L., *Towards Cosmopolis*, Chichester：JohnWiley, 1998.
[②] Healey P., *Collaborative Planning—Shaping Place in Fragmented Societies*, London：Palgrave, 1997.

二 规划理论比较

西方不同规划理论经历了不断批判、继承、创新的发展过程，从规划主体、规划过程上都有着不同的理解与主张（见表5—1）。

表5—1　　　　　　　　规划理论比较

		代表人	核心思想	特点
理性规划理论（20世纪60年代）	系统规划理论	麦克劳林、查德威克	1. 规划对象是复杂联系的封闭系统； 2. 规划应控制系统变化	强调"规划就是设计"
	理性过程规划理论	梅耶森、本菲德	1. 坚持"调查—分析—规划"的理性行动过程； 2. 用"科学""客观"方法力求规划最好结果； 3. 规划保持客观中立； 4. 理性规划过程的六阶段：定问题、目标，确定备选规划方案、政策，评估备选规划方案、政策，方案、政策的实施，效果跟踪	强调规划的"科学"和"客观"
倡导式规划理论（20世纪70年代）		丹尼斯、戴维多夫	1. 规划过程的多元主义：各利益群体尤其是规划师应参与规划过程； 2. 强调规划对弱势群体的关注	1. 其观点主要针对规划师角色； 2. 更注重公众参与，强调规划的价值理性和程序理性
沟通式规划理论（20世纪70年代）		福雷斯特	1. 提出要推进公众参与； 2. 规划师的角色是不同利益的调解者	1. 走出实证主义，接受后实证主义； 2. 强调规划始终要面向公共利益，公众参与才是规划实质
后现代主义规划理论（20世纪80年代）		桑德库克、哈维	后现代主义规划五大原则： 1. 社会公正； 2. 差异政治； 3. 公民权； 4. 社区的理想模式； 5. 从公共利益走向公民文化	1. 核心在于多元性与包容性； 2. 强调社会正义、重视公众参与

续表

	代表人	核心思想	特点
协作式规划理论（20世纪末）	希利	1. 规划需要交流沟通形成最终社会价值； 2. 规划发展目标多元化； 3. 规划制定与实施具有可协作性	强调规划必须增加合作，减少不同利益主体间矛盾隔阂，以此真正发挥作用

资料来源：根据各规划理论梳理得出。

从主体上看，理性规划理论主要强调规划师在规划中的作用，并没有过多提及其他规划主体。而自从倡导式规划开始，就提出了公众参与的重要性。虽然之后的沟通式规划理论、后现代化规划理论与协作式规划理论都强调了公众参与，但侧重点仍然有差异。倡导式规划理论基于社会由不同利益群体组成，其不同利益诉求将影响规划目标设定的角度提出引入民主参与；沟通式规划理论从规划的核心是实现公共利益的角度引入多元化主体；后现代化与协作式理论对公众的强调更多基于对多元化的重视，协作式规划理论更是从深层次阐述了公众作为规划主体表达利益诉求不应只是简单的利益叠加，相对于以往提倡多元主体参与的理论更深层次地探索了规划如何有效实现公众参与。总体来看，倡导式规划理论之后的理论所强调的公众参与，规划主体多元化是对主张"统一模式"的传统理性模型的修正。

从规划过程上看，理性规划理论从工具理性的视角出发，更加注重规划过程的全面性、应变性，强调规划过程的客观性与科学性。而后的倡导式规划理论则以价值理性的视角出发，强调规划过程的多元主义。沟通式规划理论更是区别于往前的实证主义，走向后实证主义，提出公众参与才是规划过程的实质。到了后现代主义规划理论，公众在规划中的权利得到了进一步重视，公众参与被提升到为公民文化、公民权等层次。协作性规划理论作为西方发展规划理论的最新方向，更多的是思考在规划过程中，公众如何参与才能保证各方利益的有效整合。

虽然西方规划理论不断发展完善，但还是存在一些值得思考的问题。一是协商还是对抗：前提假设的脆弱性，沟通式规划假设所有参与者都具有平等的话语权，但这一前提往往过于理想而脱离实际，对权力和冲突的忽略是其重大的缺陷。[①] 同

---

① Flyvbjerg B., *Rationality and Power: Democracy in Practice*, Chicago: The University of Chicago Press, 1998.

时，规划必然是一个政治过程，无法避而不谈政治对规划的影响。[1] 二是民主还是集权：一方面，实施过程的矛盾性，民主的实现会产生跨越边界的沟通成本，同时容易缺乏效率。另一方面，即使沟通能够达成共识，这些共识内部生来就有一种反民主的"控制"潜质。三是程序还是实体：规划结果何为，由于沟通范式以讲故事和寻求洞见而非以强加秩序和定义的方式进行规划，[2] 因此潜在地过度强调了规划的程序性方面，而导致规划实体内容的空洞化和松散的结局。[3]

第三节　规划活动构成要素

在地方政府规划实践中，要达到规划目的，就必须通过规划人员的努力，指出存在的问题并加以分析，确定合理的规划准则、政策和可供选择的多种方案，并将编制好的发展规划付诸实践。这就涉及规划实施中的治理模式与治理手段，因此，完整的地方政府规划活动应该包括三个基本要素：规划参与者、规划编制、规划实施。

一　规划参与者

规划参与者是能够影响规划目标的实现同时也被规划目标实现所影响的个人、群体或组织。规划过程中的参与者主要包括以下四类。（1）地方政府：其职责在于发起和组织规划工作，为规划的全过程提供必要的法律支持和资源（包括人、财、物、信息等）支持；地方政府不仅是公共资源的掌控者，也是公共利益的代言人。（2）公众：包括居民、企事业单位、社会团体等，他们是站在规划受益人群和政府服务对象等立场上去参与规划过程、谈论规划问题，他们关注的焦点是规划给他们自己的利益（包括个人的或集团的）带来了哪些限制，提供了什么样的发展机会。因此，了解并尊重他们的需求是规划能否真正代表公众利益的关键，也是规划成功与否的根本。（3）专家：包括技术咨询/评审机构方面的专家，负责根据政府或委托方的要求对即将做出的决策提供专业性咨询意见，或对规划设计部门已完成的政策/方案进行评审，就规划设计内容、标准、方法、可行性等诸多方面进行研究，向负责批准、执行这些政策和方案的政府部门提出评审建议。（4）规划师：指受过专

---

[1] Friedmann J., "Planning the Oryrevisited", *European Planning Studies*, No. 6, 1998.
[2] Mandelbaum S. J., "Telling Stories", *Journal of Planning Education Research*, Vol. 10, No. 3, 1991.
[3] Innes J. E. Planning, "Theory's Emerging Paradigm: Communicative Actionand Interactive Practice", *Journal of Planning Educationand Research*, No. 14, 1995.

业性的规划训练并通过规划主管部门或行业协会的规划师资格认证的专业人员。在规划过程中,规划师应政府或委托方的要求,具体从事规划前期的资料收集、公众调查、数据分析和规划方案的编写、修改等工作。在中国的城市规划领域,已经有注册城市规划师执业资格认证,但是在宏观经济和区域综合规划等领域,尚没有这样一个专门的方向。①

二 规划编制

地方政府的五年发展规划是包括各种定期和不定期地对未来的规划和为解决目前问题的行动计划。一般是由下列几项内容组成的:一是调查及问题分析,这一阶段,地方政府主要分析规划的外部环境、产业政策和内部环境、资源能力、愿景等。二是制定规划目的和目标,一方面地方政府将对国家发展规划以及上级战略进行研究,如战略定位、发展思路等;另一方面,地方政府将对本地区的一些具体战略部署进行研究,如产业战略、区域战略等,确定具体产业、业务、区域发展的方向和定位。随后,其确定地方五年规划的目标与重点任务,并划分出目标的优先级。三是制定多种解决问题的方案。解决方案实际上就是根据各项发展目标与任务提出经济、政府、社会、生态等方面的具体实施路径,并且确定重点工程,提出规划实施的保障措施。四是评估多种方案。在充分考虑国家政策、区域政策、全球、国家经济形势和发展趋势下,评估各方案的科学性与可行性。评估过程中,评估的主体不仅有政府还应该有专家、公众参与,广泛吸收各类专家和利益相关方的反馈意见,对各个方案进行修改与完善,并最终确定方案的选择。五是采用并深化某个方案。在方案的选择确定之后,要对方案进行必要的优化、修改和适度调整,最终提出规划草案,经本级发改等部门审核后,由本级发改部门会同编制单位上报本级人民政府批准,需要提报同级人民代表大会审议的,执行有关审批程序,经审核同意后,由各级地方政府颁布。六是修正和反馈。这是属于规划的中期阶段评估,经过中期评估或者其他原因需要对原有规划进行修订和废止时,规划编制单位应提出规划修订和废止方案,按规划的程序报批和对外公布。②

三 规划实施

中国的经济社会发展战略主要通过发展规划来贯彻实施,同样,对于地方政府

---

① 参见孟芊《中国发展规划形成机制的理论分析》,博士学位论文,清华大学,2012年。
② 参见吴维海《政府规划编制指南》,中国金融出版社2015年版。

来说，发挥地方特色与优势，促进地方经济社会发展也需要五年规划的实施。在地方政府履行其规划职能，实施五年规划过程中，形成了一些规划实施模式以及规划实施手段。

规划实施模式实际上也是地方政府治理模式的一种体现，规划实施一般会采用以下三种治理模式。一是指令性规划。在提供公共产品的领域主要靠指令性规划，比如修建铁路、扶贫、土地使用管理等。常常会运用到政府直接投资等治理模式。二是签约式规划。目前，地方政府规划的制定者越来越采用各种形式的签约式的治理方式，以确保和激励下级部门实施上级部门制定的规划实施方案。对于地方政府来说，签约一般在政府与驻地的大型企业之间进行，多见于公路建设、高新区建设、能源生产、医院改革和市场改革。三是指导性规划。地方政府通过提供一些经济预测，向市场发出信号，以及引进间接的激励机制，以达到刺激市场行为和引导资源配置的作用，特别是针对政府所希望或认为有发展潜力的产业。[①]

规划实施手段是有利于规划落地，发挥实质性作用的一些"工具"和"措施"，地方政府可以据此更加直接、更加有力地介入规划活动，以提升政府治理绩效。规划实施手段通常包括三个部分：一是立法，地方政府可以在不与宪法、法律、行政法规相抵触的前提下制定地方性法规。立法是建立在行政系统上的，规划设计工作为立法过程提供技术支持。二是公共投资，公共投资同样是政治系统对发展规划从财政方面施加影响的一种表现，体现为政府在财政上的权力，政府财政投入会对私人或其他渠道的投资起到间接但十分重要的影响。三是奖惩制度，这是通过财经手段来实现的，如税制方案可以体现出对某些开发活动的优惠和鼓励；政府对公用事业的直接投资或补贴也是一种直接的鼓励措施；而各种法规中的罚金，则表现了政府对非法开发活动的限制。

第四节　小结

发展规划作为一个多学科交叉的领域，国内外学界从规划意义、规划内容、规划过程等不同角度都对其进行了不同的定义，但总的来看，发展规划即是政府为推进一国经济和社会发展，在具体国情基础上，对未来做出的总体部署与安排，具有未来性、政策性、实践性。国家发展规划，即中国国民经济和社会发展五年规划，

[①] 参见韩博天、奥利佛·麦尔敦、石磊《规划：中国政策过程的核心机制》，《开放时代》2013年第6期。

是国家对国民经济和社会发展的总体谋划,具有全面性、长远性与纲领性。而地方国民经济和社会发展五年规划则是各省地方政府根据中央政府对其的战略定位以及不同的资源禀赋和区位优势,对该地区未来发展的总体部署与规划,具有本土化、协同性特征。

中国规划体系分为发展规划与空间规划两大体系。发展规划体系中,五年发展规划处于龙头位置,分为国家级、省级以及市县级五年规划,依据五年发展规划,国家、省级、各市县根据需要拟定区域规划与专项规划。空间规划体系与发展规划体系互为依据,在空间规划体系中,主体功能区规划是龙头性的基础性规划,分为国家级与省级。主体功能区规划下又分为国土规划与城乡规划,国土规划中,各级政府将拟定土地利用规划;城乡规划也会被划分为城市规划、镇规划、乡规划与村庄规划。总之,中国规划体系是一个既完整又相互联系、互为依据的整体体系。

对于发展规划理论,西方最早产生于 20 世纪 60 年代,经历了从关注规划过程工具理性到关注规划价值理性,从实证主义到后实证主义,从现代主义规划到后现代主义规划的发展历程,形成了理性规划理论、倡导式规划理论、沟通式规划理论、后现代主体规划理论、协作式规划理论等。这些理论对规划主体的单一到多元,对规划过程的科学客观到公众参与进行了探索。

根据不同的发展规划理论,各国地方政府都形成了各具特色的规划活动。就中国而言,规划活动的构成要素主要有三要素:一是规划参与者,包括地方政府、公众、专家等共同参与;二是规划编制,主要包括调查及问题分析、制定规划目的和目标、制定多种解决问题的方案、评估多种方案、采用并深化某个方案、修正和反馈等过程;三是规划实施,主要通过指令性规划、签约式规划与指导性规划三种模式,还会采用立法、公共投资以及一些奖惩制度来作为规划实施的有力措施与工具。可以看到,中国地方政府规划实施已经具有相对完善的政策与措施,但仍然需要进一步改进与创新,以更好推动地方政府治理。

【思考与讨论】

1. 中国国民经济与社会发展规划与地方国民经济和社会发展规划的异同与联系?

2. 针对发展规划应该协商还是对抗、民主还是集权、程序还是实体?提出你的看法与理解。

【扩展阅读】

杨伟民：《发展规划的理论与实践》，清华大学出版社 2010 年版。

杨永恒、陈升：《现代治理视角下发展规划：理论、实践和前瞻》，清华大学出版社 2019 年版。

第二章

发展规划和国家治理

发展规划是国家治理的重要手段，本章将具体围绕发展规划与国家治理，从阐述两者的关系开始，分析发展规划在国家治理中扮演的角色，再阐述如何通过发展规划实现目标治理，最后通过案例形式展示发展规划如何矫正市场失灵。

第一节　国家治理与发展规划

中国的"发展规划"脱胎于早期计划经济条件下的指令性计划，随着经济体制的转变，五年规划逐渐演变成具有战略性、纲领性、综合性、指导性的规划，并成为国家治理的重要手段。

一　发展规划在政府治理中的属性

发展规划是在市场失灵领域利用整体信息配置资源的一种方式。发展规划在纠正市场失灵方面也发挥着不可或缺的作用，干预的范围是单靠市场机制无法有效解决的部分。根据世界银行的观点，市场机制无法解决的部分包括"教育、健康、营养、家庭计划、减贫和为改善生活质量提供基础设施和社会的、行政的、法律、法规的保障体系，以及为公共开支动员财政资源"。[①] 中国学者也持类似的看法，如刘国光认为，不能完全交给市场和价值规律的有以下五个方面："一是经济总量的平衡；二是大的经济结构的及时调整；三是竞争导致的垄断问题；四是生态环境问题；五是社会公平问题。"[②] 杨伟民也认为，国家发展规划的主要功能是管理增长，它不同于宏观调控，是一种中长期的、宏观层面的总量管理，规划可以发挥类似于法律，但更为灵活的"第二准则"作用，它通过明确规定市场准入的各种约束条件，资源

[①] 参见世界银行《从计划到市场：1996年世界发展报告》（中文版），中国财政经济出版社1996年版。

[②] 参见刘国光《中国十个五年计划研究报告》，人民出版社2006年版，第304页。

状况、环境容量、空间布局、技术水平等，引导市场主体活动，也成为政府管理增长的依据。① 总体来看，面对市场失灵领域，政府干预必须要掌握尽可能完备的整体信息。而要具备尽可能完备的整体信息，必须要花很大的成本才能获取。发展规划是政府整体信息的载体，而为了编制好发展规划，前期必须邀请智库（专家）针对经济社会发展方方面面进行深入调研，掌握情况，提出经济社会发展的备选方案。通过精心编制的发展规划为矫正市场失灵提供工具。

发展规划编制、实施都体现了国家治理多元主体互动的理念。现代国家治理是多元主体共同参与的公共治理，中央政府、地方政府、企业、公民等多元主体共同参与，通过法律规范、经济激励、行政手段、社会协助、信息网络等多种渠道共同作用，实现国家目标。发展规划编制方面，发展规划的编制过程实质上就是多元主体参与治理过程。地方政府发展规划的编制者，分为三个层次——决策层、编制层、咨询层。中国的各层级间的互动是多层次、多回合的，形成友好的互动关系。在互动过程中注重对话、注重协商，各方都需深入谈论各种方案中各选项的优劣。上层决策主体事先进行多层次、多回合的沟通、协商；如果在一些议题上意见产生严重分歧时，则通过进一步调研探寻各方都能接受的方案，尽可能"求大同存小异"。下层决策主体拿出仍带有争议点的政策草案后，上层决策主体会听取社会各界、专家学者的意见，就决策重点、难点在不同的有关部门中磋商、协调，对不同方案的利弊做出比较。② 鼓励各方为支持自己的方案提供论证、为反对其他的方案提供论据，鼓励说理、鼓励倾听，最终形成一个各方都愿意接受的方案。发展规划实施方面，发展规划的实施是一个多元主体共同参与的过程，除了中央政府的统领作用，国家五年规划的目标制定之后，需要地方政府具体实施。中央政府制定五年规划总目标，通过对目标层层分解，进行考核与奖惩，制定并修订法规、规划，推进体制改革及制度调整，通过财政补贴、税收减免、价格调整、政府采购等为地方企业提供经济激励，通过推进重点项目的方式动员和配置资源，从而激励地方政府和企业积极执行和响应国家目标，促进国家五年规划目标的实现。③

发展规划通过设定目标阐述国家战略意图。国家"十一五"规划纲要首次明确提出五年规划的性质和作用：主要阐明国家战略意图，"十三五"规划纲要进一步

---

① 参见杨伟民《"十二五"规划编制中需要深化研究的十个问题》，《发展规划研究》2009 年第 2 期。
② 参见鄢一龙、王绍光、胡鞍钢《中国中央政府决策模式演变——以五年计划编制为例》，《清华大学学报》（哲学社会科学版）2013 年第 3 期。
③ 参见姜佳莹、胡鞍钢、鄢一龙《国家五年规划的实施机制研究：实施路径、困境及其破解》，《西北师大学报》（社会科学版）2017 年第 3 期。

深化了五年规划的定位,"主要阐明国家战略意图,明确经济社会发展宏伟目标、主要任务和重大举措,是市场主体的行为导向,是政府履行职责的重要依据,是全国各族人民的共同愿景"。其中在政府履行职责方面,如社会发展、科教发展和资源环境指标的比例不断上升,采用了约束性指标制度,将地方政府需要履行的基本职能,如公共服务、社会管理、市场监管、环境保护等治理目标纳入绩效考核之中,这充分体现了五年规划在治理手段上的进步。而从五年规划的实施过程来看,在资源环境领域,在"十一五"规划将资源环境纳入约束性指标之后,中国的主要污染物排放总量先后在2006—2007年达到历史最高点,在人均GDP相对较低的阶段就实现了污染物排放总量的下降,在环境治理领域率先实现了绿色发展。[①] 在经济发展等方面,发展规划通过设置预期性指标引导市场主体的行为。发展规划预测了未来一段时期内国民经济和社会发展方向,并制定了各领域的发展目标,据此向全社会传达了关于国家经济社会发展趋势、发展方向和发展政策的信息,有利于社会各界了解和掌握国家全局及特定领域的发展状况和预期要实现的目标,据此做出相应战略调整。

二 "十三五"规划和国家治理

五年规划体制作为中国国家治理体系的重要组成,不断自我调适,渐进改进,内生演化,从而实现了治理效率的改进。"十三五"规划是最近制订的五年规划,它总结了前十二个五年规划成功的经验,更加成熟完善,它顺应国家治理能力和治理体系现代化的要求,从市场作用发挥、制度建设等方面更好体现国家治理重要手段的功能,推动国家治理走向善治。

更加注重市场在国家治理中的关键作用。五年规划深入认识市场在治理中的关键作用,其与市场的关系经历了一个不断突破思想束缚、不断进行实践和理论创新的过程。该认识可以概括为四次历史性飞跃:第一次历史性飞跃是从否定和排斥市场作用到"发挥市场在资源配置中的辅助性作用",该认识为后来社会主义初级阶段基本经济制度的形成奠定了基础;第二次飞跃是从"发挥市场在资源配置中的辅助性作用"到"公有制基础上的有计划的商品经济",其核心是调整政府与市场关系,是政府不断放权或还权给市场的过程;第三次飞跃是从"公有制基础上的有计划的商品经济"到"使市场在国家宏观调控下对资源配置起基础性作用",既提出

[①] 胡鞍钢:《五年规划与中国奇迹》,参见http://www.71.cn/2016/0330/880484.shtml,2016年3月30日。

市场在资源配置中的基础性作用,又指出是在国家宏观调控下进行的,这种提法为长期纠结于"计划"和"市场"的改革开启了一个新的里程碑;第四次飞跃是从"使市场在国家宏观调控下对资源配置起基础性作用"到"使市场在资源配置中起决定性作用","决定性作用"的提法体现了市场经济的"质",号准了经济体制改革的"脉",抓住了现实经济问题的"根"。但目前,市场在资源配置中的决定性作用并没有得到较好体现,仍然存在市场体系不够完善、市场规则不尽统一、市场秩序不规范、市场竞争不够公平等问题,影响了经济发展活力和资源配置效率。① 党的十八届三中全会《中共中央关于全面深化改革若干重大问题的决定》指出,要使市场在资源配置中发挥决定性作用,"十三五"规划积极贯彻党的十八届三中全会精神,强调要建设统一开放、竞争有序的市场体系,建立公平竞争的保障机制,打破地域分割和行业垄断,着力清除市场壁垒,促进商品和要素自由有序流动、平等交换、建立健全用能权、用水权、排污权、碳排放权初始分配制度等,② 体现了围绕使市场在资源配置中起决定性作用来深化经济体制改革。

更加注重国家治理体系中的制度建设。国家治理体系是在党领导下管理国家的制度体系,包括经济、政治、文化、社会、生态文明和党的建设等各领域体制机制、法律法规安排,也就是一整套紧密相连、相互协调的国家制度。③ 习近平总书记指出,国家治理体系和治理能力是一个国家的制度和执行能力的体现,两者相辅相成。国家治理体系的现代化也就是国家制度现代化,即制度和法律作为现代政治要素,不断地、连续地发生由低级到高级的突破性变革的过程。早在1992年,邓小平指出:"恐怕再有三十年的时间,我们才会在各方面形成一整套更加成熟、更加定型的制度。"④ 现在已经过去24年,虽然中国一直强调并加强制度建设,但中国制度建设还存在着许多问题,不少领域的制度尚不健全。"十三五"时期是全面建成小康社会决胜阶段,面对新形势新任务,"十三五"规划将制度建设作为一大主要目标,具体目标包括:使各方面制度更加成熟更加定型,国家治理体系和治理能力现代化取得重大进展,各领域基础性制度体系基本形成;人民民主更加健全,法治政府基本建成,司法公信力明显提高;人权得到切实保障,产权得到有效保护;开放型经济新体制基本形成;中国特色现代军事体系更加完善;党的建设制度化水平显著提高。"十三五"规划对制度建设的重视将为未来一个时期国家治理现代化打下

---

① 参见《中共中央关于全面深化改革若干重大问题的决定》,人民出版社2013年版。
② 参见《中华人民共和国国民经济和社会发展第十三个五年规划纲要》。
③ 参见习近平《切实把思想统一到党的十八届三中全会精神上来》,新华社,2013年12月31日。
④ 参见《十三大以来重要文献选编(下)》,人民出版社1993年版,第1853页。

坚实的基础。

更加注重用约束性指标发挥政府职能。约束性指标就是政府在公共服务和涉及公共利益领域对有关部门提出的工作要求，是政府必须履行的职责，具有体现政府职责、政府向人民承诺的性质，政府要通过合理配置公共资源和有效运用行政力量，确保有关指标的实现。在现代国家治理体系中，控制政府职责范围，加强政府履责的基本方式是明确政府职责，划定政府职责边界，设定约束性指标，明确政府公共职责。约束性指标首次出现是在"十一五"规划中。从"十一五"规划到"十三五"规划，约束性指标一直处于增加的趋势，由8个增加到13个；约束性指标在总指标数的占比，由36.4%增加到52%，可见五年规划对于约束性指标的重视不断加强（见表5—2）。"十三五"约束性指标主要集中在民生福祉和资源环境方面：一是10个资源环境类指标全部为约束性指标，在继续实行能源消费总量和消耗强度双控的基础上，水资源和建设用地实施总量和强度双控；二是提出农村脱贫等约束性指标，结合全面建成小康社会中国现行标准下农村贫困人口必须实现脱贫、贫困县必须全部摘帽、必须解决区域性整体贫困的重大使命任务。"十三五"规划约束性指标突出了人民群众普遍关心的教育、住房、环境质量等民生指标，强化了政府必须履行的职责。

表5—2　　　　　　　各时期五年规划约束性指标体系对比

时期	总指标数（个）	约束性指标个数（个）	约束性指标占比（%）	约束性指标增量（个）
"十一五"时期	22	8	36.4	—
"十二五"时期	24	12	50	4
"十三五"时期	25	13	52	1

第二节　目标治理与发展规划

发展规划就是中国的政府之手，它在组织有效市场方面发挥着不可或缺的作用，政府通过基础设施的硬件投资和对公共卫生、教育、知识、信息的软件投资，促进各类市场资源更有效率地配置，最终实现政府的目标治理。

一 目标治理的内涵[①]

目标治理,即通过有意识地运用整体知识,制定国家规划,引导资源配置,以推动目标实现的公共事务治理方式。

第一,它是一种国家治理方式。它不同于计划经济的行政指令,并不是简单的自上而下的行政管理,而是中央、地方、企业、公民等多元主体共同参与,通过行政方式、社会网络、市场机制等渠道共同作用的公共事务治理。

第二,它是运用整体知识提供公共产品的治理模式。整体知识就是提供公共产品所依赖的知识,而目标治理体制就是能够有效地产生并运用整体知识的体制。西方社会也存在整体知识,但缺乏有效运用整体知识并更多地产生整体知识的治理体制。同时,目标治理体制是应用于公共事务的处理而不是私人产品的提供。

第三,它是集中的计划引导的治理模式。整体知识也决定了决策应该以集中的方式进行,当然这并不是指其他主体不能参与决策,而是说需要对公共事务做出集中的安排和计划,制定相应的目标。

第四,通过集中的计划引导资源配置来推动目标的实现。集中的计划成为引导资源配置的重要手段。它通过直接指令和间接引导的方式,协调各分散主体的行为,并引导相关资源配置,以推动国家目标的实现。

二 发展规划与目标设计

中国编制并已经(和正在)实施的共13个五年计划(规划)。"一五"计划至"十五"计划,中国的五年规划实行的是指令性计划,对不同产业的投资、生产等做出安排的经济建设计划,将目标层层分解作为计划经济国家实施指标以及自上而下传递信息的基本方法。具体来看,五年计划的实物量指标不断减少,"六五"计划有65种,到"八五"就减少到29种,到"九五"虽然还有12个实物量指标,但它只是预测性的,事实上已经取消了对工农业产品生产下达计划,"十五"以后连预测指标也彻底取消了。从"十一五"规划开始,规划将量化指标分为预期性指标和约束性指标,界定了目标实施的不同责任主体。

五年规划逐步演变成为公共事务治理规划。从"十一五"规划开始,中国的五年规划已经成为以公共事务治理为核心的规划。改革开放以来,公共事务治理类指标比例不断上升,"六五"计划中公共事务治理的指标比例占39.4%,到"十一

[①] 参见鄢一龙《目标治理:看得见的五年规划之手》,中国人民大学出版社2013年版。

五"规划的公共事务类指标的比例已经达到77.3%，"十二五"规划的24个指标中除了国内生产总值增长率、服务业比重、城镇化率3个指标是经济指标，其他全部是公共事务治理的指标，其比例高达87.5%。①

三 目标分解评估与政府治理②

在所有的指标中，政府通过对约束性指标进行目标管理来实现治理目标。政府治理主要通过目标分解来推进。中国（地方）政府通过一个层层分解、层层监督、层层考核的目标管理体制，对其制定的约束性指标进行目标管理，国家目标被分解成地方目标、部门目标、年度目标、重点工程目标，层层分解，直到成为无数个体参与的摸得着看得见的具体行动，上级部门又对目标实现情况进行跟踪评估、督促检查，对目标完成绩效进行考核，奖励先进，处罚落后，从而不断地促进目标的实现。

例如，约束性指标，为了将国家目标分解为地方政府的责任和目标，通过两种机制：一是引导机制。要求地方参照国家的约束性目标，自主提出地方的指标值。政治动员通过两个渠道进行：国家层面提出的指标，并要求各地方制定规划建议和纲要时进行参考；国家发改委和地方政府进行规划衔接。二是行政指令。地方提出的指标值没有达到要求，国家发改委对地方提出的指标值进行调整，对于高于或者相同于国家目标的省（市、区），国家批复值和地方申报值相同，而对于低于国家目标的省（市、区），都相应提高了他们的目标值，以确保平均数达到国家目标。以上两点充分说明，中央目标管理是为了实现国家目标而不是地方目标。

政府治理绩效通过对目标实现情况来反映。"十五"计划首次开展中期评估，"十一五"规划进一步引入第三方评估，"十二五"规划进一步要求对规划实施情况进行逐年跟踪分析。最后将约束性指标实现情况纳入绩效考核。国务院规定建立约束性指标考核制度，将约束性指标纳入各地区、各部门经济社会发展综合评价和绩效考核，并将耕地保有量、单位GDP能耗、主要污染物排放总量减少指标纳入对各地区领导干部的政绩考核。部分约束性指标，例如节能目标，不但分解到各级政府，还分解到重点企业，采取了以重点企业为抓手的做法，各级政府确定本级的重点节能企业，将企业纳入节能目标责任制体系，这进一步使得节能目标的完成情况可预见、可监督、可考核。为了实现规划目标，政府也会采用强制手段，比如淘汰落后

---

① 参见鄢一龙《目标治理是中国独特的制度创新》，《前线》2013年第11期。
② 参见鄢一龙《目标治理：看得见的五年规划之手》，中国人民大学出版社2013年版。

产能。可以说，政府治理绩效可以通过对目标的完成情况进行评估考核，一方面可以促进治理目标达成，另一方面可以使下一次目标制定更加科学，符合现实。

第三节　发展规划如何治理市场失灵

五年规划作为公共事务治理的发展规划，通过制定公共事务治理的目标，并解决市场失灵。其中，最为典型的就是通过制定与实施五年规划推动单位 GDP 能耗的下降。[①]

改革开放以来，中国的单位 GDP 能耗出现了持续下降，规划之手的推动起到了重要的作用。从节能的案例来看，中央政府制定五年规划目标，通过目标层层分解，进行考核与奖惩，制定并修订法规、规划，推进体制改革进行制度调整，通过财政补贴、税收减免、价格调整、政府采购等为企业提供经济激励，通过重点项目动员和配置资源，从而激励地方政府和企业积极执行和响应国家目标，促进国家五年规划提出的公共事务治理目标的实现。这一过程，与市场机制运用分散知识自下而上的协调方式不同，而是通过计划机制运用整体知识自上而下的协调方式。

第一，目标责任制。即通过层层分解目标，对于目标实施进展情况进行监测评估、考核与奖惩，从而推动目标的实现。第一步是对国家目标进行分解。2005 年 10 月，中央制定单位国内生产总值能源消耗降低 20% 左右的目标，31 个省份都按照中央的精神制定了降低能耗的目标值，平均值为单位 GDP 能耗下降 17.4%，稍低于国家目标。2006 年 9 月国务院下达通知，将国家目标值分解到各省份。各省份进一步向下级政府分解指标。第二步是在目标实施的过程中进行跟踪和公报。"十一五"时期，国务院还规定建立约束性指标的公报制度，要求每年定期公布单位国内生产总值能源消耗降低等指标进展情况。第三步是将指标实现情况纳入绩效考核和奖惩。对省级人民政府节能目标责任进行评价考核。将考核结果作为对省级人民政府领导班子和领导干部综合考核评价的重要依据。"十一五"规划实施的结果表明，单位 GDP 能耗的目标责任制取得了很好的效果，除了新疆，其他各省份都超额完成或者顺利完成国家下达的节能目标。

同时，中央政府开展千家企业节能行动。国家节能目标不但分解到各级政府，还分解到重点企业，这不但包括国有企业，也包括民营企业。到"十一五"期末，

[①] 参见鄢一龙、吕捷、胡鞍钢《整体知识与公共事务治理：理解市场经济条件下的五年规划》，《管理世界》2014 年第 12 期。

千家企业中有少数企业未能完成"十一五"规划节能目标，866 家完成了"十一五"规划节能目标。千家企业节能行动共实现节能量 16549 万吨标准煤，超额 50% 完成了目标。此外，各级政府确定本级的重点节能企业，将企业纳入节能目标责任制体系。省级、地市级政府确定了重点耗能企业，并进行目标责任考核与奖惩。

在考核压力下，政府还采取了一些行政手段。最为典型的就是淘汰落后产能。"十一五"时期，关停小火电机组 7682.5 万千瓦，淘汰落后炼铁产能 12000 万吨、炼钢产能 7200 万吨、水泥产能 3.7 亿吨等，均大幅度超额完成原定计划。"十一五"期末，许多地区为了实现节能减排的指标还采取了拉闸限电的措施。

第二，经济激励。这是指政府通过影响企业的收益支出预算表，从而为企业响应国家目标提供经济激励。包括以下几种方式：（1）财政补贴。国家对积极节能减排的企业进行财政补贴。（2）信贷资金调节。按照是否符合国家节能目标，调整企业获得信贷资金难易程度。（3）控制土地供给。严格控制土地审批，控制高耗能、高污染行业过快增长。（4）税收调节。出台了支持节能减排技术研发与转让，鼓励企业使用节能减排专用设备，倡导绿色消费和适度消费，抑制高耗能、高排放及产能过剩行业过快增长等一系列税收政策。（5）价格激励。实行差别电价，推进资源性产品价格，从而导致企业使用能源成本上升。（6）政府采购。政府将节能产品纳入政府采购的优先目录之中，这将直接影响有关企业的市场需求。

第三，制度调整。为促进目标实现提供良好的制度保障，国家"十一五"时期进行了法律法规制定和修订，制定能源法、循环经济法，修订电力法、节约能源法，编制《能源发展"十一五"规划》《可再生能源发展"十一五"规划》等；同时推进了推进资源性产品价格改革、电力价格改革、天然气价格改革等大量的能源领域改革，这些都有助于促进节能目标的实现。

第四，重点工程。例如，重庆市"十一五"规划共确定了 10 项节能工程，由发展改革委负责实施。围绕着这些节能工程来集中各种资源，动员各方力量，从而推动节能目标的实现。

第四节　小结

中国的"发展规划"脱胎于早期计划经济条件下的指令性计划，随着经济体制的转变，五年规划逐渐演变成具有战略性、纲领性、综合性、指导性的规划，并成为政府治理的重要手段。在国家治理中，发展规划在市场失灵领域利用整体信息（知识）配置资源的方式，通过设定目标阐述国家战略意图，其编制实施体现国家治理多元主体互动的理念。因此，它也是政府履行职责的重要依据，公共事务治理的重要指南。地方政府一方面要有意识地运用整体知识，结合国家目标，更好地设定五年发展规划目标，并在此基础上明确发展重点、任务和政策举措，另一方面通过对规划指标的分解、任务分工、实施监督和考核等手段实现五年规划目标任务。

【思考与讨论】
1. 发展规划在政府治理的属性、定位是什么？
2. 目标治理的内涵是什么？和发展规划什么关系？
3. 发展规划如何规避市场失灵？

【扩展阅读】
郑石明：《政治周期、五年规划与环境污染——以工业二氧化硫排放为例》，《政治学研究》2016年第2期。

鄢一龙：《目标治理：看得见的五年规划之手》，中国人民大学出版社2013年版。

第 三 章

发展规划编制实施与政府治理

第一节　发展规划的主要参与者

规划参与主体是负责或参与规划编制的人或组织。在规划编制乃至整个规划的生命周期中，各参与主体以及扮演的角色是研究规划编制过程的重要研究对象。中国规划编制过程中，各编制主体主要有中国共产党、全国人民代表大会、国务院、中国人民政治协商会议、国家发展改革委、公众、专家以及规划师。

一　中国共产党

党章规定了中国共产党在国家事务中起核心领导作用，是国家决策的中枢机构。党的路线、方针、政策必须在行政系统内得到贯彻和执行，在行政决策中必须有所反映。因此，党在规划决策过程中具有领导核心地位。从"十五"到"十三五"，尽管经历不同类型的规划决策过程，但党在此过程中对规划的制定与否、如何制定发挥实质性的作用。[1]

二　全国人民代表大会

全国人民代表大会（以下简称"人大"）是中国的最高权力机关。审查和批准国民经济和社会发展计划以及计划执行情况的报告是人大的法定职权，除了新疆生产建设兵团，其余省和副省级市均依法履行同级人大审批程序。此外，人大还可参与规划前期调研工作和规划纲要修订工作。[2]

---

[1]　参见鄢一龙、王绍光、胡鞍钢《中国中央政府决策模式演变——以五年计划编制为例》，《清华大学学报》（哲学社会科学版）2013年第3期。

[2]　参见杨永恒、陈升《现代治理视角下的发展规划：理论、实践和前瞻》，清华大学出版社2019年版。

三 国务院

国务院是最高国家权力机关的执行机关和最高国家行政机关。《中共中央国务院关于统一规划体系更好发挥国家发展规划战略导向作用的意见》（中发〔2018〕44号）提到，"国务院负责编制实施国家发展规划，并按照优化协同高效的要求强化对其他各类规划的管理。国务院作为负责起草规划《纲要》的机构，负责召开国务院常务会议，在国务院内部形成共识"。在评估方面，中期评估报告需要报国务院审定；规划动态调整方面，国务院也要提出自己的调整建议。

四 中国人民政治协商会议

中国人民政治协商会议（以下简称"政协"）作为中国共产党领导的多党合作和政治协商的重要机构，是中国政治生活中发扬社会主义民主的一种重要形式。围绕制定发展规划建言献策是政协的重要任务，是发挥人民政治协商民主重要渠道和专门协商机构作用的重要体现。政协主要通过召开政治协商会议参与发展规划编制：①召开政协专题议政性常委会议；②举办宏观经济形势分析座谈会等形式，加强对新常态下经济运行的动态性、综合性研究，为党和政府加强和改善宏观调控提供参考。"十三五"规划编制前期，全国政协办公厅及各专门委员会着手组织委员围绕规划开展视察调研；编制中后期，全国政协通过专题议政性常委会议等形式，努力提出具有前瞻性、战略性、针对性的意见建议。政协发挥人才智力密集优势，强化责任担当，开展扎实有效的调查研究，开展形式多样的协商议政，努力为制定一个经得起历史和实践检验的规划发挥积极作用。

五 国家发展改革委

国家发展改革委是国务院的职能机构。国家发展改革委的职责之一就是拟订并组织实施国民经济和社会发展战略、中长期规划和年度计划，统筹协调经济社会发展，研究分析国内外经济形势，提出国民经济发展、价格总水平调整和优化重大经济结构的目标和政策，提出综合运用各种经济手段和政策的建议，受国务院委托向全国人大提交国民经济和社会发展的报告。《中共中央 国务院关于统一规划体系更好地发挥国家发展规划战略导向作用的意见》（中发〔2018〕44号）提到，"发改委负责规划衔接协调机制，所有报请党中央、国务院批准的规划以及省级发展规划，都须事先国家发展规划进行统筹衔接"。在规划动态调整方面，国家发改委起到了衔接论证作用。

六 公众

在中国，随着社会发展和民主进步，公众参与日益受到重视。党的十九大报告专门提出要"健全人民当家作主制度体系，发展社会主义民主政治"，要"长期坚持，不断发展中国社会主义民主政治，积极稳妥推进以政治体制改革，推进社会主义民主政治制度化、规范化、程序化，保证人民依法通过各种途径和形式管理国家事务，管理经济文化事业，管理社会事务"。[①] 在中国"十二五"和"十三五"规划编制中，国家发展和改革委员会网站开辟建言献策专栏，公开征集公众对规划的意见，地方各级发展改革委的门户网站也纷纷效仿。

在"十三五"规划编制过程中，全国30个省份共有1.6万多人次为"十三五"规划编制提出了数万条建议。[②] 2016年，国家发展和改革委员会还召开国家"十三五"规划纲要公众问计求策颁奖大会，对在该活动中做出突出贡献的公众进行了表彰。

七 专家

规划编制中的专家参与制度也经历了逐渐完善的过程。目前中国规划专家参与制度包括：①专家咨询评估委员会制度。由规划部门聘请各领域权威学者组成，贯穿规划编制工作，要求所有规划方案必须通过同级委员会论证；规划在提交审议之前，对规划编制的过程、规划方案进行整体评估。从"十一五"规划开始组建了国家规划专家委员会（后更名为国家发展规划专家委员会），以完善重大决策的科学化、民主化、规范化决策程序，进一步提高规划编制过程的社会参与度和透明度，使规划符合中国国情、顺应时代要求、真正体现民意、更加贴近民生。国家"十三五"国家发展规划专家委员会由55位来自经济界、科技界和其他领域的知名专家组成，其基本职责是对"十三五"规划纲要进行咨询论证，提出论证报告，在"十三五"规划编制中发挥了重要作用。②专题研究和项目论证委托、招标、合作研究制度。由规划部门负责组织，聘请专家或机构参与规划研究。例如，2014年4月发改委发布了25个前期研究的重大课题，通过公开招标方式组织社会力量开展研究，其中有27个单位的选题入选发改委和各单位开展基础调查、信息搜集等前期工作，

---

① 参见习近平《决胜全面建成小康社会 夺取新时代中国特色社会主义伟大胜利——在中国共产党第十九次全国代表大会上的报告》，人民出版社2017年版，第36页。
② 参见国家发展和改革委员会发展规划司《共建共想同心同得——"十三五"规划问计求策优秀建言选编》，人民出版社2016年版。

为"十三五"规划的编制提供了重要参考。① 又如2018年9月国家发改委发布了国家发展规划研究课题征集公告，通过公开招标方式，最终确定了40个课题承担单位。②

此外，政府规划部门还会委托专门人员组成项目管理小组，负责自主研究、委托、招标、合作研究等方式的项目合作管理、经费管理和相关会议召集、信息发布等。

八 规划师

在中国的城市规划领域，已经有注册城市规划师执业资格认证，但是经济社会发展规划领域还没有实施执业资格制度。在中国发展规划领域，各级发改委的规划职能部门，事实上也同样扮演了规划师的角色。此外，随着各类规划之间的融合趋势，城市规划领域的注册城市规划师也开始从事与发展战略相关的规划编制工作。例如，指导城市总体规划编制的概念规划，内容实际上与发展规划相似。

第二节 国家发展规划参与方的互动关系

首先，在规划编制过程中，主要参与者可以划分为决策层、编制层与咨询层。中共中央、人大以及国务院属于决策层，对文本的起草进行指导，把握总体方向，提出修改意见，并负责最终拍板定案；国家发改委、国务院其他部门及地方政府以及规划师属于编制层，负责文件的起草工作并集中各方面的意见；而专家、民主党派、社会公众等参与者属于咨询层，在规划编制征求意见等环节提供意见和建议。

其次，在规划编制过程中，各参与主体的互动关系既有内部互动又有相互互动。具体包括：编制层内部互动、决策层内部互动、咨询层内部互动，编制层与咨询层互动、编制层与决策层互动、决策层与咨询层互动。表5—3展示了规划编制中各主体的互动关系。

---

① 《你所不知道的五年规划："十三五"规划编制需要历经多少步骤》，法制网，2016年3月21日。
② 2018年发展规划遴选课题开题，中国改革网，2018年9月3日。

表 5—3　　　　　　　　　中国规划编制中的主体间互动

规划编制阶段	主体互动类型	互动方式
基本思路研究	咨询层内部互动	各方专家研讨，提供必要的信息支撑
	咨询层与编制层互动	五年规划编制小组就重大问题委托专家研究
	编制层与决策层互动	属于上下级间的互动关系 ①决策层审核上一个五年规划中期评估报告，并提出修改意见； ②决策层主持座谈会听取意见
中央《建议》起草	决策层与编制层互动	①决策层开展专题研究及调研，征求各方意见； ②编制层根据决策层指示起草《建议》； ③决策层提出修改意见
	编制层与咨询层互动	编制层就《建议》征求党内外意见
《纲要》编制	编制层内部互动	国家发改委与地方发改委沟通交流或开展专题调研
	编制层与咨询层互动	①编制层牵头开展建言献策活动，高校、政协、社会公众参与建言献策； ②向国家发展以及成员进行咨询
	编制层与决策层互动	①决策层提出《纲要》起草的要求； ②决策者审议《纲要》草案，提出修改建议

资料来源：根据相关资料整理。

一　决策层与编制层的互动关系

决策层与编制层的互动是上级与下级的互动，主要体现在以下几个方面：①决策层主持座谈会听取地方政府、各级政府部门对五年规划编制及相关重大问题的意见，或通过专题调研地方政府、各级政府部门会对基本思路、建议和纲要编制提出意见；②由于国家发展规划是综合性规划，涉及政府工作的各个方面，需要整合不同部门的信息，这是五年规划编制的依据；③在前期重大问题研究、基本思路、《建议》起草，发改委牵头汇总、研究地方政府、各部门的意见，将争议较大，议而不决的内容向决策层反映；④决策层主要是对规划基本思路、《建议》、《纲要》编制过程中的有关重大问题进行决策，且对一些关键性指标（GDP、工业增加值等）、一些有争议的问题拍板定案。

二 决策层与咨询层的互动关系

决策层到咨询层"自上而下"的互动主要包括"走出去"调研、"请进来"调研和"建言献策"式调研等形式：①"走出去"调研在国家发展规划编制过程中，决策层深入基层、深入群众、深入没有主动参与能力的社会群体进行调研；②决策层"请进去"调研，力图寻求有代表性的社会成员参与国家发展规划编制过程，以最大程度了解不同群体的需求，凝聚最大的社会共识。

咨询层到决策层的"自下而上"的互动，主要体现为"政策游说"式互动和"公共平台式"互动：①政策游说式互动指国家发展规划编制过程中，开始出现日益活跃的非政府管理组织，他们利用各种渠道积极表达政策诉求，形成政策压力，比如行业协会、民间组织等；②公共平台式互动是指公众通过网络等公共平台表达自己的意见，需要形成一定的舆论影响力，才有可能进入决策层视野。

三 编制层与咨询层的互动关系

编制层与咨询层的互动主要体现为发改委牵头的国家发展规划起草组与专家之间的互动关系。主要体现为三点：①专家委员会受政府委托，负责组织国家发展规划的资讯、论证、评估等工作；②国家发展规划编制前期就重大问题委托专家进行研究，包括直接委托研究以及向全社会进行公开招标等。研究机构提供的前期课题研究成果，为有关重大问题提供第三方的、专业化的意见，为起草人员提供思路启发，厘清一些问题的认识；③在征求意见阶段，专家学者提出修改建议，对规划所涉及的重大举措、项目和政策进行评估与论证。重大问题委托研究阶段和征求意见阶段也是研究机构提出政策建议的重要环节。比如，"十三五"编制期间，各种政策讨论进入一个高度活跃期，媒体广泛报道，公众通过召开研讨会、发表博客、网络留言等对国家发展规划编制涉及的公共政策问题展开了大量的讨论。公共平台广泛活跃的讨论形成了一个民意表达的舆论场，也成为起草者或编制层了解民意的重要来源之一。政策式互动一般是具有组织背景的群体的利益反映，公共平台式互动一般是个人或少数群体表达利益要求的通道，两种方式的互补使得咨询层在国家发展规划编制过程中利益得到较为完整的表达，利于咨询层表达社会民生需求，利于共识达成。

第三节 地方政府发展规划治理

五年规划实施是地方政府治理的重要手段。五年规划是未来五年国家和地区发展的宏伟蓝图，也是一篇大战略，既有骨头也有血肉，[1] 既具有高度的思想性和战略性，更具有可以操作、可以落地的"干货"。[2] 通过五年规划的实施，地方政府可以在尊重市场对资源配置决定性作用基础上，在掌握整体信息（知识）基础上通过合理配置公共资源和有效运用公共力量影响指标的实际发展趋势，推动其加快发展（发展型指标），或者限制其发展（控制型指标），依次体现政府战略意图，引导其他主体积极参与，最终实现对一个地方发展的战略引导。[3]

具体分析来看，地方政府主要通过治理的目标、主体、客体和方式来实现地方治理。

治理的目标，即规划的目标，包括总目标和细分目标。比如，"十三五"规划的总目标是全面建成小康社会。"十三五"规划细分目标按属性来分包括预期性指标和约束性指标，按照类别来分包括经济发展、创新驱动、民生福祉、资源环境等4类指标。规划的总目标由细分目标构成，而细分目标的完成则利于总目标的完成。对于预期性目标，则是主要依靠市场主体的自主行为来实现。政府的主要职责是通过适时调整宏观调控方向和力度，综合运用财政、产业、投资等政策，创造一个好的宏观环境、制度环境和市场环境，使市场配置资源的决定性作用能够发挥得更好，促进预期性目标的完成。对于约束性目标，是政府在公共服务和涉及公共利益领域对有关部门提出的工作要求，是政府对人民的承诺，政府要通过合理配置公共资源和有效运用行政力量，确保有关指标的实现。

治理的主体，即各地区各部门、有关群团组织和社会力量等。各地区各部门根据有关职责分工，制定规划涉及本地区本部门的主要目标和任务实施方案，明确责任主体、实施时间表和路线图，确保规划各项目标任务落地。各地区各部门将规划重大任务落实情况和下一年度实施计划列入党委（党组）和政府会议年度重点事项，主要负责同志为第一责任人，班子其他成员按照分工抓好主要指标以及重大工程、重大项目、重大政策的落实工作。群团组织发挥凝聚社会力量的重要作用。群团组织通过积极搭建广大人民群众有序参与规划实施的交流平台，积极推动落实规

---

[1] 1964年12月，毛泽东在原国家计委的《关于编制长期计划的程序问题》的文件上批示："有骨头，无血肉，感到枯燥乏味……望你们今后几个月内，搞出一个有骨有肉有皮有毛的东西来。"参见房维中、金冲及《李富春传》，中央文献出版社2001年版，第634页。

[2] 《中共中央关于制定国民经济和社会发展第十二个五年规划的建议》起草期间，胡锦涛要求：要具有思想性、战略性、导向性，内容要充实亮点要突出，对策举措上要有"干货"；温家宝要求：高、新、深、实、精。参见《为全面建成小康社会打下具有决定性意义的基础——〈中共中央关于制定国民经济和社会发展第二个五年规划的建议〉诞生记》，新华社北京2010年10月29日电。

[3] 参见鄢一龙《目标治理：看得见的五年规划之手》，中国人民大学出版社2013年版。

划各项目标任务,动员各方面力量推动规划落实。通过引导多元主体参与,实现治理目标。

治理的客体,即包括主要任务、重大工程项目和重大改革措施等。各地区各部门围绕主要任务制定实施方案,明确责任主体、实施时间表和路线图,推动主要任务落地实施。推动重大工程项目加快实施,定期将建设工程项目实施进展情况在投资项目在线审批监管平台上发布,简化规划中重大工程项目审批核准程序并优先保障规划选址、土地供应和融资安排。推动重大改革政策尽快落地,做好规划提出的重大改革和政策举措与中央和上级政府全面深化改革领导小组年度工作要点、年度政府工作报告的对接工作,加强督促检查,确保按时保质完成任务。①

治理的方式,即规划实施机制。首先是强化规划实施的目标责任。对规划所确定的目标任务即时进行分解,将责任落实到部门和地区,特别注意把约束性指标和政府要确保完成的重大目标任务进行层层分解,分解的目标任务和规划提出的各项约束性指标纳入有关地区部门的考核体系,建立并完善规划目标任务落实的定期督查督办机制。其次是建立规划实施的中期评估和后评估制度。对规划实施情况进行跟踪分析,对经济社会发展指标,尤其是对约束性指标进行适时监测,对经济社会发展政策和重大项目进行效应评估;在规划实施的中期和规划末期,形成全面的实施评估报告,针对执行中的问题,研究提出对策措施和解决方案,适时出台调控政策;当宏观环境发生不可预见的重大变化,或由于其他原因导致实际经济社会发展严重偏离规划目标时,可按程序适时调整。②

总之,从现代治理的视角看,发展规划具备现代国家治理的一般特征,即以实现公共利益为目的和宗旨、治理主体多元化、调和各种利益关系并采取一致行动的持续过程。首先,发展规划是以实现公共利益为目的和宗旨。以"十三五规划"为例:《纲要》明确"十三五"时期的总目标是"全面建成小康社会",这是全国各族人民的最大公共利益。其次,发展规划的编制离不开各类主体参与;发展规划编制不仅涉及党中央、国务院等决策层,各地区、各部门等编制层,还包括民主党派人士、无党派人士、社会公众等。规划实施也是如此。最后,发展规划编制和实施更是一个过程。发展规划的编制过程"前期研究—起草基本思路—起草建议—编制规划纲要",历时2年多,是不断协调各种利益关系、形成和凝聚社会共识的过程。发展规划的实施历时5年,更是一个激发全社会的积极性和创造性,不断实现目标

---

① 参见国务院《关于建立健全国家"十三五"规划纲要实施机制的意见》,2016年10月22日。
② 参见杨庆育《关于五年规划实施机制的探讨》,《宏观经济研究》2006年第8期。

的过程。

第四节　创新发展规划治理[①]

经过长期实践探索，中国规划编制工作在科学化、民主化和规范化等方面取得了长足进步，对于我国经济社会发展发挥了不可或缺的作用。但地方政府在"十三五"规划中，仍然存在定位不清晰、衔接不力、程序不规范、决策不科学、公众缺乏实质性参与等问题，在很大程度上削弱了规划编制的科学性和严肃性，影响了规划质量和水平，制约了发展规划推动经济社会发展的引领作用。

第一，规划定位不清晰，未能很好地反映地方政府的职能定位。首先，中国五年总体发展规划在内容上还没有很好地处理好地方政府、市场和社会的关系。规划定位不清晰，在很大程度上也折射了中国地方政府在职能定位上存在的缺位、越位和错位等现象。其次，目前的规划定位还没有很好地区分地方公共事务治理中规划和法律法规的关系。规划主要针对未来5—10年经济社会发展中面临的突出问题和矛盾，对公共产品和服务的供给（如公共服务产品、环境生态型公共产品、制度性公共产品等）从内容、种类、水平和数量上做出规定，而在经济调节、市场监管和社会管理中的日常例行工作应主要由法律法规来规范，不宜过多纳入规划编制的范围。

第二，规划体系及管理体制不顺，发展规划的权威性不够。首先，发展规划的权威性和指导性不够。由于体制原因，发展规划的权威性不足，协调和衔接难度十分大，从编制依据、时间跨度、规划性质和法律效力等方面难以发挥指导性作用。其次，各类主要规划功能交叉重叠严重，并呈现相互渗透的态势。由于发展规划、国土规划和城市规划之间定位不明确，造成国土空间领域、城市规划领域和区域领域的规划职能出现交叉重叠。最后，各类规划之间的协调和衔接缺乏制度安排。主管部门多元化、规划缺乏有效衔接和协调，必然带来规划内容上的衔接不力与互相矛盾，影响规划的严肃性和实施效果。

第三，各类五年规划林立，相互衔接协调不够。在五年规划领域，地方政府每隔五年就要编制一次总体发展规划（如《重庆市国民经济和社会发展第十三个五年规划纲要》），各政府部门也要同步编制五年部门规划（如《重庆市教育事业发展"十三五"规划》），此外，还有针对专门领域的五年专项规划（如《重庆市科技创

[①] 引自国家发改委委托杨永恒、陈升的课题"'十三五'规划编制创新研究"的研究报告成果。

新"十三五"规划》)。此外，各级地方政府部门还从各自职能出发，抓层层落实，各种规划不分层次地在省、市、县、乡层层编制，最后针对同一空间，不仅有发展规划，又有国土空间规划、城市规划甚至区域规划，而且还有各种专项规划和部门规划，造成规划林立。

第四，规划编制体制未能很好地反映公共政策科学化的要求。由于缺乏健全的规划法规体系和高效的规划行政体系，地方政府规划编制仍然在很大程度上存在着不规范。主要表现在规划编制和实施主体同一性容易成为承载部门利益的工具、编制程序不够规范、规划编制人员较少水平欠佳、规划衔接和决策机制碎片化等问题。

第五，公众在规划编制中仍然缺乏实质性参与。地方规划编制中的公众参与仍然属于探索阶段，缺乏法律制度保障，参与环境、参与渠道和方式还不成熟，公众参与意识和参与能力还比较薄弱等问题。对于普通公众来说，由于没能参与政策过程，"参与感"缺失，自感"被规划""被代表"。

第六，规划实施监督机制仍然不够健全。首先，没有完全形成五年规划为龙头的规划体系，出现"九龙治水"现象。其次，地方政府换届不可避免调整规划，影响了五年规划的严肃性和连续性，导致五年规划难以有效实施。此外，受地方领导政绩考核导向的影响，现有政绩考核指标体系与规划中的指标体系方向不一致，影响了五年规划的有效实施。[1] 最后，尚没有建立起一个常态化的实施机制，[2] 尤其是缺乏健全的规划管理机制、高效的规划实施机制和监督反馈机制，缺乏一个统领的部门来领导和推动整个地方五年规划的实施，各部门之间也缺乏有效的沟通和协调，[3] 导致规划实施不理想。

根据以上存在问题，提出以下具体建议。第一，明确发展规划的定位。五年规划在地方治理体系中应该体现出三个重要功能：一是提出当地五年，甚至十年、

---

[1] 参见袁喜禄《市县规划体制及改革》，载杨伟民主编《发展规划的理论和时间》，清华大学出版社2010年版，第141页。

[2] 在对重庆市"十二五"规划中期评估调研发现，在区县受访对象中，40%的受访者赞同本单位建立了实施"十二五"规划的常态化体制机制（如人员保障、机构保障等），24%的受访者完全赞同；24%的受访者不太赞同；12%的受访者不确定本单位是否建立了实施"十二五"规划的常态化体制机制（不赞同或不太赞同有36%的比例）。市级部门中，55.8%的受访者赞同本单位建立了实施"十二五"规划的常态化体制机制，12.6%的受访者完全赞同，赞同或完全赞同累计率高于区县3.4个百分点。15.8%的受访者表示不赞同和不太赞同，15.8%的受访者不确定（不太赞同或不赞同的31.6%的比例）。

[3] 重庆"十二五"中期评估调研发现，五年规划实施面临的第一个是体制障碍：各单位间的协调存在问题；项目的设立和实施，受政府（或部门）影响较大，在实施过程中，经常受到制约；需要各部门进一步加强协作沟通，深入剖析政策文件内涵，提高工作效率。第二个是工作衔接：有些部门单位在制定年度工作计划时，未与规划目标任务衔接，导致有些目标任务脱节；有些部门单位参与规划编制人员更换后未能做好工作交接，导致工作思路调整未能及时沟通。

二十年的发展愿景、发展蓝图和目标；二是明确地方政府职责，该做什么，要做什么。三是引导市场主体行为方向，明确各类市场主体行为边界。省级五年发展规划重点在于促进省域均衡发展、布局省域内重大基础设施建设、统筹省域内公共服务化、省域内环境治理和生态保护。市县五年发展规划相对更加具体，重点在于辖区内基础设施建设、公共产品和服务提供、环境治理和生态保护，并且应该力求将规划内容落实到空间上，提高规划的可操作性。

第二，建立以发展规划为龙头的规划体系和管理体制。一是明确发展总体规划在规划体系中的龙头地位和完善规划体系，建议在省（市）、市（县）级政府层面成立规划委员会，由地方政府主要领导领衔，负责发展规划编制，并统筹和协调各类规划的编制。二是省（市）、市（县）级政府建立"总和—分解"式的五年发展规划编制模式，提升发展规划的权威性和严肃性。一级政府编制一个五年发展规划，部门规划和专项规划改为五年发展规划的实施计划，以提升五年发展规划的权威性，从根本上解决规划林立、相互打架的问题。

第三，促进地方规划决策机制的科学化和规范化。一是加强五年发展规划前期研究，要善于利用智库优质资源，通过建立规划专家库，围绕规划编制中的重大领域，在本地高校和科研机构遴选一批研究实力强、政策水平高的机构，挂牌规划研究基地。二是拉长规划编制过程。延长规划编制过程，有助于深入做好前期研究工作，有助于从开始阶段就进入衔接协调，更好容纳全社会共识，使之自觉围绕最后规划目标行动。三是在规划编制中引入科学方法，提高规划的科学化水平。在规划前期研究阶段，应加强规划研究中的科学分析水平，可重点引入预见等专业技术和方法。在规划方案形成阶段，应引入情景规划等理念和工具，加强对不同备选规划方案的系统科学评估。

第四，促进公众在规划编制中的有序有效参与。一是推动公众参与阶段的前移，注重公众需求的调查。要注重加强规划前期对公众需求的调研，了解公众自身的诉求和价值偏好，以此作为确定规划目标的重要输入，使规划决策更加符合人民群众的切身利益需求。二是提升公众参与的组织化程度，增强参与的有效性。地方政府要培育和引导社会组织的发展，鼓励社会组织在规范化、法治化的环境下积极参与规划活动。三是加强宣传和引导，提升公众的参与热情和参与能力。规划部门要加强规划编制的知识教育与培训，不断将公众参与引向深入，提升公众参与的层次和深度。媒体要积极宣传规划的内容与意义，使居民了解规划对自身利益的影响，让更多的组织与个人关注并关心规划的编制。

第五，健全规划实施评估机制。做好细化、量化和任务分解，并跟踪落实、评估和监督，完善对五年规划实施结果的监督和问责机制，将规划实施和执行情况纳入各级党政领导班子、部门领导班子和领导干部政绩考核中。一是完善规划评估组织体系。明确国家层面的规划评估总体统筹协调和专责机构，在此基础上，建立部门规划评估机构，并做到"责任到机构、责任到人"。探索人大监督职能与独立第三方评估的有机结合，建议由各级人大委托第三方机构，开展独立于政府（规划编制和实施主体）的评估，并就评估结果提出独立的建议，据此追究实施不力的责任主体或者解释实施不力的主客观因素，提出改进的办法和路径。二是创新规划评估方法，要将规划评估定性定量相结合。首先，合理运用定量的规划评估方法，技术层面的规划评估方法多采用成本一效益分析法，对投入产出进行分析，通常强调政策的经济性和效率性，一般按照"3E"标准，即经济性、高效性、有效性三个原则作为政府项目的评估标准。操作层面的规划评估方法多采用目标一致性方法，即将规划实施情况（结果）与规划战略目标之间进行对照，查看是否"一致"。在定量评估中，还可以按照政策执行评估中的目标完成程度进行评估，计算目标各项目的实际完成程度。其次，合理运用定性的规划评估方法。在规划评估过程中，虽然定量化分析方法具有举足轻重的地位，但是对于难以通过数据量化的指标，还要增加定性描述的手段共同评估规划对象才够全面。定性评估特别适合规划过程评估，可以进一步回答"为什么"和"怎么样"，可采用个案研究法、访谈调查法等。

完善规划评估指标，做到科学性与实用性相统一，全面性与重点性相统一。如作者针对"十二五"规划评估，建立科学发展综合评价指标体系。该指标体系运用层次分析法的基本思想，主要从科学发展观的基本内涵出发，先从全国层面，分别在全面发展（经济、政治、社会、文化、生态等方面）、协调发展（城乡、区域、经济社会、人与自然、国内发展与对外开放等方面）、可持续发展（需求结构、产业结构、节能降耗、自主创新等方面）、人的发展等方面，建立评价指标体系。特别是围绕实现科学发展的深层次矛盾和问题，建立科学发展评价指标体系，更多地体现了实现科学发展的共性问题，因此大多指标属于共同指标。同时，科学发展指标评价体系要反映地区发展差异，体现分类指导、区别对待的原则，指标设计和权重的设计要有所不同，特别要体现主体功能分区的思想。之后，结合专家评分，针对每个指标设计权重，并结合一案例提出具体的评价方法。

第五节 小结

政府治理贯穿于发展规划编制和实施全过程。规划编制过程实质上就是多元主体参与治理过程，也是决策层、编制层、咨询层等多元主体互动过程。总体看，发展规划具备现代国家治理的一般特征，是地方政府重要的治理工具，通过五年规划体制达成目标共识，动员包括各地区各部门、群团组织和社会力量等各方治理主体，通过目标任务分解，跟踪考核等治理方式，落实规划确定的各种目标任务，重大工程项目和改革措施。针对规划编制和实施存在的问题，需要明确总体发展规划的定位，以五年发展规划为龙头的规划体系和管理体系，促进规划决策机制的科学化和规范化，促进公众在规划编制中的有序有效参与，健全规划实施评估机制，完善对五年规划实施结果的监督和问责机制。

【思考与讨论】

1. 如何认识发展规划？
2. 如何理解发展规划基础理论？
3. 规划活动构成要素有哪些？
4. 发展规划在地方治理扮演的角色如何？
5. 地方目标治理与发展规划的关系如何？
6. 发展规划是如何有效解决市场失灵？
7. 规划编制决策背景下的地方政府治理具体如何？
8. 规划编制实施背景下的地方政府治理具体如何？

【扩展阅读】

杨永恒、陈升：《现代治理视角下的发展规划》，清华大学出版社 2019 年版。

吴维海：《政府规划编制指南》，中国金融出版社 2015 年版。

［美］约翰 M. 利维：《现代城市规划》，张景秋译，中国人民大学出版社 2003 年版。

胡鞍钢：《中国特色的公共决策民主化——以制定"十二五"规划为例》，《清华大学学报》（哲学社会科学版）2011 年第 2 期。

鄢一龙、吕捷、胡鞍钢：《整体知识与公共事务治理：理解市场经济条件下的五年规划》，《管理世界》2014 年第 12 期。

陈升、刘泽、杨永恒：《规划编制影响规划完成程度的定量分析》，《中国软科学》2019 年第 5 期。

陈升、李兆洋、王英杰：《省级五年发展规划实施与绩效："十二五"为例》，《科研管理》2019 年第 4 期。

第六篇

地方政府公共危机治理

地方政府公共危机治理概述
突发自然灾害治理
环境群体性事件治理
网络舆情危机治理
暴恐犯罪治理
地方政府危机治理能力评估

随着经济社会的发展，人类活动和自然环境的相互作用日趋明显，社会矛盾日益深化，任何社会都不可避免地会遭受各种各样的灾难，产生公共危机。公共危机不仅造成人民生命、财产的巨大损失，对经济和社会的基础设施造成巨大破坏，也引起环境的恶化，影响经济社会的可持续发展，甚至导致社会不稳定。所以，政府作为公共事务的治理者、公共服务的提供者、公共政策的制定者和公共权力的行使者，必须进行公共危机治理，最大限度地控制和降低公共危机给社会带来的危害。

目前，中国正处在经济社会转型的关键时期，这也正是公共危机事件的多发时期。正所谓"郡县治则天下安"，加强地方政府公共危机治理，对于中国的政治稳定、经济发展、社会稳定以及国家安全都具有重要意义。

本篇主要讨论公共危机情境中的地方政府治理。第一章是地方政府公共危机治理总论；第二章是突发自然灾害治理，主题是探讨当前中国地方政府在突发自然灾害治理中存在哪些问题，如何改善地方政府自然灾害治理；第三章是环境群体性事件治理，主题是探讨当前环境群体性事件的成因，地方政府在环境群体性事件中治理存在的问题以及地方政府如何进行环境群体性事件治理的制度建设；第四章是网络舆情危机治理，主题是分析网络舆情危机的发展阶段，分析中国地方政府在网络舆情危机治理中的现状和问题，并讨论地方政府如何进行网络舆情危机的制度建设；第五章是暴恐犯罪治理，主题是讨论暴恐犯罪的概念和特点，分析其现状及原因，探讨暴恐犯罪治理的路径；第六章是地方政府危机治理能力评估，主要讨论地方政府危机治理能力评估的理论基础、总体框架和指标体系。

第 一 章

地方政府公共危机治理概述

当前,世界百年未有之大变局加速演进,我国发展进入战略机遇和风险挑战并存、不确定难预料因素增多的时期。随着经济发展模式转换、体制深层次改革和全方位对外开放正在加速推进,中国进入了一个公共危机频发的时期,各种公共危机不仅对人民的生命财产构成严重威胁,也影响社会的稳定发展。地方政府有效治理公共危机既是自身的职责所在,也是维护国家稳定发展的需要。本章首先介绍了公共危机的概念、特征,然后介绍了公共危机治理的概念和阶段,最后分析了当前中国地方政府公共危机治理的现状,以重庆市为例介绍了地方政府危机治理的相关问题。

第一节 公共危机

可以说,从人类社会产生以来,危机就伴随着人类的生存和发展。那么什么是危机?追本溯源,英文的危机(crisis)源于希腊语的 Krinein,是指一种或生或死、生死不可预期的危险状态。[①] 通常用以表明一种可能向好也可能趋坏的转折点或者关键时刻。在中文中,《辞海》将"危机"解释为潜伏的祸害或危险或者严重困难的关头。而在现代汉语中,"危机"一词包含两层意思,一是危险,二是机遇,表明危机是危险与机遇并存的一种状态。对于危机的定义也莫衷一是,赫尔曼从危机决策困难性的角度将危机定义为威胁决策集团决策的一种形势,决策集团做出反应的时间非常有限,且形势的发展趋势难以预期。[②] 罗森塔尔从危机决策关键性的角度将危机定义为一种社会系统基本结构或者基本价值规范受到严重威胁,决策集团

[①] 参见中国现代国际关系研究所危机管理与对策研究中心《国际危机治理概论》,时事出版社 2003 年版,第 1—2 页。

[②] C. F. Herman, *Internal Crisis: Insights from Behavioral Research*, New York Free Press, 1972, p. 13.

必须在很短时间内，在极不确定的情况下做出关键性决策的形势。[1] 总之，危机是指个人、群体或者组织由于突发事件的出现，而受到破坏，严重威胁到其正常生存与发展的状态。[2] 从危机影响的程度、范围和广度来区分，危机可以分为一般危机和公共危机。相对于仅在个人或群体内部产生影响，不会对某个地区或整个社会造成大的威胁的一般危机而言，公共危机影响的范围更大，波及层面更广。公共危机就是公共性危机，根据危机发生的影响范围，在私人领域或者私人部门发生的危机通常影响仅限于组织内部，而当危机发生在公共领域，影响范围超过单一组织时，公共危机就产生了。据此，公共危机是指对国家安全、人身安全、社会公共秩序和公私财产构成或者可能造成重大威胁的事件。[3]

公共危机的种类很多，根据不同的方法可以进行不同的分类。从公共危机的成因出发，公共危机可以分为：自然危机，包括地震、台风、干旱、洪水等自然灾害；人为危机，包括人为故意造成的社会动乱，如暴恐危机、民族冲突等，也包括因疏忽大意或者因不可预见而造成的火车脱轨、仓储或者煤矿爆炸等危机；综合危机，指既有自然因素，又有人为因素造成的危机。从公共危机的性质出发，公共危机可以分为：政治危机，涉及国家主权或者政府合法性受到严重挑战、威胁甚至有瓦解的危险，包括战争、革命、政变、大规模武装冲突等；经济危机，表现为严重的经济衰退、大规模失业、超负荷的公共债务等；社会危机，表现为民族宗教冲突、信仰缺失、道德危机等。从公共危机的复杂程度出发，公共危机可以分为：结构良好的危机，指危机涉及问题单一，不涉及核心价值和根本原则，利害群体较少，范围有限，易于寻找可行解决方案的危机；结构不良的危机，与结构良好的危机形态相反。从公共危机主体态度出发，公共危机可以分为：一致性危机，指危机中利益主体要求基本相同，如地震危机中全民救灾；冲突性危机，指存在两个或者两个以上不同利益主体的危机，如战争、革命、政变。

公共危机具有以下几个显著特征。第一，突发性和紧急性。公共危机在发生之前，人们通常不会预料到危机的发生，这是危机的一般共性。如2001年美国"9·11"事件、2003韩国大邱地铁纵火案、2003年SARS病毒、2008年汶川地震等都是如此。由于公共危机的突发性，危机造成的破坏巨大，危机形势千钧一发，短时间内用于处理危机的资源是有限的，信息不对称、人员调配、物资供应不足等都容易

---

[1] Uriel Rosenthal, et al., *Coping With Crisis: The Management of Disaster, Riots, and Terrorism*, Springfield, Illinois: Charles L. Thomas Publisher ltd., 1989, p. 10.
[2] 参见肖鹏军《公共危机管理概论》，中国人民大学出版社2006年版，第3页。
[3] 参见徐晓林《中国公共管理研究精粹》，武汉出版社2003年版，第369页。

导致指挥协调以及民众支持等情况十分紧急。① 当然，公共危机的突发性和紧急性并不意味着危机的发生没有丝毫的征兆。危机的发生是一个不断由量变到质变的发展过程，但是在危机潜伏期，量变带来的变化不容易引起人们的注意，当量变积累转化为质变时，公共危机就发生了，② 而此时人们关注的往往只是危机的突发性和紧急性。

第二，不确定性和易变性。公共危机的发生既可能是单一原因引起的，也可能是多种原因共同作用的结果，因此公共危机的发展、变化方向也是多变的，具有高度的不确定性和易变性。由于公共危机具有突发性和紧急性，危机治理主体难以在有效反应时间内准确把握特定危机发生的原因，因此对危机发展、变化方向的趋势难以准确预判，这也就增加了有效管控和治理危机的难度。

第三，社会性和扩散性。公共危机是发生在公共领域，对广大社会公众造成普遍影响的危机事件，因此社会性是公共危机的应有之义。从公共危机的影响过程和波及范围来看，公共危机还具有扩散性，公共危机有时不是一个独立的危机也不是单纯的一定地域范围之内的危机，往往会有连锁反应和危机影响范围扩散。

第四，危害性和破坏性。这是公共危机的本质特征。公共危机之所以成立，就是因为它会对人们的正常工作和生活秩序，甚至是基本价值观造成影响，如果不能够妥善治理，最终将会引发社会混乱。公共危机的危害性和破坏性有有形和无形之分，如地震造成人员伤亡和财产损失，这是有形的危害，同时也会对灾区居民的精神和心理造成影响，这是无形的危害。公共危机的危害性和破坏性也有长期和短期之分，如核泄漏事件对公众健康造成的影响可能会很快显现出来，也有可能需要经过足够长的时间才能够显现出来。

第二节 公共危机治理

一 公共危机治理

公共危机治理是治理理念在公共危机领域的运用。公共危机治理是指社会治理主体包括政府、企业、NGO 和公民等多元主体之间进行开放、平等的互动，通过合作、对话、协商、伙伴关系、确认共同目标等方式形成集体行动从而实现对公共危

---

① 参见龚维斌《公共危机管理的内涵及其特点》，《西南政法大学学报》2004 年第 3 期。
② 参见薛澜、张强、钟开斌《危机管理——新世纪中国面临的挑战》，清华大学出版社 2002 年版，第 24、37 页。

机的共同治理。[①]

公共危机治理的目标是在多元主体共同参与下最大程度防范公共危机发生的风险、最大限度降低公共危机造成的危害，化危为机，实现公共危机的善治。公共危机治理必须坚持以人为本、防范为先、资源整合和跨域合作等理念。[②] 第一，以人为本的理念是公共危机治理的第一原则和根本原则。无论是危机前的预防、危机中的援救还是危机后的重建与恢复，公共危机治理最根本的目的是减轻危机造成的损害，其中最重要的是保障人民群众的生命安全，公共危机治理的根本目标就是最大限度地挽救遭受危机威胁的人的生命，保护人的生命安全。在公共危机治理中必须尽最大努力、最大限度地预防或减轻公共危机造成的人员伤亡和财产损失。第二，公共危机治理必须坚持防范为先的理念。公共危机的产生和发展不是毫无征兆的，公共危机是一个由量变逐渐向质变转化的过程，如果能够将危机的风险控制在合理的范围内就可以避免危机的发生，从而达到釜底抽薪的功效。因此，以政府为核心，企业、NGO和公民平等参与的公共危机治理各方主体都需要保持警觉的防范意识，政府也必须建构和完善危机监测、预报预警体系和机制，强化危机防范和应急处置能力。第三，公共危机治理必须坚持资源整合的理念。公共危机的突发性和紧急性、不确定性和易变性、社会性和扩散性都对社会各方主体迅速整合社会资源应对危机提出了严峻挑战。公共危机治理尤其是当危机发生时，各方治理主体必须在最短的时间内最大限度的整合社会资源以应对危机，从而最大限度降低公共危机对社会、对民众生命、财产造成的损害。第四，公共危机治理需要坚持跨域合作的理念。防范和治理公共危机，各国政府都需要与国际组织和国际社会进行充分合作，各地方政府需要和其他地方政府进行充分合作，在公共危机治理中实现资金、技术、救援以及教育培训等方面的互助或资源共享。

公共危机治理具有以下几个特征。第一，公共危机治理主体是多元的。公共危机影响的社会主体是多元的，公共危机的发生既会对公民、社会组织等直接利益主体造成人员和财产损失，同时也会对政府形象造成影响。公共危机治理属于社会的公共产品，具有非竞争性和非排他性。这决定了公共危机不能单纯由营利性组织来应对，而非营利性组织由于自身的缺陷也难以单独应对公共危机。同时以政府为单一主体应对公共危机往往显得力不从心。因此公共危机治理的主体必须是多元的。第二，公共危机治理具有包容性和参与性。公共危机既有结构良好的危机，也有结

---

① 参见刘霞、向良云《公共危机治理：一种不同的概念框架》，《新视野》2007年第5期。
② 参见万远英、钟兴民《第九讲　公共危机管理　党员领导干部十五堂公共管理学课》，华文出版社2010年版，第4页。

构不良的危机。对于结构良好的公共危机，其治理相对较为容易，往往凭借单一治理主体也能够有效应对。但是，对于结构不良的公共危机，其复杂程度往往超出单一治理主体的应对能力，因此通过公共危机治理的柔性系统将社会多元治理主体纳入公共危机治理中，运用其独特的知识、信息、技术、资源等条件，发挥各自的核心优势从而实现公共危机的善治。

二 公共危机治理的阶段

公共危机的孕育、发生、发展、终结的过程不仅仅是一个简单的时间表，还必须考虑到公共危机治理主体在公共危机过程的各个阶段需要采取的相应行为。一般而言，公共危机治理包括四个方面的行为过程。[①]

第一，危机前的预防。最高明的危机治理不是在危机形成和爆发后的处理，而是排除危机发生的各种可能性，防微杜渐，从源头防止危机的形成和爆发，达到"防患于未然"的效果。在危机的预防阶段要做好几项必要工作：首先要监测政府治理范围内的政治、经济、社会、自然等环境特征，做好危机发生的可能性评估和风险评估。其次要找到诱发公共危机的关键因素，对关键因素进行必要管控，从而提早加以解决，以防止危机形成和爆发。

第二，危机前的准备。"凡事预则立不预则废""宜未雨而绸缪，毋临渴而掘井""前虑不定，后有大患"，这些古老的名言告诉我们公共危机治理必须做好危机前的准备工作。这也是公共危机的突发性和紧急性决定的。只有做好危机前的准备，当危机发生时才能够迅速采取行动，控制危机发展的态势，最大限度减轻危机损害。公共危机前要做好以下工作：要妥善制定危机处理预案，根据公共危机可能爆发的原因、方式、规模以及危害的大小分类拟定应急预案，这样一旦危机发生就能根据危机的实际情况迅速采取行动；要注重危机处理的模拟演练，通过多种情形的应急演练能够检验危机准备计划的有效性、完善性和应急能力的适应性，从而提升公共危机处理的实战能力；要完善公共危机处理的沟通和协调机制。

第三，危机中的响应。公共危机发生时造成的冲击力最大，因此危机中的影响是人们关注最多的。在公共危机的初期响应阶段，危机治理者要及时采取措施遏止事态发展，要注意隔离危机，避免危机态势进一步升级。一是现场人员保持冷静，尽快组织自救和互救；二是有关机构迅速启动预案，成立机构，组织人员；三是确定决策目标选择的价值偏好，遵循以人为本的基本原则，尽量保证生命安全、财产

---

① 参见王惠岩《第十九章 公共危机管理 行政管理学》，高等教育出版社2011年版，第2页。

安全、环境安全和社会稳定；四是及早注意隔离心理危机、媒体危机及其他衍生危机；五是保证组织内其他部门正常运转；六是防止"谴责游戏"。在公共危机的全面响应阶段，面对危机的升级和扩展，要对危机进行全面管理。一是主要领导要承担危机治理责任，亲赴一线，稳定民心；二是当机立断，高效快捷做出决策；三是做好危机的协调管理，包括资源和各主体之间的协调；四是做好媒体沟通，及时发布官方信息，防止谣言滋生；五是做好公众沟通，调动公民参与，建立各主体协同参与的联动响应机制。

第四，危机后的修复与重建。公共危机不仅会对人民生命和财产造成严重损害，还会影响人民的心理和信仰。因此公共危机后不仅要对遭受破坏的物质损害进行修复和弥补，还要进行人民群众的心理修复和心理重建。危机过后还要认真分析危机发生的原因、机理，对危机处理过程进行调查和分析，总结经验教训，完善规章制度，明确未来方案和工作重点。做好危机后的修复和重建可以防止危机陷入不断重复上演的境地，这也是公共危机治理不可或缺的关键环节。

第三节　地方政府公共危机治理内涵

地方政府公共危机治理是"地方政府"与"公共危机治理"的结合，是指以地方政府为核心，以企业、NGO 和公民为平等主体的多元主体之间进行开放、平等的互动，通过合作、对话、协商、确认共同目标等方式形成集体行动从而实现对涉及本地公共危机的共同治理。

公共危机的发生总是存在一定的危机源，而这一危机源也往往在地方政府治理领域内，因此地方政府是公共危机治理的主体。公共危机的危害性和破坏性决定了当前地方政府必须要积极应对、合理治理公共危机，从而将公共危机的危害和破坏最大程度的减轻甚至消除。公共危机的突发性和紧急性决定了地方政府必须提高危机应急能力，以最高效率应对危机。公共危机的不确定性和易变性、社会性和扩散性决定了当前地方政府要深入把握公共危机发生发展的机制机理，有效区分危机类型，因机制宜，从而有效控制公共危机，防止危机扩大和影响扩散，不断增强地方政府公共危机治理能力，实现公共危机情景中的地方政府善治。

当前中国地方政府公共危机治理在诸多方面取得了一定进展。第一，公共危机治理法律体系逐步搭建。党的十六届三中全会以后，国家层面提高了对公共危机治理的重视程度，相继出台了一系列法律文件，如《中华人民共和国防震减灾法》《中华人民共和国防洪法》《突发公共卫生事件应急条例》《中华人民共和国传染病防治法》

等，逐步搭建起公共危机治理的法律框架。此外，2005年国务院《国家突发公共事件总体应急预案》颁布，明确各级地方政府在公共危机治理中的责任，对地方政府应对公共危机具有十分重要的意义，各级地方政府也先后出台地方性法规完善公共危机治理法律法规制度。逐步构建起的从中央政府到地方政府公共危机治理的法律法规制度，为地方政府应对公共危机提供了一定的法律基础。第二，组织机构权责逐渐明确。公共危机治理必须要建立一个具有一定权威性和协调能力的领导机构、指挥机构，以及相应的办事机构，以便快速协调一切力量应对公共危机。当前地方政府初步建立了以领导机构、指挥机构和办事机构分工协作的公共危机治理组织体系。地方政府是本区域内公共危机治理的重要行政领导机构，主要领导本区域内各类公共危机事件的应急处置工作，地方应急部门作为地方政府在公共危机治理中的指挥协调机构，同时也作为办事机构具体处置公共危机。组织机构权责逐渐明确，一定程度上有利于地方政府提高公共危机治理的效率和水平。第三，社会力量不断壮大。公共危机具有社会性，会对社会公共利益造成重大影响，社会公众的有效参与对于地方政府处理公共危机具有重要意义。当前中国地方政府在公共危机治理中逐步采用政府与社会分工合作的方式，由政府主导，整合政府和社会力量，动员群众，号召全社会一起应对公共危机。近年来发生的历次自然灾害中，社会公众在灾后救援重建中发挥着重要作用。社会力量的不断壮大，将有助于地方政府提高公共危机治理水平。

第四节　地方政府公共危机治理路径

公共危机治理越来越受到国家及地方政府的重视，随着公共危机治理体系的不断完善与治理能力的不断提高，全国公共危机治理成果显著。重庆市作为中西部地区唯一直辖市，在"一带一路"、长江经济带、西部大开发中扮演着举足轻重的角色，重庆市的公共危机治理对保障区域经济社会发展稳定具有重要作用。经过重庆市政府及社会各界的共同努力，基本建立了组织体系完备、制度体系完善、保障措施有效的公共危机治理体系（见专栏6—1）。

专栏6—1　重庆市公共危机治理体系建设成就

重庆直辖20年以来，在公共危机治理领域逐步建立了相对完善的治理体系。第一，组织体系基本建立。当前重庆市建立了统一领导、综合协调、分级管理、分级负责、属地管理为主的公共危机治理体制，市、区县、乡镇、村三级管理体制，四级工作网络基本形成。

第二,制度体系日趋完善。当前重庆市在制度体系方面有《重庆市突发事件应对条例》《重庆市突发事件应急管理体系建设"十三五"规划》等地方性法规和专项规划,制定完善了防震减灾、地质灾害防治等地方性法规,印发了预案管理、风险管理、物资储备等文件。围绕突发事件防控处置各个环节,建立完善了预警响应、信息报送、快速反应、专家辅助、军地协同、社会动员、新闻发布、应急联动等机制。应急体系法制化、标准化、规范化日趋完善。

第三,危机治理全过程保障措施日趋完善,能力逐步增强。当前,重庆市建立了市突发事件预警信息发布中心,进一步提高了预警信息发布的及时性、准确性,危机处置工作有力有序。全市危机治理队伍体系基本形成,组建了各级综合应急救援队伍和各类专业应急救援队伍、应急保障队伍、志愿者队伍和专家队伍,配备各类救援装备。此外,危机应急交通保障网络、危机应急通信保障体系也基本建立。地质灾害防治"金土工程"、交通安全"生命防护工程"、防汛抗旱"泽渝工程"、安全生产"金安工程"等一批重大项目,提升了重庆市基础设施防灾减灾能力。

一 重庆市公共危机治理面临的挑战

第一,新时代新形势为重庆市公共危机治理提出了更高的要求。当前中国特色社会主义进入新时代,公共安全作为最基本的民生,被摆在更加突出的位置。同时重庆市在"一带一路"、长江经济带、西部大开发战略中的重要地位,也对重庆市加强公共危机管理能力建设,保障经济社会发展提出了更高的要求。

第二,重庆市公共危机隐患较多。自然灾害频发,大风、暴雨、洪涝、地质灾害等防治任务繁重,地震灾害不可忽视。事故灾难形势仍然严峻,水陆交通安全隐患仍较突出,煤矿、非煤矿山、重化工等企业安全隐患仍不能完全消除,天然气、页岩气开采事故隐患依然存在。公共卫生事件风险较高,发生各种输入性传染病的风险增大,重大传染病疫情、群体性不明原因疾病隐患增多,动物疫情传入风险增加,食品药品安全突发事件风险仍然存在。

第三,重庆市突发事件处置难度较大,公共危机治理工作还存在薄弱环节。重庆市集大农村大城市于一体,在工业化、新型城镇化、信息化推进过程中,各类突发事件往往存在复杂联系,存在较大的转化可能性,单一小事件往往能够酝酿成复杂大事件。同时重庆市当前危机治理工作还存在薄弱环节。首先,应急管理机构还不健全。应急救援能力还有差距,缺乏专业救援队伍,装备配备不完善。保障能力还需提高,应急物资配备不足。其次,风险治理还需加强,监测预警的信息化程度不高,一些隐患治理难度较大。在突发事件的防范应对中,社会公众的参与意识不强等。

二 重庆市公共危机治理完善路径

第一,加强危机应急管理基础能力建设。一是要完善突发事件风险管控体系,建立市、区县、乡镇(街道)、村(社区)4级风险隐患动态排查机制。建立健全区域风险管理、行业风险管理和风险管理主体责任3项机制,形成各级政府分级负责、政府部门牵头实施、责任主体认真履责、基层组织积极参与的突发事件风险管理工作格局。完善自然灾害风险调查、安全生产、环境风险防范、公共卫生监测和社会治安防控体系。二是要提升城乡社区和基础设施抗灾能力。按照安全性和经济性兼顾的原则,完善城乡综合防灾规划,改造和提升应急避难场所,加强隐患治理和抗震加固工作,严格水功能区污染防治,加强铁路等重要基础设施防灾能力建设。加强农、林、牧、渔业防灾减灾体系建设,落实企业生产设施规划,从源头上消除安全隐患。三是要完善突发事件监测预警服务体系。加强突发事件趋势分析,完善趋势会商制度,提高研判能力。加强重点区域气象、水文、山洪灾害、地震灾害、农林灾害监测网络建设,提升灾害监测预警能力。健全安全生产、道路交通、突发急性传染病、食品安全监测预警体系。四是要强化基层应急管理能力。完成全市基层应急管理规范化建设,建立长期运行机制。按照"专兼结合、一队多能"要求,建设基层综合应急队伍,加强通信等装备配备和物资储备。进一步强化民兵应急力量在应对突发事件时的作用。规范"综合减灾示范社区""消防安全社区""地震安全示范社区""卫生应急综合示范社区""平安社区"等创建工作,提高社区应急规范化水平。

第二,加强核心应急救援力量建设。一是要健全市(区、县)综合应急救援队伍管理体系。加强市(区、县)综合应急救援队伍规范化和标准化建设,加强高科技含量的装备配置,强化队伍联合联动训练,提高队伍协同应急作战能力。加强公安特警队伍建设,强化在巡逻执勤、应急处突中的重要作用。加强公安消防和武警部队应急救援力量建设,强化在各种特殊环境和复杂条件下进行多样化、专业化应急救援任务能力。二是要提高重点行业领域专业应急救援能力。加强全市各级危险化学品事故应急救援队伍建设、水上应急救助和抢险打捞能力建设,提高铁路救援装备水平和救援能力,强化疾病预防控制机构建设、卫生应急队伍建设,形成一批专业应急救援队伍。

第三,加强综合应急保障能力建设。一是提升应急平台支撑能力。要推进全市应急平台体系建设,推进"互联网+"在应急平台中的应用。加强专业营救平台建设、强化应急平台的维护管理,推进以"天地图"为基础的应急信息资源"一张图"建设，提高危机专业信息汇集、应急决策和指挥调度能力。二是要强化应急通信保障能力。推进卫星地面站系统建设，加强公众通信网络多路由、多节点和关键基础设施的容灾备份体系建设，推动突发事件现场多种通信手段互联互通，提升通信网络在危机处理中的可靠性和可用性。三是要完善应急物资保障体系建设。实现中央储备、地方储备、政府储备和社会储备的有机结合，建设或认证一批综合应急物资储备库，逐步实现仓储资源、应急物资的整合、共建共享和快捷调运。四是要提高紧急运输保障能力。完善铁路、公路、水路、民航等应急运力储备和紧急调度机制，加强紧急运输保障队伍建设，补充完善工程抢修装备，提高清障及修复能力。建立健全应急物流体系，提高应急物流调控能力。

第四，加强社会协同应对能力。一方面提高公众自救互救能力，加强公共危机知识宣传，开展防灾减灾日、急救日、消防日、交通安全日等。创建群众性应急救护培训标准化基地，开展民众自救互救演练等应急技能培训。另一方面支持引导社会应急力量发展。鼓励发展社会化应急救援，支持专业化社会应急救援工作者和企业自建应急救援队伍，提供社会化救援有偿服务，建立社会力量协同救灾联动机制。鼓励发展应急管理社会中介服务，加强应急志愿者队伍建设，探索建立社会公众报送突发事件信息平台，引导公众有序参与重特大突发事件应急救援行动。

第五节　小结

当前，中国正处于经济社会转型、全面深化改革的关键时期，社会各方面利益关系面临重大调整，是公共危机的多发时期。公共危机的发生对人们的生产生活具有重大影响。公共危机具有突发性、紧急性、不确定性、易变性、社会性、扩散性、危害性和破坏性。公共危机治理的目标是在多元主体共同参与下最大程度防范公共危机发生的风险、最大限度降低公共危机造成的危害，化危为机，实现公共危机的善治。公共危机治理不仅要认识和把握公共危机的特征，而且要做好危机前的预防和准备、危机中的响应和危机后的恢复与重建。作为地方治理的重要主体，地方政府在公共危机治理中能否有效履行政府职能，关系着社会安定和人民福祉，关系着国家治理的全局，地方政府公共危机治理要坚持以人为本，采取有效措施，防范和化解公共危机，维护一方安定，实现地方政府在公共危机治理中的善治。

【思考与讨论】

1. 什么是公共危机？公共危机具有哪些特征？
2. 公共危机治理应当遵循怎样的原则？
3. 公共危机治理包括哪些阶段？

【扩展阅读】

刘霞、向良云：《公共危机治理》，上海交通大学出版社 2010 年版。

夏志强：《公共危机治理多元主体的功能耦合机制探析》，《中国行政管理》2009 年第 5 期。

薛澜、张强、钟开斌：《危机管理——新世纪中国面临的挑战》，清华大学出版社 2002 年版。

肖鹏军：《公共危机管理概论》，中国人民大学出版社 2006 年版。

高小平：《整体性治理与应急管理：新的冲突与解决方案》，《公共管理与政策评论》2018 年第 6 期。

第 二 章

突发自然灾害治理

党的二十大报告提出,我们要贯彻总体国家安全观,"有力应对一系列重大自然灾害,平安中国建设迈向更高水平"。[①] 中国是典型的自然灾害大国,自古以来,各种类型的自然灾害就不断侵扰我们,对我们的生活造成极大的威胁,正如古语所云:"千年灾害,千年痛。"如今,我国生态环境保护发生历史性、转折性、全局性变化。尽管我们当前处于科学技术高度发达的时代,但这一现实并没有根本改变。各类突发自然灾害事件发生频率之高、形式之复杂、应对之困难给中国带来极大的挑战。面对突发自然灾害事件,地方政府作为社会事务的治理主体,应充分发挥其主导作用应对自然灾害,那么,现实中地方政府在面对自然灾害事件时表现如何,是否将输入的资源转化成有效的治理绩效,关系着一方百姓的生命财产安全和正常的生产生活。本章首先介绍了突发自然灾害的概念和影响,然后分析了当前地方政府在治理突发自然灾害中存在的问题,最后探讨了如何建立突发自然灾害治理机制。

第一节 突发自然灾害

什么是突发自然灾害,突发自然灾害会造成怎样的影响?本节主要介绍突发自然灾害的概念和突发自然灾害对社会和经济两方面造成的影响。

一 突发自然灾害概念

自然灾害是指由于自然异常变化造成的人员伤亡、财产损失、社会失稳、资源破坏等现象或一系列事件。广义的自然灾害包括缓变型自然灾害和突发型自然灾害。狭义的自然灾害则不包括缓变型灾害。通常情况下,水土流失、土地沙漠化、地层

---

① 习近平:《高举中国特色社会主义伟大旗帜 为全面建设社会主义现代化国家而团结奋斗——在中国共产党第二十次全国代表大会上的报告》,人民出版社2022年版,第12页。

下陷、气候变迁等属于缓变型自然灾害。洪水、干旱、地震、海啸、台风、泥石流等则多为突发型自然灾害。[①]

突发自然灾害具有突发性、危害性、紧急性、季节性、群体性、短缺性等特征。突发性是指突发自然灾害预测难度大，尽管突发自然灾害往往有其必然性因素，但是，其发生则具有一定的偶然性，一般是不可预测或难以准确预测的。危害性是指突发自然灾害往往来势猛，成灾快，对社会生产和生活正常秩序构成极大破坏或威胁。紧急性是指突发自然灾害处理时间的紧迫性。季节性是指突发自然灾害有时受气候因素影响，表现出季节性强度大、频率高的特点。群体性是指突发自然灾害涉及公共利益和群体活动，对社会公共秩序产生相当大的影响。短缺性是指由于自然灾害突发，缺乏准备，有关突发自然灾害信息不充分，信息传达不及时、不准确，应对突发自然灾害所需的人、财、物等资源严重不足。

二 突发自然灾害影响

对于突发自然灾害的影响，可以从宏观和微观两个视角进行分析。宏观视角的突发自然灾害影响主要分析突发自然灾害的一般性、普遍性影响，而微观视角的突发自然灾害影响，着眼于特定类型（如地震）突发自然灾害的特殊性影响。

（一）宏观视角的突发自然灾害影响

第一，经济性影响。李宏以洪灾为例，发现两者之间存在显著的正相关性，14个样本国家中有12个国家的自然灾害损失对GDP富有弹性，经济规模越大，灾害造成的损失就越大。[②] 杨萍对跨国数据的研究表明，旱灾显著影响了发展中国家的经济增长，洪灾和地震灾害也在一定程度上促进了相关部门的经济增长。[③] 吴先华等也指出，气象类自然灾害的发生促进了实物资本的投资，加快了灾后的经济增长，而地质类自然灾害对经济增长的促进作用就没有那么明显。[④] 因此，他们认为，灾后经济重建的恢复期内应加大对人力资本的投入力度，而非全部投入到实物资本中。

第二，社会性影响。李宏的研究表明，经济规模、人口、教育和医疗等因素同

---

① 参见范厚明、赵彤、刘妍等《我国突发自然灾害救助应急物流配送机制研究》，《大连理工大学学报》（社会科学版）2008年第4期。

② 参见李宏《自然灾害与经济增长关系的实证研究——基于14国1970年—2008年面板数据分析》，《价格月刊》2011年第1期。

③ 参见杨萍《自然灾害对经济增长的影响——基于跨国数据的实证分析》，《财政研究》2012年第12期。

④ 参见吴先华、顾炯、郭际《自然灾害阻碍了经济增长吗——来自中国和OECD国家的实证研究》，《江海学刊》2014年第1期。

自然灾害造成的损失情况直接相关。经济规模的扩大、教育水平的提高、政府防灾减灾资金的投入和医疗卫生条件的改善有助于减少灾害损失。① 自然灾害给经济社会带来破坏性危害的同时，还破坏了生存环境甚至恶化生态环境，导致受灾地区人民短期内难以维持生计，最终带来贫困。田艳芳通过对中国省际面板数据的分析，发现自然灾害与社会冲突存在着一定的联系，但这种关系并不固定。这意味着，自然灾害的发生犹如一根导火索，它不仅破坏了人们的日常生活和社会体系的正常运行，还有可能引爆了人们对当前社会制度安排的不满情绪，进而出现社会冲突与暴力事件。②

（二）微观视角的突发自然灾害影响——以汶川地震灾害为例③

所谓地震灾害影响，是指地震对受灾群众住房、财产、就业、收入、心理等方面的破坏与冲击。第一，人身影响。地震灾害最大的损失不是经济的损失，而主要是人员伤亡的重大损失。2008年汶川地震造成近7万人遇难，37万人受伤，给以后的灾区重建留下巨大的后遗症。

第二，财产影响。汶川地震造成城乡居民住房大量损毁，北川县城、汶川映秀镇等部分城镇和大量村庄几乎被夷为平地，农村居民的住房有2亿平方米严重受损、倒塌。城镇居民住房近0.8亿平方米严重破坏、倒塌或损毁。由于灾害引起的家庭用房损毁所造成的损失在灾害造成的整个损失中所占比重比较大，而且损坏住房多数属于生活资料，因此住房损毁严重对受灾群众产生较大影响。

第三，就业或收入影响。农村居民收入受到严重影响。大量农作物受灾，无法收获，大量禽畜死亡或逃逸，农业基础设施毁坏严重，地震导致失去土地资源和林业资源的农民多达115万。

第四，心理影响。汶川地震中，有关机构用卫生部颁发的心理健康自评问卷（SRQ—20）对什邡市4个大型安置点的984名灾民进行了随机问卷调查，结果显示地震对灾民的心理健康影响问题较为突出。

第二节　地方自然灾害治理存在的问题

当前地方政府治理突发自然灾害的现状如何，存在哪些问题？本节主要从突发自然灾害治理主体、治理模式两个层面分析当前地方政府治理突发自然灾害存在的

---

① 参见李宏《自然灾害的社会经济因素影响分析》，《中国人口资源与环境》2010年第11期。
② 参见田艳芳《自然灾害与社会冲突——基于中国省际面板数据的分析》，《科学决策》2014年第4期。
③ 参见陈升《灾害影响与灾后恢复重建——以汶川地震为例》，中国文史出版社2011年版，第14—30页。

问题。

一 地方自然灾害治理主体问题

当前地方自然灾害治理主体一方面存在单一问题，即仅以地方政府作为突发自然灾害治理的主要甚至是唯一主体，另一方面表现为地方政府作为主要甚至是唯一主体所表现出的治理能力不足的问题。

（一）治理主体单一的问题

当前地方政府突发自然灾害治理存在治理主体单一的问题，即当前地方突发自然灾害治理主要由地方政府作为单一主体，公众参与力量不能充分发挥。在突发自然灾害中，政府在整个灾害治理过程中主要依靠军队和一批具有专业素养的国家公职人员，可是面对突发自然灾害，不可能顾及每一位灾民。同时公众参与救灾的能力参差不齐，参与人员结构混杂，且绝大多数并不具备足够的专业救援技能，往往表现出力量分散，各自为战，更多时候是力量闲置。

第一，社会公众和社会组织参与自然灾害治理的意识欠缺。受长期以来全能型政府的影响，政府总是习惯性地独自承担治理责任，采用命令式行政动员，忽视其他社会力量的作用，从而抑制了其他主体与政府协作的主动性和积极性。

第二，社会公众和社会组织参与自然灾害治理的法律地位不明确。虽然，国家已经颁布了《中华人民共和国突发事件应对法》《国家突发公共事件总体应急预案》等应急法律，但是关于非营利组织参与救灾的法律法规仍然比较少，相关政策落实不到位，使得一些地方政府不接受社会公众和社会组织参与治理，导致社会公众和社会组织参与突发自然灾害治理出现"于法无据"的问题。

第三，社会公众和社会组织参与自然灾害治理的能力不足。在一些灾害发生后，大量志愿公众和社会组织涌到灾区，导致人员泛滥，给灾区造成负担，产生"志愿失灵"现象。由于社会组织的领导及其工作人员的个人能力难以适应新的社会环境，缺乏迎接新挑战的观念和知识，而且专业人才的严重缺乏，使得社会组织在参与治理中经常拿不出适当的策略，从而导致治理能力不足。

第四，政府与其他主体之间欠缺协调合作。受官本位思想影响，一些地方政府根本不重视社会公众和社会组织在突发自然灾害治理中的作用。在自然灾害发生以后，志愿者和民间非政府组织缺乏参与合作机制，使得志愿者和民间非政府组织不能很好地参与到前线救援工作，不能实现与政府部门分工协作的目的。

（二）治理能力不足的问题

第一，应急准备协调性较弱。中国应急管理体系是建立在分类管理、分级负责的原则基础之上的,因此地方政府在进行应急准备时往往以相应的政府职能部门为依托,处理各自管辖领域的事务。各地方政府以地域为界的管理原则,管理各自辖区内的各项事务,进行属地管理。这种属地管理,容易局限于地域,画地为牢,只关心各自区域内的利益。众所周知,很多事务的管理不可能只局限于各自地域内,需要地域间的合作,进行跨界管理。而有些灾害的处理需要多个地方相协调,协调性不足可能导致应急准备效率低下。[①]

第二,应急执行协调性差。当前地方政府应急救援队伍建设存在力量分散、综合性差、一队一能等弊端。突发性公共事件的连带性、叠加性,使得单灾种专业应急救援力量协同性差,不能有效进行混合型的公共安全事件应急救援。

二 地方自然灾害治理模式问题

当前地方政府在突发自然灾害治理模式上也存在一定问题。第一,法律法规问题。当前各级地方政府依据中央层面的法律法规并根据地方实际进行地方性立法和行政规章的制定,造成自然灾害治理法规过多,地区之间出现不一样的问题,甚至有些地方性法规和地方政府规章存在相互抵触的问题,导致涉及不同行政区域的自然灾害治理在法律体系内部存在冲突。此外有关法律法规安于原则、操作性不强,导致执行力不够的问题。

第二,治理体制问题。受不正确的政绩观的影响,当前地方政府在突发自然灾害治理中还存在主体地位认识不明确的问题,一些地方政府在自然灾害治理中处于被动地位,当灾害来临时首先想到的不是应急处置,而是如何把问题最小化,从而不影响政绩。这种治理体制造成自然灾害治理中应急预警机制差,瞒报、谎报现象严重,直接影响地方政府自然灾害治理的成效。

第三,基层建设问题。当前地方政府在基层建设过程中的预警机制的建设一直被忽视,自然灾害发生时,缺乏有效的预警措施,导致不能第一时间进行灾害预警。

第三节 自然灾害地方政府治理路径

在地方自然灾害治理中,既要求地方政府充分发挥主体作用,提高自然灾害治理能力,同时也要求地方政府重视社会参与。通过加强政府主导,积极引导社会广泛有效参与地方自然灾害治理,构建自然灾害地方政府与社会协同治理的行动框架。

---

① 参见栾盛磊《我国政府应急管理现状及对策研究》,《时代金融旬刊》2013年第15期。

一　协同治理的要义

协同治理是指在公共事务治理过程中，政府与社会其他主体（包括个人、企业、非政府组织）共同参与，形成一个开放系统，系统中诸要素相互协调、共同作用，推动系统良性运行，实现对公共事务的治理，以达成治理目标。因此，协同治理要求治理主体的多元化、治理权威的多样性，而非政府作为唯一主体和唯一权威，协同治理的关键在于治理过程中各治理主体相互协同，政府与其他社会治理主体在共同制定的统一规则之下开展治理行动。

（一）治理主体的多元化

协同治理的前提就是治理主体的多元化。这些治理主体，不仅指政府组织，而且包括民间组织、企业、协会等。由于这些组织和行为主体具有不同的价值判断和利益需求，也拥有不同的社会资源，在社会系统中，它们之间保持着竞争和合作两种关系。同时，随之而来的是治理权威的多元化。协同治理需要权威，但是打破了以政府为绝对核心的权威，其他社会主体在一定范围内都可以在社会公共事务治理中发挥和体现其权威性。[①]

（二）治理权威的多样性

在传统治理中，政府作为治理系统中单一的权威中心，而其他治理主体由于自身能力以及所掌握资源不足，无法形成权威，也就难以与政府之间形成良性互动，从而降低了社会治理的效率。而在现代社会系统中，由于知识和资源被不同治理主体所掌握，采取集体行动的各治理主体越来越需要依靠其他治理主体。因此，在协同治理关系中，有的治理主体可能在某一个特定的治理过程中处于主导地位，而在其他治理过程中处于非主导地位，进而不同的治理主体在特定的领域体现自身的权威性，但是这种主导和权威性并不是单方面的发号施令，而是建立在协商对话、平等合作的基础上。所以说，协同治理就是强调政府不再仅仅依靠强制力，而更多的是通过政府与民间组织、企业等社会组织之间的协商对话、相互合作等方式建立伙伴关系来管理社会公共事务，从而能实现整个社会系统的良好发展。[②]

（三）治理过程的协同性

治理过程的协同性是协同治理的内在要求。由于现代社会结构越来越复杂、社会形态越来越多样化，各种资源、技术、信息由不同的社会主体掌握，社会各主体

[①] 参见孙萍、闫亭豫《我国协同治理理论研究述评》，《理论月刊》2013年第3期。
[②] 参见张立荣、冷向明《协同治理与我国公共危机管理模式创新——基于协同理论的视角》，《华中师范大学学报》（人文社会科学版）2008年第2期。

都难以单独完成对社会公共事务的治理。在治理过程中，各主体之间的信息、技术、资源的相互交换就成为治理目标实现的重要保障。而信息、技术、资源的相互交换取决于社会治理主体之间的协商一致和平等自愿，这就需要社会各治理主体之间相互协同、平等协作。在对社会公共事务的治理过程中，一方面政府作为社会治理的重要主体，要与企业、社会组织等其他社会治理主体之间开展协同对话，建立合作关系，另一方面其他非政府治理主体之间也应当积极开展协同对话，通过协同参与的方式实现社会公共事务的良性治理。

（四）共同规则的制定

协同治理是一种集体行为，在某种程度上，协同治理过程就是各种行为主体都认可的行动规则的制定过程。在协同治理过程中，信任与合作是良好治理的基础，这种规则的重要性就犹如协同学中的序参量，这种规则决定着治理成果的好坏，也影响着平衡治理结构的形成。在这一过程中，政府组织也有可能不处于主导地位，但是作为规则的最终决定者，政府组织的意向在很大程度上影响着规则的制定。在规则制定的过程中，各个组织之间的竞争与协作是促成规则最后形成的关键。①

二 自然灾害地方政府与社会协同治理行动框架

地方自然灾害治理需要建立政府与社会协同的治理模式，在这种模式之下，政府仍然需要发挥重要作用。地方自然灾害治理需要在多元主体参与的法律法规保障下，由政府主导进行应急资源整合，多元社会主体参与提升自然灾害治理能力，从而实现对地方自然灾害的良性治理。

（一）政府主导下的应急资源整合

在地方政府的统一领导指挥下，通过组织整合、资源整合、行动整合等方式，不断协调、磨合各种应急管理要素，使应急管理的行动、组织、资源等要素和系统相互协作，实现快速应急联动。②

由于灾害的破坏性和紧急性，往往在短时间内需要调动大量的资源，这是地方政府在进行常态管理中无法实现的。资源协同调度系统是实现灾害治理资源共享与整合、高效联动的基础，能够实现异质性资源互补、提高资源利用率，从而一方面使各个主体通过有形网络迅速了解资源的种类、数量、储备地及运输网络，实现跨部门的信息共享，从宏观上掌握相关信息，实现可视化运作；另一方面实现资源管

---

① 参见李汉卿《协同治理理论探析》，《理论月刊》2014年第1期。
② 参见肖文涛、陈跃培《县级政府应急管理的基本范式探微》，《中国行政管理》2014年第5期。

理的透明化、公开化,实现高效监管,同时有利于相关人员把握规律、破解薄弱环节。

(二) 多元主体参与提升地方危机治理能力

危机治理主体单一、社会参与不足是地方公共危机治理工作中普遍存在的问题。地方政府与社会协同治理模式要实现两个基本目标:一是突出地方政府危机治理的领导力量,应充分发挥党政组织的强大领导力和执行力;二是提升社会危机治理参与力量的专业水平。高效的地方应急救援队伍应是专业化和社会化的有机结合。公民、企业、社区组织等多元力量参与的意义在于弥补当前危机治理部门条块分割、各自为战、协调不畅的局面,从而为实现高效应急救援提供可能。复杂的危机治理形势对地方政府应急工作要求越来越高,仅仅依靠地方政府和军队力量的应急救援已远不能适应复杂环境下的危机治理要求。[①] 组织、动员各种力量和资源共同应对自然灾害,实现地方政府主导社会协同的危机治理模式。

(三) 建立健全多元主体参与危机治理法律法规

健全法律法规机制是完善危机治理的重要保障,地方政府也应该在地方规章制度上面多下功夫,使多元主体参与自然灾害危机治理的行动能够有章可循。

地方政府应该在中央危机治理统一部署的基础上,结合本地方应对自然灾害事件的实际情况,加强地方性法规规章建设,从法规层面鼓励和支持社会主体参与自然灾害危机治理。建立完善的地方性法规规章规范社会主体行为。减少社会组织登记管理程序,简化其登记注册手续,使更多社会组织合法化、制度化。地方政府要重视民间组织的管理,提升民间组织的社会地位,明确民间组织的权利和义务,使其积极主动地参与自然灾害危机治理。适度增加对各种社会组织政策和资金方面的支持力度。

第四节 小结

突发自然灾害是典型的突发事件,对经济发展和社会稳定都有显著影响。一些特定的突发自然灾害(如地震灾害)还会造成人身损害、财产损失、就业及收入减少以及心理问题。对突发自然灾害进行有效治理是地方政府治理能力的重要体现。但是,当前地方政府在突发自然灾害治理中存在治理主体单一、政府危机治理能力不足、法律法规不完善、治理结构不健全、治理体制不顺畅、基层建设乏力等问题。

---

① 参见肖文涛、陈跃培《县级政府应急管理的基本范式探微》,《中国行政管理》2014年第5期。

面对这一现状，妥善处理地方政府面临的突发自然灾害，需要构建地方政府与社会协同治理路径，在地方政府统一领导下进行资源整合，提升社会主体参与突发自然灾害应急管理的能力，并通过完善地方性法规规章赋予社会主体行动合法性，并为地方政府主导社会协同的突发自然灾害应急管理提供法规制度保障，从而实现地方突发自然灾害治理领域"善治"。

【思考与讨论】
1. 如何理解突发自然灾害治理？
2. 中国特色的危机治理体系是怎样的？
3. 为什么强调突发自然灾害中的地方政府治理？
4. 突发自然灾害应急管理未来的路径选择如何？

【扩展阅读】
［德］乌尔里希·贝克：《风险社会》，译林出版社2004年版。

陈升：《灾害影响与灾后恢复重建——以汶川地震为例》，中国文史出版社2011年版。

张立荣、冷向明：《协同治理与我国公共危机管理模式创新——基于协同治理理论的视角》，《华中师范大学学报》（人文社会科学版）2008年第2期。

第 三 章

环境群体性事件治理

近年来，随着民众环境意识的觉醒，因环境问题诱发的群体性事件呈现出高发态势。据不完全统计，2003—2012 年，中国共发生环境群体性事件 230 起。[①] 中国社会科学院发布的 2014 年《社会蓝皮书》中指出，中国环境群体性事件每年以 30% 的速度上升，环境群体性事件在全国各地频繁上演，严重影响当地经济发展与社会稳定，对地方政府治理能力提出了严峻挑战。

第一节 环境群体性事件概念

环境群体性事件的治理必须首先清楚环境群体性事件的基本概念、基本分类、发展阶段划分等基本问题。这有助于我们清楚了解环境群体性事件的基本问题，有助于了解地方政府可以从哪些方面、哪些角度治理环境群体性事件。

一 环境群体性事件的定义

目前学术界，对环境群体性事件的定义还未统一。周丹青认为，环境群体性事件是指公众面临未知的环境风险产生恐慌，政府在关键时刻回应不足，最终致使环境风险转变为群体性事件。[②] 潘金珠和孟祥瑞认为，农村环境群体性事件，主要是指发生在农村中的环境群体性事件，这种事件由环境矛盾而引发，由部分村民参与并以集体上访、阻塞交通、围堵党政机关、涉事工厂等方式，对企业和政府造成影响，以达到维护自己合法权益的目的。[③] 根据术语概念定义法，一个概念的界定要

---

① 参见张萍、杨祖婵《近十年来我国环境群体性事件的特征简析》，《中国地质大学学报》（社会科学版）2015 年第 2 期。
② 参见周丹青《环境风险型群体性事件的发生逻辑及其治理路径》，《法制与社会》2016 年第 7 期。
③ 参见潘金珠、孟祥瑞《元治理视域下农村环境群体性事件分析》，《云南行政学院学报》2016 年第 3 期。

体现其种类与属性。因此，关于环境群体性事件的定义，不能仅停留在表层的事件关联层面上，本书依据环境群体性事件的基本属性和内涵，将环境群体性事件定义为：公众与政府、企业之间关于环境政策、环境立项等关于环境问题发生冲突，继而由部分民众参与，并以集体上访、阻塞交通、围堵党政机关、围堵企业、网络舆论等方式，对企业和政府施加压力造成影响，达到维护自己因环境问题而受到侵害的合法权益，具有一定地域性、规模性、可预见性和危害性的群体性行为。

二 环境群体性事件的分类

第一，按发生地点划分。按环境群体性事件发生的不同地点来分，环境群体性事件可以分为农村环境群体性事件和城市环境群体性事件。

第二，按诱发原因划分。环境群体性事件根据诱发原因的不同，可分为救济型环境群体性事件与预防型环境群体性事件。救济型环境群体性事件中，环境污染对社会公众权益造成实际性损害，公众的人身权、财产权受到侵害而无法得到有效的救济是直接诱因；预防型环境群体性事件中，受潜在环境风险影响的社会公众难以获得认知风险所需要的信息，环境公共决策对公众参与的忽视是诱发事件的直接原因。[1] 总体上来看，随着近年来公民环境保护意识与权利意识的觉醒，环境群体性事件的发生类型正在从救济型事件向预防型事件转变。

第三，按导致环境污染的原因划分。按导致环境污染的原因进行划分，环境群体性事件可分为水体污染型环境群体性事件、大气污染型环境群体性事件、固体废弃物污染型环境群体性事件。水体污染型环境群体性事件是指因水体受到污染而引发的环境群体性事件。目前，中国环境群体性事件多数是因水体受到污染而引发的。中国平均每两日发生一起水污染事故。[2] 大气污染型环境群体性事件是指大气受到废气、工业毒气等污染而引发的环境群体性事件。固体废弃物污染型环境群体性事件是指固体废弃物的排放、焚烧等对生态破坏而引发的环境群体性事件。

第四，按是否有组织、是否有直接相关利益划分。依据是否有组织、是否有直接利益诉求两个维度，可将环境群体性事件划分为"有组织—有直接利益诉求""有组织—无直接利益诉求""无组织—有直接利益诉求"和"无组织—无直接利益诉求"4个类型。从中国近年来环境群体性突发事件的发展态势看，有组织的群体性突发事件在数量上占了绝大多数，但是无组织的群体性突发事件也在大量增加，

---

[1] 参见郭红欣《论环境公共决策中风险沟通的法律实现——以预防型环境群体性事件为视角》，《中国人口·资源与环境》2016年第6期。

[2] 参见程雨燕《环境群体性事件的特点、原因及法律对策》，《广东行政学院学报》2007年第4期。

且影响巨大，尤其是"无组织—无直接利益诉求"的群体性突发事件更是引起了人们的关注。①

三 环境群体性事件发展阶段

自 2007 年厦门 PX 事件发生以来，环境类风险逐渐成为社会各界所关注的焦点。尽管动用了大批人力、物力，各地方因环境问题所引起的群体性事件却不减反增。从一般性上可将某个环境群体性事件按照发展进程划分为潜伏期、发展期、激化期、缓解期、消除期、恶性影响延续期这几个阶段。环境群体性事件在每个阶段中所体现的内涵并不一样，具有鲜明的特色（见表 6—1）。

表 6—1　　　　　　　　环保群体性事件各阶段的含义及内涵

阶段	含义	内涵
潜伏期	从民众危机意识的萌生，到最终采取行动的果决，实质上经过了长期的积累和酝酿，且多为信息封锁埋下的隐患	民众通过上访等正式渠道却无法获取具体信息，不安情绪与日俱增
发展期	公众因恐慌自发或有组织的形成利益诉求共同体，在制度内进行环境利益诉求	政府固执态度成为事态恶化的"催化剂"；互联网作为组织工具的推波助澜作用凸显
激化期	早期较为"和平"的抗议示威逐渐过渡到激烈的对抗，呈现出复杂的、较难控制的态势	抗议形式多样化；抗议群体复杂化；警民冲突成为最大宣泄口
缓解期	"不闹不解决，小闹小解决，大闹大解决。"面对紧急情势，政府意识到事态的严重性，并被迫采取行动以平息众怒	政府通常采用发布声明暂停该项目、成立工作组入社区安抚民意等手段化解严重事态

---

① 参见童星、张海波《群体性突发事件及其治理——社会风险与公共危机综合分析框架下的再考量》，《学术界》2008 年第 2 期。

续表

阶段	含义	内涵
恶性影响延续期	群体性事件可在短时间内结束，但所产生的不良影响却具有长期性和延续性	民众对环境项目的排斥心理增强；政府失误导致其公信力急剧下降；政府民众关系恶化

资料来源：根据文献及网络新闻整理。

第二节　环境群体性事件的成因

众多学者从不同视角对环境群体性事件的成果进行了深入分析，一是从宏观与微观相结合的视角进行成因分析。以商磊[1]、张玉林[2]、郑旭涛[3]等为代表的学者，认为环境群体性事件的爆发有其深刻的社会背景，社会转型时期利益调整积累了大量的社会矛盾，中国政府长期以来盲目追求GDP对环境造成严重的破坏，使民众的生存权益受到侵害。刘刚指出，环境群体性事件之所以爆发，是因为环境问题，有的问题甚至日积月累，到了民众不能忍受的地步，对此，政府有着不可推卸的环境责任。[4] 同时，他们认为，政府治理过程中的不当行为、法律体系不完善、环境救济等机制匮乏、有限的公众参与机制等问题导致群众合理的利益诉求得不到有效回应，加剧了公众的恐惧心理，从而使得环境群体性事件的发生概率增大。社会的宏观背景与微观因素相结合，虽能从一定程度上解释了环境群体性事件发生的原因，但这类观点认为环境群体性事件的发生主要是由环境问题直接引起的，还不足以解释该类群体性事件发生的本质原因。

二是从特定视角进行成因分析。董幼鸿[5]以及张乐和童星[6]等从"邻避冲突"的视角认为一些公共设施的负外溢性而引发公众抵制，侧重于从利益分配不对等引发的心理问题进行探讨；李思蓉和胡美灵从法社会学视野对农村环境群体性事件的

---

[1] 参见商磊《由环境问题引起的群体性事件发生成因及解决路径》，《首都师范大学学报》（社会科学版）2009年第5期。
[2] 参见张玉林《环境抗争的中国经验》，《学海》2010年第2期。
[3] 参见郑旭涛《预防式环境群体性事件的成因分析》，《东南学术》2013年第3期。
[4] 参见刘刚《环境群体性事件治理过程中政府环境责任分析》，《学术交流》2016年第9期。
[5] 参见董幼鸿《"邻避冲突"理论及其对邻避型群体性事件治理的启示》，《上海行政学院学报》2013年第2期。
[6] 参见张乐、童星《"邻避"行动的社会生成机制》，《江苏行政学院学报》2013年第1期。

发生机理进行探讨,认为转型时期经济结构调整引发的利益冲突、农民环境权的法律保障制度不完善、体制内的农民环境利益诉求渠道不畅、司法救济对农民的环境权保护效力不足等因素共同作用造成环境群体性事件的爆发。① 郇庆治②、朱海忠③等运用西方政治机会结构理论对农村地区爆发的环境抗争事件进行分析,认为当前中国不断开放的政治体制环境、社会控制方式、社会组织、环境政策等相关环境因素推动了群体性事件的发生。

此外,可将内生性微观和外生性宏观视角结合起来,在国家整体社会、文化和制度背景下,系统考察利益受损公众、地方政府、企业关键主体在环境群体性事件演变中的角色和作用,探究更为体系性的成因。④ 因此,邻避危机演进的整合性归因模型更能解释环境群体性事件的成因。

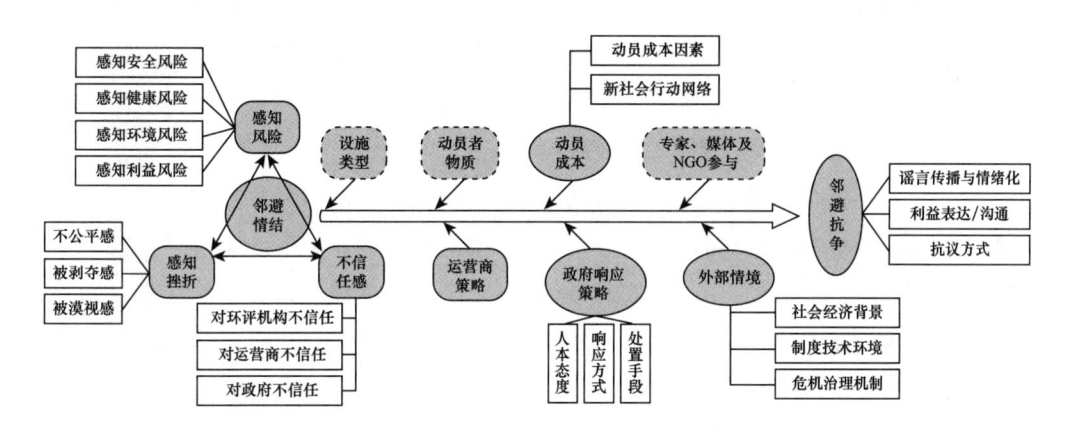

图 6—1 邻避危机演进的整合性归因模型

资料来源:侯光辉、王元地:《邻避危机何以愈演愈烈——一个整合性归因模型》,《公共管理学报》2014 年第 3 期。

整合性归因模型展示了邻避危机演进的影响因素及作用机理。它由邻避情结、动员成本、政府响应策略、外部情境及邻避抗争 5 个核心部分组成。其中以感知风险、感知挫折和不信任感为主体的邻避情结"愤怒三角形"是邻避危机演进的内在

---

① 参见李思蓉、胡美灵《法社会学视野下农村环境群体性事件的发生机理及防治路径》,《湖南财政经济学院学报》2012 年第 2 期。

② 参见郇庆治《"政治机会结构"视角下的中国环境运动及其战略选择》,《南京工业大学学报》(社会科学版) 2012 年第 4 期。

③ 参见朱海忠《政治机会结构与农民环境抗争》,《中国农业大学学报》(社会科学版) 2013 年第 1 期。

④ 参见侯光辉、王元地《邻避危机何以愈演愈烈——一个整合性归因模型》,《公共管理学报》2014 年第 3 期。

驱动力,是邻避抗争的本质和主因;动员成本、政府响应策略和外部环境是从危机主体和危机环境视角考察的影响"邻避情结—抗议行为"演进路径的重要外力,调节着两者之间关系的方向、强度。此外,动员者特质、其他参与主体(专家、媒体和 NGO)、运营商策略也对邻避危机的演进产生重要影响。上述整合性归因模型,将影响邻避危机演进的各种内生性和外生性因素囊括其中,为完整刻画邻避危机的产生与发展提供了一个认识框架。

第三节 地方政府环境群体性事件治理挑战

现阶段环境群体性事件频发,客观上给予了地方政府进行环境群体性事件的治理机遇。地方政府通过完善法律法规、实行问责、引入公民参与决策等方式开展环境群体性事件的治理。即使如此,环境群体性事件仍然挑战着地方政府的治理能力。

一 地方政府治理环境群体性事件的有益尝试

由于环境群体性事件的不断爆发,引发了中央和地方政府高度重视,采取了一系列的措施来治理环境群体性事件,并取得了相应的成效。第一,制定了保护环境的相关法律法规。自改革开放以来,国家制定了许多环境保护的相关法律法规,初步形成了环境保护的法律法规体系。如国家制定了《中华人民共和国水污染防治法》《水污染物排放许可证管理暂行办法》等 12 项水污染的专门法律以及《地面水质量标准》《污水综合排放标准》等 24 种水环境保护标准。许多地方政府依据国家的法律法规制定了相应的地方法规。

第二,实行了环境问责制。环境群体性事件产生的深层原因,是地方政府自己片面追求 GDP 增长的结果。在发生环境群体性事件后,许多地方政府已实行了环境问责制,也有些实行了"环保一票否决制",大力整顿企业,关闭高污染企业。许多地方政府对造成污染事故负有领导责任的各级领导干部,按问责制要求,追究领导责任。

第三,地方政府借助外力监督环境保护和引入民众参与环境决策。地方政府短期行为容易引发环境群体性事件。但环境群体性事件就是一把双刃剑,使地方政府经过环境群体性事件的切肤之痛后,也会借助社会力量大力治理环境污染问题,加大环境污染的监督力度。同时,地方政府引入社会力量参与环境决策,利于克服种种阻力,加大环保的监督力度和环境评价影响。

第四,部分地方政府已开始利用网络技术来应对环境群体性事件。在环境群体性事件爆发后的持续时间段里，地方政府已开始利用网络技术来加以监控。同时，地方政府开始注意新闻媒体网络对环境群体性事件的正面功效。有些地方政府已实现了在政府网站上公布环境信息。通过网络技术的运用，地方政府更加有效预警、追踪、预制群体性事件的态势，从而更有效处置该类事件。①

二 环境群体性事件对地方政府治理的挑战

第一，对政府多元主体利益协调能力的挑战。在大多数环境群体性事件中，作为直接利益相关者的政府、企业和公众持有不同的利益诉求，表现出基于价值认同不一的观念冲突或利益冲突。在政府方面，因为环境项目具有公共服务属性，无论是基于政绩考虑还是促进地方经济发展，都会极力推动环境类项目的规划建设；对企业而言，涉及环境类的项目具有一定的公共性和公益性，但企业的生产成本、经济效益仍然是其考虑的重点；而对于公众，在权衡经济和环境的益损关系时开始更多地倾向于后者，普遍表现出强烈的风险意识和对优质生活环境的追求。因此，每一个环境群体性事件的冲突中都杂糅着来自于政府、企业和公众间的行政、经济、技术和环保等多种因素之争，体现着各方价值观念和立场的难以协调性。政府必然要探寻一种化解冲突、协调多方利益的机制，既要维持生态环境，又要促进地方经济发展，但这对地方政府而言并非易事。②

第二，对政府现行决策模式的挑战。环境群体性事件的一大特点就是被环境问题影响的特定人群事前并不知晓政府与企业的行为，更没有机会参与到政府关于选址问题的决策中。这一冲突揭露了政府现行决策模式的弊端，即政府相关部门对污染型企业的选址、对环境治理的策略等决策过程，没有让广大的民众真正参与进来，特别是面临环境风险的弱势群体，甚至可以说他们的知情权被剥夺了。可以看出现行的政府决策模式是导致环境群体性事件出现的一个重要原因，而这种冲突的愈演愈烈也凸显了现代政府决策理念的重大缺陷。因此，杜绝环境群体性事件或者缓解冲突的当务之急就是政府要转变决策理念，打破固有的决策观念与模式，有效吸取民众的意见，多给民众参与的机会。环境类的决策可以先由专家组提出方案，然后吸纳利益相关的民众参与到其制定过程中，对政策建言献策，使决策体现民众的真实意愿，实现真正的民主协商。③

---

① 参见张有富《地方政府应对环境群体性事件机制研究》，硕士学位论文，云南民族大学，2012年。
② 参见伍玉振、昌业云《政府邻避冲突治理中价值选择困境与化解》，《行政与法》2018年第6期。
③ 参见王彩波、张磊《试析邻避冲突对政府的挑战——以环境正义为视角的分析》，《社会科学战线》2012年第8期。

第三，对政府综合治理能力的挑战。首先，地方政府在管控和治理企业污染能力不足。地方环保部门在环境执法中的人力不足、资金有限、技术不达标，大大限制了其环境执法能力；目前一些污染企业的违法成本低，也弱化了地方的环保执法行为。其次，地方政府应对环境突发事件的能力较弱。当群体性事件事态不断扩大时，地方政府通常遇到一个困境：即如果不采取强硬措施，恐怕事态会趋于恶化，社会稳定将会受到严重威胁；但如果采取强硬措施，则政府顿时将处于舆论的焦点，成为众矢之的。地方政府在群体性事件发生时，还难以从容有效地在"强力维稳"与"柔性疏导"之间做出选择，而无论选择哪种应对策略，都会对环境群体性事件的发展进程产生直接影响。

第四节　地方政府治理环境群体性事件路径

在环境群体性事件的治理过程中，为更有效地应对环境群体性事件的挑战，地方政府需要遵循基本的治理原则，从而构建完善的环境群体性事件治理机制，在制度框架内化解环境群体性冲突。

一　地方政府治理环境群体性事件的基本原则

（一）以人为本原则

党的十九大提出以人民为中心的发展导向，要求地方政府一切工作的开展要坚持以人为本，切实考虑广大人民群众的利益。环境群体性事件不同于一般群体性事件，环境群体性事件的起因是公众的环境生存权受到了威胁或侵害，生命健康受到威胁，采取激烈形式对抗，也是迫于无奈。地方政府不能滥用权力和警力，侵害人民的环境生存权，同时不能以环境为代价片面追求GDP的发展。坚持以人为本的原则，才能从公众的利益出发，制定有利于缓解事态发展的治理措施。

（二）快速反应原则

环境群体性事件发生时，地方政府要坚持快速反应原则，组织好相关部门的人力、物力等，迅速决策，启动预案，识别环境群体性事件，判断其级别，采取行动。快速反应，有利于地方政府掌握主动权，避免事态升级扩大，反之，如果地方政府优柔寡断，行动迟缓，就会处处被动，后果可能更加严重。同时，地方政府要快速回应媒体与公众的关注，及时、客观、公正地公布信息，避免谣言和猜疑，维护社会稳定。因此，地方政府在处置环境群体性事件时要发现快、反应快、处置快，才能取得好的治理效果。

（三）协调配合原则

地方政府应对环境群体性事件时，要以属地为主，充分行使行政权，及时调动各部门的力量，处理控制好环境群体性事件。一些重大的环境群体性事件，应及时上报上一级政府，请求力量支援，形成各级政府的力量协调配合。坚持属地为主、协调配合原则，一方面能发挥当地政府的主导优势，另一方面可以充分借助其他层级政府的支援力量，对于治理环境群体性事件具有积极作用。

（四）刚柔并济原则

地方政府在应对环境群体性事件时，应积极创造条件发挥协商民主的柔性治理优势，同时用刚性治理来弥补柔性治理的不足，即将协商民主与依法治理有机结合起来以有效预防和化解群体性事件。在预防、化解矛盾的不同阶段侧重不同的治理方式。通常，环境群体性事件的形成是一个由矛盾酝酿、蔓延升级、矛盾激化到爆发冲突的过程。地方政府可按照环境群体性事件的发展进程，分阶段有重点地采取恰当的治理方式。在日常行政中，重大决策侧重协商民主，日常管理侧重依法治理；在矛盾产生到群体冲突发生前侧重于协商民主；而在群体冲突发生后侧重于依法治理。[①]

二 地方政府治理环境群体性事件的实践机制

环境群体性事件的治理依赖政府多种策略的组合与运用，包括民主协商、信息公开、环评实施等关键行为。此外，为有效发挥地方政府治理策略的效用，还必须将实践经验凝练为理论，构建一套治理机制，引领与指导环境群体性事件的治理实践。

（一）环境群体性事件中政府治理的关键行为

第一，政府回应策略倾向的选择。政府回应策略倾向是指政府在环境群体性事件中面对公众质疑、抗争时为缓解危机所表现出的角色及采取行动的态度倾向。以2007年厦门PX事件为例，在回应策略倾向方面，厦门市政府能够保持克制和协商的姿态，态度温和、主动，当民众上街"散步"时，市政府没有对民众进行阻挠和镇压，而是维持现场基本秩序，表现出了协商的诚意，使得民众与政府均有协商的空间，为环评座谈会的召开创造了有利条件。

第二，环境信息的公开。政府的制度环境对环境群体性事件的演变过程有着重

---

① 参见项赠《协商民主与预防和化解群体性事件》，《理论探索》2016年第2期。

要影响。其中尤以信息公开制度最为重要，信息公开制度的不完善是引发环境群体性事件的重要原因。公开的信息应包括项目信息、环评信息、民意信息等。有效的信息公开能够安抚民众，也能够击破谣言，维持舆论稳定。公众"散步"前夕，厦门市政府以公开报道的形式，对若干民间疑问进行了解释。《厦门日报》下属的《厦门晚报》专辟两个重要版面，刊登万字长文，以环保局负责人答记者问的形式，正式就海沧 PX 项目进行全方位介绍。

第三，环境影响评价的实施。环评是判断企业是否达到环保要求所进行的相关评测，是与民众联系最紧密的环节。厦门市的环评结果在初始阶段受到了民众的质疑。面对质疑，厦门市选择了扩大环评范围，聘请新的环评团队进行重新环评。厦门市民称"环评报告简本出来后，很多人骂。但我很满意，10 的负六次方我看不懂。但我就看出政府想解决问题的诚意"。[①] 可见，厦门市重新环评赢得了市民的信任，表现出了政府解决问题的诚意。

表6—2　　　　　　　　厦门 PX 事件中政府治理关键行为

政府行为	过程表现	结果表现
回应策略倾向	克制、协商	创造了政府与民众协商空间、促进事件和平解决
信息公开	公开度高	民众信息源增加，民众情绪得到安抚
环评报告	扩大环评范围	民众对项目有重新了解
民主协商	参与决策	民众参与决策，对政策结果认同度高

资料来源：根据文献及网络新闻整理。

第四，协商民主制度的落实。"协商民主不仅具有某种直觉性的绿色诉求，而且尤其适合进行涉及长期性、一般性利益的集体决策，比如环境保护。"[②] 因此，民主协商渗透在环境项目决策的整个周期中，是政府治理的一种长效手段，是对公众的环境参与权的具体落实。2007 年 5 月 30 日厦门市政府召开新闻发布会，宣布缓建海沧 PX 项目，并启动公众参与程序，广开短信、电话、传真、电子邮件、来信等渠道，充分倾听市民意见。同年 12 月厦门市召开环评座谈会，听取民众意见。在此期间，民众的利益诉求得到了表达，民众的疑惑与情绪得到了宣泄。因此在街头"散步"后没有再发生过示威行动。

[①] 参见刘向晖、周丽娜《保卫厦门发起者讲述厦门 PX 事件始末》，《中国新闻周刊》2007 年 12 月 28 日。
[②] Walter F. Baber, Robert V. Bartlett, *Deliberative Environmental Politics：Democracy and Ecological Rationality*, The MIT Press, 2005.

（二）政府治理环境群体性事件的实践框架

环境群体性事件的发展有其自身的规律，公众情绪有着非线性均匀发展的不可控特征，也有着突然爆发的趋势，这对地方政府治理能力提出了巨大的挑战。为避免治理延误，政府在认清和把握环境群体性事件整体演变进程的前提下，依据相变理论，应首要确定环境群体性事件演变发展过程中可能的治理关键点——相变控制点。相变控制点随公众情绪发展而产生，它贯穿于环境群体性事件的始终，对于事态的发展起着决定性作用。找准相变控制点对于快速采取措施合理疏导公众情绪、引导公众共同参与环境决策具有重要作用。

环境群体性事件的政府治理主要存在 3 个相变控制点。首先是风险感知向危机传播的相变控制点，这一阶段相关信息舆论方才萌芽，公众通过某一初始事件或者零散的信息传播感知到风险，形成个人心理上的焦虑，政府是否能够采取恰当的措施对公众风险感知加以疏散，对公众情绪的走势产生重要影响。一旦公众风险感知未及时疏散，公众情绪则向危机传播阶段发展，极有可能走向第二个相变控制点：危机传播向集体行动的相变控制点。这一阶段信息进一步快速扩散传播，相关舆论进一步扩大，公众情绪进一步放大，公众行为虽然可能仍处于制度性表达范围内，但也极有可能进入集体行动的非理性化阶段。此时，政府仅面临着唯一的相变控制点，即采取非常规化方式，平息公众情绪，化解非合理的公众行为，使群体性事件消退。

地方政府的治理行为贯穿在环境群体性事件的演变全过程中。地方政府在制度性环境下采取的信息公开、环评报告、民主协商等行为等对环境群体性事件演变的各阶段均具有重要影响。政府采取一系列治理行为，影响的是公众情绪的表达。如果定义公众情绪为自变量，公众参与群体性事件行为为因变量，则政府治理行为就作为调节变量存在。相应的，政府治理行为的调节效应则意味着公众情绪与公众参与群体性事件行为的因果关系随调节变量的取值不同而产生变化。换言之，不同的治理行为在不同阶段发挥作用对公众情绪引导的作用效果却不一样，如果引导不合理就演变成爆发性的公众抗争。

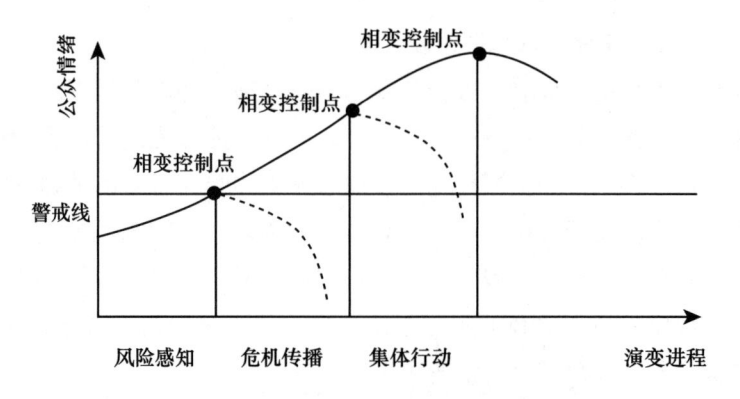

图6—2 政府治理环境群体性事件的相变控制点

资料来源：根据文献及网络新闻整理。

首先，在风险感知阶段内，民众原本接受相对零散的信息，此时政府采取公开项目信息，向民众普及环境知识，发挥"减压器"的作用，能够极大地减轻民众的焦虑情绪；其次，危机传播阶段内，政府需要与关键公众代表或意见领袖面对面沟通，此时政府采取环评报告的听证会，在一定的缓冲时间内，同样可以影响公众情绪在制度化环境下进行利益表达，防止事件向"无序相"发展；最后，在集体行动阶段内，由于事态的明显波动性，通过迅速扩大协商沟通的常规渠道范围，使更多的公众参与决策过程，能够最有效满足群体的行动目标，让事态回归理性，避免爆发性公众抗争的现象发生。根据以上分析，可建立政府治理环境群体性事件的实践框架，如图6—3所示。

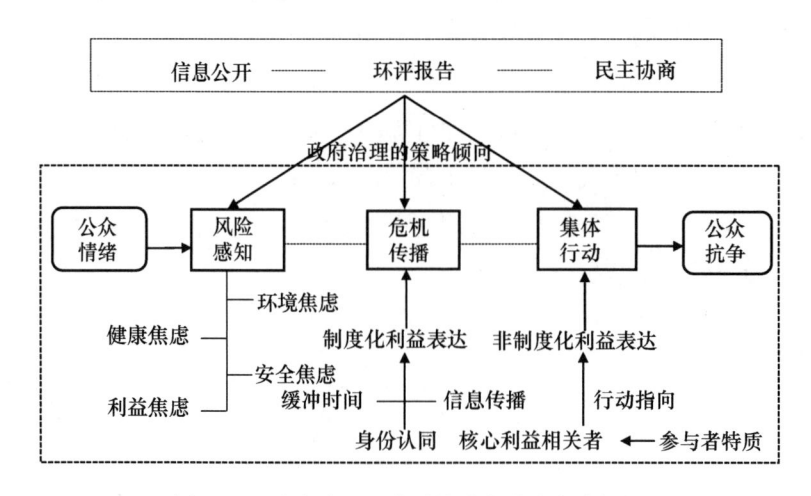

图6—3 政府治理环境群体性事件的实践框架

资料来源：根据文献及网络新闻整理。

第五节　小结

　　环境群体性事件治理是国家治理体系与治理能力现代化的内容之一。地方政府充分整合市场企业、社会公众以及中介机构（第三方组织）等主体共同参与环境群体性事件的治理，对于改善环境群体性事件治理效果至关重要。政府应在充分认识环境群体性事件生成机理与发展脉络的基础上，构建一套完善的运行机制，有效应对环境群体性事件对政府决策模式与治理能力的挑战。同时，地方政府在通过民主协商、信息公开、环评实施等具体措施治理环境群体性事件时，必须遵循以人为本、快速反应、协调配合、刚柔并济等原则，积极响应多元主体的利益诉求。在具体实践中，注意环境群体性事件的事态变化过程，正确采用公开项目信息，普及环境知识等手段，降低民众焦虑情绪，防止事件向"无序相"发展，实现环境群体性事件的有效治理。

【思考与讨论】

1. 环境群体性事件的发生机理、影响机制与防治措施？
2. 试分析环境群体性事件治理过程中政府环境责任。
3. 环境群体性事件是如何从环境风险向社会危机演化的？
4. 请在社会冲突视角下，分析环境群体性事件中参与群体的行为演变。

【拓展阅读】

陈振明等：《群体性事件的成因与对策研究》，《东南学术》2010年第5期。

汪伟全：《环境类群体性事件研究》，中央编译出版社2016年版。

常锐：《群体性事件的网络舆情及其治理研究》，中国社会科学出版社2015年版。

李雪梅：《环境治理多中心合作模式研究——基于环境群体性事件》，人民出版社2015年版。

邓可祝：《政府环境责任研究》，知识产权出版社2014年版。

环境保护部环境应急指挥领导小组办公室：《环境应急概论》，中国环境科学出版社2011年版。

尹瑛：《冲突性环境事件中的传播与行动》，中国社会科学出版社2016年版。

周县华等：《环境公共治理多主体协同模式研究》，经济科学出版社2018年版。

第四章

网络舆情危机治理

网络舆情危机是互联网时代舆情危机的新形式。党的二十大报告提出,"健全网络综合治理体系,推动形成良好网络生态"。[1] 近年来,舆情危机以互联网为传播媒介爆发的形式越来越频繁,这也显示了舆情危机在新时期下的特点——与网络紧密结合。由于网络传播速度快,信息集散量大,且不受地域、时间和空间的影响,使得地方政府在有效管控与治理网络舆情危机方面面临着更大的挑战。因此,厘清网络舆情危机的基本内涵、正确认识网络舆情的发展阶段,了解目前地方政府网络舆情危机治理的现状及问题,对于地方政府建立有效应对机制、走出治理困境,提升地方政府治理网络舆情危机的能力具有重大意义。

第一节 网络舆情危机的内涵

网络舆情危机是公共危机在互联网迅速发展背景下产生的新的危机表现形式,是公民在网络上对某些公共事件表达负面的看法、态度和情绪。这种网络舆情的负面导向,往往使得公众对政府的积极期望被消极期望所取代,从而导致政府的公信力极度受损。[2] 本书认为,网络舆情危机的定义有 3 个层面的含义。一是网络舆情危机本身属于公共危机的范畴。它既具有公共危机破坏性、突发性和公共性的一般特征,也具有虚拟性、随意性和主观化的特点。二是网络舆情危机是网络负面舆情聚集并爆发的危机状态。一般而言,网络舆情由积极的、中性的和消极的三种舆情组成,而网络舆情危机是公众负面情绪的表达,所表现出的舆情状态属于消极层面。三是网络舆情危机对公共部门尤其是政府的公信力和合法性提出了挑战。由公共事件引发的舆情危机

---

[1] 习近平:《高举中国特色社会主义伟大旗帜 为全面建设社会主义现代化国家而团结奋斗——在中国共产党第二十次全国代表大会上的报告》,人民出版社2022年版,第44页。

[2] 参见李燕凌、丁莹《网络舆情公共危机治理中社会信任修复研究》,《公共管理学报》2017年第4期。

其最终指向是肩负管理责任的公共部门，对党和政府的公信力和形象带来挑战。网络舆情危机处置的好坏将直接影响公共部门形象，不同的处理结果会带来不同的效果，因此，网络舆情危机不仅对政府治理能力是一种挑战，也是公共部门重塑公信力的机遇。

网络舆情危机的特征包括以下4个特征。一是高发性和群体性。网络传播的发散性、交互性导致了网络舆情危机的高发性和群体性。网民通过网络媒体可以随时对感兴趣的话题展开讨论，加大了舆情危机的爆发的可能性；同时，谣言、虚假信息等非正常言论通过网络扩散，经民众通过网络媒体相互交流，引发人们的共鸣和响应，在"群体极化"机制的影响下，这种负面的网络舆情很容易在网民群体中无限扩大。[1]

二是主体匿名性和传播的广泛性。网络是一个时空互联、匿名隐蔽的开放式交流平台，网民借助于QQ、微信、微博等网络社交媒体，可以随时表达自己的意见、观点。网络信息传播突破了传统意义上的地域限制，在匿名交流的前提下很容易形成一个即时沟通互动的氛围，并迅速将信息向外传播与扩散。[2]

三是事态的速成性和难控性。网络的传播速度快，信息量大，当舆情危机发生时，传播速度相对于传统媒体更快、事态形成更为迅速。[3] 网络传播者多元化以及网络本身具有的虚拟性、扩散性、渗透性和随意性等特征，使得网络舆情在发展、演化过程中的方向发展具有不确定性，使得网络舆情危机往往难以控制。[4]

四是危害的严重性和持续性。网络舆情危机的危害严重性表现在其借助网络的力量迅速传播，不受地域、时间和空间的限制，快速传播的负面信息极易引发民众的不满情绪并产生共鸣，不利于社会的稳定与发展，造成大的危害性。其危害持续性则表现在网络舆情危机往往会对到政府的公信力提出挑战，虽然没有物质上的破坏或经济上的损失，但其实质上却从思想和价值层面影响了政府形象，这种影响是深远和持续的，在短时间内难以消除。[5]

第二节　网络舆情危机的发展阶段

网络舆情危机和其他事物一样，都是有生命周期的，网络舆情危机的生命周期

---

[1] 参见兰月新、董希琳、苏国强、赵红培《公共危机事件网络谣言对网络舆情的影响研究》，《图书情报工作》2014年第9期。

[2] 参见相丽玲、王晴《信息公开背景下网络舆情危机演化特征及治理机制研究》，《情报科学》2014年第4期。

[3] 参见史波《公共危机事件网络舆情内在演变机理研究》，《情报杂志》2010年第4期。

[4] 参见朱恒民、苏新宁、张相斌《互联网舆情演化的动态网络模型研究》，《情报理论与实践》2010年第10期。

[5] 参见许鑫、章成志、李雯静《国内网络舆情研究的回顾与展望》，《情报理论与实践》2009年第3期。

表现为 4 个阶段，也就是网络舆情危机的潜伏期、网络舆情危机的成长期、网络舆情危机的成熟期、网络舆情危机的衰退期（见表6—3）。[①]

表6—3　　　　　　　　　网络舆情危机的发展阶段

发展阶段	具体表现形式
网络舆情危机的潜伏期	网络舆情依靠社会的各种热点问题，引起了网民关注。网民在网络空间里自由地批判、讨论、交流，在这个过程中，网络舆情会慢慢形成，积累到一定程度后，网络舆情就由潜伏期转变到成长期
网络舆情危机的成长期	网络热点事件会促使不同网民之间进行深度的交流和讨论，最后形成比较一致性的群体意见。统一的群体意见会促使行动群体向同一个方向发展，个人的意见消失，形成高度一致性集体心理
网络舆情危机的成熟期	网民意见在网络媒体资源的促进下，其融合性进一步提高，社会热点的舆情倾向特点开始出现，其影响力不断提高；其后，舆情领袖的作用在强势媒体的宣传中得到不断加强；最后，不同选择倾向的网络意见开始分化，而那些处于支配地位的意见被网民们视为最为权威的意见，于是形成了一个主流意见，舆论就达到了一个"高峰期"
网络舆情危机的衰退期	网络事件自身热度逐渐消散，或者是注意力被其他网络事件转接了，旧的网络事件被各大媒体摘下头条，而新的社会热点取而代之，民众的视野就转移到新的社会热点身上

资料来源：根据相关文献整理。

在了解网络舆情危机发展阶段的基础上，根据每一发展阶段的基本特征，可以画出网络舆情危机随发生时间而形成的发展态势的示意图（见图6—4）。

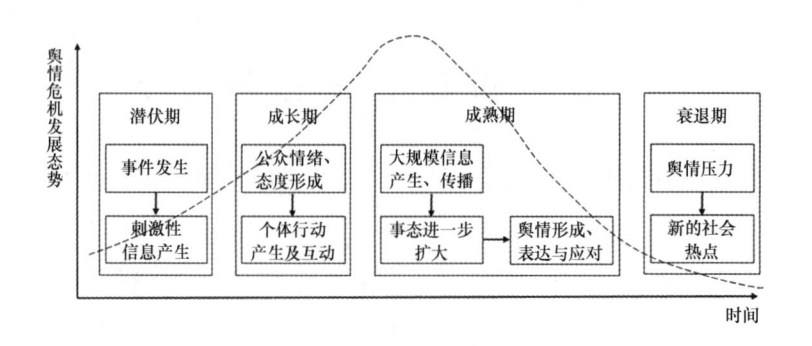

图6—4　舆情危机发展阶段

资料来源：根据文献整理。

[①] 参见张磊《基于生命周期的网络舆情危机管理知识集成研究》，《情报杂志》2015年第10期。

第三节　网络舆情危机的地方政府治理现状

本节主要介绍地方政府治理网络舆情危机的现状及问题。由于地方政府是处理网络舆情危机的重要力量，地方政府应对网络舆情危机的能力强弱，直接关系到网络舆情危机能否被妥善解决。因此，了解当前地方政府在网络舆情危机治理方面的现状与问题，具有重要意义。

一　地方政府治理网络舆情危机的现状

近年来由于网络突发事件频发，公共部门对网络舆情危机的引导与治理愈发重视。地方政府在应对网络舆情方面也做出了许多努力。第一，网络成为地方政府治理的重要对象。随着信息时代的不断发展，网民已然成为一个新的社会群体，他们通过网络传递信息、发表意见，在一定程度上反映了现实中的民意。目前，网络已成为地方政府公共治理的重要对象。目前，有许多地方政府开通了政务微信、微博，发布重要信息。在网络舆情危机中，以上工具也可以发挥公布权威信息、辟谣澄清等重要作用。

第二，互联网治理机构日益健全。针对网络舆情危机，中国逐步设立健全了互联网治理的各类机构，从中央到地方，承担起网络舆情的治理职责。2002年3月起，根据中央要求，国务院及有关部委均增设了互联网治理的机构，如信息产业部、公安部、文化部分别设立了电信管理局、公共信息网络安全监察局和网络文化处，地方党委和政府也根据中央要求，开始与中央设立的互联网治理机构进行对接，成立治理网络舆情的专职机构，明确相关责任。[①] 2011年5月，国务院批准设立国家互联网信息办公室，随后国内大多数省（区、市）和地级市都建立了相应网络舆情工作机构，统一接受国家互联网信息办公室的领导。2014年2月中央网络安全和信息化领导小组成立，其办事机构为中央网络安全和信息化领导小组办公室，2018年领导小组改为中央网络安全和信息化委员会，国内大多数省（区、市）和地级市都建立了相应网络舆情工作机构。

第三，网络信息技术的运用力度日益增强。在国家层面上，金盾工程即公安信息化工程启动，这套包含数据库与监控网络的网络安全软件，对互联信息治理有了针对性的功能设计，包括对特定网络信息的封锁，过滤部分地址、网页，监控网络

[①] 参见彭知辉《政府视域网络舆情研究现状及反思》，《情报杂志》2014年第9期。

活动，收集相关情报等。在地方层面上，各地方（主要是省、市两级）也按中央要求不断加强对网络信息技术的应用，利用信息技术丰富案例库、完善网络舆情信息的收集、分析能力，提升网络信息与网络舆情的治理能力。总之，随着互联网技术的不断更新，中国公共部门依靠网络技术治理互联网的探索也日益深入，并逐步走向成熟。①

二　中国地方政府治理网络舆情危机的问题分析

尽管地方政府在网络舆情治理上做出了许多努力，但在有些方面仍存在问题，主要包括以下几个方面。第一，权威信息滞后。目前不少地方政府对网络舆情危机的治理仍处于探索阶段，对舆情信息的监控力度不足，使得地方政府不能及时回应负面舆情信息，可能会最终导致网络舆情危机爆发。如果地方政府缺乏危机意识，对网络舆情持鸵鸟心态，任由负面的网络舆情传播，那么有些小问题就可能演变成为网络舆情危机，其影响甚至可能从网上的虚拟社会蔓延到现实社会中。②

第二，监测分析手段落后、应对措施不当。在舆情监测方面，目前不少地方政府对网络舆情的监测分析手段落后，对舆情危机的预警迟缓。可能会导致网络舆情中的负面信息不断积累发酵，网络舆情危机进一步升级。在应对措施方面，当前多数地方政府的应对网络舆情危机的方式主要分为3种：一是忽视，不予回应；二是采用高压态势，让媒体集体噤声；三是用技术手段把负面不利的信息全部删掉。但这些做法会让公众更加质疑政府是在掩盖事实，进一步引发舆论热议，反而会使事态逐步恶化。③

第三，缺乏舆情监管专业人员。目前，不少地方政府在应对网络舆情危机时，采用的人员组织方式是事件爆发后临时抽调相关人员，组成临时的危机治理小组。而这些临时抽调过来的人员很大程度上并不具有网络舆情危机的处理经验和专业知识，很难有效处理危机事件。加之网络传播方面专业技术人才的缺乏，使得地方政府对网络舆情的掌控能力有限，在危机处理过程中显得力不从心，严重时还会导致网络舆情危机的进一步升级。④

第四，缺乏完善的应对机制。目前地方政府在应对网络舆情危机时很大程度上

---

① 参见戴维民、刘轶《我国网络舆情信息工作现状及对策思考》，《图书情报工作》2014年第1期。
② 参见潘攀、罗建文《政府公共危机意识论析》，《经济体制改革》2010年第2期。
③ 参见梅松《政府网络舆情治理中的主要问题及对策思考》，《电子政务》2011年第6期。
④ 参见孙彩虹《社会管理创新视阈下网络舆情的引导与法律规制》，《河南大学学报》（社会科学版）2013年第6期。

仍然采取较为传统的管理模式。一是舆情事件发生后只向上级汇报，舆情信息传递的渠道较为单一，且工作停留在汇报请示的研究上。二是缺少相应制度来明确地方党委和政府间的协作分工和沟通，容易导致资源调动的不协调。三是地方政府舆情危机治理应对机构不健全。多数地方政府并没有常设的专门从事舆情危机处理的机构，人员具有不确定和临时性，对于危机事件的有效处理不利。四是地方政府部门权责不明，领导牵头部门缺位，舆情危机一旦发生，容易产生消极应对、互相推诿的局面。[1]

第四节　地方政府治理网络舆情危机的长效机制

本节主要介绍地方政府应对网络舆情危机时的原则与相应的机制建设。地方政府在应对舆情危机时，要遵循四个原则：责任原则、主动性原则、快速反应原则、信息公开原则。[2] 地方政府通过主动出击、勇于承担责任、快速反应并处理事件，及时公开相关信息，有利于树立良好的地方政府形象，化解网络舆情危机（见表6—4）。

表6—4　　　　　　　　地方政府应对网络舆情危机的原则

政府应对的原则	具体内涵
责任原则	当网络舆情危机发生时，地方政府应该勇于承担责任，这是地方政府在网络舆情回应中所要坚持的首要原则
主动性原则	地方政府应该更加重视大众传媒的力量，不仅要管理好传媒，更要利用传媒掌握舆情的主动权，主动向公众传递事实真相和报道事件处理进展
快速反应原则	政府应该在第一时间直面网络舆情危机，在第一时间传出官方消息，杜绝谣言的肆意蔓延
信息公开原则	政府的信息公开应做到客观准确，做到信息的及时公开。同时要善于借助网络媒体和传统媒体的力量，发布权威信息，回答公众质疑

---

[1] 参见喻修远《网络舆情政府监管的问题与对策》，《中国行政管理》2016年第11期。
[2] 参见赵珞琳、何笑然、田丽《我国网络舆情系统存在的功能性问题及对策》，《图书情报知识》2016年第3期。

一　建立全面的危机预警机制

预警机制主要包括网络舆情监测机制、网络舆情汇集机制、网络舆情分析机制以及网络舆情警报机制，组成应对网络舆情危机的第一道防线。

网络舆情监测机制主要负责信息的监测，以发现信息异常变化和突发情况。一是建立完善的计算机信息网络系统和信息监测技术，提供信息全方位、立体化、实时化监测。二是要建立专业的网络舆情信息监测机构，与政府其他职能部门建立信息传递通道和信息沟通机制。三是要建立重点排查制度，即定期对一些重点网络论坛、博客、即时通讯上的信息进行排查，以及在特殊时期，围绕特定事件进行的临时性的专项信息排查。[1]

网络舆情汇集机制是预警机制的中心环节。其任务是在信息监测的基础上，对特定事件的网络舆情信息进行搜集和整理工作机制。一是要求汇集的信息要真实。二是汇集的信息要全面，无论正面或是负面的信息都要进行汇集，不能断章取义。三是要进行初步的整理加工，要有汇集的整体思路和信息的简单归类，在纷繁复杂的信息中加以筛选与整合。

网络舆情信息分析机制是预警机制的核心环节。其任务是对汇集的信息，借助专业的分析技术和工具，把握网络舆情危机的引发因素和动态变化，进而为网络预警提供参考性信息和意见。一是注意多角度、多层次分析。由于网络舆情主体构成的复杂，会对同一个事物发表很多不同的意见。因此，分析网络舆情需要从多角度思考，并注意网络舆情的层次性问题。二是要建立网络舆情专家聘任制度，利用网络舆情领域权威专家的力量，协助政府网络信息部门做好网络舆情的分析工作。三是利用社会专业的调查机构开展专题性的网络舆情调查工作。一方面可以最大程度发挥社会力量，弥补政府能力的不足，另一方面，可以实现网络舆情信息分析的中立性要求，提供科学的参考性建议。[2]

第四，网络舆情信息警报机制是预警机制的最后环节。其任务主要是对有可能形成的网络舆情危机进行预警，为后续防范工作打下基础。一是要建立预警指标体系，超过一定的预警指标，即达到危机警报的要求，便可以发布危机信息。二是确定危机警报的级别。参照突发性事件的紧急程度，将网络舆情危机事件预警分为三级。轻度危机，三级，用蓝色标识，采取一般警示措施；中度危机，二级，用黄色

---

[1] 参见曾润喜、徐晓林《网络舆情突发事件预警系统、指标与机制》，《情报杂志》2009年第11期。

[2] 参见唐涛《基于情报学方法的网络舆情监测研究》，《情报科学》2014年第1期。

标识，采取特别警示措施；高度危机，一级，用红色标识，采取危险警示措施。三是要建立向内的预警汇报制度和向外的警示公布制度。使政府体系内外都能明确危机的存在及其状况，以便做好后续的防范和引导工作。①

表6—5　　　　　　　　　　网络舆情危机预警机制

网络舆情监测机制	以强大的计算机信息网络系统和信息监测技术为支撑，提供信息全方位、立体化、实时化监测的硬件条件
	有明确的监测任务和高超的监测能力，并与政府其他职能部门建立信息传递通道和信息沟通机制
	建立重点排查制度，定期对一些重点网络论坛、博客、即时通讯上的信息进行排查
网络舆情汇集机制	汇集的信息要真实
	汇集的信息要全面。能全面反应舆情状况，不能断章取义
	对纷繁复杂的信息简单归类
网络舆情分析机制	从多角度、多层次分析
	利用网络舆情方面权威专家的力量，协助做好网络舆情的分析工作
	利用社会专业的调查机构开展专题性的网络舆情调查工作
网络舆情警报机制	要建立预警指标体系
	确定危机警报的级别
	建立向内的预警汇报制度和向外的警示公布制度

二　建立危机引导机制

第一，加强政府门户网站的建设。为实现政府网站在网络舆情危机中的信息主导作用，必须要完善当前政府网站的建设。一是要加强政府网站的权威性和吸引力，及时发布权威信息，实时更新网站内容，吸引更多网民关注。二是在服务网民方面不断创新，设置便捷的登录、浏览、发言方式，以及与其他知名网站建立友好联系和链接，使网民可快速便利的访问政府门户网站。三是在重大网络舆情事件中，通过政府网站发布权威信息，及时回应网民质疑，使其成为官民互动的平台，从而增加人们对政府网站的信任度和依赖感。②

第二，建立和完善网络新闻发言人制度。一是规范网络新闻发言具体流程，规

---

① 参见王青、成颖、巢乃鹏《网络舆情监测及预警指标体系构建研究》，《图书情报工作》2011年第8期。

② 参见李萍《地方政府网络舆情应对机制研究》，《陕西行政学院学报》2010年第2期。

范网络发言行为,明确网络新闻发言人职责。二是提高网络新闻发言人的新闻发言能力。一方面了解政府部门的日常工作、主要政策以及自己新闻发言权责范围。另一方面了解网络的特点、网友的诉求和媒体的情况,掌握新闻发言的方法和技巧,与网友沟通的手段以及与媒体打交道的策略。三是要健全网络新闻发言的评估问责机制。评估方面,建立定期和不定期网络新闻发言的考核制度。四是建立网络新闻发言人与相关政府职能部门的协作机制。①

第三,利用议程设置来引导舆论走向。在网络上,不同性质的网络群体针对同一事件,都会设定符合自身特点和利益需要的议程。根据参与主体不同,网上议程大体可以分为三种类型,即网民议程、媒体议程和政府议程。网络舆情危机实质上是网民议程和媒体议程向政府议程转变的一种形态,如果政府不能主导议程设置,而被动应对,便无法实现对网络舆情的引导。在网络舆情危机中,政府可以通过信息公开,设置与危机事件相关的新议程,并组织有关力量参与议程的讨论,化被动为主动,掌握主导权。这样一方面可以分化原有危机事件议程的压力,另一方面有利于网络舆情朝向政府所引导的议程方向转变,促进网络舆情的理性化,形成网上健康的、强势的主流舆论。②

第四,合理的使用现代引擎搜索技术。当前,网民对搜索引擎的依赖性越来越高,网民通过搜索引擎搜集信息是一种趋势。因此,政府应加强对搜索引擎的利用,将政府的正面回应置于事件关键词搜索结果首页,并在搜索结果页面的右侧显现官方对事件的宣传和报道等信息。利用网民对搜索引擎的依赖,对搜索引擎的新闻和信息进行重新布局和设置,干预网民获取信息的渠道和内容,获得强势话语权,影响网络舆论。通过利用搜索引擎的信息结构进行网络公关,影响网络舆论,使政府的官方信息能够有效传达至公众,从而引导网络舆情走向。③

第五,提高领导干部网络舆情的引导能力。一是要培养领导干部尊重网络民意的意识。领导干部要将网络舆情看成快速把握民意的通道,并克服惧怕、抵制等不良心理,将政府服务、网民心声和社会需求有机结合起来,发挥良好的引导效应。二是要提高领导干部对网络舆情危机的规律性认识。领导干部只有深刻认识网络舆情危机的发生和发展规律,了解网民的普遍心理,才能有针对性对网络舆情进行有效引导。三是要提高领导干部在引导网络舆情危机的技巧,善于利用政府的舆论优

---

① 参见祝军《网络舆情危机及应对机制探究》,《领导科学》2012年第27期。
② 参见胡珑瑛、董靖巍《网络舆情演进过程参与主体策略行为仿真和政府引导》,《中国软科学》2016年第10期。
③ 参见曾润喜《网络舆情管控工作机制研究》,《图书情报工作》2009年第18期。

势，借助于现代化的传媒手段，通过有效的信息沟通、交流，以引导网络舆情的方向。四是要加强领导者心理素质培训，对危机情境下开展心理教育和干预，增加心理弹性水平，不断提升网络舆情危机的抗压心理和能力。[1]

表6—6 网络舆情危机引导机制

加强政府门户网站建设	加强政府网站的权威性和吸引力，及时发布权威信息
	设置便捷的登录、发言的方式，与其他知名网站建立友好链接
建立和完善网络新闻发言人制度	规范网络新闻发言具体流程
	提高网络新闻发言人的新闻发言能力
	健全网络新闻发言的评估问责机制
利用议程设置引导舆论走向	引导网络舆情向政府设置的议程方向转变
合理使用现代引擎搜索技术	干预网民获取信息的渠道和内容，影响网络舆论
提高领导干部网络舆情的引导能力	提高尊重网民的意识及网络舆情危机的规律认识，掌握、应对技巧提升抗压能力

三 建立网络舆情危机反应的协作联动机制

第一，政府部门间的交流协作机制。应对网络舆情危机，需要政府部门发挥系统整合的作用，建立部门间的交流协作机制。一要建立各部门信息资源共享机制。以电子政府建设为契机，以现代化的信息技术为平台，破除信息数字鸿沟，实现各部门信息共享。二要建立起舆情联席会议制度，定期召开舆情分析会议，认真分析舆情产生的原因、发展趋势及其影响，准确把握本地区网络舆情的动态，主动预判，及时做出策略调整。三要建立针对特定舆情危机的临时协作小组制度。[2]

第二，注意网络公关部门与新闻媒体的交流合作。当网络舆情爆发时，妥善处理与媒体的关系是一个重要环节。政府要善用媒体、善管媒体，建立与媒体间的新型关系，允许媒体从不同角度对事件进行报道，充分利用媒体作为思想交流的减压阀、信息传播的风向标、社会和谐进步的助推器的作用，鼓励媒体独立地做调查研究工作，充分利用媒体做好网络舆论引导工作。合理发挥传统主流媒体的作用，通过新闻发布会、记者招待会等形式，及时将政府部门对网络舆情危机事件所做出的反应、采取的措施、办理查处的结果等信息反馈给社会公众；收集

---

[1] 参见肖文涛、范达超《网络舆情事件的引导策略探究》，《中国行政管理》2011年第12期。
[2] 参见史波《公共危机事件网络舆情应对机制及策略研究》，《情报理论与实践》2010年第7期。

社会公众的看法和意见，并努力使它们进入到政策议程中来。加强政府官方媒体网络版的建设，通过微博、公众号、政府信息平台等建设，提升社会关注度和影响力；制定新闻发布的规范，倡导网络新闻媒体的自律，强化其新闻发布的把关人角色；寻求与传统媒体互动的通道和手段，如新闻连接、适时转帖、专题讨论等，实现两者在信息传播中的合作机制。①

第三，善于利用和发挥意见领袖的推动作用。当网络上出现危机事件的时候，公众一方面在海量的信息中，难以寻找真实可信的信息，另一方面，对多方言论、多变信息，公众难以取舍，无所适从。因此，政府在网络舆情危机反应中，应该注重意见领袖的作用，良性引导网络舆情方向。一是要建立意见领袖库，对每次事件中，发挥主要作用的意见领袖，建档备案，并加强信息沟通，努力使其为我所用；二是政府要有意识地培养自身的意见领袖，一方面要利用政府权威领导人的网络言论，发挥意见领袖的作用，另一方面，在从事网络工作的人员中，有意识和有组织地培育一部分人员，使其成为意见领袖。三是要与网络评论员制度结合起来，使网络评论员在进行网络评论时，发挥意见领袖的作用。②

四　建立公民与政府的网络沟通机制

第一，构建公民参与的网络平台，完善制度化沟通的主渠道功能。政府网络平台的整合、升级、创新是公民网络政策参与的前提与基础。为此，要进一步创新网络制度化沟通的主渠道。一是建立公民参与的网络直达通道。各级政府网站要建立直通领导层、管理层，以及人大代表、政协委员的公共政策互动平台，满足公众的政策咨询、政策建议、政策讨论的需要。二是建立公民参与的网络立交通道。并致力于制定、推行统一数据的标准，为实现跨部门、跨系统、跨地区数据的共享与协同及政民信息流通搭建平台。

第二，践行互联网群众路线，强化制度化沟通的互动功能。在制度化沟通中，公民积极参与是前提，政府主动引导是关键，政民良性互动是核心。制度化沟通的引导机制做得好，网络政策参与中的沟通才能得到保证。从公民角度看，公民要理性参与、有序参与，要从增强自我管理、自我约束、自我教育等网络自律行为做起。从政府角度看，政府要重视网络外生型参与和网络内生型参与的制度化沟通引导。

---

① 参见朱四倍《突发事件中的网络舆情危机及应对机制研究》，《新闻界》2011年第2期。
② 参见袁川、胡小红、方亚伟《政府网络舆情有效应对机制研究》，《求实》2014年第3期。

第三，推动"互联网+公共政策"，提升制度化沟通的政策效应。一是沟通主体要具有政策意识。网民要从对网络议题的关注、公共问题的围观转变到公共政策的参与上，不仅关心公共问题更要关心公共问题中的政策因素与政策作用。二是政府及其政策制定者要从网络管制向网络服务转变，要面对呈几何式增长的网络信息提升自己的信息鉴别能力，筛选出真正有沟通价值、政策价值的信息。三是网络沟通的制度创新。政府要建立信息公开制度、及时回应制度、沟通监督制度、互动评估制度等。要从制度上建立和完善网络沟通的长效机制，为网络制度化沟通的政策效应最大化提供制度保障。

第五节　小结

网络舆情危机是公共危机在互联网迅速发展体系下产生的新的表现形式。网络舆情危机本身属于公共危机的范畴，一方面它是网络舆情聚集并爆发的危机状态，另一方面也对公共部门尤其是政府的公信力和合法性提出了挑战。网络舆情危机包括四个方面的特征：一是高发性和群体性；二是主体匿名性和传播的广泛性；三是事态的速成性和难控性；四是危机的严重性和持续性。它与其他事物一样，都有生命周期，具体表现为网络舆情危机的潜伏期、成长期、成熟期和衰退期四个阶段。当前，公共部门对网络舆情危机的引发愈发重视，互联网治理机构健全，且网络信息技术的运用力度日益增强。虽然地方政府在应对网络舆情方面做了很多努力，但某些方面仍存在问题，例如权威信息滞后、监测分析手段落后、应对机制的缺乏、舆情监管专业人员的缺乏等，这将对社会秩序的稳定产生直接影响，进而有损政府形象，降低政府的公信力。因此，加强舆情信息工作，建立危机预警机制、危机引导机制、危机反应的协作联动机制以及危机沟通机制将成为政府治理能力建设、执政水平提高的一项重要任务。

【思考与讨论】

1. 如何理解网络舆情危机？它的特征是什么？
2. 网络舆情危机分为几个发展阶段？其发展阶段有何特点？
3. 目前中国地方政府在网络舆情治理中存在哪些问题？
4. 地方政府应如何科学应对舆情危机？

【扩展阅读】

刘毅:《网络舆情研究概论》,天津人民出版社 2007 年版。

谢金林、杨维东:《网络舆论危机下的政府形象管理研究》,人民出版社 2015 年版。

刘波维、曾润喜:《网络舆情研究视角分析》,《情报杂志》2017 年第 2 期。

李燕凌、丁莹:《网络舆情公共危机治理中社会信任修复研究——基于动物疫情危机演化博弈的实证分析》,《公共管理学报》2017 年第 4 期。

李鸣:《重大公共事件网络舆情云治理研究》,《中国行政管理》2015 年第 7 期。

刘怡君等:《重大生产安全事故的网络舆情传播分析及其政策建议——以"8·12 天津港爆炸事故"为例》,《管理评论》2016 年第 3 期。

第 五 章

暴恐犯罪治理

党的二十大报告指出，要"强化社会治安整体防控，推进扫黑除恶常态化，依法严惩群众反映强烈的各类违法犯罪活动"。[①] 天下大治是最大的国家公益产品。[②] 只有天下大治，百姓才能安居乐业；只有天下大治，国家才能繁荣昌盛。天下大治的基础就是社会稳定和长治久安。然而近年来各类极端事件频发严重破坏社会稳定，同时也对地方政府治理能力提出挑战。本章首先分析了暴恐犯罪的概念和特点，并对当前中国暴恐犯罪的特征和产生原因进行了分析，最后提出暴恐犯罪治理路径。

第一节 暴恐犯罪的概念与特征

什么是暴恐犯罪，暴恐犯罪具有怎样的特点？本节首先对暴恐犯罪相关概念进行解析，然后对暴恐犯罪的特点进行概括。

一 暴恐犯罪的概念

暴恐犯罪，即暴力恐怖主义犯罪的简称。暴力犯罪不属于特定的刑法术语，不是刑法的一个独立罪种，而是所涉及的一类犯罪行为的总称。暴力犯罪有狭义与广义之分。狭义的暴力犯罪是指侵犯他人人身权利和财产权利，并造成严重后果的攻击型犯罪，如杀人罪、伤害罪、爆炸罪、投毒罪、组织暴乱罪等。广义的暴力犯罪是指含有暴力因素的一切犯罪行为，不仅是指已经实施了暴力的犯罪，而且包括以暴力相威胁而达到目的的犯罪。同时，从刑事实体法之角度来看，所谓"暴力"是

[①] 习近平：《高举中国特色社会主义伟大旗帜 为全面建设社会主义现代化国家而团结奋斗——在中国共产党第二十次全国代表大会上的报告》，人民出版社2022年版，第54页。

[②] 《国情报告》2014年专刊第9期，2014年4月26日，作者为胡鞍钢、马伟、鄢一龙；后发表在《新疆师范大学学报》2014年第5期。

指直接或者借助自然、物理之力对他人自由权、健康权、生命权施加强力打击或者强制行为。其范围不仅包括捆绑、拘禁、殴打、伤害、杀害、决水、爆炸等有形力，还包括施行催眠、麻醉、用酒灌醉等无形力；而暴力的程度则不仅仅包括对他人人身自由、健康或者生命造成损害，还包括尚未对他人人身安全造成损害，但已构成了对他人人身安全之威胁情形。

从行为主体来看，暴恐犯罪的实施主体可以是个人或者组织；从行为对象来看，暴恐犯罪的对象可以是政府、民众、社会机构或者国际组织；从行为手段来看，暴恐犯罪通常采用暴力、破坏、恐吓等方式；从行为目的来看，暴恐犯罪往往具有一定的政治性或社会性目的。

二 暴恐犯罪的特征

暴恐犯罪具有一些明显的特征，暴恐分子往往与分裂势力勾结，具有明显的政治目的；暴恐犯罪往往采用残忍手段，社会危害性巨大；暴恐犯罪的袭击目标具有不特定性，并且呈现扩大趋势。

（一）政治意图明显

当前，西方反华势力同以"藏独"组织、"东突"组织为代表的民族分裂势力正呈勾连聚合之势，他们蓄意歪曲历史，主张建立所谓的"政教合一"的国家，妄图将新疆、西藏等民族地区从中国的版图划分出去。

（二）社会危害巨大

暴恐分子通过制造爆炸、暗杀、打砸抢烧杀等暴力手段达到目的。而且还在人群密集的公共场所，不加区别的袭击无辜人民群众。团伙作案，暴徒极端思想浓厚，彼此互信较高，参与实施暴力恐怖犯罪意愿稳定。暴恐袭击能力不断提升，"自杀式"袭击开始成为主要方式。袭击前准备充分，训练有素，团伙成员常纠合在一起播放宣传暴力恐怖犯罪的音视频，传播暴力恐怖犯罪思想，训练杀人技巧，制造爆炸装置，犯罪危害巨大。

（三）袭击目标泛化

近年来，恐怖组织的袭击目标已经从袭击政府首脑、领导人和政府机构办公地点，具有标志意义的建筑物等传统目标转变为一种纯粹的复仇或制造平民大规模伤亡，以尽可能制造社会恐慌为目的。近年来的暴恐事件中，暴恐分子都选择在人群密集的公共场所实施袭击，尽可能制造浓重的恐怖气氛，暴恐袭击地区也在扩大，内地中心城市也成为暴恐分子的袭击目标。

第二节 国内暴恐犯罪现状及发生原因[①]

暴恐犯罪给国家安全、社会稳定和人民生命财产安全构成极大危害。本节对暴恐犯罪的原因进行分析，从而深化对暴恐犯罪的认识，为地方政府治理暴恐犯罪提供智力支持。

一 近年来国内暴恐犯罪现状

近年来，以"东突"为代表的民族分裂势力、宗教极端势力和暴力恐怖势力发动了一系列暴力恐怖事件，给人民群众的生命和财产造成了严重伤害和巨大损失。暴恐犯罪严重破坏社会公共秩序，危害公共安全，对广大人民群众的生命财产安全造成了极大威胁。

二 国内暴恐犯罪发生原因

当前国内暴恐犯罪发生是多方面因素共同作用的结果，既有经济发展失衡的经济根源，又有境外势力支持的外部因素；既有民族分裂主义的历史根源，又有宗教极端主义的思想根源。

（一）经济根源：经济发展失衡

经济发展落后是暴力恐怖主义产生的重要根源。改革开放以来，东中西部经济发展差异逐步拉大，新疆、西藏等边疆位于中国西北内陆地区，自然环境恶劣、交通不便等因素导致经济社会发展远落后于东中部地区。此外，种种因素导致不少扶持政策难以落实，一些困苦的当地群众容易受到暴力恐怖主义的蛊惑和煽动。这是暴力恐怖组织拉拢当地群众的情感基础。近年来发生的几起暴恐事件中，参与暴力恐怖袭击的犯罪分子普遍生活较为贫困，大多来自于边远农村地区，大多数的文化水平较低，对社会所处的现状怀有极其强烈的厌恶和绝望情绪，认为是政府造成其生活上的困境，希望通过暴力途径宣泄内心的不满，以达到改变现状的目的。这往往容易被恐怖组织所利用。

（二）历史根源：民族分裂主义

中国是一个多民族的国家，尽管国家统一、民族团结是人心所向，但是在民族

[①] 参见沈畔《我国暴力恐怖事件案例分析及治理策略研究》，硕士学位论文，重庆大学，2016年。

融合过程中也存在一些矛盾和冲突，一些民族分裂主义、反对民族统一的分裂分子一直存在，尤其是在少数民族聚居的地方，如新疆和西藏地区。这些暴恐分子企图通过实施暴力恐怖主义活动激起民族仇视，从而抹黑民族团结、国家统一，达到分裂国家、破坏民族团结的政治目的。

（三）思想根源：宗教极端主义

《中华人民共和国宪法》规定，"中华人民共和国公民有宗教信仰自由"，尊重和保护宗教信仰自由，是中国政府对待宗教问题的一项长期的基本政策。但是，当前暴恐犯罪中，暴恐分子往往打着宗教的旗帜，披着宗教的外衣，行犯罪之实，是宗教极端主义的重要体现。宗教极端主义的本质是反社会、反科学、反人类，其具有极端性、欺骗性、政治性和暴力性等基本特征。为了达到目的，对宗教教义进行任意歪曲篡改，煽动宗教狂热，煽动教派之间、不同信仰之间、不同民族之间的仇恨，制造暴力冲突。宗教极端主义近年来在一些国家或地区趋于活跃，宗教极端思想渗入意识形态领域，严重地毒害着民众的精神和思想。

（四）外来因素：境外势力支持

近年来发生的暴恐犯罪背后发现境外恐怖组织参与策划和与境内"三股势力"互相呼应、勾连聚合的现象。从暴恐事件的前期组织策划，到袭击后的呼应以及后续协同行动，会看到境外恐怖组织的影子。境外恐怖组织甚至直接派遣骨干入境，直接参与暴恐活动组织。境外恐怖组织一方面积极为境内的恐怖组织筹集、提供资金，培训组织成员和建立军事训练基地，大造舆论，加紧组织、策划和实施暴力破坏活动；另一方面他们在国际上频频制造舆论，煽动和极力鼓吹国内极端分子用暴力手段推翻执政党执政地位，破坏中国社会主义建设和民族大团结的良好局面。

第三节 暴恐犯罪治理路径[①]

本节主要探讨暴恐犯罪的治理路径，治理暴恐犯罪需要根除暴恐犯罪的思想根源让其不愿暴恐，需要扼杀暴恐犯罪于萌芽状态让其不能暴恐，需要以铁血手段严惩暴恐犯罪让其不敢暴恐。

一 让其"不愿暴恐"——根除暴恐犯罪的思想根源

第一，坚持打、导结合，消灭暴恐思想源。首先，对于极端暴力组织，应将其

[①] 参见陈鸿《当前我国暴恐犯罪的新特点及其应对——基于系统论的视角》，《广州大学学报》（社会科学版）2016年第8期。

定性为邪教，坚决铲除；对于其宣传者、资助者，以包括刑法在内的法律手段处置。刑法修正案（九）增设了"宣扬恐怖主义、极端主义、煽动实施恐怖活动罪"等数个暴恐犯罪罪名，应充分利用。其次，让合法宗教大行其道。"太阳出来了，星星就没有光辉了。"① 这是一位爱国宗教人士说的话。从某种程度说，内行管理是一种最为有效的管理办法。要让宗教协会、宗教管理部门敢管、善管宗教事务，合法宗教大行其道了，非法宗教、极端宗教势力就成不了气候。

第二，坚持内范外联，铲断暴恐思想传播路径。一般来看，暴恐思想传播主要有国外境外传播、国内极端宗教组织传播、宗族及其家族传播三种路径。主要应对措施有：一是建立与完善重奖检举制度，鼓励群众举报暴恐宣传者与教唆者；二是完善国家宗教管理制度，明确宪法规定的宗教信仰自由是一种相对自由，绝对不允许邪教的宣传与信仰；三是针对暴恐实施者大多文化低、视野狭隘等特点，要大力发展祖国文化教育事业，坚持汉语教育与少数民族语言教育并重，旗帜鲜明地弘扬团结、爱国思想，并且落实到社区、家庭，有效抑制与关闭暴恐思想的传播路径与平台；四是强化公安、国安与宣传教育机构协调，进一步加强国际相关组织合作。

第三，切实提高群众物质生活水平，稳定群众基础。从现已发生的各种暴恐案件看，暴恐的现场实施者尤其是"独狼式""家庭式"暴恐案的现场实施者，大都属于"三差"（文化差、收入差、生活差）农民阶层。世界暴恐犯罪史表明，在绝大多数情况下，经济贫困或者收入悬殊，是引发暴恐犯罪的重要原因。为此，应该采取切实有效措施，持续提升贫困地区的经济发展与群众的经济收入。

二 让其"不能暴恐"——扼杀暴恐犯罪于萌芽状态

第一，建立严密强大的反恐情报信息网络。当今的暴恐犯罪，为了追求最大的"发展"空间与破坏效果，不仅破坏手段极端残忍，而且在潜伏隐藏方面也煞费苦心。对于打击暴恐来说，准确及时的情报信息对于"早发现"显得至关重要。一是建构与升级专业化的情报信息网络。具体包括反恐情报信息监测收集系统、处理系统、预测系统，以及公安、国安、武警反恐情报信息共享系统。二是建立与完善群众性反恐情报信息系统。在网络时代，人民群众的力量尤为强大。为人民服务，是我党的宗旨，走群众路线，也是我党工作的传统优势。通过各种方式与途径，力求及时全面掌握暴恐组织、暴恐活动有关资金、人员、活动等各类情报信息。

第二，建立反恐苗头形式日常管理机制。形式永远是为内容服务的。看似偶然

---

① 参见贾宇《中国新疆暴恐犯罪的现状与对策》，《战略与管理》2015年第2期。

现象的奇特穿戴、语言表达等外表形式往往藏有其特有的必然性质。现实情况中，某些（不是全部）暴恐、极端组织十分注重形式，其因极端与众不同的教义而在活动形式、人员标识等方面标新立异，甚至对其核心成员、正式成员、预备成员等均有不同要求。因此，公安等有关部门建立反恐苗头的日常管理机制十分必要。苗头管理机制如何建立与完善，这是一个崭新的课题，值得认真研究。如 2015 年 1 月 10 日新疆维吾尔自治区人大决定批准《乌鲁木齐市公共场所禁止穿戴蒙面罩袍的规定》①表明了自治区政府意识到了这种情况，但具体做法则值得商榷。

第三，切实提高反恐快速反应与处置的能力。暴恐犯罪实施的最大特点就是极端残忍、快速突然，应当大力提升公安反恐的快速处置能力。一是建立高效的反恐指挥机构。应在各级公安机关均建立相关机构，做好应急预案。特事特办，改常规线性管理为扁平管理，尽最大限度减少管理层级与申报程序，尤其是涉及少数民族聚居区、国境边境的暴恐犯罪。二是有计划、有针对性加强公安反恐协同训练。具体包括作战、消防、疏散、救援等机构的配合协同。在训练中发现问题、解决问题。三是大力提升反恐武器装备等级。要善于把最先进的设备用于反恐斗争，实现武器装备系列的信息化、轻便化、通用化。这既是应对暴恐组织袭击手段多样化、武器序列化的必然要求，也是磨砺反恐小分队作战能力的基本条件。四是提升高层次的诸兵种的反恐快速协调能力。主要是在省级、中央级别上，建立公安、国安、武警以及解放军特种部队之间的反恐指挥快速协同机制。

第四，加大宣传培训力度，增强人民群众的防恐反恐意识及能力。由于暴恐袭击的突发性、残酷性等特点，普通群众往往最容易成为暴恐犯罪的袭击目标与既遂样本。为此，相关部门在增强自身反恐意识的同时，也应该加强对群众的宣传教育，通过定期培训等多种方式，增强群众的自我保护意识以及防恐反恐能力。自然，人民群众也是打击暴恐犯罪的重要力量。当越来越多的群众变成反恐生力军时，暴恐犯罪空间就被颠覆性压缩了。

三 让其"不敢暴恐"——以铁血手段严惩暴恐犯罪

第一，建立与完善"既严且厉"的反恐法律体系，严惩暴恐助恐犯罪。所谓严，亦即严密全面，不留漏洞与死角；所谓厉，亦即对于罪大恶极的暴恐组织与个体，要用重刑与极刑。要完善刑法体系，提升刑罚对暴恐犯罪的震慑力度和遏制暴

---

① 符晓波：《乌鲁木齐公共场所禁止穿戴蒙面罩袍的规定获批》，参见新华网（http://news.xinhuanet.com/2015-01/10/c_1113948748.htm），2015 年 1 月 10 日。

恐犯罪的有效性，同时加大对资助、宣传、包庇暴恐犯罪行为的打击广度与力度，提升了打击的系统性。

第二，建立高水平、多层次的反恐作战队伍，奉行从重打击方针策略。首先应站在全球高度，加强反恐公安特警队、辅警队建设。特别是要关注其心理健康问题，要开展干警心理状况分析研究，使干警"明压"；划拨专项资金为干警购买心理疏导、自我减压类书籍，学会"泄"压；开展谈心交流活动，让干警"解"压，从而进一步提升队伍的凝聚力和战斗力。其次要建立、完善公安、武警、解放军联合反恐机制；认真开展新形势下反恐作战研究，切实提升反恐作战能力，实行从重从快打击方针策略。

第三，切实加大反恐国际合作广度与力度，彻底粉碎暴恐分子的侥幸与最后念想。基于当前中国暴恐组织与境外"三种势力"联系日趋紧密的现象，中国的反恐也必须充分利用中国日益上升的国际影响力，尽快拓展加深与外国（或境外地区）在反恐方面的合作。通过双边合作（双方之间签订反恐互助互通协议等）、多边合作（三方以上的互助互通，如上合组织就是一个现成的极佳平台）等多种形式，将潜逃国外、境外的暴恐犯罪分子引渡或者遣返，绳之以法。

第四节　小结

本章首先从广义与狭义上介绍了暴恐犯罪的概念，并分析了暴恐犯罪的几个特点，其具有政治性明显、社会危害巨大、袭击目标泛化等特征。然后概括梳理了近年来中国发生的暴力恐怖袭击事件现状，并从经济根源、历史根源、思想根源和外来因素4个方面分析了暴恐犯罪发生的原因。经济发展不平衡是暴恐犯罪发生的经济根源，民族分裂主义是暴恐犯罪发生的历史根源，宗教极端主义是暴恐犯罪发生的思想根源，境外势力对暴恐分子的支持是暴恐犯罪发生的外来因素。最后从"让其不愿暴恐""让其不能暴恐"与"让其不敢暴恐"3个方面提出了暴恐犯罪的治理路径。治理暴恐犯罪要根除暴恐犯罪的思想根源，坚持打、导结合，消灭暴恐思想源；坚持内防外联，铲断暴恐思想传播路径；坚持以人为本切实提高群众物质生活水平。治理暴恐犯罪要扼杀暴恐犯罪与萌芽状态，要建立严密强大的反恐情报信息网络，建立反恐苗头形式日常管理机制，切实提高反恐快速反应与处置能力，要加大宣传培训力度，增强人民群众的防恐反恐意识及能力。治理暴恐犯罪要以铁血手段严惩暴恐犯罪，要建立并完善反恐法律体系，严惩暴恐助恐犯罪，要建立高水平、多层次的反恐作战队伍，奉行从重打击方针与策略，要切实加大反恐国际合作广度和力度，彻底粉碎暴恐分子的侥幸与最后念想。

【思考与讨论】
1. 什么是暴恐犯罪？其具有哪些特点？
2. 暴恐犯罪的原因有哪些？

【扩展阅读】
廖斌：《反暴恐犯罪与公共安全法制体系建设研究》，中国政法大学出版社 2015 年版。

胡鞍钢：《新疆区情报告》，清华大学国情研究院 2015 年版。

王朝辉：《法制视野下的我国暴恐犯罪问题研究》，《河南财经政法大学学报》2014 年第 6 期。

陈鸿：《当前我国暴恐犯罪的新特点及其应对——基于系统论的视角》，《广州大学学报》（社会科学版）2016 年第 8 期。

第 六 章

地方政府危机治理能力评估

党的二十大报告提出,"推动公共安全治理模式向事前预防转型"。[1] 地方政府在公共危机治理中承担着重要责任,地方政府公共危机治理的能力一定程度上决定了地方公共危机治理的成效。那么现阶段地方政府公共危机治理能力究竟如何,又应当如何评价地方政府公共危机治理能力。本章主要介绍地方政府危机治理能力评估的理论基础,阐述地方政府危机治理能力评估的总体框架,构建地方政府危机治理能力的评价指标体系。

第一节 地方政府危机治理能力评估内涵

地方政府危机治理能力是地方政府能力的一种,对地方政府危机治理能力评估的理论主要基于对政府能力的理论分析。

一 地方政府危机治理能力的概念解析[2]

"能力"本意是指个人在实现目标的过程中展现出来的综合素质。就一个组织或者机构而言,能力就是这个组织或者机构达成一个目标或完成一项工作的效率、质量和水平的综合体现。也就是一个组织或者机构具备了哪些能力以及这些能力的水平。政府危机治理能力是政府治理能力的一种,而政府治理能力正是政府在治理公共事务时所表现出来的能力。因此,简而言之,地方政府危机治理能力是指地方政府在应对公共危机时所表现出来的能力。

---

[1] 习近平:《高举中国特色社会主义伟大旗帜 为全面建设社会主义现代化国家而团结奋斗——在中国共产党第二十次全国代表大会上的报告》,人民出版社2022年版,第54页。

[2] 参见童星等《中国应急管理:理论、实践、政策》,社会科学文献出版社2011年版。

从危机治理的阶段来看,地方政府危机治理能力主要有应急准备能力,包括应急管理政策体系的健全和完善程度、应急预案的完备程度、应急救援队伍的专业化程度、物资储备、避难空间、公众的自救互救能力等;监测预警能力,包括对危机发生征兆的监测、危机发生时的预警预报等能力;应急救援能力,包括快速处置能力、应急组织指挥能力、应急协调能力、公众防护能力、应急联动能力等;善后恢复能力,包括危机发生后灾区的重建、心理的修复、抗灾设施的完善等方面的能力。从公共危机的分类来看,危机治理能力可以分为四类:自然灾害治理能力、事故灾难治理能力、公共卫生事件治理能力和社会安全事件治理能力。

二 地方政府危机治理能力评估的研究进展

危机治理能力评估一般从事前、事中、事后对各类突发事件进行全过程考虑,建立科学合理的评价指标体系,做出准确的评价,找出危机治理系统的不足和漏洞,并通过改进提高危机治理水平与救援能力。该类评估最先于20世纪50年代在美国开展,由于成效显著,迅速扩散到澳大利亚、日本、加拿大等国,这些国家结合自己的国情建立了行之有效的危机治理能力评估体系。[①] 从现有文献看,危机治理能力评估可以针对某个机构,可以针对某类突发事件,还可以针对某个城市进行评价;评估内容一般按照危机治理的准备、减缓、反应和恢复四个主要阶段进行评估;评价的方法,主要包括以指标量化分析为基础的层次分析法、模糊综合评价法、专家评分法、绩效评估法,和以定性分析为基础的关键要素核查法、检查表法等。代表性研究成果的特点汇总分析如表6—7所示。

表6—7　　　　　　　　政府危机治理能力评估研究的特点

研究者	评价方法	研究者评价方法评价内容及其特点
FEMA (美国联邦应急署)[②]	专家评分	针对危机治理准备过程的13项管理职能、56个要素、209个属性和1 014个指标进行打分,计算综合分值

[①] 参见吴新燕、顾建华《国内外城市灾害应急能力评价的研究进展》,《自然灾害学报》2007年第6期;刘新建、陈晓君《国内外应急管理能力评价的理论与实践综述》,《燕山大学学报》2009年第3期。

[②] Federal Emergency Management Agency (FEMA), "State Capability Assessment for Readiness, a Report to United States Senate Committee on Appropriations", http://www.va.gov/emdhg/apps/kml/docs/CapabilityAssessmentforReadiness.pdf, 2009 - 02 - 12.

续表

研究者	评价方法	研究者评价方法评价内容及其特点
澳大利亚政府委员会①	专家评估要素审查	逐项审查：灾害政策制定，备灾措施，反应措施，减灾措施，灾后评估，灾害风险评估，救济和恢复措施等落实情况
Douglas 和 Duncan②	评价中心评价法	通过模拟训练评估危机治理准备计划的效果，技能和经验获取，组织间沟通效果，紧急条件下的行为模型，战术知识，形势认知，自我保护能力，反馈与提升
William 等③	定性评估主观判断	重点评估领导能力和协调能力。领导能力包括有效战略、应变能力、强制执行的能力。协调能力主要通过协调活动的数量和价值体现出来
Public Safety Canada④	专家评估寻找弱点	对公共和个体分别评估：预防和减灾、应对、和恢复三个方面的应对能力，寻找不足并加以改进
韩传峰、叶岑⑤	综合层次分析模型	政府应对突发事件的综合能力，包括组织体系、预警机制、危机治理处置机制、资源保障和事后总结
王锐兰⑥	绩效评价模型	包括预防绩效、过程绩效、效能绩效和恢复绩效在内的 4 个一级指标、16 个二级指标和 57 个三级指标的绩效评价指标体系
冯立杰等⑦	综合质量评价模型	针对预防、准备、应对、恢复和学习五个过程建立以质量效果为主导的质量评价指标体系
牛冲槐等⑧	综合测量模型	通过政府实力系统、政府能力系统、事件处理效果评价系统建立相应的测量指标

资料来源：根据相关文献整理。

---

① Department of Transport & Regional Services, "Natural Disasters in Australia: Reforming Mitigation, Relief & Recovery Arrangement", A Report to the Council of Australian Governments, 2002 – 08.

② Douglas Paton, Duncan Jackson, "Developing Disaster Management Capability: An Assessment Centre Approach", *Disaster Prevention and Management*, Vol. 11, No. 2, 2002.

③ William L., Waugh Jr, Gregory Streib, "Collaboration and Leadership for Effective Emergency Management", *Public Administration Review*, Vol. 66, No. 12, 2006.

④ An Emergency Management Framework for Canada, Public Safety Canada, 2009.

⑤ 参见韩传峰、叶岑《政府突发事件应急能力综合评价》，《自然灾害学报》2007 年第 4 期。

⑥ 参见王锐兰《政府应急管理的绩效评价指标体系研究》，《安徽大学学报》（哲学社会科学版）2009 年第 1 期。

⑦ 参见冯立杰、罗慧、崔立新《突发公共事件应急管理质量评价体系研究》，《北京理工大学学报》2008 年第 2 期。

⑧ 参见牛冲槐、任朝江、白建新《突发性公共事件中政府应急能力的测定》，《太原理工大学学报》（社会科学版）2003 年第 4 期。

通过危机治理能力评估研究的国内外对比可以发现，国外发达国家在危机治理能力评估的理论研究和应用实践方面积累了比较丰富的经验，体现出了两个比较显著的特点：一是发达国家的政府危机治理能力评估是建立在基础设施、物资准备和硬件条件比较完备的基础上，所以其能力评估的重点在于评价危机治理的行政领导能力[1]、沟通与协调能力[2]、公共管理能力[3]、组织和调动社会资源的能力[4]，而且比较重视社会团体的作用[5]。二是发达国家政府（尤其地方政府）集中掌控的资源种类和数量比较有限，政府能力评估的内容相对较窄，比较容易形成共识，并建立起相对简单和规范的评估程序。[6] 而中国的危机治理能力评估是建立在基础条件比较薄弱的基础上，因此大部分学者提出的评估内容偏重于硬件支撑条件的建设，[7] 而且由于中国政府（包括地方政府）集中掌控的资源种类和数量都比较多，能力评估的内容繁多而复杂，很难直接套用国外现有的成果。因此，评估指标和评价方法的研究上呈现出了百花齐放的局面，研究成果的共识程度比较低，尚未形成相对稳定的评价模式。[8]

从危机治理能力评估发展趋势上看，随着能力评估理论和应用研究的不断深入，动态性评估和面向过程的方法，逐步受到研究者的重视。如 Douglas 和 Duncan 提出了评价中心方法，重视动态效果的评估，通过反馈建立循环改进模式，在解决上述缺陷方面有着较好的效果。[9] Han 和 Deng 指出，危机治理过程是危机治理活动和它们之间关系的集合，以过程作为评价目标可以弥补现有方法的不足，倡导以过程为导向的评价指标系统和评价模式。[10] 杨青等采用系统分析的方法，建立了基于过程

---

[1] William L., Waugh Jr, Gregory Streib, "Collaboration and Leadership for Effective Emergency Management", *Public Administration Review*, Vol. 66, No. 12, 2006.

[2] David M., Simpson, "Disaster Preparedness Measures: A Test Case Development and Application", *Disaster Prevention and Management*, Vol. 17, No. 5, 2008.

[3] Mc Loughlin, "A Framework for Integrated Emergency Management", *Public Administration Review*, Vol. 45, 1985.

[4] Anonymous, "Eight Fundamental Emergency Planning Principles to Increase your Community's Level of Preparedness", *Public Management*, Vol. 90, No. 3, 2008.

[5] Eisla Sebastian, "History of Emergency Management", http：H216. 241. 164. 182/article/434975/history_of_emergency_management. html. pdf, 2007, pp. 11 – 103.

[6] Wise C. R., Nader R., "Organizing the Federal System for Homeland Security: Problems, Issues, and Dilemmas", *Public Administration Review*, Vol. 62, 2002.

[7] 参见张风华、谢礼立、范立础《城市防震减灾能力评估研究》，《地震学报》2004 年第 3 期。

[8] 参见刘新建、陈晓君《国内外应急管理能力评价的理论与实践综述》，《燕山大学学报》2009 年第 3 期。

[9] Douglas Paton, Duncan Jackson, "Developing Disaster Management Capability: An Assessment Centre Approach", *Disaster Prevention and Management*, Vol. 11, No. 2, 2002.

[10] Han Zhengqiang, Deng Jingyi, "Process Oriented Emergency Capability Assessment", 2010 IEEE International Conference on Emergency Management and Management Sciences (ICEMMS), Beijing, pp. 496 – 499.

管理的城市灾害危机治理综合能力评价体系，采用综合评价表对政府部门的危机治理反应能力进行了实证分析，获得了比较好的实际效果。①

第二节 地方政府危机治理能力评估的总体框架②

本节主要介绍地方政府危机治理能力评估的总体框架，包括地方政府危机治理能力评估的定位，地方政府危机治理能力评估的类型，地方政府危机治理能力评估的政策框架。

一 地方政府危机治理能力评估的定位

政府危机治理能力指标，一方面要从理论出发，厘清危机治理能力的含义，遵守政策评估的一般规律；另一方面也要从实际出发，考虑危机治理能力评估的现实性，符合地方政府危机治理能力评估的实际需求。

就危机治理能力的含义而言，首先，从危机治理的层次上看，本书重点讨论地方政府的危机治理能力；其次，本书所讨论的地方政府危机治理能力主要指现实能力，不包括潜在危机治理能力；最后，本书所讨论的地方政府危机治理能力是地方政府的综合危机治理能力，既是自然灾害、事故灾难、公共卫生事件、社会安全事件等四类突发事件危机治理能力的复合，也是预防与准备、监测与预警、救援与处置、善后与恢复等四个阶段危机治理能力的复合，既包括绝对危机治理能力，也包括相对危机治理能力。

二 地方政府危机治理能力评估类型

就政策评估的规律而言，地方政府危机治理能力评估可以分为关注输入的评估，关注过程的评估和关注输出的评估3类。具体而言，关注输入的评估是指绝对危机治理能力的评估，关注过程的评估和关注输出的评估则是指相对危机治理能力的评估。在中国，地方政府的绝对危机治理能力表现为"一案三制"的建立健全程度，这实际上是危机治理准备能力；相对危机治理能力则表现为依据"一案三制"在对具体突发事件的危机治理中所表现出来的实际能力，这既包括危机治理执行能力，

---

① 参见杨青、田依林、宋英华《基于过程管理的城市灾害应急管理综合能力评价体系研究》，《中国行政管理》2007年第3期。
② 参见童星等《中国应急管理：理论、实践、政策》，社会科学文献出版社2011年版。

也包括危机治理的最终效果,也就是危机治理的绩效。因此,在中国的危机治理政策体系中,地方政府危机治理能力评估实际上包括危机治理准备评估、危机治理执行评估、危机治理绩效评估3种评估。

这三种评估有不同的评估目的。首先,危机治理准备评估是形成性评估,旨在发现危机治理政策体系的不完善之处;其次,危机治理执行评估既可以是形成性评估,用于发现危机治理流程和行为的不足之处,为改进危机治理流程和行为提供指导,也可以是总结性评估,检查危机治理流程和行为的执行情况,进行激励和问责;最后,危机治理绩效评估则主要是总结性评估,得出危机治理绩效的总体判断,评估结果也可以用来激励和问责。

这三种评估也有不同的评估方法。首先,危机治理准备评估是对"一案三制"危机治理政策体系的评估,衡量危机治理政策体系的健全和完善程度,不涉及危机治理政策的实际应用效果,因此主要是量的评估,而非质的评估;其次,危机治理执行评估是对危机治理政策体系执行情况的评估,既需要使用质的评估,如对规定的危机治理行为是否被执行的评估,也需要使用量的评估,如对规定的危机治理行为被执行程度的评估;最后,危机治理绩效评估是对危机治理行为最终效果的评估,既有量的评估,如展开危机治理行为所投入的经济成本,也有难以量化的评估,如危机治理行为的政治与社会效益,需要以质的评估为主。

三 地方政府危机治理能力评估框架

对同一地方政府而言,这三种评估是循序渐进的,它们共同构成了地方政府危机治理能力评估的政策框架。其中,危机治理执行评估是危机治理准备评估的发展,这中间的关键一步就是进行风险分析,形成在地方政府层面的危机治理规则体系;危机治理绩效评估又是危机治理执行评估的发展,这中间的关键一步是进行成本计算,建立在地方政府层面上的危机治理约束机制。从目前来看,《突发事件应对法》所确定的"一案三制"主要是对危机治理进行授权,还未建立危机治理的约束机制。

图6—5 危机治理准备评估、危机治理执行评估、危机治理绩效评估的关联

具体来看，地方政府危机治理能力评估体系的要素如表6—8所示。

表6—8　　　　地方政府危机治理准备评估、危机治理
执行评估、危机治理绩效评估的要素

要素类型	危机治理准备评估	危机治理执行评估	危机治理绩效评估
对象	政策与法规体系	危机治理流程与行动	危机治理成本与收益
目的	完善政策体系，提升规范性	改进危机治理程序、行动，提升专业性	降低危机治理成本，提升科学性
方法	定量	定量与定性分析	定性为主
时机	事前	事中	事后
适用范围	抽象的突发事件	一类突发事件	具体突发事件
条件	国家危机治理体系	地方危机治理规则	成本核算机制
难度	较小	中度	较大
评估主体	危机治理机构	危机治理机构	外部专家
评估范围	内部评估	内部评估	外部评估

（1）对象：危机治理准备评估的对象是危机治理的政策与法规体系；危机治理执行评估的对象是危机治理流程与行动；危机治理绩效评估的对象是危机治理成本与收益。

（2）目的：危机治理准备评估的目的是完善危机治理政策体系，提升危机治理准备能力，加强危机治理的规范性；危机治理执行评估的目的是改进危机治理程序与行动，提升危机治理处置能力，加强危机治理的专业性；危机治理绩效评估的目的则是降低危机治理成本，提升危机治理绩效，加强危机治理的科学性。

（3）方法：危机治理准备评估主要采用定量方法；危机治理执行评估既需要采用定量方法，也需要采用定性方法；危机治理绩效评估目前主要采用定性方法。

（4）时机：危机治理准备评估不针对具体的突发事件，总体上是一种事前评估；危机治理执行评估是事中评估，需要对危机治理程序和行动进行观察和记录；危机治理绩效评估则是事后评估。

（5）适用范围：危机治理准备评估只涉及抽象的突发事件；危机治理执行评估可适用于一类突发事件；危机治理绩效评估则适用于具体的突发事件。

（6）条件：危机治理准备评估的前提条件是国家建立了危机治理政策体系；危机治理执行评估的前提条件是地方建立了危机治理规则体系；危机治理绩效评估的前提条件是建立了成本核算机制。

(7) 难度：危机治理准备评估难度最小；危机治理执行评估难度居中；危机治理绩效评估则难度最大。

(8) 评估主体：危机治理准备评估和危机治理执行评估的主体都可以是危机治理机构；危机治理绩效评估则可以由外部专家来主持。

(9) 评估范围：危机治理准备评估与危机治理执行评估可以是内部评估，评估结果主要用于内部工作改进；危机治理绩效评估则应该是外部评估，评估结果应该向社会公开。

这3种评估具有不同的功能，可以形成动态循环，推动危机治理能力的持续提升。从评估的推行路径来看，国家层面的"一案三制"危机治理政策体系是地方政府危机治理政策体系和事前的危机治理准备评估的基础，事前的危机治理准备评估又是事中的危机治理执行评估的基础，在危机治理准备评估和危机治理执行评估的基础上，才有条件开展事后的危机治理绩效评估。从评估结果的反馈路径来看，危机治理执行评估的结果可以反馈危机治理准备，发现危机治理准备中的漏洞，加强危机治理准备的制度建设，危机治理绩效评估的结果不仅可以直接反馈于危机治理准备和危机治理执行，还可以反馈于整个危机治理政策体系，如图6—6所示。

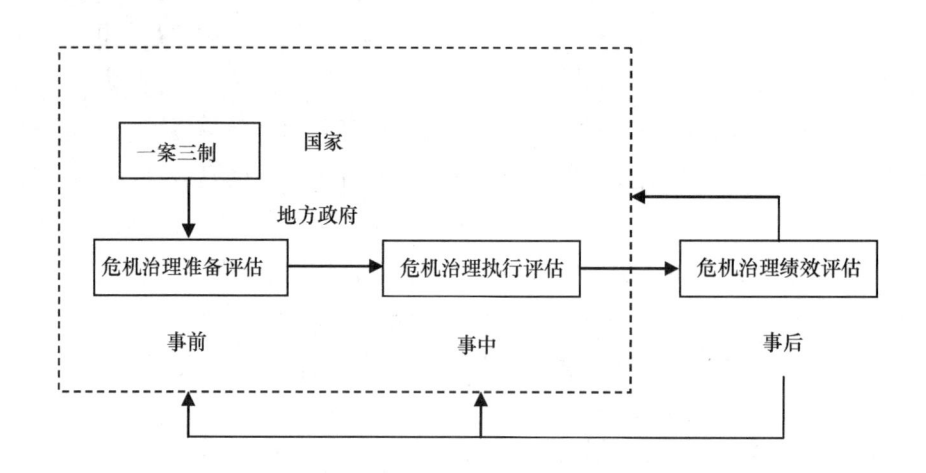

图6—6　"一案三制"下的危机治理能力评估的政策框架

资料来源：童星等：《中国应急管理：理论、实践、政策》，社会科学文献出版社2011年版。

以上三种评估，危机治理执行评估为中心环节。一方面，它可以分析危机治理政策体系的合理性、科学性；另一方面，这些政策执行如何又关系危机治理绩效，该评估可以从政策对象角度进行（见专栏6—2）。

第六章　地方政府危机治理能力评估　/　425

专栏 6—2　　非常态下地方政府政策执行评价——以汶川地震灾后重建政策为例①

运用基于顾客（即受灾群众）导向的政策执行模型来研究汶川地震灾后重建政策执行问题。如图所示，政策制定者从政策对象——受灾群众的（政策）需求出发，确定重建政策的预期目标，根据政策预期目标，制定各类灾后重建政策；政策执行者采取各种措施将以上重建政策明确的内容变为现实，以受灾群众作为政策对象进行政策实施；政策对象结合自身感受对政策执行情况进行评价。下图不仅反映了政策对象、政策预期目标、政策制定、政策执行等环节之间的关系，而且也反映了政策执行的三个主体即政策制定者、执行者、政策对象之间的关系。从图中可以看出，政策执行是核心和关键环节，因为它把政策制定者、执行者、政策对象三者联系在一起。

政策执行情况如何评价？由于政策执行的对象是受灾群众，而且政策的受益对象也是受灾群众，政策执行的情况需要从受灾群众视角评价才能相对客观、准确。因此，政策执行情况应该以政策作用的对象——目标群体为评价导向。顾客导向评价模式将政策作用对象的目标、期望、关心甚至需要作为评估的组织原则和价值准则。值得说明的是，政策执行评价多评估政策执行情况，而较少涉及政策内容。

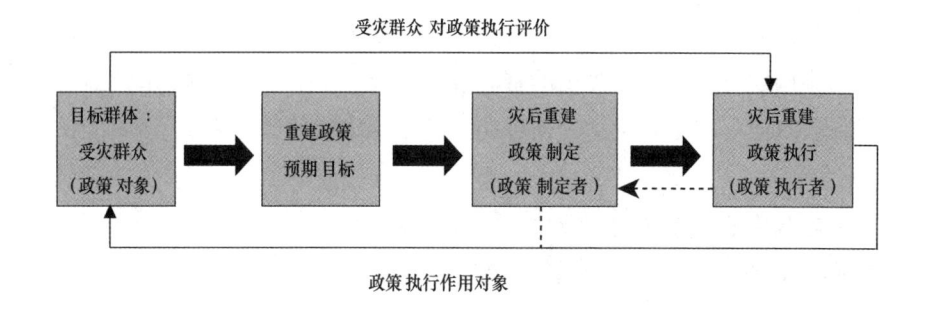

图　基于顾客导向的政策执行评价模型

注：虚线表示理论上存在相应联系，但实际联系较少。

第三节　地方政府危机治理能力评估的指标体系②

对地方政府危机治理能力进行评估需要一定的评估体系，本节在介绍地方政府危机治理能力评估指标体系构建原则的基础上，构建了地方政府危机治理能力评估

---

① 参见陈升、吕志奎、罗桂连《非常态下地方政府政策执行评价比较研究——以汶川地震灾后重建政策为例》，《公共管理学报》2010 年第 4 期。
② 参见张永领《基于 Delphi 法和最小判别的应急能力逐级评价模式研究》，《中国安全科学学报》2010 年第 2 期。

指标体系。

一 地方政府危机治理能力评估的基本原则

建构科学的危机治理能力评价指标体系关系到地方政府危机治理能力评估结果的真实性和客观性,应遵循以下基本原则。

第一,系统性原则。突发事件危机治理包括危机治理准备、危机治理执行、危机治理绩效,是一个系统工程,在建构危机治理评价指标体系时必须以系统论为理论依据,结合危机治理的全过程管理,全面地、系统地反映地方政府危机治理的实际能力。

第二,客观性原则。危机治理能力评价指标的设计,应符合客观实际。指标的意义明确,测算方法标准,统计计算方法规范,具体指标能够反映危机治理能力的含义和目标的实现程度。

第三,可操作性原则。危机治理能力评价指标体系是对地方政府危机治理能力的具体评价,因此指标的设置要实用,容易理解,每项指标的基本数据应具有可获得性,如与中国现行统计部门提供的资料相互衔接。评价指标的选择尽量选取可以量化的指标,对于一些难以量化的指标用定性指标描述的程度表示。

二 地方政府危机治理能力评估的指标体系

危机治理准备(A1)是危机治理周期的第一个阶段,包含4个二级指标。危机治理物资储备(B1)评价指标主要包括救灾物资、危机治理设备和设施、危机治理专项资金储备。危机治理人力资源保障(B2)主要包括危机治理救援队伍数量以及专业化程度、专家等智力因素的保障、志愿者的招募与管理、危机治理人力资源结构的合理性。危机治理预案准备(B3)的评估指标主要包括危机治理预案的合法性和完整性、危机治理预案组织的科学性、危机治理资源设置的有效性、危机治理措施的可操作性、危机治理预案的演习和演练。家庭危机治理准备(B4)主要包括对周围可能发生的各类突发事件的掌握、了解社区的危机治理预案及预警方式、了解危机治理疏散撤离路线、准备家庭危机治理救助包、准备家庭危机治理预案。

危机治理执行(A2)是危机治理周期的第二个阶段,也是危机治理的核心内容,包含5个二级指标。灾害预报预警能力(B5)主要包括灾害的识别能力,预报和预警系统完备性、预报和预警信息准确性和及时性,预警信息快速发布能力。快速评估能力(B6)包括信息的快速收集、处理、传输能力。政府部门反应能力

(B7)包括灾前的警报和警示、紧急启动危机治理预案、危机治理指挥部成立的速度、危机治理救援人员的集结和调动速度、危机治理决策的科学性。居民反应能力(B8)主要包括居民对灾害知识的了解和掌握程度、灾害防御能力、危机治理逃生能力以及自救互救能力。危机治理救援能力(B9)包括灾情的控制、有效组织人员和财产转移、快速组织救灾、现场医疗救助以及对失踪人员的搜寻救助。

危机治理绩效(A3)是危机治理周期的第三个阶段,灾后恢复重建能力主要包括两个关键指标:社会保障能力和灾后康复能力。其中,社会保障能力(B10)的评价指标包括资金保障、物资保障、人才智力保障、社会组织及区域政策、医疗卫生保障、能源电力保障、交通运输保障。灾后康复能力(B11)的评价指标包括灾后贷款、保险、区域人口构成、灾前的经济水平、灾后资源获取、救济与支援、国内外的捐助。

表6—9　　　　　　　　地方政府危机治理能力指标体系

地方政府危机治理能力指标体系	危机治理准备(A1)	危机治理物资储备能力(B1)	$C_1, C_2 \cdots\cdots C_m$
		危机治理人力资源保障(B2)	$C_1, C_2 \cdots\cdots C_m$
		危机治理预案准备能力(B3)	$C_1, C_2 \cdots\cdots C_m$
		家庭危机治理准备能力(B4)	$C_1, C_2 \cdots\cdots C_m$
	危机治理执行(A2)	灾害预报预警能力(B5)	$C_1, C_2 \cdots\cdots C_m$
		灾害快速评估能力(B6)	$C_1, C_2 \cdots\cdots C_m$
		政府危机治理反应能力(B7)	$C_1, C_2 \cdots\cdots C_m$
		居民危机治理反应能力(B8)	$C_1, C_2 \cdots\cdots C_m$
		灾害危机治理救援能力(B9)	$C_1, C_2 \cdots\cdots C_m$
	危机治理绩效(A3)	社会保障能力(B10)	$C_1, C_2 \cdots\cdots C_m$
		灾后康复能力(B11)	$C_1, C_2 \cdots\cdots C_m$

以上指标体系是针对一般公共危机而言。具体到某一类公共危机,可以结合该类危机的特征,设置指标体系,使其更能客观、真实反映地方政府危机治理能力(见专栏6—3)。

专栏6—3　地方政府突发自然灾害治理能力——以汶川地震为例[①]

就政府危机治理能力而言，根据有关政府能力的研究成果，结合地震自然灾害的具体情况，主要包括：危机治理基础能力，如基础设施的质量、社会保障覆盖率等；地震信息收集能力，这是因为地震应急具有极强的实效性，灾区信息特别是与灾情评估和救援决策相关信息如震情信息、灾情信息等的快速获取，就成为地方政府地震应急工作成功的关键环节；整合资源能力包括如何调动本级政府、上级政府、社会、市场等各方面资源，共同服务抗震救灾；配置资源能力则体现在如何去配置资源进行应急救援，直接反映在应急救援能力，具体而言，应急救援能力包括地震发生后救援人员抵达灾区速度、交通恢复能力、通讯恢复能力、抗震救灾指挥系统成立情况等；另外，和一般意义的政府能力不同，政府危机治理能力是政府面对公共危机所表现的能力，政府的维护稳定能力显得非常重要，如果政府不能及时维护稳定，可能引起集体性恐慌，这比灾难或危机本身更可怕。维护稳定能力包括辟谣与稳定民心能力、对相关受损行业企业政策扶持能力、物价稳定能力、维护社会治安能力。而危机治理绩效则主要表现为伤残人员的合理安排、伤亡人数有效降低、抗震救灾效果以及震后对政府信任度等方面。

表　　　　　　　地震灾害中政府危机治理能力与危机治理绩效指标体系

危机治理基础能力	公共防震基础设施质量水平
	本地医疗应急救灾体系的完善程度
	养老保险覆盖率
	医疗保险覆盖率
	应急状态下相应法律法规建设情况
	民众应急相关知识水平
信息收集能力	第一时间灾情报告能力
	突发事件信息收集能力
	突发事件信息定期通报制度建设状况
应急救援能力	地震发生后救援人员抵达灾区速度
	交通恢复情况
	通讯恢复情况
	抗震救灾指挥系统成立情况

[①] 参见陈升、刘恩利《政府应急管理能力及应急管理绩效的比较实证研究》，《灾害学》2016年第3期。

续表

资源整合能力	受灾群众参与救灾情况
	争取上级政府支持情况
	志愿者参与度
	社会各界参与度
维护稳定能力	辟谣与稳定民心能力
	对相关受损行业、企业政策扶持状况
	当地政府对物价稳定能力
	当地政府维护社会治安能力
危机治理绩效	伤残人员是否得到合理安排
	伤亡人数是否有效降低
	当地政府抗震救灾效果
	震后对政府信任度

第四节 小结

本章介绍了地方政府危机治理能力的概念与研究进展。地方政府危机治理能力是指地方政府在应对公共危机时表现出来的能力，地方政府危机治理能力的强弱直接影响危机治理的绩效。当前对危机治理能力的评估研究主要从危机前、危机中、危机后三阶段对危机治理能力进行评估。构建了政府危机治理能力评估的总体框架，具体包括地方政府危机治理能力评估的定位、类型与政策框架。地方政府危机治理能力评估主要有三种类型，分别是危机治理准备评估、危机治理执行评估、危机治理绩效评估。最后提出了地方政府危机治理能力评估的基本原则，即系统性原则、客观性原则、可操作性原则，构建符合地方实际情况的危机治理评价指标体系。同时可以结合具体公共危机类型设置更具特色的指标体系，以更客观、真实反映地方政府危机治理能力。

【思考与讨论】

1. 什么是地方政府危机治理能力？
2. 地方政府危机治理能力评估包括哪些类型？其框架是什么？
3. 如何构建地方政府危机治理能力评估的指标体系？其基本原则与具体指标是什么？

【扩展阅读】

童星等：《中国应急管理：理论、实践、政策》，社会科学文献出版社 2011 年版。

陈升、毛咪、刘泽：《灾后重建能力与绩效的实证研究——以汶川地震灾区县级政府为例》，《中国人口·资源与环境》2014 年第 8 期。

陈升、刘泽：《县级政府灾后重建能力与绩效的纵向变化研究——以汶川地震为例》，《公共管理学报》2014 年第 3 期。

杨青、田依林、宋英华：《基于过程管理的城市灾害应急管理综合能力评价体系研究》，《中国行政管理》2007 年第 3 期。

第七篇

地方政府大数据治理

大数据和政府治理
国内外政府大数据治理
大数据提升政府治理能力的作用分析
地方政府提升大数据治理能力

古代周幽王为博褒姒一笑，导演了"烽火戏诸侯"的大戏，彻底改变了王朝命运。2000多年前的中国古代，信息传递主要通过人力传达，从狼烟烽火到换马不换人的"八百里加急"，诸如外敌入侵之类的紧急信息都要经过漫长的时间才能到达决策系统。进入近代之后，随着技术革命的兴起，人类的活动区域越来越广。18世纪60年代开始的工业革命发明了蒸汽机，汽船、火车随之诞生，信息传达速度大大提升。19世纪70年代开始的电气革命发明了电力、无线电等，催生了电报的发明，长距离通信联系新时代来临。到20世纪四五十年代原子能、航天工程、生物技术等领域取得重大突破，人类进入科技革命时代之后，给全球带来了翻天覆地的变化，尤其是掀起了信息技术革命的浪潮。[①] 20世纪80年代初的信息革命伊始，越来越多的现代化通信工具被广泛应用到日常生活中，几乎所有的表达形式：文字、音乐、图片，甚至是声音都开始转化成数据存储、处理、分析。[②] 时至今日，随着超级计算机、云计算、物联网等技术的发展，人类对数据的处理能力和处理速度都有了质的飞跃。党的二十大报告指出，要加快建设网络强国、数字中国。[③]

本篇主要讨论大数据与政府治理的关系，第一章是大数据和政府治理，主题是讨论大数据的基本概念，并分析大数据如何影响政府治理，对政府治理有何重要意义与挑战；第二章是国内外政府大数据治理，主题是通过介绍国内外应用大数据的现状与案例，归纳分析出大数据应用于政府治理的特点与模式；第三章是大数据提升政府治理能力的作用分析，主题是通过大数据与传统环境下的政府治理模式的比较，分析大数据提升政府治理能力的作用机理；第四章是地方政府提升大数据治理能力的路径，主要从顶层设计、建设路径和保障措施3个方面具体进行阐述与分析。通过对本篇的学习，有利于理解大数据对提升地方政府治理能力的重要作用，促使未来政府在大数据应用上创新与突破。

[①] 参见陈振明《政府治理变革的技术基础——大数据与智能化时代的政府改革述评》，《行政论坛》2015年第6期。

[②] 参见［美］托马斯·弗里德曼《世界是平的》，何帆、肖莹莹、郝正非译，湖南科技出版社2012年版。

[③] 习近平：《高举中国特色社会主义伟大旗帜 为全面建设社会主义现代化国家而团结奋斗——在中国共产党第二十次全国代表大会上的报告》，人民出版社2022年版，第30页。

第一章

大数据和政府治理

大数据是信息技术革命的产物,带来了信息处理方式的根本性变革。大数据将从宏观、中观、微观层面上对各层级政府治理带来深刻的影响,促进政府在治理模式、理念、技术等方面进行更新,对政府治理变革具有重要意义。

第一节 大数据

大数据并不是当下的新生事物,而在数十年前就已经开始被提及,并被众多组织和国家作为一种战略资源开始使用。如今,通过技术的创新与发展,大数据催动人类社会生产和生活方式的根本性变革,已成为决定国家治理能力的一种重要信息资源。作为一种特殊的战略资源,大数据的概念及其性质越来越受到重视,并被深入研究。

一 大数据的兴起

随着信息技术特别是信息通信技术的发展,互联网、云计算、物联网相继进入人们的日常工作和生活之中,人类社会所产生的数据量剧增,尤其移动智能终端的普及,更使得全球数据量爆炸式增长。在此背景下,"大数据"开始出现在人们的视野中。自20世纪80年代起,现代科技可存储数据的容量每40个月即增加1倍;截至2012年,全世界每天产生2.5艾字节的数据,总计产生的数据量已经从TB(1TB =1024GB)级别跃升到PB(1PB =1024^{2}GB)、EB(1EB =1024^{3}GB)乃至ZB(1ZB =1024^{4}GB)级别。①

2008年9月4日,《自然》(Nature)刊登了一个名为"Big Data"的专辑,首

---

① 参见大数据产业观察网(http://www.cbdio.com/BigData/2015 - 04/30/content_2979823.htm),2015年4月30日。

次提出大数据（Big Data）概念，该专辑对如何研究 PB 级容量的大数据流，以及目前正在制订的、用以最为充分地利用海量数据的最新策略进行了探讨。[①] 2011 年 6 月，美国麦肯锡全球研究院发布题为《大数据：下一个创新、竞争和生产力的前沿》的研究报告，首次正式提出"大数据时代已经到来"的观点，数据正成为与物质资产和人力资本相提并论的重要生产要素，大数据的使用将成为未来提高竞争力和生产力的关键要素。随着大数据被越来越多的提及，人们惊呼大数据时代已经到来，2012 年《纽约时报》的一篇专栏写到，"大数据"时代已经降临，在商业、经济及其他领域中，决策将日益基于数据和分析而做出，而并非基于经验和直觉。

大数据作为一种战略资源，已经受到世界各国的高度重视，大数据分析和应用能力成为国家的核心竞争力。2012 年 3 月，美国奥巴马政府将大数据定义为"未来的石油"，宣布将大数据战略上升为国家战略；英国在 2011 年宣布，启动政府云服务（G-C loud），到 2015 年，大部分的政府公共部门通过 G-C loud 购买信息技术资源；欧洲国家也涌现出一批大数据驱动的智慧城市样板。对于转型时期的中国而言，大数据同样给国家治理现代化建设带来全新的机遇和重大的挑战。

二 大数据的概念

目前，学界没有形成对大数据的统一定义。国外的智库及学者给出了各种定义。研究机构 Gartner 给出的定义是，"大数据"是需要新处理模式才能具有更强的决策力、洞察发现力和流程优化能力的海量、高增长率和多样化的信息资产。[②] 研究机构麦肯锡在大数据的研究上，则更多的认为大数据是指数据规模超出传统数据库管理软件的获取、储存、管理以及分析能力的数据集。[③] 而维基百科的定义则是大数据（Big data），或称巨量数据、海量数据、大资料，是指所涉及的数据量规模巨大到无法通过人工，在合理时间内达到截取、管理、处理、并整理成为人类所能解读的信息。[④] 维克托·迈尔 – 舍恩伯格及肯尼斯·库克耶在《大数据时代》中将大数据描述为样本的总体，即数据量直达已经包括研究范围内的所有总体。[⑤] 戈亚尔等指出，大数据是多形式、多来源和实时的且需要专业化软件工具和分析专家去挖掘、

---

① Nature, Big Data, http://www.nature.com/news/specials/bigdata/index.html.
② 参见徐继华《智慧政府——大数据治国时代的来临》，中信出版社 2014 年版，第 41、50 页。
③ Mckinsey, Big Data: The Next Frontier Innovation, Copetition&Productivity, http://cdn.oreillystatic.com/en/assets/1/event/71/Big%20Data_%20The%20Next%20Frontier%20Presentation.pdf, 2011.
④ Big data, https://en.wikipedia.org/wiki/Big_data.
⑤ 参见 [英] 维克托·迈尔 – 舍恩伯格、肯尼斯·库克耶《大数据时代》，浙江人民出版社 2013 年版。

分析、处理和管理的大数据集合，对于数据处理时间却没有做特别的说明。[①] 国内学者也尝试定义了大数据。张峰强调，应从技术属性和社会属性两方面对大数据进行认知，大数据与传统数据相比具有显著不同的技术特征，而且它对当今社会的影响已经扩展到社会的各领域。[②] 王向民认为，大数据事实上是互联网、物联网、云计算等几种技术革命的叠加结果。[③] 李江静则认为，大数据应是无法依靠常规的技术和工具进行获取、集成、储存和分析等相关处理的巨量资源，和巨量资源处理技术的发展和转化成智力资源的能力，可以促进政府治理能力现代化。[④] 刘强强和石乾新认为，大数据不仅是各种海量数据的获取、存储、分析、利用的过程，更是对人们生活和思维方式、管理理念的变革和重塑。[⑤] 而姜奇平则认为，大数据是通过对海量数据进行分析，获得巨大价值产品和服务的一个过程。[⑥]

结合国内外学者与机构对大数据的定义，本书认为：大数据是充分利用可获取、可储存、可管理和可分析的，具有"大容量、多样化、速度快和价值密度低"特征的数据资源，从中得到有价值的信息，并应用到社会各个方面，对其产生影响的一种理念方法。大数据的运用不仅仅是指采用大数据这种技术，而是通过采用大数据技术和大数据思维，实现数据流程和业务流程融合，进而发挥其驱动作用。

三 大数据的性质

2012年瑞士达沃斯论坛上发布的《大数据大影响》报告称，数据已成为一种新的经济资产类别，就像货币或黄金一样。大数据的性质决定了其战略性。在维克托等编写的《大数据时代》中，给大数据定义了3个属性：Volume（大量）、Velocity（高速）、Variety（多样）。在此基础上，IDC增加了高价值性（value），如何在低价值度的海量化数据中挖掘这种价值正是大数据的关键所在。此后，IBM增加了精确性（veracity），IBM认为，真实性是当前亟须考虑的重要维度，将促使他们利用数

[①] Manish Goyal, Maryanne Q. Hancock and Homayoun Hatami, "Selling into Micromarkets", *Harvard Business Review*, 2012.
[②] 参见张峰《大数据：一个新的政府治理命题》，《广西社会科学》2015年第8期。
[③] 参见王向民《大数据时代的国家治理转型》，《探索与争鸣》2014年第10期。
[④] 参见李江静《大数据对国家治理能力现代化的作用及其提升路径》，《中共中央党校学报》2015年第4期。
[⑤] 参见刘强强、石乾新《大数据背景下的治理现代化：何以可能与何以可为》，《大数据》2016年第2期。
[⑥] 参见姜奇平《大数据的时代变革力量》，《互联网周刊》2013年第1期。

据融合和先进的数学方法进一步提升数据的质量,从而创造更高价值。[1] 综合来说,能够成为大数据必然具备以下5个特点。

一是数据体量巨大(Volume)。大数据发展到今天,其最初的计量单位达到了P(1000个T)、E(100万个T)或Z(10亿个T)。现如今的计算机的硬盘可以存储TB量级的数据和资料,一些大的数据库的数据更是达到了PB量级。[2]

二是数据类型繁多(Variety)。大数据分为3类数据:结构化数据,如企业用的人事系统、财务系统、ERP系统;半结构化数据,如电子邮件、用windows处理的文字、在网上看到的新闻;非结构化数据,如网络日志、视频、图片、地理位置信息所产生的数据,物联网的传感器、移动互联网、车联网、手机、平板电脑及遍布各个角落的传感器所产生的数据。多类型的数据对数据的处理能力提出了更高的要求。

三是价值密度低(Value)。价值密度的高低与数据总量的大小成反比。大量的不相关信息聚集到一起,要从中挖掘到有价值的信息是很困难的,尤其是通过对历史数据进行深度复杂分析更是巨大的挑战。以视频为例,一部1小时的视频,在连续不间断的监控中,有用数据可能仅有一二秒。如何通过强大的机器算法更迅速地完成数据的价值"提纯"成为目前大数据背景下亟待解决的难题。

四是处理速度快(Velocity)。这是大数据区分于传统数据挖掘的最显著特征。根据IDC的"数字宇宙"报告,预计到2020年,全球数据使用量将达到35.2ZB。面对如此巨大的数据存储,如何更加合理有效地对这些数据进行处理是政府面临的一项重要课题,只有对数据进行有效的处理,才能更好地向民众披露信息,制定合理的应对措施。

五是真实性(Veracity)。真实性对大数据的质量和效率提出了更高的要求。数据只有真实可靠,才能为决策者提供可靠的决策依据。大数据的规模和数量仅仅让政府明白事情的性质和程度,并不能根据数据的数量和规模来制定政府的政策,所以真实而又高质的大数据才是决策者获得决策支持和依据的重要保证。

第二节 大数据对政府治理的影响

三分技术,七分数据,得数据者得天下。大数据是新一轮科技革命和产业变革

---

[1] 参见IBM全球企业咨询服务部与牛津大学赛德商学院《分析技术:大数据在现实世界中的应用》,2013。

[2] 参见刘叶婷、唐斯斯《大数据对政府治理的影响及挑战》,《电子政务》2014年第6期。

的重要内生变量，成为投资者金光闪闪的资产，比如，Facebook 上市时，评估机构评定的有效资产中大部分都是其社交网站上的数据。大数据更是成为促进经济发展转型升级、增强社会治理能力、保障国家安全的新理念、新路径、新手段的重要构成要素。大数据时代给地方政府治理带来的影响，主要表现在政府的治理理念、治理体系和治理效能三个方面，政府不仅要从大数据的视野出发，更要从应用层面出发提高服务水平与质量，从而提升治理能力。

一 对政府治理理念的影响

大数据时代，要求治理主体重塑治理理念，为地方政府治理提供新视角和新思路，树立民主、开放以及整体治理理念。通过培养"用数据说话、用数据决策、用数据管理、用数据创新"[①] 的理念和思想，革新地方政府治理方式。

第一，民主治理理念。大数据改变地方政府权力本位的治理理念，推进治理理念向民主治理理念转变。传统的政府管理系统中，数据信息是官僚系统中一种重要的权力资源，垄断了信息就等于拥有了权威，进而政府本位、官僚本位盛行。中国的传统理念强调政府是唯一的国家代表，这是一种政府本位的"权威主义理念"。随着大数据技术的发展，改变了信息传播与交换的方式，每个人都是数据与信息的制造者，"数字鸿沟"现象逐渐扭转。政府及其官员在大数据驱动下，改变过去"政府全能主义"和"权力本位"的传统治理理念，真正树立"以人为本""为人民服务"的治理理念。大数据要求政府注重参与、合作、融入，从而使政府从"权威治理"转向"民主治理"，培养与加强地方政府的民主治理理念。

第二，开放治理理念。大数据改变政府封闭治理的模式，实现数据公开开放，向开放治理转变。传统地方政府管理中，数据是一种独占资源，政府享有对数据保存和使用的特权。不仅仅是有关地方政府内部的数据，还包括社会公众在生活过程中产生的数据。数据封闭一方面导致数据信息没有被有效利用，另一方面导致数据掌控者滥用数据，甚至滋生腐败和违法行为。移动计算、物联网、云计算、大数据等一系列技术形态的支持下，社交媒体、协同创造、虚拟服务等应用模式持续拓展着人类创造和利用信息的范围和形式。[②] 大数据治理的开放理念认为，数据的每一次重复使用和分享都是一次数据增值，政府治理过程中的一些有关政治、经济的信息也应该向民众开放，并且逐渐走向透明化，最终形成政府治理中开放、包容、科

---

① 《国务院关于印发促进大数据发展行动纲要的通知》，参见人民网（http://politics.people.com.cn/n/2015/0905/c1001-27545655.html），2015 年 9 月 5 日。

② Gefter A., "Jeremy Rifkin and the Third Industrial Revolution", *The New Scientist*, Vol. 205, 2010.

学的态度与理念。可以说,开放共享理念的主要作用有两点,一是可以实现数据信息增值;二是可以激发社会活力。

第三,整体治理理念。世界是由各个部分组成的整体,传统治理思维认为部分应该被详细研究,从而举一反三将对部分的研究结论运用到整体治理当中。但在大数据时代,数据信息规模越来越大,种类越来越丰富多样,对部分的分析已经无法代表整体。传统地方政府治理过程中,政府决策往往采用经验决策,经验决策其实就是少部分精英或者民众代表的决策。这种方式的确有其可取性,但是不管试点的范围有多大,采集的都是样本的数据,而通过分析样本数据得出的结论运用到整体,仍然有较大不完整性和不科学性。这就要求地方政府在治理过程中重新审视治理思维,由"部分"思维走向"整体"思维。大数据的出现彻底地打破了传统官僚的理想化制度假设,并重组着政府的治理系统,促进政府治理整体化与协同化。大数据的应用使得政府治理方式与治理向度从单一走向多元化,形成整合、协同治理的新格局,治理结构从"纵向为主"走向"横纵交错",增强了综合治理能力。

二 对政府治理体系的影响

从不同角度出发,政府治理体系往往表现出不同的内涵。根据薛澜等[1]、俞可平[2]以及丁志刚[3]等的研究成果,本书将政府治理体系定义为:一个由治理目标、治理主体、治理流程、治理客体等要素构成的完整体系,具体来说包括"治理目标决策、治理组织主体、治理流程机制、治理客体对象"四个方面所构成的治理系统。随着大数据时代数据治理能力逐步形成,治理目标决策精准化将推动政府以关注绩效目标实现为核心选择最优政策,治理主体多元化进一步增强政府资源动员能力,治理流程机制的顺畅进一步提高政府资源配置效率和公平,治理客体对象的精准识别提高政府资源运用的效果,进而加快提升政府治理能力。党的十八届三中全会《关于全面深化改革若干重大问题的决定》中明确提出了"推进国家治理体系和治理能力现代化"的改革目标。作为国家治理体系的重要组成部分,政府治理的有效与否将是实现上述目标的关键。[4] 那么大数据对政府治理体系有何影响呢?

一是大数据提升政府治理目标决策的科学性。传统的决策程序是"发现问题—

---

[1] 参见薛澜、张帆、武沐瑶《国家治理体系与治理能力研究:回顾与前瞻》,《公共管理学报》2015年第3期。
[2] 参见俞可平《国家治理体系的内涵本质》,《理论导报》2014年第4期。
[3] 参见丁志刚《全面深化改革与现代国家治理体系》,《江汉论坛》2014年第1期。
[4] 参见洪都《有效的政府治理是实现国家治理体系和治理能力现代化的关键》,《中国机构改革与管理》2014年第5期。

分析问题—解决问题",这种决策方式在一定程度上的确能够解决问题,基本满足政府治理的需要,但也容易出现决策失误。大数据推动实现国家的"提前治理",改进应急管理技能,[1] 按照数据"收集—存储—分析—输出"的流程提升数据的科学性和准确性,[2] 把握相关事件发展的规律和倾向,预估事件发生的概率,[3] 减少目标决策的不确定性,提升其科学性。

二是大数据促进政府治理主体的多元性。大数据治理带来的治理范式的转变,实现治理主体的多元化,参与的广泛性,意味着抛弃传统的"统治"范式,对政府提出了新要求,对政府的权力也进行了新的限制。随着数据呈指数级增长,必然要求政府、社会组织、市场组织、公众等主体在合理共享各种最新数据的基础上,发挥各自的优势,深度挖掘数据的价值,才能适应快速变化的外部环境。

三是大数据提高治理客体对象精准识别程度。传统的政府治理体系中,治理对象大多采取经验性模糊判断的方法,治理客体定位大而全、广而粗。大数据时代,依靠对客体对象的数据采集、分析,能够利用大数据分析精准识别、管理服务对象。

四是大数据优化政府治理流程机制。首先是政府内部治理流程优化;其次是政府间治理流程优化,大数据驱动下的治理流程机制是部门分享、协作、开放以及无缝隙治理流程机制;最后是政府与其他主体间治理流程优化。

三 对政府治理效能的影响

政府向"公共服务型"转变是中国市场化的必然选择。[4] 大数据是改变传统政府一元化治理的重要工具,有助于形成多中心治理格局。政府效能则可以定位为作为公共治理多元主体之一的"政府"在多元共治社会当中承担公共事务治理的公共事务处理能力和有效性的基本判定。[5] 多中心治理格局的形成使得政府可以将一些划桨职能交由市场和社会去履行,而政府转而负责掌舵,将更多的资源投入到对市场和社会的监管中,做一个"强政府"而不是"大政府",[6] 提升政府治理效能。

---

[1] 参见陈潭《作为提升国家治理效能的"大数据×"》,《华中科技大学学报》(社会科学版) 2015 年第 4 期。

[2] 参见马琳《大数据时代下的社会管理创新》,《领导科学》2013 年第 11 期(增刊)。

[3] 参见高华丽、闫建《政府大数据战略:政府治理实现的强力助推器》,《探索》2015 年第 1 期。

[4] 参见郭建锦、郭建平《大数据背景下的国家治理能力建设研究》,《中国行政管理》2015 年第 6 期。

[5] 参见蒋小杰、寸守栋《论当代政府公共治理效能价值规范的逻辑优先性序列》,《行政论坛》2010 年第 1 期。

[6] 参见薛澜、李宇环《走向国家治理现代化的政府职能转变:系统思维与改革取向》,《政治学研究》2014 年第 5 期。

其一，大数据能助推政府公共服务从封闭低效型向协同开放高效型转变。大数据时代，数据是海量的。无论是政府、社会组织还是个人，每天都在产生大量数据，每天也在从不同渠道获得各种数据，社会信息是开放而流动的，[1] 开放数据使得数据共享成为可能，将打开政府与民众的边界，大力消除信息孤岛，一方面使得政务部门内部纵向、部门间横向调节得以协同流畅，数据挖掘和分析响应时间大幅减少，办公效率明显提高。另一方面使得政府治理主体尤其是政府的行为公开而透明，而不断获得最新信息，由此治理过程受到全社会的监督，使公共决策能吸纳社会各群体的意愿和建议，最终公共决策能够顺利落实，治理效能和政府公信力得到切实提升。

其二，大数据能助推公共服务向精细化个性化转变，进而提升公共服务能力。在大数据技术参与政府公共服务的提供之前，公众只是公共服务的被动消费者，所接受的服务大多也是均质的，随着公众个性化服务需求的日益增长，政府服务的精细化、人性化要求也被摆上了台面。大数据具有的全面、精准、定量的分析功能，无疑对因地、因时、因人制宜的公共服务提供了强大的技术支持，而大数据是在海量的数据中寻找关系，通过数学的方法进行数据分析，能够更加精准地了解服务对象的需求。利用大数据技术可以收集、分析各种社交平台和搜索引擎等公共服务的需求、评价和偏好，有助于了解掌握公众需求，进行有针对性的服务。[2] 利用大数据不仅可以挖掘各类宏观数据，还可以对用户的细微行为特征数据进行挖掘，甚至可利用自然语言解密软件进行情绪分析，实现对民众需求的精确把握，从而合理配置公共服务资源，推送个性化人性化的公共服务产品。

第三节　大数据对政府治理的重要意义

如今，大数据已经影响了世界的方方面面，引起了产业界、科技界和政府部门的浓厚兴趣和高度关注。但是，大数据无法自动地、自发地发展出有意义和有价值的政府制度安排，大数据应用于政府治理和公共事务管理的功能和意义，取决于治理者对大数据和数字化政府概念的理解及赋予其的意义。

一　重视大数据治理开发，有利于盘活社会数据资产

中国是一个人口大国，也必然是一个数据大国，数据来源和数据类型丰富多样。

---

[1] 参见徐琳《机遇和挑战：大数据时代中国国家治理的双面境遇》，《社会科学家》2015年第5期。
[2] 参见刘薇《大数据条件下我国服务型政府的创新与发展》，《长春市委党校学报》2016年第3期。

在大数据时代，要推进政府治理能力的提升和大数据全面落地，首先要有效地搜集数据和盘活数据，让束之高阁的大数据"由废变宝"，将数据变为资产，把资产化作价值。目前中国的数据来源主要来自四个方面：一是业务数据，即政府部门在公共管理过程中产生的大量数据；二是调查数据，即政府部门开展的调查研究数据；三是环境数据，即来自公共生活、生产环境的数据；四是用户生成数据，即公众个体在浏览网页、网上购物等产生的数据。大数据时代，地方政府对数据的重视程度大大提升，数据分析和数据处理技术也得到了巨大突破。通过对不同来源的数据进行整合和调度，对已有数据进行使用和挖掘，有效帮助了地方政府盘活数据资源，实现数据资产化和数据价值化。

二　加强数据资源的利用，有利于增强决策的科学性

受习惯思维和计划经济管理方式的影响，传统决策机制存在权力过于集中、部门利益化、民众参与度低、专家论证和技术咨询不足等问题，而专家论证、技术咨询环节是提高国家治理能力的重要支撑。国家治理现代化要求政府优化决策机制，重点加强权力监督、民意征求、专家论证、技术咨询、风险评估、合法性审查、责任追究等机制建设。[①] 预测是大数据的核心，但这种预测绝不是胡编乱猜。每一个基于大数据的预测都有着坚实的数据基础和合理的数学模型作为后盾。大数据时代为公共决策提供及时性的技术支撑，政府部门对涉及公共利益和国计民生的问题，通过网络方式广泛征求民众意见，汇聚民众智慧；通过提交专家论证，提高决策的权威性；通过数据分析，找出相关规律，提高决策的科学性。因此，应用大数据是提升政府科学决策能力的需要。

三　提升大数据治理能力，有利于提高社会治理水平

社会治理，说到底是对人的管理和服务，涉及广大群众的切身利益，必须始终坚持以人为本。过去，政府治理在社会治理过程中实行大一统式的管理方式，全能主义和权本位思想深入人心，追求结果而忽视了结果，还有一些政府官员往往靠经验做决策，造成权责失衡。而目前中国正处于大数据海洋中，公众可以通过很多渠道来获取信息，并且信息量也越来越大，政府失去了对大量信息知识的垄断地位。如今面对数据的大爆炸，对政府社会管理提出了更高的要求。快速和灵活的大数据

---

① 参见闫辰《现代国家治理视野下中国执政党决策机制的变革与优化》，吉林大学，博士毕业论文，2015年。

时代特征给政府治理提出了更高的要求。因此,积极实施动态管理,提升社会治理水平,对适应大数据时代的要求十分必要。

第四节 大数据对政府治理的挑战

"在我们这个时代,每一种事物好像都包含有自己的反面。我们看到,机器具有减少人类劳动和使劳动更有成效的神奇力量,然而却引起了饥饿和过度的疲劳。"[1] 马克思认为,科学技术具有正反两个方面作用,犹如科学技术革命是一把"双刃剑"一样,大数据虽是无形的宝藏,但也有正反两方面的作用。大数据发展应用也给政府带来诸多新的挑战。在大数据应用日益重要的今天,数据资源的开放共享已经成为在数据大战中保持优势的关键。但是,大数据时代,政府在获得数据"红利"的时候,也将面临数据爆炸所带来的个人隐私和数据安全等技术难题。

首先,大数据意味着海量数据,要求数据集中存储,而集中存储恰恰增加了数据安全的风险。在线数据越来越多,黑客犯罪的动机就比以往更加强烈,一些知名网站密码泄露、系统漏洞导致用户资料被盗等个人敏感信息泄露事件也在警醒我们数据安全的重要性。从震惊世界的"棱镜门"事件,到国内各类越来越频繁的个人信息泄露事件,都显示数据泄露的可能性和风险,也使世界各国都认识到保障数据安全的紧迫性。

其次,大数据的兴起将会为一些不法分子开展信息方面的犯罪活动提供更加便利的条件。大数据时代个人的生活高度数字化,每个人每天都在产生着大量数据,只要人们上网和使用手机,各大网络公司就可以利用其后台技术出口,收集到人们活动的所有记录而不被人们所知晓。每个网络平台都记录着海量数据,百度搜集着人们的搜索行为,淘宝记录着个人的购物行为,新浪则挖掘着个人的关注话题等等。这些数据都成为商家和消费者建立联系和洞察消费者行为的数字化手段。但这些数据一旦被不法分子利用,会对公民财产安全甚至人身安全造成伤害。同样,国家行政系统掌握着大量社会核心数据,可以凭借公共权力和数据优势对公民行为进行彻底监管,以致可以打造一个"数字利维坦"(数字为主的虚拟社会),提高国家治理的效率,但"数字利维坦"也无疑存在对公民个人隐私造成侵害的可能性。[2] 平衡社会监管和保护公民个人隐私是大数据时代国家治理的重要课题。

---

[1] 参见《马克思恩格斯选集》第1卷,人民出版社1995年版,第775页。
[2] 参见郧彦辉《数字利维坦:信息社会的新型危机》,《中共中央党校学报》2015年第3期。

最后，大数据标准体系尚待建立，数据开放共享缺乏相应的政策法规，导致数据利用缺乏相应的监管。数据资源开放和共享的一个重要问题是政策法规不完善，大数据挖掘缺乏相应的立法。如何在推动数据全面开放、应用和共享的同时有效地保护公民、企业隐私，逐步加强隐私立法，将是大数据时代的一个重大挑战。

第五节 小结

大数据时代不仅是一次技术变革时代更是一场社会变革时代。大数据将引领整个人类社会进入公共管理与政府治理的新时期，大数据带给政府治理的变化不仅仅体现在新技术、新方法的使用，更加体现在对政府治理理念、政府治理体系、政府治理效能等多方面的影响。大数据不仅是对政府治理技术的更新，更是对治理理念的革新。大数据时代要求治理主体重塑治理理念，树立民主、开放以及整体性治理理念，培育用数据说话、用数据决策、用数据管理、用数据创新的理念，通过提升政府治理目标决策的科学性、促进政府治理主体的多元性、提高治理客体对象的精准识别程度，助推政府公共服务从封闭低效型向协同开放高效型转变，最终实现政府效能的提升。在大数据时代，新的技术力量、数据资源，无疑是创新政府治理方式，但同时大数据将会对政府治理理念等方面产生全方位冲击和深层次震荡，对政府治理能力提升带来新机遇和新挑战。

面对新形势的挑战，政府的治理方式也应顺应时代发展，充分利用大数据降低政府运行成本、提高政府治理效率，从而提升政府治理能力。大数据的渗透对政府治理的影响显而易见，一方面大数据因其传播速度快、容量大、价值大等特点加剧了这个时代发展的不确定性，将会打破政府控制导向的传统行为模式；另一方面，隐藏在大数据背后的数据价值与数据红利却又可以对"不确定性"进行前瞻性预测，促进政府思维方式的变革以及政府治理模式的革新。大数据的出现正在解构着传统的政府治理理念和治理体系，从而影响政府治理的效能。可以说，大数据给地方政府带来的治理新机遇，可以增加和提升政府提供公共服务的数量和质量，也为公共服务流程的再造创造了可能性。但是，大数据本质上是一种提倡技术理性的思路，若过度推崇把一切社会经济现象都归为僵硬的数据，也很可能引发技术理性带来的一系列问题，例如海量数据的有效甄别、数据开放悖论等问题均是大数据治理过程中将要遇到的难题与挑战。因而，通过合理的方式趋利避害，借助大数据的优势促进地方政府治理能力提升，加快实现地方政府治理能力现代化，将是未来值得深入探究的问题。

【思考与讨论】

1. 大数据的概念与性质是什么？
2. 大数据会从哪些方面改变传统模式下的政府治理理念？
3. 新时代下大数据对政府治理有何重要意义？
4. 大数据意识对政府治理体系产生什么影响？
5. 大数据治理能力在公共服务领域将如何发挥作用？
6. 如何理解与权衡信息安全和数据公开两者的"悖论"？

【扩展阅读】

［美］伊恩·艾瑞斯：《大数据思维与决策》，人民邮电出版社2014年版。

李志刚：《大数据：大价值、大机遇、大变革》，电子工业出版社2012年版。

新玉言、李克：《大数据：政府治理新时代》，台海出版社2016年版。

董伟、聂清凯：《大数据时代地方政府治理——以北京市朝阳区为例》，人民日报出版社2016年版。

金江军、郭英楼：《智慧城市：大数据、互联网时代的城市治理》，电子工业出版社2016年版。

陈振明：《政府治理变革的技术基础——大数据与智能化时代的政府改革述评》，《行政论坛》2015年第6期。

陈升、刘泽：《大数据驱动下的政府治理机制研究：以精准扶贫为例》，《重庆大学学报》（社会科学版）2019年第6期。

第二章

国内外政府大数据治理

如今大数据所蕴含的战略价值已经引起多数发达国家政府重视,并已经相继出台大数据战略规划和配套法规促进大数据应用与发展。世界上多数发达国家的政府部门、企业、高校及研究机构都开始积极探索研究大数据,并已应用到具体领域,其中政府治理是大数据技术应用的主要领域之一。新发展格局的核心要义在与以国内大循环为主体,国内国外双循环相互促进,推进全面建设社会主义现代化国家,这就要求加强数据技术的发展与应用,促进数字政府建设。而中国大数据市场刚刚起步,配套规划与政策环境还有待完善,需要加快推进中国大数据技术应用,着力提升政府治理能力。

第一节 国外政府大数据治理

国外很多发达国家很早就开展了大数据政府治理的实践探索,而不同国家的大数据政府治理各有特色。美国、英国、日本等国家制定了大数据政府治理的发展战略和相关政策,对大数据政府治理的发展起到了重要作用。

一 美国

美国将大数据视为强化美国竞争力的关键因素之一,把大数据研究和生产计划提高到国家战略层面,并大力发展相关信息网络安全项目。美国白宫发布的《2014年大数据白皮书》中提到:"大数据的爆发带给政府更大的权利,为社会创造出极大的资源,如果在这一时期实施正确的发展战略,将给美国以前进的动力,使美国继续保持长期以来形成的国际竞争力。"

(一)发展战略与相关政策

第一,政府数据公开计划。从2009年开始,美国联邦政府就开始公开大量资料库,并且把许多数据公布在中央信息交换库——Data.gov。该网站依照原始、地理数据和数据工具三个门类将数据分类,以方便民众进行查阅。联邦政府公布的这些数据为企业进行新的产品、服务开发提供了优质资源,也为民众带来了更好的公共服务,如气象服务、定位服务等。但随着近年美国政府陷入财政困局,白宫于2011年4月宣布这些网站将终止营运,但会将它们开源化,以供各国的开发者使用或者根据需要修改。

第二,"我的大数据"计划。从2010年开始,联邦政府开展一系列主题为"我的大数据"的活动,使美国人可以更安全地获取个人数据来办理私人业务,其中包括"蓝纽扣"计划。消费者使用"蓝纽扣"获取个人健康信息,以便管理其健康、经济事项,并与信息提供方交换信息。美国政府与电力行业在2012年合作推出"绿纽扣"计划,为家庭和企业提供能源使用信息,并帮助他们节约能源。

第三,"我的学生数据"计划。美国教育部将助学金免费申请表与联邦助学情况的信息进行共享,这些信息囊括了借贷、补助金、注册与超额偿付等,使学生与资助人能够上网下载所需信息资源。

第四,大数据研究与开发计划。该计划是继1993年宣布"信息高速公路"之后美国的又一重大科技部署,其提出将在科学研究、环境保护、生物医药研究、教育以及国家安全等领域利用大数据技术进行突破。该计划涉及美国国家科学基金、美国能源部、美国国防部等6个联邦政府部门,超过两亿的科研经费被用于相关工具与技术的开发。

第五,2012年5月23日,美国白宫发布了新的电子政务战略——《数字政府:构建一个21世纪平台以更好地服务美国人民》(Digital Government: Building a 21st Century Platform to Better Serve the American People)。美国数字政府战略包括三大目标:一是使美国人民和流动性强的劳动力随时、随地通过任何设备访问高质量的数字政府信息和服务。二是确保美国政府适应新的数字世界,抓住机遇,以智慧、安全和实惠的方式采购和管理设备、应用和数据。三是开发政府数据以刺激全国的创新,改进为美国人民服务的质量。

表7—1　　　　　　　　　　美国大数据战略部分相关政策情况

时间	政策名称	主要内容
2009年1月	《透明度和政府开放备忘录》(Memorandum on Transparency and Open Government)	通过政府数据开放以赢得公众的信任,建立起透明、公众参与和多方合作的制度。加强民主,提高政府的工作效率,帮助政府更好地履行职能

续表

时间	政策名称	主要内容
2009年12月	《政府公开指令》(Open Government Directive)	开放政府指令的三个原则分别是"透明"(Transparency)、"参与"(Participation)和"协同"(Collaboration),要求减少《信息自由法》积压的工作,在政府网站上发布更多数据库,通过网站数据开放使公众了解政府信息,促进公共对话
2010年2月	《我的大数据》(My Data Initiative)	旨在使政府信息更加公开透明、更容易被读写,并使美国公民可以更加安全地获取他们的个人数据,从而更好地处理私人领域的申请活动和服务
2010年4月	《开放政府计划v1.0》(Open Government Plan v1.0)	促进政府信息公开共享,通过提出一系列项目计划鼓励相关产业的发展
2012年3月	《大数据研发计划》(Big Data Research and Development Initiative)	以增强联邦政府收集海量数据、分析萃取信息的能力,迎接新的挑战,这是美国政府在政策层面上将"大数据"上升到国家意志的重要举措,其影响将极为深远
2012年6月	《开放政府计划v2.0》(Open Government Plan v2.0)	该计划根据公众关于开放政府计划的建议,对2010年发布的1.0计划进行修正和完善,使之符合政府关于"开放政府指令"的全部要求
2012年5月	《数字政府:构建一个21世纪平台以更好地服务美国人民》(Digital Government: Building a 21st Century Platform to Better Serve the American People)	一是使美国人民和流动性强的劳动力随时、随地、通过任何设备访问高质量的数字政府信息和服务。二是确保美国政府适应新的数字世界,抓住机遇,以智慧、安全和实惠的方式采购和管理设备、应用和数据。三是开发政府数据以刺激全国的创新,改进政务服务的质量
2013年5月	《政府信息开放计划》(Making Open and Machine Readable the New Default for Government Information)	进一步强调政府数据公开,强调开放数据的机器可读性
2014年3月	《网络和信息技术研究与发展计划》(Networking and Information Technology Research and Development, NITRD)	汇聚了联邦政府资助的主要国家级信息技术计划,主要分布在计算、网络和软件等几大领域。"NITRD计划"通过机构间协同合作,为先进信息技术提供研发平台,确保美国在技术领域的领先地位
2014年7月	《开放政府计划v3.0》(Open Government Plan v3.0)	通过继续开展开放政府国家行动计划,他们将为美国民众提供更加透明化、参与度更高的政府机构

续表

时间	政策名称	主要内容
2016年5月	《联邦大数据研发战略计划》(The Federal Big Data Research and Development Strategic Plan)	以加速其2012年提出的"大数据研发行动"进程。《计划》旨在构建数据驱动战略体系,基于大数据的分析、信息提取以及做出决策和发现的能力将激发联邦机构和整个国家的新潜能

资料来源:根据文献及网络新闻整理。

(二)发展特点

一是大数据发展从政府数据公开做起。大量数据的可获得是大数据价值实现和最大化的前提。自20世纪以来,美国国会、政府先后出台一系列法规,对数据的收集、发布、使用和管理等环节做出了具体的规定。发达国家在应对大数据时代最为直接的举措和最为显著的标志之一就是建设政府数据开放门户网站(如美国的www.data.gov、英国的Data.gov.uk)。美国政府的大数据发展要溯及奥巴马更早推动的政府数据开放,早在2009年1月,奥巴马上任后即签署了"透明与开放政府"的备忘录,宣示了三大施政准则,包括了政府透明、公民参与协同合作,目的是希望打造一个开放、透明的政府,而其中最重要的成果就是建立了"美国联邦政府的数据平台"(Data.gov),将联邦政府机关的数据开放,与全美人民共享。为方便公众使用和分析,Data.gov平台还加入了数据的分级评定、高级搜索、用户交流以及和社会网站互动等新功能,进一步增加了访客的透明度。

二是注重政府间以及与第三部门的合作。美国在大数据发展与应用方面已经形成较为普遍的共识,美国政府部门、社会机构、商业企业、科研院校都在结合各自实际需求,推进大数据应用。美国政府大数据发展的特点是以各级政府为主导,依托高校和科研机构,鼓励非政府组织和企业等社会力量的广泛参与。[1] 以大数据发展计划为例,该项战略中共有6个美国联邦政府部门共同编列了2亿美元的预算,来改善大数据所需的技术与工具,包括美国国家科学基金会(NSF)、美国国家卫生研究院(NIH)、美国国防部(DOD)、美国国防部高级研究计划局(DARPA)、美国能源部(DOE)与美国地质探勘局(USGS),体现了政府部门间的合作。其间,仅依靠政府的力量是不够的,美国政府也邀请产业、学术单位与非营利组织一起同步前进。私人企业开始赞助大数据的相关竞赛,提供研究基金。

---

[1] 参见单志广《大数据治理:形势、对策与实践》,科学出版社2016年版。

三是多方位推动大数据应用实践。通过政府高度重视、积极推动大数据的应用，加快了美国国家大数据产业化和市场化进程。大数据在政府、民间应用广泛，产业化进程加快。政府在公共政策、舆情监控、犯罪预测、反恐等领域已开始依据大数据分析辅助决策，以大数据应用增强社会服务能力。人口、交通、医疗等公共事业部门通过挖掘大数据，实现了对人口流动、交通拥堵、传染病蔓延等情况的实时掌控。如佛罗里达州迈阿密戴德县将数十种关键县政工作和迈阿密市紧密联系起来，为政府在制定治理水污染、减少交通拥堵和提升公共安全等方面政策时提供了更好的信息支撑。美国国防部确定了"从数据到决策、网络科技、电子战与电子防护、工程化弹性系统、大规模杀伤性武器防御、自主系统和人机互动"7个重点研究领域，目的是推进大数据辅助决策，实现由数据优势向决策优势的转化。

总之，大数据发展战略在美国已经形成了全体动员的格局，体现了美国一贯追求在创新能力、产业能力、信息能力、社会管理能力等方面引领的策略和做法，[①]透过美国的大数据战略发展状况，我们可以看到一场大变革正在全球悄然展开。

二 英国

作为世界发达国家，英国高度重视大数据研究及其应用，正如英国政府内阁办公厅大臣弗朗西斯·莫德说："两百年前的工业革命用前所未有的方式开创了历史，现在我们用大数据的形式来进行生产和提供服务同样是在创造历史。"

（一）发展战略与相关政策

从2011年开始，英国政府就不断对大数据领域进行持续的专项资金投入。2011年，英国商业、创新和技术部宣布，将注资6亿英镑发展8类高新技术，其中1.89亿英镑用来发展大数据技术。据负责科技事务的国务大臣介绍，政府将在计算基础设施方面投入巨资，加强数据采集和分析能力。

2013年8月12日，英国政府发布《英国农业技术战略》。该战略指出，英国今后对农业技术的投资将集中在大数据上，目标是将英国的农业科技商业化。在该战略的指导下成立的第一家"农业技术创新中心"将研究焦点投向大数据，致力于将英国打造成农业信息学世界级强国。

2013年10月31日，英国发布《把握数据带来的机遇：英国数据能力战略》。该战略由英国商业、创新与技术部牵头编制旨在促进英国在数据挖掘和价值萃取中

---

① 参见陈明奇《大数据国家发展战略呼之欲出——中美两国大数据发展战略对比分析》，《人民论坛》2013年第15期。

的世界领先地位,为英国公民、企业、学术机构和公共部门在信息经济条件下创造更多收益。为实现上述目标,该战略从提升数据分析技术、加强国家基础设施建设、推动研究与产业合作、确保数据被安全存取和共享等几个方面做出了部署,并做出11项行动承诺,确保战略目标得以落地。

2014年,英国政府投入7300万英镑进行大数据技术开发。包括在55个政府数据分析项目中展开大数据技术应用;以高等学府为依托投资兴办大数据研究中心;积极带动牛津大学、伦敦大学等著名高校开设以大数据为核心的专业等。

表7—2 英国大数据战略部分相关政策情况

时间	政策名称	主要内容
2009年	《放在前线第一位:聪明政府》	要求完全开放数据和公共信息,为政府开放数据的发展提供技术与政策支持①
2010年	《对公共部门信息的开放政府许可》	规定了公共部门信息被许可的具体条件
2011年	《简化英国公共部门信息的再利用:英国政务许可框架与政务公开许可》	明确了政府"透明议程"和公共数据的原则,并指出数据的再利用是公共利益中不可忽略的重要议题,并鼓励政府对公共信息进行公开与共享
2012年	《公共部门透明委员会:公共数据原则》	确定了公共数据开放的形式、格式、许可使用范围以及公共机构鼓励数据的再利用等14项原则
2013年	《抓住数据机遇:英国数据能力策略》	强调政府必须优化公民参与方式,改变服务政策和服务方式,改变责任的承担方式,从"技术""基础设施、软件和协作""安全与恰当地共享和链接数据"三个方面提高数据处理能力
2013年	《开放政府合作伙伴英国国家行动计划2013—2015》	从开放数据、诚信缺失、财政透明度、公民赋权、自然资源的透明度五个方面规划了2013—2015年的行动计划
2013年	《G8开放数据宪章英国国家行动计划2013》	该宪章是8个国家之间制定的协议。其宗旨就是推动政府更好地向公众开放数据,并且挖掘政府拥有的公共数据的潜力和对经济增长的创新,同时也提高政府的透明度和责任

---

① 《英国政府开放数据政策研究》,参见http://dzzw.cqyc.gov.cn/art/2016/3/23/art_3349_142898.html,2016年3月23日。

续表

时间	政策名称	主要内容
2015 年	《国家信息基础设施（National InformationInfrastructure，NII）执行文件》	进一步强调具有战略意义的数据的再利用
2015 年	《政府即平台计划》	提出推动以平台为基础的政府的最好办法是采取跨部门模式提供公共服务

资料来源：根据文献及网络新闻整理。

（二）发展特点

第一，政府积极引导大数据战略。英国政府为大数据投入了大量的人力物力财力，在大数据的时代下努力发挥政府的引导作用，以带动英国整个大数据产业的发展。英国政府通过借鉴美国等国家在大数据发展中的战略布局，分析本国特点，从公共卫生服务、气候信息、地理信息等优势领域着手，逐步实施大数据战略布局，政府充分发挥引导作用，与行业、科研院所以及非营利机构一起形成全体动员的格局，培育开放数据政策的多元执行主体。[1] 从技术研发、推进应用、数据源建设等多方面共同实施大数据战略。英国政府通过挖掘和利用公开数据的商业潜力，为英国公共部门、学术机构等实现创新发展提供"孵化环境"，同时为国家可持续发展提供进一步的帮助。[2]

第二，注重基础平台建设。英国政府发布新的政府数字化战略，旨在使政府服务实现"默认数字化"，即"数字服务简单方便，任何可以使用的用户都会选择数字化服务，而不能使用的用户也不排除在外"。英国承诺 2015 年前开放有关交通运输、天气和健康方面的核心公共数据库，并将投资 1000 万英镑建立世界上首个"开放数据研究所"。

第三，注重隐私与数据安全保护。大数据所带来的一个全新挑战就是对个人隐私与数据安全的威胁，英国强调通过法规政策强化大数据应用过程中对个人隐私与数据安全的保障。[3] 在个人隐私保护方面，英国《开放数据白皮书》明确：一是在公共部门透明度委员会（监督各部门数据开放的核心机构）中设立一名隐私保护专

---

[1] 参见陈美《英国开放数据政策执行研究》，《图书馆建设》2014 年第 3 期。
[2] 《纵览：全球 6 个国家大数据战略现状》，参见中国数据分析行业网（http：//www.chinacpda.org/hangyehot/7250.html），2016 年 9 月 27 日。
[3] 参见张正亚《英国政府信息公开研究》，硕士学位论文，安徽大学，2015 年。

家，确保数据开放过程中及时制定和普及最新的隐私保护措施；二是内阁办公室强制要求所有政府部门在处理涉及个人数据时都要执行个人隐私影响评估工作，为此还专门制定了非常详细的《个人隐私影响评估手册》，三是各政府部门开放数据策略中均明确将开放数据划分为大数据和个人数据，大数据是政府日常业务过程中收集到的数据，可以对所有人开放，而个人数据仅仅对某条数据所涉及的个人自己开放。

三 日本

日本政府提出："提升日本竞争力，大数据应用不可或缺"。日本的大数据战略，以务实的应用开发为主，尤其是在和能源、交通、医疗、农业等传统行业结合方面，日本大数据应用都是可圈可点的。日本的发展战略包括建立强有力的基础设施和设备规划，其中包括大数据市场服务和成为全球IT领先者。

（一）发展战略与相关政策

2012年6月，日本IT战略本部发布《电子政务开放数据战略草案》，迈出了政府数据公开的关键性一步。为了确保国民方便地获得行政信息，政府将利用信息公开标准化技术公开统计信息、测量信息、灾害信息等公共信息，并使信息可被重复使用。2013年7月27日，日本三菱综合研究所牵头成立了"开放数据流通推进联盟"，旨在通过产官学联合，促进日本公共数据的开放应用。

2012年7月，日本推出了《面向2020年的ICT综合战略》。战略提出"活跃在ICT领域的日本"的目标，重点关注大数据应用。该战略聚焦大数据应用所需的社会化媒体等智能技术，传统产业IT创新以及新医疗技术。

2013年6月，安倍内阁正式公布了新IT战略——"创建最尖端IT国家宣言"。[①] 全面阐述了2013—2020年以发展开放公共数据和大数据为核心的日本新IT国家战略，提出要把日本建设成为一个具有"世界最高水准的广泛运用信息产业技术的社会"。同期，日本还在"日本再兴战略"中，再次提出要灵活运用大数据，建立世界最高水平的大数据库。[②] 2013年12月，日本总务省在ICT相关重点政策中提出，推进大数据的灵活运用，推进构筑开放数据的流通环境。2014年6月，日本在"智慧日本ICT战略"中提出要在农业、医疗和社会基础设施等领域灵活运用大

---

① 《各国大数据战略及行动盘点》，参见 http：//www. thinking-tanks. com/Article/？id = 626，2015年9月23日。

② 参见魏江红《制定我国大数据战略与数据开放战略——日本的经验与启示》，《经济贸易》2016年第11期。

数据。

在日本政府公开的大数据战略方向中,关键有这样几个部分:一是开放数据。2012年6月,日本IT战略本部发布《电子政务开放数据战略草案》,迈出了政府数据公开的关键性一步。二是数据流通。日本大数据产业发展中,如何处理隐私和信息保护的问题已经很关键,修改和进一步完善个人信息保护法规也已经被提上日程。2013日本IT综合战略也提出,尽快建立跨政府部门的信息检索网站,以便于企业利用政府的大量信息资源。三是创新应用。2012年7月,日本总务省ICT基本战略委员会发布了《面向2020年的ICT综合战略》,提出"活跃在ICT领域的日本"的目标。

表7—3 日本大数据战略部分相关政策情况

时间	政策名称	主要内容
2009	《面向数字时代的新战略——三年紧急计划》(2009年)	目的是通过加强信息技术创新,促进信息技术产业发展和信息技术的深度应用,推动经济增长和结构调整,增强国家竞争力,改善和促进就业,最终对于这些国家摆脱金融危机起到积极作用
2009	《I-Japan 2015》	战略应进一步阐明大数据的有利发展机遇,规划重点领域的大数据研究计划,布局关键技术研发方向,强化大数据基础设施建设
2010	《新信息通信技术战略》	强化信息通信技术发展,加强国家信息基础设施建设,推动研究与产业相结合
2012	《Active Japan ICT 战略》	该战略从提升数据分析技术、加强国家基础设施建设、推动研究与产业合作、确保数据被安全存取和共享等几个方面做出了部署
2012	《面向2020年的ICT综合战略》	该战略聚焦大数据应用所需的社会化媒体等职能技术开发,传统产业IT创新、新医疗技术开发、缓解交通拥堵等公共领域问题
2013	《创建最尖端国家宣言》	提出要把日本建成一个具有"世界最高水准的广泛运用信息产业技术的社会"

资料来源:根据文献及网络新闻整理。

(二)发展特点

一是注重大数据产业资源开发。一方面政府分层次开放不同类别的大数据,加大政府信息公开力度与扩大开放数据范围,支持如互联网企业、科研机构及新闻媒体等相关机构的发展,依法采集市场交易与社会交往中的信息资源,制定社会机构参与采集数据、共享数据和应用数据的机制,进而形成政府与社会信息交融的大数据资源库，从而有序地推进全社会信息资源的开放共享。另一方面专业机构和行业组织创新大数据采集方法、提高数据挖掘分析技术，提高数据利用率，同时要广泛开展政府、企业与研究机构的互动合作，在大数据产业组织之间进行协同创新，构建有政府、企业与研究机构多方参与的大数据开发平台，共同攻关突破大数据中具有共性的关键性技术难题。

二是关注大数据创新应用。日本的大数据战略重点关注通过大数据应用来促进多个公共领域的创新发展。例如，2012 年 7 月，日本总务省 ICT 基本战略委员会发布了《面向 2020 年的 ICT 综合战略》，提出"活跃在 ICT 领域的日本"的目标。

截至 2014 年 4 月，全球已有 63 个国家制定了开放政府数据计划，数据开放推动政府从"权威治理"向"数据治理"转变。大致来看，国外政府大数据政策措施体现出如下明显特征。一是颁布战略规划进行整体布局。为抢占大数据先机，增强国家在大数据领域的国际领先地位，大数据先行国家均将发展大数据提升为国家战略予以支持。二是大力构建配套政策体系。包括人才培养、产业扶持、资金保障、数据开放共享等，为本国大数据发展构筑良好的生态环境。由于数据的与日俱增及其背后蕴藏着巨大价值，大数据正在成为信息时代发展的新潮流，谋划制订大数据发展规划及相关政策就显得非常必要。同时，由于各国大数据技术基础、市场基础、数据文化氛围不同，各国的政策侧重点存在一定差异。①

第二节　国内政府大数据治理

相对于发达国家，中国政府大数据治理战略部署及实施起步较晚，但无论从国家层面还是地方层面均高度重视大数据发展带来的机遇，并通过一系列政策推动大数据的发展。部分省份抓住国家大力发展大数据的战略部署，率先开展政府大数据治理，取得了比较积极的效果。

一　国家层面

(一) 战略部署及相关政策

大数据已经成为当今重要的发展领域，党的十八届五中全会的"十三五"规划建议提出："实施国家大数据战略，推进数据资源开放共享。"大数据已经上升为中国国家战略，针对大数据的发展进行了系列的战略部署，大致来看主要有以下重要

---

① 参见张勇进《主要发达国家大数据政策比较研究》，《中国行政管理》2014 年第 12 期。

部署。

2015年7月，国务院办公厅印发的《关于运用大数据加强对市场主体服务和监管的若干意见》提出，要提高对市场主体服务水平；加强和改进市场监管；推进政府和社会信息资源开放共享；提高政府运用大数据的能力；积极培育和发展社会化征信服务。

2015年9月，国务院印发《促进大数据发展行动纲要》，系统部署大数据发展工作，推动政府信息系统和公共数据互联开放共享，消除信息孤岛，增强政府公信力，引导社会发展。

2015年11月，党的十八届五中全会提出要实施"国家大数据战略"，这是大数据第一次被写入中共的全会决议，标志着大数据战略正式上升为国家战略。开启了中国大数据建设的新篇章。

2016年3月，《国民经济和社会发展第十三个五年规划纲要》中正式指出，实施国家大数据战略。把大数据作为基础性战略资源，全面实施促进大数据发展行动，加快推动数据资源共享开放和开发应用，助力产业转型升级和社会治理创新。

2016年7月，中共中央办公厅、国务院办公厅印发《国家信息化发展战略纲要》，指出要最大程度发挥信息化的驱动作用，实施国家大数据战略，以信息化驱动现代化，建设网络强国。

在政策发布上，中国国家层面主要通过发布系列相关政策，从综合层面、技术层面、管理层面多方位推动大数据产业发展，从而强化大数据对政府治理能力的提升作用（见表7—4）。

表7—4　　　　　　　　　　国家层面大数据战略相关政策情况

政策名称	主要内容
《国家电子政务"十二五"规划》（工信部规〔2011〕567号）	首次从顶层设计的角度，提出新时期中国电子政务的发展目标；特别关注了中国电子政务的发展，将关注公共服务和惠及民生作为今后最重要的发展方向；并对云计算促进电子政务的发展提出了明确要求
《国务院关于大力推进信息化发展和切实保障信息安全的若干意见》（国发〔2012〕23号）	针对金融、云计算与大数据、信息系统保密管理、工业控制等领域面临的信息安全实际需要，将信息安全提升到国家战略高度

续表

政策名称	主要内容
《关于促进智慧城市健康发展的指导意见》（发改高技〔2014〕1770号）	提出运用物联网、云计算、大数据等新一代信息技术，促进城市规划、建设、管理和服务智慧化的新理念和新模式；建设智慧城市
《关于加快建立国家科技报告制度的指导意见》（国办发〔2014〕43号）	部署加快建立国家科技报告制度，推动科技成果的完整保存、持续积累、开放共享和转化应用
《国务院关于加快科技服务业发展的若干意见》（国发〔2014〕49号）	首次明确提出重点发展技术转移服务、科技咨询服务、科技金融服务等9项任务，部署了健全市场机制、强化基础支撑、加大财税支持、拓宽资金渠道、加强人才培养、深化开放合作、推动示范应用等7项政策措施
《关于运用大数据加强对市场主体服务和监管的若干意见》（国办发〔2015〕51号）	一是提高政府运用大数据能力，增强政府服务和监管的有效性；二是推动简政放权和政府职能转变，促进市场主体依法诚信经营；三是提高政府服务水平和监管效率，降低服务和监管成本
《促进大数据发展行动纲要》（国发〔2015〕50号）	一是加快政府数据开放共享，推动资源整合，提升治理能力；二是推动产业创新发展，培育新兴业态，助力经济转型
《工业和信息化部关于贯彻落实〈国务院关于积极推进"互联网+"行动的指导意见〉的行动计划（2015—2018年）》（工信部信软〔2015〕440号）	创新政府网络化管理和服务，加快互联网与政府公共服务体系的深度融合，推动公共数据资源开放，构建面向公众的一体化在线公共服务体系。加强政府与公众的沟通交流，提高政府公共管理、公共服务和公共政策制定的响应速度，提升政府科学决策能力和社会治理水平，促进政府职能转变和简政放权
《推进"互联网+政务服务"开展信息惠民试点的实施方案》（国办发〔2016〕23号）	加快推进部门间信息共享和业务协同，简化群众办事环节，提升政府行政效能、畅通政务服务渠道，着力构建方便快捷、公平普惠、优质高效的政务服务体系

资料来源：根据政府网站新闻整理。

（二）特点分析

一是起步较晚但发展迅速。整体来看，如果说美国宣称自己尚处于大数据开发的初级阶段的话，那么中国的大数据则处于雏形阶段，在数据的开放性、流动性、交互性上远远不足。从政府治理层面来看，信息公开也是政府利用大数据治国的一个必要条件，中国政府开放数据的程度远远落后于世界领先国家。美国1967年就通过了《信息自由法》,中国在 2008 年前后才制定了《政府信息公开条例》。从国际上公认衡量各国信息化发展水平的全球电子政务发展指数(EGDI)上看,近十年,中国 EGDI 排名先升后降,从 2003 年第 74 位升至 2005 年第 57 位,2012 年跌至第 78 位。[①] 因此,《促进大数据发展行动纲要》提出要把数据开放共享作为战略部署的重要任务切中要害,顺应了未来发展大势。

二是多类型政策并举助力大数据战略发展。《促进大数据发展行动纲要》《国家电子政府"十二五"规划》等文件作为全国层面的指导性文件,从宏观层面提出通过政府数据开放共享;搭建国家电子政务公共平台,完成以云计算为基础的电子政务公共平台建设顶层设计,从而提升政府治理能力。此外在技术促进方面,通过对《国务院关于大力推进我国信息化发展和切实保障信息安全的若干意见》等相关政策,从技术角度促进经济发展的信息化水平,力求通过提高技术,提高政府决策的科学性。在经济促进方面,通过增强信息产品的供给能力,鼓励大数据相关产业发展,实现产业的转型与创新,从而提升国民经济水平,促进政府职能转变,实现政府治理能力的提高。

二 北京市

(一)战略部署及相关政策

北京是全国的政治中心、文化中心、国际交往中心、科技创新中心,在云计算和大数据发展方面具备天然的基础优势。例如,具备实施大数据战略的科技优势、政策优势、人才优势、信息优势、市场优势,通过整合优势资源,加强对大数据产业发展的支持,实施大数据战略,从而把握住这新一轮战略机遇。

北京市人民政府在《智慧北京行动纲要》中指出,"智慧北京"是首都信息化发展的新形态,是未来十年本市信息化发展的主题。"智慧北京"的基本特征是宽带泛在的基础设施、智能融合的信息化应用和创新可持续的发展环境。北京市人民政府提出,到 2015 年,"智慧北京"的发展目标是实施"智慧北京"八大行动计划,建成泛在、融合、智能、可信的信息基础设施,基本实现人口精准管理、交通智能监管、资源科学调配、安全切实保障的城市运行管理体系,形成信息化与城市经济社会各方面深度融合的发展态势,信息化整体发展达到世界一流水平,从"数字北京"向"智慧北京"全面跃升。

---

① 《开放数据是建设开放政府的重要切入点》,参见中国改革论坛(http://www.chinareform.org.cn/gov/system/Practice/201511/t20151119_238650.htm),2015 年 11 月 19 日。

北京市人民政府关于印发《北京市大数据和云计算发展行动计划（2016—2020年）》（以下简称《行动计划》）的通知。《行动计划》明确，到2020年，北京市将基本建成大数据和云计算创新发展体系，成为全国大数据和云计算创新中心、应用中心和产业高地。北京市同时提出将从六个方面夯实大数据和云计算发展基础，同时将推动公共大数据融合开放、深化大数据和云计算创新应用、强化大数据和云计算安全保障和支持大数据和云计算健康发展，还具体明确了每项行动的责任单位。同时《行动计划》中提到，将立足京津冀各自特色和比较优势，推动数据中心整合利用，创建京津冀大数据综合试验区。深化京津冀大数据产业对外开放，深入开展大数据国际交流与合作。《行动计划》提出，到2020年，大数据和云计算创新发展体系基本建成，成为全国大数据和云计算创新中心、应用中心和产业高地。

表7—5　　　　　　　　　北京市大数据战略部分相关政策情况

政策名称	相关内容
《北京市"十二五"时期城市信息化及重大信息基础设施建设规划》（京政发〔2011〕56号）	促进经济社会包容性增长，把北京打造成为全球资源配置的信息枢纽、国家创新驱动的网络引擎、城市运行顺畅的智能典范、文化传承永续的智慧摇篮，实现"数字北京"向"智慧北京"的全面跃升
《北京市"十二五"时期科技北京发展建设规划》（京政发〔2011〕46号）	到2015年，初步建成具有全球影响力的国家创新中心，推动首都率先形成创新驱动的发展格局，提升城乡基础设施运行管理能力、城乡基础设施运行管理等
《智慧北京行动纲要》（京政发〔2012〕7号）	建设公共集成服务体系，以市民需求为中心，提高首都之窗网站群、政务服务中心、政府服务热线等多渠道、多层级联动集成服务能力
《关于加强首都城市管理综合行政执法监管实施意见》（京政发〔2013〕40号）	城管执法装备和信息化建设是"数字北京"和"科技奥运"的重要组成部分。各区县政府要把城管执法队伍信息化建设、执法装备和基础设施建设纳入经济和社会发展规划，统筹组织实施，切实提高保障水平，确保城管执法队伍履职需要
《北京技术创新行动规划（2017—2017年）》（京政发〔2014〕11号）	发挥政府作用，不断提高自主创新能力，促进科技成果产业化和新技术新产品的推广应用，为推动首都城市可持续发展和服务民生重大需求提供科技支撑，率先形成创新驱动的发展格局，更好地服务国家创新体系建设
《北京市关于积极推进"互联网+"行动的实施意见》（京政发〔2016〕4号）	到2018年，互联网与经济社会各领域的融合发展水平显著提升，打造全国互联网新技术、新服务、新模式和新业态的重要策源地；重点实现公共服务能力显著增强

续表

政策名称	相关内容
《北京市国民经济和社会发展第十三个五年规划纲要》	加快推进城市管理智能化，充分利用大数据、云计算、物联网等信息化技术，加快推进智慧管理与智慧服务，建设"智慧北京"，不断提升城市管理网格化、智能化水平。加快推进城市智慧管理
《北京市"十三五"时期信息化发展规划》（京政发〔2016〕57号）	到2020年，信息化成为全市经济社会各领域融合创新、升级发展的新引擎和小康社会建设的助推器，北京成为互联网创新中心、信息化工业化融合创新中心、大数据综合试验区和智慧城市建设示范区

资料来源：根据北京市政府网站新闻整理。

（二）特点分析

一是推动政府部门数据加速开放。数据开放是公民监督和制衡政府的手段，数据监管是公民监督和制衡市场的工具，社会和公民参与数据挖掘、数据采集、问题防范和社会监督，有效拓展政府治理能力现代化的社会空间，是大数据时代提升政府治理能力的基本保证。为进一步向社会释放政务数据红利，在充分借鉴国内外数据开放经验的基础上，北京市在全国范围内率先开展政务数据资源开放工作。2012年5月起，北京市经济信息化委组织开展了"北京市政务数据资源网"建设工作，通过该网站汇集全市各政府部门可开放的、有经济和社会利用价值的数据资源，为企业和个人开展政务信息资源的社会化开发利用提供数据支撑，推动信息资源增值服务业的发展以及相关数据分析与研究工作的开展，促进中小企业和个体创业者基于政府数据开发形成信息服务产品，满足社会公众对信息服务需求。[①] 北京市科学技术委员会牵头打造"首都科技大数据平台"，整合长期分散于政府各个部门、科研院所、行业部门的科技数据资源，并逐步向社会开放，提升科技资源的公共服务能力，从而提升北京市政府治理能力。

二是注重政府间与政府外部数据共享。2005年，北京市委办公厅、北京市人民政府办公厅发布《关于加强政务信息资源共享工作的若干意见》（京办发〔2005〕33号文），提出建立政务信息资源共享长效机制，完善信息共享基础设施，制定标准规范，推动政务信息资源共享。直到"十二五"时期，北京市已经基本建成了覆盖全市各级政府单位的政务网络，搭建了市区两级政务信息资源共享交换平台；同

---

① 《北京市大数据和云计算发展行动计划（2016—2020年）》解读，参见 http：//bigdata.makerzoom.com/dashuju/20170103/1228135019897.html，2016年8月18日。

时初步建立了一套信息资源共享法规标准体系。

三是在政策发布上注重大数据技术领域发展。北京市有关于利用大数据提升政府治理能力的相关政策，并且多是技术类政策。例如《北京市"十二五"时期科技北京发展建设规划》《北京技术创新行动计划（2014—2017 年）》等政策均属于促进大数据技术发展类型。相关政策主要侧重与搭建信息化平台、提升智能化水平，例如依托智能调度、一卡通数据分析等技术提高城市信息化水平，加强对大数据的利用来创新城市管理体制、改善政府服务、提高政府治理能力。

三 广东省

（一）战略部署及相关政策

广东省是全国率先启动大数据发展战略的省份。广东省于 2012 年年底提出《广东省实施大数据战略工作方案》，并在 2014 年年初正式成立省大数据管理局，加快制定实施大数据战略政策措施。推进相关基础设施建设，并加强政务、企业、社会大数据的综合开发应用，借数据之力实现发展的转型升级。加快大数据基础设施建设是抢占新一轮信息化发展制高点的重要保证。近年来，广东省加大资金投入支持宽带网络建设，加快部署落实《关于全面推进广东省宽带网络基础设施建设的意见》。

打破信息孤岛，提升政府服务效率成为广东省大数据发展的重点。在 2016 年 4 月，广东省政府就召开全省电视电话会议，全面部署全省行政审批标准化工作和"一门式、一网式"政府服务模式改革，力图通过互联网、云计算、大数据等信息技术，建立互联互通、高效运转的统一政务服务平台，为企业和群众提供一站式、全天候、零距离的网上政务服务，这标志着广东推进"互联网＋政务服务"改革工作拉开序幕。

表 7—6　　　　　　　　广东省大数据战略部分相关政策情况

政策名称	主要内容
《广东省人民政府关于印发广东省信息化发展规划纲要（2013—2020 年）的通知》（粤府〔2013〕48 号）	到 2020 年，全省信息化迈入世界先进水平。建成宽带、泛在、融合、安全的信息基础设施，新一代信息技术在经济社会各领域广泛应用，公共服务和社会管理网络化水平大幅提升，信息化对经济社会发展带动效应更加显著，基本建成"智慧广东"

续表

政策名称	主要内容
《大数据网格加速技术国家地方联合工程实验室（深圳）》（发改办高技〔2015〕1512号）	建立国家大数据网络加速技术实验室，促进大数据技术提高与应用
《广东省信息化促进条例》〔广东省第十二届人民代表大会常务委员会公告（第15号）〕	内容围绕当今信息化发展的潮流，对信息化领域出现的新技术推广应用，包括推动两化融合，三网融合，促进新一代互联网、电子政务、大数据、物联网、云计算等都做出了规定，说明"大数据"技术已在广东获得立法扶持
《加快信息化发展促进信息消费实施方案（2014—2016）》（粤府函〔2013〕234号）	显著提高社会管理和公共服务信息化水平；建立信息资源共享机制，实现网络问政常态化；加强电子政务和公共服务能力建设；升级改造市、县两级政务网络，进一步完善公文交换、办公自动化和政府办文办会系统
《宽带广东发展规划（2014—2020年）》（粤府办〔2014〕35号）	到2017年，宽带网络基础设施进一步完善，珠三角宽带城市群建设力争达到世界先进水平，物联网、云计算、大数据实现规模化应用，宽带产业对工业、农业和服务业的升级带动作用更加显著
《广东省经济和信息化委办公室关于认定大数据应用示范项目和征集应用范例的通知》（粤经信办函〔2014〕164号）	为落实省政府推进大数据战略实施的精神，发挥应用示范效应，推动社会数据资源的开发和大数据应用，启动开展大数据应用示范项目认定和应用范例征集工作，在广东省内广泛征集大数据应用范例
《关于开展2016年广东省"珠江人才计划"引进创新创业团队和领军人才申报工作的通知》（粤人才办〔2016〕10号）	重点引进在计算机与通信集成芯片、移动互联网关键技术与器件、云计算与大数据管理技术等领域取得先进创新成果或拥有自主知识产权、可实现核心关键共性技术突破或产业化前景广阔的团队和领军人才
《广东省促进大数据发展行动计划（2016—2020年）》（粤府办〔2016〕29号）	加快大数据基础设施建设，推动资源整合和政府数据开放共享，建立"用数据说话、用数据决策、用数据管理、用数据创新"的管理机制，提升政府经济管理和社会治理能力，促进大数据产业创新发展，推动经济发展动力转换、结构优化和转型升级
《广东省人民政府办公厅关于运用大数据加强对市场主体服务和监管的实施意见》（粤府办〔2016〕63号）	充分运用大数据、云计算等现代信息技术，健全政府服务和监管工作机制，提高政府服务水平和监管效率，加强事中事后监管，维护市场正常秩序，促进市场公平竞争，释放市场主体活力，进一步优化发展环境

资料来源：根据广东省政府网站新闻整理。

（二）特点分析

一是注重大数据基础设施建设。广东省政府大力推进大数据基础设施建设，构建透彻感知、泛在互联、高度智能的感知网络，建成一个具有海量数据处理能力、全球领先的国家超级计算中心，并打造成世界级云计算产业基地。基础设施方面，广东拥有广州、深圳两大超级计算机中心，运算速度全球领先。此外，广东宽带占全国近6成，广州还是国家三大互联网国际出口之一，并拥有全国最高的互联网普及率。广东以后几年的目标任务是：以智慧型技术为主干，推动高端芯片研发及产业化，开展物联网、云计算等关键技术攻关；以智慧型产业为骨架，大力发展软件和信息服务业，建设国家电子商务示范城市，打造网络商都，建设中国软件名城；以智慧型应用为目标，初步实现公共安全、电网、地下管线管网、城市规划、土地利用总体规划、工程招投标等城市管理智能化。

二是政企数据共享共赢。广东省力推政务大数据开放，加强全省网上办事大厅和政务信息资源交换共享体系建设，组织实施电子政务畅通工程建设，建立省、市、县三级政务信息资源共享交换体系，推进跨地区、跨部门的数据交换和共享，提高政府办事效率和管理水平。同时，还开展政务大数据应用试点和政务大数据开放应用试点，梳理省级各部门政务数据，选取部分省直部门开展政务大数据开放应用试点建设，并制定可供公开的政务信息资源目录。通过开展企业情况综合数据采集工作，组织各级经信部门，采用网上直报方式，直接采集企业数据。同时，整合跨部门企业数据，梳理出省政务信息资源共享平台现有的工商、税务等部门企业基本信息，以及挖掘互联网上企业涉及电商、信用、股权、财报、中标等数据，初步建成企业情况综合数据库。

四 贵州省

（一）战略部署

贵州发展大数据具有生态环境好、能源价格低、地质稳定等得天独厚的先天优势。贵州把发展大数据作为"一把手"工程来抓，在系统平台建设、大数据立法、大数据交易、大数据创业创新等方面率先起步，积累了一些先行优势，得到国家层面和业界的广泛认可。2015年2月14日，李克强总理考察贵阳大数据应用展示中心时，希望贵州在大数据领域探索出一片新天地，为服务国家战略做贡献；2015年5月26日，马凯副总理在出席贵阳数博会并考察贵州信息产业发展情况时，充分肯定贵州发展大数据是创造性落实中央精神的重大举措；2015年6月17日，习近平总书记听取贵州大数据产业发展、规划和实际应用情况介绍时，充分肯定"贵州发展大数据确实有道理";2015年8月底,国家发布的《国务院关于印发促进大数据发展行动纲要的通知》中,明确指出"支持贵州等综合试验区建设",贵州大数据发展正式上升为国家战略。

表7—7　　　　　　　　贵州省大数据战略部分相关政策情况

政策名称	相关内容
《关于加快信息产业跨越发展的意见》(黔党发〔2012〕27号)	明确"构建以贵安新区为核心,贵阳市、遵义市为两极,多地协同发展的'一区、两极、七基地'产业格局",全力抢占新一代信息技术发展先机
《贵州省云计算产业发展战略规划》	规划明确通过设立云计算产业园、制定扶持政策,实施六个重点项目,在贵州打造完整的云计算产业链
《关于加快大数据产业发展应用若干政策的意见》(黔府发〔2014〕5号)	加快大数据基地建设,大力引进和培育大数据企业,创新机制培育市场,支持大数据科技创新,加快信息基础设施建设,建立大数据产业投融资体系,加强人才队伍建设,强化组织领导
《贵州省大数据产业发展应用规划纲要(2014—2020年)》(黔府发〔2014〕5号)	推动贵州省大数据产业稳步快速发展,到2020年,大数据带动相关产业规模达到4500亿元。大数据产业体系基本健全,业务形态较为齐备,创新能力显著增强,安全保障能力明显提高。产业载体建设顺利推进,聚集一批具有较强市场竞争力的骨干企业
《贵州省信息基础设施条例》	全国第一部信息基础设施法规,对加快信息基础设施建设和发展,拉动有效投资和促进信息消费、推动经济发展方式转变等方面具有重要的支撑作用,更重要的是为贵州发展大数据产业提供法律保障
《共同支持贵州大数据产业发展人才培养计划战略合作框架协议》	加快贵州省大数据产业项目招商引资和产业基地建设,吸引信息技术企业入驻,引进大数据人才
《云计算和大数据战略合作框架协议》	提出要通过设立云计算产业园、制定扶持政策,实施六个重点项目,在贵州打造完整的云计算产业链

资料来源:根据贵州省政府网站新闻整理。

(二)特点分析

一是构建了大数据产业全业态。贵州省把发展大数据产业作为弯道取直、后发赶超、同步小康的现实路径,作为统领全省各领域的主要牵引和重要支撑。贵州注重大数据产业的发展,通过建立大数据基地吸纳企业落户,力图将大数据培育为本地的支柱产业,以产业带动其他领域的发展。大数据人工智能等围绕数据生命周期、大数据关键技术和大数据核心业务形成的业态,被划分为大数据核心业态;智能终端、集成电路、服务外包等被定义为关联业态;智慧健康、智慧物流、智慧旅游等衍生业态。核心业态是大数据的根本,关联业态是大数据发展的支撑,衍生业态是大数据发展的终极目标。

二是注重大数据平台建设促进政府数据整合共享。在贵州省的政府大数据治理实践中,建设统一的云平台,是推动政府数据汇聚和应用的基石。2014年年底,"云上贵州"的平台诞生,作为全国首个省级政府数据集聚共享的统一云计算平台,它串起政府部门之间大大小小的信息"孤岛"。通过把分散在部门的数据统一汇聚到一个平台,统筹存储、统筹规范、统筹交换、统筹安全,奠定数据应用的基础。2014年,平台迁进电子政务、工业、交通、环保、旅游、商务7个领域共41个应用系统,集聚了40000G数据量。2015年,20个部门的266个应用系统登顶"云端",37个政务部门部分信息应用系统在平台运行。

三是通过创新商业模式引进资金和人才。贵州极力鼓励大数据领域创业创新。首届"云上贵州大数据商业模式大赛"的举办,以资源资金带动年轻创业者挖掘大数据商业应用潜力。借力大数据商业模式大赛,为贵州招揽资金和人才,通过高额奖金、数据资源、政策扶持,吸引到优秀的创新创业团队。大数据商业模式大赛吸引了全国8615个项目参赛,筛选出了大量优质大数据应用创新创业项目。通过比赛的方式,激发全社会创新创业的激情,为有梦想的年轻人提供一个实现梦想的平台,同时也有吸引民间创业者的奇思妙想并转换成应用的迫切需求。大赛已成为全国大数据领域第一大赛事和重要创业创新平台。

第三节 小结

纵观中外,美国、英国、日本、澳大利亚等发达国家已将政府大数据治理上升到国家战略发展的高度,高度重视大数据发展中的顶层设计、政策执行、发展应用、法律规范和人才培养等问题。如美国将大数据上升为事关国家核心竞争力的国家战略,认为大数据发展计划是继"信息高速公路计划"之后在信息科学领域的又一重大举措,政府投资2亿多美元启动这一计划;英国投资1.89亿英镑,计划加强数据采集和分析的能力,尽快促使英国在"数据革命"中占得先机等。但由于世界上各国的大数据技术基础、市场基础、数据文化氛围不同,各国的政策侧重点存在一定差异,研究与借鉴发达国家在政府大数据治理的成功模式与战略布局对中国大数据战略发展意义重大。对中国而言,近年来大数据在国家层面和省级层面得到相应的部署和发展,也取得了一定的成果,但总体来说,中国大数据发展刚刚起步,配套规划与政策还有待完善。为抢占大数据先机,增强国家在大数据领域的国际领先地位,大数据先行国家均将发展大数据提升为国家战略予以支持;国家应该注重制定出台配套政策,包括人才培养、产业扶持、资金保障、数据开放共享等,为本国大数据发展构筑良好的生态环境。通过学习发达国家发展大数据的经验,迎接大数据时代的机遇与挑战,可以将大数据上升到国家战略层面,强力支持大数据的发展;建设数据开发平台,为大数据的发展提供基本条件;在公共服务领域运用大数据,实现大数据发展的重要价值;加紧制定大数据法律法规,使大数据的发展有规可循;联合培养大数据实用人才,满足大数据发展的人力要求。

【思考与讨论】

1. 美国大数据政府治理的战略模式有何特点?
2. 日本的大数据发展模式对中国有何借鉴意义?
3. 中国大数据政府治理战略部署现状有何特点?
4. 中国应该从哪些方面有效借鉴发达国家大数据发展的成功经验?

【扩展阅读】

陈明奇:《大数据国家发展战略呼之欲出——中美两国大数据发展战略对比分析》,《人民论坛》2013年第5期。

[英]维克托·迈尔-舍恩伯格、肯尼思·库克耶:《大数据时代》,浙江人民出版社2013年版。

[美]伊恩·艾瑞斯:《大数据思维与决策》,人民邮电出版社2014年版。

徐继华、冯启娜、陈贞汝:《智慧政府:大数据治国时代的来临》,中信出版社2014年版。

第三章

大数据提升政府治理能力的作用分析

党的二十大报告指出,"高质量发展是全面建设社会主义现代化国家的首要任务"。[①] 在推进我国高质量发展的过程中,政府职能转变和机构改革是必经之路,而大数据则是政府治理现代化的重要技术路径。它催生了政府治理革命,也不断创新着政府治理模式,激励政府成为大数据时代的领跑者。

第一节 大数据与政府治理模式

政府治理模式是指在既定的历史背景下,政府运用政治、经济和行政手段对社会公共事务实施管理的一整套制度、机制、程序和方式,是政府在治理过程中所表现出来的基本行为模式,包括政府治理理念、治理目标和治理制度等内容。政府治理模式处于动态的发展过程中,会随着时代的变化而变化。

一 传统环境下的政府治理模式

在传统行政主导的政府治理下,政府治理模式固化为"大政府"式的科层式治理,市场和第三部门的功能和作用发挥有限。尽管在不断地改革过程中,政府治理模式经历了很多改造,但它的基本架构仍保持了浓厚的传统性色彩。传统治理模式主要有以下特征。

第一,封闭性。在传统的治理模式下,科层化的政府垄断公共事务的管理活动,权力高度集中,自上而下发号施令,行使强制性的权威,并独立承担福利服务的供

[①] 习近平:《高举中国特色社会主义伟大旗帜 为全面建设社会主义现代化国家而团结奋斗——在中国共产党第二十次全国代表大会上的报告》,人民出版社2022年版,第28页。

给职责。公众只能被动接受政府管理，市场和第三部门作为政府的管制或控制对象，在资源、机会、人员、内部管理及行动的范围、内容乃至方式等各个方面都受到政府强有力的管制，不仅缺少意见反馈的渠道，更无法参与到管理中，社会协同管理的力量没有发挥的空间，公众的智慧也无法有效展现。大数据作用下的政府治理模式突破了传统的封闭性，能够广泛地整合社会各方资源，推动形成融合开放的治理体系。

第二，单一性。长期以来，中国政府的治理理念和行为方式受传统公共行政模式的影响，一直扮演全能政府的角色，政府作为整个社会唯一的权力中心，具有绝对的、至高无上的权力和权威，对社会公共事务实行全面干预，整体上表现出"大政府、小社会"的特征。[①] 其后果则是政府权力的过度膨胀，政府压制市场的自由竞争机制，市场竞争极度萎缩且无所作为，资源配置效率低下。全能政府单一中心的弊病和问题，使之陷入不能承受的责任之重。

第三，被动性。传统的政府治理方式是等待社会矛盾或问题出现后，政府再做出一系列的治理措施，在重大事件发生的时候往往会显得被动。譬如，2009年美国H1N1流感爆发，美国政府在H1N1流感爆发后两周才发表第一份官方声明通报相关情况。相反的，谷歌公司却在流感爆发前几周，运用大数据对流感爆发情况做出了精准的预测。如果美国政府可以如同谷歌公司一样，运用大数据对流感做出预测，及时部署资源，应对危机，就可以将H1N1流感侵袭时所造成的损失降到最低，减少社会恐慌，使社会平稳度过危机。

受传统科层式公共行政的影响，中国当前的政府治理模式存在许多问题和不足。第一，重管理轻服务。中华人民共和国成立初期，中国实行的是全能管控型管理模式。这种模式建立起以政府的绝对权威为核心的管理体系，对社会实行单向全能管控。虽然在短期取得了比较好的效果，但其弊端是显而易见的：资源配置效率低下，社会创新乏力，政治上人治、集权，民主政治体制脆弱。随后，1978年中国社会开启了波澜壮阔的改革开放大幕，国家治理模式转变为发展绩效型治理模式，即国家对社会的管理由原来的单向管控转向国家与社会双向互动，以提高经济发展效率。这一治理模式取得了巨大的成绩，但这种模式仍以自上而下的组织化的管控为主要手段，政府只是向社会释放了一定的空间，接受社会与之进行一定的互动和对话；权力更多地集中在政府手中，责任也更多地由政府承

---

① 参见轩明飞《"大政府与小社会"——街区权力组织建构解析》，《贵州社会科学》2002年第2期。

担,"重管理轻服务"成为一种常态,在对社会公共事务实行全面干预的过程中,更多履行了管理而非服务的职能,政府内部也更多强调对上级负责而不是对社会、对公众负责,在一定程度上遏制了市场和社会的积极性、主动性和创造性。如今,当代世界政治经济形势复杂多变,如何适应全球化、多极化、信息化时代,成为当代政府的一大挑战,政府的管理理念、管理体制和管理水平与能力也在很大程度上受到冲击。

第二,信息沟通不顺畅。在传统的政府管理模式下,政府的角色是单一的管理身份,与管理目标、管理对象、管理环境没有形成一个交流互动机制,产生了较大的信息鸿沟;信息的不对称性,导致社会和民众无法及时、准确地表达意愿,政府治理的效果也大打折扣,公共利益难以实现。而且中国繁多的政府层级也严重阻止了信息的传递。中国政府的层级是当今世界最多的——有5级之多。中央政府一般只能管到省部级,省再管地市,地市管县,县再管乡。这种层层节制、只向上负责的管理流程造成信息和权力传递的双重困难。[①] 传统科层制下条块分割的体制壁垒导致各部门间的数据无法有效整合,出现"信息碎片""数据孤岛"等现象。[②]

二 大数据环境下的政府治理模式的变革

大数据对政府治理领域的影响主要是重构传统的治理模式,催生新的政府治理模式,主要体现在决策方式、组织主体、流程机制、客体对象四个方面。

从决策方式来看,大数据催生新型的治理决策方式,提升政府治理决策的精准性。在传统的治理环境下,因数据量小、缺乏全面准确的数据支持,政府绝大部分是模糊决策。在大数据时代,大数据处理分析技术可以对结构化与非结构化的数据进行科学分析,基于整体的、海量的数据预测将会更为准确。因此大数据会影响政府治理目标决策精确性。完善政府决策协商机制,提高政府信息的透明度和公民与其他社会组织直接参与度,利用信息工具汇聚集体智慧,充分挖掘数据的潜在价值,从而提高目标决策能力水平。

从治理组织主体来看,大数据催生新型的治理组织主体,形成多元协同共治的局面。大数据兴起使得传统公共机构不再是主导数据的唯一机构,形成政府、社会组织、市场组织、公众等多元治理主体协同合作治理数据的局面。大数据带来的数

---

① 唐昊:《改变重管理轻服务传统 着力建设服务型政府》,参见人民网(http://theory.people.com.cn/GB/49150/49152/5079047.html),2006年11月23日。

② 参见康兰平《大数据时代法治政府建设的逻辑演进与治理转型》,《人文杂志》2018年第8期。

据思维推动政府治理理念由传统的政府主导思维转向开放和包容思维，由传统的经验主义转变为更加注重精确化的数据决策。基于大数据开放、共享的特征，治理模式强调的是个人参与、主动参与、及时参与，不只是政府，公民、社会、其他社会主体都要承担相应的治理责任。公共治理不再是仅仅围绕着利益或问题而组织起来，而是围绕着事件和密集的数据流而组织起来。数据流日益引导问题流、资源流和智慧流的汇聚，因此政府要鼓励和引导公民、社会组织和商业机构等其他主体参与公共数据的建设以及公共治理。此外，大数据可以进一步促进政府信息公开和数据开放，提高政府治理组织开放度，依托于大数据技术和平台，通过外包、众包等灵活的组织方式，可以推动政府治理组织架构从科层、分割、封闭向开放、协同、合作转型。

从治理流程机制来看，大数据催生新型的治理流程机制范式，提升政府治理效率。大数据对政府治理流程机制的影响表现在三个方面：一是政府内部治理流程优化。大数据促使决策流程方式从传统的"历史经验驱动"向"数据量化驱动"转型，即"搜集数据—量化分析—找出相互关系—提出优化方案"，提高了科学决策水平，降低了政府治理的成本。二是政府间治理流程优化。传统的治理流程机制是部门封闭导致数据封闭，大数据驱动下的治理流程机制重构是以数据集为基础的跨部门流程重构和以数据响应为核心的跨部门政务协同，实现部门分享机制、协作机制、开放机制，以及无缝治理流程机制。三是政府与其他主体间治理流程优化。传统的治理流程机制是"其他主体请求—政府响应"的被动服务模式，大数据驱动下治理流程机制是"其他主体搜索—政府搜集、分析搜索的大数据—政府服务"的主动服务模式。

从治理客体对象来看，大数据催生新型的治理客体对象，提升政府治理水平。传统的政府治理范式中，治理对象大多采取经验性模糊判断的方法，治理客体定位模糊，而且治理客体的需求一般通过对少部分人的需求判断大多数人的现实需求，治理客体多为被动接受治理。大数据时代，依靠对客体对象的数据采集、分析，能够精确识别治理客体对象。同时，政府通过大数据分析可以全面了解、分析预测各个层次客体对象的服务需求，推动公共服务产品分层化、个性化、精准化供给。通过开放公共数据，治理客体对象可以参与公共产品服务的设计、提供和监督等各个环节，实现公共产品和服务供给质量的提高。

第二节　大数据提升政府治理能力的作用机理

英国治理理论学者杰瑞·斯托克曾指出："公共管理从传统的公共行政向治理的转变，反映了政府在当代环境中运作方式的重大且持久的变化；相应的，政府履行功能与任务的能力框架也要随之发生重大且持久的变化。"[1] 大数据将推动政府从行政主导向以人为本服务型政府转变，公共管理从传统向现代转型，从粗放化管理向精细化管理转型，从单兵作战管理向协作共享型管理转型，从被动响应向主动预见转型。

一　大数据重塑政府治理的价值观念

治理理论认为，在公共产品的供给过程中，私营部门、中介组织甚至公民个人越来越多地参与其中，与政府共同构成了管理社会公共事务的主体，过去理所当然属于政府的一些责任，现在则由多个主体承担。[2] 大数据具有权利多中心和网络互联性的社会属性，"网络化""数字化""虚拟化"正在深刻改变人们的生存和思维方式，同时也要改变政府治理的价值观念。

一方面，"用数据决策"的理念将成为政府治理的核心决策理念。通过大数据思维，使人们从根本上意识到数据型、智慧型治理模式的重要性。大数据的作用下，治理主体能够更加清晰地认识到问题的本质和事情发展的趋势，将有助于政府的管理观念从过去的事中、事后管理逐步向事前预测、事中监管和事后总结的方式转变，数据治理理念将逐渐深入人心。传统的依靠领导干部个人意志和个人经验的治理也会成为过去。

另一方面，"以人为本"的治理理念也成为政府治理的核心价值理念。大数据时代的来临改变了信息传播与交换的方式。信息传递的高速、全面、集中等特征，信息传递手段的多样化，都会极大挑战传统政府治理的模式。当每个人都成为数据与信息的制造者，"数字鸿沟"现象也将日益被填平。开放的大数据时代为公民参政提供了有效的平台，政府的权威来自民众的支持和拥护，而不是对信息的掌控。在大数据时代背景下，政府治理首先应考虑提供公共服务的公平性，效率的提高要以公平的社会服务为前提，公众应广泛而平等的参与公共治理。因此，政府应树立

---

[1] 参见周天楠《推进政府治理能力现代化的关键》，《学习时报》2013年12月30日。
[2] 参见［美］戴维·奥斯本、彼德·普拉斯特里克《摒弃官僚制政府再造的五项战略》，中国人民大学出版社2002年版。

以人为本的治理理念，及时全面地了解并满足公众的需求，提供优质、高效的公共服务。

二 大数据提供政府治理创新的新方法新工具

无论是管理，还是治理，都必须通过一定的管理工具来进行。大数据为公共决策的民主化科学化提供了坚实的新方法、新工具。对政府来说，一次管理改革在某种程度上的直接表现就是管理工具的变换。治理能力的现代化，要求政府进一步创新管理工具，并根据不同性质增强管理工具的匹配性。通过利用数学模型、仿真技术、存储技术等，真正做到"用数据说话""用数据管理""用数据创新"。

一是"用数据说话"，为政府决策提供更科学、更有效的分析手段与工具。大数据技术为政府治理主体提供海量实时数据，使各治理主体能够随时掌握最新社会动态，实现对社会现象和社会问题的全样本调查、快速计算和定量分析，从而摒弃过去靠"拍脑袋"的经验主义，降低公共决策偏差概率，提高国家治理的精细化和科学化。在政策制定阶段，用数据说话、以数据分析是决定政策质量高低的关键性因素。在政策实施阶段，数据分析能够有效监控政策实施情况。通过数据分析监控，可以掌握政策是否按计划实施，及时、准确地反映对于计划实施过程中出现的问题或失误。在政策评估阶段，则更需要通过科学的数据分析来解答，对未来政策的完善提供借鉴。

二是"用数据管理"，优化政府管理模式。大数据时代是一个更开放的社会、一个权力更分散的社会、一个网状的大社会。政府大数据治理通过对数据采集整理、汇总分析，可以发现过去政府管理中的问题、特点、运行模式和规律，从而优化政府管理模式，重新界定政府职能，简政放权、放管结合、优化服务环境等同时推进，加快建设法治政府、廉洁政府、服务型政府，逐步实现政府治理能力现代化。首先大数据将推动政府管理的"精细化"，即运用大数据以最大限度地减少管理所占用的资源和降低管理成本为主要目标的治理方式。其次，大数据将推动政府管理的"柔性化"，即以大数据为基础，变整治为疏导，变刚性为柔性，以体现"人性化"的管理。

三是"用数据创新"，实现政府在公共服务模式、政府治理模式上的创新，以及政府与大数据企业、产业间的合作模式创新。首先在政府提供公共服务模式上，一方面大数据能够准确把握公共服务需求，从而合理配置公共服务资源，增强服务的针对性，实现按需服务。另一方面能够运用大数据，精确核算公共服务成本，提升政府公共服务投入的现实效益。其次，在政府治理模式上，实现从"封闭式"向"开放式"转变，从"碎片化"向"一体化"转变。新型政府治理模式下，数据开放是实现资源互联互通的基础，也是实现共享共治模式的保障。因此政府利用大数据的信息化平台和手段，加强数据的开放和共享是实现"用数据创新"的应有之意。另外，数据流通顺畅的整体型、一体化的政府治理模式能够打破政府部门之间的信息分割，实现数据和资源有效整合，同样是应用大数据实现政府治理模式创新的重要体现。此外，地方政府加强与大数据企业的合作，在利用其技术提升治理能力的同时，也能够推动地方大数据产业的发展，促进其在商业模式、技术创新等方面的革新进步，而大数据产业发展又能够对区域产业发展结构乃至经济实力的提升产生重要影响。可以认为，利用大数据技术提升政府治理能力，能够使得政府与市场双方都从中受益。

三 大数据革新政府治理的结构与模式

首先，大数据治理能革新政府组织结构。传统的国家治理是科层制的治理结构，纵向层级之间的等级管理和平级部门之间的分工合作是其典型结构，其中，"'上下'之间的互动是最重要的，其他的互动可以忽略"。[①] 随着互联网、物联网、云计算、移动终端等信息技术的迅速发展和全面集成，数据呈现出指数级增长态势并广泛应用于各行业各领域，数据资源的发布及其与网络、新媒体的融合使获取信息变得十分方便。在这样的背景下，传统的科层制分工体系已经不足以应付现代社会各种纷繁复杂的事务，迫切需要打破纵向的集中决策模式，使平级部门之间的互动拥有与纵向层级之间的互动同等的地位，形成多权力中心相互影响、商议决策的局面。其次，大数据治理改变政府治理方式。大数据语境下国家治理由被动式的单一权威和自上而下结构转向自由平等和参与协商的主动式。当下，巨量数据资源分散在各个层级、部门的情况使一个问题的解决往往涉及多个部门机构，更加凸显出横向合作、数据共享和信息交互的重要性，这必然要求跨越科层制的壁垒、打破纵向层级限制的藩篱、实现快速有效的协同治理。最后，大数据改变政府与社会、企业的合作形式。日益复杂的社会事务不仅要求治理体制内部逐渐实现权力的分散化和多中心格局，而且要求相关社会组织、企业、个人等参与协助解决问题，这将推动大数据时代的政府开放数据，形成多元主体共同挖掘原始数据价值的局面，为解决复杂社会事务贡献智慧。数据流日益引导问

---

① 参见吕本富《双向互动：应对社会治理结构网络化的挑战》，《行政管理改革》2012年第11期。

题流、资源流和智慧流的汇聚，政府需将数据流的变革潜能转为治理改革的驱动力，通过对政府和社会的再梳理，建构强大的治理伙伴网络，整合政府资源，激活社会资源。

第三节 大数据在政府治理中的应用

大数据时代不仅将改变每个人的日常生活和工作方式，而且将从根本上改变国家治理与社会治理状况。大数据时代的社会治理要求我们要积极顺应大数据时代的发展趋势和本质要求，树立大数据治理意识。当前，各个国家政府都已经意识到大数据的重要性，逐渐将大数据应用到政府治理的各个领域，尤其在公共决策、公共服务及社会管理领域尤为典型。

一 决策应用

政府有效利用大数据技术挖掘数据价值，能够帮助地方政府改善决策的科学性和有效性。政府在获取数据方面具有天然的优势，政府不仅有专门的统计部门对社会经济各方面进行相应的数据统计，还能够获得大量的社会运转数据，由此能够获取决策所需的大量数据资源，当然也需要更高的数据挖掘技术来提取数据中的价值，而且对数据的安全性与保密性要求较高。如表7—8所示，国内外政府应用大数据优化了决策体系，更加有针对性地进行公共决策。

表7—8 大数据在政府决策领域的应用案例

地区	案例	背景及决策	决策效果
国外	美国拉斯维加斯利用大数据开发出一套实时公共事业网络模型	由于记录太过古老、信息不够准确，大部分城市中的公共事业机构都不了解埋在地下的资产处于何种状况——因此居民往往会由于某条供电线被意外切断或者某条供水管线老化爆裂而受到影响	为了避免这些难题，拉斯维加斯市采取智能数据方式开发出一套实时公共事业网络模型，通过提高数据识别的准确性从而提高决策信息的科学性。VTN咨询公司帮助市政当局通过各种渠道汇总数据，并利用Autodesk技术创建出实时3D模型。这套模型中包含着地上与地下的所有公共设施，目前已经被用于监测城市地下设施的具体位置以及运转状况

续表

地区	案例	背景及决策	决策效果
国外	美国西雅图	利用数据节省电力能源。该市与微软和埃森哲（Accenture）合作了一个试验项目，以减少该地区的能源使用。该项目收集并分析从市区建筑物管理系统中得来的众多数据集，通过预测分析，找出哪里可以减少能源使用，或者根本不需使用能源	通过收集并分析从市区建筑物管理系统中得来的众多数据集，对项目的目标（将该地区的电力消耗减少25%）进行了更准确的设定，也为决策的制定提供了科学的依据
	瑞典斯德哥尔摩	瑞典国家公路管理局和斯德哥尔摩市政厅通过智慧交通的建设，既缓解了城市交通堵塞，又减少了空气污染问题，现在智能交通系统已经成为斯德哥尔摩的标签。该市在通往市中心的道路上设置了18个路边监视器，利用射频识别、激光扫描和自动拍照等技术，实现了对一切车辆的自动识别	借助这些设备，该市在周一至周五6时30分至18时30分之间对进出市中心的车辆收取拥堵税，从而使交通拥堵水平降低了25%，同时温室气体排放量减少了40%
国内	绵阳智慧城市建设	IBM在四川省绵阳市建立了大中华区首个大数据分析竞争力中心，部署全套IBM业务分析软件	一方面帮助绵阳进行智慧城市的顶层设计，对绵阳教育、交通、社区三大层面为主的数据进行梳理并加以深度分析和利用；另一方面帮助长虹等绵阳当地企业的智能化发展提供大数据分析支持
	上海智慧城市建设	上海早在2011年就开始探索智慧城市的建设和发展。上海智慧城市建设第一轮三年行动计划于2011年9月发布，到2013年底全面完成各项目标任务。并于2014年发布《上海市推进智慧城市建设2014—2016年行动计划》，在第二轮智慧城市建设中上海着力实施"活力上海（LIVED）五大应用行动"	在工信部组织的中国信息化发展水平评估中，上海以综合指数111.02排名全国第一，在网络就绪度、信息通信技术应用等两个二级指数排名全国第一。云计算产业规模通过1000亿元大关。同时在中国电子信息产业研究院推出的2014年全国各省份信息化发展指数评估中，上海位列第一

续表

地区	案例	背景及决策	决策效果
深圳市福田区"智慧福田"建设		深圳市以"织网工程"和"智慧福田建设"为契机,依托大数据系统网络,着力构建以民生为导向的完善的电子政务应用体系,并在此基础上积极开展业务流程再造,有效提高了福田区的行政效能和社会治理能力	通过加强"一库一队伍两网两系统"、建设"两级中心、三级平台、四级库"、构建"三厅融合"的行政审批系统、建设政务征信体系等科技基础设施建设,再造政府工作流程,有效减少了工作环节,简化了工作程序,提升了服务效能,方便了群众办事

资料来源:根据各国政府及个地方政府网站整理。

利用大数据辅助决策,主要有以下几个优势提升决策的科学性与合理性:第一,保证数据资源的充足性和有效性,如在斯德哥尔摩的智慧城市建设过程中,设置了18个路边监视器收集有效信息;第二,提升多元数据资源的汇总能力,如在绵阳市的智慧城市建设中,IBM收集了各个领域的数据;第三,提高对多源数据的综合分析能力,如在上海的智慧城市建设中,数据从多个部门获得,且数据的综合分析涉及多个学科的基础知识。但是实际上应用大数据辅助决策需要具体问题具体分析,不可简单地对成功模式进行复制,而应该结合地方经济发展水平、大数据发展基础以及待处理问题的特殊性来具体设计。

二 公共服务应用

政府治理的重要职能是提供优质的公共产品和公共服务,包括公共设施和教育、医疗、科技、文化等。随着中国综合国力的增强和人们生活水平的提高,公众对公共服务的需求越来越大,特别是对差异化和个性化公共服务的需求增大,对公共服务的品质也提出了新的标准。这样一方面对政府治理能力提出了更高要求,另一方面也为政府治理提供了新的思路和方向。[①] 利用大数据可以收集到社会领域的各类信息,并通过数据挖掘等技术分析,有效提高政府公共服务的供给能力和效率。如表7—9所示,国内外政府应用大数据优化了公共服务,产生更加显著的社会效应。

---

① 参见王旭、顾昕《政府能力建设与公共服务的治理变革》,《学术月刊》2006年第4期。

表 7—9　　　　　　　　　　大数据在公共服务领域的应用案例

地域	案例	措施及效果
国外	美国西雅图减少医疗事故	西雅图在儿童医院开展大数据应用，通过数据分析和可视化为医生提供帮助，有效减少了医疗事故，帮助医院节省了 300 万美元的供应链成本
	韩国预防手足口病综合系统	韩国食品、农业、森林与渔业部、公共行政与安全部联合推出预防手足口病的综合系统，通过数据分析来加强手足口病的预防。通过收集、整合、分析动物疾病相关的海外大数据、海关出入境记录、养殖场的跟踪调查、牲畜迁移和养殖工人活动等相关数据，该国手足口病的发病率降低
	法国里昂减少交通拥堵	该市与 IBM 的研究人员联手建立了一个可以帮助减少道路交通拥堵的系统，使用实时交通路况报告来检测和预测交通挤塞。如果运营商看到可能会发生交通堵塞，就可以相应地调整交通信号，以保持平稳的车流。该系统在紧急情况下尤其有用，比如在救护车前往医院的途中。随着时间的推移，系统中的算法将从最成功的建议中"学习"，并将这些知识应用到将来的预测当中
国内	北京市人民政府"12345"便民电话中心选择 Oracle Exadata 实现便携服务	为了进一步提升部门的调度能力、办理水平和群众满意度，北京市人民政府"12345"便民电话中心选择 Oracle Exadata 数据库云服务器，升级成为北京市非紧急救助服务综合受理调度平台，通过 Oracle Exadata Database Machine 支撑起新平台的数据库访问需求。升级后的平台能够整合全市的便民呼叫服务，支撑来自群众的各类诉求、求助、批评和建议，并可为公众提供方便、快捷的公共信息服务，真正成为全市的舆情中心、信息汇集中心和城市名片
	贵阳市曹杨社区通过收集社区内居民对卫生医疗的建议，推出了"智慧医疗"的服务	先通过近一个月的问卷调查、微信微博调查等形式收集到了社区居民对基本医疗这一项的意见，并对其中有关个人健康管理的意见进行汇总，通过数据分析和处理，得出居民最为关注的多项指标。社区通过健康管理平台，将居民现场测量的血压、血氧、脉搏、血糖、心电图、彩超等信息，转化为可理解的数据值通过云平台发送到每位居民的健康空间。并为每位居民提供个性化的健康风险评估、饮食营养管理、运动管理等。通过数据采集和分类管理，社区还将给具有同类型健康问题的居民群体配备 1 名医师

续表

地域	案例	措施及效果
	佛山智慧医疗系统	佛山市"南海区市民健康档案管理平台"整合了南海区143家医疗机构的医疗信息资源,包括3个区级医院、12个镇街级医院以及128家社区卫生服务站点的信息。此外,还包括以家庭为单位的每个居民的"居民健康档案",登陆平台可以看到就诊记录、用药情况、各阶段身体健康状况等信息,帮助医生快速了解患者病史,判断病情,合理用药

资料来源：根据各国政府及各地方政府网站整理。

该领域大数据应用的成功要素主要是三个方面：第一，建立全面的数据采集体系，如在城市中大规模部署各类传感器；第二，具备与企业合作获得较强的数据分析能力；第三，开放数据应用通道，最大化第三方企业在数据价值挖掘中的作用。从国内外案例中可以看出，大数据提升政府治理能力的基础在于对海量的公共服务基础数据收集与整合，在此过程中，国外发达国家政府十分重视与实力强大的商业公司合作。政府通过利用科技企业、科研机构和各类智库在技术创新理念上的优势，参与政府大数据治理的战略规划与顶层设计，以确保在方向的准确性与实践上的可行性；而在应用开发领域，则通过加强政府与科技型商业公司的合作，确保其在技术上的可实现性，充分发挥大数据企业、行业在政府治理中的关键作用。相比之下，国内发达地区成功的大数据提升公共服务模式则更注重大数据信息服务平台的搭建，通过数据库、云平台的建设，加强对海量数据的收集。总而言之，在借鉴国内外成功经验时，应基于地方大数据发展基础、充分利用科技企业在技术实现上的优势，助力政府提升治理能力。

三 社会治理应用

社会治理的对象是"社会"或者说是各类"社会主体"，要实现有效的社会管理，首先要对各类社会主体参与社会生活的行为进行准确的分析和把握，在不同社会发展阶段，社会成员参与社会生活的方式有所不同。在大数据时代，利用大数据可收集到社会各个领域的信息，通过大数据分析，可以有效提高社会管理的效率，保障公民的安全。在社会治理领域，政府主要从城市管理的实际问题出发，利用大数据来破解难题。主要模式是通过政府相关部门和相关企业的公开数据，与第三方企业合作开发相关数据挖掘与分析程序，建立大数据分析模型，从而对社会实施有效监督，并提前预测危机、快速应对。如表7—10所示，国内外应用大数据进行社会管理的案例。

表7—10　　　　　　　　　大数据在社会治理领域的应用案例

地域	案例	措施及效果
国外	美国纽约预防火灾	通过数据挖掘，有效预防了火灾。据统计，纽约约有100万栋建筑物，平均每年约有3000栋会发生严重的火灾。纽约消防部门将可能导致房屋起火的因素细分为60个，诸如是否是贫穷、低收入家庭的住房，房屋建筑年代是否久远，建筑物是否有电梯等。除去危害性较小的小型独栋别墅或联排别墅，分析人员通过特定算法，对城市中33万栋需要检验的建筑物单独进行打分，计算火灾危险指数，划分出重点监测和检查对象。目前数据监测项目扩大到2400余项，涵盖诸如学校、图书馆等人口密度高的场所。尽管公众对数据分析和防范措施的有效性之间的关系心存疑虑，但是火灾数量确实下降了
	巴西里约热内卢的智能化市政运营中心	里约热内卢种族结构复杂，城市治安问题突出。该市与IBM智慧城市团队合作，建设智能化市政运营中心，动态监控城市管理状况，尤其在巴西狂欢节中制定安全、街道清理、人群控制规划及满足其他城市管理需求的计划
	美国南卡罗来纳州大数据预防犯罪	为了帮助警方分析人员采集和分析文本，提高办案效率，有效降低犯罪率，南卡罗来纳州查尔斯顿警方利用IBM的数据分析工具，更加准确地分析犯罪模式。利用指纹、掌纹、人脸图像、签名等一系列生物信息识别数据，帮助发现犯罪线索，分析出犯罪热点地区并提前预防犯罪；并预测犯罪假释或者缓刑期间的犯罪可能性，为法庭假释条款和审判提供参考
国内	济南的警务工作与大数据	浪潮在帮助济南公安局在搭建云数据中心的基础上构建了大数据平台，以开展行为轨迹分析、社会关系分析、生物特征识别、音视频识别、银行电信诈骗行为分析、舆情分析等多种大数据研判手段的应用，为指挥决策、各警种情报分析、研判提供支持，做到围绕治安焦点能够快速精确定位、及时全面掌握信息、科学指挥调度警力和社会安保力量迅速解决问题
	英特尔携杭州诚道科技构建智能交通	面对大数据挑战，杭州市和杭州诚道科技有限公司紧密合作，部署了基于英特尔大数据解决方案的诚道重点车辆动态监管系统，通过集中的数据中心将全市卡口、电子警察、视频监控、流量检测设备、信号机、诱导设备等有效地连接起来，从交通案件侦破能力、交通警察对机动车辆的监管能力到利用关联车辆的数据分析能力，都得到了极大提升

续表

地域	案例	措施及效果
国内	深圳坪山新区深圳市社会建设"织网工程"综合试点	以网格化管理模式面向不同户籍人口，网格信息员主动上门服务，化解矛盾纠纷、排除问题隐患，最终实现"同城人、同待遇"。涵盖公共基础信息资源库、社会服务管理网、社区家园网、综合信息采集系统和决策指挥系统的"一库两网两系统"搭建成功；一套统一的政府内部信息平台和一支网格化的信息员队伍两大基础性制度设计已见成效；"管理坪环""智慧江岭""民生沙湖""融合秀新"四个各具特色的社区管理服务创新模式已然成型

资料来源：根据各国政府及各地方政府网站整理。

该领域大数据应用的成功要素有以下几点：一是明确目标任务，如在纽约建立大数据预测系统的目标就是预防火灾；二是基于特定的目标，抓取与任务目标相关性大的数据资源，如案例中的犯罪预防要抓取和分析嫌疑人的行动踪迹；三是对相关数据进行针对性分析，这是应用大数据成功进行社会治理的关键。

第四节　小结

要实现国家治理体系和治理能力现代化，就必须破除传统政府管理模式的弊端，那么政府职能转变和机构改革是必经之路，而大数据势必成为这一场脱胎换骨的大变革中必不可少的动力。它通过对政府治理的价值观念、工具方法以及治理结构的巨大影响，为政府治理革命提供动力，推动提升现代化治理能力和实现政府治理现代化。

本章主要通过探讨理论与案例，深入论述了大数据对提升政府治理能力的作用。首先比较了传统模式与大数据背景下政府治理模式各自的特点，提出大数据推动政府治理模式变革的趋势，大数据重构传统的治理模式，催生新型的政府治理模式，治理组织主体、治理流程机制和治理客体对象。然后进一步细述了大数据对变革政府治理结构，重塑政府的作用，"用数据决策"的理念，将成为政府治理的核心决策理念，"以人为本"将成为政府治理核心价值理念，以及改变传统政府管理的工具观，创新政府管理工具，真正做到"用数据说话""用数据管理""用数据创新"，为政府治理提供更加高效便捷的新工具和方法。最后通过大量的案例实证了大数据在当今主要发达国家和国内的政治、经济、社会等领域的应用以及取得的效果。由此说明认识、了解大数据的巨大作用，并思考如何以科学合理的方式将其用于政府治理，将极大地推动政府治理能力与治理质量的提升。

【思考与讨论】

1. 传统环境下的政府治理模式有什么特点？
2. 大数据对政府治理领域的影响主要体现在哪几个方面？
3. 大数据对政府治理的价值观念有什么影响？
4. 传统环境与大数据背景下政府的治理工具有何不同？
5. 大数据能给政府治理带来什么新方法新工具？

【扩展阅读】

单志广、房毓菲、王娜：《大数据治理：形式、对策与实践》，科学出版社2016年版。

［英］维克托·迈尔－舍恩伯格、肯尼斯·库克耶：《大数据时代》，盛杨燕、周涛译，浙江人民出版社2013年版。

辛向阳：《新政府论》，中国人民大学出版社1994年版。

新玉言、李克：《大数据：政府治理新时代》，台海出版社2016年版。

董伟、聂清凯：《大数据时代地方政府治理——以北京市朝阳区为例》，人民日报出版社2016年版。

第 四 章

地方政府提升大数据治理能力

党的二十大报告指出，到二〇三五年，我国发展的总体目标之一是：基本实现国家治理体系和治理能力现代化。[①] 地方治理能力是国家治理的重要组成部分，而提升大数据治理能力是有效提升地方政府治理能力的重要途径。要提升地方政府的大数据治理能力，需要在政府战略层面做好有效的政策和制度设计，为地方政府大数据治理能力发展提供正确的方向引导，明确具体的大数据治理能力建设路径，从而完善大数据治理体系和治理能力的建设，最后通过提供人力、财力、物力等资源确保各项制度设计与技术支撑得以有效落实。

第一节 顶层设计

大数据驱动政府治理能力的实现是一项长期而复杂的工作，需要统筹安排。国家与地方共同明确大数据驱动政府治理能力建设的战略目标，进行顶层设计，明确政府、市场、社会等主体的责任与分工，确定具体工作内容和实施步骤，并建立多方推动的协作机制和开放机制。

一 明确战略目标

首先要将大数据纳入推进国家治理体系和治理能力现代化的宏观战略中考虑，系统、深入、细致、普遍地考量政府治理的领域、困境等因素，以文献查阅和社会调查数据分析相结合的方式梳理地方发展脉络，深入细致地考评一个城市的发展状态，为未来发展的模式与方向提出决策性指导。建立战略层面的顶层设计，提出大数据驱动政府治理能力建设的总目标，从政府、社会、市场、个人多个层面为大数

[①] 习近平：《高举中国特色社会主义伟大旗帜 为全面建设社会主义现代化国家而团结奋斗——在中国共产党第二十次全国代表大会上的报告》，人民出版社2022年版，第24页。

据战略实施奠定基石、确定发展基调。政府的主导是大数据时代国家治理能力现代化的关键。以"三个在哪里"——"问题在哪里、数据在哪里、办法在哪里"[①]为引领，形成"用数据说话、用数据决策、用数据管理、用数据创新"的工作格局。最后，地方政府基于治理目标，制定出适合自己发展规律、发展需要、发展方向的大数据发展规划，细化到各个执行层面时做到因地制宜，合乎民意、现实，以及发展诉求。

二 总体规划、明确责任

首先要做好总体规划，明确各个责任主体及主导部门。各级政府应明确大数据建设主导机构，政府部门内部应实施一把手负责制，由部门负责人主导各项计划的实施。例如，IBM建议佛山建立统一的智慧城市管理机制，成立管理委员会，以人文城市为目标与落脚点，以实现关键成果指标为途径改善城市生态系统，以标准化的共享数据、商业分析工具及便于操作的数据门户作支撑，确保管理机制顺畅运行。

三 重构政府治理体系

要发挥大数据驱动机制的作用，前提是政府治理体系需要按大数据驱动的要求，对目标决策组织主体、流程机制、对象客体等方面进行重构，以实现治理体系现代化。如果政府治理体系适应大数据驱动要求，则会产生乘数效应，否则难以发挥作用。治理目标决策精准将推动政府以关注绩效目标实现为核心选择最优政策，治理组织主体多元化需要进一步增强政府资源动员能力，顺畅的治理流程机制可以进一步提高政府资源配置效率，精准识别治理客体对象有利于提高政府资源运用的效果。

从实践来看，两种情况下数据治理能力驱动政府治理有所区别，如图7—1所示。当政府治理目标清晰时，数据治理能力直接驱动政府治理能力实现治理目标。通过大数据精确分析资源动员数量、类型等，精准化、动态化配置运用资源，实现最小化资源动员，精准化资源配置，最优化资源运用，高效实现治理目标。如中央早已明确到2020年实现贫困人口全面脱贫目标，下一步主要是采集、整合利用海量数据，基于相关技术分析数据，精确预测动员、配置和运用资源，并根据政府资源动员、配置、运用过程中反馈的数据动态调整资源的动员、配置与运用额度及范围。当政府治理目标是模糊或者还未显现的时候，数据治理能力驱动政府治理步骤是：

[①]《国家信息中心于施洋：政务大数据何以"舍近求远"？》，参见凤凰网（http：//finance.ifeng.com/a/20160525/14422007_0.shtml），2016年5月25日。

首先,运用大数据分析技术,跟踪和把握个体活动痕迹,分析社交网络产生的社会行为数据及政府处理业务产生的业务数据,分析出关键信息,发现潜在的社会问题或危机,进而确定政策目标;其次,数据治理能力驱动政府治理能力实现相应的治理目标。

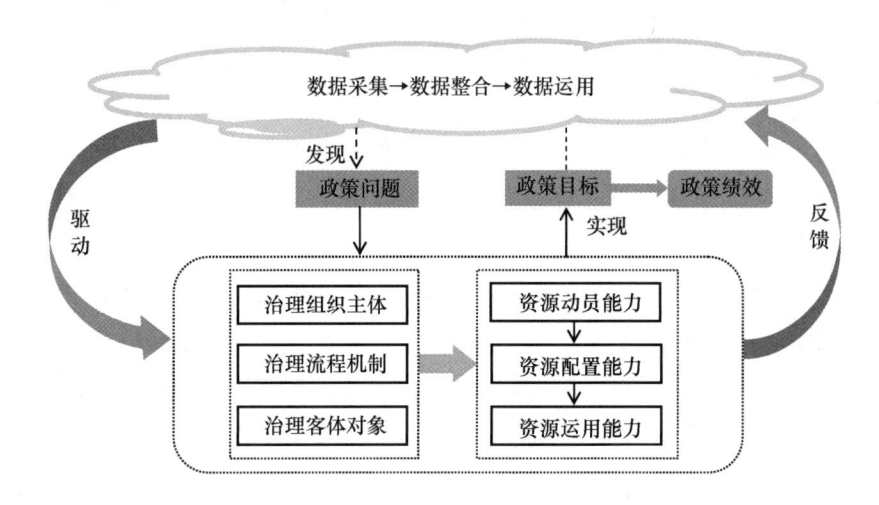

图7—1 数据治理能力驱动政府治理能力理论框架

四 确定具体工作内容、分步实施

发展大数据,需要确立大数据的重点任务,这些重点任务往往也有关联,不同性质的单位,采取的重点任务也会不同,因此各级政府及部门需要确定具体工作内容,按照优先次序分步实施。其中以"三个在哪里"为重点内容(即"问题在哪里",了解政府管理存在的问题;"数据在哪里",整合政府运转过程中产生的各种数据、记录和档案;"办法在哪里",将数据和问题结合找到解决问题的办法),针对现实与理想框架的差距与问题,对问题的重要性进行排序,再确定具体的解决办法,分步实施。

五 明确协作机制、推进开放机制

数据与物联网、云计算等技术的联姻,能够加快智慧城市的建设步伐,提高政府服务效能,增强国家治理能力。建构一套大数据系统应有3个必备要素:地上"数"(大数据)、中间"网"(物联网)、天上"云"(云平台)。因此,地方政府提升大数据治理能力需要明确各个部门协作机制,推进数据开放机制建设。

首先,要建立跨部门的科学、高效的组织体系和工作机制。一是要明确领导、组织、制度等，提升顶层设计和协调推进的能力。推动大数据落地，政府部门首先成为大数据的实践者，积极创造条件，鼓励率先在政府部门和公共事务中使用，尤其是在关系国计民生的关键行业使用，更好地增强服务能力，树立更加开放、透明、负责、高效的政府形象。二是要加强政府网络信息系统建设，实现上下级政务部门数据间的纵向整合，构建统一的数据共享平台。再通过统一的"元数据"定义，实现跨部门、跨系统、跨地区数据共享与协同。

其次，要围绕数据开放共享、数据中心整合、数据应用、数据流通、国际合作等任务建立相应的开放机制。一是建立数据资源共享开放机制。打破数据孤岛效应推动开放共享，对大规模、深层次的数据资源共享开放进行顶层设计，切实以数据流引领技术流、物资流、资金流、人才流，强化统筹衔接和条块结合，实现跨部门、跨区域、跨层级、跨系统的数据交换与共享。二是建立数据中心整合利用机制。整合各类政府信息平台和信息系统，依托现有平台资源，与企业数据中心合作，集中构建统一的互联网政务数据服务平台和信息惠民服务平台。三是建立大数据应用创新机制。以民生服务体系建设为契机，推动政府数据开放共享，促进社会事业数据融合和资源整合。四是建立大数据资源流通机制。核心是数据资产管理及数据资源交易，采用数据交易，通过数据算法和接口，打破数据孤岛，实现数据的聚合。五是建立大数据国际合作机制。加快国外数据资源"引进来"，整合国际优势资源，加速世界共融；引导国内外企业加强大数据关键技术、产品的研发合作，推动中国大数据产品、技术和标准"走出去"。

第二节　建设路径

大数据时代的核心是数据，而提升政府治理能力的核心是大数据的有效、高效运用。要实现地方政府治理能力的提升，政府必须在理念和行动层面积极回应大数据时代提出的新要求，健全管理机制，加强"循数"治理，以数据为依据发现、分析和解决公共问题，以此保证治理更为科学客观理性。[①]

强调政府服务理念，推动政府采用大数据。大数据治理理念的核心是"循数治理"，而"循数治理"的本质是服务理念，提升地方政府治理能力，关键要强化政府服务理念，推动政府采用大数据技术，打造服务型政府。服务型政府本质上是现代社会的一种政府形态或模式，它与农业社会的"统治型政府"和工业社会的"管

---

① 参见任志锋、陶立业《论大数据背景下的政府"循数"治理》，《理论探索》2014年第6期。

制型政府"相比，最根本的区别在于其在治理理念上更强调以人为本、以公众需求为导向的服务思维。服务型政府职能建设的"服务思维"关注的是更高层次的整体社会成员的需求，法治的、管制的等手段不是作为目的存在，而是作为实现公共利益的手段而存在。因此，在新情况、新问题、新矛盾中，国家治理的理念和方式需要不断创新，地方政府治理理念也必须不断更新。各级政府应积极作为，以人为本，将人民群众的幸福感和获得感作为核心，注重智能技术创新的社会适应性，以可持续发展和现代化目标引领新型智慧城市建设发展。围绕建设人民满意的服务型政府推行信息化服务，致力于运用大数据手段改革公共产品和服务供给模式，以实实在在的新成效取信于民。从法律上明确数据的所有权和使用权，充分调动地方政府在数据采集、管理、应用和开放等方面的积极性和创造性。同时要点面结合，示范迭代，借鉴小而精式的"生活实验室"和"创意实验室"等做法，通过开展人工智能在智慧城市领域的社会实验。

遵循先统筹后开放，明确数据责任主体，加快新型基础设施建设。提升地方政府治理能力，关键要提升数据治理能力的开放程度、统筹程度以及发挥效能程度，加强核心数据资源的利用。政府应对不同部门的数据进行统筹提质，列举数据开发、开放与利用清单，确保数据部门权属清晰，提高数据的客观性、实用性、完整性。倡导数据开放、数据合作、数据交易理念，促进数据资源在政府、市场与社会之间流动，从而实现数据资源的合理配置。明确政府数据开放共享工作职责和工作机制，明确数据责任主体，一数一源、安全可控；加快物联网基础设施建设，提升政府数据采集能力；引入区块链理念，向基层数据生产单位赋权。

规划建设流程次序，加速大数据融入治理体系。现阶段需要按照"信息化""数据化""自流程化""融合化"的流程次序，分阶段分步骤地解决大数据应用的难题，推动大数据融入现有的政府治理体系。运用行政倒逼、利益调整等多种手段，加强数据平台建设与数据技术开发，实现数据按需、有序、安全的开放、整合与运用，稳步提升政府数据治理能力。

强化主体协作机制，构建一体化智能决策平台。充分发挥多主体作用，探索适合地方特点的智慧城市建设发展合作模式和运营机制。进一步推动跨部门数据共享和数据开放，打通城市数据流动的"任督二脉"，为智慧城市发展奠定坚实数据支撑。要考虑智能技术环境下的城市韧性问题，提升城市重大突发公共事件应急处置能力，打造融合创新与安全的智慧城市发展理念，形成从基础安全到决策安全的智慧城市安全保障。要强化政府与市场主体的协作机制，形成政府与互联网企业的数据利益共享模式：一种模式是政府与互联网企业的合作开发，政府与互联网企业成为数据利用的共同责任主体和利益共享主体；另一种模式是政府作为中间者，政府协调数据产权方与数据使用方之间的关系，使数据治理商业化。

第三节　保障措施

推进大数据驱动政府治理能力建设是长期而艰巨的任务，也是多方参与、多方投入的过程。因此，需要统筹组织保障、资金保障、人才保障、法律保障、机制保障、安全保障等多方面的工作共同确保大数据驱动政府治理能力建设的顺利推进。

完善组织实施机制。中央政府层面应该做好大数据驱动下政府治理能力建设的顶层设计和总体发展规划，建立国家层面大数据发展和应用统筹协调机制，避免重复建设。中央网络安全和信息化委员会的大数据管理职能主要对政府部门信息化资源进行统一管理，主要负责协调立法机构进行统一立法，发布大数据建设和数据共享细则和标准，对大数据重大项目进行审批，对数据权限进行界定，对下级政府数据共享进行评估、指导和监督。省级政府要设立类似机构，负责落实国家规划和标准，组织建设管理本级政府大数据项目，协调其他部门开展信息资源共享工作，对下级部门进行指导，对数据进行审核监督，做好本省的大数据发展和应用统筹协调机制，统一部署全省推进大数据驱动下政府治理能力建设。设立大数据专家咨询委员会，为大数据发展应用及相关工程实施提供决策咨询。市、县级政府是大数据组织机构的基层管理单位，应设立大数据基层管理机构，主要是加强组织落实上级规划和任务安排，鼓励和推动非政府组织、各行业领域数据整合和应用，组织本级政府部门完成基础数据的录入、审核等工作。同时设立大数据监督部门，确保大数据采集、使用符合法律规范。

政府加大资金投入。未来地方政府治理对大数据的依赖将越来越大，但目前中国大数据基础设施建设还处于初级阶段亟待加强，地方政府必须加大资金投入加快基础设施规划、建设和推进，这样才能为大数据技术的研究和应用提供平台保障。中央、省级和县级政府加大资金投入、配套，集中力量支持大数据核心关键技术攻关、重大应用示范和公共服务平台建设等。同时由于中国对于信息化建设资金的分散使用，容易导致大量的资金浪费和重复建设，应该将信息化建设资金整合后，由国家及信息化主管部门统一使用，组织大数据提升政府治理相关项目建设。各级政府投入的方式可以采用多种组合形式，特别是政府与企业共同建设大数据平台的情况下，可采用如全额资金投入、贷款政策倾斜、成本分摊协议、利润提取协议等。一方面各级政府投入有利于促进基础设施建设，另一方面还应该考虑通过资金投入的方式调动各方的积极性。在财务监督方面，建立完善的资金使用监督机制，定期对资金使用进行监督，并向社会公布，确保财政资金用到实处。在监督级别上，各级资金由本级人大组成的第三方进行监督。

大数据人才队伍建设。技术人员和数据科学专业人才缺乏是制约地方政府大数据技术发展和应用的因素之一，因此，各地方政府应该注重大数据相关技术人员和研究人员的培养，做好充分的人才准备。中央政府要创新人才培养模式，建立健全多层次、多类型的大数据人才培养体系。鼓励高校设立数据科学和数据工程相关专业，重点培养专业化数据工程师等大数据专业人才。省级政府鼓励高等院校、职业院校和企业合作，加强职业技能人才实践培养，积极培育大数据技术和应用创新型人才。要积极引进大数据高层次人才和领军人才，完善配套措施，鼓励海外高端人才回国。县级政府开展大数据知识普及和教育培训，提高社会整体认知和应用水平。

加大立法工作力度。立法应该摆在同加快大数据技术发展和应用同等重要的位置，只有完善的法律法规和良好的法制环境保障，才能促进大数据在地方政府治理中的规范发展。中央政府层面加快大数据立法工作，包括个人隐私保护法、对基础信息网络和关键行业领域重要信息系统的安全保护法、数据资源权益相关立法工作。省级政府层面要加快大数据发展应用和信息基础设施等地方法规建设。制定本省域数据开放、保护等方面制度。制定政府信息资源管理办法，建立政府部门数据资源统筹管理和共享复用制度。省级层面要依据地方具体情况，制定具有地方特色和需求的相关政策法规，有针对性地利用大数据提升地方政府治理能力。县级政府层面要加强对中央政府、省级政府法规制度落实，充分利用数据基础设施平台提升政府治理能力，更好为公众服务。

建立以政府引导、协会推动、企业实施、公众参与的协同治理机制。政府引导：政府应该完善大数据应用的相关政策和规范，推动政府数据公开共享，出台相关优化政策引导大数据的应用工作；由政府部门主导创立管理团队，通过合理的协调与管理，形成跨领域、跨机构、跨区域的大数据普及与实践的配套体系。协会推动：积极发挥协会的综合衔接作用，建立连接政府、科研院校、服务提供商和应用企业的纽带，促进资源对接，实现跨系统融合协作才能真正实现有效的大数据利用，从而提升政府治理能力。企业实施：发挥企业利用大数据优化内部管理流程，提升精细化管理水平的需求和动力，使得企业能够逐步成为大数据开发利用和应用的主体；地方政府部门拥有大量的社会运转数据、政府调查数据和政务数据等，企业则掌握了先进的大数据技术、拥有大量数据专业人才以及资本，两者需要通过优势互补实现共赢。公众参与：积极发挥公众参与政府管理创新的方法和渠道，逐步完善公众参政议政的渠道；政府应该以更加开放的心态把民众当作"合作伙伴"，给民众提供广泛的参与机会，从而推动公众参与由象征性参与阶段迈向实质性参与阶段。

提升安全保障能力。重视大数据及其安全体系建设，重点加强对大数据应用背景下的信息安全问题研究，加大对敏感和要害数据的监管和保护力度。尽快推出相关政策措施和安全技术，确保大数据受到合理的保护。重点加强数据关联分析技术研究，通过将数据关联分析技术应用于攻击溯源、异常行为监测、异常流量分析等很多场景，保障信息安全，提升对其中核心、主要信息的监管效果。加大对政府部门和关键行业领域敏感数据的安全防护，重点领域建立核心数据库，并制定完善的数据库管理和安全保障制度，加大对重要信息系统的安全评估和测试以及加强对敏感数据核心信息的常态化监管工作。

第四节　小结

以大数据提升政府治理能力是时代发展的大势所趋，面对政府治理现代化过程中不断出现的问题和挑战，需要借助大数据技术提升地方政府治理水平，以推行电子政务、建设智慧城市等为抓手，以数据集中和共享为途径，推动技术融合、服务融合、数据融合，最终实现政府间跨层级、跨地域、跨系统、跨部门的协同管理和服务。为此，要在政府大数据应用的各方面加强创新与突破，要实现地方政府治理能力的提升，政府必须从顶层宏观层面进行详细的部署与安排；多方面多层次设计具体建设路径；在人、财、物、法等多方面做好大数据发展的保障工作，从多方面、全视角、各领域切实提升地方政府治理能力。本书认为，首先，需要从顶层设计上，完善大数据提升政府治理能力的战略布局，明确战略目标，做好总体规划，明确各个责任主体及主导部门，进而对目标决策组织主体，流程机制、对象客体等方面进行重构，以实现治理体系现代化；其次，创新大数据提升政府治理能力的建设路径，同时打通与突破体制机制障碍，推动政府采用大数据，规范数据资源开发与利用，规范建设流程次序，强化主体协作机制；最后，完善各项保障措施，例如组织保障、资金保障、法律保障、机制保障和安全保障等覆盖多领域的资源保障。只有不断改革、创新治理方式和治理手段，提升应对不断变化和发展的环境的能力，才能从根本上提高地方政府大数据治理能力。

【思考与讨论】

1. 如何加强大数据政府治理能力的顶层设计？
2. 以大数据提升政府治理能力的具体建设路径有哪些？
3. 如何在地方政府层面推进数据开放机制建设？
4. 如何在大数据领域人才方面保障政府数据治理能力的提升？
5. 法律保障在各类保障措施中处于何种地位？

【扩展阅读】

Rifldn J., *The Third Industrial Revolution: How Lateral Power is Transforming Energy the Economy, and the World*, New York: Palgrave Macmillan, 2012.

Gantz J, Reinsel D., *Digital Universe Study: Extracting Value from Chaos*, IDC Go-to-Market Services, 2011.

［英］维克托·迈尔—舍恩伯格、肯尼斯·库克耶：《大数据时代》，盛杨燕、周涛译，浙江人民出版社2013年版。

赵国栋：《大数据时代的历史机遇：产业变革与数据科学》，清华大学出版社2013年版。

章政、皮定均、吴崇宇：《大数据时代的社会治理体制》，中国经济出版社2016年版。

后　　记

本书在付梓之际，我们在各大网上书店搜索了关于地方政府治理学的论著，发现目前关于地方政府治理的论著相当少见，相对比较全面、系统的地方政府治理著作更加鲜见。2017年，重庆大学协同重庆市政府有关部门、清华大学、北京大学等单位成立地方政府治理协同创新中心（2011协同创新中心），开展地方政府治理的相关研究。其任务是促进"地方政府治理"理论研究和实践创新协同，地方治理各主体协同，力争成为有影响力的地方政府治理高端智库。

本书的写作过程不是一蹴而就，而是结合了研究团队近十年的研究成果，是一部综合集成的著作。梳理汇总了包括国家自然科学基金项目"高效减灾与重建：灾害冲击与灾后重建绩效的影响因素及其作用机制研究"、国家重大改革项目"实行市场准入负面清单研究"、国家社科基金重点项目"我国中长期规划决策机制及方法论研究"和"'十三五'重庆推进新型城镇化的体制机制研究"等一系列课题的研究成果。本书的写作并非研究成果的简单累加，而是在研究成果的基础上重新思考、整理，进行再创新的成果。

那么本书有什么创新之处呢？

第一，主题创新。本书的主题是地方政府治理。当今学术界都试图在提出并回答这一主题，但遗憾的是目前关于地方政府治理的研究著作较少。本书通过系统建构地方政府治理的理论体系，紧紧围绕新时代下地方政府治理面临的挑战与机遇，为地方政府治理现存问题的解决、未来发展的趋势提供了参考。

第二，理论创新。本书围绕地方政府治理，分别从经济社会发展、发展规划、公共危机、大数据等方面，利用最新治理理论，总结地方政府治理之道，为地方政府提升治理能力提供参考。

第三，实践创新。在中国，政府治理的作用已经形成政治共识、社会共识、学术共识。政府治理理念及手段如何在地方应用和发展非常重要。本书大量采用地方政府治理的生动鲜活的案例，一方面解读地方政府治理实践存在的问题与解决路径，另一方面试图告诉读者地方政府治理如何进行创新。

本书是在国家社科基金重点项目、国家自然科学基金项目、国家发改委决策咨询研究课题、重庆市发展改革委"十一五""十二五""十三五"规划前期研究课题及决策咨询研究课题、重庆市统筹城乡综合配套改革研究课题，中央高校基本科研业务费的资助下完成的，同时也是重庆市 2011 协同创新中心—地方政府治理协同创新中心（重庆大学）重点支持的重要课题。

重庆大学田辉博士参加第六篇第六章地方政府危机治理能力评估的撰写。清华大学张楠副教授、杨倬参与第七篇地方政府大数据治理等内容的撰写。清华大学杨永恒教授、鄢一龙副教授参与第五篇地方政府发展规划治理等内容的撰写。重庆社科院吕红研究员参与第四篇第一章地方政府绿色治理等内容的撰写。重庆大学冯业栋、杨宝副教授参与第一篇第三章地方政府治理模式、第二篇第三章地方社会治理创新等内容指导和撰写。上海社会科学院研究员邱文平参与第六篇第五章暴恐犯罪治理等内容指导和撰写。重庆大学潘虹博士参与第四篇第三章地方政府贫困治理等内容的撰写。

本书写作的过程也是一个将学术研究与教书育人相结合的互动过程。作为一名学者，将地方政府治理推向当前学术界的研究前沿是我不懈的追求；作为一名大学教授，我更加希望同学们了解、研究地方政府治理的深邃知识。在本书的写作过程中，我特意组建研究团队，一起围绕地方政府治理这一主题，学习阅读重要文献，查阅各种资料。我从最开始带领研究团队列提纲，到反复组织成员构思、研究、写作，再到最后组织团队校稿，严格把控书稿的整个写作过程。通过带领团队写作的过程，一方面确保研究内容的逻辑性与严谨性，另一方面，充分锻炼、挖掘团队成员的执行力与创造力。本书也是一部集成之作，包含了研究团队的创意和创新。其中博士研究生许指南、刘子俊、刘泽、李兆洋、王京雷、何增华，硕士研究生高淼、张发栋、段珩、唐元杰、王梦佳、黄业佳、唐雲、张雯雯、顾娟等参与了执笔，已经毕业的硕士研究生王英杰、张露元、陆静、涂雪莉、孟漫、潘虹等也为本书的写作贡献了力量。对此，我表示衷心感谢，并将指导他们将来围绕地方政府治理的各个专题继续开展深入研究。我相信，他们在应对地方治理难题、创新地方政府治理方面会大有作为！